公民监督权
法制构建论

菅从进 著

商务印书馆
The Commercial Press

本书为作者主持的国家社会科学基金项目
"公民监督权有效制约权力的法制构建研究"的主要成果
本书获得江苏师范大学出版基金资助

我们已经找到新路，我们能跳出这周期率。这条新路，就是民主。只有让人民来监督政府，政府才不敢松懈。只有人人起来负责，才不会人亡政息。

——毛泽东

要有群众监督制度，让群众和党员监督干部，特别是领导干部。凡是搞特权、特殊化，经过批评教育而又不改的，人民就有权依法进行检举、控告、弹劾、撤换、罢免，要求他们在经济上退赔，并使他们受到法律、纪律处分。

——邓小平

我们的权力是人民赋予的，一切干部都是人民的公仆，必须受到人民和法律的监督。要深化改革，完善监督法制，建立健全依法行使权力的制约机制。坚持公平、公正、公开的原则，直接涉及群众切身利益的部门要实行公开办事制度。把党内监督、法律监督、群众监督结合起来，发挥舆论监督的作用。

——江泽民

人民当家作主是社会主义民主政治的本质和核心。要健全民主制度，丰富民主形式，拓宽民主渠道，依法实行民主选举、民主决策、民主管理、民主监督，保障人民的知情权、参与权、表达权、监督权。

——胡锦涛

公权力姓公，也必须为公。只要公权力存在，就必须有制约和监督。不关进笼子，公权力就会被滥用。马克思强调，社会主义国家的一切权力属于人民，一切公职人员必须"在公众监督之下进行工作"。列宁强调，要提高监督机关的地位、规格、权威，建立起包括党内监督、人民监督、法律监督在内的监督体系，以防止公职人员成为"脱离群众、站在群众之上、享有特权的人物"。

——习近平

序

欣闻菅从进教授新著《公民监督权法制构建论》即将由商务印书馆出版，值此之际，我谨致以学术上的衷心祝贺！

公民权利制度是现代国家制度与法律制度的重要领域之一，反映了国家发展与法治发展的内在要求。公民监督权是公民权利制度体系的有机组成部分，也是权力监督体系的构成要素。在不同的国度，公民监督权利制度有着迥然相异的演进过程和基本特征。在当代中国，随着1949年人民大革命的胜利，中华人民共和国的成立，公民监督权利制度建设开启了一个历史新纪元。"五四宪法"第97条规定："中华人民共和国公民对于任何违法失职的国家机关工作人员，有向各级国家机关提出书面控告或者口头控告的权利。由于国家机关工作人员侵犯公民权利而受到损失的人，有取得赔偿的权利。"这一宪法规范明确设定了我国公民享有公民监督权这一特定的公民基本权利。进入改革开放的历史新时期以来，公民监督权利制度进一步丰富和发展。中共十一届三中全会鲜明提出社会主义民主制度化、法律化的重大法治命题，强调"宪法规定的公民权利，必须坚决保障，任何人不得侵犯"。"要保证人民在自己的法律面前人人平等，不允许任何人有超于法律之上的特权。""八二宪法"第41条详细规定了公民监督权的基本权利种类："中华人民共和国公民对于任何国家机关和国家工作人员，有提出批评和建议的权利；对于任何国家机关和国家工作人员的违法失职行为，有向有关国家机关提出申诉、控告或者检举的权利，但是不得捏造或者歪曲事实进行诬告陷害。对于公民的申诉、控告或者检举，有关国家机关必须查清事实，负责处理。任何人不得压制和打击报复。由于国家机关和国家工作人员侵犯公民权利而受到损失的人，有依照法律规定取得赔偿的权利。"这就为新时期公民监督权利制度建设奠定了坚实的国家根本法基础。

中共十八大以来,随着中国特色社会主义进入新时代,当代中国公民监督权利制度建设面临着新的形势与任务。中共十八届三中全会基于完善和发展中国特色社会主义制度、推进国家治理体系和治理能力现代化这一全面深化改革的总目标,明确提出要"更加注重健全民主制度、丰富民主形式,从各层次各领域扩大公民有序政治参与";要"强化权力运行制约和监督体系","让人民监督权力,让权力在阳光下运行"。中共十八届四中全会将形成严密的法治监督体系纳入建设中国特色社会主义法治体系这一全面依法治国的"总抓手"之中,强调"必须以规范和约束公权力为重点,加大监督力度",依法保障公民基本政治权利等各项权利不受侵犯,强化对行政权力的制约和监督,加强对司法活动的监督。中共十九大进一步提出"加强人民当家作主制度保障"的战略性任务。中共十九届四中全会围绕坚持和完善中国特色社会主义制度、推进国家治理体系和治理能力现代化的重大时代议程,强调要"确保人民依法通过各种途径和形式管理国家事务,管理经济文化事业,管理社会事务",并且要健全群众监督制度,强化对权力运行的制约和监督。显然,新时代的公民监督权利制度建设正在向纵深推进。

不断加强和深化公民监督权利制度建设,集中体现了社会主义国家的根本性质,深刻反映了中国特色社会主义政治发展道路的内在要求。在社会主义社会,人民是国家和社会的主人,国家的一切权力属于人民。坚持中国特色社会主义政治发展道路的本质意义,就在于坚持人民主体地位,保障人民当家作主,维护人民根本权益。加强公民监督权利制度建设的价值意义就在于依法确立和保障公民对于国家权力运行的监督权利,推进社会主义民主政治的法治化建设,保证人民赋予的权力始终用来为人民谋利益,切实维护社会公平正义。因此,从理论与实践的结合上,深入研究公民监督权利制度,无疑具有重要的理论价值与实践意义。

在当下的法治监督体系研究领域,因国家监察体制重大变革引发的权力监察体制问题研究不断深入,遂而成为理论热点问题,而公民监督权利制度研究则显得相对冷寂。《公民监督权法制构建论》一书的出版,将在很大程度上有力推进当代中国法学界对于公民监督权利问题的研究,进一步丰富和拓展公民监督权利制度研究的学术视野。该书是菅从进教授主持的国家社科基金项目"公民监督权有效制约权力的法制构建研究"的主要成果，是国内第一部系统研究公民监督权法制构建的原创性的学术专著，坚持以马克思主义国家与法的学说和中国特色社会主义法治理论为指导，深入阐述公民监督权利的基本理论问题，着力考察我国公民监督权利立法与行使的现状，深刻把握公民监督权利法制化构建的法治意蕴及其内在理路，努力探讨公民监督权与权力监督权力体制之间的互动关系，从而构建了公民监督权利法治化的学术性与现实性有机融通的理论逻辑系统。从总体上看，全书立意新颖，主题鲜明，论述透彻，创见迭出，体现了鲜明的学术创新精神，具有较高的学术水准和重要的现实意义。我诚挚期望菅从进教授在公民监督权利制度研究领域辛勤耕耘，不懈探索，努力取得新的研究成果，为坚持和完善中国特色社会主义国家制度与法律制度奉献智慧和力量。

　　是为序。

公丕祥

2020 年 5 月 26 日于南京

目　　录

导　论 ·· 1

第一章　我国公民监督权的基本理论问题 ············· 16

第一节　公民监督权的概念、本质属性和基本特征 ······· 16

第二节　公民监督权的法理基础 ······················· 48

第三节　公民监督权法律关系的各要素 ················· 59

第四节　公民监督权的基本权利体系 ··················· 73

第二章　我国公民监督权保障行使现状及其问题本质 ···· 86

第一节　我国公民监督权的立法保护现状 ··············· 86

第二节　我国公民监督权的行使现状 ··················· 112

第三节　我国公民监督权缺失问题的本质所在 ··········· 193

第三章　公民监督权法制化构建的根本理路和法治意蕴 ·· 203

第一节　基本权利的基本权能理论 ····················· 204

第二节　公民监督权的基本权能与公权主体的相应义务 ··· 276

第三节　法律充分构建公民监督权基本权能的必要性和法治意蕴 ···· 308

第四章　公民监督权基本权能的充分构建 ············· 319

第一节　公民监督权基础权能的宪法实施性构建 ········· 319

第二节　公民监督权本体权能的充分构建 ··············· 349

第三节　公民监督权救济权能的充分构建 ··············· 432

第五章　公民监督权与权力监督权力体制的良性互动 …………………… 459

　　第一节　公民监督权的充分化内在需要合理化的权力监督权力体制
　　　　　　………………………………………………………………… 460

　　第二节　权力监督权力体制的有效运行需要公民监督权
　　　　　　行使的根本驱动 ………………………………………………… 480

　　第三节　两者良性互动的根本功效 ……………………………………… 510

结　语 ……………………………………………………………………… 528

参考文献 …………………………………………………………………… 534

后　记 ……………………………………………………………………… 569

导　　论

一、 公民监督权的法制构建是时代之需

改革开放以来,中国进入了前所未有的、根本性的历史转型期。经济上,从半农业半工业社会迅速发展到信息工业革命引领的发达工业社会,成为世界第二大经济体;经济体制从封闭的计划经济体制转型为现代市场经济体制,由此带来了社会成员经济地位和财富数量的巨大差异。经济的转型带来了社会的快速转型,主要表现为相对单一封闭社会结构向多元开放社会结构的变迁,社会成员权利意识大大强化。如果说当前中国的经济转型已基本完成的话,社会转型则还正处于起步阶段,更为深刻也更为艰巨的转型必将发生,其间可能充满各种风险和曲折。这两种转型,都内在需要国家治理体系和治理能力的现代化,中国要真正从一个传统国家转型成为现代化国家,真正摆脱中国几千年封建专制官僚体制沉积下的历史包袱,摆脱苏联计划经济体制下的、半现代化的、僵化封闭和充满形式主义的权力体制模式的影响。这无疑是一个更加艰巨和漫长的历史任务。而经济转型的快速推进,社会转型的复杂多变和利益多元化,权力体制转型的相对艰难,使得公共权力在继续掌控着巨大社会资源的同时,其自身的产生、运行和监督都存在明显的制度性漏洞。目前的中国,正遭遇着国家公共权力体系出现了严重腐败现象的重大问题,这是发达国家和发展中国家在进入历史转型期都普遍会遭遇的问题,关键是如何尽快走出这种格局。在当代中国,一些官员甚至公权力单位,可轻易逃避人民意志(包括执政党汇集的人民意志)的掌控,逃避监督制约,化公为私,侵吞公共资产,侵犯社会主体权益,进行权钱交易,腐化堕落,或消极用权。严重的腐败

问题,如果得不到有效遏制,经济改革和快速发展将难以持续或成果不保,社会转型将更加困难并充满更大的风险,执政党的民心将面临更大挑战。"人们普遍有这样的共识:腐败不除,将直接危及共产党的执政地位和社会主义制度的前途命运。"①最终,还将危及中华民族的复兴大业。这是中华民族在向现代整体转型的关键历史时期所遭遇的一个关键问题,也是真正走出民族兴亡历史周期率所要真正解决的根本问题。

权力腐败的有效遏制,需要治标,更需要治本。目前党和国家不断强化对腐败行为的打击力度,以便为"治本"赢得时间。有效遏制腐败的关键在于建立有效的权力监督制约制度,把"权力关进笼子里"。权力监督制约体制的完善和有效运行,无疑是一个系统工程。但在整个权力体制具有高度的民主开放性的基础上,建立高度开放的权力监督制约体制更为时代所亟需。这种高度民主开放性的权力监督制约体制的基础和根本动力机制,只能是公民监督权的充分行使,让公民监督权有效制约国家公权力。这不仅仅是一个动员社会力量参与反腐以有效遏制腐败进一步蔓延的问题,还是一个现代民主国家要真正确立长期有效的权力监督制约体制,实现国家、政府和社会治理的现代化、法治化,实现长治久安目标的根本制度选择和建设问题。

中国共产党的两个先锋队性质和长期执政的历史地位,无产阶级领导的人民民主专政的国体,人民的主体地位,人民代表大会制度的政体,公有制占主导地位、多种经济形式并存的社会主义市场经济基础,都决定当代中国的公共权力体系,必须是对广大民众高度开放的权力体系。民主参与、公民监督的高水平存在,应是其重要特征之一。早在 1945 年 7 月,开国领袖毛泽东在延安回答黄炎培"如何跳出中国王朝兴亡的周期率"的疑问时,曾明确地回答:"我们已经找到新路,我们能跳出这周期率。这条新路,就是民主。只有让人民来监督政府,政府才不敢松懈。只有人人起来负责,才不会人亡政息。"②这表明,新中国成立之前的中国共产党,已将控权防腐的根本保障定位在民主参与和监督之上。也正是因此,1954 年《中华人民共和国宪法》,就以专门条款的方式规定了西方国家宪法所没有规定的一组权利,即公民监督权。它涵盖了大多数西方国家宪法确认的言论自由权、请愿权等公民基本权利的部分内

---

① 杨继亮:《反腐败论》,山西人民出版社 2016 年版,第 2 页。
② 黄炎培:《延安归来》,载黄炎培:《八十年来》,文史资料出版社 1982 年版,第 157 页。

容,但却承载了更加丰富的、具有特定价值追求的内涵。这也意味着,应立足于宪法规范确认的公民监督权体系,尽快形成公民监督权有效监督制约公权力体系的制度化机制。但令人遗憾的是,由于对群众运动路径的过分依赖,对法治的误解和疏远,对"大民主"的垂青,尤其是陷入"阶级斗争扩大化"的迷雾,导致应有的制度建设,即在法治保障下真正扩大稳定有序的民主参与和监督,让公权力受到长期有效的监督制约,一度严重偏离了正确的轨道。

拨乱反正和改革开放后,中国的民主法治事业取得了很大的进步,但以公民依法充分[①]行使监督权为基础和动力保障,并与国家权力监督权力体制形成一体运行和良性互动的权力监督制约体系,[②]尚没有随着经济、社会快速转型和发展的步伐而充分建立起来。这成为一个时期以来,一些公权力被严重滥用,腐败现象严重且没有得到有效遏制的重要原因。充分确认和保障公民监督权利的法律体系至今没有充分建立起来,公民监督权利的行使严重不到位,并经常受到一些公权主体和社会主体的严重侵犯或妨害。公民监督权的疲软,伴随着权力监督权力体制运行的疲软,两者没有形成应有的良性互动,而两者的不足却相互影响和放大,导致权力监督制约体系虽然庞大复杂,却不能发挥强大的功效,或者说功效严重不足。虽然反腐机关年年破获一批又一批令人触目惊心的腐败大案、窝案,抓到并惩治了一批"大老虎"、"小老虎"和难以计数的"苍蝇",但并没有形成可长期有效控权防腐的制度性功效,让执政党和广大民众产生控权反腐已取得体制性胜利的喜悦和释重感。

很长一个时期以来,探讨我国权力监督制约体制的完善问题,一直是法学、政治学、公共管理学等相关学科的热点问题。公民监督权行使的充分化问题,虽然也得到一定程度的关注,却并没有形成深入系统的研究。一部研究权力监督问题或反腐败问题的学术专著,常常是数十万言,但涉及公民监督权问题的论述却常常寥寥数语打住,让人不得要领。同样,虽然公民监督权中的一些具体权利如检举权、舆论监督权等也受到了相对较多的关注,产生了一些有影响力的著作和论文,但并没有聚焦到这一重大课题上来:公民监督权作为公

---

① 这里的充分,包括范围充分、程度充分、及时和效能充足等含义,下文与监督权行使连用的"充分"一词,内涵与此相同。

② 正如后文相关章节将详细论述的,公民监督权的有效行使,不仅具有监督制约一般权力主体的作用,还有为权力监督权力体制有效运行提供稳定持久的根本动力,保证行使监督权力机关不流失权力、不滥用权力的重要作用,即对监督权力也构成必要的制约。

民基本权利的一个重要权利群,如何获得法律的充分构建和保护,让公民充分行使,真正有效发挥制约公共权力的功效。而且,一些明显应作为公民监督权被看待的公民基本权利,还因为认知的偏差,不被纳入公民监督权利体系,更缺乏有针对性的、有见地的研究。

在发达国家,在发达的公民社会和民主参与的基础上,经过数百年尤其是近几十年来民主法治的发展,公民享有的言论自由权、出版自由权、知情权、请愿权、诉愿权、参与权等基本权利,不仅被宪法规范明确确认,被明确具体的法律规范所构建,而且被较完备的宪法监督机制、权利救济制度、权力监督权力体制所实际保护或支持,由此,这些权利形成了对公权力体系的有效制约,在这些国家的权力监督制约体制中发挥着不可替代的基础作用,发挥着稳定的基本驱动作用。尽管他们没有公民监督权的概念,但具有类似内容和功能的基本权利体系,已经较好地发挥了有效制约公权力的功效。当然,这些国家的特定政治属性,从根本上限定了这种作用的基本程度和阶级属性。

问题是,既然国体和政体的特定先进属性,促使中国采用了公民监督权的概念,并给予了宪法规范的确认和保护;那么,如何才能基于宪法规范的有效完善和实施,通过制定明确具体的法律规范充分确认和保障公民监督权的依法行使,并通过中国的宪法监督机制、权力监督权力机制和权利救济机制,让公民监督权真正发挥有效制约公权力的作用,形成与权力监督权力体制的一体运行、功能耦合和良性互动呢?

毋庸讳言,我国公民监督权目前受法律制度确认和保护的程度不足,这也意味着其有效制约权力的能力或功效的严重不足。公民在网络等媒体上发表揭发、批评公权主体违法失职行为和事件的言论,动辄被训诫、行政拘留、刑事拘留或"跨省缉捕",被控寻衅滋事、损害政府信誉或诽谤,或者被监督对象以侵犯名誉权、隐私权事由告上法庭并通常败诉,这些情况时有发生。公民因行使批评权、建议权、控告权、检举权而被监督对象及其利益相关人打击报复更是司空见惯。更有一些行使监督权的公权主体,对公民行使监督权的指控消极应付、百般推诿,甚至予以压制和打击,包庇监督对象的违法犯罪行为。而公民在行使监督权受到妨害后,进一步行使相应监督权进行救济的渠道更加不畅通,实效性很差。这些客观现状,我们将在本问题的研究中予以具体论述和分析。此处仅强调,如何让公民监督权真正具有应有的权能,产生应有的社会能量以制约公权力,成为真正长有"牙齿"的权利,成为控权反腐的"剑盾合一"的利器,仍是法治中国建设的一个重要问题,是国家治理体系和能力现代化的内在需要,更是控权反腐制度建设的关键环节,一句话,是时代之需。

公民监督权的充分行使,及其与权力监督权力体制的良性互动,依赖于以宪法规范为基础的法律规范的具体明确的构建。按照传统的说法,这种构建整体上可以称为对公民监督权的法律保护。但这种法律保护,绝非消极的保护,而是通过把宪法规范真正看作是最高规范的权力自觉和制度保障,承认和发挥公民监督权作为宪法基本权利对国家立法主体的基本权能;通过具体明确的法律制度建设,确认每项公民监督权都作为广义的基本权利,具有其他必要的基本权能。这同时也意味着,要充分确认和设定与这些基本权能对应的并保证其发挥作用的义务及其义务承担主体,其中主要是公权主体的义务承担。诸多公民基本权利的这种充分法律构建,都可使其真正成为对公权力的行使具有巨大能动力的法律力量,有效制约公权力的行使。尤其是公民监督权利板块,更必须具有这种充分的能力,或直接监督制约监督对象,促使其矫正自身的违法不当行为;或督促和制约权力监督主体行使监督权力,启动监督程序,矫正监督对象的违法不当行为,追究其相应法律责任,充分实现对公共利益或个人权益的救济。具有如此能量或能力的公民监督权行使,也必然可有效促使并借助权力监督权力体制发挥作用,并与其一体运行、良性互动,从而促使整个国家权力监督体制的有效运行。

无疑,这种时代之需的制度追求,对我国关于公民基本权利尤其是公民监督权利的法学理论研究提出了新的要求。应该在借鉴国外学者关于公民基本权利基本权能理论的基础上,进一步进行理论创新,构筑更加具有现实应用意义的相应理论,用来深刻把握公民监督权行使不足现状的实质,论证公民监督权基本权能的充分构建,以及公民监督权行使与权力监督权力体制一体运行、良性互动的内在机理。当然,在进行这种理论创新和运用创新之前,还需要对公民监督权的基本概念和本质属性、法理基础、法律关系的各要素、基本权利体系等内容作出准确的考察和思考。这构成了本研究为回答上述问题而需要作出的理论研究和考察的基本框架。这些内容丰富的理论思考研究,可以纳入"公民监督权有效制约权力的法制构建研究"或"公民监督权法制构建论"这一总命题。需要指出,这里的法制构建,即法律制度构建,也完全可以理解为法治构建,因为这种法制构建的基本内容和价值追求,完全符合当代中国特色社会主义法治的内涵和基本价值目标追求,是法治化的法律制度构建。

二、 多层面的理论创新任务

公民监督权是我国宪法规范确认的独特的公民基本权利板块,国外尤其是西方国家并没有相对应的概念和法律制度建设问题。尽管我国公民监督权的部分内容,为西方国家宪法规范确认的言论自由权、出版自由权、请愿权、诉愿权、知情权等公民基本权利所承载,针对这些权利,西方学者也形成了大量的理论成果,但中西国情的巨大差异,决定这些成果对我国相关公民监督权的研究虽有一定借鉴意义,却整体不宜作为研究我国公民监督权问题的基本理论支撑。

改革开放以来,伴随着我国控权反腐形势的日益严峻,国家权力监督制约体系建设的重要性日益凸显,对公民监督权的研究,在法学等相关学科一直未失重要话题的地位。相关研究的聚焦点可划分成两大领域。一是对整体性公民监督权的研究。所谓对整体性公民监督权的研究,是指相关研究学者把公民监督权这一复合型权利板块或权利群,作为一个整体性研究对象,对其概念、基本属性、理论基础、法律关系的要素、具体权利的种类、目前权利享有状况和优化对策等问题进行部分或系统的研究。尽管也通常涉及对具体公民监督权的研究分析,但相关理论成果主要是关于整体性公民监督权相关问题的。具体情况包括:(1)一些非专门研究公民监督权的政治学、宪法学、法理学等学科的论著,对公民监督权的基本理论问题作出了重要论证,有些理论观点被引用的频次很高,成为不容忽略的理论资源。[①] (2)专门研究整体性公民监督权问题的成果。这类成果中,目前有影响力的学术专著仍然付之阙如,主要表现为学术刊物论文和学位论文。它们是对整体性公民监督权的某个或数个相关

---

① 该类成果主要有:汤唯、孙季萍的《法律监督论纲》(2001),韩大元、林来梵等的《宪法学专题研究》(2004),秦前红主编的《新宪法学》(2005),韩大元的《宪法学基础理论》(2008),李步云的《人权法学》(2005),程竹汝的《人大监督权是公民监督的一种形式》(2010),殷啸虎的《宪法学教程》(2007),丛日云的《构建公民文化:面向 21 世纪政治学研究》(2010),等等。

问题进行专门探讨。① (3)专门研究某个具体公民监督权而涉及整体性公民监督权问题的成果。这类成果分布广泛，但不均衡。在这类成果中，论者对整体性公民监督权的研究，多是作为基础理论附带论述的。二是对具体公民监督权的研究。目前在我国，已有一批成果对本书将论证的公民监督权的各项具体权利进行了各种层面的研究。具体又分成两种情况：(1)一些权利总体上都被明确作为公民监督权的具体权利进行研究。主要包括批评权、建议权、检举权、舆论监督权等，但在具体成果上呈现出冷热不均的特点。具体而言，批评权、建议权较冷，检举权、舆论监督权较热。(2)一些具体权利在是否属于公民监督权方面存在较大争议。部分学者将其视为公民监督权的具体权利加以论证，部分则立足于学者理解的另外的属性加以研究。其中，主张申诉权、控告权属于公民监督权的较多，而主张知情权、取得国家赔偿权、信访权属于公民监督权的较少。② 不过，这总体上并不妨碍对相关权利及其保障制度的理论关注程度。

第一大领域的理论成果，主要涉及公民监督权的基础理论、公民监督权整体运行的困境及解决问题的对策。仅就目前公民监督权的基础理论而言，在公民监督权的概念上，形成了"集合概念说""基本权利说""民主监督权利说""广义、狭义说"等观点；在公民监督权本质属性上，形成了"公民政治权利之民主参与权利说""一种独立的公民政治权利说""请愿权说""复合性权利说"③"救济权说""受益权说"等主张；在公民权法律关系要素上，存在"三要素说""四要素说"等见解；在公民监督权具体权利种类论证上，形成了"两权利说""五权利说""六权利说""七权利说""多权利说"等论说；关于公民监督权的法

---

① 较有影响的学术论文有：黎美义的《谈谈公民监督权的强化与保障》(1989)，程竹汝的《认真对待公民监督权》(2007)、《完善和创新公民监督权行使的条件和机制》(2007)，宁立成的《论公民监督权的社会价值》(2007)，陈焱光的《公民监督权：学理、规范与实现路径》(2008)，原新利的《对政府官员的"人肉搜索"与公民监督权实现的路径困境》(2009)，王月明的《公民监督权体系及其价值实现》(2010)，陈党、顾赵丽的《建国 60 年来公民监督权实现路径的探索与启示》(2010)，郭道晖的《公民的监督权与政府的克制义务》(2011)，唐杏湘的《论我国公民监督权的实现》(2011)，秦小建的《论公民监督权的规范建构》(2016)，米恒的《论公民监督权与官员名誉权的冲突与平衡——基于宪法维度的思考》(2016)，等等。

② 尤其是信访权，连是否属于公民权利都存在较大争议，更遑论是公民基本权利或监督权利了；当然，如果承认其是公民基本权利，一般也会将之认定为公民监督权的一种具体权利。

③ 又包括请愿权与其他权利复合说、多种政治权利与非政治权利复合说、多类型公民民主权利复合说、监督权与请求权复合说等。

理基础,主要有人民主权理论及其派生的委托人监督代理人理论、权力制约理论和言论自由理论,其中对前几种理论可以说已形成基本的理论共识,尽管在具体论证上还存在一定的差异,目前争议较大的是言论自由理论。第二大领域的理论成果,则主要涉及每项具体权利的理论基础、制度保障和行使困境、域外经验介绍、保障权利有效行使的对策等等。但也有的权利,如取得国家赔偿权、信访权问题的研究,目前还主要是作为相应具体制度完善研究的附带话题被涉及,尚缺乏系统的专门研究。

本书无疑从上述两大领域的理论成果中获得了大量借鉴和启示,可以说,没有这种借鉴和启发,本书的基本理论论证将难以启动和展开。但本书的主要理论建设目标是,系统深化、创新和拓展公民监督权研究的三个重要层面的理论论证。

其一,深化论证公民监督权的基础理论。

我国公民监督权的政治和社会本体基础是什么?其本质属性及价值目标为何?其在公民基本权利体系及政治权利领域中具有何种特殊地位和具体特征?其对当代中国公民享有自主平等的权利人格这一根本法律主体地位有何特殊意义?公民监督权法律关系具有怎样的特殊结构和要素?如何确定公民监督权利体系或具体权利类型?它们之间应存在怎样的结构性关系?这些问题,必须认真对待和深入思考。否则,对公民监督权的研究,从一入手就可能是浮皮挠痒,难得要领。

先就公民监督权的概念定义而言,其必须准确表达公民监督权的本质属性和社会价值目标等内涵。但现有研究成果,多忽略了我国宪法规定的公民监督权的根本国体和社会基础,忽略了其是实然权利与应然权利统一的、具有特殊历史规定性的公民权利,而偏重于以法教义学或法解释学①的方法界定其概念,缺乏对公民监督权的基本语义结构以及公民监督权的特有属性的应有关注,也没有很好地遵守概念界定的基本准则。因此,本书还得从界定公民

———————————

① 法解释学乃 Rechtsdogmatik 的翻译,又译为法教义学、法释义学、法教条学,指固有意义的法(Rechtswissenschaft),其主要活动包括对现行有效法律的描述、对现行有效法律从事概念体系研究,以及提出解决疑难问题的建议(规范实践)。法释义学具有如下功能:体系化功能、稳定功能、减轻论证负担功能、修正与更新功能。参见王泽鉴:《法释义学——比较法与案例研究》,北京大学出版社 2013 年版,第 5—18 页。笔者认为,从我国现行宪法相关条款规定出发,进而引出公民监督权概念的内涵思考路径,是典型的法解释学方法论视角。

监督权的基本概念做起。这里先强调,公民监督权概念问题研究,是全面研究公民监督权其他问题的基本出发点,对其科学界定,应该注意如下几个方面:一是注意从语义分析的逻辑与实证相统一的视角,观察公民监督权的内涵;二是从本质论视角观察公民监督权的内在含义;三是注意从应然与实然相比较的视角考察;四是注意矛盾的特殊性视角考察。读者将在后文看到这种理论论证的努力。

再就公民监督权的具体权利种类而言,也可理解为整体性公民监督权的范围,但实为公民监督权的基本权利体系问题。因为任何体系性事物,不仅包括具体要素的范围或种类问题,更包括这些要素的结构性位置问题,即相互之间稳定的、有规律的联系。公民监督权利体系同样不能例外。但现有成果,仍多以宪法规范解读的法教义学方法,或者秉持权利传统类型划分的方法,对公民监督权的具体权利类型或范围加以取舍。需要指出,是否把本书将论证的九项具体权利纳入公民监督权体系,尽管不妨碍研究者对其研究的兴趣程度,但如果说也不会妨碍研究者对它们各自进行深入的研究和论证,则是一种表面化的见解。一方面,是否承认它们的监督权属性或地位,对于公民监督权利体系的内涵、要素、结构和功能的理解,对于公民监督权充分的法律构建和有效行使,会产生根本或重大影响;另一方面,也会严重影响对相应具体权利的基本地位、属性、价值和功能的全面把握,影响相应权利充分的法律构造和有效行使。前者意味着,作为整体性的公民监督权,如果基本体系的内涵、要素和结构出现缺失,其功能必然缺失;后者意味着,如果否定或淡化某个公民权利本身具有的相应监督权的重要属性和功能,该权利充分的法律构建、保护,功能的发挥等,也必然是残缺不全,大受影响。因此,是否把相应权利准确地纳入公民监督权体系或范围,并合理确定其在整个公民监督权体系中的结构位置和不可替代的特定功能,对整个公民监督权体系的法制化构建和保护,包括对相应具体公民监督权利的法制化构建和保护,以及对它们的相关理论研究水平,都会产生重大影响。

如何才能科学地确定我国公民监督权的基本范围或权利体系,确认其具体的权利种类呢?显然,简单采取法释义学的方法,即根据我国宪法相关规范的规定,并不能真正解决问题。因为我国宪法相关条款,尤其是第41条的规定也并不明确,所以才引发了不同的理解和争论。而且,从根本上讲,我国宪法对公民基本权利的规范确认也存在一些明显的问题,主要包括因时代限制造成的权利确认漏项,规范表达的不完整、不规范乃至存在歧义,很有进一步提升和完善的必要。同时,在我国学界和实践中,也一直存在通过宪法条款的隐含力确认公民基本权利的主张。因此,应该将我国公民监督权的体系状况理解为:一个总体上有宪法规范依据,但实践中应作开放性理解,需要充分合理地确认其具体权利种类的、正处在建设中的基本权利体系。

这一权利体系的范围,要根据监督制约权力的现实需要,依据结构和功能相统一的科学方法,来合理确定。要言之,必须依据公民监督权总体上应充分有效发挥的监督制约公权力的根本功能,确定本身具有相应监督职能的具体公民权利作为公民监督权的要素必须被纳入该权利体系,因为其具有必不可少的且为其他具体权利不可替代的重要监督功能,而且对其他同样必须被纳入的具体公民监督形成一定的支持、并存性互补或补充功能,彼此一体共存性地促成了公民监督权整体功能的发挥。这也要求各具体权利的结构位置,不能都是简单并列的关系,而应该有多样性的合理结构关系,包括基础依靠、并存互补、主辅互补、相互依赖等结构关系。本书将采取这种方法,以求合理地确定我国公民监督权的体系范围。

公民监督权基础理论的其他几个方面,包括公民监督权在公民基本权利及政治权利中的特殊地位、基本法理基础、法律关系的特殊结构和基本要素等问题,也都必须予以更深入准确的把握。只有如此,才能真正有效开展公民监督权其他层面问题的创新研究。关于本书的这部分内容,一些理论观点的科学与否,是必须永远留给读者判定的,但观点的新颖性和冲击力,还是值得期待的。

其二,创新形成公民监督权法制构建的系统理论。

已有的一些研究成果,确实也聚焦了我国公民监督权行使的困境及其成因问题,并针对性地提出了对策性建议。如关于公民监督权行使存在困境的成因,多数学者都强调三个方面的原因:其一,在思想意识方面,公民行使监督权意识不强,公权主体守法和接受监督意识不强,领导对公民监督不重视,或者说,公民作为监督权行使的主体,存在政治地位与法律地位的不符;其二,在公民监督权的行使环境和条件方面,政治信息不够公开,公民知情权保障不到位,监督权行使的壁垒较高;其三,在公民监督权行使的机制方面,缺乏必要的保护机制、奖励机制、回应机制、权利救济机制和严厉惩戒机制等,或者说缺乏政治权利意义上的表达自由。① 还有人认为,当前我国监督权不畅的原因是:(1)公民监督权的法律保障欠充分;(2)公民监督权的组织化程度较低;(3)公民监督权的社会意识较薄弱;(4)公民监督权行使的成本过高。② 基于这种困境及其成因把握,已有成果也提出了针对性建议。如有人主张:"扩大和保障公民的民主权利,健全公民的信访举报制度,完善公民的集体利益表达机制,是优化我国公民对政府监督的主要制度措施。"③有人主张,当前应重在培养公民文化,强化监督意识。国家和政府要对人民大众进行各种教育和引导,倡导公民积极参与政治事务,从而使公民形成有效的监督权。④ 有学者重点强调公民监督权行使的基本条件:(1)提高公民监督权行使的组织化程度,包括两个方面,首先是以社会组织的形式表现出来的公民监督,其次是作为外部监督形式的公民监督与政治体系内部监督的联系;(2)适时引入公益诉讼制度,充分发挥公民诉权监督的作用;(3)强化公民监督同人大监督的结合,建立人大监督专员制度。⑤ 更多的学者则主张采取综合措施应对:(1)培养公民法律信仰,重视公民权利意识;(2)完善公民监督权的制度保障;(3)拓展深化公民监督权内涵,完善配套法律体系;(4)政府价值理念的转换亦是完善公民监督权的应有之意。⑥ 总之,关于公民监督权行使的完善,学术界多主张在思想意识、法律保障和具体制度完善三个层次上下功夫。

公民监督权在实践中运行不通畅,找原因并不难,但是要找准原因却需要深思熟虑。原因不是越多越好,而是要准确认知,找到问题的根本症结所在。公民监督权有效行使,从根本上讲要靠有效的法律保护来实现,但这种保护不是消极的保护,而是要赋予公民监督权必要的、法律充分保障的社会影响力,在此基础上再强化公民和官员对公民监督权的相应意识。因此,公民监督权

① 参见邱威:《公民监督权弱化的原因与对策》,《武汉公安干部学院学报》2011 年第 1 期;唐杏湘:《论我国公民监督权的实现》,《武汉理工大学学报》(社会科学版)2011 年第 3 期;原新利:《对政府官员的"人肉搜索"与公民监督权实现的路径困境》,《齐鲁学刊》2009 年第 4 期。

② 参见程竹汝:《完善和创新公民监督权行使的条件和机制》,《政治与法律》2007 年第 3 期。

③ 李涛、刘雪焕:《扩大公民有序政治参与,完善权力监督制约机制》,《政治学研究》2008 年第 3 期。

④ 参见丛日云:《构建公民文化:面向 21 世纪政治学研究》,《政治文化研究》2010 年第 1 期。

⑤ 参见程竹汝:《完善和创新公民监督权行使的条件和机制》。

⑥ 参见葛展宏:《浅析法治社会建构中公民监督权的完善》,《科技创业月刊》2006 年第 10 期。

整体上缺乏真正的法律制度化存在,才是根本原因。同样,从根本上讲,基于公民监督权运行机制的内在逻辑结构,通过法律制度的完善,构建内容和能力充足的公民监督权,才是真正解决问题的关键。离开此点提出所谓对策,要么是各种措施泛泛而谈,仍然是在提出和罗列问题;要么是过于凸显某一权利、某一机制的重要性而忽略公民监督权法律制度的系统完善问题,使人不明就里,也难以对症下药。

法律调整的社会关系必须具有客观现实性,但现实性的社会关系并不仅限于现存的社会关系,还包括具有现实存在可能性的、值得追求并可有效形成的社会关系。这种具有现实可能性的社会关系,以一定的现存社会关系为依据,但又是对它的修正、完善和超越。这是人类社会不断进步的基本逻辑,也是法律这种现代社会最重要的社会规则应有构建功能的本质所在。公民监督权监督制约公权力的关系,是我国特殊国体和社会基础所内在要求的具有客观现实性的社会关系,但又是必须通过法律制度的建设,予以精细化构建的社会关系。宪法规范对公民监督权的确认,仅仅是最基本的起点。如果没有相应的宪法实施制度及其机制的构建,没有具体法律法规对相应权利的进一步确认和保障,构建起精细的公民监督权利有效制约权力的具体法律机制,整体上就只能是一种制度期待而不是实存。

但公民监督权的法律制度构建需要以何为基本抓手?或者以何为根本环节与标准?无疑,在公民监督权有效监督制约权力的矛盾运动中,必须要让公民监督权成为矛盾的主要方面。要通过法律制度的充分确认、保障,让公民监督权体系成为货真价实的法律制度化权利,成为"剑盾合一"的监督控权"利器"。这无疑是一个权利能力的法律赋予或确认、保障问题。这就要求我们,必须借鉴并创造性地发展基本权利的基本权能理论,采取一般与具体相结合的方法,系统论证公民监督权体系各类具体权利的基本权能的构建要素,为公民监督权的法律制度构建提供真正有针对性的理论支持。

因此,本书最根本的理论建设任务,是围绕公民监督权行使存在困境的问题展开深入研究,进一步创新性完善和运用笔者在其他作品中提出的公民基本权利的基本权能理论,根据一般与具体相结合的原理,系统形成论证公民监督权法制构建基本机制的理论,真正突破"所提出对策实质上仍然是罗列问题"的理论窘态。

其三,拓展论证公民监督权与权力监督制约权力体制一体互动关系的理论。

这是现有成果整体上没有给予重视的理论问题,至多给予了简单化处理,认为两者虽有一定关涉但关系简单明了。如简单认为,公民监督权的有效行使,离不开权力监督制约权力体制的有效支持和保障,而后者的有效运行也同样离不开前者的支持。但事实上,只有基于对我国公民监督权法制化构建和行使机制的深入理解,才能真正了解我国公民监督权体系与权力监督制约权力体制内在一体并存的互动关系,它们构成了整个权力监督制约体系的两大核心要素。

权利是社会主体依法享有的利益主张或客观影响能力。在诸多情况下,其会因为义务主体主动或迫于相应的社会压力承担履行义务而顺利实现,这既包括存在权利主张的情况,也包括不存在权利主张的情况。但在诸多情况下,因为义务主体违反了义务的承担履行,一般社会压力也没能促使其承担履行义务,这时,权利主体要实现权利,就只能向公权主体提出诉求,通过公权力救助处理机制,实现权利救济,迫使义务主体履行相应义务,承担相应责任。由于公民监督权利法律关系承载利益的对立性,其针对监督对象的权益可得到直接实现的情况并不多见,因此,它通常要借助特定公权主体监督制约体制的运行来实现。由此,形成了公民监督权对特定公权主体的权利主张或客观影响能力,甚至可以说,多数公民监督权主要就体现为对特定公权主体的这种权利能力,呈现为救济权利的一定属性。这种权利能力,表现为这些公权主体要作为与公民监督权对应的义务主体,承担相应义务。这些义务承担,不管是积极的还是消极的,都意味着特定公权主体的相应权责设定,需要相应的行使监督权力、履行监督职责的行为去落实,它们本身就构成了权力监督制约权力体制的重要组成部分。可以说,我国的国体和国家治理现代化战略都决定,必须构建充分尊重和保障公民监督权的权力监督制约权力体制,这种体制本身就是公民监督权得以充分行使和实现的重要制度机制,它以公民监督权的有效行使为基本目的之一,也以公民监督权的有效行使为自身运行的重要动力机制。

这种认知,将促使本书高度重视对公民监督权与权力监督制约权力体制关系的深度揭示,论析两者在我国权力监督制约体系中一体同构、功能耦合、良性互动的关系。

三、 理论与现实的辩证统一进路

本书是基础理论研究,但又是基于我国公民监督权行使现状来科学归纳问题、解决现实问题的理论研究。本书呈现给读者的基本研究进路是,从抽象到具体,从具体再到抽象,从抽象再到具体的研究思路,即抽象—具体—再抽象—再具体的研究进路,体现了理论与现实的辩证统一。

首先是抽象研究。重点研究分析我国公民监督权的基本概念、本质属性、理论基础、公民监督权的法律关系要素、公民监督权利体系的基本结构和种类(即包含的权利亚板块和具体各项权利)等。该部分即第一章内容,从一般理论问题出发,重点对公民监督权基本理论问题进行梳理,力求准确把握公民监督权的科学范畴、本质属性、价值基础。在此基础上,再准确把握公民监督权利体系的具体逻辑结构和权利种类,为科学把握我国公民监督权的法律保护程度、行使状况,以及公民监督权有效行使的法制化构建,提供必要的理论支持。

其次是具体研究。该部分作为第二章内容,客观分析我国各项公民监督权立法保护和具体行使现状,指出我国公民监督权法律保护和有效行使的严重不足。在这方面,国内相关研究结论和相关部门提供的具体数据将被大量引用,并通过典型案例和必要的法条分析来说明问题。

再次是回到新的抽象理论构建。我国公民监督权立法保护和行使状况存在不足,需要对问题的本质进行深刻把握。这要求借助更加具有解释力的公民基本权利基本权能理论,对其应具有的权能及其现实不足进行把握。因此,在本书第三章中,笔者进一步创新性地论证了公民基本权利基本权能的理论,并用之一般性地分析公民监督权基本权能的基本内容和特征,分析与其对应的义务设定和承担的一般规则。显然,这种层面的抽象理论研究,是为了构建能更深刻地揭示问题和更有效地解决问题的理论基础。

最后是再回到现实具体问题的论证。在完成深化问题认知并为解决现实问题提供支持的理论创新后,还必须重新回到现实。本书第四章内容,立足于公民监督权基本权能的分析框架理论,按照一般和具体相结合的原则,论证我国公民监督权及其各项具体权利的基本权能的充分构建,分析我国公民监督权有效行使和制约公权力的内在法律逻辑及其构造。第五章内容则立足于中国当下,讨论公民监督权行使与权力监督权力体制一体运行、相互耦合借力的内在关联逻辑,论证合理的权力监督权力体制对公民监督权充分行使的重要保障作用,以及公民监督权的充分行使对权力监督权力体制有效运行的根本驱动作用,分析两者的良性互动能实现体制性的有效控权反腐的机理和作用。

第一章　我国公民监督权的基本理论问题

尽管我国宪法相关条款明确规定了公民监督权的一些具体权利，但有关公民监督权的概念、本质属性、基本价值定位、法理基础、法律关系的要素和权利体系等问题，都还存在较大的争议。尤其是公民监督权的概念、本质属性和权利体系，事关对公民监督权的准确理解，更关涉对公民监督权体系的具体权利种类、结构位置和总体功能的科学把握，对科学评估我国公民监督权的行使状况，进一步通过法律制度建设，充分保障公民监督权的行使和功效，具有基础理论指导意义。因此，必须立足于科学的方法，进一步阐释公民监督权的基本理论问题。

第一节　公民监督权的概念、本质属性和基本特征

一、 关于公民监督权概念的不同观点及评析

公民监督权是我国宪法规范确定的公民基本权利，是一个应由若干具体权利内在组合而成的"权利群"或"权利体系"概念。《中华人民共和国宪法》（以下简称《宪法》）第 41 条明确规定："中华人民共和国公民对于任何国家机关和国家工作人员，有提出批评和建议的权利；对于任何国家机关和国家工作人员的违法失职行为，有向有关国家机关提出申诉、控告或者检举的权利，但是不得捏造或者歪曲事实进行诬告陷害。对于公民的申诉、控告或者检举，有

关国家机关必须查清事实，负责处理。任何人不得压制和打击报复。由于国家机关和国家工作人员侵犯公民权利而受到损失的人，有依照法律规定取得赔偿的权利。"该规定通常被认为是我国公民监督权的最高法律渊源。事实上，除了该条的规定以外，《宪法》还有若干条款同样构成了公民监督权的宪法渊源。具体包括《宪法》第3条第2款，第27条第2款，第102条第2款等。但是，由于我国没有也不可能制定一部具体的法律统一规范公民监督权的行使，并且公民监督权利体系的诸多具体权利确实具有多重属性，加上理论思考和认知的不足，导致目前无论是在理论上，还是在实践中，人们对公民监督权的概念、基本属性和具体范围的理解存在着众多不同见解。目前对公民监督权的概念就主要形成了如下主张。

"集合概念说"。又可称为"复合概念说""综合概念说"。持该观点的研究者认为，公民监督权是一个集合性或复合体概念。它是公民基于宪法、法律的规定，在国家权力行使过程中，通过政治参与的公意表达或者维权活动对公共权力的运行进行监察督促的权利群。如有人认为："所谓的公民监督权乃是指我国宪法规定的一系列权利，由批评建议权、申诉、控告、检举权和取得国家赔偿权等诸多具体性权利相互结合而成的、具有多种权利属性的复合性权利。"[1]"公民监督权是从批评权、建议权、申诉权、控告权和检举权等权利中提炼概括出的综合性概念。"[2]

该说准确地把握到公民监督权是一个权利体系、权利群或权利板块，是集合性母权利，其中还包括许多子权利或具体权利项。但这个概念的具体界定有其自身的局限性，这主要表现在：一是界定的概念理论依据和前提不准确。这类概念界定多认为，公民监督权的享有是"基于人权和宪法"或"基于宪法、法律的规定"，或者声称"公民监督权乃是指我国宪法规定的一系列权利"，抑或"公民监督权是从批评权、建议权、申诉权、控告权和检举权等权利中提炼概括出的综合性概念"。这些表述对公民监督权的定义是不准确的。其关键点在于，公民监督权作为我国公民的基本权利是一种应然性权利，也是一种特定历史性权利。从应然性权利的视角观之，我国公民具有此项权利，是公民作为人民共和国家组成分子的当然的法律身份权利，是作为现代民主国家组成分

---

[1] 王月明：《中国近现代监督权利研究》，华东政法大学博士学位论文，2008年，第21页。

[2] 吕皖颍：《浅论保障公民监督权》，《安徽行政学院学报》2013年第1期。

子的公民个人的天然权利。从历史性权利视角观之,我国公民的这项权利,是在我国经过深刻的社会革命后,在特定的国体和社会基础上获取的一种宪法权利。因而,公民监督权从表面上看是"基于公民身份"或者是基于"一国的宪法、法律规定",实质上是基于世界和中国长期的社会文明、政治文明演进的结果。正是在此意义上,将公民监督权的来源仅仅着眼于现行制度规定的基点,继而以此为基础界定公民监督权是不准确的,它忽略了公民监督权是应然性权利与实证历史性权利的统一这一特质,而只注意了其表面的法律属性的一面,显然是片面的。二是解释视角的偏差。该说在界定公民监督权概念内涵时主要运用的是一种法解释学的方法。建立在法解释学基础之上的公民监督权概念,难免无法脱离机械认识论的范畴。如前所述,从我国现行宪法相关条款规定出发,进而引出公民监督权概念的内涵思考路径,是典型的法解释学方法论视角。法解释学视角固然为我们认识公民监督权提供了初步的思考框架,但是,由于它无意中掩盖了对事物矛盾特殊性的内在质的规定性的探求,容易使得人们认识事物仅仅停留在法律规范的浅表层面。

"基本权利说"。该说认为,我国公民监督权是一项有关公民在政治社会生活中的基本权利。有人认为:"监督权是我国现行宪法所确立的公民的基本权利之一,指的是公民监督国家机关及其工作人员活动的权利。"[①]也有人认为:"监督权是宪法规定的公民基本权利之一,是公民监督国家机关及其工作人员的活动的权利。其基本内容包括:批评、建议权;控告、检举权;申诉权等五项权利。"[②]还有人认为:"公民监督权是在我国人民代表大会制度基础上的接近于请愿权、诉愿权、参政权等概念,但在内容上明确具体、在行使上开放丰富的更符合中国国情的一项独特的基本权利。"[③]

"基本权利说"强调了公民监督权在政治法律权利体系中的地位,突出了公民监督权在宪法权利体系中的重要位置。但是,由于它同样没有关注公民监督权的基本语义结构,以及公民监督权的特有属性,因而,在界定公民监督权内涵的过程中,并没有特别凸显公民监督权区别于其他基本权利的重要特质。此外,该说在界定公民监督权时,仍然没有打破法解释学的藩篱,终究是

---

① 许崇德等编:《宪法》,中国人民大学出版社 2007 年版,第 214 页。

② 韩大元:《宪法学基础理论》,中国政法大学出版社 2008 年版,第 310 页。

③ 王月明:《公民监督权体系及其价值实现》,《华东政法大学学报》2010 年第 3 期。

建立在当前宪法具体条文款项上的理论推演或抽象,因而不能在概念范畴意义上准确地揭示公民监督权的特有内涵。

"民主监督权利说"。该说认为公民监督权是指公民在国家政治生活中行使的一种民主监督权利,是公民行使民主权利的重要形式。如有人认为,所谓公民监督权,"是指公民对国家机关及其工作人员在执行公务中出现的缺点、错误、违反党的政策和国家法律,违反党纪、政纪、法纪或触犯刑律的事实行为,以批评、建议、申诉、控告、检举、举报等方式,向国家机关或职能监督机关或部门提出的权利,是公民实现民主监督的一种权利"①。

该说将公民监督权界定为一种民主监督权利,在某种意义上揭示了公民监督权内蕴的重要民主政治价值,包括其民主制度基础和民主参与需求。但是,这个概念界定同样有其自身的一些缺陷:一是欠缺概念界定的凝练。该概念界定过程更多倾向于事实上的描述,而缺少对公民监督权实际特质的洞见。二是未遵循概念界定的基本规则。就定义的一般规则来看,定义是对概念的内涵或词语的本质意义所做的简要而准确的描述或界定。定义最为简要的目的即是实现对事物之间的有效区分,为人们认识理解事物提供某种标准或参考指标。将公民监督权定位在民主监督权利的属性,并不是完全准确的。因为尽管公民监督权以民主的国体和政体为基础,也体现了追求和实现人民主权的价值,但却不一定都是以民主参与的形式进行的,因此,用民主监督权利这个范畴,并不能完全装下"公民监督权"概念的丰富内涵。三是这个概念界定中大多提到"公民监督权是向国家机关或职能监督机关或部门提出的权利",这一判断并不准确。公民监督权行使的方式与途径在实践中是多样化的,并不是必须直接向国家机关或职能监督机关提出。实际上,在现代信息技术日新月异的时代,公民通过博客、微信、微博、社交论坛等途径都能够实现一定的监督公权力的目的,无需直接向国家机关或职能部门提出,照样能够达到监督效果。

"广义、狭义说"。这是从公民监督权涵盖的外延大小的视角,对公民监督权进行界定的一种理论观点。该观点认为,广义的公民监督,泛指公民依据主权在民原则和宪法、法律赋予的权利,为了实现自己的民主权利,对国家和社

---

① 黎美义:《谈谈公民监督权的强化与保障》,《法学家》1989 年第 6 期。

会施加影响的一切活动;狭义的公民监督,则是指公民基于宪法和法律所赋予的权利,对国家机关及其工作人员所进行的监督。如有人认为:"广义的监督权是指公民对一切公共权力进行监督的权利,包括社会监督和政治监督。……作为公民民主权利的监督权,仅指公民依法享有的对国家机关的活动及国家机关工作人员的行为进行监督的权利。"[①]

该说是从监督的面向、监督的对象层面对公民监督权的界定。"广义说"将公民监督权指向国家与社会两个层面,针对一切公共权力和公共事务。"狭义说"将公民监督权指向国家机关及其工作人员的公务行为。应该说这两种关于公民监督权的界定都有其合理性。就宽泛意义上说,一切公权力和公共事务的运作行为都应该纳入监督的体系,公民监督权可以针对任何公共权力和公共事务,监督无禁区。但是,当人们论及公民监督权时,特别是在深入研究公民监督权内容体系的过程中,其最终的目的是要实现公民监督权的制度化构建及其机制性创建,因而,对公民监督权概念的界定需要服务于制度构建而不能漫无边际。公民监督权的"广义说",毫无疑问将有关公民监督权概念设定得过于广阔,并且对公民监督权缺乏语义和实质上的细致解构,从而不能对人们认识、理解公民监督权起到预期的效用。"狭义说"基本上划清了公民监督权与国家权力的二元界限,将公民监督权指向的对象界定为政治国家,这是公民监督权的基本要义。但是,由于"狭义说"相关观点有时也不尽一致,不能一以贯之地贯彻其内在意思。此外,由于在定义规则以及解释方法上的限制,"狭义说"也不能完美地将公民监督权内涵详尽表述。

笔者认为,对公民监督权概念的界定,应该注意如下方面:一是注意从语义分析的逻辑与实证相统一的视角,观察公民监督权的内涵。语义逻辑的视角是实现概念界定的基本方法,实现概念界定,如没有遵守基本的规则与方法,往往不能对事物认识产生理想的效果。认识事物,其核心要义在于揭示事物的矛盾的特殊性,事物本身即是矛盾体,此一矛盾与彼一矛盾之间关系如何,端赖矛盾的特殊性揭示。因此,在将公民监督权从各种具象中抽象概括的过程中,必须恰当地运用语言逻辑以及定义的基本规则,只有这样,才能将所欲说明的公民监督权内涵用准确、精练的语言解释清楚。二是注意从本质论

---

① 李步云:《人权法学》,高等教育出版社 2005 年版,第 204 页。

视角观察公民监督权的内在含义。公民监督权利是一种怎样的权利？与其他基本权利有何异同？公民监督权利与其他监督权利以及权力监督等概念之间有何差异？这些问题都要透过事物的表面深入事物的本质进行考察，对公民监督权如果不能事先透过表面的现有宪法或法律条款的规定去认识、理解的话，就容易停留在浅层面。公民监督权概念的界定需要结合它产生的历史背景、理论基础、内在本质属性等诸多要素进行综合考量。三是注意从应然与实然相比较的视角考察。公民监督权概念的界定，不能仅仅局限于对现行宪法与相关法律条款的认知，而应该放眼公民监督权发展的历史状况与现实逻辑。单从有关公民监督权的法律条款对公民监督权概念进行界定很显然是片面的，不能有效解释公民监督权的真实内涵。易言之，法解释学的方法不能实现公民监督权利概念的科学构建。四是注意矛盾的特殊性视角考察。对公民监督权的主体、内容、对象、性质等视角进行综合考量，应能够使得公民监督权概念作为一个重要的宪法性概念而区别于其他类似概念，取得其自身存在的内在规定性。公民监督权利概念的界定，如果不能使此一概念区别于其他与监督权相关的概念，体现出公民监督权这一权利板块的特有结构和功能的统一，则该概念的界定即是失败的。所以，对公民监督权概念的界定，需要运用比较的方法，以实现其与类似概念的区分，突出公民监督权作为宪法性权利的特殊性。

二、 对公民监督权基本属性的不同认知

目前，学者在公民监督权的基本属性的宏观方面形成了基本共识：公民监督权属于宪法确认和保障的公民基本权利，属于基本人权的范畴。但在公民监督权的具体权利属性的认知上，却形成诸多不同观点。具体可归纳评析如下。

公民政治权利之民主参与权利说。该说认为《宪法》第41条规定的六项权利属于"公民的参政权"或"公民的政治参与权"。[1] 如李步云教授认为，公民监督权是公民参与国家政治生活最重要的权利之一。作为公民民主权利的监

---

① 参见魏定仁等：《宪法学》，北京大学出版社2001年版，第419页。

督权,仅指"公民依法享有的对国家机关的活动及国家机关工作人员的行为进行监督的权利"①。宁立成认为,公民监督权是一种政治性权利,是"公民针对国家机关及其工作人员实施的监督,其出发点是社会公共利益,有一定的参政性"②。原新利认为,公民监督权作为公民参与并影响政治生活的权利,是公民针对公共权力所享有的要求公共权力正确行使及保护其私权之权利,"是公民参与社会政治生活不可或缺的重要权利,具有必需性和不可替代性"③。还有人认为,从广义上讲,公民监督权的性质可以从两个方面进行理解。一方面,公民监督权是一种人民当家作主,参与国家事务管理的权利。在我国,人民行使国家权力的方式主要有两种:一是选举,一是监督。另一方面,监督权中的申诉、控告、检举的权利则又包含着公民、法人或其他组织纯粹针对国家机关及其工作人员侵犯其自身权利时,向有关国家机关进行申诉、控告或者检举,要求有关国家机关为一定的行为,对其权利进行救济的权利,所以从性质上看,此时的监督权严格来说,并不具有政治参与的性质,它更倾向于是一种程序性的权利。对公民监督权的主要属性,应侧重于第一个方面的理解。④ 更有学者倾向于将公民监督权理解为仅包括批评权和建议权,认为它们体现了人民主权和人权的双重属性,主张将人民主权的运作机制建立在协商民主下的公共舆论的基础上,使其在保障人权的前提下更为有效地运行,从而将公民监督权理解为不可缺少的、典型的民主参与权利。⑤

一种独立的公民政治权利说。该说认为,监督权是一种不同于政治自由权和参与权的独立政治权利体系。陈焱光认为,监督权是一项概括性的基本权利,是带有责任色彩的社会主义社会公民的政治权利,兼有参政权与受益权的双重属性,"该权利体系中既有直接意义上的监督权,如批评权、建议权和检举权,也有救济(受益)意义上的监督权如罢免权、控告权和取得国家赔偿权

---

① 李步云:《人权法学》,第 204 页。
② 宁立成:《论公民监督权的社会价值》,《理论月刊》2007 年第 3 期。
③ 原新利:《对政府官员的"人肉搜索"与公民监督权实现的路径困境》。
④ 参见陶锡文:《论微博实名制对公民监督权的消极影响》,南京师范大学硕士学位论文,2013 年,第 6 页。
⑤ 参见李洋:《监督权的双重属性与重构——解读中国宪法第 41 条》,《西部学刊》2014 年第 7 期。

等,是一个内容十分丰富的概括性基本权利"①。值得注意的是,持有这种观点的学者,仍然偏重于强调公民监督权的政治参与性、受益性或救济性,没有能深刻揭示公民监督权的特殊性或专属价值,只是同义反复地强调:"公民监督权就是公民有权监督国家机关和国家工作人员活动的权利。"②

请愿权说。该说认为,请愿权是各国宪法和我国近代宪法规定的权利,所谓请愿权"是指公民为了维护自身权益或团体利益、公共利益,就特定事项向有关国家机关表达意见,要求其为或不为一定行为的权利"③。我国《宪法》第41条规定的批评权等六项权利是请愿权的观念发展形态,也就是在实质上属于请愿权。"从这六项权利来看,'监督权'基本上仍近似于或相当于传统宪法学上所说的请愿权,即人们对国家或其他公共机关就一定事项而提出希望、不满与要求的一种权利。"④

复合性权利说。该说又可以分成四种情况。其一,认为公民监督权总体上类似于请愿权的观点,同时也多认为其是复合性权利。有学者认为,鉴于其内容的复杂性,以《宪法》第41条规定为文本分析对象,可分为政治性的权利和非政治性的权利。⑤ 还有学者将公民监督权理解为诉愿权,认为诉愿权包括批评权、建议权、检举权等政治权利与申诉权、控告权、取得国家赔偿权等非政治上的权利。⑥ 其二,认为公民监督权是一个不同于请愿权和政治权利的特殊权利体系的学者,也强调其具有复合性和开放性。如王月明认为,所谓的公民监督权乃是指我国宪法规定的一系列权利,"由批评建议权、申诉、控告、检举权和获得国家赔偿的权利等诸多具体性权利相互结合而成的、具有多种权利属性的复合性权利"⑦。公民监督权的具体内容既有性质上的不同,"还存在着结构上的差异,即有着政治性权利和非政治性权利、实体性权利和程序性权利等交叉的状况"。"广义的公民监督权既包括《宪法》第41条所涵盖的权

---

① 陈焱光:《公民监督权:学理、规范与实现路径》,载许崇德、韩大元主编:《中国宪法年刊》,法律出版社2008年版,第98页。

② 原新利:《对政府官员的"人肉搜索"与公民监督权实现的路径困境》。

③ 王月明:《公民监督权体系及其价值实现》。

④ 韩大元等:《宪法学专题研究》,中国人民大学出版社2004年版,第405页。

⑤ 参见林来梵:《从宪法规范到规范宪法》,法律出版社2001年版,第148页。

⑥ 参见张化冰、陈玉梅:《公民诉愿权行使与司法宣传工作机制的创新》,《安顺学院学报》2015年第1期。

⑦ 王月明:《中国近现代监督权利研究》,第21页。

利,还涉及言论、结社、集会、游行、示威、通信等自由。可见,公民监督权是一个权利群,是集合了诸多相关权利的庞大权利体系。"① 还有学者认为,将这些权利统称为监督权是没有问题的,它们只是在功能作用方面不同而已,可将公民监督权分为批评、建议权,申诉、控告权和检举权这三种基本类型。其中,批评、建议权和检举权属于督政性的监督权,申诉、控告权及取得国家赔偿权属于维权性的监督权。② 其三,认为公民监督权具有多类型公民民主权利的复合性,即公民监督权是公民基于宪法、法律的规定,在国家权力行使过程中,通过政治参与的公意表达(如通过选举、罢免、批评、建议、舆论监督等方式)或者维权活动(如通过申诉、控告、检举和取得赔偿等方式)对公共权力的运行进行监察督促的权利群。作为权利体系,公民监督权内容很广泛。它既包括核心权利的批评权、建议权、申诉权、控告权、取得赔偿权和选民的罢免权(选民的罢免权是选民对自己选出的代表行使监督权的有效武器,属于公民监督权体系),还包括外围权利的言论自由、集会、结社、出版、游行示威自由等权利。这些监督权利相互配合、相互协调、相互补充,构成了完整的公民对国家权力的监督和制约体系。它们本质上属于宪法规定的最基本的民主权利。③ 还有学者认为,在我国,广大人民群众对国家机关及其工作人员活动的知情权、参与权、表达权和监督权,都应属于公民监督权的概念范畴。④ 其四,认为我国《宪法》第 41 条既规定了监督权又规定了请求权,主张前者包括批评权和建议权、控告权与检举权,后者包括申诉权和取得国家赔偿权,两者的权利属性和行使目的不同,但在内容上相互交叉、渗透,在功能上互存互补。⑤

此外,还有权利救济权说和受益权说等主张。前者是我国台湾学者陈新民教授的观点。⑥ 后者为日本学者杉原泰雄所主张。⑦ 对这些观点,虽然中国

———————

① 王月明:《公民监督权体系及其价值实现》。
② 参见陈党:《宪政视野下的公民监督》,《苏州大学学报》(哲学社会科学版)2008 年第 2 期;《论公民监督权的行使》,http://www.110.com/ziliao/article - 181450.html,2011 年 10 月 15 日。
③ 参见毛超林:《中国当代公民监督权问题研究》,广州大学硕士学位论文,2011 年,第 10 页。
④ 参见吕皖颖:《浅论保障公民监督权》。
⑤ 参见陈党:《监督权、请求权及其相互关系——〈中华人民共和国宪法〉第 41 条解读》,《理论与改革》2009 年第 2 期。
⑥ 参见陈新民:《中华民国宪法释义》,三民书局 1995 年版,第 327 页。
⑦ 参见杉原泰雄:《宪法的历史——比较宪法学新论》,吕昶、渠涛译,社会科学文献出版社 2000 年版,第 122 页。

大陆学者简单认同的不多,但两种学说对主张复合权利说观点的学者还是产生了较大的影响。

上述对公民监督权基本属性的不同认知,既显示了科学把握公民监督权内涵的复杂性和难度,也反映了人们对公民监督权基本属性的认知分歧,更体现了人们对公民监督权的理解和认知视野的滞后性。人们仍多习惯于从传统宪法理论论证的政治权利、民主权利、救济权利等基本权利的类型视角,解读公民监督权利,或者尚没有从公民监督权特有的功能和法权属性来深刻解读其根本属性,真正认知其专属价值,真正确立其不可替代的独特地位。把本质属性的认定,当成了在原有权利体系概念中的归类。

在社会主义中国,为什么要在《宪法》中规定公民监督权这一西方国家宪法普遍没有明确确认的权利? 其背后隐含了怎样的政治制度设计和理念? 笔者认为,要真正科学地把握公民监督权的概念和基本属性,需要我们利用语义分析方法,结合概念的知识史进行考察,对其概念做认知上的系统梳理;同时分析考察其特有的政治基础,进一步创新思考,准确考察公民监督权的概念和本质特征。

三、 公民监督权概念和本质属性
——基于语义分析、知识史和特定政治基础的界定

从基本的语义而言,公民监督权由公民、监督和权利三个基本概念或词汇组合而成。三个基本概念或名词的知识史和语义演变,都是异常复杂的学术问题。但对它们进行择要考察梳理,并论证分析公民享有监督权的特定政治基础,有助于我们准确把握公民监督权的概念和本质属性。

(一) 对"监督"一词的考察

在《说文解字》中,可以查到"监,临下也","督,察也",所以监督的最初内涵主要是居高临下者以察看和督促的方式,来预防和纠正被监督者的错误,兼有监视、督促和管理之义。据《史记·五帝本纪》记载,黄帝时代"置左右大

监，监于万国"，此左右大监就是最高权力者派出的监察官，其对管辖的属国行使监察权。从此，一直到清朝，历代统治者设置了诸多具有监察督促职责的官职，如御史大夫、御史中丞、监察御史、刺史、巡抚、总督，有的最终演化为总揽一方疆土事务或特定国家要务的封疆大吏的官职。可见，在中国古代，行使"监督"职责的官职，多是受命于最高统治者来监视、督促下属或同僚官员；监督一词的基本含义是特定官员基于最高统治者授予的监察、督抚的权力，来监视、督促其他官员行使权力。当然，在特定情况下，也表达官员对民众的监视与督促之义。

到了民国时代，孙中山在借鉴近代以来西方分权思想的同时，也继承了中国延续数千年的权力监察制度，在共和国五权分立体制的构想中包括了监察权。孙中山所强调的监督，大约与现代国家体制中权力监督权力之"监督"的含义相当，但他也隐约提到了公民监督权的问题。他主张，所谓"权"大致可分为两类：一类是政权，即人民管理政府的权利，又称民权；另一类是治权，即政府行政的权力，又称政府权。其中，现代社会中的民权必须由选举权、罢免权、创制权和复决权四部分组成，缺一不可。选举权是人民主权最重要的体现，通过选举权的行使，人民将自己的权利转移给政府，由政府作为人民的代议机关处理日常事务，服务于人民。但是，孙中山又强调，仅仅专行这个权利是危险的，因为单独的选举权只有授权而无控权，是不完整的，极易造成政府腐败。因此，必须有一个能把权利收回来的力，才能收放自如，这个力就是罢免权利，同时还要承认人民请愿的权利。这样，孙中山一方面强调权力体系的监督权力——检察权，另一方面又强调了公民享有罢免权、请愿权的重要性——监督政府。①

作为马克思主义政党，中国共产党是追求无产阶级领导下的人民大众掌握国家主权。马克思、恩格斯等马克思主义的经典作家，肯定了卢梭等人提出的人民主权学说。人民主权学说认为，国家权力最终归属于全体人民，国家官员作为人民代表行使权力，来自人民直接或间接的授权，因此应接受人民的监督。这一点，在中华人民共和国开国领袖毛泽东的政治学说中得到了更明确的表达。前述毛泽东与黄炎培在延安窑洞的对话清楚地表明，早在夺取全国

———————————

① 参见武树臣：《中国法律思想史》，法律出版社 2004 年版，第 344—345 页；纪林繁：《网络环境下公民监督权研究》，中国社会科学院研究生院硕士学位论文，2011 年。

政权之前,以毛泽东为代表的中国共产党人,就已认识到人民监督是防止政府腐败的根本途径。由此决定,在中华人民共和国政治话语和基本政治与法律文件里,"权力监督"一词增添了民众作为国家权力的最终享有者监视、督促行使国家公共权力的官员的新内涵。如 1949 年 9 月 29 日通过的《中国人民政治协商会议共同纲领》在"政权机关"一章中明确规定:"人民和人民团体有权向人民监察机关或人民司法机关控告任何国家机关和任何公务人员的违法失职行为。"1954 年《宪法》进一步明确规定:"一切国家机关必须依靠人民群众,经常保持同群众的密切联系,倾听群众的意见,接受群众的监督。""中华人民共和国公民对于任何违法失职的国家机关工作人员,有向各级国家机关提出书面控告或者口头控告的权利。由于国家机关工作人员侵犯公民权利而受到损失的人,有取得赔偿的权利。"至此,立足于中国共产党人民监督和群众监督的政治理念,中国形成了公民监督权利这一宪法基本权利的概念。但此后,由于国家很快陷入阶级斗争扩大化和否定法治的迷雾,一方面,公民监督权被严重政治化而对一般大众来说虚置化;另一方面,公民监督权一度被严重扭曲,成为少数人手中的工具,其"大鸣、大放、大辩论、大字报"的"大民主"方式,严重违背现代民主和法治原则。党的十一届三中全会后,中国告别了"高度集权与高度无政府状态并存,表面上的大民主与实际上的极端不民主并存"的不正常局面,开始了真正追求民主和法治的历程。伴随着现行宪法即 1982 年《宪法》对公民监督权的系统规定,公民监督权作为宪法规范确认的公民基本权利体系,开始得到了很大程度的落实,也取得了一定的成效,成为大多数公民耳熟能详的一个法律名词,尽管多数人仍难以准确地理解其基本含义和权利体系。

(二) 对"公民"一词的考察

现代"公民"一词,则是十足的西方舶来品。在西方,古希腊的雅典等城邦建立了民主政治制度,在此基础上,出现了"公民"的称呼,也称"市民"。但公民的定义,却是个众说纷纭的难题。正如亚里士多德所言:"公民的本质犹如城邦问题,也常常引起争辩;至今还没有大家公认的定义。"①"公民"的古希腊文为 Polites,源于 Polis(城邦),意为"属于城邦的人"。该词的英语为 Citizen,词源亦为 City(城市)。城邦在古希腊原本属于城市范畴,意为有设防的居民点,与不设防的乡村相对立。直到公元前 8 世纪左右,城邦才具有政治意义而指称国家。因此,从词源来看,公民就是属于城市、城邦和国家的人。问题是,谁能够成为属于城市、城邦和国家的人? 该问题在古希腊文中的原意是"始分神物":公民就是能够进入神坛、参与庆典和享用公餐的人,引申为享有从事管理社会和国家等公共事务的权利的人。② 古罗马在共和国时代,也是古典市民社会的代表,产生了发达的公民概念和"公法""私法"的划分,为现代法治文明留下了宝贵的遗产。欧洲封建制时期,在封建国家和庄园,公民的概念消失了,但在城市共和国或自治公社,公民概念又在一定程度上存在。

西方资产阶级革命胜利以后,各国宪法普遍地使用了公民的概念。公民作为一个普遍的人格概念,意指具有一个国家的国籍,并依据宪法或法律规定,享有权利和承担义务的人,是人类进入近代文明后,社会成员普遍具有自主平等权利人格的法律确认。作为一个法律概念或法律化的政治概念,公民就是享有从事管理社会和国家等公共事务的权利的人,这是公民的定义。公民应该是具有从事管理社会和国家等公务活动权利能力的人,这是公民身份或公民资格。"一方面,根据现代政治权利的平等原则,每个国民都应该享有政治权利,都应该享有从事管理社会和国家等公务活动的政治权利;另一方面,根据人作为政治动物之本性,每个国民都具有从事管理社会和国家等公务活动的政治能力:实在的或是潜在的。"③因此,现代法律制度规定,一个人取得了某一国家的国籍,就是这个国家的公民,他就可以享有该国宪法和法律规定的权利和必须履行宪法和法律规定的义务。从其性质上来看,公民具有自然属性和法律属性两个方面。公民的自然属性反映出公民首先是基于自然生理规律出生和存在的生命体;公民的法律属性是指公民作为一个法律概念,以一个国家的个体成员的身份,参与国家和社会活动、享受权利和承担义务,应

----

① 亚里士多德:《政治学》,吴寿彭译,商务印书馆 2005 年版,第 110 页。
② 参见孙英:《公民定义与公民身份的界定》,《南通大学学报》(社会科学版)2010 年第 6 期。
③ 孙英:《公民定义与公民身份的界定》。

由国家法律加以规定和保障。①

在汉语中,原本没有现代意义上的"公民"一词。虽然在中国古代,偶有"公"与"民"连在一处出现,俨然若一词,但与其现代涵义迥异。《韩非子·五蠹》言:"是以公民少而私人众矣。"其基本含义是"为公之民少,为私之人众"。此"公民"乃"为君国谋利益之民"之义。汉刘向《列女传·齐伤槐女》:"〔婧〕对曰:'妾父衍,幸得充城郭为公民。'"此"公民""为君主之民、公家之民",实指君主直接治理下的臣民。直到辛亥革命前后,"公民"一词才作为"舶来品"而由西方传入。汉语用来表达该词的是"公"与"民"的合成词:"公民"。因为在汉语传统意义上,"公"通常就是指属于国家或集体的人、公务、公共;"民"则常常用于泛指人民、庶人。因此,二者在现代政治观念下合成"公民"一词,原有特定涵义基本尽失,与西文公民的现代涵义形成总体上的一致。

由于靠人民革命建国,更由于模仿苏联建立了国家高度统一的计划经济体制,并长期陷入阶级斗争扩大化的迷雾,法治建设不彰,"公民"虽然从一开始就明确写进了当代中国宪法,但相对于"人民"一词,"公民"一词在相当长时间内却遭到冷遇。确实,如果仅从表面上看,"人民"是一个政治概念,是以阶级内容划分的,它相对于"敌人"而言,有些公民不是属于人民而是属于敌人的范畴,因此,似乎就不宜一般性地强调公民的地位和法律权利,而应该仅强调人民的地位和权利。在中国,公民和人民也确实存在如下不同:(1)范畴属性不同。公民是与外国人相对应的享有中国国籍从而一般性地享有中国法律规定的权利并承担相应义务的法律范畴;人民则是在不同历史时期有不同内容的政治范畴,现阶段,人民是指全体社会主义劳动者,拥护社会主义的爱国者和拥护祖国统一的爱国者。(2)范围不同。我国公民范围比人民范围更广一些。(3)后果不同。公民中的人民,享有宪法和法律规定的一切公民权利并履行全部义务;公民中的敌人则不能享有全部权利,也不能履行某些义务。(4)所指概念不同。公民一般表示个体的概念,是非集合概念,是具体的概念,可以落实到某个人的身上;人民所表达的是群体的概念,是集合概念,无以指向任何一个人。人民是指以劳动群众为主体的社会基本成员;公民是指取得某国国籍,并根据该国法律规定享有权利和承担义务的人。但是,正是因为公

――――――――――

① 参见张建荣:《当代大学生政治参与的有序性研究》,华东师范大学硕士学位论文,2007 年。

民是法律概念,其范围比人民要大,其所指是个体概念而非集合概念,所以法律权利的认定应以公民而非人民为基本主体。① 更重要的是,在我国作为阶级斗争对象而存在的敌人早已被消灭,国内敌人的认定标准不再是某种固定的身份或成分,而仅是依据公民是否具有严重危害国家安全和社会主义秩序的犯罪行为,有这种犯罪行为的严重犯罪分子,作为敌人,是可以依法被剥夺或限制部分公民权利尤其是政治权利的。但根据现代人权原则,他们仍享有其他一些公民权利。一个现代国家,只有一般性地普遍承认公民的基本权利,并认真保护这些权利,包括敌对分子依法仍然被保留的应有权利,才能最大程度地保护好作为公民绝大多数的人民的基本权利,构建民主、自由、法治、公平、正义、和谐、文明的秩序。那种动不动就将人"打倒在地,再踏上一只脚",视部分公民为"牛鬼蛇神"的做法,也会导致人民大面积遭受无辜伤害的悲剧。因此,改革开放后,中国确立了"法律面前人人平等"的原则,将公民作为确认法律权利和科以相应义务的根本主体,确立了公民作为法定的一分子参与国家事务的一般资格和能力,并依法限制或剥夺因特定犯罪行为而成为"敌人"的公民的相应政治权利资格和能力。这为公民监督权利真正被理解为公民的基本权利和法律权利,确立了重要的法律制度和理念基础。

(三) 对"权利"一词的考察

作为现代法律意义上的"权利"一词,同样是十足的西方舶来品。尽管"权利"一词在古代汉语里很早就有了,但大体上是消极的或贬义的,与现代含义迥异,通常用来表达权势与财货。譬如《荀子·君道》言,"接之以声色、权利、忿怒、患险而观其能无离守也";"或尚仁义,或务权利"。《后汉书·董卓传》言:"稍争权利,更相杀害。"明方孝孺《崔浩》言:"弃三万户而不受,辞权利而不居,可谓无欲矣。"这些"权利"的内涵都是指的权势和财物。有时,"权利"也被用来指有钱有势的人,譬如《旧唐书·崔从传》:"从少以贞晦恭让自处,不交权利,忠厚方严,正人多所推仰。"或者指谓权衡利害,譬如《商君书·算地》:"夫民之情,朴则生劳而易力,穷则生知而权利。"这种语义上的权利,显然不是一

---

① 参见殷啸虎:《当代宪法理论研究中应关注的几个关系》,《东方法学》2012 年第 6 期。

个可以用来构造法律关系的法学概念。① 中国古代法律语言里也没有像西文"权利""义务"那样的词汇。19 世纪中期,当美国学者丁韪良(W. A. P. Martin)和他的中国助手们将维顿(Wheaton)的《万国律例》(*Elements of International Law*)翻译成中文时,他们选择了"权利"这个古词来对译英文"rights",并说服朝廷接受它。从此以后,"权利"在中国逐渐成了一个褒义的,至少是中性的词,并且被广泛使用。

现代意义上的权利概念,萌生于西方古希腊罗马时代。在古希腊哲学和罗马法中,权利似乎等同于正确、公正或正义。"后来,权利有时是从意志自由的最基本的论据事实中推论出来,有时被认为在根本上是以人与人之间法律关系为基础,由法律规则确定,由法律命令予以认可与保护,被认为是由法律正义规则予以认可与保护的一种利益。"②这是《牛津法律大辞典》对权利的界说。事实上,关于权利的概念,近代以来西方法学家形成了难以计数的学说,可谓众说纷纭。尽管有不少学者认为权利的概念如此之难,为权利下定义性界定是出力不讨好的事情,但权利仍是国内学界孜孜以求其精准性的范畴。要言之,迄今为止,中外思想家、学者对权利所作的界说可分成两大类:一为权利本质属性的界说,可称为权利本质论;一为权利具体情形的界说,可称为权利实证分析论。张文显在《法哲学范畴研究》一书中,系统介绍了影响最为广泛、最具代表性和主导性的八种权利本质学说,即资格说、主张说、自由说、利益说、法力说、可能说、规范说、选择说。③ 英国学者奥斯丁、贝尔灵开启了权利实证分析的历史,美国学者霍菲尔德在《司法推理中应用的基本法律概念》一文中,按照黑格尔逻辑学的方法,创立了一个精致的关于反义词和相关词的图解,力图对权利进行更具体化的分解和实证分析,其学说成为权利实证分析论的代表成果。笔者在拙作《权利制约权力论》中,尝试性地为权利下了一个概念:权利是指因具有社会正当性而通常为社会规范确认和保障的社会主体自主地享有、处分、维护和追求一定利益的能力;这种能力主要表现为,社会主体可通过自主行为和向相关人提出要求来创设、维护和变更一定的利益关系。同时,笔者还进一步论证了权利的四要素:主体的行为意志自由要素,主体的

---

① 参见李海萍:《大学学术权力现状研究》,湖南师范大学博士学位论文,2010 年。
② 戴维·M. 沃克:《牛津法律大辞典》,李双元等译,法律出版社 2003 年版,第 969—970 页。
③ 参见张文显:《法哲学范畴研究》,中国政法大学出版社 2001 年版,第 300 页以下。

利益能力要素,社会评价的正当性要素,社会规范确认和保障要素;指出了权利的效能属性[①]。正是基于此,笔者认为,尽管权利一词可以有多种理解,也有很多误用和滥用,但作为法律词汇,通常就是指由法律制度确认或赋予的可主张、请求、维护或享有某种利益的能力或资格。

(四) 公民享有监督权的特定政治平台和理念

在中华人民共和国成立伊始,为什么在中国传统上由特定权力主体行使的监督权力,被宪法基本规范赋予公民(人民),并转换成公民权利? 盖起因于新中国这一特定的政治平台和中国共产党这一马克思主义政党的特有政治理念。

众所周知,权利和权力是两个不同的法律范畴。权力体现的是一种直接支配力,表现为直接的支配—服从关系,它依靠法律确认或赋予的权力主体的特有权威和支配力,使权力的相对人自觉服从,或者在相对人不愿自觉服从时,通过权力主体直接掌控和可借助的强制手段,迫使相对人服从,确立和实现特定支配关系。而通常意义上的权利即主观权利,是一种法律确认的权利主体以主张、请求或要求为手段,去构建、维护、变更或消灭法律关系的能力。这种能力的实现,需要相对义务人主动履行义务,或者是在义务人不自觉履行义务时,可请求具有支配力的权力主体强制其履行义务、承担责任。

权力关系具有直接的支配力,会直接产生法律效果,从这一角度上讲,以权力监督权力应该是非常有效的,但历史现实的答案却不是如此。以中国历史为例,尽管历代专制王朝在世袭君主—官僚制度的基础上,建立了较完备的权力监督权力体制,但大小官员的普遍滥用权力、腐败堕落,最终还是导致在几千年的历史上,中国专制王朝呈现出"其兴也勃焉,其亡也忽焉"的历史周期

---

① 即权利主体拥有可要求他人做什么和自主做什么的利益行为的权能。这种权能的表现形式有三:一是在需要相关义务人履行作为义务后才能直接实现权利享有的情况下,权利人有权要求其履行相应的作为义务;二是在需要相关义务人履行不作为义务才能直接享有权利的情况下,权利人有权要求其停止妨碍权利享有的作为,履行不作为的义务;三是当权利受到侵害时,权利人为保障自己权利的享有和进行权利救济,向承担保障或救助义务的相关义务人——国家公共权力主体提出请求。参见菅从进:《权利制约权力论》,山东人民出版社2008年版,第21—58页;菅从进:《权利四要素论》,《甘肃政法学院学报》2009年第2期。

率。基本原因可归结如下：世袭君主搞"家天下"，本质上是搞权力私有制，为了换取贵族和官员对王朝的忠诚和支持，多会在很大程度上纵容和容忍他们滥用权力或特权，攫取人民的财富，鱼肉人民；官员群体特权利益一体化，相互勾结，官官相护，可轻易损公肥私，榨取掠夺民众的财富；无权无势的民众作为"臣民""小民"，在通常情况下只能忍受压榨，难以活命时只能铤而走险，聚众造反，催生新王朝取而代之；君主构建和最终控制的权力监督体系，在官员道德教化盛行的前提下，充其量也只能在一定程度上保障官僚权力体系的有序性、廉洁性，延缓王朝权力体系普遍腐败化的进程和王朝的覆灭。要言之，一个从根本上以压迫、剥夺人民为存在目的的权力体系，从根本上异己于民众，民众从根本上只能被置于权力监督体系之外，权力体系只能靠封闭和日渐失灵的自我控制体系进行自我"净化"，自我溃败是其必然结局。

只有在民主共和国时代，才真正具有让民众作为国家主权享有者，凭借自身享有的公民权利，监督国家权力体系运行的必要性、可能性和现实性。早在古希腊、古罗马的奴隶制民主制时期，公民既直接参与了城邦权力体系的运行，也享有一定的监督权利，并初步催生了人的普遍平等和个体精神的自由与尊严的观念。但由于奴隶制和家长制导致的人身依附主义，公民并没有完整的自主平等人格。结果，日常经济和家庭生活中的人身依附主义，会同"公民兵"对将领的依附体制，不断侵蚀着公民在城邦政治的主体性，最终导致了古典公民制度的消亡。在西欧中世纪后期的城市共和国或自治体，公民是等级化和贵族化的，民众参与公共权力体系运行和监督权力运行的能力都是较弱的，但也初步体现了公民普遍化时代公共权力体系必须接受公民监督的基本社会机理。

近代西方资产阶级革命后建立的政权，公开地或隐蔽地确立了民主共和国体制，公民享有了更多的政治自由权利、民主参与权利和政治请愿权利，并进一步完备了权力相互监督制约的权力体制，公民依靠自身享有的权利监督国家权力体系运行的必要性、可能性和现实性都得到空前提高。但是，由于这些公民的权利多是在与封建君主及其代表的势力争斗的过程中获得的，明显地呈现出对权力的防御和诉请特征，其名称并没有能直接准确地体现出公民依靠特定的权利体系以国家主人的身份监控、督请国家权力体系的特定政治意蕴，从而产生出公民监督权的概念。

在中华人民共和国成立之初,立足于中国共产党的人民监督和群众监督的政治理念,中国形成了公民监督权利这一宪法基本权利的观念。这绝非偶然,因为马克思主义政治理论和政治实践高度强调民主监督。要言之,公民监督权思想产生于社会主义革命先驱的巴黎公社时期,马克思在总结巴黎公社历史经验时,就提出了人民群众监督的思想。这一思想被列宁进一步发展和付诸实践。因此,中国宪法写出公民(人民)监督权条款,也是马克思主义宪法思想和中国社会主义宪法实践的必然要求和体现。系统理解我国《宪法》第3、27、41条的规定,必然会合乎逻辑地得出如下结论:"监督权是我国宪法明确规定的公民基本权利";"监督权并不是一些宪法学者们总结、概括出的权利,而是我国宪法明确规定的公民(人民)的最基本的政治权利"。[1] 而且,"这一概念装置确切地表达了一种唯名论式的纯真而又豪迈的理念,即在人民成为国家主人公的时代里,承认人民的请愿权在理论上是自相矛盾的,而'监督权'这一用语则可超越传统请愿权的悲情意义,体现出人民当家作主的宪法理想"[2]。它并不是一个简单的学术概念,而是一个重要的政治和法律概念,尽管在法治没有得到重视和肯定的相当长的时间内,人们仅突出了其政治宣示含义,而淡化了其法律权利意义。

基于上述分析论证,可以认为,公民监督权是我国这样一个追求人民当家作主的社会主义民主国家的必然伴生物,并在先进的政治理念下取得了恰如其分的概念表述。它将现代民主国家的社会本体——现代公民纳入了国家权力监督制约的体系,确认其可以享有并依靠特定的权利体系,去监视督促国家公共权力主体遵守法律和践行社会正义,从而使公民及其社会组织普遍具有敦促国家公权力守法守正的能力和资格。它是人民主体地位在宪法、法律及其构建的权力监督体制中的重要体现。由此,可以给我国的公民监督权下一个定义,并科学揭示其本质特征。所谓公民监督权,是指当代我国公民基于国家的先进性和宪法、法律的规定,出于维护公共利益和个人正当利益等目的,针对各种国家公共事务行为以及相关事务行为的合法性和正当性,依法享有监视、督促公权力主体守法守正的相应能力或资格。它的本质属性是公民监视、督促国家公权力遵守法律和恪守社会正义的权利,即监视、督促国家公权

---

[1]　陈焱光:《公民监督权:学理、规范与实现路径》。
[2]　林来梵:《从宪法规范到规范宪法》,第145页。

主体守法守正的权利。其基本价值目标或定位是,立足于人民主体地位,尊重和保障公民作为具有自主平等人格的权利主体,对国家公共权力,对国家公共事务和相关事务,具有更积极和直接的监视、督促、制约能力,从而实现公民的权利主体人格得到公共权力体系的尊重和保障、人民主权原则得到真正落实、国家公共权力受到公民权利的有效制约、公共利益和个人正当利益得到有效维护、权力异化得到有效遏制等多元一体性的民主法治目标。因此,又可称之为公民法律监督权。

当然,要真正理解这一关于公民监督权的概念界定和定性,还必须深入把握公民监督权与公民其他基本权利的关系,依靠公民基本权利体系的内在逻辑性,来科学把握公民监督权在公民权利体系中的特定地位。通过分析公民监督权在公民基本权利中的地位或结构位置,把握其与其他诸多公民基本权利的内在联系和交叉关系,还可以科学把握公民监督权的基本法律属性和基本特征。

四、 公民监督权: 特殊的公民政治权利板块

(一) 公民应享有的基本权利领域

生活在现代社会,社会成员及其组织要真正具有社会主体性地位,都理应享有现代物质生活条件和各种正当社会生活状态所要求并可以支持的广泛权利。在当代世界,只要是真正认同现代民主法治文明,以人为本,追求社会民主、自由、法治、和谐、公平、正义的社会制度与秩序,就应承认并立法确认,公民享有如下几个方面的广泛的基本权利领域。

1. 承载人格自主、平等和尊严的权利领域

这是社会主体最基本的权利领域,是"自律的个人在人格意义上生存所不可或缺的基本权利与自由"[1]。其中主要包括两个具体权利板块:一是直接承载社会主体人格自主、平等、尊严的人身权;一是为自主、平等和尊严提供基本

---

[1]　芦部信喜:《宪法》,林来梵等译,北京大学出版社 2006 年版,第 103 页。

经济基础并同时作为其重要表现的财产权。

前者主要包括公民个人享有的各种人身权利(公民社会组织可部分享有),如生命权、人身自由权(包括免于非法的逮捕、羁押、拘留的自由)、免于恐惧权、人格独立权、身体权、健康权、姓名权和名称权、肖像权、名誉权、隐私权、著作人身权、婚姻自主权、住宅自由权、通信自由权、居住和迁徙自由权、人格独立平等的配偶权、人格平等独立的亲权等;后者包括公民及其组织享有的各种财产权利,如土地所有权或使用权、生产和生活资料的所有权、法人财产所有权、合作经营财产权、不动产相邻权、建筑物区分所有权、各种必要的用益物权和担保物权、消费自由权、交易自由权、经济结社自由权、经济平等权等。

这些权利,既表现为民事法律的确认和保障,更表现为宪法和行政法等公法的确认和保障。这些承载和直接保护自主平等的人格及其尊严的权利,"与其说是具体实现'个人主义的原理',毋宁说是立足于'人格主义'(从与全体主义对决的立场所产生)者"①。

2. 公民政治权利领域

公民政治权利,是自主平等的权利人格在公共政治领域的必然延伸和结果,也是其必要保证。首先,没有政治权利的保障,必然会出现一个绝对凌驾于社会之上并异化于社会的权力体系,使社会主体的独立自主的人格保障权利得不到承认和保障,权力主体将成为公民自由平等权利的最主要的侵犯者而不是保障者。同时,政治权利也是公民在现代政治生活中自我实现、享有社会主体性的内在需求。现代社会共同体,应是由具有自主平等权利人格的个体结合而成的社会共同体。一方面,"人作为对象化活动主体是以个体方式相对独立地存在着";另一方面,"社会作为许多个人的相互合作,是人的广泛的持久的对象性活动必须借以实现的形式"。② 基于社会共同体的公共事务而形成的政治生活,是人实现自主自觉的主体性的重要领域,只有同时在政治生活中享有主体性,社会成员才有真正的主体性,才可能达到理想的本质,因此,参与和影响政治生活成为社会个体的内在需要。

要真正享有政治生活的主体性,社会主体必须作为公民享有三种基本的

---

① 阿部照哉等编著:《宪法》(下册),周宗宪译,中国政法大学出版社 2006 年版,第 90—91 页。
② 万斌、薛广洲:《民主哲学》,浙江人民出版社 1994 年版,第 33 页。

能力或资格:第一,自主,即公民在政治生活中追求人格的独立、平等和完善,摆脱政治上异己的束缚和奴役,个性得到保障,表现为政治自由权利板块;第二,自决或民主参与,即通过民主参与平台和程序,对公共权力主体、公共利益、公共事务及其相关事务进行判断、选择和影响的能力,表现为民主参与权利板块;第三,敦促公义,即立足于公民自身享有的广泛权利,通过可监视、督促国家公权主体守法守正的特定权利,促使国家公权主体秉持、勉力于社会公平正义,维护公共利益和个人正当利益,表现为公民监督权利板块。

3. 社会基本保障权利领域

社会基本保障权利,又可称社会权或社会福利权。它是"基于社会国家(福利国家)的理想,为了特别保护社会性、经济性的弱者,实现实质的平等,而受保障的人权"[①]。其内容在于保障公民营构值得作为人的生活。公民仅凭人格上自由平等和政治权利,并不能获得最大的福祉,甚至不能获得起码的福祉。没有起码的物质、精神及机会作为基础,法律所保障的基本自由权可能徒具形式,很可能造成贫者愈贫,富者愈富,处于弱势的人可能永远无法通过自己的努力来改变自己的生活环境和条件,更不能真正行使自己的自由平等权利和政治权利。只有公民享有广泛的社会保障权利,其保障人格自由平等的权利和政治权利,才具有坚实的现实性,人的自由自觉的主体性才能得到普遍发展。因此,公民的基本社会保障权利,是必不可少的。它们是满足现代社会生活的公平、人道和财富共享的原则的应有权利,而不应仅被看作是一种社会的安全机制。如仅将它们视为替市场经济"保驾护航"的安全阀,它们就会"退化为维护社会安定的一种手段,沦落为官员送'送温暖'的一种表现形式,而不是为了保障人权的目的"[②]。

这种社会保障权利,包括社会主体应享有的经济、社会和文化的基本保障权利,也称为受益权。关于这种社会基本保障权利的具体种类和内容,目前颇有争议,但联合国《经济、社会及文化权利国际公约》中规定的权利,则是大多数人能够认同的,此不赘述。

---

① 芦部信喜:《宪法》,林来梵等译,第232页。
② 李长勇:《现代社会保障的基本理念》,载徐显明主编:《人权研究》(第3卷),山东人民出版社2003年版,第441页。

4. 公平享用和维护公共利益及资源的权利领域

由具有自主平等的社会主体构建的现代社会共同体，极大地改变了个人与社会共同体、个人利益及资源与社会公共利益及资源的关系。公平享用公共利益及资源成为一种内在的、可能的要求，成为现代社会主体的应有权利，"并且因为社会个体以自主平等人格为依托的公民身份的确立，因为民主参与的政治共同体的建立，具有了正当性和现实性"[1]。同样，公民的性质不仅是一种政治或社会共同体的身份，而且意味着自由个体以此为基本依托，在共同体事务中成为有效成员，拥有民主参与公共事务、促进和维护公共利益与资源的资格和能力。这种资格和能力，应包含可以对抗共同体的成员和公共权力的行使者逃避义务，或滥用权利和权力，危害社会公共利益与资源的资格和能力。因为"只有维护公共秩序、公共安全、公共利益，才能有自己的利益"[2]。虽然承载公民自主平等人格的权利，以及政治自由平等和民主参与政治权利，也涵盖着公平享用和维护公共资源的内容，但是，这些权利的此类内涵也多是连带性的，而非专门性和直接性的。可以说，现代社会必然要有公平享用和维护公共利益及资源的权利，其构成了公民权利体系中内涵广泛的权利领域。这一权利领域又可分为公平享用公共利益及资源的权利和维护公共利益及资源的权利两大权利板块。

其中，公平享用公共利益与资源权，是平等权在社会公域的重要表现。它既是人格自主平等权利的必然要求和延伸，又是其重要保证。因为，公共利益或社会利益，"即以文明社会中社会生活的名义提出的使每个人的自由都能获得保障的主张或要求"[3]，而公共资源则是满足这种主张和要求的物质条件和制度条件。因此，这一权利板块，主要应包括公共利益和资源的公平竞取权与公共利益和资源的公平分享权。前者是指，在需要通过转让使用权和开采权、出租、委托社会主体经营等方式实现公共利益及资源的收益和价值的场合，相关社会主体应享有遵循平等规则竞争取得的权利，而不应歧视对待和私相授受。后者是指，所有社会主体对公共利益和资源享有平等的受益的机会，不应

---

[1]　菅从进：《权利制约权力论》，第 508 页。

[2]　《马克思恩格斯全集》（第 2 卷），人民出版社 1972 年版，第 609 页。

[3]　罗斯科·庞德：《通过法律的社会控制——法律的任务》，沈宗灵译，商务印书馆 1984 年版，第 41 页。

被不合理地差别对待；如果被差别对待，则应遵循有利于弱者的原则。罗尔斯将其表述为：每个人对与所有人所拥有的最广泛的基本自由体系相容的类似自由体系都应该有一种平等的权利，如果要有社会和经济的不平等，也应使它们"适合于最少受惠者的最大利益"。①

公民的公共利益和资源的维护权，甚至在古希腊和古罗马的统治阶级部族式的公民社会就已产生。这种权利，是指面对国家公权主体和其他社会主体损害、妨害或不正当处置公共资产、公共环境保护、广大消费者利益、特定公民群体的普遍利益、公共福利服务供给、市场秩序的规制、公共管理决策等公共利益和资源的行为时，公民及其组织尽管不享有与同类主体相区别的特殊利益，仍具有直接地主张利益维护的资格和能力。这一权利板块应包括：重大公共利益决策和决定的民主参与权，具体又包括代表参与权、听证权、交涉权等；公益诉讼权，具体又包括个人公益诉讼权、集体公益诉讼权、代表或代位公益诉讼权、民间团体公益诉讼权等。

5. 救济权利领域

这是保障几乎所有权利得到救济，防止权利被不公正剥夺的异常重要的权利板块，也是前四大类应有权利中绝大多数权利都必然要求的保障性权利。严格来讲，救济权利不是一种独立的权利。以其中最具代表性的诉权而论，"一个人是否享有诉权，取决于他是否具有向他人要求给予救济或补偿的、可强制执行的权利"②。

权利救济权是启动权利救济程序并依法得到实际救济的资格或能力。其可以分成两大类：一是司法裁判请求权；二是其他救济请求权。

其中，司法裁判请求权板块又包括诉权和公平保障审判权。依照《元照英美法词典》的定义，诉权是"为实现自己的权利或寻求法律救济而在法院就特定案件提起诉讼的权利"③。现代社会主体应享有的诉权，具体应包括民事起诉权、行政起诉权、宪法司法审查请求权、请求国家赔偿权、上诉权、请求司法复议权等。这些权利意味着相关国家司法机关受理诉请，依法启动相关司法

①　约翰·罗尔斯：《正义论》，何怀宏等译，中国社会科学出版社 1988 年版，第 57 页。
②　戴维·M.沃克：《牛津法律大辞典》，邓正来译，光明日报出版社 1988 年版，第 775 页。
③　薛波主编：《元照英美法词典》，法律出版社 2003 年版，第 1201 页。

救济程序的义务。公平审判保障权又大致可分成两类：一是保障权利不被国家刑事诉讼行为不当剥夺的权利，具体包括免于有罪推定权、沉默权、获得律师帮助权、自行或委托律师辩护权、获得及时审判权、免于刑讯逼供权、请求回避权、举证权、要求说明理由权、获得告知权、获得法律援助权、获得公开公平审判权等等；二是保障在其他司法诉讼和行政救济程序中权利救济获得公平实现和权利不被不公正剥夺的权利，具体包括答辩权、申请回避权、举证权、辩论权、请求法律援助权、获得公开公平审判权等。这些权利包含的一些权能具有内容的竞合性，既可以理解为权利的救济权能，也可以理解为权利包含的针对司法机关的特殊的受益权能或禁止性权能。

其他请求救济权，则是指通过请求其他国家机关或国家授权的民间组织获得救济的权利。具体包括请求行政复议或裁判权、请求民意机关及其代表调查或监察权、申请仲裁权等。这些权利是按照及时便民和民主的原则确认现代公民权利必要的救济权能的重要表现。

需要指出，上述权力领域或权利板块的划分，无疑是相对的，具有一定的交叉性和衔接性。如公民政治权利与公平享用和维护公共利益及资源权利之间存在的一定交叉性，公民社会基本保障权利与公平享用和维护公共利益及资源权利的交叉性；而救济权利这一权利领域，与其他四大权利领域都存在一定的衔接性和交叉性。但这种权利分类方法，无疑可以为我们更深入地研究公民权利，准确把握公民监督权的属性及其在公民权利中的地位提供重要的方法论支持。

(二) 广义的公民政治权利的三个板块

基于上述分析，可以首先认定，在权利属性的定位上，公民监督权利是整体上属于广义的公民政治权利领域中的一个特殊权利板块。而广义的公民政治权利，包括了政治自由权利、公民民主参与权利和公民监督权利三个权利板块。

一般认为，政治自由权利主要应包括政治平等权（含阶级平等权、社团平等权、民族平等权）、信仰自由权、言论自由权、出版自由权、结社自由权、免于政治恐惧权、请愿权、非暴力抵抗权等。这些权利，既是公民在政治公域中享有政治自主平等的基本体现，又是公民享有广泛的民主参与权利和监督权利的基础和条件。从本质上讲，政治自由不是一种孤立个体的反社会的能力，而是个体作为社会共同体的一员，保证个人和社会共同体不受制于异己的权力体系，并为权力体系受制于社会共同体提供政治基础的能力，具有保证公民的政治人格自主平等的基础功能。

依罗伯特·麦克洛斯基(Robert McCloskey)所言，公民民主参与权利是指"某社会的成员，参与统治者的选择，以及直接、间接的政策形成之自发性活动"[①]。其主要包括民主选举权(即民主选择公共权力行使者权)、罢免权、发表政治见解权、立法创制和否决权、重大事项的参与决定权(公投权与复决权)、平等担任公职权(含被选举权)等。这些权利具有对公共权力主体和公共事务的参与性构成功能。其中，又可以分成两个更具体的民主参与权利亚板块：

一是对公共事务的参与决定权。该权利亚板块，无疑与公平享用和维护公共利益及资源的权利领域存在较大程度的交叉融合。公共事务是公民个体集合而成的共同体的事务，关涉到每一个个体，但非个人事务。[②] 公共事务应该由公民按少数服从多数的民主原则共同决定。科恩强调，民主就是"社会成员大体上能直接或间接地参与或可以参与影响全体的决策"[③]。在现代社会，由公民共同决定的公共事务主要有三个方面。第一，选择公共权力的行使者，由此形成对公共权力行使者的选举权和罢免权。第二，通过法律确认共同体内利益分配的基本规范和格局，由此形成对法律的创制和复决权。第三，通过直接参与或发表见解，对主要的公共利益事项加以决定，由此形成对特定重大事项的参与决定权、发表见解权。由于现代选举的实质是人民主权的寄存过程，是构筑代议制大厦的关键性起点，[④]所以选举权被称为该权利亚板块的核心权利。而美国联邦最高法院的相关判决，也明确把选举权称为"一项基本的政治权利，因为它维护其他所有权利"[⑤]。

---

① 转引自阿部照哉等编著：《宪法》(下册)，周宗宪译，第339页。

② 参见李琦：《公民政治权力研究》，《政治学研究》1997年第3期。

③ 科恩：《论民主》，聂崇信等译，商务印书馆1988年版，第10页。

④ 白钢、赵寿星：《选举与治理》，中国社会科学出版社2001年版，第194页。

⑤ 沃尔特·墨菲：《普通法、大陆法与宪法民主》，信春鹰译，载佟德志编：《宪政与民主》，江苏人民出版社2007年版，第159页。

二是平等竞取担任国家公职的权利。[①] 在地广人多的现代国家共同体，公民参与政治生活并不主要表现为直接参与公共事务的决定，而是主要表现为直接或间接委托一部分人担任公职，由被委托者直接参与公共事务的决定。而且，每一个公民都有权平等地根据自己的意愿，依照法定标准，通过公平竞争和公平的遴选程序，使自身成为公共权力的行使者，从而参与国家权力的运行，这就是公平竞取担任国家公职的权利。[②] 所以，罗尔斯强调，"在机会平等的条件下，职务和地位向所有人开放"，是正义原则的基本内容。[③]

（三）公民监督权是特殊而重要的政治权利板块

首先，公民监督权利是一种可与政治自由权和民主参与权并列的、特殊而重要的政治权利板块。

国家权力毕竟只能由少数人行使，在实际运行中，始终存在一些人违背共同体意愿和利益，侵犯公民正当权益的可能，而且即使是以整个共同体民主形式行使的权力，同样也可能违背共同体的意愿和利益，侵犯公民正当权益。应该说，公民享有广泛的政治自由权利和民主参与权利，本身也可以对国家公共权力的行使构成重要制约，因为他们可以为公共权力划定边界，优化其主体构成，并可以形成政治舆论的否定性评价和法律追诉等压力。但是，公民的政治自由权利多数具有极其明显的政治意愿，行使权利的效果往往是政治压力大而法律效果弱，并不能独立有效地胜任监视督促公权主体在具体事务上守法守正的功效；而民主参与权利，承载的是公民参与国家公共权力体系构建和运行，参与公共事务决定的能力或资格，尽管包含了追求公共权力体系构建和运行合法化和正当化的意蕴，但满足公民民主参与的能力和资格是其根本追求，公共权力体系构建和运行的适法性、正当性仅是连带性的目的。因此，有必要确认公民享有一个以监视督促公共权力主体在日常用权行为及相关行为上守法守正为直接目的，可运用有效途径预防和矫正其违法不当的权利群，保障公民作为主权享有者的一员，以权利主体的资格，监视、督促国家公权主体守法

---

① 这里的"国家公职"范畴是广义的，包含了代议机关、行政机关和司法机关的职位。
② 参见李琦：《公民政治权利研究》，《政治学研究》1997 年第 5 期。
③ 参见约翰·罗尔斯：《正义论》，何怀宏等译，第 57 页。

守正。这种权利群,在西方国家被称为请愿权,通常被纳入政治自由的范围。如前所述,这一名称体现了因历史原因形成的悲情因素,既不能很好地体现共和国公民理应具有的社会主体地位,而且内容狭小,定性偏颇。因此,可以说,公民监督权这一概念是对公民请愿权这一概念的历史性扬弃和超越,它吸纳和保留了其合理内容,但蕴含了更符合现代政治文明和现代法治精神、更加进步、更加丰富的内容。

公民监督权作为特殊的政治权利,不仅在于其不同于或不能纳入公民政治自由权和公民民主参与权,还在于它是政治属性相对最为淡薄的政治性权利。监视督促公共权力主体守法守正,不同于直接表达政治立场、竞取国家公职、参政议政的强政治行为,后者可以或者应当排除敌对分子或严重违法犯罪分子的能力。而监视督促公共权力主体守法守正,完全可以利用一切可以利用的力量。一个政权的官员清正廉洁、守法守正与否,事关国家和社会的长治久安,以及国家政权和社会组织的稳定有序。即便是严重的犯罪分子,乃至敌对分子,出于将功补过的动机,哪怕是不太正当的动机,检举揭发个别公共权力主体违法渎职行为,维护自身的正当权益,也是应该受到法律保护的。故此,公民监督权不应该被纳入可被剥夺的政治权利范围。由此,我们可将公民政治自由权利和民主参与权利称为可被剥夺的狭义或一般性的政治权利,而将公民监督权称为特殊的政治权利。①

其次,必须明确,公民监督权又是与公民政治自由权、民主参与权密切相关并存在一定交叉性的权利板块。

在一定意义上,三者相互支持,相辅相成。鉴于公民政治自由权与民主参与权的相互关系不属于本课题研究的基本内容,此处仅重点论述公民政治自由权与公民监督权、公民民主参与权与公民监督权的关系。

可以说,公民政治自由权是公民政治权利的基础性板块,没有广泛的、真正的政治自由权利,公民监督权利都将成为空中楼阁,所谓公民监督都将成为装门面和粉饰官衙的样子货。其一,广泛的公民政治自由是公民主体资格真

---

① 正是因为公民监督权不被纳入可被剥夺的政治权利,有学者主张公民监督权不属于公民的政治权利,而是一种独立的权利板块。这有一定的道理,但鉴于公民监督权承载的是公民存在于或涉及国家公共事务及其相关事务这一公共领域的能力和资格,笔者还是倾向于将其归入广义的政治权利范畴。而且,相关学者并没有涉及公民监督权是公民直接监视、督请国家公权主体守法守正的公民法律监督权这一根本的专有价值属性。

正确立的要件之一,没有政治自由权的公民不能称之为公民,本质上只能是臣民和依附之民,或者成为当权者的盲目追求者,随波逐流,甚至沦为滥用公权力渎职犯罪者的鹰犬和帮凶;或者对公共权力主体的渎职犯罪和侵权行为逆来顺受,无能为力。其二,公民政治自由权也是公民行使监督权的重要基础和动力源,广泛的政治自由权可为公共权力主体标注出多方位的、明确的权力界限,让其承担更多的消极义务、积极义务以及相应法律责任,使公民有更充足的监视督促公共权力主体守法守正的法律基础和动力。其三,公民政治自由权更是公民监督权实现的重要途径和保障,尤其是其中的表达自由权,既是公民监督权行使的基本渠道和利器,也是防止被监督者及其保护势力打击报复的盾牌。① 其特定行使方式与监督权本体性权利的结合,如媒体舆论监督权,本身也应成为公民监督权利体系中重要的途径性或保障性权利。同样,公民监督权也成为保障和落实公民政治自由权的利器,并有利于后者发挥更多的法治正能量。

公民民主参与权是促使国家公权主体构建和运行民主化、国家公共事务及相关事务议决过程民主化、议决结果体现更多民意的公民政治权利,它也是公民监督权的重要基础和动力源,有的也成为公民监督权行使的基本形式。其一,民主参与权同样强化了公民作为社会权利主体的意识和能力,增强了其政治参与能力,有促进行使公民监督权的功效。其二,公民民主参与权利同样也为国家公权主体设定了广泛的积极和消极义务及相关法律责任,使公民有了更充足的监视督促公权主体守法守正的法律基础和动力。其三,公民民主参与权内涵丰富,行使方式多样,有的本身就是公民监督权实现的途径或表现形式,如批评建议权。如仅从公民参与国家公共事务及相关事务的议决,公权主体须集思广益,欢迎、接纳和吸收不同意见这一点来理解,也可以理解为一种民主参与权利。也正是因此,导致不少人将公民监督权理解为一种民主参

---

① 有学者认为,监督权是言论自由规范领域内的一个特殊规定。换言之,监督权是言论自由针对权力层面的特别强调,主要集中在公民对政府及官员的批评、监督以及揭露,因为其主要涉及与公共利益相关的领域,所以宪法给予特别规定。参见米恒:《论公民监督权与官员名誉权的冲突与平衡——基于宪法维度的思考》,《桂海论丛》2016 年第 3 期。笔者认为,这种权利逻辑层次的认定虽然有失偏颇,但也反映了公民监督权与言论自由权的内在关系。

与权利或"参政权"①,形成对两者内容和性质的误解。同样,公民监督权可有效促使和帮助公民民主参与权的行使。

再次,还必须明确,公民监督权与公民的其他权利领域同样存在内在的关联和一定的交叉关系。

其一,广泛的承载公民人格自主平等和尊严的权利、社会基本保障权利、公平享用和维护公共利益及资源的权利以及救济权利,是公民享有充分的社会主体资格或能力的根本所在,也为公民监督权的广泛享有和行使提供了坚实的法律基础和动力源。正是它们的存在,为国家公权主体划定了诸多不得作为的明确界限,给定了诸多必须积极作为的义务,同时设定了相应法律责任。公民及其社会组织,往往会因这些权利承载的个人正当利益、公共利益受到公共权力主体的侵害,而行使监督权利。尤其是其中公平享用和维护公共利益及资源的权利,如充分认定,将大大强化公民为公共利益及资源的合理配置和维护而行使监督权利的动力,强化公民监督权可承载的社会公益性。例如其中的公民公益诉讼权,对公权力主体直接损害公共利益和资源的行为,对公权力主体疏于管理、放任乃至提供合法性许可的社会主体损害公共利益的行为,都是重要而有效的制约力量。其二,公民监督权与公民公平享用和维护公共利益及资源的权利、救济权利明显存在一定的交叉性。从权利承载的基本利益追求即公共利益及资源公平享用和维护而言,后者也是名副其实,恰当其名;但如果从这类权利同时具有监视督促公共权力主体在做出与这些利益相关行为时守法守正的功效和目的来看,它们都可以被理解为公民监督权的范畴,以检举权的形式出现。同样,救济性权利,作为权利应有的救济权能的集中体现,是为救济权利被侵害而设定的,诸多情况下并不是专门为了督促公权主体守法守正而设定的,但如果侵害行为是公权主体做出的,或者公民求助公权主体救济因其用权违法不当而需要再救济或矫正,救济权就具有了监视督促公权主体守法守正的属性和功能。因此,针对公权主体的申诉权、控告权,既具有救济权利的属性,更具有公民监督权的属性,因此行政复议权、行政诉讼权、行政申诉权、取得国家赔偿权、申请再审权、信访权等涉及公权主体适

————————

① 有学者认为,参政权这一概念在宪法学上是一个不确定的概念。参见王月明:《公民监督权体系及其价值实现》。

法行为的救济权利,都同时具有公民监督权的性质,形成了权利性质的竞合现象。[①] 其三,这些公民权利与公民监督权具有良性互动的关系。充分确认和保障这些公民权利,将有效促进和保障公民监督权的享有和行使,反之亦然。相反,如果这些公民权利,连同公民政治自由权、民主参与权一起不彰,缺乏基本的保障,公民监督权必将形同虚设,难以真正为公民享有和行使;同样,如果公民监督权得不到起码的保障和认可,必然导致其他公民权利的严重受损。如果保障救济不力,因公民行使监督权引发的渎职公权主体的恶意报复,可能会严重侵犯相关公民及其亲属的人身自由权、健康权、财产权利、社会保障权利、政治自由权和政治生命,乃至生命权,而且难以伸张冤屈。此点已经为诸多现实事件证明。

总之,公民监督权是一种特殊的政治权利体系或板块,它总体上具有不同于公民政治自由权和民主参与权的独特价值属性和地位,更具有不同于其他公民基本权利的独特价值和地位。同时,它又是一个具有开放性和交叉性的权利体系,不仅与政治自由权、民主参与权等公民其他政治权利存在较多的关联性和交叉性,而且与其他诸多公民权利领域存在较多的关联性和交叉性,尤其是与公民公平享用和维护公共利益及资源的权利,与一些以公权主体及其行为为特定对象的救济权利,具有明显的交叉性,呈现出权利竞合的现象。这一切,不仅没有弱化反而进一步凸显了这一工作的必要性:将公民监督权作为统一的、特定的公民法律监督权利体系,进行系统研究,以促进其法制化存在状态的形成,更好地发挥其不可替代的、应有的民主法治功能。

(四) 公民监督权的具体特征

立足于对公民监督权本质属性及其在公民基本权利中地位的系统把握,我们就可以较准确地把握其具体特征。

[①] 有学者简单地将《宪法》第 41 条规定的申诉权、控告权理解为救济性权利,将监督权利分为政治性的权利和非政治性的权利,认为监督权利性质复杂,不是具有统一权利属性的权利体系或板块。参见林来梵:《从宪法规范到规范宪法》,第 148 页。该观点事实上忽略了该宪法条文规定的申诉权和控告权仅是针对国家公权主体的,具有直接监视督促公权力主体守法守正的重要属性。

其一,公民监督权具有更直接地对抗和矫正国家公共权力主体违法和不当行为的的属性。它赋予了公民直接依法监视督促国家公权力主体遵守法律和社会正义,纠正违法和不当行为,以维护公共利益和个人正当利益的能力和资格。所有公民监督权都有此统一的目的和功能设定,表现为针对行为主体及其行为性质的统一性,尽管在利益维护上有公共利益、私人利益维护或者二者兼具情况的不同,也有事前和事中预防、监控、矫正与事后救济、矫正的不同。

其二,公民监督权具有特定的对国家公共事务及相关事务参与的特征,但这种参与,不是典型意义上的民主参与。① 公民监督权的诸多具体权利都体现了对国家公共事务及其相关事务的一定参与性,哪怕是公民个人利益被国家处理时受到侵害而要求国家救济,也成为国家公权力主体要处理的国家事务或相关事务。但是,将公民监督权的基本属性理解为民主参与权和参政权是明显偏颇的,完全忽略了公民监督权主要目的是监视督促公权主体守法守正而不是公民要参与相关事务,虽然监视督促本身也意味着一定程度的参与其中,但与民主目的的政治参与是有很大不同的。当然,这种监视督促有时须要借助民主参与的方式,如建议和批评方式,也需要被监督对象提供民主的途径,并体现出民主的作风。这也是公民监督权与公民民主参与权存在一定交叉的基本原因。

其三,公民监督权都具有明显的公共性。有些具体权利如批评权、建议权、检举权可能主要是为了公共利益,有些具体权利如申诉权、控告权、取得国家赔偿权可能主要是为了维护自身利益。但是,它们针对的都是公权主体违法或不当的行为,主观或客观上都是为了防止和矫正公权主体违反法律和正义的行为,直接具有维护公共权力适法性和正当性这一公共政治良善性的公共性。从直接维护的利益是公共利益和私人利益出发,认为一部分公民监督权具有公共性,一部分没有公共性,是不恰当的。这在本质上忽略了国家公共

---

① 有学者指出,随着国家功能的扩展,宪法设计的政治体制在社会资源分配中权重越来越大,作为政治体制基础的政治权利愈来愈呈现积极的面向,承载起将公民利益诉求导入政治体制的重任。由此导致人们对政治权利的理解也产生一定的偏差,其或是被视为实现其他权利的"手段性"权利,或是被泛化为"人民管理国家"的途径,更大的误解是被"公民的政治参与"所吸纳。这可以解释人们把公民监督权利乃至政治自由权利都作政治参与性权利理解的倾向。该学者本人也倾向于将政治自由权利尤其是表达自由权理解为参与性权利。参见秦小建:《论公民监督权的规范建构》,《政治与法律》2016 年第 5 期。

权力的公共性和公民监视督促其守法守正的权利行使行为的公共性。

其四,公民监督权利体系与其他权利体系确实存在较大的关联和交叉性,这也表现为较大的开放性。此点在前文已做详细分析和论述,不再赘述。需要进一步强调的是,正是这种关联性和交叉性,导致了人们对公民监督权基本属性的误认:或否定其独立性,将其监督归入某个传统基本权利领域或板块;或过于强调其所谓权利性质的复合性,事实上弱化和否定了其统一性和个性特征。

其五,公民监督权利体系内的具体权利确实呈现出较大的复杂性和差异性。这种复杂性和差异性,起因于公民监视督促国家公共权力主体守法守正的利益基础、前提、方式、途径和阶段等因素的复杂性和差异性。这导致权利行使的前提、阶段、方式和具体属性的复杂性和差异性,并表现出政治性强弱的不同,以及法律效果强制性程度的不同。但无论如何,这些权利都具有不同程度的政治性和法律强制性。即便是立基于个人利益救济的监督权,其仍然有监督和矫正公共权力之公共政治性,不同于民事权利的主张和诉求,否则不会被纳入公法的范畴。同样,即便是建议权这一较为柔弱的监督权,在法律上也应要求公权主体履行相应的主观或客观义务,产生积极的法律效果。

第二节　公民监督权的法理基础

在我国,宪法和法律为什么要确认和保障公民监督权? 公民监督权为什么应该成为公民的基本权利并需要法律充分给予具体确认和保障? 其背后存在深刻的能够证明公民监督权正当性的法理基础。这种法理基础应是多重的,充分认知这些法律基础,对于充分理解公民监督权的社会正当性要素以及规范确认要素,认知公民监督权的重要法律地位和作用,有重要的理论意义。目前,关于公民监督权的法理基础论证,主要有人民主权理论及其派生的委托人监督代理人理论、权力制约理论和言论自由理论。其中,前几种理论可以说已经形成基本的理论共识,尽管在具体论证上还存在一定的差异。目前争议较大的是言论自由理论。

有学者认为:"舆论监督与言论自由理论密切相关,言论自由是舆论监督直接的理论依据。"①确实,言论自由是现代宪治民主国家的一项重要基本权利。西方国家在资产阶级革命后,用宪法规范的形式确认了公民的言论自由权。言论自由理论起初是资产阶级反抗封建专制的最有力武器之一,由思想自由到言论自由,再到言论自由的法律承认,经历了很长的历史过程,是社会长期政治斗争的结果。言论自由作为一种重要的公民权利,在当今社会仍然处于重要地位,且不说舆论监督权,公民的批评权、建议权、申诉权、控告权、检举权等权利都或多或少与言论自由相联系。因为,这些权利行使的方式大多要通过口头或者书面的形式以观点和思想的形态展示出来,实质上是言论自由的某种特殊体现,或者说,公民监督权自身已经蕴含言论自由的特定内容,因此,认为言论自由是现代公民监督权的一个重要理论基础有一定合理性。但应当明确,公民监督权并不是言论自由的派生物,更非主要为言论自由的实现而设定,因此,言论自由并不是公民监督权充分的法理基础。但言论自由是公民行使监督权的重要条件,或曰需要予以借助的权利。

本书认为,对公民监督权法理基础的论证,不仅应聚焦在人民主权、权力监督制度等现代民主国家的基本原则,还需要立足于现代法律制度确认保障的现代公民的法律人格进一步论证,并真正深化相关法理论证。

一、 现代公民: 自主平等的权利人格主体的内在需要

从 14、15 世纪之交开始,人类社会发生了一场伟大的社会变革,以西欧为最早的历史舞台,后逐渐泛及全球。基于马克思主义唯物史观的经典语言,这场变革的实质可表述为:人类社会开始摆脱"人的依赖关系"的社会形态,进入了"以物的依赖性为基础的人的独立性"阶段。② 这一变革的一个历史性后果是,在新兴的资本主义商品经济和市民社会的基础上,社会成员要普遍摆脱等

---

① 王旭耀:《舆论监督权研究》,中南民族大学硕士学位论文,2010 年,第 27 页;郭莉:《权力制约视野下的网络舆论监督法理分析》,《江西社会科学》2011 年第 5 期。

② 参见《马克思恩格斯全集》(第 30 卷),人民出版社 1975 年版,第 107 页。

级依附性人格，成为形式上普遍具有自主平等人格的权利人格主体。①

要理解何谓权利人格主体，必须首先理解此处"人格"的特定含义。"人格"一词，通常在两种不同意义上被使用。一是在"社会个体自身表现"意义上，指社会个体通过自身的活动和形象等表现出的性格、气质和能力等特征的总和，也可指表现出的相应道德品质。由此形成心理学、伦理学等学科的人格概念，并形成一些相应范畴或词组，如人格分裂、人格缺陷、人格魅力、人格高尚或人格低下，等等。二是在"社会对待（社会个体）"意义上，指特定社会通过其基本社会关系和制度赋予社会个体的社会地位、价值意义、做人资格及相应尊严，或者说，社会个体在特定社会的基本社会关系和制度中可享有的社会地位、价值意义、做人资格及相应尊严。显然，权利人格主体中的"人格"，是后一种意义上的。② 现代市场经济和市民社会，内在要求并催生社会主体普遍化的自主平等的人格，因这种社会主体的自主平等的社会地位和价值意义以及相应尊严，是由其应享有的权利来承载的，故可以称具有这种人格的社会主体为权利人格主体。由此可以说，所谓权利人格主体，实际上是特定社会经济基础上开始发生的各种自主平等的社会关系在社会成员主体性方面的典型体现，是社会成员享有一种自主平等的社会地位和做人尊严的特定主体地位状态。这种社会地位或生存状态的社会主体，实际上逐步成为构建现代社会共同体及其基本秩序的基础。这种社会共同体表现为现代民主国家，基本秩序表现为民主法治秩序。③ 现代社会的组成要素或社会本体，就是这种"诸个体"；社会的最基本单位，是这种具有一定抽象意义的独立自主地位的一般个体，而不是像传统社会那样按照成员的特殊角色来定义的依附群体。作为对现代资本主义市场经济的扬弃，社会主义市场经济及其国家并没有否定这种自主平等的权利人格，而是逐渐消除其形式化属性，促使其普遍性地实质化。

现代民主国家，都必须承认自己的国民作为公民，是具有这种权利人格的社会主体，享有前述五大领域的广泛的公民权利。这些权利首先具有本体价

---

① 参见菅从进：《权利人格主体的生成及本体地位的确立》，《江苏警官学院学报》2007 年第 6 期。

② 参见菅从进：《社会发展理论视域下的法律人格考察——基于马克思三形态社会理论的思考》，载任平、曹典顺主编：《当代中国马克思主义哲学研究》，中央编译出版社 2013 年版。

③ 同上。

值,构成公民作为自主平等的权利人格主体的根本体现。直接承载人格自主、平等和尊严的权利是如此,政治权利、社会保障性权利等也是如此。它们是自主平等的权利人格主体在特定领域、特定境遇和国家权力主体面前具有权利主体地位的内在需求。严格地讲,公民监督权的最本质价值的完整表述应是:监视督促公权力主体守法守正,依法和符合社会正义地处理公共事务及相关事务,对待公民正当权益,包括承认公民可以社会主体的地位敦促国家公权主体践行社会正义,并享受符合社会正义的对待。这是公民在国家公权主体面前享有实质性的、高层次权利人格对待的体现。能够以社会主人的身份,敦促社会正义尤其是公权力主体践行正义,是一种自我表现意义上的高尚人格,更是在社会对待意义上被高水平承认的权利人格能力。如果公民对国家公权力主体没有监视督促其守法守正的能力或资格,或者仅有不太充分的这种能力或资格,那么公民在国家公权主体面前只能逆来顺受,一切权利及以此作为保障的权利人格都将大打折扣、名存实亡。从这种意义上讲,公民监督权是公民基本权利体系中绝对不可或缺的权利板块;缺之,将意味着整个公民基本权利体系的根本不足和坍塌。

不难看出,因特定历史原因形成的请愿权概念,虽然承载了公民监督权的部分内涵,但由于内涵狭窄,定性偏颇,没能充分体现出公民敦促公权力主体践行正义、监视督促公权主体守法守正的现代公民权利人格内涵,从而不自觉地延续了传统臣民在公权力主体面前请求正义的被动和悲情,无形中贬低了现代公民作为权利人格主体的法律地位。

二、 人民主权和权利制约权力原则的内在需求

以自主平等的权利人格主体为基础构建的现代民主国家,须遵循人民主权这一根本的民主政治原则。人民主权,又称"一切权力属于人民",它集中表达了国家权力来源于人民、控制于人民并服务于人民的现代政治原则和理念。人民主权要求国家权力由人民产生,并受人民控制,由此人民享有各种构建和控制国家公权力的权利。

尽管人们对"主权"的属性有分歧,但从总体上,主权一般被解释为国家的

最高权力,被认为是国家权力的根本性、本源性权力或"权基"所在。人民主权的观念在西欧首先萌生时,就意味着人民共同体共同享有主权。卢梭系统论证人民主权时,更是作此理解。这种共同享有,不只意味着主权来源于人民的意志,归属于人民共同体,而且要由人民共同有效行使。但问题是:人民在被认为享有主权归属权的基础上如何有效行使主权?

卢梭认为,主权不可转让,不可代表,不可分割,只能由人民集体直接共同行使,基本形式是人民集会,只有如此,才是真正的人民主权;主权行使的基本内容是人民通过集会,共同直接地立法,决定政府形式,决定政府权力的具体授予和收回。因此,卢梭坚决反对代议制民主。在政府问题方面,卢梭认为政府和主权者是"两种截然不同的道德人格"。"政府只不过是主权者的执行人","政府就是臣民与主权者之间所建立的一个中间体,以便两者得以相互结合,它负责执行法律并维持社会的以及政治的自由"。它行使的是行政权力,而不是属于人民全体的立法权力。政府官员也不等于主权者,他们仅仅是主权者的官吏,是以主权者的名义在行使着主权者所托付给他们的权力。至于政府行使的行政权力,并不是主权,而是执行人民行使主权意志的执行权力。① 卢梭严格区别国家与政府、主权者与执行者的不同,赋予人民共同体独立、至上的人格地位和能力,让其享有至高无上和不受限制的主权。其目的主要有二:其一,通过人格化的人民共同体和公意,限制社会的不平等、私人利益对公共利益的侵犯,克服社会的对立,保障全体社会成员的自由与平等;其二,通过这一人格化的人民共同体的力量,限制和克服政府的蜕变和滥用权力。后一目的,体现为卢梭深刻分析政府具有一种蜕变和滥用权力的天然倾向,用极大的篇幅论证如何维护和利用主权的权威,抗拒政府的蜕变和滥用权力。其基本设想是通过人民集合起来共同直接行使主权,如立法权力、委托和罢免权力等,直接产生和制约被其狭义化的政府权力,防止政府和官员对主权的篡夺和僭越,防止政府和官员权力的滥用,以促使它们正当地行使政府权力。②

然而,且不说卢梭的这一政治设计是否可以实现其第一个目标,就这一政治设计本身与其追求的第二个目标而言,其不仅在基本方面不具有现实的操作性,而且在客观上可能会得到适得其反的效果。卢梭的这一理论设计是根

---

① 参见卢梭:《社会契约论》,何兆武译,商务印书馆 1980 年版,第 76 页。

② 参见卢梭:《社会契约论》,何兆武译,第 86 页以下。

据小国寡民式的国家设计的,在现实中并没有操作性。因为在幅员辽阔、人口众多的现代国家,人民通过直接民主共同行使立法和所有的委托、罢免等主权权力几乎是不可能的。在现实中,立法等权力实际上也是由人民授权的特定机关和官员来行使,成为广义的政府行使的权力。

这样,实现人民主权的基本形式,就不可能表现为人民共同直接行使国家的基本权力,而只可能表现为:人民共同体作为主权者,通过个体及其社会组织可参与的民主程序,依靠个体及其社会组织应享有的广泛的公民基本权利,能有效委托和监控广义的政府机关及其官员行使国家权力,使国家权力事实上真正来源于人民,控制于人民,服务于人民。

在社会主义国家,人民主权的实现之途就在于:人民在只能直接或间接委托和授权特定机关和个人行使各种国家权力的同时,必须能有效掌控这些机关和个人的基本权力意志,使他们行使的权力真正受制于人民,服务于人民。在这里,最关键的问题不在于人民的权力已由人民委托给自己的代表行使,或已由人民的代表行使;而在于人民的代表及其行使的一切权力必须日常性地要在人民的有效掌控之中,接受人民的有效监督,处于遵守人民的共同意志——法律和社会正义的状态,而违反者要得到有效制止和矫正。道理在于,如果仅满足于让民选代表组成的特定机关行使主权,派生其他权力机关并监督其行使权力,并不能保证人民主权的真正落实;相反,如果人民不能有效掌控受托者及其权力的行使,就会形成受托者及其手中的权力凌驾于人民之上的局面,形成人民的社会主体地位和主权被僭越、篡夺的局面。

但人民又凭借什么来有效掌控权力的受托者及其权力行使呢? 只能凭借权利监督制约权力的民主法治机制,即人民要享有由宪法主导的法律制度充分确认的广泛的公民基本权利,尤其是政治权利,使这些权利具有法律制度保障的充分的规制权力的权益和功能。或者说,要让公民作为主权者的一员,真正普遍地享有自主平等的人格,依靠自身享有的广泛权利和自由,以民主的方式共同参与国家权力的建构,并日常化地有效监督其正常运行。这表现为权利派生权力,人民通过行使权利授权给被委托者的民主授权机制,也表现为人民通过行使基本权利有效规制权力的具体设置和监督权力运行的机制。由此决定,社会主义民主同样必须采用代议民主制,确认或赋予公民广泛的基本权利尤其是政治权利,形成公民权利有效制约权力的机制。因此,可以说,正是落实人民主权原则的现实需要,催生了权利制约权力这一具体宪法原则或机制。就社会主义追求人民主权的真正实现而言,"就要让人民立足于权利有效制约权力的制度设计,有效掌控国家权力的正当行使"[①];缺乏这一原则或机制,任何人民主权的主张都只能是"口惠而实不致"。

如前所述,任何公民基本权利都有一定的制约权力的功能,因为它们被法律确认和保障,就为公共权力主体的权力行使设定了相应不得作为的边界即消极义务,也为其设定了相关应当作为的积极义务,还设定了违反相关义务应承担的法律责任;更进一步讲,还为特定权力主体设定了法律制度构建等客观义务。[②] 但是,对绝大多数公民基本权利而言,只能在其承载的特定利益和特定能力的范围内制约权力,而这些权利承载的利益和能力多数被限定在权利主体的个人利益及其特定的维护、实现和救济能力上。对公权主体没有直接侵犯私人权益而是严重侵犯公共利益及资源、危害国家公共秩序行为的渎职行为,这些公民基本权利却无能为力,法律没有也无法提供公民依据这些权利进行主张和救济的能力。由此决定,必须确认公民享有一些具有监视督促公共权力主体守法守正这一特定功能的专门性权利——公民监督权利。这种权利主要可基于为维护公共利益及资源、公共秩序而行使,也可因个人利益受到公权力主体侵害时行使,二者兼有时更可行使。因为,哪怕公权主体侵害的仅是个人正当利益,但由于其是国家公务行为或相关行为,同时也就侵害了正常的国家权力行使秩序,损害了国家公权主体应守法守正的政治形象和公共价值定位,属于渎职滥权的违法或不当行为,而且可能要由国家机关承担法律责任和不利后果。当然,如果公权主体的渎职滥权行为仅仅是侵害了公民的个人权利,公民基于个人权利进行救济行为,就有了私人权利救济的属性。但是,由于这种诉求对象是国家公权主体,它同时也就具有了监视督促公权力主体守法守正的基本属性和功能。再加上这些针对国家公权主体的救济权利的特殊性,因此,将其纳入公民监督权利的范畴由宪法确认和保护,是完全必要的。

---

① 苗连营:《权利制约权力论》,第237—238页。
② 确实,我们不能说,公共权力的设置和运行都是为公民基本权利服务的,因为公共权力设置和运行的目的是多重的,公共利益和基本社会秩序同样是其重要目的;但是,公共权力主体必须尊重和保障公民的基本权利,否则,公共利益和基本社会秩序不会得到良性存在或维护。

三、 有效遏制公权力主体腐败的内在需求

近年来,尽管党和政府大大强化了反腐败的举措,一批曾经担任高官要职的腐败分子纷纷落网,但我国腐败现象发展迅猛的势头并没有得到根本的遏制。严重的腐败现象,既危及和破坏法律的权威性和有效实施,又破坏和动摇我国社会主义的经济基础和政治基础,已经对党,对国家和社会构成了潜在的威胁。

"权力导致腐败,绝对的权力导致绝对的腐败",很难否定或怀疑英国阿克顿勋爵这句政治名言的深刻性。腐败的成因无疑是多元的:人性的局限性如食色本性、贪心不足;不良的社会习俗如重人轻规、送礼成风、公私不分、喜好特权;社会转型时期出现的利益多元、制度漏洞,及其导致的信仰丧失、道德下滑、私欲膨胀、行为失范;制度设计和运行中的劣质性如人治为本、民主虚化、权力集中、制衡阙如、透明不够、监督不足、有法不依、依法不严等等,①都是滋生和放任腐败的因素。但是,权力的腐败都是依托权力的滥用如权钱交易、权色交易、权权交易等进行的,而权力本身具有的强制性、独占性、膨胀性、可交易性、腐蚀性等特点,本身就为掌握权力者的腐败提供了内在的便利性。

马克思主义经典作家对现代国家公权力主体的易于腐败性有深刻的认知,并进行了初步的反腐败制度设计。他们认为,由于社会分工,官僚集团是现代国家政权的实际操作者,是一直相对独立地操作着国家机器和权力的独立集团,国家的偏好与行动在很大程度上表现为官僚行动的意志自由。又由于社会利益的分化和官僚的特殊利益一直存在,因此,国家机器和官僚群体并不是死的"工具"和"机器",他们具有自我利益和自我意识,不仅寄生于权力,而且也利用权力经营自己的私利;或者说,官僚群体一直存在着偏离统治阶级的共同利益和社会公共利益的倾向性和现实性。马克思、恩格斯在多处论及由社会分工导致的官僚集团及其特殊利益的形成和长期现实存在。在《路易·波拿巴的雾月十八日》中,马克思用了大量的篇幅描述波拿巴政权与资产

---

① 参见何家弘:《中国腐败犯罪的原因分析》,《法学评论》2015 年第 1 期。

阶级之间,议会代表与议会外资产阶级利益之间的差异以及相互离异的情形。在马克思看来,官僚并不必然代表统治阶级的利益;即使是统治阶级的代表,也利用一切机会谋求自己的私利,而并不必然为被代表阶级服务,代表与其阶级之间有时只有一种主观的联系。恩格斯则先后指出:"社会为了维护共同利益,最初是通过简单的分工的办法建立了一些特殊的机关。但是,随着时间的推移,这些机关——为首的是国家政权——为了追求自己的特殊利益,从社会的公仆变成了主人。这样的例子不但在世袭君主国可以看到,而且在民主的共和国内也同样可以看到。"①"社会产生它不能缺少的某种共同职能。被指定执行这些职能的人,形成社会分工内部的一个新部门。这样,他们也就获得了同授权他们的人相对立的特殊利益,他们同这些人相对立起来,于是就出现了国家。"②这些思想,事实上揭示了国家的统治阶级或公民与国家的管理者或权力的行使者之间的一种普遍性的结构性关系。在特定的社会条件下,官僚集团的这种自利倾向得以很大程度地膨胀,使国家权力表现为明显的异化和腐败。

　　无产阶级革命后建立的社会主义政权,仍然是由特定的群体具体掌控和行使国家权力。社会主义原则,既为消除和限制国家机关和官僚群体的自利性提供了良好的社会基础,也为其提出了更高的要求;但由于在社会主义时期,社会分工、利益分化、社会财富相对匮乏等因素仍然存在,官僚自为性和国家权力趋于异化也就仍具有现实性和不可避免性。马克思、恩格斯等唯物史观的经典作家,对于无产阶级专政国家这一"暂时机关",同样抱有清醒的头脑。恩格斯曾强调:"国家再好也不过是在争取阶级统治的斗争中获胜的无产阶级所继承下来的一个祸害;胜利了的无产阶级也将同公社一样,不得不立即尽量除去这个祸害的最坏方面。"③正因为此,他们对巴黎公社采取的防止公共权力行使者反仆为主的一些措施极为肯定和赞赏。这些措施包括:真正的选举制,随时的罢免制度和公职人员的低薪制度等。显然,这些措施的实质在于,保障国家机器和权力的民意基础,保障社会主体对国家公职人员的实质性控制,通过有效的选举罢免制度和低薪制度防止国家权力成为角逐的对象、谋私的手段。

---

① 《马克思恩格斯选集》(第3卷),人民出版社1995年版,第12页。
② 《马克思恩格斯选集》(第4卷),人民出版社1995年版,第700—701页。
③ 《马克思恩格斯选集》(第3卷),第13页。

俄国十月革命后建立的苏维埃政权,虽然是在打碎旧国家机器的基础上建立的,但新政权很快就出现了较严重的官僚主义、脱离人民乃至贪污腐化等权力异化现象。而且,庞大的国家机器很快代替了理想的"廉价政府"。初步实践的普选很快被干部委任制取代,党政最高权力日益向少数人集中,权力阶层已呈现出重新凌驾于人民之上的趋势。面对这种局面,列宁立足于巴黎公社的原则,开始探讨现实的权力制约之路。"他的探讨始终围绕一个核心思想展开,这就是以'权利'制约权力。"①其基本思路是,通过确认和保障人民享有广泛的权利,尤其是民主参与和监督权利,确保国家权力来自于人民,使人民有力量约束和监督权力的运行。在这里,监督制约国家权力的主体力量是人民,监督制约的途径主要是"自下而上"的群众监督。首先,列宁改变了过去侧重于从人民直接参与国家管理的角度认识人民的政治权利的思路,开始从对国家权力制衡的角度来审视人民应享有的选举权、罢免权和检举、申诉、控告、质询等监督权利。其次,列宁设想通过改组工农检察院,吸收普通工农分子进入检察院,支持人民行使民主参与和监督权利,惩治权力的滥用和腐败行为。再次,列宁要求各级苏维埃机关采取切实的措施,保护群众的监督权,对于群众的批评、建议、检举、控制和咨询要及时处理,作出交代,如有打击报复则要给予严惩。不过,列宁的这些主张多以人治的手段推行,在其因健康原因不能主政的生前就没有得到制度化的实施和保障,之后更是人亡政息。由于众所周知的原因,其后继者始终没有确认和保障人民应享有的广泛权利,在苏联建立起一套有效的权力监督制约体制。相反,形成了权力高度集中、个人专权、党权和政权合一的严重凌驾于社会和人民权利之上的政治体制,人民的应有政治权利和自由、基本的人身和财产权利都没有得到很好的制度确认和保障,民主与法治根本没有建立起来。这一切,使"苏联模式的社会主义"所蕴涵的实际价值理念,与人民应享有得到制度性确认和保障的广泛权利的社会主义基本价值,与主权在民、国家权力应充分保障人权、权力要受到制约、权利要有效制约权力等民主法治原则和制度,存在严重的冲突。其实践结果,不仅没有出现马克思所设想的比资本主义更高级的民主和自由,反而导致"大清洗"的悲剧,导致出现脱离民众的官僚特权阶层,权力异化越来越严重,形成具有普

---

① 王志连:《以"权利"制约权力——列宁晚年时对社会主义国家权力制衡的探索》,《社会科学研究》2001 年第 3 期。

遍性的垄断性腐败,最终难逃政权垮台的失败命运。因此,也就无怪乎当苏共垮台、红旗落地之时,群众表现得那样无动于衷和平静。①

中国经过新民主主义革命,建立了人民主权的国家制度。但是,由于在很大程度上是照搬苏联社会主义的模式,由于把官僚制和官僚主义直接划拨给剥削阶级并认为它已经是"历史的库存"的盲目乐观的思想意识,遮蔽了现实中时刻都在发生的国家机器和官僚群体的自为性,影响了执政党和人民对这种自利性的正确认识和警惕;更由于一段时期内,没有把广大民众应享有的权利和自由加以法制化并以此为基础建立完善的民主和法治,反而把人权、公民基本权利、权利保障、制约权力、法治等当成资产阶级的意识形态加以批判,加之计划经济体制对国家权力的无限性和强制性的客观需要,阶级斗争扩大化的迷雾等因素的影响,结果是人民应享有的广泛权利并没有得到法律的确认和保障,或虽有确认但很大程度上被虚置化,权利制约权力的民主法治机制更是没有得以建立。因此,也形成了类似苏联的权力过分集中、国家权力全面凌驾于社会之上、个人崇拜和干部特权化等体制弊端。再加上对民众应享有的基本权利、民主参与和监督权利缺乏起码的认同,使其没有相应的法制化确认、保障,无法对权力形成真正有效制约,结果,即使是党的领导人从为人民谋利的愿望出发行使权力,也变成了不受约束的权力误用和滥用行为,走向广泛侵犯和限制民众基本权益的反面。

伴随着改革开放的兴起,中国冲破了旧体制的束缚,广大民众获得了自主经营和置产兴业的权利,其人身和政治自由与权利也得到了法律的确认和保障,中国特色社会主义民主与法治建设初具规模和成效,人权要求获得了宪法的确认和保护。但是,由于中华人民共和国成立后形成的权力凌驾于整个社会之上的体制根深蒂固,民主法治建设明显滞后,结果在由计划经济体制走向市场经济体制的转型过程中,出现了大量权力腐败和异化现象。诸如:权力没有从应由市场机制发挥作用的领域退出,仍支配大量不应继续支配的社会资源,限制和剥夺社会主体应享有的自由和权利;权力与金钱交易和勾结,产生了一些权贵资本;权力与黑恶势力相互利用,谋取不正当利益,侵犯公共利益

---

① 有学者认为,苏联大清洗和国家安全部门的罪孽,祸及几乎每一个苏联家庭,人们心头埋藏的世代怨恨难以消除,人们心灵的创伤久久难以抚平,加上苏联僵化的经济体制对人民生活的牺牲,官僚特权阶层的形成,使苏联共产党的代表性和合法性受到严重损害。

和社会主体的自由、权利；一些掌权者为了个人私利和部门利益，超越法律权限，想方设法扩充自己的权力，乱征收、乱摊派、乱罚款，不正当地从社会汲取财富，同时逃避对社会的责任，甚至公然诱骗造假、敲诈勒索；干部群体公款吃请、旅游、出国等公款消费现象严重，在公车配置和办公条件上奢华成风，取得灰色收入的特权制度名目繁多；一些干部利用体制弊端和体制转轨，或侵吞、窃取、私分公共资产，或索贿受贿、假公济私，并呈现出群体化、集团化的趋势；跑官要官、卖官买官、任人唯亲等权力的私相授受现象，执法犯法、司法枉法等现象，时有发生。与这些日趋严重的权力异化现象相对应，广大民众的权利虽然在法律上得到一定程度的确认和保护，但遭受权力侵犯、限制和剥夺的现象仍时有发生。"在腐败中，人民让渡的权利所组成的公共权力变成了执行者的特权，人民委托的权力异变为人民的对立物，使人民反而丧失权利。"[①]可以说，在当代中国，得不到有效遏制的权力异化现象，与公民及其社会组织应享有的权利得不到保障和落实，在很大意义上，是同一个问题的两个不同方面。只有立足于治国者须先受制于人民及其权利的原则，建立以完善的权利有效监督制约权力为基本向度的民主法治机制，才能真正落实社会主义的原则，有效遏制权力的异化，解决严重的腐败问题带来的社会主义制度面临的合法性挑战。

当前，中国反腐败正实施着"用治标来为治本赢得时间"的战略，在重点打击、惩治腐败分子的同时，寻找制度性反腐的突破。在重视建设公共权力主体"不想腐""不敢腐"机制的同时，更应着力打造公权主体"不能腐"机制。构建一个法治化的、以社会主体作为根本依靠力量并广泛参与其中的防腐、反腐、惩腐的制度体系，是中国制度反腐建设的必然选择。其中，立足于法律制度建设，充分落实和保障公民的监督权利应是最佳的突破口。

第三节　公民监督权法律关系的各要素

公民监督权的有效享有和行使，本质上是相应法律关系的存在，表现为以

---

① 章瑛:《公民监督权:法律视域下的公民参与》,《检察风云》2014 年第 12 期。

公民监督权利和相对应义务为基本内容的法律关系的形成和变化。一个具体公民监督权的内涵,实际上就是由这种法律关系来承载的,表现为权利主体、被监督主体即监督对象、被监督事务或行为即监督客体、监督途径和求助主体等要素的存在。准确把握这些要素,才能科学把握公民监督权的基本内涵,构建和维护合理有效的公民监督权法律关系。

目前有关公民监督权的构成要素研究,形成了两种代表性观点。一是"三要素说"。如有人认为,公民监督权应该包括如下要素:公民监督权的主体要素,"应该包括公民个人和社会组织两类";公民监督权的客体要素,"也就是公民监督的对象,主要是指一个国家的中央和地方政府权力机关以及政府部门中的公职人员";公民监督权的内容要素,"主要指的是国家政府机关及其公职人员在日常管理国家公共事务过程中运用权力的行为及其结果的合法性"。[1]二是"四要素说"。如有人认为:"公民监督权内容大概包括权利主体、权利客体、监督内容、监督手段等。"[2]这两种观点之间,没有多少实质性的区别,都没有抓住监督权法律关系的起码构成框架。"三要素说"认为公民监督权构成要素主要包括监督主体、监督的内容、监督的客体三个方面,并就这三个方面进行了相应的阐述。"四要素说"主张公民监督权的构成主要包括监督主体、监督内容、监督客体与监督方式四个方面,似乎增加了一个要素,但仍然是不够的。事实上,监督对象和监督客体是两个不同概念,监督对象即被监督主体,也是能动性的主体力量。而大量的公民监督权利的行使,还需要借助监督权的求助对象,即被求助主体。可以说,这是一个被现有研究成果给予了严重表面化处理的重要理论问题,需要予以认真对待。

一、 公民监督权的权利主体

关于公民监督权的主体,存在广义、中义和狭义三种观点。广义的观点认为:"公民监督权的权利主体范围很广,政协、民主党派、人民团体、新闻媒体和

---

[1] 参见吉佳佳:《论网络环境下我国的公民监督权》,吉林大学硕士学位论文,2013年,第7页。

[2] 于泽:《论行政救济制度中公民监督权的保障与完善》,东北师范大学硕士学位论文,2013年,第4页。

单个公民的监督权,都可以看成是广义的公民监督权权利主体。"①此外,广义的公民监督"还包括《宪法》第三条所规定的民主选举产生人民代表,由人大代表所享有的议案权、质询权、审查权、批准权等权力的行使来实现监督国家机构权力的行使,以及人民政协监督,社会团体监督"②。即认定公民监督权的主体,"不仅包括公民个人及其社会组织,还包括由公民组成的政治组织以及由人民代表组成的国家权力机关——人民代表大会及其常务委员会"。③

狭义的观点认为,公民监督权的主体仅指公民个体,尽管监督权可以公民集合体或群体的形式行使,但由公民个体组成的各种社会组织,不是公民监督权的主体,而是社会监督权的主体。相应地,存在公民监督权、社会监督权、政党监督权和国家机关监督权等监督权利或权力。④ 该观点明确将社团监督从公民监督中剥离出来,认为"公民监督不包括群众性组织、行业性组织以及公益事业性组织等社会力量对国家公共权力的监督"⑤。还有学者认为:"公民监督与人大监督、公众监督形成相互分工且互相配合的关系。公民监督权的主体是公民个体,但通过其行使保持着与'人民'其他转换实体的内在关联,这也架构起公民监督与公众监督、人大监督的内在关联。"⑥

中义的观点认为,公民监督权的主体既包括公民个人,也包括公民组成的企业法人、社会团体和其他社会组织,否则公民监督权将是残缺不全的。⑦ 一个企业法人、社会团体或其他社会组织对国家机关及其工作人员违法违纪与不当的行为,或者侵犯自身合法权益的行为,当然地享有监督权,这种监督权也是公民监督权的重要存在形式。但是,公民监督权的主体也不能过度放大,公民组织的政治团体尤其是政党组织,由公民直接或间接选举产生的政治代表组织及其代表,如果已经是纳入国家公权力体系的政治组织或国家组织,不宜再认定为公民监督权的主体。

---

① 毛超林:《中国当代公民监督权问题研究》,第 10 页。
② 杨磊:《论我国公民监督权的完善》,西南政法大学硕士学位论文,2015 年,第 3 页。
③ 有学者认为,"人大监督权本质上是公民监督的一种形式"。参见程竹汝:《人大监督权是公民监督权的一种形式》,《文汇报》2010 年 11 月 15 日,第 12 版。
④ 参见章舜钦:《论公民监督权与构建和谐社会》,《岭南学刊》2009 年第 1 期。
⑤ 毛超林:《中国当代公民监督权问题研究》,第 9 页。
⑥ 秦小建:《论公民监督权的规范建构》。
⑦ 参见吉佳佳:《论网络环境下我国的公民监督权》,第 6 页。

笔者比较认同中义的观点,即我国公民监督权的主体应该包括公民及其社会组织。尽管我国宪法相关条款在规定公民监督权时,仅用了公民的字眼,但必须明确公民的社会组织是公民作为社会主体存在的必要形式,是公民自主平等权利人格的必要载体。离开各种各样的社会组织,包括政治的、文化的、商业的、社团的,公民的社会生活就无法实现,也无法形成对公权力主体的监控和督促。公民的社会组织活动,既提供了丰厚的监督国家公权力主体用权行为的基础,也提供了恰当适格和行动有力的行为主体。托克维尔在总结美国公民社会组织的作用时曾说过:

> 普通的公民联合起来,也可能建立非常富裕、非常有影响、非常强大的社团,简而言之,即建立贵族性质的法人……政治的、工业的和商业的社团,甚至科学的和文艺的社团,都像是一个不能随意限制或暗中加以迫害的既有知识又有力量的公民,它们在维护自己的权益而反对政府的无礼要求的时候,也保护了公民全体的自由。[①]

罗伯特·达尔也强调:

> 独立的组织在一个民主政体中是非常必要的,至少在一个大规模的民主政体中是如此。每当民主过程在像民族国家那样大规模的水平上运用时,自治的组织一定会产生。但是这些组织更多的是民族国家政府民主化的直接结果。它们对民主过程本身的运转、对减缓政府的高压政治、对政治自由以及对人类福利也是必要的。[②]

立足于我国现有社会组织和国家公权力配置格局的基本状况,我国可享有公民监督权的社会组织应包括企业法人、事业单位法人、社会团体和非法人社会组织。他们都是国家权力尤其是行政权力的直接管理对象,这决定它们在诸多情况下应以自身的名义行使公民监督权。需要指出,这些社会组织本

---

① 托克维尔:《论美国的民主》,董果良译,商务印书馆 1988 年版,第 875 页。

② 罗伯特·A.达尔:《多元主义民主的困境——自治与控制》,尤正明译,求实出版社 1989 年版,第 1 页。

身,有些又可以成为公民行使社会监督权的对象。因为,这些社会组织,如果经营和运行的财产是国家财产,主要管理人员是国家党政机关直接任命的,在很大程度上行使国家公共权力或者处理与其相关事务,那么这些主要管理人员本身也可以成为公民监督权行使的对象。这种情况是由法律关系的相对性决定的。

还需要指出,公民监督权的主体不应再包括那些作为人民及其特定政治和社会组织的代表,被选入特定的国家权力体系内的机关,作为特定代表行使监督权和其他政治权力的公民,如人大代表和政协代表及其相应机构的委员。因为,他们此时行使的监督权,已经是国家公权力体系内部相应人员行使的权力或权利;而且,行使的权力分别是人民代表大会及其常委会的监督权力,人民政协会议及其常务委员会的监督权力。以人大代表为例,代表参加监督权力的行使,只是构成国家权力机关权力的一个"元素",而不是"主体",只有经过法定程序和形式,把诸多"元素"融汇一体,形成国家权力机关的意见或决议、决定,才能成为国家权力,才能形成对"一府两院"的监督制约。① 诚如蔡定剑所言,与其他国家权力相比,人大监督权的特点在于权力的集体行使,是一种集合权。

> 即议会是一个由众多代表组成的议事体,这个议事体是一个整体,只能集体行使职权。每一个议事体成员都有在议事体中表达和作出决定的权力,但每一个代表不能按照自己个人的意志决定问题,而必须按少数服从多数的原则决定问题。在议事体以外,任何代表没有以议事体名义行使的个人权力。②

因此,人大监督的主体,只能是人大及其常委会,而不能是代表(委员)。目前,我国的人大代表和政协委员都不被鼓励个人作为主体直接对相应权力主体行使监督权,即便是将来国家法律和政治架构允许如此做,这种监督权也不是典型意义上的公民监督权的设定和运行,而是国家权力体系内部监督权力的设定和运行。有学者认为人大监督权是公民监督的一种形式,认为一国

---

① 参见缪士鼎:《人大代表的监督权有多大》,《人大研究》2010 年第 12 期。
② 蔡定剑:《论代议机关权力的特性》,《中国人大》2000 年第 4 期。

的监督体系,都是建立在公民监督权之上的,是公民监督权派生出来的。公民行使监督权的方式通常有两种:一是直接行使监督权,如公民直接对政府机关或公务员提出批评和建议;二是通过选出或授权的组织代表自己行使监督权,如各国议会和专门机关所行使的监督权。① 这种观点,事实上将公民监督权不适当地泛化,并不利于公民监督权有效行使的法律构建和保障。

但是,不能由此认为,公民监督权的个体性主体只能是不担任公职的一般民众。事实上,几乎所有的公职人员都可在特定监督与被监督的关系中,作为行使公民监督权的主体存在,即公民监督权主体应包括在公民监督权行使对象的组织内部担任相应领导及其他工作岗位的人员。当他们为了自身的利益或公共利益,对自身所在单位或其他领导及工作人员,或者对其他单位及个人行使公民监督权时,他们就是公民监督权的行使主体。当然,在其他场合,他们也完全可以成为公民监督权的被监督主体。这也体现了公民监督权法律关系的相对性。

关于公民监督权的主体,还有一个比较复杂的问题,即新闻舆论媒体或传媒是否为公民监督权的主体。确实,根据我国宪法的现有相关条款规定,如果将公民的社会组织纳入公民监督权的主体,就必须对宪法相关条款作扩大性的解释。在我国,新闻舆论媒体的性质比较复杂,既不能简单理解为一个社会组织,也不能简单理解为一个企业单位,只能算是一个比较特殊的事业单位,它们本质上是一个执政党、国家、社会组织和公民个人都可以利用的公共舆论平台,对国家政治生活、社会生活起着重要的思想宣传、信息传播、思想交流、舆论导向作用,也起着重要的舆论监督作用。它们赖以运行的资产多属于国有性质,尽管伴随着现代网络传媒的出现,一些舆论传媒平台的性质变得比较复杂起来,兼有了公民社会组织尤其是企业的某些属性,但是,从整体上应该将其视为一个由执政党和政府主导、管控的,对社会和民众高度开放的公共舆论平台,它自身及其工作人员应该享有公共舆论监督权利,或者说是一种公共舆论监督的社会权力,同时也负有特定的政治、社会责任或义务。因此,我国新闻舆论媒体,包括网络媒体及其工作人员不应简单地被纳入公民监督权主体的范畴。当然,这并非意味着我国公民不应享有公民舆论监督权。笔者认

---

① 参见程竹汝:《人大监督权是公民监督的一种形式》。

为,作为公民监督权重要组成部分的公民舆论监督权,是其重要的手段性或途径性权利,是必不可少的。它也必须借助公共舆论媒体来实现,但它与新闻舆论媒体及其享有的新闻媒体舆论监督权是不同的范畴。后者是其得以实现的可以借助的主要平台或主体,但却非直接主体,其权利与公民舆论监督权也是不同性质的权利。关于此点,我们还将在下文中详细论述。

二、 公民监督权的对象

公民监督权的对象,即公民监督权的行使对象,是指公民监督指向的被监督主体,即哪些"人"——包括组织和个人——是公民监督权的行使对象。

关于公民监督权的对象,也存在狭义、广义和中义三种观点。狭义的观点认为,公民监督权行使的主体对象仅指国家机关和国家工作人员,不应将其行使对象任意扩大,因为《宪法》第41条有明确的规定。[①] 广义的观点认为,公民监督权的行使对象不仅仅包括国家机关和国家工作人员、国有企业和事业单位及其工作人员,还应包括一般社会组织,乃至其他一般社会成员即普通公民。该观点主张:公民监督有最广泛的客体,包括所有国家机关及其工作人员、政党、社会团体、社会组织、大众传媒;监督内容包括国家立法机关行使国家立法权和其他职权的行为,国家司法机关行使司法权的行为,国家行政机关行使国家行政权的行为,各政党依法参与国家的政治生活和社会生活的行为,各社会团体、社会组织参与国家的政治生活和社会生活的行为,以及普通公民的法律活动。[②] 也即,公民及其社会组织不仅可以对国家机关和国家工作人员,对事实上行使公共权力的国有企业和事业单位及其工作人员行使监督权,而且可以对其他社会组织和个人涉及公共利益的行为行使监督权。中义的观点认为,我国的特殊国情决定公民监督权的对象不宜仅限于国家机关和国家工作人员,还应包括国有企业和事业单位及其主要工作人员,因为后者在我国,或因法律规定,或因国家机关依法授权或委托,事实上也行使着国家公共

① 参见原新利:《对政府官员的"人肉搜索"与公民监督权实现的路径困境》。
② 参见钟坤:《由"蒙牛门诽谤案"论公民监督权的发展》,兰州大学硕士学位论文,2011年,第2页。

权力或准国家公共权力。但公民监督权的对象也不宜过度放大,把一般社会组织及其社会成员纳入,因为这种公民个人及其社会组织之间的相互督促和诉请关系,已经超出了公民政治权利的范畴,整体上应受民事法律关系或社会法律关系的调整。该观点主张,中国广义的官员都应被纳入公民监督权行使的对象范围,但公民监督权的范围应限于政治性权利,非政治的社会监督权不在此列。①

笔者认同中义的观点,但必须对该观点作科学的界定和解释。我国特殊的国情决定,对宪法规定的公民监督权的被监督主体——国家机关和国家工作人员,应作扩大性的解释。这里的国家机关应包括狭义的国家机关、执政党的领导机关、人民政治协商机关、民主党派机关、人民团体的机关,因为它们事实上构成了我国广义的国家机关,可以成为公民监督权监督对象的单位公权主体。此外,国有事业单位、国有企业单位,因为特殊的财产关系地位,也应被纳入公民监督权监督对象的单位主体范围。这里的国家工作人员,除包括上述单位主体的工作人员外,还应包括国有事业单位、国有企业单位重要的管理人员,这些人员可被称为广义的国家工作人员,属于公民监督权监督对象的人员公权主体或个体性公权主体。

但必须明确,这些单位主体及人员主体成为公民监督权的被监督主体的具体情形是存在很大差异的。总体上,这些主体都可以成为批评权、建议权行使的对象。但由于国家机关中的民意代表机关、执政党的机关、人民政治协商会议机关一般不会直接处理具体的国家公共事务尤其是与个人利益直接相关联的国家事务,故一般不宜成为申诉权、控告权、检举权和取得国家赔偿请求权的对象,至于它们的工作人员,则可成为申诉权、控告权和检举权的对象。尽管对国有事业单位、国有企业单位的一些申诉和控告,可以被纳入民事权利救济的范围,但在诸多场合它们自身及其重要管理人员,还是要成为公民行使申诉、控告和检举权的对象。

三、 公民监督权的客体

所谓公民监督权的客体,指公民监督指向的行为,即相关组织和个人的

① 参见米恒:《论公民监督权与官员名誉权的冲突与平衡——基于宪法维度的思考》。

哪些行为是公民监督权行使的行为对象。

在公民监督权指向的行为意义上，存在着狭义和广义两种观点。狭义的观点认为，公民监督权行使的行为对象只能是国家机关和国家工作人员的公职行为。国家机关公务行为简单明了，很少争议；国家工作人员的公职行为则需要严格区分，认真把握。公民监督权行使的行为对象只应是国家工作人员履行公务的违法、失职、违纪或不当的行为，而不应包括其公职行为以外的个人行为。① 广义的观点认为，就公民监督权行使的行为对象而言，不应仅限于国家机关和国家工作人员的公务行为，还应包括与国家工作人员履行公务行为相关的个人行为。因为国家工作人员在八小时以外的诸多所谓"个人行为"，与行使相应公权力的职位、履行国家公务行为的状态和情况密切相关：有的构成了违法、失职、不当和违纪履行国家公务行为的一部分，表现为这类行为的肇因、过程、结果或后果；有的直接损害和败坏了国家机关和国家工作人员的形象，形成与国家公共事务相关的涉公事务。正因为如此，国家工作人员的所谓"个人行为"和"个人隐私"多被限制或克减。②

关于公民监督权指向的行为，笔者认同广义的观点，即就公民监督权行使的行为对象而言，不应仅限于广义的国家机关和国家工作人员的公务行为，还应包括与国家工作人员履行公务行为相关的个人行为，可以将之称为国家公共事务行为及与其相关事务行为。这里的国家公共事务行为，既包括国家机关及其工作人员典型地行使国家公共权力、执行国家公务的行为，也包括执政党机关、人民政协机关及其工作人员行使广义的国家政治权力的行为，亦包括国有事业单位、国有企业主要管理人员根据国家法律的授权或接受国家机关的委托管理、经营公共事业和资产的行为。至于与国家公共事务相关的行为，其范围更加广泛，具体应包括：在工作过程中违反组织原则和规章制度的行为，包括独断专行、违反工作规章和程序、用人和处理事务失察失误、压制不同意见等行为；官员在工作时间内外的各种渎职用权行为，具体包括贪污、权钱交易、权色交易、权情交易、怠责无为和其他滥用职权行为；官员在工作时间内

---

① 参见原新利：《对政府官员的"人肉搜索"与公民监督权实现的路径困境》。

② 目前学术界普遍认为，国家官员作为公众人士，其个人基本信息、家庭及其近亲属的基本信息、拥有财产状况、两性关系等个人情况，往往对公权力的行使形成一定影响，或者存在和发生于其行使公权力的过程中，官员的诸多私人信息具有公共意义，因此，政府官员的一些私人信息必须为公众所掌握，或者接受公众的监督。

外发生的其他违法违纪行为和影响国家公务人员形象、败坏国家公务人员操行的行为,具体包括渎职行为以外的数量众多的其他违法乱纪行为、生活奢靡、贪图享乐、追求低级趣味、举止言行违反社会公德、滥用权势、谋取和享受特权或不当特殊待遇等行为;利用职权和职位为特定关系人谋取利益的行为,具体包括利用职权或者职务上的影响为家庭、亲属和其他特定关系人谋取利益的行为,相互利用职权或者职务上的影响为对方及其亲属、身边工作人员和其他特定关系人谋取利益的行为,以及支持、纵容和默许家庭、亲属和其他特定关系人利用自身职权或者职务上的影响谋取利益的行为等;各种慢待公共利益和群众利益的行为,具体包括对涉及群众生产、生活等切身利益的问题依照政策或者有关规定能解决而不及时解决的行为,对符合政策的群众诉求消极应付、推诿扯皮,损害党群、干群关系的行为,对待群众态度恶劣、简单粗暴的行为,弄虚作假、欺上瞒下的行为;等等。[①] 这些行为,有的是在处理国家公共事务中发生的违法和不当行为,有的是滥用国家公共权力、职位等特殊的国家公共事务的行为,因此,都是与国家公共事务密切相关的事务。把这些事务及其相关信息归入个人行为、个人资料或个人隐私是不恰当的。如果将这些行为排除在公民监督权的监督对象之外,公民监督权必将严重虚置化。

四、 公民监督权的行使方式和被求助主体

公民监督权的行使方式,是多数学者并没有给予足够重视的问题,但目前也有广义说和狭义说两种观点。

广义说认为,公民行使监督权的方式包括两种,既包括直接方式,也包括间接方式。所谓直接方式,是指公民及其社会组织直接向相关国家机关或工作人员表达监督意愿,既包括向作为监督对象的国家机关或国家工作人员及其所在机关表达相关监督意愿,也包括直接向对作为监督对象的国家机关和国家工作人员负有主管或监督责任的其他国家机关表达相关意愿。所谓间接方式,是指公民及其社会组织通过一定的新闻舆论传播媒体如新闻媒体、网络

---

① 参见《中国共产党纪律处分条例》。

媒体等公共舆论媒体,间接对监督对象行使监督权,形成社会舆论压力,从而引发被监督对象和相关负有主管或监督职责的国家机关履行相关义务、承担相关责任,以达到参政议政和督促诉请的效果。①

狭义说认为,国家公民监督权的行使方式只包括直接对国家机关表达监督意愿这一种法定方式。如果借助舆论传播媒介,如通过报纸、电台、电视台、互联网等舆论平台进行揭露、曝光,以引起有关国家机关的注意,使之采取产生法律效力的措施,从而达到监督的目的,这种做法已经属于社会舆论监督的范畴,超出了公民监督权的范围。②

笔者赞同上述广义的观点,但认为还应引入简单监督与复杂监督的分类。公民监督权的行使方式,应包括直接方式和间接方式。其中,直接方式是指公民针对被监督主体的相关违法和不当行为,直接向相关国家机关提出请求主张,获得支持和救助,纠正被监督主体的违法和不当行为,实现公民监督权承载的权益保护和救济,即达到监督的目的。这其中,直接向作为监督对象的国家机关或国家工作人员及其所在机关表达相关监督意愿的,公民监督权的行使法律关系比较简单,可称为简单的直接监督关系;而直接向对监督对象负有主管或监督责任的国家机关表达监督意愿的,可称为复杂的直接监督关系。所谓间接方式,是指公民针对被监督主体的相关违法和不当行为,没有直接向相关国家机关提出请求主张,获得支持和救助,而是通过公共舆论平台,即通过报纸、电台、电视台、网络等新闻媒介舆论机构进行揭露、曝光,以引起有关国家机关的注意,再获得其支持和救助,纠正被监督主体的违法和不当行为,实现公民监督权承载的权益保护和救济。从法律关系的复杂性而言,间接方式监督,无疑都是复杂监督。而无论是直接还是间接方式,都涉及公民监督权法律关系中另一个重要的主体:公民监督权的被求助主体。

公民监督权的被求助主体,也可简称为监督求助对象,是指公民为行使监督权向其表达诉求并要求其受理和进行调查处理的特定国家机关或公共平台。在理论和实践中,有的称之为受理机关或处理机关,也有的称之为监督管理机关,但都不是非常严谨的法律概念。因为,受理和处理的可能不是同一个机关或公共平台,而管理机关的名称体现不了公民监督权法律关系的属性。

---

① 参见毛超林:《中国当代公民监督权问题研究》。
② 参见原新利:《对政府官员的"人肉搜索"与公民监督权实现的路径困境》。

因此,我们称之为被求助主体或监督求助对象。在直接方式下,公民监督权的被求助主体只有一类,即广义的国家机关。而且,这种主体和被监督主体既可能是同一主体,也可能是不同主体。在前一种的简单情况下,形成了被监督主体和被求助主体的同一性,多发生在公民行使批评权和建议权的场合,也发生在其他监督权利行使的一些特定场合,主要是依赖于被监督对象或者其所在机关的自我矫正能力实现监督目的。在后一种的复杂情况下,公民监督权的被求助主体通常是被监督主体的用人单位、主管机关、监管机关或监督追责机关,公民监督权的实现依赖于同一权力体系内的同体监督机制或跨权力体系的异体监督机制实现,公民监督权能否实现,很大程度上要依赖这种同体或异体监督机制设置的合理性和运行的有效性。

在间接方式下,公民监督权的被求助主体实际上存在两类:一类是新闻传播媒体这一公共舆论平台;另一类则是广义的国家机关。前者是直接的被求助主体;后者是间接的被求助主体。其中,国家机关作为间接的被求助主体,与被监督主体关系的具体情况,同直接方式情况下一样,既可能是自体或同体的,更需要是异体的。而公共舆论平台作为公民行使监督权直接求助的主体,其所能起到的作用不容低估。公民之所以不直接通过求助国家机关行使监督权,原因可能是多方面的:如一些国家机关尤其是相关工作人员,无视和藐视公民的监督权利主张和诉求,不予理睬,公民必须借助公共舆论平台形成对相关国家机关的压力,促使其救助或接受合理的批评与建议;或者是公民对国家机关尤其是相关工作人员缺乏足够的信任感,担心直接求助国家机关不仅于事无补,还可能引火烧身;或者是公民担心官官相护,所以通过公共舆论监督的压力阻断包庇的可能性;或者是一些事情和行为在官方看来无伤大雅,无碍大局,可以淡化,公民认为没有一定的社会舆论压力不足以引起相关国家机关的重视;或者是一些事情初现端倪,公民个体或组织无法提供充分的证据和信息行使监督权,需要借助公共舆论监督平台督促相关国家机关进一步查证;或者是想通过公共舆论平台,将自身正当的权利诉求和利益主张公布于众,获得社会的同情和支持,形成一定的社会压力,引起相关国家机关及其官员的重视,促进问题的解决;等等。由于在上述各种原因中,涉及国家机关及其相关工作人员的情况在很大程度上是真实的,而公民选择具有合理性,因此,一个现代民主法治国家,要真正保护人民的正当权益、珍惜公共利益,充分尊重和保护公民监督权,并真正希望借助公民行使监督权利有效制止和遏制一些国家机关及其工作人员的违法和不当行为,就必须向公民提供这种公共传媒舆论平台,保证其对公民的充分开放性,允许乃至鼓励公民借助这种公共舆论平台行使监督权。否则,公民监督权的享有和有效行使,就会完全受制于国家机关及其工作人员的自觉性,从而被严重虚置化。由此决定,宪法确认公民监督权的一些本体性权利,实际上必然意味着宪法亦确认了公民监督权的另一个重要的途径性或保障性权利——公民舆论监督权,尽管这种权利可以由表达自由或言论自由权来部分承载。而要进一步科学把握这一问题,还需要我们对公民监督权的基本体系作出系统的分析和论证。

五、 公民监督权法律关系的其他主体

与大多数权利关系不同,公民监督权法律关系具有一定的外展性,而且比较明显。所谓权利关系的外展性,是指在具体的权利行使和保护关系中,权利享有和保护的内容扩展到了正常权利主体和义务主体的范围之外,其权利主张能力和义务承担责任关系也得到了一定程度的扩展。在此情况下,可以在一定程度下享有权利主张和权利保护的主体,就不限于直接享有和行使权利的人,且不是以法定代理人、委托代理人或继承人的身份主张权利,获取权益保护,而是以利益相关人的身份主张权利,获得权益保护。同样,义务主体也不限于直接的权利行使对象,且这些对象也不是义务主体的法定代理人、委托代理人或继承人,而是作为权利行使对象的利益相关人,来承担一定的积极与消极义务。其促成要素,包括权利对应的消极义务的对世性、积极义务的特定性与义务主体的利益相关性耦合等,并取得了法律的确认。立足于法律的规定,以及权利有效行使和保护的需要,公民监督权的其他主体应包括两类:一是公民监督权主体的利益相关人,一是监督对象的利益相关人。

(一) 公民监督权主体的利益相关人

依据我国现行相关法律的规定,公民监督权主体的利益相关人主要是其

近亲属。在公民监督权利行使和保护关系中,他们通常会成为监督对象及其利益相关人的直接侵犯对象。把他们作为侵犯的直接对象,通常可以产生妨害和打击报复公民监督权行使的特定效果,而且还具有一定的隐蔽性和立基于亲情的更大实效性。因此,法律通常明确规定保护公民监督权主体的利益相关人,让其在具体法律关系中享有一定的公民监督权行使和保护的权益,可以与权利行使者共同乃至单独主张权利保护。

关于公民监督权主体的利益相关人的范围,根据公民监督权有效保护的需要,法律应采取有一定开放性的利益相关人概念。基于实践中妨害和打击报复行为指向具体利益相关人的情况,只要具有行为的特定目的和实际行为指向,超出近亲属的社会关系如姻亲、远亲属、好友、同学、好邻居、关系密切的同事等,都应该被纳入利益相关人的范围。

(二) 监督对象的利益相关人

依据我国现行相关法律的规定,监督对象的利益相关人也主要是其近亲属。在公民监督权利行使和保护关系中,他们也通常会成为监督对象妨害和打击报复监督权行使的直接实施者或帮凶,基于各种错综复杂的原因,甚至可能成为自主或主导的行为者,并具有一定的隐蔽性。因此,法律通常明确规定监督对象利益相关人尤其是近亲属的消极义务,禁止其进行妨害和打击报复公民监督权的任何行为,让其承担与监督对象应承担的类似或相同的特定不作为义务。

关于监督对象的利益相关人,目前一些法律规范,要么以禁止任何人以任何手段妨害或打击报复监督权形式主体及其近亲属的条文,予以笼统处理;要么进行一定范围的列举,但明显存在不足。笔者认为,这些利益相关人,从公职关系范围而言,应该包括被监督人员主体的所在机关,被监督单位主体或人员主体的上级领导或主管机关、同级配合机关、下级机关或职能部门,及所有这些单位的相关负责人和工作人员;从私人关系范围而言,应包括作为监督对象的人员对象的诸多利益相关人、单位对象的主要负责人或工作人员的诸多利益相关人,具体可包括这些人员的近亲属、姻亲、同学、好友、利益同谋者、被买凶人员和其他受指示人员等存在明显利益关联的人员。[①] 根据公民监督权有效保护的需要,法律应采用监督对象的利益相关人这一开放性概念,在实践中根据相关行为主体的行为目的和指向,确定监督对象的利益相关人,予以法律责任追究和特别惩戒。

法律确定上述两个概念,并以此为主体设定科学的权利和义务规范,对于强化公民监督权保护的针对性和有效性,具有重要意义。对此,我们将在后文相关章节中予以充分的论证。

还需要指出,公民监督权行使法律关系的内容即具体的权利义务内容,理应是本节不可缺少的分析论证内容,但鉴于其复杂多样的具体内容,而下文重点论证的公民监督权的法制构建,主要是基于整体与具体相统一的原则,围绕其进行论证的,故在本节略去。

第四节　公民监督权的基本权利体系

公民监督权的基本权利体系,常被简单理解为整体性公民监督权的范围或内容,或其包含的具体权利种类情况。目前,学界形成了关于公民监督权具体种类的多种学说。(1)"两权利说"。如有人主张:"一般认为《宪法》第 41 条中的'提出批评和建议的权利',实际上构成了监督权的具体内容。"[②]或认为,公民的监督权只包含批评建议权以及检举权,并不包括申诉和控告权。[③] (2)"五权利说"。有人认为,监督权包括批评权、建议权、申诉权、控告权、检举权五项权利。[④] 有人将批评建议权、申诉、控告、检举权以及罢免权都归于监督

[①] 需要指出,这里的公职关系和私人关系的划分具有相对性,因为公职关系一旦服务于不正当的利益追求,在一定意义上就成为滥用职权者进行利益同谋的私人关系。实践中,位高权重者也可轻易让下属部门和人员沦为自己的"家丁",而曲意奉承者也甘于"家丁化"。

[②] 许崇德等编:《宪法》,第 214 页。

[③] 参见许崇德:《宪法学》,高等教育出版社 2005 年版,第 384—386 页。

[④] 参见秦前红:《新宪法学》,武汉大学出版社 2005 年版,第 109—110 页;韩大元、林来梵、郑贤君:《宪法学专题研究》,中国人民大学出版社 2004 年版,第 406 页。

权范畴。① (3)"六权利说"。如有人主张,监督权包括批评权、建议权、申诉权、控告权、检举权、取得赔偿权六项权利。② 又如有人认为,监督权兼有参政权与受益权的双重属性,"该权利体系中既有直接意义上的监督权,如批评、建议权和检举权,也有救济(受益)意义上的监督权如罢免权、控告权和获得国家赔偿权等,是一个内容十分丰富的概括性基本权利"。③ (4)"七权利说"。该说认为监督权包括批评权、建议权、申诉权、控告权、检举权、取得国家赔偿权和罢免权七项权利。④ (5)"多权利说"。该观点认为,作为权利体系,公民监督权内容很广泛。它既包括核心权利的批评权、建议权、申诉权、控告权、检举权、取得赔偿权和选民的罢免权,还包括外围权利的言论自由、集会、结社、出版、游行示威自由等权利。⑤ 有人还认为:"公民监督应具有最广泛的含义,包括事实监督和意见监督,是知情权,披露权,言论、出版、批评、建议、申诉、控告、检举和意见监督的综合。"⑥ 如此多的观点,可谓众说纷纭,莫衷一是。事实上,任何体系性事物,不仅包括具体要素的范围或种类问题,更包括这些要素的结构性位置问题,即相互之间稳定的、有规律的联系。公民监督权利体系同样不能例外。如导论部分所言,要处理和回答公民监督权到底包含多少具体的监督权类型这一复杂的问题,应立足于结构与功能相统一的基本方法,从公民监督权这一权利板块或体系应该具有的要素与功能相统一的角度来认知,不应过多地拘泥于宪法规范的表述,更不能受制于一些具体权利同时具有的其他属性。

从我国宪法对公民监督权的规定条款来看,公民监督权是一个由若干具体权利组成的"权利体系"或"权利群""权利板块"。如果从公民监督权利充分行使、有效制约公权力所应有的功能,以及这种功能所需要的权利体系的自身逻辑结构来看,公民监督权利体系应是一个比宪法相关条款所表达的字面内

① 参见李步云:《人权法学》,第204—206页。
② 参见许崇德:《中国宪法》,中国人民大学出版社1996年版,第414—415页。
③ 该学者还认为,监督权是我国宪法规定的公民的基本权利之一,是有别于西方国家宪法中规定的请愿权的一种兼具参政权与受益权双重属性的权利。它既含有传统请愿权的基本内容,更有社会主义民主宪政建设过程中弥补制度和正常机制不足所需的国情性规定。参见陈焱光:《公民监督权:学理、规范与实现路径》。
④ 参见周伟:《宪法学》,四川大学出版社2002年版,第123页。
⑤ 参见毛超林:《中国当代公民监督权问题研究》,第10页。
⑥ 钟坤:《由"蒙牛诽谤门"论公民监督权的发展》,第2页。

容更加丰富和复杂的权利体系。然而,因为这一权利板块与其他公民基本权利领域和公民其他政治权利板块存在交叉与内在勾连关系,再加上其与此相关的开放性,因此,完全清楚地划定这一公民基本权利板块的边界可以说是一个难以完成的工作,也是一个学术理论和社会实践意义都价值不大的工作。尽管如此,我们却可以从公民监督权充分行使所需要的权利体系的自身逻辑结构出发,结合我国宪法规定的公民基本权利体系的内在逻辑,分析公民监督权利的基本权利体系中必不可少的具体权利类型和结构位置。

总体上,这一基本权利体系包括公民监督权的三个亚板块:基础性权利亚板块、本体性权利亚板块和特殊渠道性权利亚板块。

一、 公民监督权体系的基础性权利亚板块

如前所述,公民监督权需要广泛的公民权利领域作为基础,尤其是公民政治自由权、民主参与权等其他公民政治权利,是公民监督权有效享有和行使的必不可少的基础性权利。如言论自由权等表达权,是公民监督权的基础性条件,也是其实现途径的构成要件之一。但是,由于表达权具有自身内在的权利属性和价值,其基本属性和价值并非主要为公民行使监督权而存在,而仅是可为其提供基础性支持和手段保障,因此,我们不宜将表达权认定为公民监督权体系内部的基础性权利。这里谈到的公民监督权体系的基础性权利亚板块,指的是其权利体系中的基础性权利,该类权利不仅自身就具有公民监督的基本属性和功能,而且对公民监督权的本体性权利行使起到最基本、最直接的支撑作用,因此,它是公民监督权利体系中必不可少的要素性权利。笔者认为,具有这种属性的权利只有一种,即人们常说的公民知情权。

可纳入公民监督权利体系并作为其基础性权利的公民知情权,是狭义的公民知情权。所谓知情权(right to know),也称知悉权、了解权、得知权或知的权利,它作为特指主张一种权利的法学概念,是在 1945 年出现的,由美联社编辑肯特·库珀(Kent Cooper)针对新闻业者慑于战时的新闻管制而致报道失实的现实提出来的,其基本含义是公民有权知道他应该知道的事情,国家应

最大限度地确认和保障公民获取信息的权利，尤其是政务信息的权利。① 从广义的角度上，该权利存在于广泛的社会领域，包括民商法领域的知情权和公法领域的知情权。首先，每个公民都有受民商法保护的广泛的民事性知情权，如消费者知情权、患者知情权、股东知情权等。但更重要的是，每个公民还应该在公共领域享有广泛的知情权，即对于国家的重要决策、政府的重要事务以及社会上当前发生的与普通公民的权利和利益密切相关的重大事件，尤其是与个人利益相关的公权力事务，享有广泛的知悉和获取信息的权利。这种权利可称为狭义的公民知情权，属于宪法应确认和保护的公民基本权利之一。

确实，狭义的公民知情权具有信息自由权的属性，因此也具有公民政治自由权的一些属性。公民获得必要的政务信息，是其政治自由和政治人格独立的基本保证。同样，"公民知情权具有民主参与权的属性，在当今社会，社会事务的日益复杂使得国家管理行为日益扩大，公民的政治参与不足的情形更加明显"②。"没有知情权的保障，民主主义就不能得到真正实现。因为主权者不能获得有关政治的信息就不可能作出准确的判断。"③公民需要通过公民知情权而参政议政。但是，尽管公民知情权具有政治自由权和民主参与权的一些属性，而且公民行使知情权也并非一定是为了监督公权力，但公民知情权却更具有监督权的属性。首先，公民知情权本身就具有监督的属性和功能。公民对国家公共事务享有和行使知情权，本身就有监督功能，公民知情权是公民参与反腐败、监督公共权力的有效手段。有几句这样的经典名言："依赖秘密以生的政府也可能被秘密击毁。""阳光能够杀病菌，路灯可以防小偷。"透明本身就是一种防止腐败、进行权力监督制约的良好途径。公众监督之下，腐败无所遁形，因为"阳光是最好的防腐剂"，国家公共权力事务及其相关事务的必要的公开性，即让公民充分了解或知悉，本身是监督权力、防止权力异化和腐败的有效条件。由此，知情权直接被认为"是民主社会的基石，是防止腐败的良药"④；更重要的是，只有通过公民知情权，才能为公民具体监督权的行使提供起码的信息支持、证据支持和针对性支持，"权利（力）制约权力也必须以知情

---

① 参见李红军：《试析知情权》，《品牌》2011 年第 10 期。

② 董海翔：《公民参与反腐中公民知情权和官员隐私权的冲突与协调》，扬州大学硕士学位论文，2015 年，第 8 页。

③ 杉原泰雄：《宪法的历史——比较宪法学新论》，吕昶、渠涛译，第 190 页。

④ 宁益刚、陈欣：《知情权：民主社会的基石》，《人民法院报》2005 年 5 月 13 日。

为前提,否则监督、制约、控权等都是一纸空文"①。在很大程度上,知情权还是诸多公民监督权行使的第一个环节,即知悉监视公权力违法不当的标准或事实等,并得以做出监视行为。因此,应将其纳入公民监督权的基本体系。

学界一般认为公民知情权包含两层意义:一是公众对政府掌握的信息要求公开和提供的"信息公开请求权",它对应的是公权主体应权利主体申请而承担的发布和提供信息义务;二是公众从政府、信息媒体及其他信息来源那里不受妨害地获取各种基本信息的权利,即"信息的领受权",它对应的是国家公权主体主动履行发布和提供相应信息的义务、不妨害公共信息媒体和其他社会主体发布和提供信息的义务、不妨碍公众获取各种基本信息的义务、制止和救济公共信息媒体和其他社会主体妨害公众获得必要信息行为的义务,以及特定公共信息媒体和其他相关社会主体的特定义务。其中,最重要的是,政府不得进行自我掌控信息的封锁和不当妨碍公共信息媒体和其他社会主体传播公共信息的行为。由此决定,公民知情权的客体是特定的信息:一是涉及国家机关或者掌管公共职能人士相关活动的信息;二是国家公权力主体在管理相关公共事务或相关事务中制定的应为公众知悉、了解的信息资料;三是国家公权力主体在管理公共事务及相关事务时获取、整理和掌控的应为公众知悉、了解的信息;四是公共信息媒体和其他信息提供主体应主动提供的应为公众知悉、了解的其他信息。

基于上述共识,笔者认为,作为公民监督权体系具体权利的知情权,是指公民及其社会组织可依法对国家机关要求公开和提供某些信息的能力和资格,以及不受妨害地获取国家机关、公共信息媒体和其他的信息来源者应公开和提供的相关信息的自由。

二、 公民监督权的本体性权利亚板块

这是公民监督权体系中最基本的权利亚板块,是体现公民监督权最基本内容的权利亚板块,具体表现为我国《宪法》第 41 条确认的六种权利:批评权、

---

① 陈焱光:《宪政视阈下知情权的法理与中国实践之检视》,载许崇德、韩大元主编:《中国宪法年刊》,法律出版社 2009 年版,第 62 页。

建议权、申诉权、控告权、检举权和取得国家赔偿权。鉴于在下文中笔者将详细论述和研究每一个具体权利的基本含义、属性和特征,这里先不对每个权利展开论述,而是总体分析其在公民监督权利体系中的地位及其类型划分问题。

之所以将它们称为公民监督权利体系中的本体性权利,是因为它们构成了公民监督国家公权主体的公务活动及其相关活动的基本行为类型。而且,这些权利的基本法律内涵,也包含了通过常规的法律途径或程序进行相应行为的内涵。这些行为类型,既涵盖了从事前、事中监督到事后监督的全面性,更涵盖了从建议到批评再到控告、检举揭发的不同程度的针对性,离开了其中任何一项权利,就意味着公民监督权存在体系性的漏洞和不足。而且,公民要有效行使和享有监督权,也只能依靠作出这些权利承载的一种或数种性质的行为。这些行为体现了公民监督国家公权力运行的基本行为属性,具体包括:(1)对国家公权主体违法或不当的公务活动及相关活动进行批评指正并依法要求其接受;(2)对国家公权主体存在不足或局限性的公务活动及相关活动提出自身的见解、主张并要求其合理采纳;(3)认为公权主体处理自身权益的行为存在违法或不当,或者利益相关人合法权益因国家工作人员的违法失职行为而受侵害时,依法向有关机关申述理由并要求重新处理;(4)对国家公权主体违法失职、侵犯自身利益或公共利益的行为依法进行控告并要求特定国家机关处理;(5)对国家公权主体侵犯公共利益的严重违法失职行为秘密地或公开地予以举报、揭发,并要求有关国家机关做出处理和追究被检举人责任;(6)基于国家公权主体对自身或近亲属权益的伤害依法主张国家赔偿,并引发国家机关对相关人员责任的追究。① 这些权利,体现了公民对国家公权主体违法或不当行使权力行为进行批评、匡正、救济的基本权利能力。当然,有诸多权利同时也具有救济权利的属性;如果把公共利益也作为可通过权利进行救济的对象,那么甚至可以把所有这些权利都理解为具有救济权利属性。但是,这种

---

① 有学者认为,国家赔偿与其说是对受害者的补偿,不如说是对国家权力的一种警示,是对错误行使权力者的一种惩戒,是对受害人的一种致歉,是对社会大众的一种交代,也是国家对正义价值的坚守。参见王云飞:《国家赔偿是保护个体权利的重要环节》,《中国审判》2013年 12 月 5 日。还有学者认为,国家赔偿制度与一国的政治体制存在天然密切关系,国家赔偿的金额不但会体现出彰显公平正义、保障基本人权的精神,同时也与国库负担水平、整体法制发展阶段等密切相关,更承担了维护政府形象、维持社会稳定的功能。参见杜仪方:《国家赔偿中的"相应"精神损害抚慰金——(2013)浙法赔字第 1/2 号浙江省高院张氏叔侄赔偿决定书评析及展开》,《浙江学刊》2015 年第 1 期。

救济权利属性,并不能否定这些权利同时甚至主要具有的监督权利属性。

目前,最常见的一种分类是,把批评权、建议权和检举权看作是一类权利,强调该类权利的政治性,称之为政治性监督权或督政性监督权;把申诉权、控告权和取得国家赔偿权看作是一类权利,强调该类权利的救济权利属性,称之为救济性监督权。并相应地认为,前者是为了公共利益,后者是为了救济个人权益。笔者认为,这种看法有一定的道理,但过于简单化。如前所述,所有的公民监督权都有政治权利的属性。公民监督权的政治性从根本上讲在于:它是监视督促公权力及其主体守法守正的权利,而公共权力及其主体能否敦行守法守正,都是一国重要的政治性问题。其实,公民批评权、建议权和检举权既可以为了公共利益行使,也可以为了个人利益包括自身利益和他人利益来行使,更多的时候可能是同时兼有多种利益诉求;同样,公民的申诉权、控告权除了可以维护个人权益外,也可以为了公共利益而行使,或者兼为个人正当权益和公共利益而行使。笔者认为,根据我国《宪法》第 41 条的原义,这些权利还是应分成两类:一类是批评建议性监督权利,包括批评权和建议权;一类是诉请矫正性监督权利,包括申诉权、控告权、检举权和取得国家赔偿权。两者的区别可以概括如下:

其一,两者体现的价值追求各有所侧重。批评建议性监督权利是监督国家公权主体及其相关活动是否符合社会正义、民主参与等政治正义的权利,重点体现了追求政治正义及其相关的法律正义。诉请矫正性监督权利则是监督国家公权主体及其相关活动是否符合法律正义的权利,重点体现了追求国家法律正义的价值,同时客观上可以推进政治正义。

其二,两者体现利益与公权主体相关活动所体现利益之间的是非性对抗程度不同。批评建议性监督权利承载的基本内涵是,公民及其社会组织作为主权者中的具体个体,可对国家公权力主体的运行状态及其相关活动发表具体的批评性意见和建设性意见,其体现的利益冲突的是非性相对较弱。它的有效行使,不一定需要国家公权主体及其活动存在明显的不足或错误,也不一定需要公权主体接受权利主体的批评和建议,而只需要合理采纳或参考并给予必要的尊重即可。而诉请矫正性监督权利是监督国家公权主体及其相关活动的违法和不当状态得到根本矫正或救济的权利,承载的基本内涵是公民及其社会组织依据特定的权利受损或利益关涉关系,对公权主体的相关违法活动及其后果进行申诉、控告、检举等诉请,在对相关权益进行有效救济的同时,也实现了对国家公权主体守法守正的有效监督,其体现的利益冲突的是非性通常比较严重。它的有效行使,需要国家公权主体及其活动存在明显的违法和不当的事实基础,即存在违法失职行为,也表现为诉请矫正的合理要求应被依法得到充分满足。

其三,两者对法律秩序或程序的依赖性程度不同。批评建议性监督权一般以直接方式或借助公共媒体平台的方式提出,尽管被批评建议的主体也要承担法定的客观或主观义务,但权利的有效行使不一定产生某种直接的法律后果,行使对象基于意见的正确性,可以主动或迫于某种压力接受或部分接受权利主体的意见,也可以基于意见的不当性而不予采纳,只需要给予权利人应有的尊重即可。诉请矫正性监督权通常要依据法律规定的程序提出,或者借助公共媒体平台和其他特别渠道提出,但通常须引起严格的法律程序启动,由特定主体根据特定的法律程序或规则,在查清事实和正确适用法律的基础上,维护权利人的权益救济主张,确定相关公权主体的法律责任。

三、 公民监督权的特殊渠道性权利亚板块

公民监督权的特殊渠道性亚板块,也可以称为特别途径性权利亚板块。这是人们在谈论公民监督权利体系时,常常提到但却不能给予准确定位和把握的权利亚板块。一般说来,宪法和法律确认了一些本体性的公民监督权,也就确认了其内在需求和蕴含的常规的、法律程序化的途径性权利或程序性权利,如行政诉讼权、司法申诉权(再审请求权)、行政复议权、行政申诉权等,并由基本的法律来进一步明确和保障。但是,为了促使这些权利的程序性功能和实体性功能真正实现,促使公权力义务主体履行相应义务,法律还需要提供另外一些公共平台。如为了让公民获得社会舆论的支持和同情,对相关公权主体形成更大的社会压力,更有效行使批评权、建议权、控告权、检举权等权利,就必须承认公民有借助公共媒体平台行使批评权、建议权、控告权、检举权等权利的能力,承认公民借助公共媒体平台督促公共权力主体尊重和保障本体性监督权利行使的权利能力。此外,一些不宜通过典型法律程序化的司法

途径和行政救济途径解决的诉请,也需要特别辅助性路径解决。由此,需要确认两个重要的、必不可少的特别途径性监督权利:公民舆论监督权和信访权。这两种权利,尽管没有为宪法所明确规定,但的确是可以从宪法条文中推导出来,并一直在实践中为人们所重视的基本权利。

公民舆论监督权是公民间接行使公民监督权的特别途径性或手段性权利,它不同于新闻媒体的舆论监督权。舆论监督是一个具有中国特色的概念,在我国,梁启超第一个提出了舆论监督的观念。新中国成立后,新闻界也没有使用"舆论监督"这个概念,而是用"报纸批评"。舆论监督作为一个概念进入政治领域较晚近,在正式文件中首次出现于1987年中共十三大报告中。党的十三大报告指出:"要通过各种现代化的新闻和宣传工具,增强对政务和党务活动的报道,发挥舆论监督的作用,支持群众批评工作中的缺点错误,反对官僚主义,同各种不正之风作斗争。"事实上,我国广义的舆论监督权及其享有主体应包括两类:一是人民群众享有的舆论监督权,这是典型意义上的公民监督权,是可以利用新闻媒体和其他信息媒介披露事实、表达自己意见的权利和自由;二是新闻媒体等传播媒介及其工作人员利用新闻采访、报道发表民众和自身的意见的权利和自由。在一定意义上,前者是本源性的权利和主体,后者是前者的派生物和工具性主体,但通常必须为前者所借助。这种逻辑关系,在舆论监督这个观念被正式上升为国家政治和法律概念后,当时的国家主要领导人,曾经给予过明确的说明。1989年11月25日,李瑞环在新闻工作研讨班上发表的《坚持正面宣传为主的方针》长篇讲话指出:"新闻舆论的监督,实质上是人民的监督,是人民群众通过新闻工具对党和政府的工作及其工作人员进行的监督,是党和人民通过新闻工具对社会进行的监督,不应仅仅看成是新闻工作者个人或者是新闻单位的监督。"[①]江泽民也明确指出:"广大人民群众享有依法运用新闻工具充分发表意见、表达自己意志的权利和自由,享有对国家和社会事务实行舆论监督的权利和自由。"[②]新闻舆论媒体及其工作人员的舆论监督权利,同时兼有职责的性质。新闻舆论媒体是现代社会和国家催生的一个特殊的公共领域,是一个既受国家高度管控又需要公民高度参与的公共领域;在当代中国,则是执政党机关直接或通过国家机关予以高度管控,但允

---

① 李瑞环:《坚持正面宣传为主的方针》,《求是》1990年第5期。
② 江泽民:《关于党的新闻工作的几个问题》,《求是》1990年第5期。

许公民高度参与并以保障人民利益为根本旨归的公共领域,其中至少有一些主导性的媒体被称为"党的喉舌"和"人民的喉舌",实行的是"完全国有的有限商业运作体制"。[①] 它们以正面宣传和报道党的路线、方针、政策,报道执政党领导下的国家和社会发展的各项活动和成就为主要任务,但也被赋予了监督执政党机关、国家机关及其工作人员、社会主体的活动的职权和职责,其职权具有信息传播权、舆论表达权、舆论监督权等内涵,[②]具有权利乃至权力的属性,应该被称为新闻媒体舆论监督权或新闻舆论监督权,尽管也可以并通常被简称为舆论监督权。这一公共平台及其权利的存在,可为公民监督权的行使提供有力的支持主体,大大拓宽其行使的渠道和手段,强化其行使的有效性。无疑,这些权利并不直接归属一般公民及其社会组织;但是,公民却可以基于表达自由权尤其是本体性的公民监督权,借助这种公共平台及其职权或权利的存在,行使自身的舆论监督权。公民及其社会组织可以利用新闻舆论媒体进行舆论表达和动员,有效行使自身的监督权利。

显然,新闻媒体舆论监督权与公民舆论监督权,是两种内涵不同但又存在一定关联性的权利。就两者的区别而言,权利主体、权利内容和权利属性都存在明显的不同;就两者的关联性而言,两者存在一定的相互依赖和支持关系。此点内容将在后面的章节中详细论述,此不赘述。

就公民舆论监督权的内涵而言,也有广义和狭义的观点之分。广义的观点认为,公民舆论监督权是公民及其社会组织可借助各种新闻舆论媒体公共平台,为维护社会公共利益和私人合法权益,对国家公权主体的国家公务活动及其相关活动,对社会主体的相关活动进行舆论表达和动员,形成社会舆论压力,促使相关违法或不当的活动得到矫正和救济的权利,事实上包括了公民对国家公权主体拥有的舆论监督权和对社会主体拥有的舆论监督权。狭义的观点则认为,公民舆论监督权仅指公民对国家公权主体的舆论监督权,属于公民监督权的范畴,并主张将公民对其他社会主体拥有的舆论监督权纳入公民社会监督权的范畴。笔者赞同狭义的观点,本研究也在这种意义上使用公民舆

---

① 参见展江等:《新闻舆论监督与全球政治文明:一种公民社会的进路》,社会科学文献出版社2007年版,第28页。

② 参见郑保卫:《权力·责任·道德·法律——兼论新闻媒体的属性、职能及行为规范》,《国际新闻界》2005年第4期。

论监督权的概念。

信访权是公民直接行使本体性监督权的特殊途径性权利,具有必不可少的辅助功能。所谓信访,现代汉语词典解释为"人民群众来信来访"。如强调其法律意义,可以解释为公民来信来访。一般认为,信访包括以下重要因素:(1)信访人,亦称信访行为的发起人,信访意愿的输入方,即利用写信形式或走访形式向公共权力机构反映意愿的社会成员,包括公民及其社会组织,特殊情况下外国人、无国籍人、外国组织也可以成为信访人;(2)信访工作机构,或称为信访处理者,即信访行为所指向的公共权力机构,其接受来信,接待来访,并负责处理,为信访决策的输出方;(3)信访环境,指信访发生和展开的条件,包含人文社会环境与自然环境;(4)信访形式,指传统意义上的写信和走访,新形式包含电报、传真、电话、图片、录音、录像、电子邮件、微博等电信网络渠道等。关于信访的概念,有广义和狭义两种观点。广义的观点认为:"信访是社会成员通过书信、电话、电报、访问等形式,向社会组织、管理者反映个人或集体意愿的一种社会政治交流活动。"[1]广义的信访在表达意见的对象上更为宽泛,既有党政机关、人民团体,也可能包括国有企事业单位。[2] 狭义的观点认为,信访是公民采用书信、电话、走访等形式,就该部门及其工作人员侵犯自己合法权利以及其他违法违纪行为,向各级行政机关、县级以上各级人民政府所属部门反映情况,提出意见、建议和要求,依法应当由有关行政机关处理的活动。[3]笔者原则上赞同广义的信访概念,因为信访作为我国存在领域广泛的现实制度,并不限于针对行政机关及其工作人员的行政信访制度,事实上包括了针对执政党机关、人民团体机关、行政机关以外的其他国家机关、国有企事业单位管理机关及其工作人员的信访制度,和中义的公民监督权的对象范围基本一致,可统一理解为一个针对广义的国家机关及其工作人员的制度设计。2005年修订后的《信访条例》第2条第1款规定:"本条例所称信访,是指公民、法人或者其他组织采用书信、电子邮件、传真、电话、走访等形式,向各级人民政府、县级以上人民政府工作部门反映情况,提出建议、意见或者投诉请求,依法由有关行政机关处理的活动。"这一规定仅限于行政系统内的信访,并不是完整

---

① 李慕洁:《应用信访学》,华龄出版社1991年版,第2页。

② 参见孙大雄:《论信访权的权利属性》,《社会主义研究》2006年第1期。

③ 参见倪文卿:《公民信访权与信访制度研究》,苏州大学硕士学位论文,2014年,第3页。

的信访活动的法律定义。

显然,所谓信访是指公民及其代表,为了维护救济特定权益,通过写信和其他现代信息传递方式,以及直接走访方式,向特定国家公共权力机关表达自己的诉求和意愿,督促特定国家机关及其工作人员守法守正的活动。信访制度是我国实现公民及其社会组织合法权益及社会公共利益的一项重要制度,信访权利是公民、法人或其他组织依法享有的通过各种合法形式,按照法定的权限和程序向国家和政府表达特定意志的能力或自由。[1] 它本质上是公民批评权、建议权、申诉权、控告权、检举权和国家损害赔偿请求权的必要的行使途径,是司法诉讼、行政复议、行政裁决、行政调解、行政申诉、国家赔偿请求等常规救济渠道外必需的补充性或辅助性的行使途径。信访权作为公民从事信访活动的权利,承载了公民监督本体性权利直接行使的部分必不可少的基本路径,在一定意义上是后者必然要求的、延伸性的手段性权利,[2]具有"底线监督"和"底线救济"的功能,也具有默示性宪法权利的属性。[3] 2005 年 4 月国务院新闻办公室发布的《2004 年中国人权事业的进展》白皮书明确指出了信访权的主要内容,明确提出国家重视和保护公民通过信访的方式和渠道,实现宪法规定的批评、建议、申诉、控告和检举权利。[4]

受本体性权利的决定,信访权无疑也具有救济权利的属性和功能,但信访权更具有监督权的属性和功能。[5] 从制度设计的初衷而言,信访权更体现了国家机关及其工作人员听取民众意愿,接受群众监督的一项政治性权利。信访作为自下而上的政治监督机制非常重要。"由于信访反映的问题大多数是'求决'性质的,而且投诉或控告的对象经常是国家官员或与之相关,因而信访就成为一种平民监督官员的便捷方式。"[6]这种监督功能不能仅仅停留在概念上,也不是指针对宏观的国家政策制订或制度变革,而是通过基于民众自身的个案化的利益诉求,启动对国家公共权力主体违法失职或不当行为的矫正和

---

[1] 参见倪文卿:《公民信访权与信访制度研究》。

[2] 参见林喆:《参政权:民主政治的基石》,《学习时报》2004 年 5 月 10 日;林喆:《信访制度的功能、属性及其发展趋势》,《中共中央党校学报》2009 年第 1 期;任喜荣:《作为"新兴"权利的信访权》,《法商研究》2011 年第 4 期。

[3] 参见张陆庆:《信访制度的法制化研究》,《河北学刊》2010 年第 4 期。

[4] 参见国务院新闻办公室:《2004 年中国人权事业的进展》,《人民日报》2005 年 4 月 13 日。

[5] 参见孙大雄:《信访制度功能的扭曲与理性回归》,《法商研究》2011 年第 4 期。

[6] 李红勃:《人民信访:中国式人权救济机制》,《人权》2006 年第 2 期。

救济,从而具有了对国家公共权力运行状态的特定干预和参与,引发了政治监督的效果。信访权所包含的监督功能依赖于具体的公民监督权的本体性权利,是一种个案化的政治参与,具有很大的偶然性。它并不是通过宏观上直接参与政治决策或管理国家事务,来实现民众对公共事务的干预。信访行为始终与一个深层次的利益诉求结合在一起,不同于一般意义上的政治参与方式。[①] 不过,尽管信访权的监督权功能和属性与其权利救济的属性和功能高度相关,但它只能成为正规权利救济渠道如司法救济、行政救济(行政复议等)的补充手段或督促手段。

综上,公民监督权利体系可以表现为如下逻辑图:

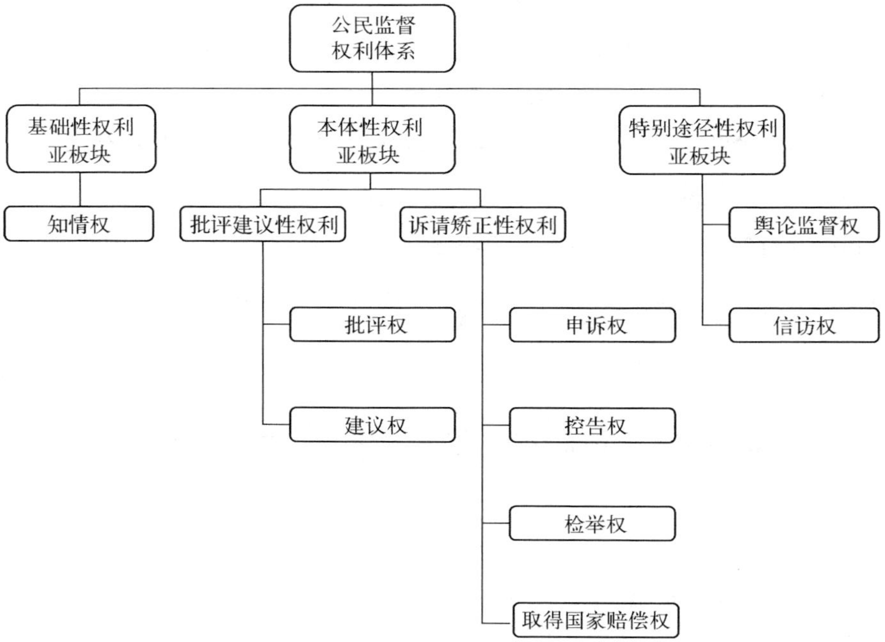

---

① 参见倪文卿:《公民信访权与信访制度研究》,第 9 页。

第二章　我国公民监督权保障行使现状及其问题本质

从最直观的立场看,公民监督权的有效行使,需要完备的国家法律体系的保护,而我国公民监督权的立法保护还存在明显的不足,这也必然会导致公民监督权有效行使状况的严重不足。问题是,如何才能算是制定出完备的保护公民监督权的法律体系? 或者说,这一体系如何才能真正完备地构建起来,以保障公民监督权的充分有效行使? 这需要我们在具体分析梳理公民监督权立法保护和行使状况存在不足情况的基础上,找到问题的根本症结,以便通过有针对性的法律制度建设,构建出可有效制约公权力的公民监督权利体系。

第一节　我国公民监督权的立法保护现状

宪法确认的公民基本权利,必须通过国家基本法律和其他法律法规进一步明确和保护,通过宪法监督或者司法审查机制予以明确和保护,否则,就可能在某种程度上被虚置化。公民监督权作为公民基本权利中的重要权利板块,更应如此。但总体上,我国对公民监督权利的立法还处在严重不足的状况。

一、多数监督权利的基本立法存在严重缺失

如前所述,我国宪法明示或默示的公民监督权应包括三大权利亚板块的

九项具体权利,具体包括知情权、批评权、建议权、申诉权、控告权、检举权、请求国家赔偿权、舆论监督权和信访权。但目前,只有请求国家赔偿权、控告权和部分申诉权被《国家赔偿法》《行政诉讼法》《行政复议法》《刑事诉讼法》《民事诉讼法》等我国最高立法机关制定的基本法律和其他法律进一步系统地明确和保障,其他公民监督权利,尽管可能为一些法律所涉及,但却没有得到国家基本法律的系统确认和保护。

(一) 知情权:国家立法保障仍存在可大幅提升空间

在我国计划经济时期,政府活动一切由国家安排,公民基本上没有知情权的权利意识。直至党的十一届三中全会后,随着我国法律的不断健全和公民民主意识的觉醒,政府机关活动透明化、阳光化,保障我国公民知情权才逐渐被提上议程。[①] 党的十三大报告中明确提出要"提高领导机关活动的开放程度,重大情况让人民知道,重大问题经人民讨论"。1995 年在确定实行"依法治国"的方略后,一些省市相继实行"政务公开""警务公开""村务公开",并在全国推行。1998 年最高人民检察院率先在全国检察系统全面推行"检务公开";最高人民法院于 1999 年发出《关于严格执行公开审判制度的若干规定》,2000 年发出《裁判文书公布管理办法》,均为我国的公民知情权保障制度的建设写下了重要的一笔。《中华人民共和国政府信息公开条例》(以下简称《政府信息公开条例》)也于 2008 年 5 月 1 日起正式施行,舆论普遍认为,该条例是我国行政公开法制建设的一个里程碑和新起点。但总的说来,上述举措多属于政策推进性质的,立法确认和保护公民知情权的内容较少。

应该说,我国也有一批国家法律以专门条款的方式直接赋予公民知悉、获取信息的资格和权利,或者是以义务规范的形式,科以特定公权主体及相关主体保障公民获知信息的义务性规范。例如《行政处罚法》第 4 条规定:"行政处罚遵循公正、公开的原则。对违法行为给予行政处罚的规定必须公布;未经公布的,不得作为行政处罚的依据。"《行政复议法》第 23 条规定:"申请人、第三人可以查阅被申请人提出的书面答复、作出具体行政行为的证据、依据和其他

---

① 参见郑啸:《完善我国公民知情权的法律保障》,复旦大学硕士学位论文,2010 年,第 15 页。

有关材料,除涉及国家秘密、商业秘密或者个人隐私外,行政复议机关不得拒绝。"《土地管理法》第 20 条规定:"县级土地利用总体规划应当划分土地利用区,明确土地用途。乡(镇)土地利用总体规划应当划分土地利用区,根据土地使用条件,确定每一块土地的用途,并予以公告。"《环境保护法》第 53 条规定:"公民、法人和其他组织依法享有获取环境信息、参与和监督环境保护的权利。各级人民政府环境保护主管部门和其他负有环境保护监督管理职责的部门,应当依法公开环境信息、完善公众参与程序,为公民、法人和其他组织参与和监督环境保护提供便利。"《价格法》第 24 条规定:"政府指导价、政府定价制定后,由制定价格的部门向消费者、经营者公布。"这些法律规范大都零散分布在各种法律文件中,分属于不同的法律部门和法律制度,构成了我国公民知情权的基础。

尽管公民知情权有众多法律予以规定,公民知情权的立法保护仍然存在着许多问题,具体表现在以下几个方面。

其一,知情权概念及法律地位的缺失。时至今日,知情权仍然未能在我国法律中取得明确的地位,探究其原因主要有两个方面。(1)深层次原因是某些为政者知情权理念的缺失。他们缺乏人民主权的理念,把自己当成信息的主人,垄断信息,信息是否公开成为他们的权力,漠视公众的知情权。中国经历了漫长的封建社会,具有悠久的人治传统,"民可使由之,不可使知之",这一千古遗训至今还在很多为政者的头脑中挥之不去。此外,我国现行的行政体制脱胎于苏联高度集权的行政管理体制,政府管理部门习惯于对所属单位使用直接命令的管理形式,认为控制政府信息是行政机关的特权,老百姓是被治理的对象,没有向社会公开的必要,也没有形成管理公开化的传统。即使是法定要公开的信息,他们也把行政公开看成是对老百姓的一种"恩赐"。① (2)直接原因是知情权宪法地位的缺失。我国现行宪法已在一定程度上隐含了知情权,但这并不等于知情权在我国已经成为一项宪法权利。知情权还没有被明确认定为宪法权利,不具备最高法律效力,从而导致相关的普通法律在立法之初就缺乏保护知情权的理念。因此,尽管在党和政府的诸多政策性文件中已经明确要求保护人民群众的知情权,但法律意义上的知情权没有明确的宪法

---

① 参见张静:《关于我国公民知情权入宪的思考》,中央民族大学硕士学位论文,2008 年。

规范保障,也没有专门的国家法律予以系统确认和保障。

其二,其他法律对知情权的限制超出了合理的限度。首先是《保守国家秘密法》的制约。我国现行的《保守国家秘密法》,在诸如定密、泄密处罚、救济机制等一些重要制度的设置上,已远远落后于社会实际发展的需要。国家秘密不予公开,本身无可厚非,但问题是我国《保守国家秘密法》的定密活动不规范,导致定密范围偏宽,密级偏高,妨碍了信息的合理使用。而且国家秘密只定不解,《保守国家秘密法》规定解密有两种情况:一是自行解密,对定密时就确定了保密期限的,在保密期限届满时就自动解密;二是程序解密,就是通过一定的程序对该项国家秘密解密。而在实践中却出现了有人定密、无人解密的现象,造成实践中定密"一定终身"的现象,缩小了知情权的范围。① 其次是《档案法》的制约。现有《档案法》非常不利于保障公民的知情权。我国将文件分为档案文件和非档案文件。《档案法》第19条规定:"国家档案馆保管的档案,一般应当自形成之日起满三十年向社会开放。经济、科学、技术、文化等档案向社会开放的期限,可以少于三十年,涉及国家安全或者重大利益以及其他到期不宜开放的档案向社会开放的期限,可以多于三十年,具体期限由国家档案行政管理部门制订,报国务院批准施行。"也就是说,《档案法》实际上限制了档案类政府信息向公众开放,即使不是保密档案,凡未满30年,原则上是不向公众开放。同一个政府信息,一旦归入档案类,则要受到30年期限的限制。而对非档案文件没有任何法律调整,是否公开由各行政机关自由裁量。②

其三,立法内容不完整。在实践过程中,限制了合理的政府信息公开范围,造成了垄断和封锁信息现象在条例规范之外蔓延。具体来说,不健全之处主要包括主动公开制度范围缺陷和依申请公开制约过多两方面。③

2008年4月8日,国务院颁布了我国首部《政府信息公开条例》,在该部行政法规第二章对行政信息公开的范围作了专门规定:第9—12条明确列举了各级政府应重点主动公开的政府信息范围,第13条规定了各级政府部门应当

---

① 参见董亚慧:《加强中国政府信息公开的对策研究》,东北大学硕士学位论文,2005年。
② 参见车京哲:《论我国行政信息公开制度之完善》,延边大学硕士学位论文,2005年,第36页。
③ 参见郝春琪:《反腐视角下政府信息公开法的完善研究》,扬州大学硕士学位论文,2014年,第11页。

依公民、法人或者其他组织的申请公开政府信息,第 14 条限定了保密信息的内容及其审查机制。其内容是,对需要重点主动公开的信息内容采取明确列举,而对免于公开的事项采用概括规定,即行政机关不得公开涉及国家秘密、商业秘密、个人隐私的政府信息。这样的立法设计,一方面与"以公开为原则,不公开为例外"是相违背的。"以公开为原则,不公开为例外"是世界各国信息公开立法的基本原则,国外政府信息公开立法一般没有规定主动公开的范围,只是规定了不予公开的内容。另一方面给后期的立法实践带来了不确定性。对不公开的事项——"国家秘密""商业秘密""个人隐私""危害国家安全、公共安全、经济安全和社会稳定"——规定得过于笼统、抽象,在实际操作中,政府信息公开的实施主体、监督主体均难以把握,增大了行政机关不公开相关信息的自由裁量权,增加了公众与政府机关对所属信息属性认定的分歧,从而产生大量的政府信息公开争议案件。①

其四,相关制度间缺乏有序衔接。最直接的制度方面的原因是《政府信息公开条例》本身的设计。《政府信息公开条例》与《保守国家秘密法》《档案法》及其他有关规定之间存在一定的不协调,不仅有法律效力等级的冲突,还有不同制度间价值理念和立法目标的严重冲突。在实践中,《保守国家秘密法》和《档案法》对公众依申请公开政府信息依然是阻碍巨大。《政府信息公开条例》由国务院制定,属于行政法规,其法律位阶低于法律。《保守国家秘密法》和《档案法》中也包含相关的政府信息公开规定,这些规定往往制定时间较早,与现行《政府信息公开条例》产生冲突,按照法律效力的高低排序,二者的效力明显高于《政府信息公开条例》,形成了法条冲突。2010 年修订的《保守国家秘密法》,尽管在完善国家秘密的确定、变更和解除制度,缩小定密主体范围等方面为扩大公众知情权做了一定努力,但在以加强保密为宗旨的立法原则下,"国家秘密"标准依然模糊宽泛,公众希望通过修改《保守国家秘密法》来最终确定政府信息公开与保密之间界限的愿望并没有实现。此外,《保守国家秘密法》和《档案法》在价值理念的设计上也与《政府信息公开条例》存在着明显的冲突,这些都是影响政府信息公开度和透明度的一个重要原因。②

---

① 参见帖梅:《甘肃省政府信息公开制度实施的问题及对策研究》,西北民族大学硕士学位论文,2013 年,第 31 页。

② 同上。

2019 年 4 月 3 日,国务院公布修订后的《政府信息公开条例》,自 2019 年 5 月 15 日起施行。新条例在保护公民知情权方面,有了诸多明显的进步。其一,明确了"以公开为常态,不公开为例外"的基本原则,规定除条例第 14、15、16 条规定的政府信息外,政府信息应当公开。其二,增加了各级人民政府和其他行政机关应推进政府信息公开工作,逐步增加政府信息公开的诸多具体职责。诸如:加强政府信息资源的规范化、标准化、信息化管理,加强互联网政府信息公开平台建设,推进政府信息公开平台与政务服务平台融合,提高政府信息公开在线办理水平;行政机关应当建立健全政府信息管理动态调整机制,对本行政机关不予公开的政府信息进行定期评估审查,对因情势变化可以公开的政府信息应当公开;行政机关应当依照本条例的规定,确定主动公开政府信息的具体内容,并按照上级行政机关的部署,不断增加主动公开的内容;各级人民政府应当加强依托政府门户网站公开政府信息的工作,利用统一的政府信息公开平台集中发布主动公开的政府信息。其三,进一步明确了行政信息公开主体的相关职责和范围。具体包括:明确规定了行政机关获取其他行政机关的政府信息、两个以上行政机关共同制作的政府信息等特殊情况下的公开主体;明确增加了行政机关应主动公开本行政机关的一些政府信息,如机关职能、机构、地址、办公时间和人员基本信息,行政处罚、行政强制的相关信息,公务员招考的职位、名额、报考条件等事项以及录用结果,并增设了概括性兜底条款;除要求乡(镇)人民政府在其职责范围内确定主动公开的政府信息的具体内容外,还明确规定了应重点公开的政府信息事项。其四,进一步优化和明确了公民、法人和社会组织申请政府信息公开的基本规定。如取消了"三需要"条件要求;进一步明确了受理主体;细化了申请书内容;明确了行政机关的指导和释明职责,增加了申请补正环节;明确了行政机关收到政府信息公开申请的时间确定规则;明确了行政机关书面征求第三方意见的期限和相关意见处理规则;细化了对政府信息公开申请分别作出答复的具体情况;增加了变申请公开为主动公开的特定情况和程序。其五,对与人民群众利益密切相关的公共企事业单位公开在提供社会公共服务过程中制作、获取的信息,给予了更明确的规定,并规定了社会主体申诉救济的程序。

但新的《政府信息公开条例》,仍存在明显的不足。其一,通篇仍没有言明知情权及其保护问题。其二,明确规定行政机关在履行行政管理职能过程中形成的讨论记录、过程稿、磋商信函、请示报告等过程性信息以及行政执法案卷信息,可以不予公开;而侵犯公民权益的行政行为的形成过程,应是公民知情并作出监督行为的重要内容。其三,条例虽明确了"以公开为常态,不公开为例外"的基本原则,但并没有给予充分的保障,不予公开信息的条款仍然是概述式的,过于抽象,并强化了行政机关的自由裁量权。如规定依申请公开的政府信息公开会损害第三方合法权益的,行政机关应当书面征求第三方的意见,第三方应当自收到征求意见书之日起 15 个工作日内提出意见,第三方逾期未提出意见的,仍要由行政机关依照条例的相关规定决定是否公开;规定申请人申请公开政府信息的数量、频次明显超过合理范围,行政机关可以要求申请人说明理由,并可以收取信息处理费。其四,将行政机关不能当场答复的信息公开申请的答复期限,以及需要延长答复的期限,分别由 15 个工作日内,延长到 20 个工作日,进一步延长了申请主体的等待时间。其五,在政府信息公开的监督和保障方面,一些措施有所弱化。如行政机关及其负有责任的领导人员和直接责任人员违反条例,构成违法和犯罪,承担相应行政处分和依法追究刑事责任的情形,被删除了若干项规定。

总之,新的《政府信息公开条例》与原条例相比较,既有明显改进,也仍存在明显不足,加之仅是一部行政法规,在公民知情权保护方面,无法形成对原有法律规定的有效突破。因此,可以说,我国在国家层面立法保障公民知情权的水平仍存在大幅提升空间。

(二) 批评权、建议权:国家立法严重不足

首先应当明确,虽然我国在《宪法》中明确规定了公民的批评权、建议权,但学界对《宪法》第 41 条的批评权、建议权却有着两种不同解读。第一种解读是主流派,即限制说,认为它既从正面赋予了公民的批评建议权,也从反面规定了行使这种权利的相关义务,也就是限制性规定,认为《宪法》第 41 条不仅规定了公民有批评权,而且还规定了批评权的但书条款,即不得捏造或者歪曲事实进行诬告陷害。第二种解读属于少数派,即无限制说。他们认为《宪法》第 41 条与《宪法》第 35 条一样,并没有对公民的批评建议权设置任何的义务性规范,认为《宪法》第 41 条规定的公民享有的批评权是不受限制的。多数学

者认为第二种解读是正确的,主要理由是该条规定了批评建议权和诉告救济权两组权利,在表述上,这两组权利用分号分开,但书与第二组权利之间是逗号;语法逻辑上,但书是针对第二组权利而言的;内容逻辑上,但书的内容也是与"申诉、控告、检举"联系在一起,而不是与"批评和建议"联系在一起的。[①]

对于批评权和建议权的解释,学界有不同的理解,但观点都大同小异。关于批评权,学界认为是指公民及其社会组织对国家机关及其工作人员的违法不当公务行为或相关行为进行否定的评价,以督促其改正或要求相关国家机关督促其改正的言论表达权利。"所谓建议权,是指公民有权对国家各级政府机构或企业单位拟议中的或即将颁行的政策、措施提出自己的设想、意见。"[②]有人将建议权作扩大化的解释,认为建议权就是"指中华人民共和国公民对于任何国家机关和国家工作人员,有提出批评和建议的权利"[③]。现行《宪法》第41条规定:"中华人民共和国公民对于任何国家机关和国家工作人员,有提出批评和建议的权利。"[④]基于本书主要是从宪法的角度来研究,因此,本书采用《宪法》中的观点,将公民批评权和建议权看作两种权利;但由于两种权利性质类似,都没有诉告救济类或诉请矫正类监督权的严重对抗性,因此又常合并表述为批评建议权,这也是我国关于这两种权利立法现行法律条文的通常表述。

我国目前没有统一或专门的国家法律系统确认和保障公民的批评权和建议权;对批评建议权的法律确认和保护只是散见于一些国家层次的法律中。其中,《立法法》有数个条款规定了公民及其社会组织对法律法规草案的建议权以及对行政法规、地方法规、自治条例和单行条例的合宪审查建议权,并有一些具体程序的规定。其他涉及规定公民建议权的法律,多语焉不详,缺乏具体的规定。《各级人民代表大会常务委员会监督法》第32条第2款规定了公民及其社会组织对最高人民法院和最高人民检察院具体应用法律的解释的合法性审查的建议权。《行政许可法》第20条第3款规定:"公民、法人或者其他组织可以向行政许可的设定机关和实施机关就行政许可的设定和实施提出意见和建议。"《行政强制法》第15条第3款规定:"公民、法人或者其他组织可以

---

① 参见侯健:《诽谤罪、批评权与宪法的民主之约》,《法制与社会发展》2011年第4期;姚泽金:《公共批评与名誉保护——论公共诽谤的法律规制》,第20页。

② 社会政治学,http://www.doc88.com/p-900995624542.html,2013年12月8日。

③ 周叶中:《宪法》,北京大学出版社、高等教育出版社2005年版,第267页。

④ 同上。

向行政强制的设定机关和实施机关就行政强制的设定和实施提出意见和建议。有关机关应当认真研究论证,并以适当方式予以反馈。"《食品安全法》第12条规定:"任何组织或者个人有权举报食品安全违法行为,依法向有关部门了解食品安全信息,对食品安全监督管理工作提出意见和建议。"《消费者权益保护法》第15条规定:"消费者享有对商品和服务以及保护消费者权益工作进行监督的权利。消费者有权检举、控告侵害消费者权益的行为和国家机关及其工作人员在保护消费者权益工作中的违法失职行为,有权对保护消费者权益工作提出批评、建议。"此外,《刑事诉讼法》等法律文件也有所涉及。

但更严重的问题在于,诸多需要公民行使批评权、建议权的法律,却没有公民批评权、建议权的规定,如《行政处罚法》《行政监察法》《行政复议法》《道路交通安全法》《集会游行示威法》等。公民行使批评权、建议权是监督权力、参政议政的基本途径,像上述这些直接与公民监督有关的国家重要法律,却都没有体现公民批评权、建议权这种批评建议性监督权利,笔者认为这是立法机关不重视公民批评建议权的明显表现。比如《行政处罚法》《行政复议法》所针对的对象往往就是公民的日常行为,倘若公民不能就公共权力主体的行为进行批评、建议,就无法行使起码的公民监督权,也就很难对公权力主体进行监视督促和要求公权力主体守法守正。

(三) 申诉权、控告权:国家立法相对完备但仍有疏漏

伴随着我国法治建设基本法律体系的构建,申诉权和控告权作为我国公民矫正性监督权利和救济权利的统一体,已被一些主要的诉讼法律或监督法律所确认,主要包括《行政诉讼法》《刑事诉讼法》《民事诉状法》《行政复议法》《行政监察法》,也散见于诸多实体性的法律文件中。但整体说来,申诉权和控告权法律规定仍存在一定不足。

《辞海》对"申诉"的定义是:公民对有关的问题向国家机关申述意见、请求处理的行为。主流观点认为,申诉主要包括诉讼上的申诉和非诉讼上的申诉。前者是指当事人或其他有关公民对已发生法律效力的判决和裁定不服,依法向审判机关、检察机关提出重新处理的要求;后者是指我国公民对于任何国家机关和国家工作人员的违法失职行为,有向有关国家机关提出申诉、控告或者

检举的权利。而《辞海》对"行政申诉"的定义是:"当事人认为自己的权益或利益因国家行政机关违法行为或处分不当而遭受损害时,依法向原处分机关的直接上级机关提出制止违法行为、撤销或变更原处分,或赔偿损失的请求。"[1]所以,笔者认同我国宪法学界主流对申诉权的界定,[2]公民申诉权即公民认为合法权益因行政机关、司法机关等机关作出的通常已经发生一定法律效力的错误的、违法的决定或判决,或者因国家工作人员的违法失职行为而受到侵害时,有向有关机关申述理由,要求重新处理的权利。

申诉权作为重要的权力监督和救济性权利,内涵非常丰富,整体上可分为行政申诉、司法申诉和监察申诉。

其中行政申诉又可以作广义和狭义的理解:广义的行政申诉包括行政复议、行政处分申诉、再救济性行政申诉;狭义的行政申诉仅指再救济性行政申诉。目前,我国的行政复议已经有专门的法律层面文件,也散见于众多的行政法律和行政法规文件中,但受案范围有较大限制。我国的行政处分申诉作为对内部行政行为侵权的救济和权力监督手段,散见于一些法律中,如《中华人民共和国公务员法》《中华人民共和国教师法》等,虽有一定的具体规定,但诸多程序和实体规定都是粗线条的。至于再救济性行政申诉,是指已经发生法律效力的行政行为或决定,已经穷尽了一般行政申诉的救济,且已经错失了司法救济的期限,或者不宜通过司法途径救济,但确实存在违法或不当情况并符合再救济的条件,因此通过再进行行政申诉的机会给予纠正的特别申诉程序。该类申诉,虽然也散见于我国众多的实体法律文件中,但普遍语焉不详,缺乏具体申诉条件和矫正条件的限制,一些国外或境外行之有效的制度如行政程序重开请求权等,并没有得到体现。

司法申诉包括行政再审申诉、刑事再审申诉、民事再审申诉和狭义的司法申诉。即便是民事再审请求,也包含了对民事司法权力的监督和相应权利的救济能力。应该说,我国的三大诉讼法和《国家赔偿法》都规定了相应的司法再审申诉制度,作为审判监督程序的重要组成部分和启动机制。但是,这些制度目前多受到现有信访制度的不当干扰,有些规定并没有处理好申诉和控告的关系(如向人民检察院提出抗诉请求的关系)。而狭义的司法申诉,包括对

---

① 辞海编辑委员会编:《辞海》,上海辞书出版社 1989 年版,第 2087 页。

② 参见茅铭晨:《论宪法申诉权的落实和发展》,《现代法学》2002 年第 12 期。

司法过程中国家司法工作人员违法和不当侵权行为的申诉和司法决定的申诉,目前我国三大诉讼法也有普遍的规定,但都比较粗略,如《刑事诉讼法》涉及审判监督程序的申诉和狭义的司法申诉,而后者事实上又包括申诉和复议两类,主要包括:对驳回回避申请的复议(第 31 条第 3 款,第 32 条);侦查期间辩护律师的代理申诉、控告的权利(第 38 条);辩护人、诉讼代理人的申诉与控告权(第 49 条);控告人对不予立案的申请复议(第 112 条);当事人、辩护人、诉讼代理人及其利害关系人对违法侦查行为的申诉与控告权(第 117 条);被害人对不起诉决定的申诉(第 180 条);被不起诉人对不起诉决定的申诉(第 181 条);拒绝出庭证人对拘留处罚的申请复议(第 193 条);诉讼参与人员和旁听人员对违反法庭秩序被罚款、拘留的申请复议(第 199 条);对附条件不起诉决定的申诉(第 282 条)。这些规定都是原则性的,缺乏具体程序的规定。

《中华人民共和国监察法》第 60 条确立了我国监察申诉制度。这一制度的申诉主体是被调查人及其近亲属,申诉对象是监察机关及其工作人员,申诉内容包括了诸多应属于控告或检举的事项,申诉的求助对象是原监察机关。该制度设计有明显的不足,同样存在进一步完善的必要。

所谓控告权,是指具有特定利益关系的公民及其社会组织,针对个别国家机构及其工作人员的违法失职行为,向有法律裁判权和决定权的特定国家机关提出控诉和告发,以追究其法律责任的权利。它是一种突出追责功能的救济权利和监督权利,包括可直接进入追责法律程序的直接诉请性控告权和督请启动追责法律程序的督请性控告权。前者包括行政诉讼权和取得国家赔偿权等,后者包括督请行政责任的控告权和督请刑事责任的控告权等。

控告权作为重要的权力监督和权利救济,内涵非常丰富。这种控告主要包括行政诉讼控告、刑事诉讼控告和其他控告。其中行政诉讼控告属于直接性控告,目前已有《行政诉讼法》进行了具体的程序规定和保障,但受案范围较窄,一些重要的行政侵权案件很容易被其他立法、司法文件或党政文件排除在司法救济的范围之外。具有权力监督性质的刑事控告多数属于间接控告,在我国表现为公民及其社会组织向公安机关、检察机关提起控告,由它们依法侦查,在进行事实调查的基础上,依法提起公诉,追究相应犯罪者的刑事责任,如果公安机关或检察机关作出不予追究的决定,控告人也可以直接向人民法院起诉。对于从一开始人民法院、公安机关和人民检察院就决定不予立案的,则只能申请复议救济。这种刑事控告,目前主要靠我国《刑法》和《刑事诉讼法》的相关规定来保障,相对比较完善。其他控告包括监察控告、行政裁决控告、滥用司法行为控告等,总体上属于督请性控告,分别主要规定于《行政监察法》《监察法》《行政复议法》《刑事诉讼法》中,目前多为向同一权力体系内的上级机关诉告,法律条文也比较粗略,控告人参与性弱,缺乏必要的程序性规定。

(四)检举权:亟需国家层面的专门立法

从广义的角度讲,检举权是指公民出于维护公共利益和公共秩序目的或其他特定目的,对自己知悉、了解的违法犯罪行为向特定国家机关报告、揭发的行为,并要求依法追究其法律责任的权利。作为公民监督权的检举权,应作狭义的理解,指公民及其社会组织对广义的国家机关及其工作人员或其任命人员的职责性违法犯罪行为,向特定国家机关报告、揭发的权利。对其他公民或社会组织的一般违法犯罪行为的检举权利,可纳入社会监督权的范畴。检举权与申诉权、控告权的最大区别不在于利益的相关性,而在于它们与行为主体私人利益受损的相关性。检举行为在主客观上或至少在客观上具有维护公共利益和秩序的属性,而不是像申诉和控告行为那样,行为人作为受害人为救济私人权益而行动,因此具有很强的公共道义性。至于检举权与举报权的关系,则存在不同的认识。第一种观点认为,举报权是检举权的另一种说法,两者没有本质的区别;第二种观点认为,举报是检举与控告的融合,举报涵盖了检举和控告;[①]第三种观点认为,举报权是广义的检举权在特定领域或对象上的具体化,是具体的普通法上的权利,而不是宪法基本权利,举报是公民及其社会组织向监察机关、公安机关、人民检察院和人民法院报告刑事案件并检举违法犯罪人的行为。[②] 笔者比较认同第三种观点,但是主张举报权也应有广义和狭义之分,作为公民监督权具体表现形式的举报权,应作狭义的理解,即针对国家公职主体犯罪行为的举报权利,是公民检举权极为重要的表现形式。

现代民主法治国家,多致力于通过法律手段有效保护公民检举权这一重

---

① 参见李卫国:《举报制度:架起公众监督的桥梁》,中国方正出版社 2014 年版,第 29 页。

② 参见李志明:《公民检举权研究》,第 20 页。

要的基本权利,不少国家和地区制定了专门的法律,具体确认和保护这一权利。如美国的《防制不实请求法》(1863)、《文官制度改革法》(又称《检举法案》,1978)、《政府伦理法》(The Ethics in Government Act,1978)、《政府服务伦理法典》(A Code of Ethics for Government Service,1980)、《检举人保护法》(又称《吹口哨人保护法》,The Whistleblower Protection Act,1989、1994),澳大利亚的《检举人保护法》(1994),英国的《公众利益披露法》(1998),新西兰的《检举保护法》(2000),以及我国香港的《防止贿赂条例》、台湾的《奖励保护检举贪污渎职办法》等。

我国迄今没有制定专门的国家层面的法律确认和保护公民的检举权利,仅有《刑法》《刑事诉讼法》《行政监察法》《监察法》《行政许可法》《税收征收管理法》《教师法》等国家层面的法律,对公民检举权进行不同程度和侧重点的规定,条文粗略,程序设计和规定简单,仅规定了公权主体概括性的应然义务,缺乏明确具体的规定。根据相关学者的归纳,总体上,我国目前关于公民检举权的立法主要有以下六类。第一类是宪法的规定。第二类是全国人大及其常委会制定的法律中的有关规定,主要是《刑法》《刑事诉讼法》和一些行政法律的相关规定。第三类是最高人民检察院与公安部及其下级部门制定的鼓励和保障公民检举犯罪行为的规范性法律文件。第四类是各地方人大及其常委会制定的专门保护公民检举权的法律性文件,主要是省级人大常委会制定的地方性法规。第五类是国务院各部委和直属机关制定的专门鼓励和保障公民某方面检举权的法律性文件。第六类较特别,是中国共产党的纪律检查委员会与国家监察机关联合制定的鼓励和保障公民检举权的规范性文件,如《中央纪委监察部关于保护检举、控告人的规定》等。[①] 目前,我国公民检举权的保护主要靠后四类低位阶的法规或规范性文件。可以说,综观我国检举权保护的国家层面法律,大都显得原则性强,带有太多的宣示性而缺乏实质性,操作性差,因而难以满足公民检举权保障的需要;而低位阶法规,多是党的纪检部门和监察机关的工作规程或行政规章、司法解释或司法规程性质的文件,条块分割严重,缺乏整体的协调,保护力度不足。可以说,我国亟需一部保护公民检举权的国家层面的专门立法。

---

① 参见李志明、潘如新:《论我国公民检举权保障制度的完善》,《政治与法律》2011 年第 10 期。

(五) 取得国家赔偿权：专门立法大修后仍有明显不足

取得国家赔偿权，或称为获得国家赔偿权、请求国家赔偿权，是指公民因国家机关和国家机关工作人员的违法失职行为侵犯了其权利而受到损失时，有依照法律请求取得国家赔偿的权利。它是我国宪法规范明确确认的公民基本权利，既属于公民针对国家机关及其工作人员的侵害行为享有的一项重要的救济权，更属于一项重要的公民监督权利。公民取得国家赔偿权的行使，是对国家机关及其工作人员公务活动要守法守正的一种有效督促，尽管具有事后救济或追责的性质，但对公权主体承担违法侵权责任、恢复守法守正的状态具有重要作用。救济是对公民因国家机关及其工作人员侵权行为造成的相应损害的补救和恢复，但同时也是对违法的公权行使行为的矫正，救济是纠正、矫正或改正已发生或业已造成伤害、危害、损失或损害的不当行为。因此，强调该权利的救济权利属性而否定其监督权利性质，是荒谬的。

1954年新中国第一部《宪法》第97条明确规定："由于国家机关工作人员侵犯公民权利而受到损失的人，有取得赔偿的权利。"但这一权利的真正落实，同中国真正开启法治之路的历史一样，经历了漫长而曲折的历程。1994年5月12日第八届全国人民代表大会常务委员会第七次会议通过《中华人民共和国国家赔偿法》，该法将行政赔偿和司法赔偿（主要是刑事赔偿）统一于国家赔偿这一概念范畴之下，并明确界定了归责原则、赔偿的范围和标准、特定程序。这部法律对于促进中国国家赔偿制度的确立，落实公民的取得国家赔偿权，具有积极作用，标志着中国进入了有专门国家赔偿法律制度的国家行列。① 但是，这部法律的具体实施效果，在一段时间内并没有引起人民的普遍称道，反而引起了民众不满。其原因就在于这部《国家赔偿法》在归责原则、赔偿范围、赔偿程序等诸多方面存在明显的不足，对公民取得国家赔偿权的保护有很大的局限性。有人甚至作出这样的评价："《国家赔偿法》成为口惠而实不至，可

---

① 参见菅从进：《权利救济权能的充分化与国家赔偿立法》，《河南省政法管理干部学院学报》2008年第2期。

望而不可即的摆设和花瓶。这部以保障公民、法人或其他组织取得国家赔偿权利为宗旨的法律,被人讥讽为画饼充饥的样子货,或者称为国家不赔法。"①2010 年 4 月 29 日第十一届全国人民代表大会常务委员会第十四次会议《关于修改〈中华人民共和国国家赔偿法〉的决定》对该法第一次修正,2012 年 10 月 26 日第十一届全国人民代表大会常务委员会第二十九次会议《关于修改〈中华人民共和国国家赔偿法〉的决定》对该法进行了第二次修正。经过两次修改尤其是第一次大修的《国家赔偿法》总体上已较为完善。其修改的亮点主要有:其一,赔偿程序更顺畅;其二,赔偿范围更完善;其三,精神损害赔偿被明确;其四,赔偿费用支付有保障。但是,新的《国家赔偿法》仍然存在诸多明显的不足。

首先,在行政赔偿方面就存在如下需要进一步完善的问题。

其一,确认赔偿制度并没有确立,也没有具体程序保障。这涉及行政赔偿、刑事赔偿和司法赔偿。我国《国家赔偿法》第 9 条第 1 款规定:"赔偿义务机关有本法第三条、第四条规定情形之一的,应当给予赔偿。"第 22 条第 1 款规定:"赔偿义务机关有本法第十七条、第十八条规定情形之一的,应当给予赔偿。"这实际上规定了确认赔偿制度。确认赔偿是一种不以赔偿请求人提出赔偿请求为前提的赔偿,确认赔偿程序实际上就是非复议和诉讼的救济程序,即行政和刑事赔偿义务机关应当主动承担赔偿义务。这是公民取得国家赔偿权部分常态权利化的体现,我国《国家赔偿法》和有关法律、法规对这种行政救济的程序未作进一步具体的实施规定。

其二,规定的赔偿范围在总体上仍然过窄。在行政赔偿方面,新法仍将行政机关内部惩戒行为、公有公共设施因设置或管理有欠缺造成损害、间接损害等问题皆排除在赔偿范围之外。在刑事赔偿方面,新法仍只规定对无罪被羁押者以及错误判处死刑并已执行的人给予赔偿,而对轻罪重判、有罪被超期羁押的不予赔偿。民事、行政司法赔偿方面,只对人民法院违法采取妨害诉讼的强制措施、保全措施以及执行措施等造成的损害给予赔偿,对因错误判决造成的损害以及其他不当司法行为造成的损害则不予赔偿。在司法实践中,常见的超过赔偿范围的赔偿申请包括:人民法院的民事、行政判决或裁定生效后又

———————————
① 《国家赔偿,看上去很美》,《人民公安》2001 年第 5 期。

经再审程序改判的；民事判决执行不能的；刑事附带民事判决中的民事部分执行不能的；民事案件经再审改判后执行回转不能的；其他非因司法机关及其工作人员违法行使职权行为造成损害的情形。在这些申请中，多数是具有合理性的。

新法确定的职务行为赔偿与非职务行为不赔偿的简单二分标准，限定了国家赔偿责任范围的合理设定。因为关于职务行为的标准与范围没有明确的法律界定，以及对与职务相关行为的排斥，直接影响赔偿范围的确立。执行职务是产生各种国家赔偿的条件之一，但对"职务行为"的认定标准与范围，《国家赔偿法》未作立法解释，不利于实践中的操作。应明确规定职务行为的范围，不仅应包括构成职务行为本身的行为，还应包括与职务行为有关联而不可分的行为，如为执行职务而采取不法手段的行为、利用职务之便为个人目的所为的行为以及执行职务时间或处所内所实施的行为。也就是说，职务行为的标准应采取客观标准。此外，对于受害人和公权主体及其工作人员共同作用形成的损害不赔偿，也是不合理的。①

其三，内部追偿问题缺乏具体规定，更缺乏对受害人意思表示的尊重。尽管我国《行政诉讼法》(第 68 条)、《国家赔偿法》(第 14、20 条)、《行政复议法》(第 44 条)等都确认了国家赔偿后的追偿权，但是这些条文除了对行政追偿权的职权主体和条件作了几乎雷同和重复的原则性规定外，尚无更具体、更明确的规定。因此在实践中，追偿权很难具体操作起来。要改变这种现状，就必须进一步完善追偿权立法。具体来说，应进一步完善追偿权法律关系主体方面的规定、追偿权的期限、追偿金额的确立标准，以及有关程序、受害人的意见表达等问题。②

其四，在司法赔偿程序方面，原则上由人民法院赔偿委员会以书面审查的方式审理并且实行一审终审制，对公民取得国家赔偿权的充分行使构成不当限制。首先，审理案件原则上是由赔偿委员会秘密进行，对赔偿请求人、赔偿义务机关、复议机关调查取证是分别进行的，当事人之间无质证和辩论的机会，有欠缺公开透明的程序瑕疵。其次，赔偿委员会决定程序是"一裁终局"

---

① 参见孟豫筑：《论行政赔偿制度之完善》，贵州大学硕士学位论文，2007 年。

② 参见孟豫筑：《论行政赔偿制度之完善》；陈美玲：《论我国国家赔偿法赔偿范围的缺陷及其完善》，《科技信息》2009 年第 5 期。

制,当事人无上诉的机会。①

其五,公民获得国家赔偿的形式仍然过于单一。精神赔偿方式的确定,充实了我国国家赔偿的形式,但我国国家赔偿基本上采用抚慰性赔偿的方式,与其他国家相比较,还缺乏应有的惩罚性与各种补救性赔偿的方式。

(六) 舆论监督权:整体上靠政策保护且法律限制较多

应当指出,舆论监督不是一个严谨的概念,实际上,分别使用"媒体舆论监督"和"利用媒体进行舆论监督"才是比较准确的概念。但鉴于在当代中国,舆论监督已经成为最流行的公共话语之一,本课题予以沿用舆论监督权的概念。如前所述,舆论监督权这一概念包括媒体舆论监督权和公民舆论监督权两个相互关联的概念,后者属于公民监督权体系中重要的途径性权利,它的存在和享有程度,在很大程度上又依赖于媒体舆论监督权。当代法治国家多立足于宪法规定的言论自由权、表达自由权、民主参与权和监督权等基本权利,通过高层次的新闻立法、信息自由立法或大众传媒立法,以及宪法监督或宪法司法审查机制,对媒体舆论监督权和公民舆论监督权给予了一并化的系统确认和保护。如瑞典的《新闻自由法》(1766)、法国的《出版自由法》(1881)、奥地利的《新闻法》(1981)、澳大利亚的《信息自由法》(1982)、俄罗斯的《大众传媒法》(1991)。

随着我国民主与法制建设步伐的加快,舆论监督在我国政治经济社会生活中的作用也越来越明显。目前,除了报纸、电视、广播、杂志等传统媒体的舆论监督发挥了重要作用之外,相对而言,网络的作用尤其突出。但是,直到今天我国关于舆论监督的国家立法仍然付之阙如。总体上,新闻舆论监督还处在党和国家的政策调整的水平上,缺乏法治化的有效保护和规制。一方面,目前的媒体舆论监督权和公民舆论监督权都存在一些滥用的现象;另一方面,也存在较多的舆论监督被打压的情况。2004 年十届全国人大二次会议上,有130 余名人大代表联名呼吁制定《新闻监督法》,但至今没有被纳入国家立法规划。而我国现有相关立法,多从维稳和网络信息安全管制的目的出发,偏重

---

① 参见廖原:《论我国国家赔偿请求权的完善》,《武汉冶金管理干部学院学报》2007 年第 4 期。

于对公民舆论监督权的限制。如 2016 年 11 月 7 日通过、2017 年 6 月 1 日实施的《网络安全法》，突出的是对网络行为的监督管理和规制，无一处谈到公民舆论监督权的问题。目前，仅在极个别法律规定里出现了舆论监督的字眼，比如说《食品安全法》第 10 条第 2 款规定："新闻媒体应当开展食品安全法律、法规以及食品安全标准和知识的公益宣传，并对食品安全违法行为进行舆论监督。有关食品安全的宣传报道应当真实、公正。"《消费者权益保护法》第 6 条规定："保护消费者的合法权益是全社会的共同责任。国家鼓励、支持一切组织和个人对损害消费者合法权益的行为进行社会监督。大众传播媒介应当做好维护消费者合法权益的宣传，对损害消费者合法权益的行为进行舆论监督。"显然，这些法规强调的主要是对社会的新闻舆论监督。

（七）信访权：制度建设缺乏国家法律层面的有效支撑

信访制度是新中国成立之初就建立的公民监督制度，追求新中国的权力主体"与人民群众的直接的、实质的联系"[①]。"信访"是中国公民向中国共产党各级机关和人民政府各部门来信来访的简称。中国人民群众通过写信、访问等方式向各级党政机关及其领导者反映工作和生活中的各种情况，提出批评、建议，或者进行揭发、控告，这一过程约定俗成地被称为"信访"；各级党政机关和政府处理人民群众来信来访中反映的问题，这一过程被称作"信访工作"。其间的互动过程就是"信访活动"。为信访活动建立的程序、规章即是"信访制度"。基于此，可以说，公民信访权是隐含在《宪法》第 27 条第 2 款和第 41 条规定的公民基本权利，是公民主要监督权得以落实的特定途径性权利。

可以说，我国的信访制度已经初步形成了一定的法律体系，但却不是以国家法律作为基本制度保障。在具体规范信访制度的立法中，目前我国最主要的是国务院于 1995 年颁布并在 2005 年修订的《信访条例》，该条例确立了信访制度的五项基本原则，即方便信访人的原则；属地管理、分级负责，谁主管、谁负责的原则；依法、及时、就地解决问题与疏导教育相结合的原则；治标与治本相结合的原则；责任原则等。同时，该条例也确立了信访的主要制度、信访

---

① 张铎：《中国信访制度研究》，华夏出版社 2012 年版，"序言"，第 2 页。

人的权利与义务、信访事项的受理和办理、信访的责任等方面,将信访初步纳入了法治的轨道。同时,大部分省级和部分较大的市级人大也根据本地区的实际情况,制订了相应的地方信访立法,我国信访制度的立法体系初步形成。① 但显而易见的是,信访立法的一个突出的问题是立法层次较低。据资料显示,我国1949年以来关于信访的文件规定有:1951年6月7日,政务院发出的《关于处理人民来信和接见人民工作的决定》;1957年5月,第一次全国信访工作会议起草的《中国共产党各级党委机关处理人民来信、接待群众来访工作暂行办法(草案)》;1978年和1982年,全国召开两次信访工作会议发布了《党政机关信访工作暂行条例(草案)》;1987年中央纪律检查委员会发布《关于处理检举、控告和申诉的若干规定》;1995年国务院颁布并于2005年修订的《信访条例》。可以看出,从法律地位上分析,信访立法最高层次只属于行政法规,并非全国人大通过立法程序制定发布的国家法律,大多是一些规定和条例而已。同时,相关的地方性法规制订的时间大部分都比较早,相关的制度规定与我国信访制度快速发展的现状不相适应,这一方面使法规相关规定被闲置;另一方面,有关信访机关为了解决新问题而制订了规范性文件甚至是规定,这对于我国信访制度立法体系的完善和信访制度法治化进程都是有害的。②

首先,尽管我国的信访法律法规立法数量众多,包括大量的信访行政法规、地方法规和规章,还有数量巨大的各种规范性文件,但由于尚未有一部国家法律层面的《信访法》,导致各级各类受理大量信访的公权机关事实上无法可依。有的仅是一些省市制定的地方法规,或最高人民法院和最高人民检察院制定的内部规定。在信访渠道需要处理如此众多的权力滥用行为,化解如此众多社会主体与公权主体矛盾纠纷的情况下,仅依靠行政法规、地方法规和部门内部规定,根本无法为公民的信访权提供切实有效的法治保障。

其次,新《信访条例》仍存在严重不足。尽管新《信访条例》在畅通信访渠道、创新信访工作机制、强化信访工作责任、维护信访秩序等方面有了重大突破,但如认真分析新《信访条例》,不难发现其仍存在一些明显的缺陷,缺乏可操作性,不利于信访权的保护。主要表现在两点:其一,存在一些有违宪之嫌

---

① 参见郑瑞涛:《论信访制度的监督功能》,中国政法大学硕士学位论文,2005年,第13页。

② 参见郑瑞涛:《论信访制度的监督功能》,第14页。

的越权规定。一般而言,只有法律才能对公民基本权利作出限制性规定,《信访条例》虽没有违反《立法法》的规定,但以行政法规对公民的信访请愿的基本权利作出限制,确有违宪之嫌。此外,《信访条例》第15条规定:"信访人对各级人民代表大会以及县级以上各级人民代表大会常务委员会、人民法院、人民检察院职权范围内的信访事项,应当分别向有关的人民代表大会及其常务委员会、人民法院、人民检察院提出,并遵守本条例第十六条、第十七条、第十八条、第十九条、第二十条的规定。"该条规定了信访人向人民代表大会及其常务委员会、人民法院、人民检察院信访请愿的程序性规定,作为行政法规,无权规定应由其上位法《信访法》所规定的内容,直接违反了《宪法》和《立法法》的有关规定。[1] 其二,处理信访事项的机关不明确。按照《信访条例》的规定,信访机关自身是没有处理具体信访案件的权力的,它只能把信访事项转送到有权处理的各级行政机关。有权处理信访事项的机关不外乎信访事项所涉及的有关机关。有权机关已然做出过处理决定,再被要求重新做出,是很难否定自己所做的决定的。此外,信访机关、有权处理的机关、当地的政府,这三者的关系如何,在开展信访工作的时候是否有级别的限制,对此,《信访条例》缺少相应规定。

二、 低位阶立法有亮点但问题很多

(一) 相关低位立法有亮点

可以说,对我国公民监督权而言,国家法律层面的立法越是不足,涉及的低位阶立法的数量就越众多。客观地讲,这些低位阶立法对相关公民监督权的保护也不乏亮点。

以知情权为例,我国有关行政法规、司法解释、部门规章、规范文件、团体规定也对公民知情权作出了保护性或满足性的规定。如《国务院办公厅关于印发2017年食品安全重点工作安排的通知》规定:"所有食品安全违法行为均应追究到人,并向社会公开被处罚人的信息。建立健全重大违法犯罪案件信

---

[1] 参见李洁:《信访权的宪法学研究》,江西师范大学硕士学位论文,2009年,第22页。

息发布制度,控制产品风险和社会风险,保障公众知情权。"原国家工商总局关于印发《全面推进政务公开工作的实施方案》规定:"在新形势下,政务公开是行政机关全面推进决策、执行、管理、服务、结果全过程公开,加强政策解读、回应关切、平台建设、数据开放,保障公众知情权、参与权、表达权和监督权,增强政府部门公信力执行力,提升政府部门治理能力的制度安排。"①《最高人民法院关于深化司法公开、促进司法公正情况的报告》要求,"既注重运用传统的公开方式,又注重运用新媒体,最大限度保障人民群众的知情权、参与权、表达权和监督权"。《国务院办公厅关于转发国务院国资委以管资本为主推进职能转变方案的通知》规定:"依法推进国有资产监管信息公开,主动接受社会监督。健全信息公开制度,加强信息公开平台建设,依法向社会公开国有资本整体运营情况、企业国有资产保值增值及经营业绩考核总体情况、国有资产监管制度和监督检查情况。指导中央企业加大信息公开力度,依法依规公开治理结构、财务状况、关联交易、负责人薪酬等信息,积极打造阳光企业。"《最高人民法院关于人民法院庭审录音录像的若干规定》第 10 条:"人民法院应当通过审判流程信息公开平台、诉讼服务平台以及其他便民诉讼服务平台,为当事人、辩护律师、诉讼代理人等依法查阅庭审录音录像提供便利。"

再以控告权、检举权为例,我国有关行政法规、司法解释、部门规章、团体规定也对公民控告权作出了相应的保护性规定。如《退耕还林条例》第 11 条:"任何单位和个人都有权检举、控告破坏退耕还林的行为。有关人民政府及其有关部门接到检举、控告后,应当及时处理。"《建设工程勘察设计管理条例》第 34 条:"任何单位和个人对建设工程勘察、设计活动中的违法行为都有权检举、控告、投诉。"《中华人民共和国水生野生动物保护实施条例》第 8 条:"任何单位和个人对侵占或者破坏水生野生动物资源的行为,有权向当地渔业行政主管部门或者其所属的渔政监督管理机构检举和控告。"《煤矿安全监察条例》第 7 条:"任何单位和个人对煤矿安全监察机构及其煤矿安全监察人员的违法违纪行为,有权向上级煤矿安全监察机构或者有关机关检举和控告。"《农业部关于印发〈农业部政府采购管理办法〉的通知》第 82 条:"任何单位和个人对政府采购活动中的违法行为,有权向有关部门控告和检举。"《公路水运工程安全

---

① 参见国务院办公厅印发《〈关于全面推进政务公开工作的意见〉实施细则》,《中国应急管理》2016 年第 11 期。

生产监督管理办法》第 42 条:"公路水运工程安全生产监督管理部门应当建立举报制度,及时受理对公路水运工程生产安全事故或者事故隐患以及监督检查人员违法行为的检举、控告和投诉。"我国有关部门规章及相关纪律规定也对检举行为作了保护性规定。其中,检察机关基于履行自身职能的需要,出台了较多的对检举人合法权益的保护规章,如 1991 年专门制定了《关于保护公民举报权利的规定》,其中第 3—7 条对公民检举权的保护作了具体的规定;1994 年,最高人民检察院通过了《奖励举报有功人员暂行办法》;2009 年 4 月最高人民检察院修订的《人民检察院举报工作规定》第六、七两章对公民检举权保护和奖励进行了详细的规定。此外,纪检、监察部门同样制定了一些关于保护检举人的规定,例如《公安部举报中心工作试行办法》《监察机关举报工作办法》《中央纪委监察部关于保护检举、控告人的规定》等。许多省市也都同样制定了保护公民检举权利的地方性法规,如《江西省保护公民举报权利条例》《安徽省保护公民举报条例》《海南省保护公民举报权利条例》《河北省保护公民举报权利条例》《山东省保护公民举报权利的规定》等。

(二) 相关低位立法存在的主要问题

正是由于缺乏充足的国家层面法律的保护和规制,我国涉及公民监督权的低位立法虽有亮点,但也存在诸多问题,具体表现如下。

其一,我国涉及公民监督权的低位阶法规数量众多,但多数内容是为了实现特定的管制目的而制定的,不仅缺乏对公民监督权的保护条款,反而因为没有上位法的约束,或可轻易突破上位法的规定,常可以不正当地扩大对公民监督权的限制。

如 2000 年《全国人大常委会关于维护互联网安全的决定》第二、三、四部分共列举了 12 种需要严厉禁止和打击的信息传播行为,具体如下:

二、为了维护国家安全和社会稳定,对有下列行为之一,构成犯罪的,依照刑法有关规定追究刑事责任:

(一)利用互联网造谣、诽谤或者发表、传播其他有害信息,煽动颠覆国家政权、推翻社会主义制度,或者煽动分裂国家、破坏国家统一;

（二）通过互联网窃取、泄露国家秘密、情报或者军事秘密；

（三）利用互联网煽动民族仇恨、民族歧视，破坏民族团结；

（四）利用互联网组织邪教组织、联络邪教组织成员，破坏国家法律、行政法规实施。

三、为了维护社会主义市场经济秩序和社会管理秩序，对有下列行为之一，构成犯罪的，依照刑法有关规定追究刑事责任：

（一）利用互联网销售伪劣产品或者对商品、服务作虚假宣传；

（二）利用互联网损坏他人商业信誉和商品声誉；

（三）利用互联网侵犯他人知识产权；

（四）利用互联网编造并传播影响证券、期货交易或者其他扰乱金融秩序的虚假信息；

（五）在互联网上建立淫秽网站、网页，提供淫秽站点链接服务，或者传播淫秽书刊、影片、音像、图片。

四、为了保护个人、法人和其他组织的人身、财产等合法权利，对有下列行为之一，构成犯罪的，依照刑法有关规定追究刑事责任：

（一）利用互联网侮辱他人或者捏造事实诽谤他人；

（二）非法截获、篡改、删除他人电子邮件或者其他数据资料，侵犯公民通信自由和通信秘密；

（三）利用互联网进行盗窃、诈骗、敲诈勒索。

而公安部 2010 年制定的《计算机信息网络国际联网安全保护管理办法》第 5 条又是这样规定的：

任何单位和个人不得利用国际联网制作、复制、查阅和传播下列信息：

（一）煽动抗拒、破坏宪法和法律、行政法规实施的；

（二）煽动颠覆国家政权，推翻社会主义制度的；

（三）煽动分裂国家、破坏国家统一的；

（四）煽动民族仇恨、民族歧视，破坏民族团结的；

（五）捏造或者歪曲事实，散布谣言，扰乱社会秩序的；

（六）宣扬封建迷信、淫秽、色情、赌博、暴力、凶杀、恐怖，教唆犯罪的；

（七）公然侮辱他人或者捏造事实诽谤他人的；

（八）损害国家机关信誉的；

（九）其他违反宪法和法律、行政法规的。

显然，该文件明显多了一项"损害国家机关信誉的"行为，这属于下位法增设限制权利的条款，是违反《立法法》规定的。从性质上讲，低位阶的法律规范，不得与高位阶的法律规范相抵触，因此，位阶冲突在性质上是违法性冲突。笔者通过上网检索"损害国家机关信誉"，发现一个 2014 年的新闻报道：

11 月 21 日，定远县公安局网安大队依法查处一起在互联网发布损害国家机关信誉信息案件，对当事人古某处以警告并处 200 元罚款的处罚。

11 月 16 日上午，民警在监控中发现有网民在百度贴吧某帖文中连续跟帖 2 条，发表有损定远县某执法部门信誉的言论。民警经过多方研判取证，成功锁定该网民为定远县居民古某。11 月 21 日，古某主动来到公安机关接受调查处理，并对自己在网上发布的违规信息表示后悔。当日，定远县网安大队依据《计算机信息网络国际联网安全保护管理办法》第五条第八款"任何单位和个人不得利用国际联网制作、复制、查阅和传播损害国家机关信誉的信息"等规定，对当事人古某处以警告并处罚款 200 元的处罚。民警还对古某进行了警告训诫和法律宣传。（来源：中安在线-安徽日报）

从法理上讲，公安部制定、国务院批准发布的《计算机信息网络国际联网安全保护管理办法》涉嫌违宪和违背上位法，这条规定很有可能阻碍公民批评建议权的正当行使。"国家机关信誉"不算一个法律词汇，"信誉"更多地强调道德水平的高低，评价的根据是受评主体自身的言行。如果国家机关信誉损坏，只能是由于国家机关及其工作人员的不当行为，或者至多扩大到假冒国家机关及其工作人员的违法犯罪行为。在国家机关存在违法和不当行为的情况下,其信誉必然得到低评价,公民的批评、控告和揭露也必然会"损害"其信誉,但这主要是国家机关自身的原因造成的。相反,纠正错误,承担责任,国家机关的信誉也就会得到恢复。将国家机关的信誉作为公民言论可以损害的东西,禁止在互联网制作、复制、查阅和传播所谓"损害国家机关信誉的"信息的行为,于法理无据。在现代法治国家普遍不承认国家机关享有所谓名誉权的情况下,拿出一个"国家机关的信誉"作为公民言论可能损害的保护对象,主观上隐含了对公民通过互联网监督国家机关权利的微妙心态,客观上必然为打压公民网络监督权的行使提供方便。因为,在国家机关及其工作人员行为违法或不当的情况下,公民通过行使网络舆论监督权进行监督,包括批评、控告、检举,必然导致"损害国家机关信誉",但这种损害本质上是国家机关及其工作人员违法或不当行为造成的。相反,如果国家机关及其工作人员守法守正,公民及其社会组织无事实根据地批评、控告、检举,予以澄清后,"国家机关信誉"并没有任何损毁。公民的言论如果是事出有因的善意行为,国家机关应持"有则改之,无则加勉"的态度予以谅解;如果是恶意捏造事实诋毁,损害的也只是国家机关正常的管理秩序,而不是所谓国家机关的信誉问题。从所谓"国家机关信誉受到损害"的角度,对待公民网络言论信息,必然导致打击的不仅仅是公民及其社会组织恶意的违法不当言论,还会扩大到善意的不当言论甚至理应受到法律保护的行使公民监督权的言论,从而损害公民监督权的行使。如果将国家机关信誉损毁的根本原因定位不当,将所谓公民言论与国家机关的信誉对立起来,如果法律法规不能倾斜保障公民监督权,那么谁又愿意、谁又能够监视督促国家公权主体守法守正呢?需要指出,这不是说前述古某的行为一定不应该被行政处罚,如果其行为属于恶意捏造事实诋毁行政机关依法执法的行为,完全可以依据《办法》第5条第5项"捏造或者歪曲事实,散布谣言,扰乱社会秩序的"规定处理。

其二,一些专门保护特定公民监督权的低位阶法,条块分割严重,给公民行使相应权利造成不便,有些还出于部门利益,逃避对公民监督权应承担的义务。

例如,我国公民的检举权行使确实具有行使对象、客体和求助对象的多样性。其中,对违法犯罪行为,向监察、检察、公安机关或人民法院提出;对违反党纪、政纪的行为,如大吃大喝、挥霍浪费、滥用职权、乱收费等不正之风,尚不构成犯罪的,可以向党的纪检部门、监察部门以及相应的主管部门或上级单位提出;对国家机关的违法决定(包括政策文件违法),可以向同级人大机关提出,也可以向同级政府法制机构或上级政府法制机构提出。但这种检举权的行使客体和求助对象领域,最好应该由统一的国家法律设定,各权力系统主体自身立法设定,不仅有违法理,也容易出现立法不协调、不平衡的局面,更会给公民查找和适用法律带来困难。由于对不同部门的法律性文件所制定的监督权限不了解,公民难以对自身可以行使的监督权获得清晰的认识。

在现实生活中,公民在行使监督权时,人民群众经常因为监督权行使的求助对象不明确,相关部门或机关之间借此"漏洞"相互推诿,以及部门之间从"层级上"进行相互干预,从而造成监督权难以得到有效行使的尴尬境地。条块化的立法,无疑使监督权在不同政府部门之间不能形成完整的有效的体系化构建,以至于监督权行使过于滞涩,无法起到在政府与公民之间的"润滑剂"作用。

这种条块化的立法模式,由于不同立法主体之间对公民监督权的分割,还事实上构成一种对公民行使监督权的限制。且不说条块化的立法方式,不同部门制定了各种相关的法律文件,从而造成立法门类繁多、杂而不精的局面,这种局面对于公民来说,是一种依法行使监督权利的障碍。有的部门立法主体还赋予自身权力体系设定、选择和组织自身特定监督人员的权力,尽管主观上可能是为了强化监督,但客观上却降低了自身对一般公民行使监督权应尽的义务,如对相关案件进展和程序的公开透明,对公民申诉和复议的积极回应;而特邀监督人员的走过场式监督得出的肯定性评价,反而可以为这些机关逃避真正的公民监督提供方便。这使得公民监督权的规定成为"上层建筑",可望而不可即,对于公权力监督的力度难以得到有效的保障。

其三,由于缺乏高位阶法与《刑法》等国家基本法律的协调,低位阶法规定的保障公民监督权行使的规范,难以真正形成有效保障。

还以检举权为例,最高人民检察院制定的《关于保护公民举报权利的规定》第7条规定:"对打击报复举报人的案件应认真受理,经调查确属打击报复的,视情节轻重,区别性质,分别做出处理:1.国家工作人员滥用职权、假公济私,对举报人实行报复陷害构成犯罪的,应依法立案侦查,追究责任人的刑事责任。2.以各种形式打击报复举报人不构成犯罪的,应向其所在单位的上一级主管部门提出检察建议,严肃处理。"但是,《刑法》第 254 条规定的报复陷害罪,是指国家机关工作人员滥用职权、假公济私,对控告人、申诉人、批评人、举报人实行报复陷害的行为。这里的犯罪主体仅仅是国家机关工作人员。而我国公民监督权行使的对象是国家机关及国家工作人员。国家工作人员的范围显然要大于国家机关工作人员。因此,国家工作人员中除国家机关工作人员以外的那部分人员对公民进行打击报复,并不受报复陷害罪的规制。而且,对举报人打击报复的主体可能还不仅限于国家工作人员。对国家机关工作人员之外的国家工作人员,以及非国家工作人员的打击报复行为,由于立法职权的关系,最高人民检察院自身做出这种规定也就无能为力了,而现有的《刑法》或行政法规也没有这方面的规定,因此,所谓最高人民检察院作为立法主体制定保护检举人的规范,本身就难以具有充分的效果。此外,在公民监督权行使方式中,不仅仅包含举报监督和控申监督、信访监督,还包括对新兴网络舆论监督中的举报人进行保护。这里的举报人保护,并不能保护到在网络上发帖或者在自媒体上曝光滥用公权力行为的"举报人"。对打击报复者重惩罚而轻预防,是打击报复举报人案件屡屡发生的原因所在。[1]

第二节　我国公民监督权的行使现状

一、 知情权:范围有限且受漠视

(一) 相关主体对公民行使知情权意识淡漠

1. 权力机关对公民知情权的行使认识不足

我国宪法规定的权力机关是全国人民代表大会及其常务委员会和地方各级人民代表大会及其常务委员会。我国权力机关的信息公开一般是通过报

---

[1]　参见杨磊:《论我国公民监督权的完善》,第 27 页。

纸、电视、网络等媒体公开会议记录,召开新闻发布会,人大代表信箱、人大代表联系群众制度等相关方式进行的。虽然各级人大都建有相关的网站,定期发布相关信息,但是权力机关对于信息公开的重视程度仍然不够,主要表现在以下几个方面:第一,对于公民知情权的行使及保障立法不足。这一点笔者已在上一节予以着重讨论,在此不再赘述。第二,人大会议过程不透明。人大作为权力机关,一直在各次会议中倡导保护公民知情权,其在保护公民知情权方面也作了一定的努力,并坚持公布人大的会议精神和主要代表的讲话。但是,人大的会议过程至今仍然不透明。实践中新闻媒体通常会对人大会议作简略的报道,但是对于具体的会议过程,对于代表们如何行使代表权,是否以及在何种程度上反映了人民群众的心声等问题,人民群众却不得而知。事实上,许多发达国家对于议会会议过程都有视频直播,使公民可以明确知晓会议过程及决策结果。第三,人大代表的履职行为也很少向社会公布。在中国,普通民众对人大代表履职的认知局限于"参加会议,投赞成票",而对于人大代表如何履行职责知之甚少。事实上,人大代表具有对政府工作进行监督和检查的法定职责,但是,主流媒体通常只会对人大代表监督视察政府工作进行简单的报道,至于其如何监督,监督结果如何,则很少向社会公开。此外,民众对人大代表"盲选"问题,也是众所周知的老问题。

2. 政府对公民知情权的行使认识不足

公民知情权能否顺利行使,以及行使程度如何,能起直接影响的是政府机关。无论是对于依申请公开的政府信息,还是政府应当主动公开的信息,政府机关对于信息公开的态度以及信息公开的能力和水平,都与公民知情权的行使息息相关。但是,中国几千年来封建专制制度遗留的"官本位"思想至今依然对中国的法治建设存在潜移默化的影响,加之行政权力本身具有一定的权威性和扩张性,使得一些行政机关及其工作人员仍然缺乏自觉践行人民主权原则、承担信息公开义务的意识。主要体现在以下几个方面。第一,一些政府工作人员缺乏"人民公仆"的意识,将政府与公民的关系理解为管理者与被管理者的关系,认为处于被管理者地位的公民无需了解更多的管理信息,也无权要求政府公布特定的信息。政府信息公开的主动权应当掌握在政府手中,政府有权决定哪些信息公开,哪些信息不向公民公开。第二,一些政府工作人员仍然对"人民当家作主"参与管理国家和社会公共事务的能力存在质疑,认为当前公民的素质仍然比较低,政府进行信息公开只有两个结果:一是公民不予理解也不予关注,政府花费时间整理和公布的信息没有起到任何现实的作用,反而耗费了行政管理的资源,浪费了行政管理的成本;另一种是公民不理解甚至曲解政府信息,反而导致政府与公民之间产生矛盾,为政府日常的行政管理活动制造障碍。第三,一些政府工作人员更是将公民与政府的关系定义为敌对的关系,认为公民总是挑剔的,喜欢吹毛求疵的,政府信息发布得越少,公民了解得越少,就越有利于促进其行政管理活动。公民对政府信息了解过多,就会出现过多的干预,网络的普遍化和便利化更是为公民干预行政管理提供了手段,公民利用网络对政府管理活动的"非议"和"抨击"会使得政府的权威性大打折扣,使得行政管理活动受到更多的挑战。第四,一些政府工作人员对自身的管理和决策活动不自信,担忧将决策信息向公民公布,会使公民发现其工作存在疏漏,影响其工作绩效评价,故怠于履行信息公开职责。

在这些错误观念的驱使下,政府信息公开通常处于一种消极和被动的状态。主要表现在以下几个方面:(1)超时拖延公开。2011 年,国务院常务会议决定,全国人大常委会审查批准要求 98 个中央部门公开其本部门的"三公"经费使用情况,但除了科技部在规定的时间之前公布,其他部门均超时公布。①从省级层面来看,2013 年 7 月,国务院要求省级政府全面公开省级三公经费,但各省级政府在公开时间上相差很远,有的相隔几个月之久。②(2)公开内容粗糙。上述 2011 年各中央部门的数据公布结果中,各部门在数据计算标准、数据公开方式、数据详略程度以及回应公民质疑方面的结果都不尽如人意,公民从已公开的数据中难以获得很多有用的信息。2013 年 7 月,省级政府的三公经费公布结果中,已公布三公经费的省份中有 16 个省只公布了三公各项的总数。(3)公布数据失真。实践中,有些地方政府为了政绩需要和地方形象,默许或加入数据造假的行列。如 2015 年,环保部通报了 7 起环境监测数据造假案例,这些被曝光的企业通过肆意修改在线监控数据、稀释排放污染物、人

---

① 参见李占乐:《中国政府"三公"经费公开的现状、问题与对策》,《云南社会科学》2012 年第 2 期。

② 参见尹彦文:《当前三公消费治理中存在的问题及对策》,《中北大学学报》(社会科学版)2014 年第 5 期。

为干扰采样装置等方式,伪造企业环保"达标"的假象。① 具备最有利的条件第一时间查处的是地方环保部门,但是,地方环保监测设备形同虚设,其公布的数据显示企业环保"达标",监测数据造假最终由中央环保部门揭露,可见地方政府环保部门并未切实履行职责,对企业的数据造假予以默许,甚至有可能加入了数据造假行列,侵犯了该地方公民的知情权。(4)以各种理由拒绝公开。例如,周如情诉上海市人力资源和社会保障局政府信息公开案,2009 年 8 月 14 日,周如情向上海市人保局提出政府信息公开申请,要求获取上海市人保局于 2008 年 9 月开始启动的高级职称社会评定中对申请人职称评定申请进行评审的高评委组成人员、评审经过和评审结果。但是,上海市人保局以公开可能危及国家安全、公共安全、经济安全和社会稳定以及其要求获取的评审经过和评审结果的信息不属于上海市人保局公开职权范围两项理由拒绝公开。② 该案件一审判决撤销被告作出的政府信息公开申请答复的具体行政行为,并判令被告依法重新作出,上海市人保局不服一审判决提出上诉,二审法院作出维持原判的判决。从这个案例可以看出,掌握信息的行政机关对是否公开相关信息享有很大的主动权,其可以以各种理由拒绝公开。③ 再如,柴燕平诉天津市人力资源和社会保障局政府信息公开案,2014 年 8 月 4 日,原告向被告天津市人力资源和社会保障局提起信息公开申请,要求公开原告通过天津市河北区职业介绍服务中心提交的 2011 年度《天津市城镇企业职工特殊工种提前退休资格审核表》未能审核通过的依据及所依据的相关法律规定等内容,并对原告进行公开书面告知。2014 年 8 月 19 日被告采用邮件方式告知原告,以原告申请信息不属于应公开的政府信息为由,拒绝公开原告申请的公开信息。④ 又如,李萍诉北京市昌平区北七家镇人民政府信息公开案,北京市昌平区北七家镇人民政府以申请人的申请涉及个人隐私,且权利人不同意公开

---

① 参见沈吟:《公众知情权岂能无视》,《浙江日报》2015 年 6 月 17 日。

② 参见贺海仁:《获取政府好信息与法治政府——以不予公开政府信息为分析对象》,《河北法学》2014 年第 8 期。

③ 参见北大法宝,http//www.pkulaw.cn/case/pfnl_1970324837849599.html? keywords＝%E4％BF％A1％E6％81％AF％E5％85％AC％E5％BC％80&match＝Exact,2016 年 12 月 2 日。

④ 参见北大法宝,http//www.pkulaw.cn/case/pfnl_1970324845311935.html? keywords＝%E4％BF％A1％E6％81％AF％E5％85％AC％E5％BC％80&match＝Exact,2016 年 12 月 2 日。

和申请人申请公开的相关信息在镇档案室未查询到为由拒绝了李萍的申请。[①] 类似的案例还有很多,行政机关拒绝公开相关信息的理由是多种多样的,并且其善于曲解利用现行法律,作出看似合法合理的回复,由此也可以看出政府对信息公开的漠视或者抗拒。

3. 司法机关对公民知情权的保护意识需进一步加强

司法是保护公民权利的最后一道防线,当前,我国司法机关对于公民知情权的保护意识有所加强,实践中,一些政府机关侵犯公民知情权的案件都在诉讼中使得公民权利得到了保护。如上述周如倩诉上海市人力资源和社会保障局政府信息公开案、柴燕平诉天津市人力资源和社会保障局政府信息公开案、李萍诉北京市昌平区北七家镇人民政府信息公开案等,法院均根据实际情况,运用法律规定,维护了公民合法的知情权。但总的说来,一些地方的司法机关对公民知情权的保护不力,甚至轻易将公民的诉请拒之门外。在自身信息公开方面,人民法院也起到了较好的表率作用,如不断完善其裁判文书的说理性,促进文书上网等,但是,人民法院在保障公民知情权方面仍然存在一些不完善之处,典型的如旁听制度不健全。旁听庭审有助于公民对司法机关司法活动的了解,是公民对审判权进行监督的重要方式,但实践中,大部分案子都是在没有公民旁听的情况下进行的。当然,造成这种现象不乏公民自身的原因,公民对于与自己无关的案件审判情况缺乏关注,但是,这种现象与法院的审判信息透明度也是息息相关的。对于即将开庭的案件,除了案件的当事人及其代理人,其他人难以知晓相关审判信息。普通的公开审理的案件,法院一般会在 3 日前在其内部公告栏上贴出公告,公民只有在看到公告栏过后才能知道哪些案件在什么时间什么地点开庭,然后选择自己想要了解的案件旁听庭审。但是,公告栏的信息具有很强的地域性,只有距离法院较近的公民方便获取,其他公民获取信息相对困难。一些公告案件由于司法程序的需要,会在报纸、网络等相关媒体上进行公告,但这类案件所占的比重比较小,并且仍然存在案件介绍不清等问题。故司法机关在保障公民知情权方面的意识仍待

---

① 参见北大法宝,http//www.pkulaw.cn/case/pfnl_1970324837848503.html? keywords=% E4%BF%A1%E6%81%AF%E5%85%AC%E5%BC%80&match=Exact,2016 年 12 月 2 日。

加强。

4. 公民行使知情权的权利意识不强

随着社会主义法治建设的不断深入和发展,公民的权利意识有了很大的提高,并且一部分公民拥有诉诸法律进行维权,以自身权利监督权力运行的观念,这是我国法治建设的进步,这一点值得肯定。但是,仍然有一部分人怠于行使宪法和法律赋予人民的权利,其意识上的误区主要表现在以下几个方面:第一,畏惧行使权利。"官本位"的封建思想对于我国公民的影响也十分深远。一些公民认为由政府掌握信息是合理的,从未想过自己是否具有知情权。一些公民在遇到想要了解的掌握在政府手中的信息时,不知道如何行使权利,通常在咨询政府机关相关工作人员后,三言两语便被吓退了,公民对政府权力有一种自古传承的畏惧感,这使得他们通常不敢据理力争,不敢通过诉讼或者其他合法的途径主张自身的权利。第二,在权利上沉睡。过于追求经济的发展使得功利主义思想盛行,公民过于关注自身发展相关的信息,对社会发展相关的信息关心不够。有网友在 2013 年做过这样一个调查问卷,问卷的主题是"你认为目前三公经费公开存在哪些问题?",参与该调查问卷的共有 155 人,其中,有 23.87% 的网友表示"不了解",[①]虽然该数据调查具有一定的局限性,但是互联网是当今世界信息交流和流通的重要渠道,懂得利用互联网进行投票的公民给出的选择应该说能够反映出一些问题。在给出的六个选项中,选择"不了解"选项所占的比重是最高的。对三公经费的公开体现了政府对公民知情权的认同或者尊重,也为公民监督政府机关及其工作人员提供了渠道,但是许多公民对此并不了解,可以反映出公民的知情权意识淡薄。涉及与自身权益直接相关的政府信息公开项目时,一些公民还愿意向政府机关提出申请,申请被拒后也懂得运用诉讼途径救济权利,但是对于三公经费这样的政府信息公开项目,由于不是直接关系到某个特定公民的权益,其与公民的权益之间是间接相关的关系,故很多公民对此缺乏关注,甚至在政府机关主动公开后对此也不加了解,公民自身的不主动也是当前公民知情权行使不畅的重要问题。

---

① 参见飞扬天下:《你认为目前三公经费公开存在哪些问题》,http://www.51camel.com/survey/su_platform/joinsurvey/272851.,2016 年 10 月 5 日。

（二）公民知情权的行使受到法律方面的严格限制

当前规定我国公民知情权行使的较高层次的法律规定，主要见于《政府信息公开条例》。其他影响公民知情权行使的相关法律规定，散见于《法官法》《检察官法》《保守国家秘密法》等相关法律的一些条文。但《条例》尤其是相关法律，对公民知情权享有设定了较多的限制。

1. 对依申请公开的政府信息，《政府信息公开条例》设定了诸多特殊限制

第一，在申请事由方面的限制。原《政府信息公开条例》第 13 条对于依申请公开的政府信息的事由有明确的规定，即涉及"公民、法人或者其他组织自身生产、生活、科研等特殊需要的"，可以向国务院部门、地方各级人民政府及县级以上地方人民政府部门申请获取相关政府信息。也就是说，公民只有在申请公开的信息涉及"自身生产、生活、科研等特殊需要"的时候，才可以向政府相关部门申请信息公开，涉及除了"生产、生活、科研等特殊需要"之外的其他切身利益和重要利益的时候，包括出于监督公权力守法守正目的，公民即不具有申请信息公开的法定事由。比较公认的观点是，这一规定本身就太过限制依申请公开的公民知情权的行使了。正如杨小军教授所认为的，生产、生活、科研等特殊需要，不是也不应当是政府信息公开范围方面的特殊需要，"而是个体方面的特殊，公民、法人或者其他组织申请政府信息公开应当符合切身利益需要，是切身利益之下的个人特殊需要"①。如上海经协资产经营有限公司诉建德市人民政府其他信息公开案，上海经协公司向浙江省建德市人民政府申请"公布 2010 年 10 月 25 日在浙江省信访局（省信联办）主持下，建德市人民政府与永康市人民政府签署的《关于共同推进建德市华东城市建设投资有限公司有关项目处置工作的合作备忘录》的内容"，建德市人民政府认为上海经协公司不是建德市华东城市建设投资有限公司的股东，《合作备忘录》涉

---

① 杨小军:《政府信息公开范围若干法律问题》,《江苏行政学院学报》2009 年第 4 期。

及的事项与其无利害关系,故以此为由拒绝了该信息公开申请。[1] 因此,实践中涉及"自身生产、生活、科研等特殊需要"的标准又该如何把握?公民个人是否还需要向申请机关提供相关的材料或证据予以证明?这无疑又为公民知情权的行使附加了义务,而且行政机关作为信息的掌握者,其拥有较大的自由裁量权来判断该信息是否符合申请人"自身生产、生活、科研等特殊需要",无形中为公民知情权的行使增添了障碍。令人欣慰的是,2019 年新修订的《政府信息公开条例》删除了这一障碍性条款。

第二,申请程序方面的限制。新老《政府信息公开条例》对信息公开申请程序也有相应的规定,即公民申请信息公开原则上采用书面形式(或数据电文形式),采用书面形式确有困难的可以口头提出,由受理申请的行政机关代为填写申请。实践中,以书面形式申请信息公开的也往往遭受行政机关的不配合,更不用说口头提出信息公开申请了。并且,"确有困难"的标准也往往掌握在行政机关手中,对于一些难以以书面形式提出信息公开申请的,行政机关可以以其不符合"确有困难"的标准,且又未提出书面申请文件为由拒绝其信息公开的要求,此即申请程序方面的一个限制。另外,原《条例》规定,以书面形式提出信息公开申请的,其申请书中必须载明:"(一)申请人的姓名或者名称、联系方式;(二)申请公开的政府信息的内容描述;(三)申请公开的政府信息的形式要求。"在此基础上,新《条例》规定政府信息公开申请应当包括下列内容:"(一)申请人的姓名或者名称、身份证明、联系方式;(二)申请公开的政府信息的名称、文号或者便于行政机关查询的其他特征性描述;(三)申请公开的政府信息的形式要求,包括获取信息的方式、途径。"事实上,作为一般公民,其在申请信息公开之时对于该信息可能了解并不透彻,很难明确列出申请信息的以上内容,实践中往往产生纠纷。如张良诉上海市规划和国土资源管理局案,2013 年 2 月 19 日,原告张良向被告上海市规划和国土资源管理局提出要求获取"本市 116 地块项目土地出让金缴款凭证"政府信息。被告至其档案中心以"缴费凭证"为关键词进行手工查找,未找到名为"缴费凭证"的 116 地块项目土地出让金缴费凭证的政府信息,遂认定其未制作过原告申请获取的政府信

---

[1]　参见北大法宝,http//www.pkulaw.cn/case/pfnl_1970324840390214.html? keywords＝%E4%BF%A1%E6%81%AF%E5%85%AC%E5%BC%80%20%E5%9B%BD%E5%AE%B6%E7%A7%98%E5%AF%86&match＝Exact,2015 年 7 月 3 日。

息,并以此回复,双方遂产生纠纷诉至法院。① 又如,中华环保联合会诉贵州省贵阳市修文县环境保护局环境信息公开案,中华环保联合会因公益诉讼所需向贵州省贵阳市修文县环境保护局申请公开好一多公司的相关环保资料,但该环保局以"申请公开的信息内容不明确,信息形式要求不具体、不清楚,获取信息的方式不明确",一直未予答复。② 很显然,对于申请书形式及内容上的明确性要求是对公民知情权行使的又一限制。政府机关认为增加这一条款可以防止公民知情权的滥用,减少行政机关的工作成本,但是,该条款的限制又在无形中增大了政府机关的自由裁量权,若公民在申请遭到拒绝后即放弃,无疑侵犯了公民知情权的行使,挫伤了公民行使权利的积极性,为公民与政府关系的隔阂再添一道鸿沟,也违背了《政府信息公开条例》的立法初衷;若公民在申请遭拒后向法院起诉,法院支持公民的诉请,则不仅耗费了行政成本,也耗费了司法成本。故法律法规对于公民申请信息公开的形式及内容的限制是否合理,如何在法律上或实践中规制行政机关以此为由滥用自由裁量权是保障公民知情权行使不容忽视的一个问题。

2. 相关法律对公民知情权构成实质性的不当影响

《宪法》明确规定了我国公民应尽的保密义务,却并未明确提及公民知情权。《保守国家秘密法》对国家秘密的不容侵犯性予以强调,《法官法》《检察官法》《公务员法》等法律更是对特殊职业群体应尽的保密义务予以规定。而公民知情权作为公民的基本权利之一,不仅未能在《宪法》中予以明确,也未以法律的形式予以确认,仅是在更低位阶的行政法规中有所涉及,而上位法优于下位法,公民知情权的行使也必将受制于上述法律法规。尤其是,上述法律法规均未对国家秘密、商业秘密、个人隐私及其他工作秘密与应当公开的信息之间的界限予以明确。界限的不明,赋予了信息掌握者较大的自由裁量权。实践中,信息掌握者肆意扩大了国家秘密、商业秘密、个人隐私及其他工作秘密的外延,对申请公开信息是否真的涉及国家秘密、商业秘密、个人隐私及其他工

---

① 参见訾莉娜:《对特征描述政府信息公开申请答复不存在的司法审查》,《人民司法》2013 年第 22 期。

② 参见北大法宝,http//www.pkulaw.cn/case/pfnl_1970324838311257.html? keywords＝％E4％BF％A1％E6％81％AF％E5％85％AC％E5％BC％80％20％E5％9B％BD％E5％AE％B6％E7％A7％98％E5％AF％86&match＝Exact,2016 年 12 月 8 日。

作秘密的事实不加审查，不加区分，使得公民知情权的行使受"几大秘密"的严格限制。

以行政机关为例，不管是依申请公开的政府信息还是行政机关应当主动公开的信息，只要信息掌握者不愿予以公开，内容涉及"国家秘密、商业秘密、个人隐私及其他工作秘密"似乎成为一种"口袋理由"，限制了公民知情权的行使。而行政机关往往对此不加审查，直接根据自由裁量权径行作出决定，更是侵犯了公民知情权。实践中有很多类似的案子，如北京市海淀区人民政府与北京北方国讯通讯有限责任公司政府信息公开纠纷上诉案。北京北方国讯通讯有限责任公司向北京市海淀区人民政府申请获取"海淀区政府与北京市五棵松文化体育中心有限公司 2003 年 9 月 30 日签订的《开发协议》中有关征用海淀区玉渊潭农工商总公司所属的集体土地，土地地上物以及其他相关补偿信息"，北京市海淀区人民政府受理上述申请后，认为《开发协议》涉及第三人利益，故于同年 9 月 11 日书面征求第三人意见，同年 9 月 16 日，第三人书面函复北京市海淀区人民政府履行《开发协议》要求，为此协议保密，北京市海淀区人民政府遂以第三方不同意公开为由拒绝了申请人的请求。① 又如，李刚诉国家外汇管理局信息公开案，李刚向国家外汇管理局申请公开"工商银行、农业银行、中国银行、建设银行、交通银行（以下统称五家银行）对其各上海分行、支行对外担保的授权方式及管理办法在该局的备案情况"，该局在未经审查的情况下征求五家银行的意见后遂以第三方商业秘密为由不予公开。② 再如，张仁德诉中华人民共和国国土资源部政府信息公开案，国土资源部亦以涉及第三方商业秘密为由在不加审查的情况下即拒绝了申请人的信息公开申请。③ 笔者通过北大法宝对相关案例进行检索，发现与此类似的案例还有很多，在此，不作一一例举。以上案例，政府机关在公民的信息公开申请涉及第

---

① 参见北大法宝，http://www.pkulaw.cn/case/pfnl_1970324840219699.html? keywords＝%E4%BF%A1%E6%81%AF%E5%85%AC%E5%BC%80%20%E5%9B%BD%E5%AE%B6%E7%A7%98%E5%AF%86&match＝Exact，2016 年 12 月 8 日。

② 参见北大法宝，http://www.pkulaw.cn/case/pfnl_1970324845625140.html? keywords＝%E4%BF%A1%E6%81%AF%E5%85%AC%E5%BC%80%20%E5%9B%BD%E5%AE%B6%E7%A7%98%E5%AF%86&match＝Exact，2016 年 12 月 8 日。

③ 参见北大法宝，http://www.pkulaw.cn/case/pfnl_1970324845186677.html? keywords＝%E4%BF%A1%E6%81%AF%E5%85%AC%E5%BC%80%20%E5%9B%BD%E5%AE%B6%E7%A7%98%E5%AF%86&match＝Exact，2016 年 12 月 8 日。

三方利益时,未加审查,径行寻求第三方意见,并以第三方不同意公开为由拒绝公民的信息公开申请。这不仅是行政机关怠于履行职责的体现,其本质原因还是在于国家秘密、商业秘密、个人隐私及其他工作秘密与应当公开的信息之间没有法定的明确界限,损害第三方合法权益更是大有裁量的余地。由于界限模糊,该界限便需要各级政府信息公开部门在具体情况下自行把握。由于无法可依,政府机关往往不加审查,对申请内容是否涉及,有多少涉及国家秘密、商业秘密、个人隐私及其他工作秘密不加区分,而直接利用"口袋理由"拒绝公民的申请。因此,国家秘密、商业秘密、个人隐私及其他工作秘密与应当公开的信息之间的界限不明,使得公民知情权的行使受到了很大的限制,增加了公民知情权被侵犯的风险。新《条例》对此点没有明确的改进,只是进一步明确了征求第三方的程序规定,而且以规定"依申请公开的政府信息公开会损害第三方合法权益的,行政机关应当书面征求第三方的意见",替代了规定"行政机关认为申请公开的政府信息涉及商业秘密、个人隐私,公开后可能损害第三方合法权益的,应当书面征求第三方的意见",显示了更大的模糊化空间。

(三) 公民知情权的救济措施及实效明显不足

原《政府信息公开条例》第33条规定:"公民、法人或者其他组织认为行政机关不依法履行政府信息公开义务的,可以向上级行政机关、监察机关或者政府信息公开工作主管部门举报。收到举报的机关应当予以调查处理。公民、法人或者其他组织认为行政机关在政府信息公开工作中的具体行政行为侵犯其合法权益的,可以依法申请行政复议或者提起行政诉讼。"新《条例》在第51条作了更简要的规定:"公民、法人或者其他组织认为行政机关在政府信息公开工作中侵犯其合法权益的,可以向上一级行政机关或者政府信息公开工作主管部门投诉、举报,也可以依法申请行政复议或者提起行政诉讼。"同时在第47条第2款规定:"公民、法人或者其他组织认为行政机关未按照要求主动公开政府信息或者对政府信息公开申请不依法答复处理的,可以向政府信息公开工作主管部门提出。政府信息公开工作主管部门查证属实的,应当予以督促整改或者通报批评。"据此,公民在知情权受到行政机关侵犯的时候,《条例》

提供的可供选择的救济途径有三种：一是申诉、举报，二是通过行政复议，三是向法院提起行政诉讼。实践中，公民大多会选择通过诉讼的方式来实现自身的权利救济。但是，事实上，在上述国家权力机关、司法机关信息公开不到位的时候，公民知情权的救济便处于非常被动的地位。一方面，公民对这些未直接与切身利益相关的信息关注度不够，往往在自身合法权益遭受侵犯的时候仍不自知；另一方面，即使公民关注到了，也难以依据现行制度设计得到有效的权利救济。

一方面，对于公民知情权受到行政机关侵犯，公民可供选择的救济途径仍然存在不足之处。首先，投诉、举报制度。严格来说，投诉、举报制度并不是一种事实上的权利救济制度，举报是当公民认为行政机关未履行信息公开义务时，可以向上一级行政机关或政府信息公开工作主管部门投诉、举报。投诉、举报的前提是公民认为行政机关未履行信息公开义务，故投诉、举报可适用于依申请公开的政府信息，亦可适用于行政机关应主动公开的信息。相关法律虽然规定了相关主体的查证或审查职责，但并未对投诉、举报过后的程序及处理作出具体规定。对于接到申诉、举报的机关是否应当在合理的期限内给予举报人相关答复，法律没有规定；尤其是对于投诉、举报过后，接到举报的机关不予处理时，公民又当选择何种途径救济权利，法律亦没有规定。故投诉、举报制度只是一项原则性的制度，对于依申请公开的政府信息，投诉、举报事实上并不能起到权利救济的作用。因此，我国政府信息公开中的投诉、举报制度虽然具有一定的救济功能（特别是在依申请政府信息公开领域的个案中），但其实质为监督机制，与国外的行政申诉裁决的救济机制有着本质的区别。①其次，行政复议制度。由于复议机关本质上仍属于行政机关，行政复议难以保持中立性；加上《行政诉讼法》有规定，若复议机关变更原行政行为，行政相对人不服，以复议机关为被告；若复议机关维持原行政行为，则以原行政机关为被告，使得复议机关一般也不会轻易变更原行政行为；并且行政复议机关由于人员配备、工作素养、工作精力各方面的原因，导致我国行政复议制度在现实中效果并不是很理想。行政复议机关拥有监督原行政机关行政行为的权力，却没有相关制度对复议机关履职效果及责任予以规制，故对于相关案件，公民

① 参见王万华：《知情权与政府信息公开制度研究》，第 241 页。

往往更愿意求助于具有相对中立性的审判权的法院,导致行政复议作为一项权利救济制度在很大程度上形同虚设。最后,行政诉讼制度。实践中,许多侵犯公民知情权的案件均是通过诉讼途径解决的,行政诉讼虽然具有中立性审判的优势,但是对于当事人而言,诉讼途径所耗费的时间比较长,许多案件都要通过二审程序才告终结,增加了当事人的程序负担。对于一些具有时效性的信息,很可能会因为正义的迟来而使公民合法权益遭受损失。并且,对于由此遭受的损失,我国《国家赔偿法》并无理赔规定。《国家赔偿法》的赔偿主要针对公民的人身权和财产权的损害赔偿,侵犯公民知情权不在《国家赔偿法》的赔偿范围之内。并且《国家赔偿法》一般只对公民的直接损失予以赔偿,对于由于公民知情权受侵犯而遭受的间接损失,实践中一般难以计算,也难以得到赔偿。同时,受行政权和司法权界限的限制,行政诉讼只对案件的合法性进行审查而不进行合理性审查,其对于当事人的保护具有一定程度上的限制。

另一方面,除受行政机关侵犯外,公民知情权受其他主体侵犯时救济途径尚存在空白。首先,对于权力机关,若权力机关在会议过程、人大代表在履职情况信息公开不全面时,公民是否有权利向该机关、该人员申请了解更全面的信息?法律法规对此并无规制。在选举过程中,公民对候选人的信息了解不全面时,是否可以向选举委员会申请全面公开候选人信息?若选举委员会对公民申请不予处理,公民又该通过何种途径实现权利救济?法律法规对此亦无规制。根据现行法律规定,公民除了放弃该选举权之外似乎也别无选择。其次,对于司法机关自身侵犯公民知情权的情况应如何处理,法律法规对此也存在空白。司法机关虽然具有依法审判的职能和权限,但是,具体履行职能和行使法律赋予的司法权的归根到底还是司法机关工作人员,难保他们能做到完全不犯错。因此,有权利就应当有救济,对于司法机关侵犯公民知情权的行为应当有一个相对独立的监督机关受理公民的申诉,并对司法机关的信息公开情况进行审查和监督。监察委员会成立后,其监督范围包括司法机关及其工作人员,但相关法律对公民通过监察委员会对司法机关侵犯公民知情权的问题进行权利救济,目前也缺乏具体的制度设计。

二、 批评权、建议权：渠道不畅且产生吓阻效应

(一) 建议权行使制度保障不足

公民建议权,是承载利益的对立性相对较弱的公民监督权,理应得到很好的行使和保护,但在实践中的享有和保障并不理想,主要表现在以下几个方面。

1. 诸多重要领域的建议权多无具体法律依据和制度保障

《宪法》对公民建议权作了一项原则性的规定,这一原则规定的充分落实,需要在公民应该享有建议权的诸多领域进行具体的制度构建。但目前我国,需要公民行使建议权的许多领域,公民却无行使建议权的法律依据,或者虽有一定的法律规定,但缺乏基本的制度和程序设计,导致相关领域公民建议权的无从行使,或者虽有一定程度的行使,但产生不了应有的社会效果。例如,法律规定,我国公民对于行政许可的设定和实施,可以向行政许可的设定机关和实施机关提出意见和建议;对于行政强制的设定和实施,可以向行政强制的设定机关和实施机关提出意见和建议;对于消费者权益保护工作及食品安全管理工作,有权向相关主体提出意见和建议。但这些领域,公民建议权有效行使的基本机制却没有有效建立。其他许多与公民切身利益密切相关的法律法规,则未对公民建议权有所提及,如在对于各级人大及其常委会的监督性建议方面,在行政处罚的监督性方面,则未明确提出公民的建议权。尽管这些具体领域的建议权利,具有内容的新型性、制度构建的新型性和立法技术的新型性,但必须构建公民建议权利行使的具体平台、环节和程序,包括对行政决定或立法机关的重要决定,在动议、论证、听证和效果评估等环节,保证公民及其社会组织介入并提出建议的机会和能力。① 这是变公民建议权的非正式约束为正式约束的根本所在。

---

① 参见张淑芳:《论行政强制设定中的公民建议权》。

2. 公民合宪审查建议权制度化运行相对迟滞,有待进一步规范化

公民及其社会组织享有一定限度的合宪审查权,这是我国《立法法》《各级人民代表大会常务委员会监督法》等准宪法性立法和其他法律法规予以制度化确认和保障的建议权,也堪称是我国公民和社会组织目前享有的最有价值的建议权。但在制度的运行上也存在明显的不足。

其一,公民合宪审查建议权的对象范围受限于低位阶法规。2000年3月15日通过、2015年3月15日作出重大修改的《立法法》,确立了我国的立法审查制度,也被称为我国的合宪审查或违宪审查制度。必须指出,将我国这种制度称为合宪审查还是违宪审查制度,学界还有一些争议。有学者从与西方司法违宪审查制度相区别的角度,主张把这种制度称为合宪审查。事实上,合宪审查是从审查标准或依据主要是宪法性规范而言的,违宪审查是从审查针对的立法违反宪法规范而言的,两个概念没有本质区别。本书根据目前国内的主流用法,采用合宪审查的概念。就世界各国的合宪审查制度而言,既有宪法司法化审查,也有专门宪法机构审查,亦有立法机关主导的审查,而我国的相应制度是典型的立法机关的审查。在具体审查机制和程序方面,实行的是主动审查和被动审查相结合的复合性制度。前者包括备案审查和专项审查,后者是指应要求或建议进行的审查。① 其中,全国人民代表大会对人大常委会制定的法律及批准的自治条例和单行条例进行审查,实际上仅采取主动审查机制;全国人大常委会对行政法规、地方法规和省、自治区、直辖市的人民代表大会常务委员会批准的自治条例和单行条例进行审查,既包括主动审查,也包括被动审查。原《立法法》第90条和修改后的《立法法》第99条,规定了全国人大常委会对行政法规、地方法规及特定自治条例、单行条例的被动审查机制。它赋予了特定国家机关即国务院、中央军事委员会、最高人民法院、最高人民检察院和各省、自治区、直辖市的人民代表大会常务委员会认为行政法规、地方性法规、自治条例和单行条例同宪法或者法律相抵触的,可以向全国人民代表大会常务委员会书面提出进行审查的请求权,赋予其他国家机关和

---

① 目前,全国人大常委会正积极探索开展法律草案的合宪性审查工作,构建包括事先审查机制和事后审查机制的合宪性审查制度。参见丁小溪:《推进合宪性审查 加强宪法实施监督——全国人大常委会法工委法规备案审查室主任梁鹰谈宪法实施》,新华社每日电讯,2018年5月17日,第2版。

社会团体、企业事业组织以及公民相应的提出进行审查的建议权。可以据此认为,我国公民及其社会组织享有了一定的立法合宪审查建议权。但显而易见,这种合宪审查的建议权是部分性或受到限制的,不包括对国家立法机关即全国人大及其常委会制定的法律提出进行审查的建议权。2001年12月14日国务院颁布的《法规规章备案条例》第9条也规定,"公民认为地方性法规同行政法规相抵触的,或者认为规章以及国务院各部门、省、自治区、直辖市和较大的市的人民政府发布的其他具有普遍约束力的行政决定、命令同法律、行政法规相抵触的,可以向国务院书面提出审查建议"。2006年8月27日通过的《各级人民代表大会常务委员会监督法》第32条第2款规定了公民及其社会组织对最高人民法院、最高人民检察院具体应用法律的解释的合法性审查建议权。这些规定和实践都表明,公民的合宪审查建议权仅限于行政法规及法律位阶低于行政法规的相关法律法规和行政决定、命令,而对于国家法律是否违宪,公民及其社会组织则无法律规定的审查建议权。

其二,公民合宪审查建议权行使效果生发迟滞,具体运行机制有待进一步提升。尽管公民的合宪审查建议权法律确认较早,但公民的立法合宪审查建议在相当长的一段时间内往往石沉大海、杳无音讯,没有建议被采纳甚至得到及时反馈的案例。现在看来,激活《立法法》公民合宪审查建议权条款的案例早应发生。例如,2003年3月17日,就职于广州一服装公司的大学生孙志刚未携带身份证逛街时,被某派出所以没有暂住证为由予以收容。3月18日,孙被送往广州收容遣送中转站,后又被收容站送往广州收容人员救治站,并于3月20日死亡。法医鉴定表明孙志刚是被殴打致死。事件披露后,受到社会各界的关注。5月14日,三位法学博士以普通公民身份向全国人大常委会提出审查《城市流浪乞讨人员收容遣送办法》的建议。5月23日五位法学界人士以中国公民的名义,向全国人民代表大会常务委员会,提交就孙志刚案及收容遣送制度实施状况启动特别调查程序建议书。[①] 但是,全国人大常委会相关工作机构并未对以上申请作出回复。最终,国务院总理温家宝于6月18日主持国务院常务会议上,审议并通过了《城市生活无着的流浪乞讨人员救助管理办法(草案)》,同时废止《城市流浪乞讨人员收容遣送办法》。由国务院对该

——————————

① 参见《"孙志刚事件"引发三博士上书》,《瞭望新闻周刊》2003年第22期。

《办法》予以废止,虽然间接给予了法学界人士实质上的公平与正义,但是,全国人大常委会并未正面给予几位提出意见的公民此项建议的回复。2003 年 8 月 18 日,由于黑龙江发生了类似孙志刚事件,黑龙江省双鸭山市居民盛其芳、马继云向黑龙江省人民政府和省人大常委会提交了一份"请求立即废止《黑龙江省信访收容遣送工作规定》的建议书";①2003 年 11 月 20 日,1611 名公民联合签名向全国人大常委会、卫生部和国务院法制办提交《要求对全国 31 省(市)公务员录用限制乙肝病毒携带者规定进行违宪审查和加强乙肝病毒携带者立法保护的建议书》;2007 年 69 位专家学者对劳动教养制度提出审查建议;2009 年北大法学院五教授建议对《城市房屋拆迁管理条例》进行审查等。以上审查建议,均未能启动合宪审查程序,多数也没有得到意见反馈或回应。其原因,正如有学者所指出的,这一权利制度被创设之时,在理论准备和制度建构层面均存在先天不足。理论上,立法时对这一权利的基本性质、价值目标、相关制度衔接等问题缺少周密论证和清晰认识。制度上,公民行使建议权的操作规则一直阙如;对公民所提建议的研究、审查和反馈程序也仅在全国人大常委会相关内部文件中作了简略规定,且很长一段时间内难以执行。② 可以说,当时我国《立法法》没有明确规定相关机构的反馈回应义务,相关机构也没有形成应有的工作机制。

由于被动审查制度的运行状况与立法者的预期相去甚远,原设想作为主要启动渠道的特定国家机关多年来从未提出审查要求。从第十二届全国人民代表大会第一次会议召开后,尤其是 2015 年《立法法》修改明确了反馈程序后,公民及其社会组织的合宪审查建议权才逐步得到了更大程度的保障。2017 年 12 月,全国人大常委会法制工作委员会《关于十二届全国人大以来暨2017 年备案审查工作情况的报告》提请全国人大常委会审议。报告显示,十二届全国人大以来,全国人大常委会法制工作委员会共收到公民、组织提出的各类审查建议 1527 件。1527 件审查建议中,属于全国人大常委会备案审查范围的有 1206 件,其中建议对行政法规进行审查的有 24 件,建议对地方性法

---

① 参见郁静:《我国违宪审查程序探究》,中国政法大学硕士学位论文,2008 年,第 24 页。

② 参见焦洪昌、江溯:《论我国公民合宪性审查建议权的双重属性》,《政法论丛》2018 年第 10 期。

规进行审查的有 66 件,建议对司法解释进行审查的有 1116 件。[1] 按年份统计,2013 年 62 件,2014 年 43 件,2015 年 246 件,2016 年 92 件,2017 年 1084 件。[2] 报告显示,法工委对建议逐一进行审查研究,先后对有关道路交通管理、建设项目审计、计划生育管理、著名商标制度等地方性法规和有关附条件逮捕、夫妻共同债务承担等司法解释中存在的问题提出处理意见,积极督促纠正。[3] 这确实是了不起的成就,反映了我国公民行使合宪审查建议权总体上已经进入制度化的轨道。但这种成就本身,却是没有及时公布于众的,长期处在半透明进行状态。相关数据和案例集中公布后,全国法治工作者和普通民众在欣喜之余,更希望相关程序进一步透明化、正规化,不仅让相关民众及其社会组织知道建议权行使和保障的状态,更应让全国民众通过正式渠道了解和跟踪其基本进程,以便更好地保障民众的参与权、知情权和监督权的行使,提升广大民众的法治和主人翁意识。事实上,除了全国人大常委会之外,包括国务院、地方各级人大常委会、地方各级人民政府都或多或少地承担备案审查工作,但目前并没有一部较为完整的法律文件,就公民的合宪审查建议如何处理反馈作出系统规定,还是依靠各地方自己的规定和习惯做法来进行,这必然对于公民行使审查建议权造成了很大的不便。我国地方和部门立法主体众多,而地方和部门保护主义短期内难以有效克服,突破法律规定、损害法律尊严、剥夺或不当限制公民基本权利的"雷人法规"不时出台,在全面推进依法治国战略、保证宪法实施的背景下,构建统一、公开、及时、有效的运行机制,充分满足民众有限的立法合宪审查建议权,让其真正成为落地生根的制度,[4]仍有较大的努力空间。尤其是,地方政府和司法机关每年出台的规范性文件,可谓海量,有效构建保障公民合宪审查建议权有效行使的具体制度,更是必须面对的现实问题。

---

[1] 参见陈菲、熊能:《全国人大常委会法工委公布多起备案审查典型案例》,2017 年 12 月 24 日,新华网,http://www.xinhuanet.com/politics/2017 - 12/24/c_1122158872.htm,2018 年 1 月 1 日。

[2] 参见熊能、陈菲:《五年来纠正了哪些"问题法规"?——聚焦全国人大常委会法工委备案审查工作"成绩单"》,2017 年 12 月 25 日,新华网,http://legal.people.com.cn/GB/n1/2017/1225/c42510 - 29728026.html,2018 年 1 月 1 日。

[3] 参见朱宁宁:《全国人大常委会首次全面听取备案审查工作情况报告》,《法制日报》2017 年 12 月 25 日。

[4] 参见翟峰:《公民的违宪审查建议权如何落地生根》,《人民之友》2018 年第 10 期。

（二）公民批评权行使面临巨大法律风险

与建议权相比，公民批评权承载的利益关系，具有较强的对立性。因为公民及其社会组织行使批评权的客体，是国家机关及其工作人员的违法不当公务行为或相关行为，其一定的违法不当行为或缺点、错误不足，必然涉及相关事实的客观存在以及应有的客观评价问题。我国公民的批评权，尽管有我国《宪法》第 35 条规定的言论自由权和第 41 条第 1 款规定的批评建议权作为依据，但这两类权利同样应受到法律的限制，且这种限制在法律和实践上存在诸多模糊的空间，而公民批评权作为公共言论自由和公民监督权的统一体，并没有得到应有的特别法律保护和重视，这导致我国公民批评权的行使面临极大的法律风险，公民及其社会组织行使批评权往往因事实和评论的客观性问题，与民法上的侵犯名誉权，刑法上的诽谤罪、寻衅滋事罪等罪名，以及行政法上的寻衅滋事扯上关系，面临错误追责等变相的打击报复，严重影响了我国公民批评权的享有、行使和保障水平。

1. 公民批评权受到名誉权纠纷和诽谤罪追诉的严重挤压

名誉权，是指社会上的人们对于公民或法人的品德、才干、声望、信誉和形象等各方面的综合评价。名誉权是人格权的一种，是人格权的重要内容，受法律的保护。而国家机关工作人员的名誉权除具有一般公民名誉权的共性外，还具有其作为国家机关工作人员的特殊性。国家机关工作人员的名誉权，指的是国家机关工作人员因管理国家和社会事务，所享有的关于自己履职情况、人品操守等获得正面的社会评价以及维护这种社会评价的权利。但是，由于国家机关工作人员具体行使国家权力，而国家权力来自人民，因此，国家机关工作人员的职务权力虽直接来源于宪法及法律，但究其本质，其权力来自人民的授权，故人民有权对国家机关工作人员的履职情况进行监督，这也是宪法赋予公民批评权的根源所在。这从根本上决定了国家机关工作人员名誉权的特殊性。一个比较公认的观点是，一般公民与国家公职人员的名誉权都受法律的保护，但保护的程度是不一样的，国家公职人员的名誉权必须接受公民的批评权、控告权、检举权等监督权和政治言论自由权的平衡，对其侵犯认定须有更严格的构成要件。目前一般认为，侵犯名誉权的行为主要有三类：一是侮辱，指故意通过言语、文字或者行为举止等方式贬低他人人格、毁损他人名誉的行为；二是诽谤，指故意捏造并散布，或者故意或过失地散布有关他人的虚假事实，导致他人名誉降低或者毁损的行为；三是侵犯隐私，指故意或过失地以书面、口头等形式宣扬、泄漏他人隐私，导致他人名誉贬损的行为。① 所谓新闻报道严重失实，致他人名誉受到损害的，很难出乎这三种情况。对一般公民或社会组织的名誉权而言，侵权人属于一般过失地作出三类行为，就构成侵权。而对于国家公职及其相关人员而言（有的国家还包括其他所谓"公共人物"），必须是故意或重大过失的相应行为才构成侵权。具体而言，对国家公职及其相关人员构成侮辱侵犯名誉权的，必须是严重超出其违法犯罪不当行为应有贬低性评价的故意贬损人格行为，才构成侮辱性侵害。一般性地超出，或者哪怕是信息虚假但与行为性质贬低性评价基本相符，都不构成侮辱性伤害②；对国家公职及其相关人员构成诽谤性侵犯名誉权的，必须是故意捏造并散布虚假信息的行为，或者明知是虚假信息而故意散布的行为，抑或是"全然不顾"真假信息而鲁莽行事，简单的真实性问题不是构成诽谤性侵权的审查标准③；对国家公职及其相关人员构成侵犯隐私性名誉权的，必须是严重故意或重大过失地泄漏、宣扬与其公共职位、行使公职行为或与公职相关的行为等无关的、具有合法性的隐私，其隐私保护范围远较一般人的隐私保护范围狭小。可以说，公共利益的优先性、人民的主权者地位、民众与政府掌握信息的不对称性，要求民主法治国家必须给予公民公共批评权或公共言论自由权相对于官员名誉权、隐私权的优越性，形成相对于后者的优先性保护。④ 同时也要求

---

① 在这种情况下，侵犯名誉权和侵犯隐私权发生竞合。还有一部分侵犯他人隐私的行为并不一定导致损害他人名誉权，不涉及个人荣誉问题的个人生活安宁、秘密信息也是隐私权的重要内容。

② 当然，虚假信息如果是侵害人故意捏造并散布，明知虚假还故意散布或全然不顾真假而散布，其行为构成了诽谤性侵权行为。

③ 因为如果主张信息有误就构成诽谤，就会严重遏制公民及其社会组织和舆论媒体平台发表批评等监督意见，因为他们唯恐哪里出错。

④ 我国有学者论证，《宪法》第 41 条第 1 款规定内容的形成过程和最终条文结构，表明该款规定的几项公民监督权有自己特殊的限制事由，属于特别条款，大大小于第 51 条"概括性限制条款"的抽象规定，应基于特别条款优于一般条款的原则解释和适用。参见蔡定剑：《宪法精解》，法律出版社 2006 年版，第 262—263 页。

国家公职及其相关人员,面对批评,哪怕是误评,也应有反思的姿态,多回应,多释疑,多改进,毕竟民众掌握的信息与官方相比,有极大的不对称性,应当容许公民带有建设性的误评,而不能动不动就动用国家司法资源,维护自己的所谓名誉权或隐私权。

但实践中,很多国家公职及其相关人员在听到公民批评的声音的时候,往往采用一种非常抵触的态度,不思反省,也不想通过实际行动去换取公民评价的改观,反而采取非常强硬的态度,直接动用司法资源。相当长的一个时期以来,官员起诉公民和新闻媒体侵犯名誉权的民事诉讼屡见不鲜,且多以官员的胜诉而告终;诽谤罪的追诉且主要是公诉也是长期屡禁不止。比如,近年频繁发生的"诽谤"官员案件中,许多地方官员面对媒体或网络上的负面言论,表现出的常常是反戈一击的迅猛,跨省追捕的"豪情",而非理性宽容与沉稳回应,甚至令"跨省"二字,都成为官员打压网络舆论的代名词。[1] 以至于公安部不得不在 2009 年 4 月下发通知,强调侮辱、诽谤案件一般属于自诉案件,应当由公民个人自行向人民法院提起诉讼,只有在侮辱、诽谤行为"严重危害社会秩序和国家利益"时,公安机关才能按照公诉程序立案侦查。但通知下发后仍不时有类似的案件发生。

众所周知,刑法上的诽谤罪,更有严格的构成要件,它指的是捏造事实诽谤他人且情节严重的行为。所谓捏造事实,是指凭空编造事实。该罪的客观要件不仅有严格的限定,而且主观上必须是直接故意,行为人明知自己散布的是足以损害他人名誉的虚假事实,明知自己的行为会发生损害他人名誉的危害结果,并且希望这种结果发生。近年来,我国刑法学界和司法实务界有将该罪构成要件扩大化的趋势,将"捏造"事实理解为"利用捏造的事实诽谤他人"或者"以捏造的事实诽谤他人",将主观目的追求的直接故意扩大到放任,即认为行为人明知自己散布的是足以损害他人名誉的虚假事实,明知自己的行为

---

① 较著名案件的就有:重庆彭水县秦中飞案(又称"彭水诗案",2006 年)、山西稷山县薛志敏案(2007 年)、内蒙古吴保全案(2007 年)、陕西志丹县"短信诽谤案"(2007 年)、辽宁西丰县"进京抓记者案"(2008 年)、河南灵宝市王帅案(2009 年)、山东曹县段磊案(2009 年)、宁夏吴忠市王鹏案(2010 年)等。详细统计可参见雷丽莉:《从 20 起诽谤案件看公权力追究公民言论责任的路径》,《法治新闻传播》(第 5 辑),中国检察出版社 2010 年版,第 42—46 页。

会发生损害他人名誉的结果,放任这种结果的发生,也符合主观要件。① 但无论如何,基于一定事实进行批评,或者将虚假事实认定为真实事实加以扩散,或者将某种虚假事实进行扩散但无损害他人名誉的故意而是出于公共义愤评论的,都不构成诽谤罪。其中,对官员这种特殊的"公共人物"发生的基于一定虚假事实的批评,在涉嫌诽谤的认定上更应从严把控。道理在于:其一,对于国家机关及其官员的批评具有值得宪法保护的重大社会价值。即使对他们的批评可能在事实与评价方面均存在不当,经过法益衡量,也能阻却行为的违法性。这是因为,公民批评权和公共言论自由不仅是发言者的权利,而且也是听众的权利;不仅是个人的权利,而且是法治的基础;不仅具有社会的效用,而且是政治权力合法化、正当化的源泉。所以,公民批评权和公共言论自由具有优越的地位,远远高于官员的名誉权。另一方面,一个人愿意成为官员时,就意味着其在一定限度内放弃了法律对自己名誉权的保护。其二,官员掌握了许多公共资源,容易消除公民的错误陈述对其造成的不利影响,即在官员容易利用公共平台回应不实言论的情况下,针对他们的不实言论所造成的不利影响就能够迅速减少乃至消除。如此,就没有必要通过追究法律责任的方式禁止针对公共人物的不实言论。其三,一般人都会意识到对官员的批评可能存在不实言论或者错误表述。既然如此,官员的名誉就不会受到明显的贬损;即使针对官员的不实言论或者错误表述可能使他们的名誉受到了一定影响,也不可能达到值得科处刑罚的程度。其四,公民不可能在提出批评之前查明官员的所有言行,也不能期待公民在彻底查清事实之后再发表言论。概言之,只有当行为人针对官员陈述的虚假事实没有任何根据,全部内容均为捏造,而且陈述虚假事实的唯一目的是毁损其名誉,没有任何其他正当目的时,才能认定为诽谤罪。②

一些恶意捏造事实,故意诽谤国家机关人员或其他公共人物,也理应被追究诽谤罪的法律责任,如著名的"秦火火案"等。但问题是,一些官员轻易就可

---

① 2013年9月6日发布的《最高人民法院、最高人民检察院关于办理利用信息网络实施诽谤等刑事案件适用法律若干问题的解释》第1条第2款规定:将信息网络上涉及他人的原始信息内容篡改为损害他人名誉的事实,在信息网络上散布,或者组织、指使人员在信息网络上散布;明知是捏造的损害他人名誉的事实,在信息网络上散布,情节恶劣的,以"捏造事实诽谤他人"论。

② 参见张明楷:《刑法学》(下),法律出版社2016年版,第919—920页。

以指挥、调动公安和司法机关的力量,对公民略有不当甚至完全正当的批评言论,动不动就以"诽谤罪"启动追诉程序。这造成了恶劣的社会影响,严重挤压了公民批评权的行使。之所以会如此,是因为在某些地方官场已经形成了这样的对抗公民批评权的"潜规则":只要是暴露和批评某地或某部门发生的负面事件,就是批评相关国家机关的主要领导人;只要是批评相关国家机关的主要领导,就涉嫌诽谤国家机关的主要领导;而只要是诽谤国家机关的主要领导,就可以被认为是"严重危害社会秩序和国家利益",从而启动诽谤罪的刑事公诉程序。由此,公民批评权的行使者自然就会被推定成刑事犯罪嫌疑人。造成这种现象的具体原因又有三:其一,个别国家机关的工作人员尤其是主要领导人员,缺乏虚心接受批评的意识,听不得反对的意见和批评,存在"敌对"心理,认为公民行使批评权的行为系一些无知"刁民"借故寻衅滋事,进行诽谤,危害社会治安及管理。不管是出于掩饰,还是出于清者自清的态度,其都不愿意坐在原告席上与批评者就相关事实进行质证,就法律适用进行辩论,而是很自然地想动用自己可以掌控的国家司法机关维护自己的利益。其二,由于国家机关工作人员尤其是主要领导人员掌握了极大的行政和司法权力,对于批评者的批评认为是对其公权力的挑战,出于一种惩戒亦可说是类似于报复的心理,其想要实现惩罚批评者的目的,并且通过自身掌握的权力授意或者暗示政法部门采取行动。其三,法律规定的界限模糊为这种情况的滋生提供了可能,一方面,诽谤罪与名誉权侵权界限不甚分明;另一方面,《刑法》第246条的规定本身就存在含糊不清之处。如在"以暴力或者其他方法公然侮辱他人或者捏造事实诽谤他人,情节严重的"规定中,何谓情节严重?这赋予了司法机关很大的自由裁量权;又如"严重危害社会秩序和国家利益的除外",何谓严重危害社会秩序和国家利益亦无明确的界限,这为许多国家机关工作人员暗箱操作提供了便利,使得很多案件由民事转向刑事,由自诉变成公诉。

2. 公民批评权面临寻衅滋事行政和刑事处罚的巨大风险

将公民行使批评权与寻衅滋事行政处罚尤其是刑事处罚连接起来,具有复杂的现实原因。其一,随着信息网络时代的到来,公民及其社会组织可以便捷地利用信息网络媒介渠道,对相关国家机关及其工作人员或相关人员行使批评权利。其二,现实中,信息网络上表达和传播的信息复杂多样、鱼目混珠,各种辱骂、恐吓和毫无根据的谣言可随意编造和轻易传播，对社会秩序产生了严重的消极影响，因此产生了对信息网络言辞进行行政和刑事规制的必要性。其三，1997 年大修过的《刑法》没有对网络言辞犯罪进行规制的条款，2001 年 12 月 29 日公布的《刑法修正案（三）》增设的《刑法》第 291 条，虽然涉及了对网络言辞犯罪的规制，但毕竟仅涉及编造、传播虚假恐怖信息犯罪行为。为了打击日趋泛滥的网络辱骂、恐吓和造谣传谣行为，2013 年 9 月 5 日，最高人民法院和最高人民检察院联合发布了前述《关于办理利用信息网络实施诽谤等刑事案件适用法律若干问题的解释》（以下简称为《解释》），在惩治利用信息网络诽谤他人行为的同时，也将利用信息网络辱骂、恐吓不特定对象的行为，编造和传播虚假信息，情节恶劣，严重破坏社会秩序的行为纳入了《刑法》第 293 条寻衅滋事罪规制的范围，分别归入第（二）项规定的恐吓辱骂型寻衅滋事犯罪和第（四）项规定的起哄闹事型寻衅滋事犯罪。其四，也是最关键的，寻衅滋事罪在我国《刑法》中具有"口袋罪"的特征，而《解释》的类推性解释言辞和关键用词的不严密性，导致网络言辞型寻衅滋事犯罪[①]更加具有"口袋罪"的效应，给一些地方官员运用行政执法和刑事司法手段打压、报复公民行使批评权、舆论监督权、申诉权、信访权等公民监督权提供了便利空间。

我国现《刑法》中的寻衅滋事罪，发端于 1979 年《刑法》第 160 条规定的流氓罪。由于流氓罪的内涵过于笼统，在司法实践中造成对流氓罪的认定随意性很大，且其量刑幅度过宽，极易产生量刑畸轻畸重的弊病，因此沦落为"口袋罪"，一直为专家学者和民众所诟病。1997 年《刑法》将流氓罪取消并拆分为寻衅滋事罪、聚众斗殴罪、强制猥亵侮辱妇女罪、猥亵儿童罪、聚众淫乱罪等罪。现行《刑法》第 293 条规定："有下列寻衅滋事行为之一，破坏社会秩序的，处 5 年以下有期徒刑、拘役或者管制：（一）随意殴打他人，情节恶劣的；（二）追逐、拦截、辱骂、恐吓他人，情节恶劣的；（三）强拿硬要或者任意损毁、占用公私财物，情节严重的；（四）在公共场所起哄闹事，造成公共场所秩序严重混乱的。纠集他人多次实施前款行为，严重破坏社会秩序的，处五年以上十年以下有期徒刑，可以并处罚金。"[②]显然，如果说从流氓罪分解出的其他四种犯罪构成要

---

① 不是《刑法》规定的法定罪名，而是理论研究和论证的概念，也被称为网络型寻衅滋事犯罪。

② 第二种表现形式中"恐吓他人"的规定，及加重条款规定，是 2011 年 2 月 25 日公布的《刑法修正案（八）》增加的。

件明确、独立性强,而寻衅滋事犯罪侵害的法益复杂并与众多犯罪存在交叉,罪状表述模糊,虽有保留的必要性,但确实继承了流氓罪的"口袋罪"特征。鉴于信息网络的发展导致寻衅滋事行为确实由现实空间发展到网络空间,《解释》将寻衅滋事犯罪扩大到了信息网络空间确实具有现实合理性。但问题是,《解释》本身存在明显不足,导致纳入刑法规制的网络型寻衅滋事行为尤其是造谣起哄闹事的行为更加具有模糊性或"口袋罪"的特征,产生了更严重的"口袋罪"效应。其一,尽管多数人认同,《解释》将信息网络空间认定为"公共空间"是符合社会发展现实的合理扩大解释,但多数人也认为,将法条第四项规定的"造成公共场所秩序严重混乱的"解释为"造成公共秩序严重混乱的",有类推解释的嫌疑,导致网络造谣起哄闹事型寻衅滋事犯罪的构成要件进一步宽泛化、模糊化。"公共秩序严重混乱"到底是指"网络空间秩序严重混乱",还是"社会现实秩序严重混乱"? 是两者同时出现,还是二者居其一即可? 理论上和实践上都理解不一,导致司法实践中的认定多是两者都包含而且二者居其一即可。至于具体标准,更是因为缺乏具体规定而给予了司法机关极大的自由裁量空间。其二,《解释》使用了"虚假信息"这一充满歧义的概念而没有任何类型和内容的限定,无意中超出了刑法应规制利用信息网络编造、传播谣言起哄闹事的意图。事实上,虚假信息除了包括谣言等完全没有事实根据的信息外,还包括虽具有一定虚假性但却有一定社会根据的信息,它们根本不应受刑法的规制。如具有一定事实根据又具有一定夸大成分的虚假信息、具有合理推断性的虚假信息、基于恐慌情绪下生发的虚假信息;而且,虚假信息只应限定在"事实性描述"上。如果对虚假信息没有严格的把握标准,必然导致司法实践中规制言论信息类型的泛化及其虚假性认定的弱化,导致罪与非罪的边界变得十分模糊。

在《解释》出台后,运用诽谤罪公诉追究网络言论刑事责任的案件大大减少,公民行使批评权、网络舆论监督权等被追究寻衅滋事罪的案件却层出不穷。近年来,一些地方官员治理和对抗网络批评性言论的策略,已经从形式主义套用"诽谤"转为缺乏实质性解释地集中适用"寻衅滋事"。如江西万载县人汪某因 2013 年春节期间偷拍下多人去县长家送礼视频并上传网络,2014 年被当地警方以"寻衅滋事罪"等罪名起诉;沈阳女子郭某 2014 年 7 月通过微博举报沈阳市主要领导滥用职权,被警方以涉嫌寻衅滋事、违反《治安管理处罚法》为由行政拘留十日;网络写手魏某 2016 年 5 月发帖《比承包医院更黑:莆田人承包了中国 90% 的寺庙》,被杭州警方以"寻衅滋事罪"刑拘;台州某街道办事处工作人员郭某 2016 年 7 月因编写《杭州,为你羞耻》批评 G20 杭州峰会筹备工作,被以涉嫌寻衅滋事先行政拘留,后改为刑事拘留;[①]2018 年八旬老妪李淑贤因上访被判寻衅滋事罪;2018 年,郭某受托发布《内蒙古大宗土地违法问题引发官民关系趋于紧张》一文,内容被认定存在虚假信息,被内蒙古警方以寻衅滋事罪刑事拘留;[②]等等。

有学者运用实证研究方法,对《解释》发布后至 2017 年 11 月 30 日期间形成的 45 份网络型寻衅滋事刑事裁判文书进行了系统分析,归纳出以下重要信息:其一,犯罪主体是普通网民和上访或拆迁对象的合计占 43 起,是职业网络推手的仅共计 2 起。这说明,《解释》预期的惩治职业推手及其造谣、传谣行为的作用是较为有限的。其二,就涉及的所谓虚假信息而言,涉及社会问题、腐败、政府补偿、暴力执法、公民维权、冤错案件、国家政策以及历史问题等内容的共计有 27 起,以办案不公、腐败、生活作风等为事由涉及法官和村干部个人名誉的共计 6 起,涉及编造、故意传播虚假信息罪中所规制"险情、疫情、灾情和警情"信息的共计 6 起,涉及商业信誉、期货交易、房地产销售虚假信息的共计 6 起,涉及召集网民闹事或者是行为人扬言要"报复社会"的辱骂恐吓型寻衅滋事的共计 2 起。其中,仅有 10 起案件的裁判文书中存在权威部门辟谣环节或者是专门用证据证明了信息的虚假性。其他 33 起涉及虚假信息的案件,往往仅是依据利益相关人的陈述(甚至没有陈述)就直接将行为人在互联网中发布或传播信息的行为认定为网络虚假信息型寻衅滋事罪,并没有对信息的虚假性作专门交代。值得注意的是,还有 1 起涉及个人名誉的"举报官员腐败"案件,辩护人主张行为人所反映的部分腐败官员已被查处,裁判文书中也没有否认,相关信息的真实性在一定程度上已经得到了证实。其三,"起哄闹事"属于《解释》界定的网络虚假信息型寻衅滋事罪的基本构成要件要素,但45 份刑事裁判文书都没有直接回应这一问题。对于网络发布、传播虚假信息的言论活动为何会属于"起哄闹事",或者是如何引发"起哄闹事"的,在网络发

---

① 参见陈堂发:《网络批评性表达不应过度援引"寻衅滋事"追责》,《新闻记者》2016 年第 9 期。

② 参见《寻衅滋事罪 2019 年最新立案标准:稀里糊涂就构成犯罪,要坐牢》,2019 年 6 月 3 日,https://www.sohu.com/a/322095141_160620,2019 年 6 月 10 日。

布、传播虚假信息与起哄闹事之间存在什么样的逻辑关系，裁判文书中没有作出明确的交代，"起哄闹事"要件被完全虚化。这种虚化，既可能是由于网络空间中的"起哄闹事"本身是难以实现的，甚至可以将之视为一个伪命题，这一构成要件要素给司法实践中的证明带来了难题，故干脆将这一要件忽视。同时，也可能是司法裁判者认为在网络中编造或散布虚假信息便属于"起哄"，而这种信息影响到公共舆论便属于"闹事"，如此，网络中编造或散布虚假信息便直接等同于"起哄闹事"，这样一来，裁判文书似乎就没有必要去回应"起哄闹事"的要件了，似乎只要存在网络中发布或传播虚假信息的行为，引起了一定的关注，便可能被认定为"起哄闹事"。其四，45份裁判文书对于"公共秩序严重混乱"之危害结果的认定，几乎都是以"网络公共秩序"为评判对象，或是"以点击、转载的次数与信息传播范围"作为网络公共秩序严重混乱的认定标准，或是"以影响社会舆论、形成流言或引发民众猜疑"等作为网络公共秩序严重混乱的认定标准。同时，在以上述两类情形作为认定"公共秩序严重混乱"标准的同时，一些裁判文书还结合"影响政府的形象或公信力"的标准作出综合评价。还有一些案件事实上是以在现实空间"造成公共秩序严重混乱"的危害后果为依据裁判的。这与理论界多数主张或认同的"以现实场所公共秩序混乱作为结果要件对寻衅滋事罪适用于网络空间进行必要约束"的观点，相去甚远。司法实践的主流做法是将"相关文字信息、图片或视频在互联网上被大量点击、观看、转发及评论"与引发"社会舆论、民众猜疑或批评等不良影响"直接认定为"在互联网上制造混乱"或"造成公共秩序严重混乱"，并将《解释》中诽谤罪入罪门槛的"点击、转载数量"当成评判网络空间中的公共秩序发生严重混乱的标准。①

这反映出，对于网民在互联网中发布或传播的"反映社会问题、政府违法、腐败或不作为、实施网络监督、批评政治政策、评论历史人物或事件以及炒作网络热点事件"等信息类型，司法实践中很少也很难去证实信息的虚假性。哪怕是出于监督的良好动机，只要相关信息有一定的夸大成分，就面临刑事司法制裁的打击。这些信息表达、传播所承载的公民监督权的法益，通常被完全无视。而地方官员和司法机关更在乎的，是这些通常真假难辨的信息发布和传

---

① 参见姜瀛：《网络寻衅滋事罪"口袋效应"之实证分析》，《中国人民公安大学学报》（社会科学版）2018年第2期。

播行为所引发的对相关政府机关和官员的讨论、谴责和质疑,及其一定程度上导致的政府和官员形象受损。在他们看来,只要信息具有一定的虚假性,无论所谓"起哄闹事"要件,还是所谓"造成公共秩序严重混乱",都是不言自明的问题,而信息发布和传播引发的"社会舆论、民众猜疑或批评",被当成了完全负面的、标志着"公共秩序严重混乱"的标准。如此一来,公民及其社会组织通过信息网络行使批评权等监督权的行为,必然会大量落入寻衅滋事罪的刑事法网;即便是退一步,也会落入行政处罚的法网。

2015 年 8 月 29 日公布的《刑法修正案(九)》,通过增加《刑法》第 291 条第 2 款,增设了编造、故意传播虚假信息罪。具体规定为:"编造虚假的险情、疫情、灾情、警情,在信息网络或者其他媒体上传播,或者明知是上述虚假信息,故意在信息网络或者其他媒体上传播,严重扰乱社会秩序的,处三年以下有期徒刑、拘役或者管制;造成严重后果的,处三年以上七年以下有期徒刑。"该规定事实上将网络型寻衅滋事罪中最严重的情形正式确定为独立罪名,而且其刑罚较寻衅滋事罪更为轻缓和科学。据此,不少学者认为,网络型寻衅滋事罪的前述司法解释不应再有效。[①] 但事实上,司法机关仍在适用该解释,而且更主要适用于涉及公共批评的所谓虚假信息,公民及其社会组织行使批评权等公民监督权所面临的法律风险,依然十分险峻。

(三)两项权利的行使渠道均不畅,公民望权怯步

从实践上看,目前我国公民行使建议权、批评权的渠道似乎很多,包括信访、政府热线、人大代表联系群众制度、各种公共媒体发声等。信访渠道的不畅已经成为有目共睹的大问题,笔者将在信访权部分详细论证,这里仅简要陈述其他渠道存在的问题。

第一,政府信箱、市长热线。信息技术的飞速发展为公民的政治生活提供了便利,政府信箱、市长热线在此情况下兴起,作为公民与政府联系的一个重要渠道,政府信箱也承担起公民行使批评权和建议权的期望。但实际运作中,许多政府信箱和市长热线的设立只是为了赶上法治政府建设的"潮流",在处

---

① 参见张明楷:《言论自由与刑事犯罪》,《清华法学》2016 年第 1 期。

理公民批评、建议事项方面收效甚微,进一步引发了公民对官僚作风、效率低下、针对性不强、态度不佳等现象的批判。公民通过政府信箱反映意见,相关负责人通常也会给出回复,但给出回复也不能表明该事件受到了政府部门的处理和重视,实践中不乏回复"正在处理中",事实上政府部门并未予以处理的事件,市民向政府公开信箱反映问题遭"忽悠",如重庆13个区县和部门被批评事件。2009年8月10日,重庆市政府公众信息网公布了该市7月份政府公开信箱监评结果,其中获得"优"的仅211封,不足一成。13个区县和部门都存在政务公开不及时、来信不办理或办理不及时等问题。① 武隆县某市民反映,政府信箱中不乏"正在办理""已责成某部门办理""回复已发到你邮箱"等简单回复,但是否确已办理不得而知。更有市民反映其于2006年10月9日向武隆县政府反映建房问题,当时得到的回复是"正在办理中",结果至2008年11月6日仍然没有任何进展。已有的相关研究证明,不同类别诉求的政府回应率与解决率存在差异:相较于"投诉类"与"咨询类","建议类"诉求远低于平均水平,这说明政府对公众建言献策存在选择性回应问题。② 政府信箱的拖延和敷衍,使得其难以为公民批评权、建议权的行使提供充分保障,公民也很难对这一类"邮箱""电话号码"寄予厚望。

第二,人大代表联系群众制度。人大代表联系群众制度指的是公民通过将自己的建议和要求反映给人大代表,形成人大代表的议案,上传到国家权力机关。但实践中,该制度也并非公民批评权、建议权行使的畅通渠道。一方面,我国选举制度的不完善使得公民对于自己选出的人大代表知之甚少,难以与人大代表取得联系;另一方面,人大代表虽然具有宪法和法律规定的广泛的政治权利,但其行使权力主要是在各级人大会议期间,在日常生活中甚至没有接待选民、听取意见、反映民意的职责,也缺乏对行政权和司法权运行日常监督的渠道和途径,非会议期间其作用有限,对于急于行使批评权、建议权的公民而言,并不是一项好的选择。并且,实践中人大代表的履职情况很少为公众所知,一般公民也难以信任并选择此项途径行使权利。

---

① 参见李国、罗倩妮、黄怡萍:《市民向政府公开信箱反映问题遭"忽悠"》,《工人日报》2009年8月14日。

② 参见段哲哲、刘江:《网络问政的政府回应逻辑:公开承诺压力与选择性回应——基于66个政府网站领导信箱的实验设计》,《浙江工商大学学报》2019年第4期。

第三,听证制度。我国听证制度指的是在法律规定的条件下,在非本案调查人的主持下,采用准司法的方式听取利害关系人申辩的制度。[①] 我国听证制度发展并不完善,主要存在以下问题:其一,听证制度适用范围过窄。在适用主体方面,听证制度只适用于利害关系人,只有在关乎公共决策时,听证制度的适用才不具身份限制;在适用行为方面,具体行政行为听证的适用范围过窄,抽象行政行为的听证范围不全面。其二,听证主持人的资格限制不明确,未确立其相对独立的地位。其三,听证结果没有保障。听证过程不公开导致听证制度缺乏必要的监督,虽然听证制度的设立是为了听取利害关系人的意见,但是由于缺乏必要的监督,听证制度在很大程度上流于形式,难以实现利害关系人的真实意愿。实践中,由于听证制度的启动需要身份上的严格限制,且听证主持人的中立性地位不明,公民也鲜有通过听证制度来行使自身的批评权和建议权。

第四,新闻媒介和信息网络平台。我国传统媒介内受党政部门的严格控制,外受名誉权、隐私权纠纷的严重困扰,越来越难以作为公民对公权力发声的平台。庆幸的是,信息技术的发展使得网络成为公民可对公权力主体发表意见的重要渠道。但是,一方面,并不是所有的网站都是公民可以自由行使批评权和建议权的网站;另一方面,网络环境具有复杂性。确实,网络环境的复杂性不容小觑,有的人从一己私利出发,不惜捏造事实,强词夺理,断章取义,或提出无法满足的个人要求,对党和政府工作提出不负责任的批评甚至攻击,将虚拟的网络行为演变成实体的群体性事件,危及社会稳定。但另一方面,如前所述,对网络虚假信息严厉管控的执法、司法政策,在一些地方政府和官员严厉打压、对抗公民批评建议权的价值扭曲下,已经形成对公民及其社会组织正当批评建议言论的不当打压和对抗,使得信息网络难以成为公民有效行使批评权和建议权的渠道,就此不再赘述。

三、 申诉权、控告权:制度有效性存在较大不足

公民申诉权、控告权是公民监督权中比较偏私权救济性的权利。它们从

---

① 参见刘颁、唐博超:《政府信息公开法律制度的建构与完善》,《绥化学院学报》2016 年第 1 期。

权利创制之初就被赋予了维护公民的合法权益,监督国家机关及其工作人员公权力运行的重要使命。[①] 当前,我国宪法和法律对公民申诉权、控告权的规定达到了较高的水准,公民的申诉权尤其是控告权在诉讼法等领域得到了确认和保障,实践中也不乏公民行使申诉权、控告权维护自身合法权益的案例。但是,我国公民申诉权、控告权的行使仍然存在一些问题,法律保障尤其是程序问题尚不健全。而"对于宪法精神及权利的实现和保障来说,程序问题确系致命的所在"[②]。当前,我国公民申诉权和控告权的行使仍然存在如下较为突出的大问题。

(一) 控告权的有效行使不足,导致衍生性申诉和控告数量众多

当前我国公民对公权主体行使控告权的种类很多,包括行政诉讼控告、行政控告、刑事控告、针对司法侵权的控告和其他控告。其中行政诉讼控告是对行政机关的违法具体行政行为向人民法院提起的行政诉讼,受《行政诉讼法》的保障。行政控告主要是公民或行政机关内部的工作人员基于行政机关或其工作人员的违法侵权行为向相关行政机关提出的控告,程序保障性较差。公民针对国家工作人员违法犯罪进行的刑事控告,具体又包括向检察机关的控告,向监察机关的控告,向公安机关的控告和直接向人民法院提起的自诉控告。针对司法侵权的控告是指针对在刑事诉讼、行政诉讼和民事诉讼过程中人民法院、人民检察院、公安机关等司法主体的司法侵害行为进行的控告,虽然在相关诉讼法中都有规定,但程序性规定并不具体明确。其他控告主要是就国家机关、党政干部的违法乱纪行为向权力机关、党的纪检机关和国家监察机关进行的控告,法律的保护和规制程度更弱。

我国行政诉讼,一直受地方保护、行政干预、受案范围限制等因素的干扰,公民权利获得救济的程度较低。民事诉讼因为司法腐败,申诉和控告数量众多。对官员的刑事控告、针对司法侵权的控告和其他控告更难获得有效救济。因此,我国公民行使控告权而进一步衍生的申诉和控告行为数量极多。根据早年间的统计,2004 年 1 月至 7 月,全国仅法院系统接到申诉、上访 2 236 720

---

① 参见安逸尧:《论我国公民申诉权法制保障研究》,东北师范大学硕士学位论文,2011 年,第 15 页。

② 季卫东:《程序比较论》,《比较法研究》1993 年第 1 期。

件次,比 2003 年同期上升 15.66%,其中来访 1 698 422 件次,比 2003 年同期上升 22.10%;2004 年 1 月至 7 月,全国法院接待集体申诉、上访 3 287 批,74 371 人,比 2003 年同期上升 99.56%;2005 年 1 月至 7 月,到最高人民法院申诉、上访的总人数达 20 354 件次,比 2004 年同期上升 200.30%。① 2007 年后,到最高人民法院申诉、上访的总人数尽管整体上有所下降,但至今数量仍较大。据统计,2009—2013 年 5 年间,人民检察院系统受理的首次控告案件总数为:2009 年 76 484 件、2010 年 75 621 件、2011 年 70 655 件、2012 年71 232件、2013 年 75 990 件;而人民检察院受理的首次申诉案件较控告案件在数量上有增无减,2009—2013 年 5 年间,人民检察院受理的首次申诉案件总数为:2009 年 110 198 件、2010 年 122 637 件、2011 年 119 049 件、2012 年 121 512件、2013 年 162 200 件。这些案件中大部分属于对刑事司法、行政诉讼和民事诉讼中发生的侵权行为和不当裁判的申诉、控告。从该统计结果可以看出,仅人民检察院每年受理的首次申诉案件就达 100 000 多件,且除了 2011 年案件数量比较少之外,案件数量几乎是呈逐年上升的趋势,2013 年案件数量甚至超越150 000件。根据 2019 年最高人民检察院工作报告提供的数字,2018 年人民检察院系统仅不符合受理条件或审查后不支持申诉的案件就达 58 181 起。

(二) 公民申诉权缺乏完善法律程序的有效保障

如果说,在我国针对国家机关及其工作人员的控告权有了三大诉讼法、《国家赔偿法》的保障,但有效性仍然存在较大的问题;那么,我国公民的申诉权却因为法律规范的不足,更多地呈现出"软权利"的特征。确实,我国有不少国家层面的法律规定了公民的申诉权,但这些规定仅仅涉及人身及事由上的指向性,并没有具体程序的规定。关于公民申诉权,我国主要有 30 多个法律文本对此有所涉及,包括《监察法》《刑事诉讼法》《民事诉讼法》《行政诉讼法》《国家赔偿法》《全国人民代表大会组织法》《法院组织法》《全民所有制工业企业法》《集会游行示威法》《教师法》《消费者权益保护法》《监狱法》《地方各级人民代表大会和地方各级人民政府组织法》《法官法》《行政处罚法》《老年人权益

---

① 参见石楠:《宪法视野下的申诉权研究》。

保障法》《行政监察法》《行政复议法》《产品质量法》《检察官法》《民办教育促进法》《公务员法》《妇女权益保障法》《公证法》《未成年人保护法》《律师法》《残疾人保障法》《邮政法》《选举法》《村民委员会组织法》。这些法律文本中,除了《公务员法》《教师法》等规定了特殊职业群体的申诉权保护,其他法律文本则只是对相关公民的申诉权作了原则性的规定,如"可以申诉""有申诉权",对于公民申诉权的保护在实践中作用不大。如《行政复议法》第8条规定:"不服行政机关作出的行政处分或者其他人事处理决定的,依照有关法律、法规的规定提出申诉。"再如,《产品质量法》第22条规定:"消费者有权就……申诉。"故有权按照《产品质量法》提出申诉的主体是产品的消费者。我国很需要一部公民申诉法,对公民申诉的基本类型、范围,尤其是程序作出详细的规定,并与现有各类程序法和实体法所涉及申诉权的规定相协调。正因为没有这样一部法律,我国公民申诉权实际上受制于实体法律的限缩,更缺乏具体程序的保障。

如果从救济环节来划分,我国公民行使的申诉权设定和行使有四种情况:一是作为首先或直接救济环节的申诉,包括行政复议、国家赔偿复议、行政申诉、针对司法中的侵害行为的申诉、针对刑事诉讼中不起诉决定的申诉、针对监察机关工作人员违法行为的申诉和再申请复查。这些申诉多数向原行为作出机关或上一级机关提起,处理机关不具备中立性或中立性差,当事人启动程序后与行为人进行对证调查的机会少,多是简单的书面程序处理。二是向司法审判机关再救济性质的申诉,即对人民法院已经生效的刑事判决、裁定,民事判决、裁定、调解书,行政判决和裁定,国家赔偿决定等申请再审的申诉,申诉的求助对象是上一级人民法院或原审人民法院。该类申诉,已经多由诉讼法对申诉的案由、方式、时限和判决、裁定的法律效力等问题做了详细的规定。但也由于申诉处理机关的中立性差等原因,得到有效救济的情况凤毛麟角。[①]三是向法律监督机关人民检察院的最终申诉,即向司法审判机关申诉后对处

① 根据最高人民法院2003年至2007年的统计,虽然申诉信访案件绝对数量大,但立案复查、进入再审以及再审改判的案件较少。2003年至2007年,全国申诉信访198万件(人)。其中,立案复查数(即申诉、申请再审的收案数)为82.5万件,立案复查的比例为41.68%;经过复查,决定进入再审的有12.1万件,仅占立案复查案件结果数的14.7%。由此可见,申诉信访案件最终进入再审的比例仅为6.1%左右。从再审案件处理情况看,2003年至2007年再审案件改判率为32.99%,发回重审率为6.95%,驳回起诉率为1.58%,三者总比例为41.52%。由此可见,当事人通过申诉信访能够使生效案件被改判、发回重审或驳回起诉的比例约为2.51%。

理结果仍不服的,或向原司法机关申诉或者控告,对其处理结果不服的,依法可以向人民检察院再提起的申诉。前者主要包括民事审判监督程序中的申请检察院监督救济机制和行政审判监督程序中的申请检察院监督救济机制;后者主要包括刑事审判监督程序中的申请人民检察院抗诉救济的机制,对司法侵害行为进行申诉或控告不服处理结果申请人民检察院再救济的机制。这种启动审判监督行政的申诉目前法律条文简单,缺乏详细的规定,具体程序主要受制于检察机关制定的工作规程。而且,对检察机关行为的申诉处理也缺乏足够的中立性。四是向党的机关、国家权力机关和特定行政机关的信访机关进行的申诉,这些申诉多数属于走完上述申诉流程后或对上述申诉缺乏信心而走上的信访申诉之路,但多数仍是中转性质的,最终要交付上述申诉处理机关处理,只不过获得了特定权力部门或信访机构的督办;而部分机构对这些申诉的越权处理或变通处理,大大损害了法定机构的法律权威。

权利的落实重于权利的宣示,没有具体实施程序的权利是悬空的权利。美国著名大法官 J. 弗兰克弗特也曾宣称,"自由的历史基本上是奉行程序保障的历史"[①]。公民申诉权在程序上存在较为明显的缺失,必然导致权利的行使存在一些明显的问题。首先,由于缺乏程序性规定,公民对于申诉权的行使方式、申诉机构的选择、申诉主体的选择、申诉人的责任与义务无从知晓,故其实践中容易在不知所措的情况下选择偏离法治的激进方式;其次,由于缺乏程序性规定的限制,申诉受理机关缺乏申诉的受理时效、受理期限、处理程序的规制和监督,故其在处理上往往存在很大的主观随意性,容易导致公权力侵犯公民申诉权,造成对申诉人合法权益的二次伤害;再次,由于缺乏程序性规定,公民对于自身申诉遭受侵犯时的合法救济方式一无所知,只能采取"闹"的方式,反而引发社会动荡,危及法治社会建设。

(三) 案件处理效率低,公民权益遭漠视

1. 受理机关之间互相推诿,案件频频流转

实践中,由于申诉控告案件的各种关系错综复杂,行政机关、司法机关及

[①] 陈光中:《程序定义论纲》,载陈光中主编:《诉讼法论丛》,法律出版社 1998 年版,第 38 页。

相关工作人员对于申诉控告案件处理的积极性都不是很高,加上法律法规对受理申诉控告机关及其处理情况的规定并不是很明确,导致很多机关在案件能转的时候第一时间想到的是将案件转出去,推诿塞责,而不是考虑由自身处理,于是案件就像"踢皮球"一样被踢来踢去。在上述人民检察院2009年至2013年受理申诉、控告案件统计中,检察机关受理案件后,对于首次控告案件转其他机关处理的情况为:2009年33 048件、2010年30 660件、2011年27 291件、2012年26 549件、2013年23 930件;分送检察机关处理的情况为:2009年29 140件、2010年26 013件、2011年25 771件、2012年25 665件、2013年28 995件。对于首次申诉案件转其他机关处理的案件数量为:2009年23 080件、2010年25 612件、2011年23 522件、2012年19 548件、2013年38 810件;分送检察机关处理的案件数量为:2009年65 975件、2010年63 484件、2011年64 486件、2012年64 303件、2013年76 591件。分析以上数据可以发现,在人民检察院受理的首次控告案件中,转其他机关处理的情况占案件总数的50%以上,分送检察机关处理的案件所占比重则远小于转其他机关处理的案件比重;而在人民检察院受理的首次申诉案件中,转其他机关处理的案件也至少占案件总数的1/4。转其他机关处理的案件数量之庞大可以看出受理机关对申诉控告案件的处理存在推诿的情况,这也导致了实践中案件在各个机关之间不断流转,最终又回到原处理机关,导致案件不仅得不到公正的处理,还耗费了公民大量的时间。

2. 案件处理期限被无限拉长

实践中,由于专业限制,公民对于法律制度的了解可能并不透彻,在遇上需要维权的事件时,公民往往只知有其权,而不知如何行使,故在行使过程中屡屡碰壁,耗费了大量的时间和精力。并且,申诉控告案件存在一定的特殊性,通常选择通过申诉控告途径维权的公民经济水平都不高,而案件本身具有复杂性和烦琐性,使得很多律师不愿参与申诉控告案件,缺乏专业的指引和帮助导致公民的维权之路变得异常复杂和艰辛。实践中不乏这样的案例,如哈尔滨市王岗镇兴利村农民高传才申诉案。1995年秋天,高传才无意中得知其村领导用集体资金向镇领导行贿;村里农用拖拉机不知去向;救灾物资也不翼而飞;村里多种农基项目设施用款数额达上百万,但是建设了好几年还未完工,高传才遂去镇政府反应情况。但是,事情很快被村长单方知晓,其于1996

年 4 月撕毁了高传才的土地承包合同,并且毁了高传才刚种下的农作物。其后,高传才申请仲裁,维护自己的土地承包权和经济损失,却被哈尔滨市王岗镇派出所行政拘留 15 天。高传才拒绝在拘留证上签字,并不断申请行政复议,均未接到回复。其于 1996 年 9 月因不服仲裁裁决,向王岗镇法庭起诉,法院判决败诉后,其提出上诉,并开始向中共哈尔滨市纪检委申诉、上访,中院维持了一审判决。1997 年 12 月,王岗镇纪检委书记陈贵双找高传才谈话,告知其村领导占用的 15 000 元已返还,让其对其他事情不要再过问,高传才当即拒绝。当晚 23 点,高传才被关入王岗镇派出所,并遭到刑讯逼供。1997 年 12 月 16 日,高传才至哈尔滨市南岗人民检察院控告王岗镇派出所的刑讯逼供问题,却于第二天被法医司法鉴定为轻伤,不予立案。而此时的高传才已由原来的身体健壮,变成了口吃,激动时要蹲下用手捂住疼痛的头,有一点应激障碍的病人。此后,高传才踏上了漫漫申诉、控告的“征途”,为救济其合法权益,多次往返于黑龙江省、北京市,经过 9 次的申诉,长达 8 年的坚持,高传才终于得到了法律的保护和重视,从而结束了他漫长的申诉、控告之路。高传才的案件虽然是个案,却反映出公民行使申诉、控告权的困难,发人深思。高传才为维护集体利益而行使检举权,但却遭到检举对象的打击报复,其依法行使控告权却被行政拘留,其后又被迫开始维护自身经济和人身权益的艰苦历程,上诉、申诉、上访,再遭刑讯逼供,不得不又开始在北京的漫漫申诉、控告路,其时间之漫长,路途之艰辛,给我们刻画出了当代中国公民行使申诉、控告权的艰难流程图。这并不是每个公民都能坚持下来的,若其没有坚持下来,正义也只能沉睡,权利得不到应有的救济;像这样坚持下来的,虽然最终得到了正义的眷顾,违法机关也会按照《国家赔偿法》的相关规定赔偿其损失,但是,将近十年的诉累,病痛的身体,精神上的折磨,又可以用多少金钱来衡量?

3. 案件处理无回应

公民提出申诉、控告申请后,是否受理、由谁受理、如何受理等,由于没有高度规制力的法律程序予以保障,导致公民往往在提出申请后,不知道自己案件的进展状况,也无法督促受理机关尽快予以答复。而受理机关往往对公民申诉、控告权不加重视,导致实践中申请者提出申诉、控告却迟迟不见相关部门给予回应的现象屡见不鲜,公民的申诉控告权无法得到保障。如山西记者高勤荣因受贿、介绍卖淫和诈骗被判 12 年有期徒刑的案件,曾在新华社山西分社《记者观察》杂志社做记者的高勤荣,因揭露出曾经轰动全国的山西运城"假渗灌"之后,在 1998 年 12 月被逮捕,1999 年 4 月被判决执行有期徒刑 12 年,罪名是受贿、介绍卖淫和诈骗。高勤荣失去自由长达 8 年零 4 天时间,直到 2006 年 12 月 7 日才出狱。高勤荣声称自己是"被打击报复",即便服刑期间,也从没放弃过申诉。[1] 并且,早在 2001 年的全国"两会"上,全国政协常委杨伟光、高占祥等人在提案中就曾指出:"这是一起明显的打击报复、有罪推定,甚至是涉嫌栽赃罪名的恶性枉法。"算起来,他的申诉至今已长达 18 年,但一直未获回应。[2] 高勤荣案是否确属冤假错案在所不问,但是,公民申诉、控告权理应得到保障。即便是真正的罪犯,认为判决对其不公,按照宪法规定,其仍有权提出上诉、申诉,受理机关也应当彻查,并作出处理。高勤荣却一直未获得回应,相关部门对此闭口不提的态度,不管他们是不是确已掌握足够的证据证实高勤荣的犯罪事实,其不向社会公布,反而让公民对该案想入非非,有损司法机关形象,更不利于法治社会建设。再如,河南罗山三无搅拌站野蛮生产一年多,村民多次申诉、控告无回应的案例,罗山县建强新型建材有限公司在没有任何手续的情况下违法建设并非法生产近一年无人问津,生产造成的粉尘、噪音、水污染等让当地村民深恶痛绝,村民多次向当地政府和国土及环保部门反映,要求拆除该非法企业,都没有得到任何回应。[3] 实践中,类似的案件还有很多,相关机关对公民权益的漠视,严重侵犯了公民申诉控告权的行使。

(四) 申诉权、控告权相关主体的意识存在问题

1. 相关公权机关及其工作人员缺乏对公民申诉权、控告权的敬畏感

执行机关及其工作人员对申诉、上访者普遍有"愚民""刁民"的偏见。一

---

① 参见钱桂林:《记者揭露造假被判刑,申诉不能无回应》,长江网,http://news.cjn.cn/cjsp/sxzt/201607/t2862239.htm,2017 年 5 月 22 日。

② 参见《新华社记者遭打击报复申诉 18 年?》,中工网论坛,http://bbs.workercn,2017 年 5 月 22 日。

③ 参见朱宝君:《河南罗山三无搅拌站野蛮生产一年多,多次申诉无回应》,消费日报网,http://hn.chinaso.com/detail/20150727/10002000328264414379883293530846 10_1.html,2017 年 5 月 22 日。

些申诉、控告受理机关工作人员面临公民的申诉、控告时,往往认为提出申诉、控告的公民都是无事生非,唯恐天下不乱;一般公民不懂法,可能文化水平也不高,其提出申诉、控告无非是想为自身谋取无法律依据的利益,而他们提出申诉、控告申请不仅干扰其正常的工作,为其增加工作压力,也为该地区的政绩抹黑。故一些受理机关及其工作人员对于受理公民的申诉、控告申请本就抱着抵制的态度,在处理公民反映的问题时,积极性自然也就不高,实践中存在很多公民提出了申请,却得不到任何回复的案例。只要案件不闹大,上级机关及社会大众不知情、不施压,执行机关及其工作人员一般会采取两种处理方式:一是能拖就拖,消极处理的态度;二是打击压制,不让上级机关知晓。而当案件一旦引起上级和社会大众的重视时,执行机关及其工作人员面临上级部门和社会舆论的双重压力,往往采取的又是一种妥协的态度,面对公民的申诉、控告申请,其会为了维护社会治安和息事宁人而尽量去满足公民的要求,这在实践中往往滋生和助长了"缠访""闹访"现象。

2. 公民自身对申诉权和控告权认识存在观念偏差

受中国几千年封建专制制度的影响,在一般老百姓心目中,官员掌握着法律,一旦觉得自身权益受到了侵犯,他们普遍寄希望于官职更高的官员,于是,便形成了一种只知有官而不知有法或者官高于法的错误观念。历史上,拦轿告状、赴京喊冤的故事不胜枚举。这种文化传承至今,便是上访鸣冤。受这种传统观念因素的影响,一些群众在求助于法律未能实现自身的利益诉求后,自然而然就会想到要上告、上访,希望遇到能"管"法院、"管"法官的更大的官来为自己申冤。[①] 于是公民的申诉权、控告权不是依法行使,而是通过"求官""缠官"实现救济或特殊目的。

一方面,公民申诉、控告的案件中,确有一部分是因为公民自身的原因使他们觉得判决不公、处理不公,而事实上并不存在不公正之处。出现这种现象的原因在于:第一,公民对法律法规、法律程序、诉讼风险以及案件事实缺乏正确的理解和认识;第二,法院生效裁判文书在语言表述或其他方面存在瑕疵,使当事人对裁判结果产生误解;第三,公民对法院审判流程、审限、执行程序等缺乏了解,对法院在该案中所面临的实际困境缺乏理解,而其对于自身权益的

---

① 参见佟季:《如何实现服判息诉》,《人民法院报》2008 年 6 月 3 日。

实现需求却十分迫切,遂产生关于案件处理时间以及进度的矛盾;第四,一些公民明知法院处理符合法律规定,仍无理取闹,以期满足其不合理诉求。对于这类情况,公民在申诉、控告受理机关作出合理解释后,仍不服该决定,试图通过不断上访、缠访实现自身的利益诉求,认为只有将事情闹大才能使自身诉求得到尽快满足。这种思想是公民自身存在的误区,不仅干扰了正常的司法及行政活动,造成了社会的不稳定,也激化了公民与申诉、控告受理机关之间的误解和矛盾,造成了恶性循环,危及法治社会建设。

另一方面,确实有一部分公民是因为自身权利受到了侵犯而求助于申诉机关、控告机关。但是,由于申诉、控告受理机关对该类案件的抵触情绪抑或是不重视,公民申诉、控告权行使十分困难,实践中存在大量被忽视、无回复的案例;于是,他们便在一些通过不懈地"缠访""闹访"而获得有关部门的重视,使得自身权利被救济的案例中得到了"启发"。公民越来越对其他正常渠道和等待失去信心,他们认为只有不断地"闹",才有可能获得相关部门的重视,使自身的权利得到保障,也就是大闹大解决,小闹小解决。

于是,这便形成了公民与申诉、控告受理机关之间的互相偏见及恶性循环,受理机关认为公民的申诉、控告均属无理要求,其都是一群"刁民",故对于其诉求要么置之不理,要么坚决打压;而公民则认为相关机关不履行职责,只有将事情闹得更大才能得到重视和解决,这便导致了实践中"缠访""闹访"不断,公民与受理机关之间冲突不止,危及法治社会建设。

(五) 相关制度衔接保障机制不健全

1. 缺乏中立的申诉案件处理机制

当前,我国申诉、控告案件的受理机关大致可分为五类:一是权力机关,包括县级以上地方各级人民代表大会及其常务委员会;二是上级行政机关或本级行政机关;三是本级监察机关和上级监察机关;四是本级人民法院和上级人民法院;五是检察机关。这些申诉和控告管辖权的设置,多少都存在受理机关的中立性问题。其中,公民向行政机关提出申诉、控告的情况最严重。行政申诉和行政控告的受理机关一般是上级行政机关或本级行政机关。而行政权力的强大是毋庸置疑的,在世界各国,行政权力都存在扩张的趋势。但是,对于公民的行政申诉权,缺乏一个中立的机关予以受理,实践中往往使得权利无法得到有效的救济,导致公民走上"缠访""闹访"之路。对于行政机关及其工作人员侵犯公民合法权益的申诉案件,原作出处理决定的机关就是行政机关,若还向原机关进行申诉,由于第一印象效应,申诉改变原处理决定的可能性极小,结果可想而知;若向上级行政机关进行申诉,其本质上仍属于行政机关,由于各种原因,上级行政机关的中立性地位难以保证,而公民也会在申诉、控告申请被驳回后对中立性审理抱有质疑,认为可能存在"官官相护"的现象。任何人不应该成为自己案件的法官,对于行政申诉案件,应当有一个相对中立的受理机制,以保证任何公民的任何申诉、控告案件都能得到公正的对待。

2. 缺乏各种制度之间的系统衔接机制

还以对行政机关的申诉和控告为例,当前,我国对于违法或者明显不当的行政行为的救济措施有六种:一是行政诉讼,二是行政复议,三是国家监察,四是人大监督,五是检察监督,六是申诉。[①] 而对于不当行政行为,由于其不存在合法性问题,故对其进行的救济只有四种,不包括行政诉讼和检察监督。从宏观角度看待我国法律对于违法、明显不当行政行为的救济措施,以上措施应当足以对其进行全方位的救济,但事实上,从微观角度分析,由于我国各制度之间缺乏整体协调配合机制,其在救济公民合法权益方面的作用发挥并非如此完美。当前,我国行政复议及行政诉讼制度由于存在法律的明确规定,其相互之间衔接相对比较完善,有些行政争议案件是法律明确规定复议前置的;有些行政争议案件则是公民可以自主选择行政复议或行政诉讼程序,或行政复议后对复议决定不服再根据《行政诉讼法》的相关规定提起行政诉讼。而对于国家监察,其由原行政监察部门及检察机关的反贪、反渎等部门职责整合而来,故当前衔接可能存在一定的困难。而对于行政申诉,其与其他权利救济措施的界限则一直比较模糊。对于一些既可以提起行政复议,又可以进行行政诉讼,还可以提出申诉的案件,提出申诉是否可以在提出行政复议、行政诉讼之前?或者提出申诉必须在行政复议、行政诉讼之后?而对于国家监察、人大监

---

① 参见石楠:《宪法视野下的申诉权研究》,第 24 页;宋向军:《我国民事领域的申诉制度研究》,复旦大学硕士学位论文,2011 年,第 35 页。

督、检察监督这三种救济措施,其应当发生在行政复议、行政诉讼、申诉之后,还是在行政复议、行政诉讼、申诉进行过程中也可以进行监督? 监督应该以何种方式进行? 这三种监督彼此是否有职能分工或者职务交接? 这都是实现制度衔接所必须面对并解决的问题。

3. 缺乏公民申诉控告权利保障救济机制

有权利必有救济,而公民行使的申诉权和控告权本身就是对公民其他实体权利的救济措施,那么,对公民申诉权和控告权的救济和保障又该以何种方式进行? 实践中,由于缺乏公民申诉权和控告权的救济和保障机制,相关部门一再侵犯公民的申诉权和控告权,最终导致公民申诉权和控告权的无序行使。而保障公民申诉权和控告权的有序行使,除了需要法律方面严格的程序规制外,就是要建立申诉、控告案件责任追究机制,明确各个申诉、控告案件受理机关的相关权责,这样才能督促受理机关认真履行职责,避免公民合法权益的"二次损害"。实践中,对于公民行使申诉权、控告权的案件,多归责于首次作出处理的机关,这事实上是一种归责错位。一方面,若该申诉、控告案件确属错案,侵犯公民合法权益,那么,首次作出处理的机关固然有错,但其只应就错误处理造成公民直接损失部分负责。对于公民因为该案申诉、控告未能得到及时有效的救济而不断上访,造成的损失扩大部分,应当由各个受理机关承担审查、处理不力的责任。另一方面,若该申诉、控告案件不属于错案,那么,首次作出处理的机关固然不用承担责任,而申诉、控告受理机关也不应当单纯以"稳定压倒一切"的态度在重大活动期间耗费大量的社会资源去安抚"上访专业户",该责任不应当归于原机关和申诉、控告受理机关。受理机关应当秉持认真负责的原则,查清案件事实,以便跟上级及相关领导讨论。若案件确无错误,相关机关及人员亦尽耐心解释之义务,则该责任应由公民按照相关法律规定自行承担。受理机关不应该因为重大活动或社会舆论而妥协,只是应向社会尽相关说明和公开义务。

四、 检举权: 权利主体自身权益保护不足

《中国大百科全书·法学》对检举权的解释是,公民对于违法失职的国家

机关及其工作人员,向有关机关揭发检举事实,请求依法处理的权利。① 从广义的角度讲,检举权是指公民出于维护公共利益和公共秩序目的或其他特定目的,对自己知悉、了解的违法犯罪行为向特定国家机关报告、揭发的行为,并要求依法追究其法律责任的权利。作为公民监督权的检举权,应作狭义的理解,是指公民及其社会组织对广义的国家机关及其工作人员或其任命人员的职责性违法犯罪行为,向特定国家机关报告、揭发的权利。对其他公民或社会组织的一般违法犯罪行为的检举权利,可纳入社会监督权的范畴。检举权与申诉权、控告权的最大区别不在于利益的相关性,而在于它们与行为主体私人利益受损的相关性。检举行为具有直接维护公共利益和秩序的属性,与申诉、控告行为作为受害人为救济私人权益而行动不同,具有很强的公共道义性。我国赋予公民检举权,主要是为了让公民更好地监督政府和国家工作人员,维护社会秩序,保护国家、集体和人民的利益。实践中,这种法律目的也得到了一定的实现。据广东省人民检察院通报,2015 年 1 月至 2016 年 9 月,广东检方共受理涉农领域职务犯罪案件线索 1 745 件,从线索来源看,受理的 1 745 件案件线索中,民众举报 744 件,占 42.6％。在一定意义上,群众的检举是我国纪检机关打击职务犯罪的有力武器。

根据最高人民检察院举报中心统计,从 20 世纪 90 年代至 2012 年,举报线索在检察机关查办的职务犯罪案件各种线索中的比例,整体上呈下降趋势。一个根本的原因是公民的检举权得不到有效保障,检举人信息被泄露,举报信件转而落入被举报人手中,打击报复检举人的事件频频发生。这种情况,反映了举报、检举在人们心中的普遍印象,"举报不会有好下场"。2013 年至 2015 年,全国检察机关共受理举报线索 107.4 万件,较上一个三年增长 95.9％。这得益于检察机关一方面强化了对检举人的保护和奖励措施,另一方面将信函、走访与网络、电话等举报方式相结合,构建了信、访、网、电"四位一体"的 12309 举报受理体系。此外,各级检察机关还利用 QQ、"两微一端"等新媒体以及开展"举报宣传周"等形式,不断拓展举报渠道,使近年来举报线索数量大幅增长。② 这也说明,一旦能提供给公民较好的保护和方便的检举方式,公民

————————

① 参见周叶中:《宪法》,第 267 页。

② 参见《检察机关近三年受理举报线索 107.4 万件》,http://news.cnr.cn/native/gd/20160516/ t20160516_522148589.shtml,2016 年 12 月 10 日。

行使检举权的积极性就会大增。

如前所述,相对公民批评权、建议权,我国关于检举权的立法虽然相对较多,但由于缺乏专门高位阶法律的保护,而低位阶立法条款分割严重,保障不力,因此,公民检举权的行使在现实中还存在严重的障碍,打击报复检举人的案件也是愈演愈烈。具体状况可总结如下。

(一) 检举氛围总体不尽如人意,检举权保护意识淡薄

目前,我国公民检举权行使的成效与打击违法犯罪的预期目标之间存有较大差距。在我国查办的很多腐败官员的案件中,不乏有"带病提拔"的案例,这些官员是边腐败边升迁,并且很多早就有腐败端倪可寻,但往往却在犯罪数额特别巨大之后才东窗事发。究其原因,其中固然有制度设计上的缺陷,但我国现实检举环境的不良,人民群众中尚未形成勇于检举、以检举为荣的良好社会风气,也是重要原因之一。

首先是儒家"无讼和重"思想影响检举。"无讼"也就是尽可能地减少争端,也是对社会秩序稳定的一种追求。中国传统法律文化中的消除冲突、解决矛盾的无讼态度,是为了达到儒家所提倡的社会"和"的境界,使人们在平时的生活中只求大事化小,小事化了。这种无讼的思想在中国古代是由来已久,不仅积累了丰富的经验,而且形成了一整套制度。这种法律文化有其优点,但不利之处也是显而易见的。不管是外界强加的还是人民自愿的,"无讼"的目的,被作为社会和国家和谐的一种追求。它给人们灌输的思想就是强调百姓要有很强的自律性,尽量减少纠纷的发生;即使是发生也要使纠纷以相对"和平"的方式得以解决。[①] 除非得到官方的鼓励,检举、举报之类的告发行为是不可取的,也是犯上的,通常不会取得好结果,也不会得到社会大众的高度认同。大部分群众依然受到普遍道德观念影响,将"举报"与"告密"混为一谈,认为检举揭发实属"小人"行为,而且"事不关己高高挂起"的思想使得只要自己的切身利益不受到损害,就不会主动检举。[②] 这类思想,对于公民检举积极性的挫伤

---

① 参见李保峰:《中国传统法律文化对法制现代化的影响》,郑州大学硕士学位论文,2010 年,第 19 页。

② 参见徐玉生:《检举举报:人民有序监督的路径及其实现》,《河南社会科学》2019 年第 1 期。

是显而易见的。与此同时,类似思想观念在社会民众潜意识中的存在,使得检举人在检举成功后,也难以在社会中立足,社会舆论对其不予支持,甚至社会上有人将检举人比之为"小人",检举人为此会被边缘化、被排挤。

其次是公权优先思想和特权思想的负面影响。较长一段时间内,由于权力体制的封闭性,出于对公权力的特别维护和重视,对民众利益和私权利的发展进行限制,成为基本的政治设计和观念。从"家国天下""存天理灭人欲"的封建政治伦理说教,到特殊时代"先有国后有家""公而忘私"的政治教育,都体现了公权力优越和优先的思想传承,这不能不折射到检举工作的重要领域——司法检察和国家监察。从我国基本法律制度设计来看,国家监察机关和检察机关被定位为代表国家行使反贪反渎调查权、侦查权和公诉权的国家公权主体,从此定位出发,国家监察和检察机关通常只以国家利益、公众利益和社会稳定作为其工作目标,公民检举权的行使被手段化、工具化,没有作为制度运行的重要目的和基础进行法律保障。实践中,往往注重对犯罪进行严厉打击,以法律尊严的维护和国家稳定的保持为首要目标,保障、落实公民权利常常被放在次要位置,予以推后考虑,甚至要求公民为这种目标作出权利牺牲。至于特权思想一作祟,公民的检举也就被看作是找官员的麻烦、瞎捣乱,给政府添乱。在利害关系一体、官官相护心态的作用下,检举人也就成为讲特权、讲关系的腐败官场的共同敌人。由此,故意将检举人信息泄露给被检举人,将检举信函转给被检举人,甚至主动充当被检举人的打手刁难、打击检举人,也就成为一种必然。

(二) 打击报复检举人问题严重,检举成本与收益严重不对称

最高人民检察院自1988年设立举报中心以来,至今已经运行30多个年头。在第一个十年中,全国检察机关每年接到的有关人员对检举人打击报复的控告近万件,但这些控告中最后得到立案侦查处理的却不足100件。每年都有大量的检举人因为被打击报复而致死致残,据统计,这一数据每年在500件左右。进入21世纪后,对于检举人的打击报复案件数量还在大幅度上升,仅每年发生检举人伤亡的案件就达1200件以上,但是这千余件案件中能够

得到检察机关查办的数量仍然仅在几十余件左右徘徊。① 现今社会,要做一个检举人,就要有"五不怕"的勇气,即不怕检查、不怕撤职、不怕失业、不怕离婚、不怕掉脑袋。这折射出在当今中国做一名检举人可能要付出的巨大成本或代价,同时也侧面反映了检举人做出检举行为之后其生活现状的尴尬和艰辛,也折射出我国公民检举权受侵害程度之深,以及我国检举权行使和保障现状的严重窘态。有学者指出,对检举人保护的不力,对打击报复这一邪恶现象的漠视、不作为甚至姑息养奸,一方面会极大地打击广大检举人的检举积极性,客观上助长了对检举人打击报复事件的大量发生;另一方面也会对社会造成一个不良示范,对有关司法机关的司法公信力造成损害,使得广大民众对检举事业丧失信心,尤其使得那些潜在的检举人——违法违纪案件的线索内幕知情者不敢检举,使得检举这一有效的惩处打击违法犯罪的机制走向死胡同。②

检举成本,就是检举人实施检举行为所付出的人力、物力以及检举人因为检举行为而受到的财产、人身和精神的损害。检举成本的表现形态不止于经济成本或财产成本,还包括检举人的人身安全风险成本、时间成本、人际关系成本、工作机会和职位风险成本等。③ 这就意味着,在检举活动中,检举人因为检举行为不仅会牵扯到经济利益,而且对其社会关系等也会产生重要影响。检举成本也就是检举人为检举所付出的代价,如果检举人为检举所付出的代价很小,那么检举人的检举积极性就会提高,反之,检举人检举的积极性就会降低。

依据不同的标准,检举人实施检举行为的成本,有很多不同的分类方式。第一种分类,是依据表现形态,可分为财物成本、时间成本、人身安全风险成本、人际关系成本、工作机会和职位风险成本等;第二种分类,是依据是否必然会付出,可分为必然付出的成本、可能付出的成本,前者主要是检举人为检举必然要付出的财物、时间等,后者主要是检举人因为检举所遭受的打击报复导致的财物、人身的损害,这些损害不一定会发生,实际上是风险成本;第三种分类,是依据主体的不同,可分为检举人的成本、检举人密切关系人的成本、社会成本等。检举的成本绝大多数都是检举人的成本,但是也有可能产生检举人密切关系人的成本,同时社会也会为检举付出一定的成本;而且,从广义上说,

————————

① 参见喻丹峰:《完善我国举报制度的法律思考》,湖南师范大学硕士学位论文,2009 年。

② 参见宁立成、黄睿:《公民检举权研究》,第 141 页。

③ 参见宁立成、黄睿:《公民检举权研究》,第 147—148 页。

检举人的成本也属于社会成本的一部分。

公民在检举中的收益主要表现为,其做出检举行为后会因此而获得政治、经济、精神等方面的收益,即其可能会因此而获得有关部门的物质方面的奖励和补偿、荣誉名誉方面的奖励、社会的肯定和赞誉。我们不宜把这种收益理解为仅仅是个人功利性的。因为,在获得个人收益的同时,公民检举也会为社会产生一定的收益,如公民的有效检举,使得有关违法违纪和犯罪案件受到了查处,为国家挽回了一定的经济损失,教育了相关违法乱纪的人员,净化了社会风气和官场风气,增强了社会控权反腐的信心,增加了社会成员对检举行为的认同感等。有人认为,这些检举的社会收益以抽象笼统的形态出现,对检举人个人而言,这些收益的价值并不会被其明显感知到,"在经济学上称为'外部效益',对于举报人而言,这种外部效应带给他的预期收益几乎可以忽略不计,因而不会影响其举报决策"[①]。似乎检举人的社会效益追求不是最基本的。但事实可能恰恰相反,检举人多是基于社会正义以及自身的社会责任感,对违法违纪尤其是重大贪污腐败深恶痛绝而进行检举,他们所期望的主要是社会收益而不是个人的收益,甚至只是获得个人践行社会正义、敦促国家公权力正义的自身精神上的满足。但这种效益追求,必须是能够获得充分的社会正面评价的,因此应获得必要的物质和精神奖励。

可以说,目前我国公民检举权的行使,存在严重的检举成本和收益不对称问题。一方面,在许多情况下,公民监督权的行使得不到有效保障,被检举求助机关即受理机关、处理机关及其工作人员虚以应对,难以达到检举的利益追求和维护;另一方面,检举行为还常被泄密,遭受被检举人及其利益相关人的打击报复,并难以得到有效救济,一些检举权人重则可能需要付出健康、自由乃至生命权益,轻则需要付出失去工作机会、升迁机会、财产、个人及家庭精神安宁的代价。同时,在一些国家机关的领导干部乃至工作人员那里,检举人被当作"捣蛋者""打小报告的小人",是需要整治和防范的对象。而社会大众尽管对检举人抱有一定的同情感,但真正敢站出来支持的不多,有相当比例的人还根本不认同检举、举报行为。由此,检举人可能和事实上付出的成本非常大,在一定程度上有一种被社会排斥和抛弃的感觉。

---

① 彭启昌:《检察举报制度研究》,西南政法大学硕士学位论文,2011年,第16页。

另一方面,国家机关作为社会正当力量的代表和执法者,不仅对检举人保护不力,而且基于必要的补偿、奖励行为对检举人给予利益支持的制度同样不到位,有"口惠而实不至"之弊。

在社会主义市场经济条件下,必须承认每个社会主体正当利益的合理性,即便没有高尚的目的,仅仅是为了最终自身的利益如立功受奖进行检举行为,国家也应该予以肯定和奖励。而在制度设计上,国家应鼓励所有公民从追求个人或公共利益出发,对各种公权主体的违法乱纪行为,勇敢地进行检举揭发,因此,国家应该提供大量财力和物力支持检举。归根结底,公民检举是一种主动参与社会管理、敦促公权力守法守正的形式,检举公权主体的违法犯罪行为,维护的是社会公共利益,获益的是整个社会,助长的是国家和社会正义。如果仅以法律的名义强制公民为正义、良知服务,并且要放弃自己的正当权益和应得社会回报,即对这样的行为不予补偿和鼓励,这是不公平的,既不符合分配正义,也不符合交往正义。因为,绝大多数人不会仅仅因为道德义务,去做在经济上或者其他方面没有任何获利,也没有任何补偿和鼓励,还要冒遭受打击报复的风险的事情。因此,在检举制度设计上,应该充分重视法律同样可以具有的奖励功能。最高人民检察院在《人民检察院举报工作规定》中设专章规定奖励的内容,最高人民检察院、公安部、财政部还于 2016 年 3 月 30 日联合印发了《关于保护、奖励职务犯罪举报人的若干规定》,都是正确的制度构建方向。但现行的检举奖励制度仍存在明显不足,具体表现如下:

其一,奖励规定过于原则化。依据上述两个位阶较低的法规,对举报线索被查证属实的,被检举人的行为构成犯罪的,有关机关应当给予举报人一定的精神及物质奖励;举报奖励的具体工作由举报中心承办。但检举奖励的办法、条件、申报、审批、发放、备案、保密等问题的规定都比较简单,更有不合理的地方。总体上,我们国家对于检举人的激励主要分为物质和精神奖励两种,其他富有特色的奖励方式严重缺乏,奖励方式过于单一化,并且物质奖励标准在法律上没有给予明确具体的规定,所谓"应当根据所举报犯罪的性质、情节和举报线索的价值等因素确定奖励金额"的规定,以及关于物质奖励的上限规定,实际上既给予了相关机关较大的裁量权,又设定了严格的奖励上限。在实践中,实际给予检举人的奖金数目普遍偏低,并不能发挥该有的激励作用。因为法条规定的奖金数目和比例浮动性过大,有上限没有下限,其确定标准复杂且多主观因素,支付多少奖金完全由有关机关自行决定,这样就造成奖励的金额普遍偏低,不利于鼓励检举人的积极性。

其二,不宜公开举报人的奖励信息。最高检的《奖励举报有功人员暂行办法》第7、8条规定为了激励公民检举的积极性,需要在合适的时机下向社会公布奖励举报的情况,可以向社会弘扬正气,扩大正面的影响。这样规定的目的是希望在保护检举人的前提下,不仅可以达到激励他人检举的目的,同时还可以向社会宣扬公平正义精神。但是这样做却与检举人保护制度中的保密原则相矛盾。为了激励公众检举,可以向社会公布受奖励的检举人人数以及奖励的金额,为国家挽回了多少经济损失等,但不可以透露受奖励检举人的身份信息,即使受奖励的检举人同意公布其姓名和单位,有关机关也不应该公布,因为这样不可避免地增加了他们被打击报复的危险性。① 《关于保护、奖励职务犯罪举报人的若干规定》第22条规定:"人民检察院适时向社会公布举报奖励工作的情况。涉及披露举报人信息的,应当征得举报人同意。"这仍然没有把检举人的安全放在第一位。

其三,奖金发放时间过长,补偿机制缺失。前述两个法规都规定,要在被检举人的有罪判决或者裁定生效后才可以奖励有功的举报人员。该条规定是合理的,但由于国家诉讼审判制是两审终审制,在实践中,一个案件从立案到最后的判决生效可能拖得非常久,尤其是大案要案,该受奖励的举报人可能要在一年甚至是几年之后才能拿到奖金,而且对领奖给予了严格的期限限制,过期视为自动放弃,这样一来对举报人的奖励和激励作用就减弱了许多。目前我们国家对检举的相关规定中没有规定补偿机制。但是在现实生活中,许多检举人为了国家利益或是公共利益,伸张正义,甘冒被打击报复的风险检举揭发违法犯罪行为,有的时候还要自己承担一些额外的支出,甚至是舍弃现有的工作。而我们的法规却多没有明确规定对他们的补偿,实践中也可能仅仅是最大额度五千元的补偿。② 在这样的激励制度下,没有多少人愿意检举。

成本与收益的巨大反差,必然对检举权的行使产生巨大的消极影响。关于此点,已有不少学者从不同的角度进行了深入的分析,此不赘言。

---

① 参见宁立成、黄睿:《公民检举权研究》,第154页。

② 参见陈亚阳:《公民检举权的法律保障研究》,南昌大学硕士学位论文,2013年,第22页。

（三）网络检举带来诸多新问题，限制和打压成为基本政策选择

近年来，网络检举越来越成为公民行使检举权的重要渠道。一方面，伴随着现代互联网技术的高速发展，信息联络方式的变革，检举如果还仅仅依赖单纯的传统检举途径，必将难以完全适应新形势的发展。[①] 另一方面，由于各利益部门环环相扣，接受检举的机关，诸如公检法、纪检委、监察等机关某些时候可能受到利益的驱使，直接或间接地将检举内容或举报人信息传送给相关利益部门，甚至可能直接落入被检举人的手中，这将直接导致检举功能的丧失、检举人的利益受损。[②] 正因为如此，部分检举人寻求网络这个既相对安全隐秘又公开便捷的渠道，选择在网上"爆料"，使得"网络检举"一度成为热门话题。网络检举具有方便、快捷及私密性强等特点，加上这类网上实名检举会产生巨大的社会压力，导致相关部门对案件的查办概率增加，速度也大大加快，因此，大大提高了网络检举在民众中的知名度和运用度，网络检举已经为越来越多的民众所接受和推崇。

可喜的是，一些地方的纪检部门认识到了网络检举的有效性，并进行了必要的制度创新和保障，取得了一定的探索成果。如湖南省株洲市纪委就通过互联网，开通了网络检举平台，接受社会各界对腐败等问题的检举，公开检举的受理及处理情况，并通过网络对社会进行正能量的传播，进行正确的网络舆论引导。在株洲网络检举平台上，民众可以通过网络对株洲地区的国家机关和国家工作人员的违法违纪失职等问题进行检举，向有关职能机关揭发事实，请求及时加以依法处置。很多检察机关相继采取了类似的做法。

同传统意义上的检举方式相比，网络检举呈现出开放性、传导性、复合性等新特性。但是，一方面，该类民间自发网络检举模式属于新生事物，法律保护和规制都严重滞后与不足，有关检举人员正当权益的保护，在法律上难以找到有力的规范支持，相关部门更不愿积极作为，因此，检举人面临的检举风险

---

① 参见吴楠：《公民举报权的法律保障机制及其完善》，安徽大学硕士学位论文，2006 年。

② 参见合合：《开启创新新窗口 完善检察举报》，《当代检察官》2008 年第 8 期。

更大;另一方面,在该类检举模式下,检举人的自发性和随意性过于强大,检举行为和途径的选择等都由行为人自由支配,对其尚缺乏有效的法律引导和监管。实践中,部分检举行为人为了达到个人特定目的,通常会滥用检举权利,借助网络等媒体进行舆论炒作,制造特殊的压力和轰动效应。

目前,具有相关检举工作职能的国家机关或有关部门,多已经在网络上设立专门的检举网站来接受民众的检举。例如,2003年最高人民检察院建立了网络举报平台;2005年底,中共中央纪律检查委员会、监察部就公布了中央纪委信访室、监察部举报中心的网址。在这之后,各地各检举工作相关职能部门也陆续建立了有关检举工作的网站。2009年9月28日,中央纪委监察部又开通了统一的全国纪检监察举报网站,以进一步拓宽信访举报渠道。2013年4月19日,中纪委和有关部门、各大网站联合,在各大新闻网站、商业网站开设了"网络监督专区",2013年9月2日开通上线新版中纪委监察部官方网站。此类模式下的网络检举的相关信息,整体上是处于内部保密状态下的,是不对社会公开的,在检举人和检举受理的职能机关之间形成的依然是一对一的指控与受理、调查关系。因此,该模式的网络检举,实质上就是将检举信息线索等通过网络媒介的特定渠道在检举人和检举工作机关之间传送,仅是传统检举方式在数字信息技术时代的新发展,可视为检举受理机关办公自动化的表现。

但是,新型网络检举无论是非公开的还是公开的,都有一些与生俱来的问题需要法律解决。

首先,网络检举信息的保密问题。《保守国家秘密法》规定了七大类事项属于国家秘密,我们难以将这些公民检举国家机关及其工作人员的秘密信息归入国家秘密的范畴,但这种信息事实上是非常重要的,涉及国家和检举人的重大利益,一旦泄密对检举人的人身财产权益和积极性将产生极大的消极影响,且在网络环境下极易泄密。因此,要不要将这种信息列入国家保密的对象,是一个值得认真思考的问题。

其次,网络信息载体需承担的特定法律义务问题。借助社会化的网络服务商的中介作用和信息传播体制,能够将管理权限和网络技术较好地结合在检举工作中,提高检举工作效能。产生的问题是,现在网络技术呈现出异常复杂的专业性,导致在网络平台上信息控制权力明显地转移到专业技术人员手中。对于这些专业人员而言,他们既有能力泄密,更有能力按照自己的意愿去改变或扭曲网络信息,通过变更某些网络信息程序,就可以将网上的信息或决策为己所用。如果他们改变或公开检举人提供的信息和线索,甚至为了发泄自己的内心不满,进行造谣攻击或煽动舆论等行为,应承担怎样的法律责任?网络信息载体增加了公民监督权法律关系的复杂性,确定其特定法律义务,是保障公民监督权通过网络正常行使的一个不容忽视的问题。

再次,检举人对网络公开的不实或有一定出入的信息应承担的法律义务和责任问题。通过网络平台进行公开检举,本质上是行使公民舆论监督权。在这一新型检举途径中,经常引起争议的情况,就是对未经官方查证属实的检举信息进行公开发布、公开传播。这些信息真真假假,半真半假,如出于揭露违法犯罪的正当目的,但事实有误,是否应承担诽谤、诬陷的法律责任?在网络时代,部分公民及其社会组织出于担心相关机关对自己的检举不予重视,或者是要吸引公众的关注以促进问题的解决,或者是为了促使相关机关对某个有违法违纪嫌疑的官员启动违法违纪调查,就利用网络媒介传播的快速性、鼓动性,将国家机关及其工作人员的违法或不当行为在网络媒体公开,并不惜增加一些吸引眼球的内容或标题,而这些带有一定个人臆断或是带有强烈个人感情色彩的检举信息,尽管半真半假,但往往能够引起公众所谓的"共鸣",并借助网络传播快的特性,在网上受到"热炒",从而引起广泛关注。这种监督方式,无形中对被检举人进行了社会舆论审判,对尚处在违法乱纪嫌疑状态的被检举人而言,确实存在一定的不公平。因此,有学者认为,公民检举权只能直接对相关国家机关行使,在网络上采取信息公开甚至"人肉搜索"的做法,不属于法定检举行为,因为我国宪法规定的是"向有关国家机关提出申诉、控告或者检举的权利",这种直接借助网络平台公开检举信息而不直接向国家机关进行检举的行为应不受法律的保护,或者说是违法的行为。这种观点,无疑是偏颇的,因为公民向国家机关进行检举,既可以是直接的,也可以是间接的。通过网络媒体公开检举信息,并形成舆论效应,以引起相关国家机关的重视和介入,是公民行使监督权的正当权利。但由此带来的问题是,由于检举人履行的只是检举揭发职责,在法律层面不需要承担全面的举证责任,检举行为只是个人向有关检举工作机关提供违法违纪案件的线索,被检举人是否存在违法违纪问题的查证责任,归属于有关国家职能部门。因此,在网络检举行为中,检举人是否应对经后来查证失实或与事实有出入的信息公开承担法律责任？应承担怎样的或多大的责任？在直接举报中，由于信息的相对封闭性，法律规定，对检举人借检举为名，故意捏造事实，诬告陷害单位和个人违法、犯罪的，或者以检举为名制造事端，干扰检举管理机构的正常工作的，依照有关规定严肃处理，构成诬告陷害犯罪的，移送司法机关依法处理；法律同时也规定，由于确属对事实了解不全面或掌握证据不够而发生误告、错告等检举失实的，不适用前款规定，但必须进行必要的检举失实的澄清工作。在网络公开检举的情况下，是否有必要增加检举人的法律责任？还是继续实行非故意和捏造不得让检举人入罪和承担严重法律责任的原则？目前尚没有国家层面的法律给予明确的规定。实践中，不少地方或部门立法从整体上公开否定了网络公开检举的合法性，一些地方或部门尽管没有公开否定这种检举行为的合法性，但对网络公开检举行为进行较严厉的打压和限制，甚至以公开信息有错误或出入为理由，不去查办被检举对象，而是首先放任、鼓励被检举人追究检举人的法律责任，甚至以所谓不实信息或谣言使得国家机关的信誉遭到损害等理由，以诽谤、寻衅滋事、诬告陷害等惩办网络公开检举人和信息的传播者。

在此问题上，检举人是否需要担责的判断标准只能在于，其是否具有故意虚构被检举人的违法违纪事实。只要检举人不是故意捏造和虚构事实，哪怕仅仅是基于可以成立的合理的怀疑，只要没有极端偏激的攻击言论，就不应承担诬告或诽谤的法律责任。这是现代民主法治国家为了保护国家和公共利益，为了保护公民监督权的积极行使，而进行的合理的法律利益倾斜分配。它大大限制或压缩了国家工作人员的隐私权和名誉权，更不用说所谓国家机关的名誉权或信誉损害问题。后者根本就没有成为法律保护的对象。网络检举的本质，就是公民对公权力与公权力行使者以及公共事务的公开监督，而公民监督就应该具有监督严苛性、严厉性和压力性的特点。为官者必须承当一定的舆论压力，包括与事实有一定出入的压力。当然，在一定意义上，网络检举使用的是"有罪推定"，但这种审查和责难不具备任何法律上的效力，不应当影响有权机关尤其是司法机关在对检举问题进行调查和审理时遵循的无罪推定原则。这也反过来要求借助网络行使检举权的个人，理性地公开自己掌握的证据或线索，合理地表达自己的怀疑，尽量避免对被监督对象进行人身攻击，避免扩大事实，健康合理地行使自己的监督权。目前存在的问题，一方面是确实存在诸多不理性的网络公开监督行为,另一方面是不合理的应对和打压,而为了对抗打压,网络公开监督的事实夸大性、内容和标题的煽动性、言辞的偏激性更加强化,形成了一定程度的劣性互动。

五、 取得国家赔偿权：不合理限制和监督功能弱化

由于我国现行《国家赔偿法》依然存在明显的不足,我国公民取得国家赔偿权的享有和行使依然存在如下明显的不足。

(一) 公民取得国家赔偿权仍受到明显的不合理限制

目前,我国公民一些明显遭受国家公权主体严重侵犯的权益,还被排除在取得国家赔偿权之外。如国家公权主体对非人身权和财产权的侵犯,国家提供和维护的公共设施对公民人身权和财产权的侵犯,受害人与公权主体合力造成的人身权和财产权侵害,都被整体排除了取得国家赔偿的可能性。再者,在刑事赔偿领域并没有始终坚持结果归责原则,导致在刑事拘留这一最容易侵犯公民自由权的强制措施上,以所谓"合法"的名义逃避了对一些无辜公民的赔偿责任,让无辜的公民自己承受不正义,留下了制度及其实践的重大瑕疵。因篇幅所限,这里仅论述这一问题。

按照 2010 年和 2012 年新颁布施行的《国家赔偿法》第 17 条第 1 项以及最高人民法院、最高人民检察院 2015 年 12 月 28 日颁布的《关于办理刑事赔偿案件适用法律若干问题的解释》第 2、5 条关于刑事拘留国家赔偿的规定,存在这样一种"无解"的制度漏洞:公民被人民法院判决无罪,如果侦查阶段的刑事拘留是依法作出的,即便是被人民法院宣告无罪的公民也不能主张国家赔偿。[1] 因为,按照《国家赔偿法》的规定,侦查机关因刑事拘留承担国家赔偿责任的范围仅包括违法刑事拘留和超期刑事拘留两种情形;侦查机关依据《刑事诉讼法》的相关规定作出并实际执行的刑事拘留措施,则是其正当职务行为。亦即,侦查机关决定并实际执行的刑事拘留措施在排除违法刑事拘留和超期

---

[1]　参见庄绪龙:《刑事拘留国家赔偿的制度漏洞与补正机制》,《法律适用》2017 年第 5 期。

刑事拘留的情形外,其余均属于合法刑事拘留,虽然"犯罪嫌疑人"被后续的审判程序认定为无罪,但是并不能据此否认侦查机关刑事拘留这一法定职务行为的正当性和合法性。数年来的实践也表明,人民法院赔偿委员会在审理此类国家赔偿案件时,往往也认可侦查机关的抗辩意见,基本不会对侦查机关违法刑事拘留和超期刑事拘留情形之外的其他拘留行为作否定性评价。

这种明显不合理的悖论制度之所以出现,是由于我国国家赔偿制度尽管从整体上否定了修改前法律确定的违法归责原则,变成了修改后法律的多元归责原则,但违法归责原则仍然在关键方面得到了保留,在结果归责原则之外,针对刑事拘留、逮捕等刑事强制措施的国家赔偿问题,新《国家赔偿法》却例外性地保留了违法归责原则。[1] 据说,这是立法机关慎重权衡的结果。它充分考虑到了在刑事诉讼中,拘留与有罪判决的条件确实存在一定的差别,因为拘留是在紧急情况下采取的强制措施,确实需要事后的甄别,应当允许有一定的误差。[2] 这种恪守违法原则的刑事拘留国家赔偿,充分反映出立法机关内部价值博弈的结果是,宁愿牺牲公民的一些权利,宁愿在公民基本权利保障方面存在"制度漏洞",也要保证刑事侦查的效率和权威性。

坚持刑事拘留违法归责原则,就意味着刑事拘留赔偿以违法作为责任承担的依据,国家仅对国家机关及其工作人员在行使公权力过程中违反法律规定的拘留行为造成的损害承担赔偿责任,国家要优先对侦查机关依照《刑事诉讼法》侦查刑事案件的侦查权给予充分保障。[3] 应该讲,这有一定的合理性,因为在采取拘留措施的证明标准和刑事定罪的标准问题之间,存在巨大的位阶差异。但问题是,如果在没有违法而仅仅因为不谨慎义务将人定罪,而后又宣告无罪后,国家都要承担赔偿责任,那么为什么在类似情况下的拘留措施就不应该? 因为,即便公安机关先前拘留行为符合《刑事诉讼法》的规定,没有违法拘留和超期拘留,但是赔偿申请人被司法机关生效判决宣告无罪的司法判断却已经足以说明:赔偿申请人的行为不值得法律对之进行否定性评价。并且,这种不值得、不应当对之进行司法上的否定性评价,应是贯穿始终的,包括刑事拘留这种刑事强制措施等在内的所有对赔偿申请人不利的后果。如果客观

---

① 参见庄绪龙:《刑事拘留国家赔偿的制度漏洞与补正机制》。
② 参见胡仕浩:《国家赔偿法修改的新精神和新内容》,《人民司法》2010 年第 23 期。
③ 参见庄绪龙:《刑事拘留国家赔偿的制度漏洞与补正机制》。

上已经对赔偿申请人造成侵害,那么就应该承担国家赔偿责任。进一步讲,如果在公民被宣布无罪的情况下,对先前无辜遭受的作为刑事强制措施的拘留都不能提请国家赔偿,那么,侦查机关对所谓依法拘留,对将公民带入刑事诉讼程序,还有多少应尽严格注意义务的必要呢?

确实,在刑事拘留问题上恪守违法归责原则,是很容易在刑事拘留与刑事定罪的证明标准不同上找到一定所谓论据的。但须知,无罪公民被"合法刑拘"而《国家赔偿法》却明确规定不予赔偿的情形,虽然可以在刑事诉讼过程中得到看似自圆其说的解释,但在法律后果论上却难以向被"合法刑拘"的公民以及社会公众交代。因为刑事拘留毕竟是国家对公民的一种刑事责难,严重限制了公民的人身自由,依据基本的法治精神和朴素的正义理念,人们不会心甘情愿地接受这种由于制度理性的瑕疵和误差导致的"无故之冤"。[1] 在国家司法机关宣布遭受此非难的公民无罪后,这种非难从客观后果上看就是一种本质上不正当(本质上违法)的国家损害,因此国家应该承担赔偿责任,尽管我们可以把这种责任理解为一种补偿责任。国家强加给公民身上的责难却要"倒霉"的公民自身承担,这不是现代国家对公民应有的承担责任理念。现代国家赔偿责任,本身就是国家要对公民权利受到自身侵犯必须承担责任的产物,哪怕这种侵犯具有形式上的合法性。这种国家赔偿责任的承担,并不影响所谓"私权利合理救济与公权力顺畅运行的制度平衡"。相反,严格的国家赔偿责任,可以促使公权主体的行为更加谨慎而不放任,但并不会妨碍公权力的正当行使。

(二) 国家赔偿的形式和标准过于单一,对个案正义满足程度较低

目前,我国国家赔偿的方式仅限于财产赔偿和精神赔偿,财产赔偿主要是赔偿金和恢复财产的原支配状况,以直接经济损失的补偿和恢复为主,形式和计算方式单一,缺乏必要的惩戒性赔偿;精神赔偿的责任形式包括精神损害抚慰金和必要的精神抚慰行为,如赔礼道歉,消除影响,恢复名誉等,但抚慰金的确定标准缺乏合理的法律标准的规制,精神抚慰行为的履行也缺乏严格的法律规则和保障,常常得不到充分的实现。

---

[1] 参见庄绪龙:《刑事拘留国家赔偿的制度漏洞与补正机制》。

《国家赔偿法》第 33 条规定:"侵犯公民人身自由的,每日赔偿金按照国家上年度职工日平均工资计算。"但是,从近期国家赔偿的实践来看,这种计算方式明显存在一些考虑不足之处,最明显的是侵犯人身自由时间的长短不同,引发了严重不同的损害差别。不管是关了一年,还是关了五年、十年、二十年,计算方式都一样,这是不合理的。[①] 因为,关押时间越长,出狱后越难融进社会,越难回归常人的生活;其经济和财产上的损失也相应越多。因此,应该是关押越长,赔付金额也越高,应设置一个分段计算的累进增加制度。如一年、五年、十年、十五年、二十年的,逐段增加赔偿比例。这种制度设计,才是比较公平合理的。

惩罚性赔偿在民事侵权领域早已实施,目的就是要对情节特别恶劣的民事侵权行为予以惩罚性重罚,使其对恶行付出足够的代价,以达到惩前毖后的目的。这种情况在公权力侵权方面也同样存在,因此,在国家赔偿中也应该建立惩罚性赔偿制度,使之同样起到惩前毖后的作用。现在,法治环境已有巨大改善,财政力量也与以前大不相同,公权力恶性侵权行为也时有发生。因此,有学者认为,建立惩罚性赔偿制度的条件已成熟,并认为在具体制度设计上必须有比较严格、清晰的合理规定。比如,惩罚性赔偿的范围应该仅限于侵犯人身自由和生命健康权的范围,条件是侵权者必须主观上有故意;惩罚性赔偿的金额可以是国家赔偿的一至二倍;惩罚性赔偿应列入追偿范围,在国家赔偿后,再向侵权人追责;在侵权人实在无力支付惩罚性赔偿金额时,可以易以处分;追责时,在经济上仍应保障侵权人的正常生活;等等。[②]

2014 年最高人民法院赔偿委员会发布了《最高人民法院关于人民法院赔偿委员会审理国家赔偿案件适用精神损害赔偿若干问题的意见》(法发〔2014〕14 号),其中第 7 条规定:"人民法院赔偿委员会适用精神损害赔偿条款,决定采用'支付相应的精神损害抚慰金'方式的,应当综合考虑以下因素确定精神损害抚慰金的具体数额:精神损害事实和严重后果的具体情况;侵权机关及其工作人员的违法、过错程度;侵权的手段、方式等具体情节;罪名、刑罚的轻重;纠错的环节及过程;赔偿请求人住所地或者经常居住地平均生活水平;赔偿义务机关所在地平均生活水平;以及其他应考虑的因素。"这些因素设定,相当具体细致,确立的原则是:损害程度严重的赔得多,轻的相对就少。但是,上述意

---

① 参见应松年:《关于国家赔偿的几点思考——从念斌案说起》,《法治社会》2017 年第 2 期。

② 同上。

见又划定了精神损害赔偿抚慰金最高额,其第 7 条第 2 款规定:"人民法院赔偿委员会确定精神赔偿抚慰金的具体数额,还应当注意体现法律规定的'抚慰'性质,原则上不超过依照《国家赔偿法》第三十三条、第三十四条所确定的人身自由赔偿金、生命健康赔偿金总额的百分之三十五,最低不少于一千元。"显然,其法律依据是,精神赔偿金属于"抚慰"性质。但是,"抚慰"二字不过是就精神创伤的特殊性而言,带有安慰抚平的作用,并不含有不得高于人身自由赔偿的法律意义,因此,将精神损害赔偿的最高额定为人身自由赔偿的三分之一,是没有理论和实践依据的。[①] 至于赔礼道歉、消除影响、恢复名誉这种非财产责任方式的精神赔偿,必须保证责任承担的法定性、公开性和有效性,但实践中却很容易为赔偿义务机关所逃避,或作为精神抚慰金的交易物。这些都是取得国家赔偿权的救济和监督功能不足的具体表现。

(三) 赔偿义务机关自我确认和主动赔偿的义务履行能力差

尽管取得国家赔偿权具有典型的救济权利属性,但作为宪法和国家法律确认的基本权利,已经明确科以了国家赔偿义务主体的主动履行义务,该类义务的自觉主动的承担和履行,是公民取得国家赔偿权直接享有的本体状态,并非一定需要公民履行救济性的请求权。但在目前实践中,多数义务赔偿机关并没有真正领受《国家赔偿法》第 9 条第 1 款和第 22 条第 1 款的义务设定规范,很少有积极主动履行赔偿责任的意识和行动,而是习惯于等待赔偿请求人的请求。而在合理的请求发生后,则利用"有利于便民、监督"但却也产生"自己当自己法官"漏洞的制度设计,力图减轻自己的责任,不惜为赔偿请求人制造各种不便乃至新的伤害。念斌请求国家赔偿案就是典型案例之一。[②]

[①] 参见应松年:《关于国家赔偿的几点思考——从念斌案说起》。

[②] 有学者认为,念斌曾被某中院三次判处死刑,其决断如一,无任何犹豫和踌躇,真是令人惊叹。现在要这一机关来确定赔偿范围,给予足额赔偿,更是绝非易事。赔偿请求交涉过程流露出的一个相关细节,可以佐证。念斌八年牢狱,其中六年是死刑犯身份,按照规定,死刑犯必须夹带工字型镣铐,念斌就戴镣铐六年多,造成严重伤残。念斌提出伤残赔偿,法院却以与其审判行为无关为由,让他去看守所索赔。稍有常识的人都知道,如果不是判死刑,就不会夹带工字型镣铐,责任显然在判决机关。该案在确定赔偿金的组成、数额方面,都是困难重重,这不能说与某法院自己判定自己责任的非公正立场无关。参见应松年:《关于国家赔偿的几点思考——从念斌案说起》。

（四）追责条款成为"休眠"条款，取得国家赔偿权的监督属性大大弱化

2013 年 12 月 19 日，北京律师谢炳光给全国人大常委会法工委主任寄出一份 10 名律师联合署名的建议书，要求落实和完善国家赔偿追偿制度，对《国家赔偿法》第 31 条实施情况组织执法检查，向全社会公布执法检查报告及审议意见，并对该法条进行修改。[①] 2014 年 5 月 5 日，北京律师蔺其磊发出两份特快专递，分别寄往河南、浙江两省财政厅，申请公开赵作海案和张氏叔侄案国家赔偿金的财政支出来源，以及对冤案责任人追偿的情况。[②] 诚如有专家学者所言："其实建议也好，申请也罢，所折射出的都是《国家赔偿法》出台 20 年来其中的国家追偿难以落实从而使相关条款几乎陷于'休眠'的窘境。"[③] 国家追偿是指国家通过赔偿义务机关在向赔偿请求人履行赔偿义务后，责令有故意或者重大过失的国家工作人员、受委托的组织或个人承担部分或者全部赔偿费用的法律制度。它是国家赔偿制度的延续，属于《国家赔偿法》的重要组成部分，对于保护受害者的合法权益，发挥取得国家赔偿权的监督作用，规范国家权力的正确运行具有重要意义。[④] 我国《国家赔偿法》从一开始就确认了此制度；另外，2011 年 1 月 17 日起正式施行的《国家赔偿费用管理条例》第 12 条进一步规定："赔偿义务机关应当依照《国家赔偿法》第十六条、第三十一条的规定，责令有关工作人员、受委托的组织或者个人承担或者向有关工作人员追偿部分或者全部国家赔偿费用。赔偿义务机关依照前款规定作出决定后，应当书面通知有关财政部门。有关工作人员、受委托的组织或者个人应当

---

① 参见胡璐曼、蓝福利：《十律师"上书"完善国家赔偿追偿制度》，《民主与法制时报》2013 年 12 月 30 日；荣明潇、刘晓辉：《激活休眠：刑事追偿的理性思辨与制度完善》，《尊重司法规律与刑事法律适用研究（下）——全国法院第 27 届学术讨论会获奖论文集》，2016 年。

② 参见李显峰：《国赔 20 年：追责寥寥追偿难》，《京华时报》2014 年 5 月 19 日。

③ 荣明潇、刘晓辉：《激活休眠：国家赔偿之追偿的理论思辨与制度完善》，载陶凯元、柯汉民主编：《国家赔偿办案指南》2016 年第 2 辑（总第 16 辑），法律出版社 2016 年版，第 170—186 页。

④ 参见荣明潇、刘晓辉：《激活休眠：刑事追偿的理性思辨与制度完善》，《山东审判》2016 年第 1 期。

依照财政收入收缴的规定上缴应当承担或者被追偿的国家赔偿费用。"①但是,多年来,就国家赔偿费用向相关责任人员进行实际追偿的情况极少。这导致相关法律规定基本上处于"长期休眠"状态。可以说,国家追偿制度在我国并未得到切实有效的执行,"落实难"几乎已经成为该制度的常态写照。②诚如专家所总结的:其追偿机关身份尴尬,追偿对象难以确定,追偿条件界定模糊,追偿标准各自为政,追偿时效规定缺失,追偿程序规制失当。③

导致这种状况的根本原因,除了国家立法和相关实施细则的规定都过于原则性,缺乏制度的具体设计和保障外,更重要的是,制度的设计和执行者没有真正认知以公民取得国家赔偿权为基础的国家赔偿责任所承载的社会公平正义及其监督功效。国家追责制度的目的不仅在于要首先弥补国家利益,实现国家和具体侵权的国家工作人员之间的利益平衡,还在于真正恢复受害人与具体侵害人之间的社会正义和公平。为了充分保护受害人的权益救济,并考虑具体侵害人行为的公职性,应该由国家直接和先行对受害人承担责任,但在具体侵害人存在严重恶意和重大过失的情况下,其如果因为国家的赔偿而免责,这不仅对国家本身,对受害人本身也是极不公平的,也失去了法律对具体侵权人的惩戒和威慑作用,取得国家赔偿权的监督内容和能力将大大弱化。

因此,国家赔偿制度的追责机制,不仅在于确定国家赔偿义务机关在履行赔偿义务后的追偿权力,更在于公民取得国家赔偿权应包含可以参与和督促这种追偿实现的内容和功能,受害公民有对国家赔偿追偿的建议权和督促权,国家对取得国家赔偿权人依然负有相应的积极义务,而具体侵害人对国家和受害人都要负有直接和间接的责任或义务。追偿责任的承担,不仅是针对国家管理的法律责任,同时主要是针对公民取得国家赔偿权的法律责任。这种复杂的法律责任追究,可以首先立足于国家机关内部的行政管理机制来落实,但应该建立以追偿人、追偿建议或督促人、被追偿人为基本法律主体的司法救济途径。

---

① 《国务院法制办、财政部负责人就〈国家赔偿费用管理条例〉有关问题答记者问》,《中国财政》2011年2月20日。

② 参见荣明潇、刘晓辉:《激活休眠:刑事追偿的理性思辨与制度完善》。

③ 同上。

六、 舆论监督权：权利不畅和权利滥用并存

（一）传统媒体的严格管制影响了公民舆论监督权的行使

如前所述,我国现行有效的关于新闻、信息自由或大众传媒成体系的立法,层次相对较低。[①] 其中,行政法规有国务院颁布的《出版管理条例》[②]《广播电视管理条例》;部门规章有国家互联网信息办公室发布的《互联网新闻信息服务管理规定》,国家新闻出版广电总局发布的《新闻单位驻地方机构管理办法(试行)》《新闻出版统计管理办法》;部门规范性文件有国务院新闻办公室、信息产业部(已撤并)发布的《互联网站从事登载新闻业务管理暂行规定》,新闻出版总署(已撤并)发布的《关于严防虚假新闻报道的若干规定》《关于进一步推动新闻出版产业发展的指导意见》。此外还有关于新闻方面的地方法规规章若干。而在新闻工作者的管理方面,主要以新闻出版署指定的规章为主。如《新闻记者证管理办法》《报刊记者站管理办法》《图书出版管理规定》《出版管理条例》《报纸管理暂行规定》等。

《出版管理条例》第 1 条表述了上述一系列法律法规的核心原则:"为了加强对出版活动的管理,发展和繁荣有中国特色社会主义出版产业和出版事业,保障公民依法行使出版自由的权利,促进社会主义精神文明和物质文明建设,根据宪法,制定本条例。"可以看出我国有关传统媒体舆论监督权的原则有四:首先,出版管控原则;其次,发展出版事业原则;再次,保障出版自由原则;最

---

①　虽然有些法律也有关于新闻出版的法条,但相关法条零散地分布在各部门法之中,其目的也不是确保新闻出版、言论自由,因此不能称之为关于新闻出版的体系性立法。

②　2001 年 12 月 12 日国务院第 50 次常务会议通过,于 2001 年 12 月 25 日由中华人民共和国国务院颁布,自 2002 年 2 月 1 日起施行。《国务院关于修改〈出版管理条例〉的决定》已经 2011 年 3 月 16 日国务院第 147 次常务会议通过,2011 年 3 月 19 日公布,自公布之日起施行。根据 2013 年 7 月 18 日《国务院关于废止和修改部分行政法规的决定》第二次修订。根据 2014 年 7 月 29 日《国务院关于修改部分行政法规的决定》(国务院令第 653 号)第三次修订。根据 2016 年 2 月 6 日《国务院关于修改部分行政法规的决定》(国务院令第 666 号)第四次修订。

后,促进文明建设原则。在立法与实践之中,正是对这些原则的演绎和贯彻出现了偏差,导致传统媒体舆论监督权的行使出了一系列的问题。

1. 舆论监督受政治环境影响大

这种政治环境,既指国家层面有关舆论监督的政策方针,更指各个媒体单位所在地直接面临的政治生态。自党的十三大第一次会议在纲领性文件中明确提出舆论监督这个概念以来,各级政府文件中对于舆论监督的作用都持肯定的态度。十八大报告指出,要加强党内监督、民主监督、法律监督、舆论监督,把舆论监督作为四种基本监督形式之一,并提出"人民监督权力"的理念,体现了人民当家作主的民主政治内涵。

但是与这种强烈支持并重的严格管理,使得传统新闻舆论之于党政机关,就像一个独立性不强的孩子之于父母,只能做他被允许做的事情。我国的新闻媒体机构是企业化管理的事业单位,党和政府主要是依靠新闻政策和行政手段调控媒体。"没有党和政府的重视和支持,舆论监督很难开展。对这句话做进一步解读,应是:没有各级党组织和政府的重视和支持,舆论监督都难以实施。"[①]"媒体监督能否有所作为或作为的大小,取决于上级领导的意图和魄力。由于大多数传统媒体都有官方背景,受到官方控制,所以上级领导的意图和魄力决定了媒体在权力监督方面能否有作为,有多大作为。"[②]媒体自身的创造活力受到如此约束,便在相当大的程度上抑制了传统媒体舆论监督功能的发挥。其中一个表现就是,在每年的重要会议期间或春节、国庆等节假日期间,媒体的"负面报道"数量会大大减少。并且在这些为数不多的"负面报道"之中,又有大部分是关于落马官员的,以配合国家反贪反腐的政策需要。

传统媒体本身是具有行政级别的,隶属于各级党政部门领导和管理,因而很难对自己的上级和同级党政部门进行有效监督。加上"舆论监督不利于社会稳定"的不当维稳观念、新闻报道和监督的地方保护主义、舆论监督有悖于"正面宣传为主"方针的不当新闻宣传理念、领导干部担心被舆论搞臭的错误政治观等现实作用,[③]导致在实际上,传统媒体舆论监督权能有效行使的路径

---

① 余伟利:《构建和谐社会视域下的中国新闻舆论监督研究》,中国大百科全书出版社 2013 年版,第 91 页。

② 张华:《当代中国公权力网络监督研究》,合肥工业大学出版社 2013 年版,第 91 页。

③ 参见许新芝等:《舆论监督研究》,知识产权出版社 2008 年版,第 240—251 页。

只有两个：

第一，向下监督。通过中央电视台的《焦点访谈》等形式的节目，实现对全国各地的监督，各省媒体监督其下属的市、区县、乡镇，而市级媒体往往只对区县、乡镇级别的公权力机关进行监督。并且，地方媒体开展舆论监督的强度主要取决于当地主管官员对待舆论监督的态度，依赖"开明"官员。因为报道、不受打击报复等权利并没有健全的法律法规体系来进行保护，所以造成了传统媒体舆论监督领域的"人治"。靠某任官员在一个小环境中来给媒体创设舆论监督的宽松环境，通常是不稳定、变化无常的。

第二，异地监督。当地媒体受着所在地政府的严格控制，几乎没有自由发声的空间。一般而言，基层发生的重大事件，当地媒体应该是最先知晓的。但现实却呈现出这样一条基本规律："某地发生的事件几乎都是先由上级媒体或中央级媒体，甚至是外地媒体首先披露，对当地政府产生压力后，当地媒体才按照所在地政府指示介入报道，而在此之前，当地媒体或佯装不知，或根据指示粉饰太平……"①因此，除了全国性的媒体外，只有为数不多的敢于进行地方监督的地方媒体发挥较大作用。《南方周末》由总部在广州市的南方报业传媒集团主办，对广东省之外的地方进行舆论监督也取得了很好的社会效果，比如 2017 年上半年倍受关注的"山东于欢案"，就是由《南方周末》率先发文介入此案件。但是这种异地监督的方式，对于媒体单位本身及其所能调动的资源、从业者水平，要求都很高。全国范围内，成功的例子不多。

2. 传统媒体从业者的职业环境不佳

在现实中，阻碍和对抗传统媒体舆论监督的方式很多。常见的就包括：（1）控制或阻挠记者的采访活动。包括行政干预，封锁消息；以"法规性文件"限制舆论监督；以地方本位主义限制舆论监督；设置障碍，限制采访；软硬兼施，大发"封口费"。（2）事后补救，消极对抗。包括公开收缴刊有舆论监督内容的报刊；瞒上欺下，袒护包庇；表面虚心接受舆论监督，却不解决实际问题，并将有关媒体和记者列入黑名单。（3）暴力抗拒，打击报复。包括暴力抗拒舆论监督；打击报复敢于进行舆论监督的新闻记者；利用司法诉讼，干扰舆论监

---

① 张华：《当代中国公权力网络监督研究》，第 91 页。

督;等等。① 这一切导致如下两种恶果:

一方面,新闻工作者采访时面临各种阻挠。2017 年 5 月 24 日,山东菏泽电视台《天天帮办》记者在菏泽开发区辛集第二车管所采访时遭到殴打至休克,采访器材被毁坏。除了这种直接的人身伤害、器材破坏之外,更"高明"的手段是运用公权力进行阻挠。2016 年 1 月 7 日和 8 日,《兰州晨报》《兰州晚报》和《西部商报》驻武威的三名记者先后失联。1 月 25 日,凉州区人民检察院依法决定,三家报社的三名记者涉嫌敲诈勒索罪,分别被批捕、移送起诉、继续侦查。28 日晚,《兰州晨报》负责人记者张永生被批捕的当日,该报撰写了《致武威市凉州区委政法委的一封公开信》,阐述报社了解到的情况,并表示案情存在诸多疑点,当地公安或"钓鱼执法"。案发之前,张永生在当地从事正常的新闻报道,但其报道内容,被当地有关部门视为"负面报道"而受到不同程度的阻挠和威胁。据了解,阻碍正常新闻报道,威胁记者不要发稿,采取不正当手段的人员就有武威市、区、乡(镇)的领导干部。张永生自称,凉州区公安局主要负责人曾致电他,要求其删除网上有关凉州区原副区长受贿被公开审判的报道,张永生明确回答自己做不到。警方 1 月 14 日给《兰州晨报》通报说,张是在洗浴城涉嫌嫖娼被抓的。当地宣传部门给省里有关部门汇报时说,张是警方在办案过程中发现违法线索被抓的,主要违法事实是:"利用记者的特殊身份,借舆论监督之名,以报道热点敏感事件或掌握的新闻线索为要挟,敲诈勒索他人财物。"《兰州晨报》发布的《公开信》透露,张永生涉嫌收受的烟、酒和钱,都是其报道的新闻涉事人送来的,目的就是要求张永生撤销已发表的新闻或阻止张永生跟踪报道。而这些涉事人有当地市政府、宣传部官员,凉州区委宣传部、公安局负责人以及涉事乡(镇)主要领导。2016 年 1 月 31 日,省委政法委要求,由省检察院对"武威记者涉嫌敲诈勒索被捕案"进行审查。2016年 5 月 19 日,甘肃省武威市凉州区人民检察院通过官方微博发布消息称,凉州区检察院对记者张永生作出不起诉决定。② 尽管最后,张永生没有被司法机关起诉,算是有惊无险,但整个事件暴露出的公权力运用各种手段抵触、阻挠舆论监督的情形非常恶劣。

---

① 参见许新芝等:《舆论监督研究》,第 252—271 页。

② 参见《甘肃记者涉嫌敲诈勒索被捕,报社公开声援称警方钓鱼执法》,http://mp.weixin.qq,2017 年 2 月 20 日。

另一方面,举报者、线人、记者易遭受公权力的打击报复。2008 年 1 月,法制日报社主办的《法人》杂志刊登一篇《辽宁西丰:一场官商较量》的报道。西丰县多名警察来到杂志社,称文章作者朱文娜涉嫌"诽谤罪",要将其拘传。[①] 2010 年 7 月 28 日,《经济观察报》记者仇子明因为报道上市公司凯恩股份关联交易的内幕,遭到凯恩股份所在地浙江丽水遂昌县公安局的网上通缉,为其提供线索的线人也被拘留。一些地方政府部门和工作人员企图用公权力压制新闻监督,甚至想要通过对记者、相关公民进行打击报复的手段,来达到"杀鸡儆猴"、控制舆论的目的。新闻媒体受阻,本质是其背后的公民舆论监督权受阻。"当记者遭遇殴打、采访权受到侵害、被威胁辱骂等,伤害到的其实不仅仅是记者个人,而是新闻监督的权利,甚至是所有纳税人的基本权益。"[②]

3. 舆论监督权寻租

通常情况下,我们提到"权力寻租"是在公权力滥用的语境之下,但舆论监督权作为一项公民监督权,在通过传统媒体行使的时候,新闻媒体便掌握了公共领域的话语权,公民"监督的权利"聚集到新闻媒体手中便成了"监督的权力"[③]。有些传统新闻媒体把舆论监督作为创收的主要渠道,或主动利用舆论监督作为谋取利益的手段,或被监督对象收买,从而进行权力和利益的交换。2008 年 7 月,河北蔚县一煤矿发生矿难,造成 34 人死亡、1 人失踪,直接经济损失 1 924 万元。矿主为瞒报事故,花费 260 万元收买记者。据悉,共有 10 名记者涉嫌犯罪。社会剧烈转型之下,记者的经济和社会地位转为弱势,从而导致部分人变得可以被权力和金钱所收买,现在有很多记者不跑新闻现场,而是流转于发布会,参加安排的集体采访,排队领红包,一些媒体以报道权、监督权进行交易。[④]

4. 普通群众能运用的传统媒体资源有限

正是上述政治环境的整体严控,新闻专业人士从业环境的不佳,再加上部

---

① 参见王全宝、王雪:《频遭干涉的报道权》,《中国新闻周刊》2010 年 8 月 9 日。

② 余伟利:《构建和谐社会视域下的中国新闻舆论监督研究》,第 108 页。

③ 西方国家一般将媒体看作是除了行政权、立法权、司法权之外的第四种政治权力。第四权是约定俗成、自然而然形成的,第四权所指的即是媒体、公众视听,源于西方"国民等级"(estates of the realm)的概念。

④ 参见刘畅:《中国记者职业现状调查》,http://chenyonglin33,2012 年 3 月 8 日。

分新闻媒体监督权被寻租,导致普通公民可以借助新闻媒体发声,行使舆论监督权的能力很弱。相关诉求或被置之不理,或被过滤,有的还被压制。据专业统计,《焦点访谈》栏目组平均每天收到反映问题的信件、邮件、电话、QQ 留言等 2 300 条,几乎都是普通公众希望获得栏目组的关注,从而解决自己面临的问题。《中国青年报》曾报道过,在中央电视台东门外常年排着一支上访告状的队伍,手里拿着各种材料,目的是引起栏目组注意,希望新闻媒体介入。但是这些人之中,最后真的被栏目组关注,又成功录制成节目播出的人数和总人数比起来可以说是九牛一毛。传统媒体是公民行使舆论监督权的重要媒介,但这种媒介本身是一种有限的社会资源,因此并非人人都能通过传统媒体来行使自己的舆论监督权。受到媒体青睐的,往往是具有"新闻价值"的少数事件。值得警惕的是,一些传统媒体的新闻工作者,对群众维权的行为已经麻木,作为"某某秀"来对待,不愿在应有的舆论监督上发力。①

(二) 网络舆论监督权尚未建立有效保护与合理管控的平衡

2019 年 2 月 28 日下午,中国互联网络信息中心(CNNIC)在京发布第 43 次《中国互联网络发展状况统计报告》。《报告》显示,截至 2018 年 12 月,我国网民规模达 8.29 亿,普及率达 59.6%,较 2017 年年底提升 3.8 个百分点,全年新增网民 5 653 万。我国手机网民规模达 8.17 亿,网民通过手机接入互联网的比例高达 98.6%,全年新增手机网民 6 433 万。

作为一种途径性权利,网络舆论监督权与传统媒体舆论监督权相比最大的不同,就在于公众的参与度更高。通过微博、微信朋友圈、网络论坛评论区等自媒体②平台,人人都可以发声,人人都可以参与公共话题的讨论。需要强调的是,这里所探讨的网络舆论监督,并不包括传统新闻媒体传播方式的网络化,而是聚焦于普通公众发文、评论、转发所形成的网络舆论力量。

---

① 参见陈刚:《舆论监督报道如何柔性发力——新时期舆论监督报道的民生维度》,《青年记者》2018 年第 35 期。

② 自媒体(We Media),又称"公民媒体"或"个人媒体",是指私人化、平民化、普泛化、自主化的传播者,以现代化、电子化的手段,向不特定的大多数或者特定的单个人传递规范性及非规范性信息的新媒体的总称。

网络舆论监督权是指公民利用网络对公权主体的活动进行监督的权利，是公民舆论监督权在互联网时代的必然衍生物，构成了现代公民舆论监督权最重要的、也是最具生命力和影响力的板块。公民通过互联网行使监督权，是信息时代基本权利实现的新形式，这种方式不仅具有信息量大、传播快、成本低等特点，更重要的是它能够使其监督对象的行为"透明化"。这是互联网天生具有的对人民大众的直接开放性、迅捷性、动员性所赐。可以说，网络的发展使公民行使监督权的方式发生了革命性的变化，公民可更多地通过网络平台行使监督权，并且引领、促进着传统媒体对相关事件进行深入报道和监督。公民在互联网上的舆论监督虽然不具有强制力，但是，网络舆论是公开的，是向全国传播甚至是全球传播的，因此具有重大的社会影响力；很多重大事件在网上被曝光之后，得到了较为合理的解决。

但是，在运用网络力量的时候，不仅仅只会形成网络舆论监督这种正向的结果，还会产生很多属性复杂的衍生品。正是这些具有复杂属性和原因的衍生品的出现，才导致国家和地方立法者出于网络管制和其他复杂的动机，纷纷制定法律法规对网络信息传播行为加以规制和管控。这些法律法规，多没有明确公民网络舆论监督权的问题，而是将重点放在对相关言论和信息传播行为的限制和管控上。在总体上，这些法律、法规的出台和实施，尚没有在公民网络监督权的保护和规制方面建立有效的平衡，它们尽管对净化网络环境，维护互联网信息安全起到了一定作用，但对公民网络舆论监督权的行使也带来了一些副作用，为一些公权主体压制公民网络舆论监督提供了所谓法律支持。具体情况可以分述如下。

1. 遏制网络谣言与善待网络活力的问题

网络谣言是指通过网络论坛、社交网站、聊天软件、微信、QQ 等网络介质而传播的没有事实依据，带有攻击性、目的性的话语。主要涉及突发事件、公共领域、名人要员、颠覆传统、离经叛道等内容。谣言传播具有突发性且流传速度极快，因此对正常的社会秩序易造成不良影响。有的谣言偷换概念、以偏概全，一般公众抱着宁信其有、不信其无的从众心理，加速了谣言传播。[1]

网络谣言产生的原因有很多，其中一种就是因为公众对政府部门行使舆

---

[1] 参见《如何应对网络谣言》，http://club.kdnet.ne，2017 年 6 月 8 日。

论监督权的心理太过迫切而被利用。首先,社会信息管理的滞后,为谣言的传播提供了机会。其次,一些地方政府部门公信力的下降,使公众的不信任感增强。再次,国内一些媒体及少数党员干部纪律观念淡漠,助长了政治谣言的传播。最后,个别别有用心的网络推手制造谣言,强化了谣言的扩散,挟持了网民的意见。

2016年8月中旬,G20峰会召开前夕,朋友圈、微博等社交平台流传"G20期间杭州不能寄快递""杭州周边300公里内,含有液体、粉末的快递不得进出""G20峰会期间杭州城区大部分加油站将被关闭""安保警察每人补贴10万元""G20杭州峰会预算1600亿元""西湖景区不准明火做饭,一律由公安配送"等围绕G20峰会的各类不实信息。浙江省、杭州市相关部门以及浙江省政府新闻办公室官方微博"浙江发布"不得不对上述传言逐一辟谣。G20峰会是举世关注的一大盛事,不法分子借机造谣,妄图扰乱民心和舆论。这一系列谣言都抓住了社会公众关心国家大事,希望运用自己的网络舆论监督政府预算的心态,得以广泛传播。政府不得不花费大量人力物力来辟谣,形成了"造谣一张嘴,辟谣跑断腿"现象。

前述最高人民法院、最高人民检察院2013年9月公布的《关于办理利用信息网络实施诽谤等刑事案件适用法律若干问题的解释》,为信息网络型诽谤罪设定了非常严格的、量化的入罪标准,也明确了网络型寻衅滋事、敲诈勒索、非法经营等违法犯罪行为的定罪量刑。但对谣言的打击不能成为压制网络舆论的借口。"对谣言盛行、谬种流布当然要依法亮剑,但也不能因噎废食,把婴儿和洗澡水一起倒掉;遏制网络活力,同样有违中央精神和时代潮流。宣传思想工作的正道,在于化解负效应、激发正能量,善于把网络活力转化为社会进步的动力,而不是任其异化为阻力和破坏力。"[①]

2. 遏制网络暴力、保护个人信息安全与有效保护网络表达自由

网络暴力是一种在网上发表具有伤害性、侮辱性和煽动性的言论、图片、视频的行为现象。其表现形式有三种:第一,对未经证实或已经证实的网络事件,在网上发表具有伤害性、侮辱性和煽动性的失实言论,造成当事人名誉损

[①] 《遏制网络活力同样有违中央精神》,http://www.sn.xinhuanet.com/2013 - 09/04/c_117218650.htm,2017年5月31日。

害;第二,在网上公开当事人现实生活中的个人隐私,侵犯其隐私权;第三,对当事人及其亲友的正常生活进行行动和言论侵扰,致使其人身权利受损等等。[1]

这里需要指出的是,虽然人肉搜索极易引发网络暴力,但人肉搜索不能等同于网络暴力本身。人肉搜索是一把"双刃剑"。一味杜绝人肉搜索将会使社会丧失一条有效的公众监督的途径,但非理性的人肉搜索行为,又存在随意侵犯公民隐私权、侮辱诽谤他人等风险。人肉搜索是一种以互联网为媒介的,意在查找人物或事件真相的网络群体活动,部分基于人工方式对搜索引擎所提供的信息逐一甄别真伪,部分又基于知情人匿名或公开"爆料"的方式搜集信息。"人肉"一词表明人工的介入在搜索过程中所扮演的重要角色,以同基于算法的机器搜索相区别。毫无疑问,人肉搜索所造成的结果并不简单,有些是好的或正面的,有些则是坏的,大多数复杂得无法贴标签——它们正影响着群体集聚和合作的方式。[2]

2009年1月,《徐州市计算机信息系统安全保护条例》通过,根据这一条例,未经允许,擅自散布他人隐私,或在网上提供或公开他人的信息资料,对发布者、传播者等违法行为人,最多可罚款5 000元。7月,宁夏发布《宁夏回族自治区计算机信息系统安全保护条例》,11种行为被明令禁止,其中包括禁止擅自公开他人的信息资料等。8月,深圳市公安局明确表态,准备建议在深圳目前实施的《深圳经济特区计算机信息系统公共安全管理规定》中,增加有关人肉搜索的内容。但实践已经证明,以地方性的法规去规范天然超地域的人肉搜索,其效果有限,还常常上演"跨省追捕"的不当执法。

不分青红皂白地打击人肉搜索,将会严重妨碍公民网络舆论监督权的行使。对于利益受损的人来说,人肉搜索不啻眼中钉、肉中刺。在一些官员的思维里,对于人肉搜索的憎恶,远远大于对言论自由权和公民监督权侵犯的警惕。在人肉搜索之弊和侵犯言论自由、公民监督权之害两类可能性同时并存的时候,有人总要把焦点对准前者,而不惜冒将众多具有正义感的网民引向社会对立的风险,这是各地立法者和管理者面对人肉搜索时,值得再三思考的事情。

---

[1]　参见邹庆国:《网络反腐:兴起缘由、价值解读与风险防范》,《理论导刊》2012年第4期。

[2]　参见胡泳:《四问"人肉搜索"》,《社会观察》2010年第1期。

2010 年 7 月 1 日起,《侵权责任法》正式实施,这部法律首次提出"网络用户、网络服务提供者利用网络侵害他人民事权益的,应当承担侵权责任"。这意味着有关人肉搜索的监管已经正式入法。恶意的人肉搜索将不再仅仅追究网络用户的责任,网络服务提供者也将被究责。从表面上看,似乎这样的规定是合理的,但是实施起来绝不像看上去那么简单。有学者对其弊端已经作了深入的分析,此不赘述。①

3. 网络炒作的有效应对与重视网络舆论监督

网络炒作是指为扩大人或事物的影响而通过网络做反复的宣传。炒作的对象有很多种,但此处所言网络炒作,仅限于可能达到网络舆论监督效果的,以政府行为或者司法案件为对象的炒作。

网络上涉及地方党委政府的舆论,大多属于负面舆论。大部分的网络舆情过度炒作,难分真假,像"放大器"一样推动网络舆情向反方向发展,这些负面网络舆情的扩散和传播潜藏着巨大的杀伤力,不仅影响地方党委政府的形象,也影响和谐社会的构建。

近年来,媒体的舆论监督和网络炒作对很多错案冤案的昭雪起到了重要的推动作用。纵览近些年来自媒体舆论监督权的作用历程,既有对呼格、念斌、聂树斌等案沉冤昭雪的正向助推,也存在对彭宇、杨佳、唐慧等案公正审理的消极阻滞。② 以聂树斌案为例,2016 年 12 月 2 日,最高人民法院第二巡回法庭对原审被告人聂树斌故意杀人、强奸妇女再审案公开宣判,宣告撤销原审判决,改判聂树斌无罪。聂树斌案的改判引发社会广泛关注。从 2005 年媒体首次报道聂树斌故意杀人、强奸案,该案始终没有淡出公众的视野,多次成为网络炒作的热点话题,聂树斌案复查过程中曾四次延期,每一次延期都会引来激烈的舆论批评。虽然网络炒作在整个事件中并非一直以正面形象出现,③但其对聂树斌案得到了一个正义的结果所起的作用不容低估。

所以,不能将舆论炒作一棍子打死。因为,严格说来,任何舆论监督尤其

---

① 参见胡泳:《四问"人肉搜索"》。
② 参见田源:《论自媒体舆论监督权对审判权的规约限度》,《苏州大学学报》(哲学社会科学版) 2018 年第 6 期。
③ 参见光明网评论员:《围观聂树斌案:是舆论监督,还是媒体审判》,http://chuansong.me/n/ 2065673,2016 年 1 月 2 日。

是网络舆论监督都有一定的炒作性,因为只有成为舆论热点问题,才可引起相关部门的更大的注意义务。就前例而言,由于我国司法正义的过多缺失,由于聂树斌案久久没有启动审判监督或复查程序,由于相关程序过于拖沓,更由于河北相关司法主体的不正义行为和不正当的舆论引导,法律专家代表社会大众发声,对相关司法机关的延期行为保持警惕是合情合理的,提请相关司法主体恪守正义更是义不容辞。因此,尽管其发声具有过度的舆论炒作之嫌,但相关公权主体必须以宽容的态度对待,可以不做刻意应对,也可以理性的舆论对应,但动用公权力打压是绝对不应该的。在这一点上,山东高院和有关方面的应对整体上是合理的,体现了对公民舆论监督权的尊重。但相反的例证不是没有,此不赘述。①

总体而言,这种偏重打击网络监督的伴生物、副产品而相对轻视保护公民舆论监督权的大格局,体现了中国当代政治力量对网络舆论监督立场的矛盾性或不统一性。一方面,我国的高层公权力组织担负着国家兴衰和执政党生死存亡的重任。网络监督的强势姿态和成绩单不但为破解监督困局提供了技术手段,而且让执政者看到了打破体制内监督困局的曙光。因此,当下中国权力高层对网络监督是相当重视的,他们给了网络监督者以强有力的支持。从网络媒体大众化起,中国高层领导一直重视网络舆论的监督作用,强调正确引导,而不是封堵。作为高层态度传声筒的主流媒体,其话语也似乎传达着一种政治取向,新华网、人民网等主流媒体的宣传中"控制性话语"渐渐稀释,而"通过网络问政于民、问计于民、问智于民、问需于民"等人本性话语日渐增多。可以说,执政党高层的政治表态标志着网络监督的价值已被主流社会所接受,这种接受不但体现在执政党和政府的规范性文件中,而且也体现在专门监督机构的具体安排上。② 但另一方面,对基层公权主体和具体的公权力行使者而言,更多关心的是做出成绩而并不被问责,得到向上晋升的机会。他们对网络

---

① 诸多公开或隐性限制舆论的做法实在不可取。如隐形限制舆论的控制型应对,简单平息舆论的救济型应对,传统式引导舆论的对抗型应对,等等,都是不可取的。参见时永才、高一飞:《人民法院对立审判与舆论监督关系研究》,法律出版社 2015 年版,第 92—105 页。还有学者将新闻舆论监督对象的应对行为概括为搪塞推托的回避型应对,贴身关照的防范型应对,权力威慑的施压型应对,利益诱惑的笼络型应对,涉及暴力的威胁型应对,信息失真的烟雾型应对以及不当追责维权的问责型应对等类型。参见韩立新等:《新闻舆论监督对象应对行为研究》,人民出版社 2010 年版,第 13—20 页。

② 参见张华:《当代中国公权力网络监督研究》,南京大学博士学位论文,2011 年,第 101 页。

监督的这种"制约"却另有感受,网络监督时时关注着他们工作中的缺陷,抑或是公权私用的"设租",这不但威胁着存在滥用权力取向人员的政治前途,而且威胁着他们生活"品质"的提高。因此,对各类有滥用权力取向的公权主体而言,网络监督则是如鲠在喉。他们不仅想尽各种办法,影响部门和地方立法立规,力图使其具有更多、更严厉的网络管控规范,而且利用管控网络存在的违法行为、过激言论或不良现象的机会,实施对舆论监督的强势狙击或政治梗阻。这就造成了当下中国公权主体对舆论监督权保护和限制的复杂行为理路。

这种复杂的政治环境,加上作为公民舆论监督权基础权利的知情权享有和行使的不充分,必然造成了网络舆论监督权的行使既屡生偏激,又严重不足。一方面,公民期盼并支持具有群体性、攻击性和炒作性的舆论监督,希望确立对官方的话语优势,希望官方更多地回应民众的呼声,促进官方对相关问题的尽快解决。因此,一有不良事件出现,网络传媒的概括性、便捷性就很快使社会舆论处于一种"井喷"的状态,掌权者常常一开始处于被动之中,难以有效应对。加上公权力神秘化的运作方式,官方信息数据常常与人们的现实感受不符,以及现实中官民之间的冲突等因素,加剧了公权力话语"权威性"的丧失,人们越来越倾向于听信网络传播的话语,而不愿相信掌权者进行的解释,"宁可相信世上有鬼,也不相信当官的破嘴"。这为网络谣言和其他扭曲放大现象在网络流行提供了便利和民众心理基础。另一方面,为了维护自己所谓的"权威",变被动为主动,掌权者会采取各种过当措施限制网络话语的传播,迫使网站运用过滤技术使部分网民的意见难以表达,[①]甚至采取暴力形式打击网络监督者,这种压制和打击在一定程度上使公众在平常表达时会变得有所顾忌,但也积累了更多的不满,在社会舆论"井喷"时,又倾向于发泄情绪,言辞偏激。所以,进一步满足公民的知情权、表达权,善待公民舆论监督权,是化解这种尴尬局面,保障公民网络舆论监督处于良性化状态的根本。

---

① 各种网站与论坛是公众表达意见和看法的重要平台,出于商业竞争的考虑,某些网站会允许公众发布和公权力监督相关的信息,以提升网站的点击率。但同时,它们不得不对网帖保持高度敏感性,网站编辑常常会在审核网民帖子的时候,刷下一些言辞尖锐乃至仅具有一般批评性的网帖,以规避政治风险。参见张华:《当代中国公权力网络监督研究》,第114页。

七、 信访权：制度设计和运行问题很多

信访，是来信来访的简称，其基础含义是指公民及其代表，为了维护救济特定权益，通过写信和其他信息传递方式，以及直接走访方式，向特定国家公共权力机关表达自己的诉求和意愿，寻求特定国家机关及其工作人员帮助自己解决问题的活动。信访的一个引申义则是"老百姓对国家公权力机关的信任之访，因为信赖而来访"。"当公民用信件来反映自己的意见和建议时，其内心深处的驱动力是对党和政府的信任和信赖。换言之，当执政党和国家将其对人民的爱付诸实践时，人民回馈国家的是对于政治之信。"[①]公民监督权的三大亚板块、九项具体权利体系中，信访权应是最后一项具体权利，具有"底线监督"和"底线救济"的功能，也具有默示性宪法权利的属性。[②] 对于很多普通公民来说，由于受主客观条件的限制，信访是他们穷尽一切救济之后，向国家机关寻求帮助、解决问题的最后手段，体现了公民对国家现在或未来一定能够实现公平正义的期待。正因为对于国家的信任，所以他们还愿意用信访的方式来解决问题。一旦这种最后的信任消失，不满于现状的公民会采取消极应付的方式针对国家各项方针，甚至暴力对抗。从公民监督权的体系架构角度来看，信访权是实现其他权利的途径性权利，信访制度是其他制度的补充、救济，就好比法律规定中的兜底性条款。在一定时期内，如果公民监督权的诉求难以或不能通过其他途径表达，公民就会大量以信访的方式来行使自己的监督权，表达自己的诉求。这就解释了为什么在剧烈的社会变革时期、制度改革时期，信访数量会激增。

我国党政机关对于信访权的重视最早可溯源到 1951 年，毛泽东对《秘书室关于处理群众来信的报告》批示："必须重视人民的通信，要给人民来信以恰当的处理，满足群众的正当要求，要把这件事看成是共产党和人民政府加强和

---

① 王浦劬：《以治理的民主实现社会民主——对于行政信访的再审视》，北京大学出版社 2012 年版，第 47 页。

② 参见张陆庆：《信访制度的法制化研究》。

人民联系的一种方法,不要采取掉以轻心、置之不理的官僚主义的态度。如果人民来信很多,本人处理困难,应设立适当人数的专门机关或专门的人处理这些信件。如果来信不多,本人或秘书能够处理,则不要另设专人。"①从制度的设计初衷到一直以来的发展变革,受理信访一直是国家机关与公民保持密切联系的一种方式。信访制度兼有传达民意和解决纠纷两种性质。从理论上讲,信访权应当允许公民向一切国家公权力机关表达自己的诉求,而我国的公权力机关按照决策权、执行权、判断权的标准,可以分为立法机关、行政机关和司法机关。下面将分别分析这三类机关中信访权的行使现状和信访制度的设计。

(一) 对立法机关的信访:程序保障和监督优势不充分

在我国,广义的立法机关包括全国人民代表大会及其常务委员会以及地方设区的市级以上人民代表大会及其常务委员会。我国是人民民主专政的社会主义国家,人民是国家的主人,采用人民代表大会的方式来行使最高权力。人民代表大会的代表,本身就应当代表人民,与人民之间有着紧密的联系。根据《宪法》和《代表法》的规定,人大代表在人大会议闭会期间应当承担下列义务:首先,积极参加闭会期间统一组织的视察、专题调研、执法检查等履职活动;其次,认真参加履职学习,加强调查研究,不断提高执行代表职务的能力;最后,与原选区选民或者原选举单位和人民群众保持密切联系,听取和反映他们的意见和要求,努力为人民服务。可见,人民代表大会要想履行好自己的职能,人大代表要想履行好自己的职责,一方面要积极主动地深入到群众中去,一方面要妥善处理好群众的来信来访。如果说受理信访对于其他机关来说更像是一种附属性工作的话,对于人大来说则是其本职工作。

以全国人民代表大会为例,其在全国人大常务委员会的办公厅中设立了信访局作为下属机构。有关人大的信访制度,目前并没有法律的规定。根据中国人大网讯,全国人大机关于2017年5月4日在全国人大会议中心召开了全国人大信访工作座谈会,征求对《全国人大机关信访工作办法(征求意见

---

① 转引自钟素兰:《毛泽东对处理人民群众来信的指示》,《中国档案》2014年第4期。

稿)》的意见,交流十八大以来各地人大信访工作经验,推进人大信访工作法治化建设。座谈会的目的是贯彻落实中央关于信访工作制度改革精神,传达学习全国人大常委会领导同志关于做好人大信访工作的重要批示和讲话精神。[①] 通过全国人大常委会的工作文件《全国人大常委会机关信访工作若干规定》,可以看出人大信访制度的运作模式。其中规定有两类信访请求是由全国人大常委会相关部门直接处理的:第一类是涉及制定、修改、解释法律,以及要求对行政法规、地方性法规、自治条例、单行条例和司法解释进行审查的来信,由全国人大常委会法制工作委员会按有关规定处理并定期进行综合分析;第二类是全国人大代表依法提出对各方面工作的建议、批评和意见或者因本人被罢免而提出的申诉,受理信访人反映的各级人民代表大会选举工作中的问题,以及反映全国人大代表问题的信件。总体说来,第一类信访承载的,包括公民对国家立法的建议权和对低位法规违宪违法的宪法监督建议权,前者缺乏任何法律程序保障,后者具有一定的程序保障,但运行机制有待进一步规范化。后一类信访承载的,包括人大代表的批评建议权,个人被罢免的申诉权,一般公民对人大代表选举和人大代表问题的申诉权、控告权、检举权。这些信访,有些是人大相关机构自身可以直接办理的,有些必须转交其他机关办理,虽然具有一定法律保障,但多没有严格的设计规定,权利行使的有效性存在较大的问题。

由于其他国家机关由全国人民代表大会产生并对其负责,因此全国人民代表大会对其他国家机关还有监督的职能。目前,对于写信到人大信访局,却涉及其他机关职能的信访,需要由其他机关、组织研究处理的,由信访局按照"属地管理、分级负责,谁主管、谁负责"的原则统一交办。必要时发函交办,对全国人大常委会办公厅发函或者信访局单件发函交办的信访件,收函单位应及时落实到承办单位。收函单位应从收到交办的信访件之日起三个月内向信访局反馈办理结果,并同时由承办单位将办理结果答复信访人。不能按规定办理期限反馈办理结果的,收函单位应在规定的办理期限内以书面形式说明情况,办结后及时反馈。这体现了人大的监督职能。但由于人大监督尤其是直接问责职能的自身力度仍存在一定问题,这种信访权的实现,本质上还是受

---

① 参见中国人大网,http://www.npc.gov.cn/npc/xinwen/2017-05/11/content_2021653.htm,2017 年 6 月 8 日。

制于具体责任单位的自觉性。

（二）行政信访：弱程序、高成本、低效率，严重侵权事件多发

行政信访，是指公民、法人或者其他组织采用书信、电子邮件、传真、电话、走访等形式，向各级人民政府、县级以上人民政府工作部门反映情况，提出建议、意见或者投诉请求，依法由有关行政机关处理的活动。现行行政信访制度主要由两部分组成：第一部分是信访制度的主体程序规定。在国务院 1995 年 10 月 28 日发布、2005 年 1 月 10 日修订发布的《信访条例》中，涉及了信访的渠道、信访事项的提出、信访事项的受理、信访事项的办理和督办、违反信访制度或侵犯信访权的法律责任这五个方面的内容。第二部分是对信访制度的考核机制，规定在 2016 年 10 月 8 日中共中央办公厅和国务院办公厅联合印发的《信访工作责任制实施办法》中，主要是为了监督信访制度的有效运行，并且关注引发信访的问题是否得到了妥当解决。我国对于行政系统内的信访制度规定相对更加具体，但操作起来暴露的问题也是最多的。

首先，信访制度缺乏程序性。《信访条例》规定了日常运行机制的流程，但是，目前还缺乏相应的实施细则、明确的操作规范。而拓展的行政信访运行机制法律内涵并不丰富，更谈不上严格的法定程序。信访部门实际上只是一个传递信息的政府部门，真正处理纠纷的部门仍是信访事项涉及的政府部门，尚未就处理纠纷的具体程序进行规定。正是因为程序的欠缺，行政信访缺少协调其他部门和单位的法律支撑，目前的信访协调主要依靠信访部门背后的党政领导权威来实施。行政信访机构在对信访外部机关缺乏绩效考核和责任追究能力的情况下，自身尚不具备协调、监督其他部门和单位的足够明确的法定权限，甚至较多地依靠信访工作者的个人能力和人际关系，而相对缺少正式的制度支撑。因此，如果相关部门并不积极配合，行政信访机构往往无能为力，相关机制的效用也就难以保证。比如信访风险评估机制，一般都在项目立项之后进行。即使评估出某项目可能引起社会不稳定因素，在"重点工程"等压力下，信访部门实际上没有否决权，只能将矛盾处置的过程前置做法转变到项

目过程中,采取有关措施防止信访潮的出现。①

其次,公民实现信访权的成本高。信访权的实现成本体现在信访接待机关和信访权行使主体这两个方面。庞大的信访机关必然带来庞大的信访财政经费的支出,但是从目前来看,有限的财政经费很难为信访机关的工作提供足够的保障;信访机关之间的职权不清、互相推诿,必然带来信访解决效率的低下。于是,公民信访权的实现就进入到这样一个怪圈当中:公民为实现信访权、实现自身权益的保护走上信访之路,但是信访机关碍于经费不足、职能不清,导致问题解决的效率低下,大量信访案件长期难以解决,那么信访人便会反复信访,不断上访,最终的结果就是一个信访事件牵扯多个部门,但是事件本身又得不到解决,反过来信访人继续无休无止的信访之路。在这样的信访怪圈当中,信访机关要求更多的经费并不断消耗着有限的经费。而对于信访人来说,其为实现信访权的成本更是巨大。此外,在巨大的物质消耗之外,信访人在精神上的消耗更是难以厘清。信访人在巨大的物质和精神消耗下,必然对社会产生不满与抵触,这也就为社会稳定埋下了隐患,信访量肯定还会继续攀升。②

再次,公民实现信访权的概率低。信访权实现的概率低反映在信访上就是信访工作的效率低。一方面是全国庞大的信访数量,一方面是公民可望而不可即的满意度,信访的权利监督和救济职能都遭到质疑。如何处理好信访人与信访主体之间的关系,是我国信访面临的最大的困境。信访量之多,而信访机关能确实、落实的又太少。对于信访人来说,信访打的是持久战,有的信访案件一拖再拖,大部分要么是石沉大海,要么就是这个机关推给那个机关,信访人在不同的机关之间转来转去,问题解决不了,心中只有愤恨。"信访处理机关碍权所限,处理问题之际机构与机构缺乏内在的沟通和协调,接访者要么多重受理要么互相推诿。"③信访权得不到跟踪的连环解决,常常在一个部门被卡住,其畅通的解决确实难度较大。对于作为上访者的公民个体,上访久拖不决也耗费了大量的人力和财力。种种疑难信访案件久拖不决、上访户锲而不舍的现象,说明当前信访效率低下是信访机关和上访者均明知的事实。

———————————

① 参见王浦劬:《以治理的民主实现社会民主——对于行政信访的再审视》,第171页。

② 参见张梦霞:《监督权视野下公民信访权的实现》,第15页。

③ 傅恩来:《论我国信访制度的缺陷及其改革方向》,《天津行政学院学报》2011年第2期。

这种效率低下，从行政的角度讲，是公共资源的极大浪费，使信访无论是权力监督还是权利救济功能均徒有虚名。虽然新《信访条例》增加了对行政问责机制的明确规定，对信访答复期限有了明确限制："信访事项应当自受理之日起60日内办结。"但是可以想见，如果信访功能错位、机构设置不合理不科学，缺乏实权的制度设计不能改变，信访在效率上将不会有实质的改观。从目前来看，我国公民信访权的充分实现，仍任重而道远，信访制度所要追求的社会实效性还远未达到。①

复次，公民信访权被滥用诱发政府极端的拦访、接访、截访行为。越级上访、进京上访的情形普遍存在，信访人不去寻求在当地直接解决，而是为了把事情搞大直接上北京反映。更有缠访、闹访、集体访等极端行为。地方政府怕事态严重，引起突发性公共事件的发生，又不得不不惜原则答应无理上访人的要求。这就产生了极坏的社会效应，让无理上访者更加有恃无恐，无理上访者有增无减。一味的妥协让部分上访户尝到了甜头，这样政府就必须投入巨大成本。政府没有办法，只好又去拦访截访，不管有理还是无理，采取最极端的方式，只要有人进京上访就进行打击，采取一刀切式的、非法和不正当手段多样的拦访、截访行动。部分人滥用了法律赋予公民的信访权，对其他公民正当行使信访权也造成了不利影响，但直接侵害毕竟是政府违法行为所造成。

最后，信访考核机制不合理导致极端事件层出不穷。信访中的越级上访、重复上访、进京上访给地方各级政府甚至中央政府带来很大政治压力，以减缓分解这些政治压力为目的，信访工作考核机制产生。但在制度的运行过程中，出现很多违背设计初衷的乱象。我们会经常听到这样的事例，地方政府打着维护稳定的旗号，上北京采用暴力方式制服信访人，让其退回信访的请求，这不得不说是对公民信访权利的一种赤裸裸的伤害。信访人想用正确的途径维护自己的利益，最后利益没有维护到，反而自身的名誉、自由权利又被重重地伤害，这不仅不符合我们国家密切联系群众、以人为本的治国理念，而且加剧了百姓与官员之间的不信任。地方政府打着维稳旗帜拦访、截访，丧失了自身的公信力。如今，上访人诉求种类繁多、信访人队伍庞大这种局面已经存在，而政府为了维护社会的和谐稳定又不得不对信访采取谨慎甚至敌视的态度。

---

① 参见张梦霞：《监督权视野下公民信访权的实现》，第16页。

甚至有报道称,部分省份碰到上访人到北京告当地政府,就把当事人从北京拉回来,包吃包住在北京玩些日子,回来之后还给上访人钱,然后派公安机关去抓回来,以敲诈勒索政府的罪名关起来。虽然经过长期的治理,限制人身自由、暴力截访的事件近年来有所下降,但地方政府又把心思放到了国家信访局的官员身上。据《检察风云》杂志社官方微信报道,各地政府为了政绩,都有长期驻京接访人员。这些驻京接访人员纷纷找国家信访局官员关照,让其做一下上访人的工作,想办法劝回去;此外,他们还请国家信访局官员想办法给这些上访案件做"销号"处理,不输入全国信访信息系统,不通报。事后,这些驻京接访人员向国家信访局官员行贿。① 自从信访量多少与政府官员的政绩挂钩之后,地方政府就多了一项任务,那就是想方设法地来降低信访量。而地方政府为了控制信访量,一方面采用各种形式比如欺骗、限制自由等来打击信访人,另一方面又对信访局的官员采用行贿手段,可以说是无所不用其极。而这样做既损害了党和政府依法行政、执政为民的形象,又加剧了官民之间的矛盾,还严重影响了信访局正常的工作进程与廉洁性。政府部门的各种拦访行为已经严重地侵害了公民的信访权利。

(三) 涉法涉诉信访:大信访格局对司法和信访造成双重不利影响

对司法机关的信访,总体上属于涉法涉诉信访。通常将"涉法涉诉信访"分为广义和狭义两种情形。从主体上讲,广义上的"涉法涉诉信访",包括涉及法院、检察院、公安等部门与法律相关的各类信访;狭义的仅指涉及法院的信访。② 从内容上讲,广义的涉法涉诉信访,是指群众通过信访的方式反映对民事、刑事、行政案件办理行为或诉讼裁判不服,反映司法机关及其工作人员司

---

① 国家信访局原副局长许杰仅在修改信访数据、处理信访事项方面就受贿 550 多万元,其下属来访接待司二处原处长孙盈科收受百余地方信访干部钱物 520 多万元,六处原处长路新华收受 114 名信访干部和两名上访人员钱物 130 多万元,就连从河北省邯郸市信访局借调到国家信访局来访接待司的李斌也靠此敛财 30 万元。参见《揭国家信访局窝案:收百余信访干部贿款,隐瞒上访案件》,网易新闻网,http://news. 163. com/17/0409/10/CHI-TP7OK000187VE.html,2017 年 5 月 20 日。

② 参见赖立明:《论司法之法内纠纷解决机制——以 C 市 W 区基层法院涉诉信访工作为研究对象》,《社会中的法理》2011 年第 2 期。

法不公、徇私枉法等问题的信访活动；[①]如果用规范的法律用语讲，是指有利害关系的当事人因涉及已经或者应当进入诉讼程序的案件，在相关司法程序进行的过程中或者相关司法程序已经结束产生相应法律裁判结果后，对司法机关的行为或裁决，通过信访方式进一步进行法律程序内的申诉、控告，或者转为向其他机关的投诉，要求法律司法程序之外的特定机关对司法活动进行干预或督促司法机关自行纠正的来信来访活动。狭义的涉法涉诉信访，仅指有利害关系的当事人因涉及已经或者应当进入诉讼程序的案件，在相关司法程序进行的过程中或者相关司法程序已经结束产生相应法律裁判结果后，对司法机关的行为或裁决，要求法律司法程序之外特定机关对司法行为进行干预或督促司法纠正的来信来访活动。目前，实务界多采取广义主体加广义内容的涉诉涉法信访概念。因为，我国法院、检察院和公安机关内部都设置专门的信访机构，同时让特定的申诉、控告机构来处理涉诉涉法信访，此外，国家权力机关、执政党机关也设有信访机构受理相关信访。如全国四级法院都设立了处理信访问题的专门机构和审判监督庭。其中，最高人民法院设有立案一庭、立案二庭。立案一庭基本定位为涉诉信访立案庭，主要职责之一即为受理各类依法向最高人民法院提起的申诉和涉诉信访案件。[②] 于是，司法信访这一兼有权利救济和权力监督的制度，涵盖了在同一司法机关体系的申诉、在专门司法监督体系内的申诉等司法行为监督和司法审判监督活动，以及司法程序之外的向特定权力机关和执政党机关的申诉、控告活动。这形成了我国司法体制的独特景观，被称为"大信访"格局中的司法大信访格局。但这种制度在现实中运行的弊端，是显而易见的。

要言之，"大信访"格局难以达到制度设计者的预期目标，严重影响了司法机关的权威。

首先，诉讼中信访制度设置和运行的宽泛化，严重溢出了正常司法监督和正当权利救济的范围。

现有司法信访制度，允许或受理相关当事人在案件的处理过程中就向办案人员所在机关及其上级机关、司法监督机关以及司法程序外机关进行各种

---

① 参见赖立明:《论司法之另类纠纷解决机制》,西南政法大学硕士学位论文,2011 年,第 4 页。
② 参见易虹:《涉诉信访制度困境与解决机制的整合》,《江西社会科学》2010 年第 2 期。

信访活动,这严重影响了司法中立原则。有的信访人实行多头上访,司法程序还没有结束就怕输了官司,希望通过上访,直接让要害部门的领导下指令,要求司法部门作出对其有利的判决。[1] 而对法院这一司法审判机关而言,"大信访"要求原审业务庭、承办法官对涉及案件的所有信访一概负有接待处理责任,并以信访量的多少作为考核业务庭和法官审判质量和工作水平的重要尺度。这一制度某种程度上有助于强化法官的责任意识,从源头上预防或减少信访的出现。但问题也很明显:法官对正在诉讼程序之中的涉访案件的单方接待处理做法,严重违背司法中立原则;此外,这种做法也干扰了法官独立行使审判权。审判法官对一些敏感案件和当事人情绪激动的案件,常常反复斟酌、请示,不敢独立作出裁判。[2]

为了保障司法中立原则尤其人民法院的独立审判原则,应严格控制司法过程中信访活动的种类,除非有证据确凿的司法人员受贿、滥用职权或司法不公行为,相关当事人可以根据具体情节向原司法机关及其上级司法机关、司法监督机关行使申诉、控告和检举权而进行信访活动外,其他超出此范围的信访活动应不予受理,司法外机关则原则上不应该受理此阶段情况下的任何信访活动。

其次,特定诉讼程序结束后的信访活动的乱象,也严重损害了司法和法律权威。

特定司法诉讼程序已经结束后的信访活动,除因证据确凿的司法人员受贿、滥用职权向检察机关控告外,其他应该坚持按法定司法监督程序进行:首先向同一司法机关或其上级机关先行申诉,对处理结果不服的,再向司法监督机关申诉,仍然对处理结果不服的,再向权力机关提请司法个案监督。但是,这种申诉活动,不应影响原判决裁定的执行;而且,即便是信访活动能启动监督程序,需要改变原判决裁定,也只能是由相应司法机关依法进行再审判决或重新裁定,最终呈现的是司法体系的自身纠正功能。但现实中,大量的信访案件是已经走过了完整的司法程序后发生的,信访人不愿意单独走正常的司法申诉、控告程序,而是直接或同时去党政要害部门信访,甚至越级上访到北京,想让党组织和政府领导干预司法的判决和执行,这对我国的司法权威构成了严重的损害。

---

[1] 参见张梦霞:《监督权视野下公民信访权的实现》。
[2] 参见易虹:《涉诉信访制度困境与解决机制的整合》。

一方面,这种所谓上访成功的信息更刺激了进行司法程序外民众上访的积极性,信访人打着维护司法公正与法律尊严的旗号,去党委、政府、人大要求领导批示,去法院要求领导"发现错误"以启动再审程序。这使得信访机构事实上取得了"超级法院"的角色,甚至成为最终的纠纷解决机构。另一方面,面对涉法涉诉信访的压力,"法官无上司"的法治原则不再有效,领导的批示和当事人的闹访、缠访都可能启动一个法外的司法程序,都可能改变一个既定判决。司法程序的正当性和稳定性,生效判决的强制性和最终性,在涉诉信访面前发生了动摇。党委、人大基于领导地位或监督权,经常对申诉及申请再审类的信访投诉作出各种批示,建议或者要求法院"复查处理""依法纠正",致使法院处于非常被动的境地。当有其他权力能够干预司法权,甚至替代司法权的时候,司法公信力的下降也就成为必然了。[1]

综上所述,正因为三个体系内都有信访制度,且信访机关多、信访数量大,导致现阶段我国公民行使信访权的随意性强。来自各方的统计数字也表明,每年信访部门所接收的信访数量,通过信访处理的问题,要比法院受理的案子多得多。一方面,信访机关繁杂,缺少如法院系统这样专门化、专业化、独立化的组织。各类信访机构之间职能交错,缺乏内在的沟通和协调,信息不能共享,信访资源被大量浪费闲置。有时对一些信访案件常出现多重受理或相互推诿的现象,有时对同一信访事项的处理甚至出现前后相互矛盾,对信访人的权利造成不可弥补的损失。另一方面,信访在中国呈现愈演愈烈之势,说明已有的司法救济尚未完全到位以及补充救济途径的缺失。舍弃司法救济途径,选择信访,或者推倒已经走完的司法程序,通过信访来实现自身权利的保障,可以说是最不明智的一种选择,这同时也可能是很多信访人的无奈。[2]

司法诉讼处理纠纷范围的有限性,司法公正和司法权威缺失所导致的司法公信力的不足,加上其他复杂的社会和体制原因,使得公民信访权这一途径性权利呈现出两种背离正常行使状态的面向:一方面,它可轻易溢出公民对立法、行政、司法进行监督的法律程序之外,可以轻易被滥用;另一方面,由于信访机构数量众多,非专业机构和专业机构并存,法律机构和非法律机构并存,导致法定的、本来就比较粗糙的申诉、控告程序可轻易被非法制化的信访活动

---

[1] 参见易虹:《涉诉信访制度困境与解决机制的整合》。
[2] 参见张梦霞:《监督权视野下公民信访权的实现》。

排挤和替代,进一步边缘化,甚至导致司法诉讼活动受到冲击和边缘化,并最终使公民通过信访活动行使的许多监督权利整体上处于弱法律保障的地位,使大多数信访人在各种信访机构的推诿中来回奔波,不得不走上艰难的上访之路,极端者则走上闹访、缠访之路。

总之,尽管信访权的行使具有救济成本低、程序简单、受案范围广,使得群众易于、便于行使等优点,但也具有受理内容上的无限性、受理"被访人"的广泛性、信访受理机关的多元性、信访受理与处理衔接的模糊性等制度性弱点,[1]加上其权利易于被滥用与相关"截访""拦访"等"维稳"举措的对抗性挤压,权利行使的法律制度保障整体较弱。

第三节　我国公民监督权缺失问题的本质所在

综上所述,我国公民监督权利作为宪法明确规定或默示规定的基本权利,存在着法律确认和保护不足,权利行使不畅,监督制约权力的效果不佳等明显缺陷。究其原因,无疑是多方面的,但根本原因是确认和保障该类基本权利的法律制度多不完善,缺乏有效的实施能力。这种法律制度的缺失,直接导致的是公民监督权在各个层面的内容和能力都存在严重不足,公民在各个层面上实现权利的有效享有和行使都缺乏制度性的保障,对各种尊重、保护和满足权利行使的义务难以形成有效督请或客观保障,对各种侵犯、妨害或者不支持权利行使的行为难以形成有效的对抗和救济,呈现出明显的"软权利"的特征。可以从三个层面分析这种情况。

一、在宪法规范层面缺乏起码的规制能力

公民基本权利作为宪法规范,对各种公权主体应具有充分的直接规制能

---

① 参见马红安:《从信访受理制度看"信访权"的边界》,《广东社会科学》2018 年第 4 期。

力,这已经成为现代法治的核心环节,是宪法至上的根本机制之一。宪法是国家的根本大法,尽管具有鲜明的政治性,但法律性仍然是其最根本属性,否则,也就不用称之为"法"。宪法规范是法律规范,尤其是宪法确认公民基本权利的规范,必须是货真价实的法律规范,可以约束任何国家机关,包括最高权力机关。权利并不以法律的存在为前提,同样也不以宪法的确认为来源。我们不同意"天赋权利"或"自然权利"说,但依据马克思主义唯物史观,权利来自以特定社会经济生活为基础的各种正常社会关系的一般法权需求,表现为社会成员符合社会正义的法权要求,并作为稳定的社会利益关系为法律等社会规范所确认和承载,因为"权利以法律的保护为最佳方式"①。其中宪法的确认具有根本意义,因为它赋予了公民基本权利直接对国家机关及其权力的约束或规制地位。一项社会主体的权利如果被宪法以明示或默示的方式确认为公民基本权利,就意味着宪法已经赋予了国家机关对该权利要承担相应的尊重、保护等宪法义务。

这些宪法义务,首先意味着国家立法主体要充分认同和受制于基本权利规范的客观价值秩序地位,受制于基本权利凭借宪法规范地位对立法权力的客观敦促和驱动作用,积极履行立法保护义务。

国家立法机关要承担一种对基本权利具有根本保证性的义务,即构建保障基本权利的基本法律制度的义务。对公民监督权利而言,此点特别重要。因为,与其他公民政治权利如选举权等类似,各种监督权利关系并没有已经现实存在的社会关系作为直接支撑,而是需要法律制度的具体构建才能有效形成。良好立法对公民监督权的具体构建,可为其作为具体法律权利为公民有效享有和行使,提供最根本的保障。立法机关,甚至一些可以行使立法权力的行政机关和司法机关,应该通过积极的、主动的立法或法律性质的规范构建,实现公民基本权利规范的结构性转化,将宪法规范通常只能概括表达和确认的基本权利,结构性地转化为内涵丰富具体的法律权利,使其在具体操作层面,成为人们依法享有的诸种具体的公法权利或私法权利,并进而对行政机关的执法、司法机关的裁判产生规制力,最终转化、落实为符合人们权利保障追求的社会秩序。这一过程也意味着,通过国家立法机关制定的法律和其他机

———————————

① 何志鹏:《权利基本理论:反思与构建》,北京大学出版社 2012 年版,第 28 页。

关制定的法规进一步框定基本权利的主体、具体内容、范围、相对应的义务主体及其义务、法律限制和克减程度等。

但是,我国宪法监督机制的弱操作性、立法体制上的实用主义倾向、国家在立法中的绝对主导地位、对基本权利法律地位和权能的认知不足等因素,使我国的立法在一定程度上偏离了其得以启动和优化的宪法基本权利基础。从宪法逻辑上来说,立法权的一个根本目的是保障基本权利的实现。但是,就我国而言,现行的立法体制总体上是国家基于建构和主导社会的需要而计划和启动的,宪法中关涉基本权利的规定不能在事实上成为立法权由以发动的逻辑起点。立法取向更具有非常突出的实用主义倾向,[①]立法的重点主要集中在为经济的运行和社会稳定提供保驾护航方面。公民之基本权利,尤其是与经济无关的基本权利的实现和保障,一直以来却并不是其直接关注的重心。从我国人大制度的运行机制和立法程序方面,形式上集中凸显为全国人大常委会在立法程序中的主导作用,但如果进而考虑到国务院在立法提案方面所处的事实上的主导地位,以及外在于全国人大常委会但事实上在实际影响着立法的政党因素,则可非常清楚地看出国务院在立法中所起到的实际作用。再加上在行政立法、授权立法具有正当性的时代背景之下,立法权已然在事实上出现了向国务院及其职能部门的结构性转移。"在这些因素的综合作用下,政府在基本权利实现方面的话语权被实质性地抬升,基本权利不仅不再是立法由以启动的理念的逻辑基础,相反,它在一定程度上成为荫庇于行政管理的附带之物。"[②]其结果必然是,中国诸多基本权利的立法现状只能是国家立法机关立法不作为或不充分,法律保留原则得不到遵守,基本权利具体化的立法呈现出行政权力支配、低层次化和碎片化的现状。如前所述,除了个别公民监督权的具体法律化问题得到一定的解决之外,我国公民监督权的保障,多数还缺乏专门的、系统化的国家立法予以保障,对一些公民监督权,如知情权、批评权、建议权、申诉权、检举权、舆论监督权、信访权等而言,国家层面的专门保护立法的缺失,意味着这些公民监督权的具体法律化问题仍缺乏基本法律制度

---

① 有学者将指导立法的主流意识概括为四点,即工具建构主义、精英决定论、实验主义、经济中心主义等,认为中国现行立法体制的形成有其实用主义的观念基础。参见陈端洪:《立法的民主合法性与立法至上——中国立法批评》,《中外法学》1998 年第 6 期。

② 刘志刚:《立法缺位状态下的基本权利》,《法学评论》2011 年第 6 期;刘志刚:《立法缺位下的基本权利》,复旦大学出版社 2012 年版,第 49 页。

构建这一核心环节,使相应基本权利在基本法律制度上处于虚置化的地位。

从现代法治国家的法律体系逻辑上讲,每一种公民监督权的法律确认和保障应包括:宪法规范(含一些隐性规范)—基本法律制度规范—其他更具体的法规规范(含行政法规、地方法规、司法规范、行政规章的规范)。每一个层级的法律规范,应基于宪法和法律构建的法律运行机制,通过设定权利规范,更通过设定义务主体及其具体义务的规范,赋予公民监督权的特定内容和功能。但是,由于基本法律制度的缺失,其他低位阶法规不仅难以对基本权利设定充分的保护规范,赋予其充分的内容和功能,还可能会不合理地剥夺、限制或克减公民监督权。尤其是一些以特定社会管控为目标的低位阶法规,在涉及这些公民监督权时,就可能以这种限制为直接追求,并轻易实现这种目的。

其次,这些宪法义务还意味着立法主体不得制定不当限制公民基本权利的立法;而当出现这种基本情况时,权利主体或其他社会主体可以基本权利条款为依据,通过宪法监督或宪法司法审查机制,矫正不当立法对基本权利的普遍性危害,这也意味着特定国家公权主体还要作为被求助主体,为保护公民基本权利承担相应的立法监督或审查义务。

在对基本权利进行进一步确认和具体保护时,国家立法机关必须明确其界限,基于社会公共利益、公共秩序和基本权利之间的平衡等因素,对其进行必要的限制和克减,甚至可以规定在特定情况下剥夺和限制特定公民享有此权利的具体情形。但无论如何,这种权利剥夺、限制或克减,都不能损害基本权利的本质存在,即在一切条件允许的情况下,让社会大众充分享有该项权利。而且,这种剥夺、限制或克减只能采取国家层面立法的形式,不宜下放给低位阶的立法主体处理。此所谓法律保留原则,笔者将在后文相关章节详细论述。

就我国公民监督权而言,虽然是重要的政治权利,但并没有被我国《立法法》纳入法律保留的范围。更重要的是,在国家法律层面,目前我国宪法监督制度实行的是国家立法机关的自我监督和矫正机制,没有赋予公民任何请求权、建议权,国家立法承担的完全是客观义务,只有对行政法规以下的低位阶法规的宪法监督机制,才赋予了公民提出审查的建议权,虽然至今已有一些成功的案例,但规范性的程序保障较弱。因此,对公民监督权的低位阶立法而言,一方面,是一些低位阶立法为了特定的社会管理目标,有意无意地不当限制了公民监督权利；而另一方面，公民事实上还难以启动有效的宪法监督机制，矫正这种具有普遍性意味的权利侵害。由此决定，我国涉及公民监督权利的低位阶法规所呈现的保护不足、限制有余、庞杂多门、支离破碎等局面，可以归结到公民监督权宪法规范缺乏直接规制力这一根本原因，这是其必然结果和具体表现。

二、 在法律权利层面督请义务履行的能力弱

之所以赋予公民基本权利宪法规范的地位，就是要依靠宪法规范的至上地位，通过宪法规范直接规制公权主体的能力，促使国家立法主体制定法律制度具体确认基本权利的基本内容、范围、一般保护义务、具体对应义务及义务承担主体、各种保护程序以及对权利的正当限制等等；同时，还通过宪法监督或审查机制，赋予公民启动对相关立法进行合宪性审查的请求权或建议权，矫正不当限制公民基本权利的立法。这样做的根本目的，就在于确保国家立法主体制定出一批合宪合理的法律，对公民基本权利进行具体法律制度化，使其成为法律充分确认、保护的法律权利。这一点，对于建构性属性异常突出的公民监督权利而言，尤其重要，任务也尤其艰巨。因为，公民监督权一定是直接制约公权主体权力行使、监视督促其守法守正的权利，是与公权主体存在直接利益对抗性的权利，如果立法主体不能充分摆脱公权主体尤其是官员群体的特殊利益考量，真正从追求人民主权、有效防止公共权力的滥用和异化、督促公权主体守法守正等价值追求出发，公民监督权获得法律的充分确认和保障的现实性将不容乐观。

前述关于公民监督权立法保护和享有现状的分析告诉我们，我国公民监督权作为法律权利有效行使和享有的情况，或者说受到法律有效保障的情况，是难以让人乐观的。诸多基本权利尚缺乏国家层面法律的起码确认和保护，相关低位阶法规规范保护范围有限，效力弱并过于粗陋，更有一批低位阶法规，名为保护实为不当限制，甚至巧立名目公开地进行不当限制。由此决定，我国公民监督权除控告权、取得国家赔偿权外，多数在法律层面上尚存在严重的内容和能力缺陷，突出表现为其义务督请能力很弱。

首先，多数公民监督权的权益内容在范围和程度上都受到很大限制，这决定一部分负有尊重、保护、满足、促进等义务的公权主体可以直接轻易逃避义务主体的地位，逃避义务承担。当公民对他们行使监督权时，它们可以"合法"地、心安理得地拒绝公民的权利主张，甚至可以合法地打击报复公民监督权的行使。如公民知情权可以轻易被种种貌似合法理由限制和拒绝；在网络上行使对国家机关的批评权，可以被以损害国家机关信誉的"合法"理由予以打压；公民在地方上访被不断推诿，不得不越级上访，但完全可以因为"越级上访"而拘留；即便是无辜被刑事拘留，也可以因为"依法作出"而被拒绝国家赔偿，或者即便是得到赔偿，也完全是得不偿失。

其次，即便是一些公民监督权的权益得到了法律法规的确认，但由于对应义务设定的较强模糊性、伸缩性，义务主体也能以"依法履行"或者"没有违法"的名义，轻易逃避或减轻义务承担。如对公民知情权的满足义务，批评、建议权的受理和回应义务，公民在行使检举权后人身安全的保障义务，国家赔偿的精神抚慰行为义务，信访权的督办义务，舆论监督权的尊重义务。这些义务，因为法律规定的不到位，都可以为义务主体所轻易逃避或减轻。

再次，即便是一些公民监督权的权益得到了法律法规的确认且比较明确，但由于对应的义务承担和落实在程序上缺乏操作性和保障性，公权主体也可以利用程序的漏洞，如漫长的时限、复杂的批转手续等，推脱义务承担，让权利主张者身心疲惫，难以实现权益主张或救济。于是控告、申诉、再控告、再申诉，结果是对公民监督权应承担义务的主体变得越来越多，"欠账"越来越多。许多信访者最初开始信访时都充满了对政府的信任，但是在经历了无数次的只登记不解决问题的情况之后，都渐渐地丧失了耐心。"信访办，信访办，门难进，脸难看，一推二拖三下转，访来访去事不办。"①这导致部分公民采取极端手段，或越级上访，或缠访、闹访，以求法外途径解决。结果，除一部分人因为公权主体面临上访的压力过大，急于"结访罢访"、平息事端而被迫给予过当的利益满足外，更多的人则被以非法或合法的手段予以处罚，与公权主体形成了更大的对立性。

正是上述立法失当，再加上根本性的立法空缺、立法滞后，相当数量的公

---

① 李宏勃：《法治现代化进程中的人民信访》，清华大学出版社 2007 年版，第 184 页。

民监督权利行使难以通过正常的法律途径进行,而寄希望通过弱法律的信访渠道,进行政治施压,迫使相应公权主体承担义务。一方面,一部分人通过非法手段实现目的,往往引发了更多人走捷径,放弃了依法行使权利的正常渠道,从而进一步削弱了法律及其执行者的权威,形成了"信'访'不信法"的被动局面;另一方面,依法行使监督权的困难境况却难以根本改变:权利主体难以改变,而公权主体也缺乏改变的真正压力。大量信访——解决的就是不可通过行政诉讼、行政和司法申诉、请求国家赔偿程序来解决的矛盾和利益纠纷,如具有法定不可诉性的抽象行政行为,具有人为不可诉性的土地征收、拆迁安置等——成了依法行使权利的替代者,信访权这一公民监督权的途径性法律权利,被赋予并在现实中也承载了大量的非法律权利的内涵,且具有了制度性的现实合理性。这本身也验证了公民监督权在法律权利层面上督请公权主体履行法定义务的不足,只有靠政治机制来补充或替代。权利毕竟是社会主体正当利益的表达,在法律渠道不通或受到过多的阻碍后,就要通过特殊的渠道进行表达,这也可以说明非法律渠道的信访权利制度的存在具有一定合理性。① 但是,这种权宜但便捷的权利表达途径极易被滥用,损害法治,衍生不正当的诉求,给政府和司法机关带来不正当的压力,政府和司法机关或疲于应付,或以非法或过激手段压制,而这种压制又极易引起非常行为和以死抗争。

　　总之,在我国当下,公民监督权在法律层面的义务督请能力弱,现实中催生了弱法律或非法律层面的政治性信访督请机制,但后者存在的弊端和权利诉求的异化,导致其并不能作为有效而适当的权利表达机制,保证某些公民监督权利有效行使,相反,还与法律途径的公民监督权的行使形成了相互损耗的局面。

三、 在权利救济层面再救济能力弱

　　公民监督权多数具有权利救济权的属性,公民行使权利的直接目的在很多情况下就是为了维护或救济个人正当权益、公共利益。其在法律权利层面督请义务履行的能力弱,也就意味着其直接的权利救济能力弱,相应的督请公

---

① 参见张炜:《公民的权利表达及其机制构建》,人民出版社 2009 年版,第 42—43 页。

权主体守法守正的监督能力弱。由此,进一步引发的问题是,因为公民监督权在行使过程中得不到有效行使,以及可能在行使过程中遭受新的侵害,公民就要进行对监督权行使的再救济,维护行使监督权而没有实现或进一步遭受侵犯的合法权益,是公民监督权再救济问题。但问题是,与公民监督权在法律层面的督请义务履行能力弱一样,其在权利救济层面的再救济能力同样严重不足或弱小。

首先,公民在行使监督权的过程中遭受妨害和严重侵权的行为发生率很高。以信访为例,在上访过程中,很多重复信访者遭到被信访者的打击报复,或者遭遇了信访机关的充满暴力和强制的截访、堵访,主要表现是被没收财物、跟踪、拘留或限制自由。有学者对 60 余件市民重复上访的情况进行调查分析,发现对此不公待遇持续上访的案件占全部调查案件的 41.53%(27 件),其中 7.4%的市民甚至不再提及原来的纠纷,而只针对重复信访过程中的不公待遇。① 于建嵘对 632 名进京上访的农民进行的调查表明,"55.4%的农民认为因上访被抄家、被没收财物、东西被抢走,有 50.4%的农民认为因上访而被关押或拘留,有 53.6%的农民认为因上访被干部指使黑社会的人打击报复"②。

其次,救济求助主体的中立性和救助能力弱。综合考察现有相关法律制度,不难发现,在公民监督权需要救济时,诸多情况下只能向原监督求助机关及其上级机关请求救助,这种依靠特定机关自身纠正自身错误或同一权力系统内上级机关纠正下级机关的制度设计,本身缺乏自然公正性,也导致救助的无效性,导致控告、申诉不断衍生新的控告、申诉。而跨部门的救助,在缺乏高位阶法律的统一协调和规制的情况下,仅仅靠各部门制定规范的支持,根本无法形成有效的保障,所谓督办、法律建议等救助义务根本难以发挥有效的救济效果。

复次,救济程序不透明,缺乏权利主体的参与性。目前公民监督权的救济,除部分可以间接引起法律诉讼程序外,多数由被求助对象按简单程序处理,缺乏必要的听证和对质程序,权利人对权利救济进程整体上处于信息不对称的地步。这样救济求助机关对侵权者或权利妨碍者的责任追究,就实际拥

---

① 参见蒋冰晶:《重复信访行动研究》,知识产权出版社 2012 年版,第 91 页。
② 于建嵘:《中国信访制度批判》,《中国改革》2005 年第 2 期。另参见张修成:《1978 年以来中国信访工作研究》,中共中央党校博士学位论文,2007 年,第 113 页。

有了较大的裁量权,可以轻易让他们逃避或减轻应负的法律责任。

再次,对侵权者的责任追究缺乏对权利受害人主张的尊重。公民监督权多属于救济性权利,对救济权利侵害是更加恶劣的侵权行为,理应严加制止并追究相应的赔偿和惩处责任,以保障两个层次的权利损害都得到恢复、修复、补偿。但是,由于对公民监督权造成损害的侵权主体通常是公权主体,其责任形式主要是公法责任,包括行政责任、刑事责任和国家赔偿责任,本质上是特定的公法义务,除国家赔偿责任可以为受害人直接主张外,其他责任都不能为受害人所直接主张,只能督请特定公权主体启动程序追究相应公权主体的相关责任。但是,这并不意味着权利主体作为受害人不可以参与对相关责任的主张和建议,并要求特定公权主体充分尊重权利受害人的意见。为了充分惩戒侵权者的责任,发达国家就立法规定,在追究恶意打击报复举报人的侵权者的相关行政责任和刑事责任时,充分考虑权利受害人的意见,并对侵权者科以受害人可以选择的追加义务承担;而在进行国家赔偿义务机关的追偿时,也充分考虑权利受害人的意见。

显然,上述三个层次的问题,又可以归结为一个本质性的问题,即我国公民监督权内容和能力的法律制度构建尚存在严重的缺失。要言之,确认公民基本权利的宪法规范总体上缺乏规制能力,导致公民监督权利在法律层面上的确认不充分、不完整和被不当限制;其作为法律权利的基本内容和能力存在严重不足,由此导致其督请义务履行的能力较弱,并时常处在行使不畅、遭受侵害的境遇;同样,由于缺乏充分有效的法律确认和保障,这种本身救济属性很强的权利时常需要再救济,但获得再救济的能力却非常有限。这就决定公民监督权在整体上的享有或行使不足。

该问题的存在要求我们,必须认真对待公民监督权的法律构建问题,即通过具体的立法,对各项公民监督权的内容和能力进行充分的法律确认和保障。这本身就是认同、落实和构建公民监督权利作为宪法权利和法律权利统一体应该具有各种充分权能的问题。由此,才能真正形成公民监督权作为基本权利的各种充分的权能,以确保公民监督权的有效行使,有效制约国家公权力。作为基本权利,这种权能应是全方位的,从对立法机关设定特定义务,到对具体国家工作人员乃至与公民监督权有效行使相关的其他一般社会主体设定特定义务。其中,公民监督权作为狭义的基本权利——仅凭宪法规范确认和保障地位——该具有的基本权能,是最高效力和层次的权能,也是基础性的权能;作为被宪法与具体法律、法规一体化充分保障和落实的基本权利,除了立基于这种基础性的权能外,还具有更为具体、丰富的权能。这些更具体、丰富的权能,是各个具体公民监督权得以充分享有和行使的具体保证。没有这种以公民监督权宪法规范为本位的法律制度的充分、合理和具体化构建,公民监督权的权能也就只能是残缺不全。因此,从根本上讲,我国公民监督权享有和行使的缺失,就是法律制度构建和落实其基本权能的不足和缺失。

为了充分认知和把握公民监督权利基本权能的构建问题,我们还需要进一步地创新和运用基本权利的基本权能理论,对我国公民监督权基本权能的应有内容、特征及目前存在的问题,作出系统的分析。

第三章　公民监督权法制化构建的
根本理路和法治意蕴

　　狭义的基本权利的基本权能理论,是德国法学家创立的一种对公民基本权利的地位和功能进行具体分析的理论。它以公民基本权利具有客观和主观功能(权能)的厘定为基础,系统论证了公民基本权利的宪法规制力。运用结构和功能相统一的科学方法,进一步创新和转化这一理论,将之适用于广义的公民基本权利,则可以形成对公民基本权利在宪法规范保障层面、法律确认的本体性享有层面和权利救济层面的各种具体权能进行系统分析的新理论。这对现代法治国家以宪法基本权利规范为本位,通过制定完备的、明确具体的法律规范,充分构建基本权利各层面的基本权能,保障各类公民基本权利的充分行使,具有重要的理论建设意义。对于公民监督权这一法律构建性极强的公民基本权利板块而言,这一理论更具有建设意义。因此,本章内容又回到了抽象的理论构建和分析,进一步创新性地论证公民基本权利的基本权能理论,分析公民监督权基本权能的特点及其对相应义务设定的影响,揭示公民监督权法制化保障的本质问题或根本理路就是充分构建其基本权能,并进一步论证这一公民监督权利构建和保障理路的基本法治意蕴。

第一节　基本权利的基本权能理论

一、基本权利的双重性质理论

（一）基本权利双重法律效力的理论论证

基本权利的双重性质理论，是德国宪法学者首先创立的一种法律学说。目前，其对世界不少国家的法律学说，尤其是宪法学说及基本权利学说，产生了重要的影响。应该说，美国宪法及其《权利法案》规定的基本权利，通过其立国之初就确立的宪法司法审查制度，从一开始就具有对抗和约束联邦政府立法、行政和司法权力的能力，并逐渐具有了对抗和约束州政府立法、行政和司法的能力。但偏重实用主义而忽略理论论证的美国法律界学者，并没有形成关于基本权利基本权能的学说。基于魏玛共和国时代尤其是法西斯时代，德国宪法被轻易破坏和摧毁，公民基本权利惨遭剥夺而对国家权力无能为力的教训，在美国宪法文化主导下产生的 1949 年《德意志联邦共和国基本法》，不仅系统确认了德国公民的诸多基本权利，而且明确规定了这些公民基本权利具有约束国家立法、行政和司法的能力。于是，擅长理论构建的德国法学家，开始创立关于基本权利的功能和相应的国家权力主体义务的学说。

此前，在立法绝对主义和法律实证主义的主导下，德国宪法规定的基本权利仅被看作是对立法机关的"指示"或者"纲领"，而不是可以诉请法院保护的权利，宪法上的基本权利只有经过立法机关制定法律才能成为真正的权利，"宪法上的基本条款几乎没有任何法律上的实效性"[①]。在这种层面上，基本权利并非严格意义上的权利，而是道德原则或政治原则。相应地，宪法规定的国

[①]　张翔：《基本权利的双重性质》，《法学研究》2005 年第 3 期；张翔：《基本权利的规范构建》，高等教育出版社 2008 年版，第 108 页。

家义务也被主要认为是一种政治义务,而政治义务实际上是一种道德义务,从国家伦理学的角度讲,是否服从人民的利益是国家是否具有正当性的基本标准,所以国家的政治义务实际上是从正当性上、道德上对国家的约束或限制。在这个层面上,国家对基本权利的义务并非基于法律的强制性,更非基于公民个人的直接要求,而是仅受公权力掌握者的良心与道义约束的义务。宪法对于国家尊重保障基本权利的义务的宣告,仅具有道德权利与道德义务宣告的意味,这种权利义务关系并不具备法律上的实效性。

"二战"后,德国宪法主流学者则越来越重视和强调基本权利的法律性质。一方面,法学理论和宪法实践开始认定基本权利的主观权利性质,即基本权利具有"个人得向国家主张"的意义,被看作是在法律上有效的、可执行的请求,而与基本权利对应的一些"国家义务"则被看作是可被请求的对象和内容。相应地,德国宪法主流学者则认为,国家对基本权利的义务应当是宪法义务,而宪法义务也是具备法律义务特征的义务。也就是说,国家针对公民基本权利的各种活动,不再仅仅是服从于政策的国家自由裁量权的行使,而是受宪法基本权利条款约束的,履行宪法科以义务的行为。作为宪法义务的国家义务,有些是与基本权利作为"请求"的权利性质相对应的。

另一方面,出于强调公民基本权利规范具有整体性法律效力的需要,"二战"后的德国学者还从整体上扬弃了基本权利是道德宣示的"客观价值秩序"说,以及宪法义务仅为政治义务和道德义务说,重点论证和强调公民基本权利同时兼有"客观法(客观价值秩序)"和"主观权利"的双重属性。他们在系统论证了基本权利作为主观权利的基本权能的同时,也强调基本权利作为"客观法"或"客观规范"的法律意义上的内涵和规制功能。他们认为,基本权利作为"客观法"在《基本法》上的直接依据是第 1 条第 3 款,该款规定:"下列基本权利拘束立法、行政及司法而为直接有效之权利。"此外,《基本法》的其他一些条款,也被看作是基本权利具备"客观规范"性质的依据,主要包括:(1)《基本法》第 1 条第 1、2 款。这两款内容是:"人之尊严不可侵犯,尊重及保护此项尊严为所有国家机关之义务。""因此,德意志人民承认不可侵犯与不可让与之人权,为一切人类社会以及世界和平与正义之基础。"(2)《基本法》第 19 条第 2 款:"在任何情况下,对基本权利的限制不得危及其本质内容。"(3)《基本法》第 79 条第 3 款:"对基本法的修正,不得影响⋯⋯第 1 条至第 20 条所确立的基本原则。"按照这些规定,基本权利就是可以直接约束公权力运作的规则,也就是公权力主体要时刻以维护和保障基本权利作为自己的基本考量;基本权利是先于国家的存在,基本权利并不是制宪权的创造物,相反,制宪权及其派生的其他国家权力都要受基本权利的约束;即便是由社会中的多数所推动的制宪权、修宪权和立法权,也要受基本权利的约束。[1] 但基本权利对公权力的这种约束不是违宪审查层次上的,也不是个人可请求公权力不得积极作为或必须积极作为层次上的。因此,根据这些宪法规范,基本权利体现的并不是完全是"主观权利"的性质,而同时也是一种"客观规范",或者"客观的法"。这种规定可以被解释为《基本法》赋予了基本权利以一种超越国家的、约束国家权力的"客观规范"的地位。

不难看出,尽管这些德国《基本法》的规范并不是意味着仅仅赋予了基本权利客观法的地位,而应理解为同时赋予了基本权利的客观法地位和主观权利的内涵,但无论如何,它们确实赋予了基本权利相应的客观法地位。基本权利作为一种客观规范所直接对应的宪法义务,也不再被二战前的德国学者理解为一种政治义务、道德义务,不再是对立法权的空洞的道德"指示"和"纲领",而是一种具有法律意义的、可以实际约束包括立法者在内的所有公权主体的客观规范,是直接约束公权力运作的"客观法"。当然,总体上,德国宪法学者并没有对这种义务的法律性质给予清晰明确的说明。从逻辑上讲,一种义务既然是宪法这一根本法律规定产生的义务,也就必然是法律义务,不能因为这种义务还不能为相应的权利人主张,并通过司法等手段进行保障和救济就不能称为法律义务。这是一种过于执迷于法律的强制性而忽略其内在性的传统法律思维导致的简单化结论。成就基本权利乃至一般权利的法律义务,并非一定是权利主体可直接主张的义务,除了内容和程序上的可操作性外,更有法律制度的内在性和权利主张的有限性使然。法律制度的实效在诸多情况下可以、也必须依靠法律内在性的规制能力实现,它甚至是法律制度得以成立和有效运转的基本条件和标志。因此,基本权利的客观法地位所设定或要求的义务,仍然是一种法律义务;所具有的促使这种义务履行的客观内容和能力,作为客观价值秩序及其规制能力,仍然是一种法律上的权能,而不是道德

———————————

[1] 参见张翔:《基本权利的规范构建》,第108页。

上的权能。德国法院的相关判决书也充分说明了此点。在 1958 年的吕特案判决中,德国联邦法院说明了基本权利主观权利权能的同时,也说明了其作为"客观法的客观价值秩序"的法律内容和功能:"《基本法》无意构造一个价值中立的体系。《基本法》的基本权利一章建立了一个客观价值秩序,这个价值秩序极大地强化了基本权利的实效性。这一价值秩序以社会团体中的人类的人性尊严和个性发展为核心,应当被看作是宪法的基本决定而对所有的法领域产生影响。立法、行政和司法都应该从这一价值秩序中获得行为准绳与驱动力。"[①]

这一理论,曾经被学者称为"基本权利的生成过程"理论。该理论认为,历史地看,宪法上的基本权利都有着从道德权利向法律性权利转化的过程。[②]最初,基本权利被认为可能仅仅具有价值宣示、道德准则的地位,充其量仅是具有道德意义的"客观价值秩序",并不具备法律上的实效性,更不具备可请求、可救济的权利属性。但伴随着德国法治理念和实践发生了革命性变化,这些权利被认为是具有了法律性的规制能力,科以了国家及其公权主体相应的客观义务,而且这些权利在一定程度上具备可请求的性质,作为主观权利而存在。也就是说,基本权利从原来作为道德宣示的客观价值秩序,向法律意义上"客观价值秩序"转化,再向"主观权利"转化。这一过程可以称为基本权利的"客观法化"及其"主观权利化"。与此相适应,国家义务也有着从"政治义务"向"客观宪法义务"再向"主观宪法义务"生成的过程。

(二) 基本权利的客观权能和主观权能

德国主流公法学者认为,无论是整体意义上的基本权利,还是每项基本权利,首先都具有客观法的地位和功能,具有法律意义的"客观秩序价值"。即基本权利是整个社会共同体的价值基础,承载了具有根本社会正当性的社会一

---

① Donald P. Kommers, *The Constitutional Jurisprudence of the Federal Republic of Germany*, Durham and London: Duke University Press, 1997, pp. 363, 368. 该案的中文介绍和评论,参见张翔主编:《德国宪法案例选释(第 1 辑):基本权利总论》,法律出版社 2012 年版,第 20—47 页;陈戈、柳建龙等:《德国联邦宪法法院典型判例研究:基本权利篇》,法律出版社 2015 年版,第 157—212 页。

② 参见阿部照哉等编著:《宪法》(下册),周宗宪译,第 41 页。

般需求;自身就构成了各个国家机关的基本行为准则。作为客观价值的基本权利是一个基本的宪法决定,它既为"三大国家权力提供了指导与动力",也意味着向所有国家机关下达了宪法命令,要求所有国家机关在各自的职权范围内贯彻这一最高法价值,各国家机关也有义务将之体现在各自的工作中。①对国家公权主体而言,除被纳入主观权利关系而必须承担大量的主观义务外,还被客观要求为基本权利的具体化和实现提供制度化的前提条件,承担保障权利行使机制运用的一般保护义务,并提供客观的、具体的保障和保护义务。基本权利作为客观法具有特定的内容和功能,我们可以称之为基本权利的客观权能。所谓基本权利的客观权能,是指一种基本权利应该具有的一种客观能力,即对权利基本保障制度构建及其保障机制运行所要求的客观义务的权益需求能力,是内在于一种基本权利的制度有效构建和运行的客观权益需求能力。

但是,基本权利如仅仅作为纯客观法存在(即基本权利的客观权能),所内含的就只是"客观价值秩序要求—义务"的法律逻辑,并不赋予个人以主观请求权,而仅仅科以国家公权主体单纯的保护义务,并不存在相对应的权利主张能力。"这种义务是一种'客观法上的义务'。易言之,由这个义务所衍生出的行为要求及命令,却并不能赋予人民可以直接要求立法者应该有所作为之请求权。"②因此,未来充分保障基本权利的享有,充分发挥其作为宪法规范确认和保护权利的法律效力,又必须承认基本权利的主观权利性质,充分承认其主观权能。

所谓基本权利的主观权能,又称为主观基本权利,是指法律规范赋予权利主体的可直接主张和行使权利的权益能力,即权利主体为了实现特定的利益,可要求他人为或不为一定行为的权利能力,表现为权利主体对相应义务主体的一种主张或请求能力,相应义务主体须承担相应的可被主张的法定义务,而且,权利主体通常可以自由地选择主张或要求义务承担者履行某种法定义务。其中,基本权利和其他公权利的主观权能,又称为主观公权利,是指宪法和行政法等公法赋予权利主体为实现其权益而要求相应国家公权力主体为或不为

---

① 参见伯阳:《德国公法导论》,北京大学出版社 2008 年版,第 66 页。
② 彼得·巴杜拉:《国家保障人权之义务与法治国家宪法之发展》,转引自陈新民:《宪法基本权利之基本理论》(上),元照出版公司 1999 年版,第 4 页。

特定行为的权能。① 它体现了权利主体可以直接主张或要求的权益内容及其功能的统一。

任何权利的主观权能的法律逻辑条件,是他人相应的特定法律义务。该义务以某个客观存在的法律规范为根据。在法律技术上,基本权利的主观权能的存在,意味着形成了权利主体与义务主体之间具体的主观权利关系,即"主张—义务"。一旦确认或设定权利的主观权能,就应该设定相应特定的、主观的法律义务和义务主体;同样,一旦设定了相应的权利主体可主张履行的法律义务及其义务主体,即确认或设定了权利的主观权能。主观权能必须与权利主体可主张履行的法律义务相对应,否则主观权利即形同虚设。

这样,在 20 世纪 60、70 年代,联邦德国形成了基本权利的双重属性理论。该理论认为,《基本法》规定的公民基本权利,具有客观法和主观权利的双重属性。其客观法的地位,意味着基本权利具有客观内容和功能,客观上要求国家公权主体承担各种客观义务,这些义务是公民基本权利得以充分享有和实现的重要保证,尽管这些义务是权利主体不能主张和要求的。作为客观价值秩序,基本权利是对国家权力产生直接约束力的价值规范,国家应当尽可能创造和维持有利于基本权利实现的条件。其主观权利的地位,意味着宪法确认的基本权利也具有一定的主观内容和功能,权利主体可以主张和要求国家公权主体承担一些主观义务,这些义务是公民基本权利得到实际享有的直接满足物,使公民基本权利具有了"主张—义务"主观权利关系。这一理论,体现了理论和实践并重的德国主流宪法学者对基本权利属性、内容和功能的深刻把握。论述该理论的代表人物包括科莫斯(Donald P. Kommers)、斯达克(Christian Starck)、毛雷尔(Hartmut Maurer)、阿列克西(Robert Alexy)、黑伯勒(Häberle)、博肯福德(Böckenförde)等。我国台湾地区学者张嘉尹、吴庚、庄国荣、陈新民等和大陆学者张翔等,对该理论也进行了较为系统的介绍和引申。

需要指出,中国学者多将德国学者言说的客观权利、主观权利或客观权能、主观权能译成了权利的客观功能和主观功能,人为缩小了德国学者相关概念的丰富意蕴。笔者认为,采用基本权利的基本权能的概念,是一种较为准确

---

① 参见哈特穆特·毛雷尔:《行政法学总论》,高家伟译,法律出版社 2000 年版,第 152 页。

的概念。所谓基本权利的基本权能,是用来统一指称基本权利的权益内容和功能的一个概念,是指立足于宪法基本权利规范和一定的法律制度,社会主体享有的某种基本权利所包含的具体权益内容及其与这种内容所具有的主客观功能或能力的统一。

(三) 理论启发意义

基本权利的双重属性理论,对于基本权利乃至一般权利的法律分析和构建具有重要启发意义。这种理论尽管主要是德国的学者和法律实践创立的,但其论证的基本权利的客观权能和主观权能及其对应的义务,并非德国所独有,而是一个带有普遍性的基本权利原理。

狭义的基本权利通常是指被宪法规范以概括、抽象方式加以确认的权利,除了一些禁止性义务外,多缺乏对基本权利充分要求的诸多义务的起码规定。该理论告诉我们,一方面,在特定条件下,基本权利具有权利主体可主张的主观权利属性,赋予权利主体一些直接主张国家公权主体承担和履行相应义务的能力;另一方面,即便是没有义务的明确规定,基本权利作为客观法,具有客观权能,在客观上需要国家承担和履行相应的保障义务,而且这种义务是具有强制性的法律义务,因此,基本权利规范具有客观上的法律规制力,即客观的权益内容和功能。对基本权利丰富内涵的理解,就不能仅限于其作为主观权利具有的权益内容和能力,还应科学把握其作为客观权利具有的权益内容和能力。

对具体化的基本权利即广义的基本权利而言,[1]也应如此。一方面,作为具体化的公民基本权利,其应该最大程度地主观权利化,具有明确具体的"主张—义务"关系;另一方面,这些具体化的公民基本权利的充分享有,仍然需要

---

[1] 笔者认为,广义的公民基本权利是针对狭义的基本权利而言的。所谓狭义的基本权利,是指宪法以明示或默示方式确认和保护的公民基本权利,承载了公民基本权利对国家及其主要公权力机关的宪法地位或概括或宏观的义务要求。而广义的公民基本权利,是指立足于宪法的确认和保护,得到了以宪法规范为基础的更加具体的法律、法规规范的确认和保护的公民基本权利。前者是指一项基本权利的宪法意义上的地位和权能;后者是指被宪法确认和保护的基本权利进而在具体法律制度上也获得确认和保护,从而具有了全部法律意义上的地位和权能。

义务主体尤其是公权主体承担大量的客观义务来直接满足或提供保护条件。这些义务，也就不宜理解为非权利要求的义务，而是满足基本权利客观权能的客观义务，是基本权利享有所客观要求的义务，法律对这些义务的明确设定和促使履行，是基本权利的法律制度化构建必不可少的重要内容。

基于对基本权利的狭义和广义两种不同内涵的理解，基本权利的基本权能也可以在两种意义上理解和把握。一是基本权利狭义的基本权能，指仅立足于宪法对某一权利的明示或默示的确认和保护，该基本权利就具有的针对相应义务主体的基本权能；二是基本权利广义的基本权能，指不仅立足于宪法的确认和保护，而且基于以宪法规范为基础的更加具体的法律法规规范的确认和保护，该基本权利所具有的针对相应义务主体的基本权能。前者是指一项基本权利的宪法意义上的权能；后者是指一项被宪法确认和保护的基本权利进而在具体法律制度上也获得确认和保护，从而具有的全部法律意义上的权能，即一种既具有基本权利地位又具有具体法律权利的全部意义上的权能。显然，基本权利狭义的基本权能是其广义的基本权能的基础和前提部分，其他部分则是这一部分在具体法律制度上的必要展开和具体落实。分析和论证基本权利的充分享有，无疑应首先重视基本权利的基本权能的宪法制度构建，但也必须同时重视基本权利的基本权能的具体法律制度构建，使基本权利在广义上拥有充分的基本权能。目前，多数学者仍然偏重于基本权利狭义的基本权能的阐释和论证，本书则是立足于对基本权利广义的基本权能的阐释和论证，研究公民监督权的法律构建问题。

二、 基本权利的三层次权能理论

基本权利双重性质理论，虽然具有重要的理论启发意义，但要真正科学分析基本权利的基本权能，还必须进一步进行理论创新。

在相关学术成果中，笔者已提出，基本权利的主观权能可分为三种具体的权能形态，即防御权能、受益权能和救济权能。为了进一步深化对基本权利基本权能的科学把握，笔者在此将进一步完善论证其存在的结构形态，即进一步明确基本权利基本权能的层次性，不仅要明确基本权利各具体权能的种类，还要进一步明确它们作为要素的具体结构位置,对它们进行更加细化的体系性分析,以充分论述它们各自的具体功能和系统同构的整体功能。具体理论框架包括:(1)采取广义的基本权利的防御权能、受益权能和救济权能概念,将其扩充为既包括主观权能也包括客观权能的概念;(2)以基本权利的制度性基础保障、正常行使状态和需要救济状态三个不同层面为基础,确立基本权利基本权能的三个不同逻辑结构层面及其具体形态;(3)在此基础上,提出将基本权利相应层面的主客观权能统一于其中的三个概念,即基本权利的基础权能、基本权利的本体权能和基本权利的救济权能,形成新的结构和功能的逻辑分析框架。这种分析框架,我们可以称为基本权利基本权能的三层次理论。[①] 一项基本权利,只有具有法律制度充分确认和保障的这种结构和功能相统一的内在逻辑框架,才能算是内涵完整、权能充分的基本权利,才能为公民充分有效享有和行使。

(一) 基本权利的基础权能

所谓基本权利的基础权能,是指立足于宪法规范的确认和保护,为保障基本权利的充分享有在客观上需要的,或权利主体主观上可主张的,构建充分保护基本权利享有的法律制度的权益和能力。也可称之为广义的制度构建权能。

任何法律权利的享有或实现,都有赖于一定法律制度的存在。这些制度可能在现代国家组织成立之前就已经在一定程度上存在,被制宪者在宪法中规定或确认下来,也可能基于基本权利的客观要求,在宪法相关规定后具体构建。对于基本权利的这一制度层面,立法机关不仅不可以否定和废弃,还必须积极地建构和维护。[②] 基本权利是制度性保障,并非只是消极地保障既有的

[①] 德国学者黑伯勒认为,基本权利的教义学体系应该是一种基于现实可能性的多层次的整合。他主张基本权利应包含三个不同的层面:主观防御权层面、制度性层面以及与服务国家相联系的受益权层面。在此实体法层面外,还应该有通过程序保障基本权利的内容。参见张翔:《基本权利规范构建》,法律出版社 2017 年版,第 87 页。可以说,黑伯勒的相关学说尽管具有一定的启发性,但与笔者的观点存在质的区别。

[②] 参见庄国荣:《西德之基本权理论与基本权的功能》,《宪政时代》1990 年第 15 卷第 3 期,第 35 页;张翔:《基本权利的双重性质》。

制度,在某些制度应当存在却不存在时,立法机关有义务主动形成相关制度。① 通常是,国家立法机关必须通过制定法律来建构制度,确立基本权利赖以行使的基本制度及基本机制,进一步明确宪法上基本权利的具体内涵,以保障基本权利的实现。② 基本权利所具有的这种内在要求立法者建立和维护制度,以促进基本权利实现的权能,就是所谓基础权能即制度构建权能。它是公民基本权利基于宪法规范保护地位具有的一种对立法构建其保障制度的内在需求能力。它意味着,只要宪法规范确定了某项基本权利,相关国家机关就负有了一种最基本的义务:构建充分保障该基本权利享有的法律制度的义务。可以说,每一项基本权利的具体落实,都需要立法主体建构或确认具体的法律来维护。如选举权这项基本权利的实现,需要制定具体的选举法律制度,具体规定选举的周期、层次、主体资格、选举组织、投票程序和救济程序,等等;知情权这项基本权利的落实,需要制定具体的信息公开法律制度,明确规定信息公开的范围、性质、程序、义务主体以及取得信息的程序、救济途径,等等。再如,控告权的实现,端赖于国家必须建立良好的诉讼制度和其他具体控告制度,国家对宪法中控告权的义务就不单单是消极的"不侵犯义务",而首先是立法机关通过立法建立一系列具体诉讼制度和其他控告制度。

这种构建保障法律制度的义务,主要表现为相应公权主体承担一些构建特定法律制度的客观义务和主观义务。这种立法主体的立法建制义务,是公民基本权利正常享有和行使所内在要求的,是权利享有的根本前提和基础所在,是权利存在的根本保障。

它要求国家立法机关或其他享有立法权的机关,应通过立法建制行为,制定一系列合理的、切实可行的实体规范和程序规范,构建可确保基本权利有效享有的实体规范保障和程序规范保障。既禁止国家公权主体和私人对基本权利的侵犯,又提供保护、满足和促进基本权利的国家义务和社会义务设定。这种义务在一定程度上可以分为两个方面:一是积极义务,即积极作为,构建充分保障基本权利享有的法律制度的义务;二是消极义务,即不得构建侵犯或不当限制公民基本权利的法律制度,造成制度性侵权的义务。由此形成基础权

---

① 参见于文豪:《基本权利》,江苏人民出版社 2016 年版,第 47 页。
② 参见訾从进:《论基本权利的受益权能及其主要指向》,《广西社会科学》2008 年第 10 期。

利的两种具体权能：一是获得制度构建权能,对应的是前一种积极义务,要求国家立法主体承担积极的立法作为义务,制定充分保障基本权利享有的法律制度的义务。目前,绝大多数国家总体上将之视为客观义务,但也有了一些主观义务的属性。① 二是对抗立法侵权的权能,要求国家立法主体承担消极义务,即不得制定不当限制②基本权利的法律。该类义务,目前在一些国家有相当部分已经成为权利主体可主张的主观义务,或者兼有客观义务和主观义务的属性,体现了基本权利基础性防御权能的存在和发展趋势;而有些国家依然保有客观义务的基本属性,尽管有了主观化的一定表现和趋势。

这种法律制度构建义务的充分履行,意味着通过制定法律规范,确定或赋予了基本权利更具体的客观权能和主观权能及其对应义务主体和义务,使基本权利在法律规范层面被具体化为法律法规保护的权利。这对公民政治权利而言,尤其是如此。一国法律制度如何规定和促使这种须由公权力主体履行的义务或职责,以及公权力主体履行这种义务或职责的情况,从根本上决定了相应权利享有的基本状况。

(二) 基本权利的本体权能

所谓基本权利的本体权能,是指公民基本权利在正常享有或行使状态下应该具有的义务主张和客观需求能力。它需要相应义务主体承担大量的作为或不作为义务,以满足权利可正常享有或行使的状态。公民基本权利必须体现为公民可具体行使的权利,在立法主体构建充分保护公民基本权利的法律制度后,基本权利就具有了丰富的权益内容和能力,包括获得国家具体尊重、保护、满足、促进的各种权益内容和能力。可以说,基本权利的基础权能充分实现的一个重要目标,就是为保障权利的正常行使提供具体的法律保障,通过更具体的法律规范规定基本权利在正常行使状态下应有的权能,即权利主体

---

① 在德国,假如现存法律没有保护或者保护不足,宪法保护利益受第三方侵犯的个人有权对抗国家,立法机关的不作为或者拒绝作为不仅违反了客观的宪法,也侵犯了公民的个人权利。但仅适用于个案,而且没有判令修改立法和立法的裁判。

② 这里的不当是指达到了侵犯了基本权利的本质存在的程度。在下文中,如果"不当"一词不是与"违法"对应使用,都是指此含义;这里的限制具有广义的内涵,包括剥夺、狭义的限制和克减。在下文中,如果"限制"不是与剥夺、克减等词并列使用,都是指此含义。

应该具有的义务主张和客观需求能力,对应的是相应义务主体的具体主观义务和客观义务。

但我们不是根据这种客观权能与主观权能的划分,来分析这种本体权能。因为,从总体上看,基本权利在这种状态下所具有的权能可分成积极的和消极的两种:一种是消极防御性的,即指基本权利主体可以在主观上要求或客观上促使其他人承担不得侵害其权利的不作为义务的权益能力,对应的是义务主体不得作为的禁止性义务;另一种是积极获益性的,即指权利主体在权利正常行使的状态下,主观上可以要求或客观上可以促使义务主体承担积极给付义务,以实现其权利正常行使的权益和能力。两种权能内涵、功能和对应的义务迥然不同、判然有别。① 其对应的义务区别,与人们习惯认知的不作为义务和作为义务的法律理念对应,故采用防御权能和受益权能的分类比较合适。

所谓基本权利的防御权能,是指权利主体在权利正常行使的状态下,在主观上可以要求或客观上可以促使其他人承担不得侵害其权利的不作为义务的权益能力,表现为依靠法律规范的存在和有效实施,权利主体可以主观上行使对他人的"不得作为请求权"或"侵害停止请求权"的权益能力,以及客观上具有可以让他人承担一些不作为义务的权益能力。②

所谓基本权利的受益权能,是指权利主体在权利正常行使的状态下,主观上可以要求或客观上可以促使义务主体承担积极给付义务,以实现其权利正常行使的权益能力,表现为依靠法律规范的存在和有效实施,权利主体可以主观上行使对他人的"积极作为请求权"或"付出利益请求权"的权益能力,以及客观上具有可以让他人承担一些积极作为义务的权益能力。

这两种权能的存在,是权利享有的本体价值所在,因此,是基本权利法律保障中必须认真对待和满足的权能。目前,在发达法治国家,防御权能对应的禁止性义务,由于具体明确,总体上属于权利主体可以主张的,故防御权能总体上是主观性的权能。至于受益权能,则是客观权能和主观权能并存,但越来越多的内容已经主观权能化。

———————————

① 参见菅从进:《权利的受益权能与国家公权主体的给付义务》,《徐州师范大学学报》(哲学社会科学版)2008 年第 5 期。

② 参见菅从进:《权利的防御权能与立法机关的消极义务》,《内蒙古社会科学》(汉文版)2008年第 5 期。

（三）基本权利的救济权能

所谓基本权利的救济权能,是指基本权利在遭受侵犯、需要进行救助的状态下应该具有的义务主张和要求能力。它需要相应义务主体承担大量的作为义务或不作为义务,以满足权利救济的实现。公民基本权利必须是可依据具体法律规范规定的救济机制进行救济的权利。依据宪法规范,通过宪法司法审查或宪法监督机制进行的救济毕竟是立法层面的救济,无法胜任在具体法律合宪的情况下,针对日常大量的侵犯基本权利行为进行的救济。因此,基本权利的基础权能充分实现的另一个重要目标,就是为权利的救济提供法律保障,通过更具体的法律规范规定基本权利在需要救济状态下应有的权能,即权利主体应该具有的义务主张和客观需求能力,对应的是相应义务主体的具体主观义务和客观义务。但我们同样也不是根据这种义务划分来进一步区分救济权能的具体类型。

这首先要从救济权能的定义讲起。基本权利的救济权能,有广义、中义和狭义之分。狭义的权利救济权能是指,权利主体在权利遭受侵害需要救济的状况下依法享有的主观性的救济能力,该能力意味着权利主体可以针对相关侵权者,主张权利恢复、损害补偿和利益惩处等救济,并可以请求相关公权主体确认和追究侵权者的侵权责任,以及采取有效措施消除侵权的消极后果,预防新的侵权行为的发生。它是一种具有主观属性的权利救济权能。中义的权利救济权能,除了包括狭义的救济权能即主观性的救济权能外,还包括权利主体依法享有的客观性的救济能力,该能力意味着权利主体在客观上可实现特定的权利恢复、损害补偿和利益惩处等救济,并在客观上可以促使相关公权主体确认和追究侵权者的侵权责任,以及采取有效措施消除侵权的消极后果,预防新的侵权行为的发生。广义的权利救济权能,除包括中义的权利救济权能外,还应包括权利主体依法具有的自救行为能力。本书采中义的概念。

基于此定义,根据义务性质及其承担主体,基本权利救济权能又可以分为两种更为具体的权能:获得侵权者赔付权能和获得公力救助权能。前者对应的是侵权者因为违反消极义务和积极给付义务而应承担的追加义务或责任,没有该义务的充分设定和承担,基本权利的救济将失去任何意义,权利主体的权益损失将难以得到真正的恢复、弥补,未来可能遭受的损失也不会得到有效的防范。后者对应的是特定公权主体救助义务,即特定公权主体在权利主体提出救济的请求后,或者依据客观的法律义务,必须启动特定程序,在查明事实的基础上,依法作出裁决,追究侵权者的责任。这种义务作为特殊的给付义务,也可以纳入广义的给付义务当中,但显然具有权利救济的功能。无此义务的设定和承担,公民基本权利的救济根本就无从谈起,侵权纠纷也无从化解。相关内容,笔者将在后文详细论述。

(四)客观权能和主观权能在各层面权能中的分布

如上所述,确定了基本权利三个层面的基本权能,绝不意味着就抛弃了基本权利的双重权能理论。因为,基本权利的双重权能属性,仍分布在基本权利的基础权能、本体权能和救济权能及它们所有的具体权能中,并有不同的侧重和特点,从而构成了基本权利各具体权能复杂多样的属性和样态。

总体说来,基础权能中的获得制度构建权能,是基本权利最重要的基础权能;所对应的义务,总体上是客观义务,且是最重要的客观义务。从基本权利规范构造的层面讲,获得制度构建权能是本体权能和救济权能的基础和母体;两种权能中的更加具体的客观权能和主观权利,都是该权能实现的应有目的和派生物。获得制度构建权能是以"国家对基本权利负有保护义务"为基本逻辑的,也就是概括性地、抽象地科以国家立法主体通过法律制度构建保障基本权利的义务。[①] 这种义务,是国家对公民基本权利承担更具体的客观义务和主观义务的基础。通过这一义务的落实,一些公权主体被法律确定要承担更明确的一般保护义务和其他义务,尽管这些义务有些仍然是客观性的;同时,在一定情况下,一些义务的内容足够明确,可以为权利主体所主张,个人也就有了可以确定的请求对象,在这种情况下个人也就有了主观权利。[②]

尽管在一定意义上讲,基本权利的诸多主观权能是其基础性的客观权能

---

① 参见菅从进:《权利的受益权能与国家公权主体的给付义务》。
② 参见菅从进:《论基本权利的受益权能及其主要指向》。

的派生，主观权能不过是客观权能的一种应有的派生物，但是，这不能说主观权能相对于客观权能就不再重要，是可有可无的东西。恰恰相反，在规范层次上，主观权能具有更高意义。因为，客观权能是单纯科以国家义务，而主观权能却使得部分的国家义务有了对应的个人主观权利；每一项主观权能所对应的，也是国家依据客观法就应当承担的义务，只不过因被具体明确化而成为公民可请求的义务。[①]

可以说，对抗立法侵权权能所对应的不得制定不当限制基本权利立法的义务，本身就是制定有效保护基本权利的法律这一客观义务的具体化。因为禁止性义务具有相对明确性和易于判断对权利主体履行情况的特点，因此可以成为公民的主观权利主张。由此，也使立法主体面临权利主体直接主张和请求的压力，并在其他公权主体的督促下更好地履行自己的法律义务，尽管这种义务在基本权利仅具有客观权能的情况下，也是立法主体应当认真履行的。

由此也决定，基本权利基础权能的充分实现的目的和标准，就是确保构建起基本权利充分的本体权能和救济权能。这其中，除了因为社会现实条件的限制和利益平衡等问题，需要继续设定和确认这些权能中必要的客观权能内容，即设定和确认必要的客观义务外，更必须最大程度地设定和确认其主观权能内容，设定和确认充分的主观义务。因为，基本权利的客观权能，虽然科以国家公权主体具有法律性质的积极义务——保护义务，故有利于强化基本权利的法律效力，但这种义务毕竟不是权利主体可请求的义务，而是主要靠国家公权主体自身机制履行的义务。仅靠明确该类义务的法律性质而客观要求公权主体承担这些义务，基本权利的各种体现主观权利属性的基本权能还是不存在的，基本权利作为真正的权利也是不存在的。[②] 固然，基本权利的客观权能理论是希望赋予基本权利以更强的实效性；然而，如仅仅满足于基本权利所具有的这种属性，仅科以国家客观义务，忽略了赋予个人主观权利，就只能使这种有效性大打折扣，失去了应有的意义。承认基本权利的客观权能，是为了更好地实现基本权利的充分享有，即更好地使其作为客观权利与主观权利的统一而被充分享有和行使，也使其作为得到最大保障的、最充分的主观权利而被享有和行使，而不是让公民基本权利仅仅作为具有客观权能的客观法而存

---

① 参见菅从进：《权利的受益权能与国家公权主体的给付义务》。
② 参见菅从进：《论基本权利的受益权能及其主要指向》。

在。因此,必须通过法律制度建构,使诸多积极保护义务尽量具体化,成为可具体请求的消极义务、积极给付义务、赔付义务和救助义务,从而具体构造起主观权能高度充分的防御权能、受益权能和救济权能。

基本权利充分行使和保障的基本发展趋势之一应是,不能满足于其仅作为"客观价值秩序",而必须要真正通过客观权能发挥作用的过程,确认其各种主观权能。尤其是,如果国家的某项具体措施对于基本权利的实现是不可或缺的,那么个人对此措施就应有主观请求权,让其成为与基本权利的受益权能相对应的积极给付义务。这一趋势,可以称为"权利客观价值的尽量主观化"原则。[①]

由此,可以将公民基本权利基本权能的逻辑结构表现为如下结构图:

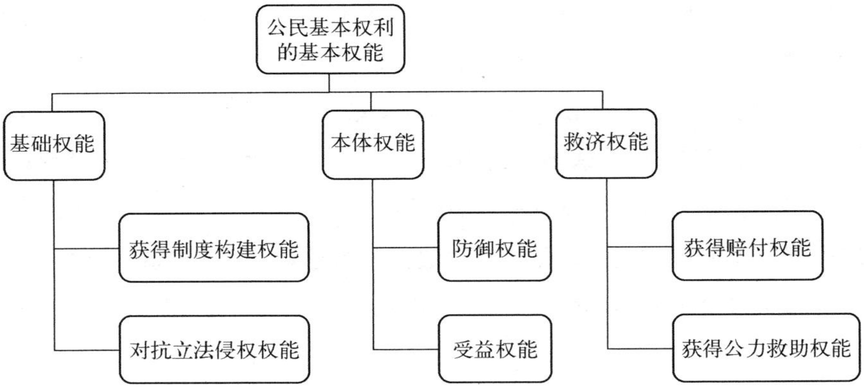

```
                    公民基本权利
                    的基本权能
    ┌──────────────────┼──────────────────┐
  基础权能            本体权能            救济权能
    │                  │                  │
    ├─获得制度构建权能   ├─防御权能          ├─获得赔付权能
    │                  │                  │
    └─对抗立法侵权权能   └─受益权能          └─获得公力救助权能
```

三、 基本权利的基础权能及其相应义务

如前所述,基本权利的基础权能,包括获得制度构建权能和对抗立法侵权权能。它们对基本权利的正常行使和救济都具有基础保障性的地位,故被归入基础权能这一层面。

(一)获得制度构建权能的充分化及相应义务承担

获得制度构建权能,是基本权利得到宪法规范的确认使然。基本权利是

────────────────────

① 参见菅从进:《论基本权利的受益权能及其主要指向》。

宪法规范确认和保护的权利,具有约束立法机关并赋予其客观义务乃至主观义务的属性和功能。权利的真正享有仅靠宪法规范的保障是难以有效实现的,需要具体的法律规范进行权利内容的明确具体化,具体构建和形成权利内容,同时需要具体的法律规范确认各种义务的承担,尤其是由国家公权主体承担的尊重义务、保护义务、满足义务和促进义务,构建复杂具体的权利行使和救济关系。由此,宪法的基本权利规范必须具有向下辐射的特征,即由国家立法机关和其他相关立法主体通过下位立法进行具体化,建立起基本权利的具体保障制度。尽管一项基本权利不一定需要制定一部专门保护的国家法律,但基本权利获得一部或多部国家法律层面的具体确认和保护是必要的;在此基础上,还要有更为具体的法律法规进一步将权利内容和对应义务具体化,以增加权利行使和救济的可操作性。那种认为一些自由权属性的基本权利不需要国家的作为才能充分行使和享有的观点,是完全错误的。因为,只有国家通过明确的立法(包括判例法国家的判例造法),才能明确国家不作为或禁止作为的范围;更何况,自由性基本权利的行使和救济也需要国家承担积极的保护义务。有了国家特定机关即立法和司法机关的作为,才能实现或达致特定国家公权主体承担和履行不作为义务,而不是自由性基本权利要求国家整体不作为。

基本权利的制度构建权能,总体上要求立法主体有效构建保障基本权利法律制度的能力,它要求国家立法机关和其他享有立法权的立法主体,包括地方立法机关、可行使立法权的行政机关,以及可以进行判例造法或司法解释的国家司法机关,都必须承担构建必要的有效保障基本权利享有的法律规范的立法义务。因此,其义务主体相对具体,并具有层级性。其中,国家立法机关应是最高层次的义务主体。但在普通法院可进行宪法司法审查的国家,最高司法机关有时可充当最高层次的义务主体。

制定低位阶法规的各立法主体,其客观义务又可能或必须为国家法律、其他相应的上位法律所规定。这种义务整体上仍然是具有客观性的,只有在特定情况下可以成为权利主体主张的主观义务,这也是立法保护基本权利这种客观义务在特定条件下可以转化为主观义务的体现。

由于基本权利获得制度构建权能对应的义务整体上是客观保护义务,履行的主导权整体掌握在立法主体之中,其对立法时间和内容,是享有裁量余地的。因此,为了保护公民重要基本权利尽快获得法律的充分保障,在条件具备时,国家应通过宪法和基本法律条款,明确立法机关的立法内容和期限,使其成为明确具体的义务,使公民立足于基本权利,可直接请求立法机关进行立法作为,并对立法不作为进行司法救济。[1] 1957 年,德国联邦宪法法院在对人民提起要求立法者作为的诉愿裁决中认为:"若基本法对立法者已有一个明确的委托而该委托对立法义务的内容及范围,已相当程度地界定了,则人民可据而来提起诉愿,请求立法者履行其立法义务。"[2]

这种规定主要是为了对付基本权利的保障遭到普通立法行为的不作为的阻碍。因为,在现代社会,立法机关受制于行政机关,或者因为自身的考虑,产生"立法不作为"或"立法怠惰"。为使"宪法委托"具有实在的规范内涵,使公民一些基本权利享有真正依据宪法的确认和保障,就应该制定使公民基本权利具有这种主观性的获得制度构建权能的宪法规范,或通过宪法司法实践形成事实上的规范。这些规范意味着要求立法机关为其当为的积极作为,而要求立法机关作出的积极作为,也不仅限于基本权利作为客观法所要求的保护义务,也应包括可请求的积极义务。故德国宪法法院可以通过司法实践,事实上确认一些公民基本权利针对立法机关的主观性的获得制度构建权能,及其相应的特定积极义务。

制定充分保障基本权利法律的义务,整体上是一种积极义务,也可以说属于最广义的给付义务的一种。但由于制定具体法律保障基本权利的享有,同时也意味着对基本权利作出合理的限制性规定,有时甚至需要制定纯粹对基本权利予以合理限制的法律,因此,又必须科以立法主体不得进行不当限制基本权利的消极义务,因为毕竟"基本权利对立法机关的效力表现为限制立法机关的制定法。基本权利是立法者的界限,立法机关制定的法律不得与基本权利的内容相抵触"[3]。即对基本权利的限制不得影响其本质内容的享有。由此决定,就在立法主体的这种总体性积极义务中,包含了不得制定不当限制公民基本权利法律法规的消极义务。这种消极义务的履行,在实体和程序上具有权利主体可以直接主张的属性,也可以对违反这种义务的不当制定法主张救

---

[1] 参见訾从进:《权利的受益权能与国家公权主体的给付义务》。
[2] 陈新民:《德国公法学基础理论》(上册),山东人民出版社 2001 年版,第 164—165 页。
[3] 郑贤君:《基本权利原理》,法律出版社 2010 年版,第 168 页。

济,由此形成了对抗立法侵权的主观权能,尽管它也可能仍然或同时作为客观义务存在。

基本权利制度构建权能充分化的体现,意味着立法主体没有制定不当限制公民基本权利的法律规范,相反,制定了科学合理、明确具体的有效保障规范,使公权主体和相关社会主体被科以了更具体的客观义务,更科以了他们充分、具体的主观义务,为基本权利的充分享有提供了坚实的法律规范保障基础。

(二) 对抗立法侵权权能的充分化及相应义务承担

基本权利对抗立法侵权的权能,充分体现了基本权利的宪法规范高于国家法律及其他下位法的地位和属性。它的存在,意味着基本权利主体立足于宪法基本权利规范和国家基本法律规范,享有了一种可以在主观上要求或客观上促使立法主体承担不得制定不当限制基本权利的能力,可以主观上对立法主体行使"不得作为请求权"或"侵害停止请求权"并进行相应救济的能力,以及客观上具有让立法主体承担一些不作义务的能力。这种权能,也体现了公民基本权利最高程度的防御权能,因此可以归入最广义的防御权能;但由于其对公民基本权利的保障具有重要的基础地位,故我们将之归入基本权利的基础权能。

对抗立法侵权的权能,首先要求立法主体承担不得制定不当限制公民基本权利的消极义务;同时,还要求特定司法机关或立法机关承担特定的救助义务,裁判或决定侵权性立法的无效或效力受到限制。

1. 立法主体的消极义务和法律确认

严格讲,对抗立法侵权权能还必须包括一些客观的内容,因为许多国家的宪法实施或监督制度,仅设定了基本权利有限的主观对抗立法的权能。但是,对抗立法侵权权能的主观化发展是一种趋势。它体现了通过宪法规范,设定基本权利,赋予权利主体以主观权利享有能力的根本价值。基本权利不仅对立法机关具有客观的制度构建权能,客观上要求立法主体承担通过立法构建法律制度,以落实保护基本权利的客观义务,而且要对立法主体具有丰富的对抗侵权权能,尤其是主观的抵抗侵权权能,可主观要求立法主体承担相应消极义务。这种消极义务是指,立法主体不得制定侵犯即不当限制公民基本权利的法律。"立法权固然是国家权力体系中最重要的权力之一或最高权力,却不是也不可能是没有范围、没有限制的。""作为社会成员委托权而存在的立法权,对人民的生命和财产无论如何不应当是绝对的、专断的权力。"[1]在民主法治国家,立法权从根本上应受制于公民的基本权利,以保障它们为重要目标进行立法,而不能侵害它们。"由于宪法的抽象性和宏观性,立法者通常拥有较大的形成权和裁量空间。判断立法不作为、立法恣意的根本标准,就在于是否对基本权利构成了侵害。"[2]因此,可以说,在一个严格实行民主法治的国家,基本权利应该首先具有这种针对国家立法主体的基础性和根本性的防御权能。[3] 这些立法主体包括国家立法机关、地方立法机关、可行使相应立法权的行政机关及其他立法主体。其中,对国家立法机关的立法行为的防御权能的有无及其强度、广度,决定了对抗立法侵权这一基础性权能的强度和水平。

首先,"立法权是一种制定对人们普遍适用的法律的权力"[4]。立法作为国家立法机关主导的立法主体的基本职能,具有一般性、普遍性的特点,它是国家针对不特定人或事,制定具有普遍约束力的规范性文件的权力行为。这决定,与行政和司法机关针对特定对象行使国家权力侵犯公民权利的具体行为相比较,立法主体通过立法不当限制或侵犯公民基本权利的行为更具普遍危害性。[5] 其次,如果立法主体制定的法律侵害公民的权利,那么,行政机关和司法机关在法律之下执行和适用法律,自然也就会侵害到权利;而只有立法主体制定出充分确认和保障公民权利的法律,才能将行政机关和司法机关在其相关活动中侵犯权利的行为置于"违宪"或"违法"的状态。固然,立法机关即使是制定出充分确认和保障公民权利、禁止行政机关和司法机关侵犯公民权利的法律,仍不能保证行政和司法机关不违反法律,不去作出侵害公民权利的行为。但这种法律的制定,毕竟为公民权利的保障和救济提供了强制性的规范支持。相反,如果立法主体制定了侵犯公民权利的法律,而要求行政和司法机

---

① 周旺生:《立法论》,北京大学出版社 1994 年版,第 342—343 页。

② 于文豪:《基本权利》,第 40 页。

③ 参见菅从进:《权利的防御权能与公权主体的消极义务》,《兰州学刊》2008 年第 4 期。

④ 威廉·韦德:《行政法》,楚建译,中国大百科全书出版社 1997 年版,第 558 页。

⑤ 参见菅从进:《权利的防御权能与公权主体的消极义务》。

关不去侵犯公民的基本权利,无疑是天方夜谭。因为侵权性的立法为其他国家权力侵害公民基本权利,提供了实证的"法律"基础或支持。[①]

因此,确定立法主体不得制定侵犯公民基本权利之法律的义务,确认基本权利针对国家立法机关及其他立法主体的对抗防御权能,并建立有效的防范和纠正机制,一直是现代法治的重要任务和标准。民主法治国家的基本追求是,宪法规范所确认的公民基本权利,作为宪法基本价值目标与实现宪法基本价值目标的手段的统一,是宪法至上的基本内涵所在,是公正社会秩序的基础和基本保障;它们本身具有"超级法"的规范效力,被视作法律的普遍原则的重要组成部分,约束作为民意机关的立法机关及其他立法主体的具体立法活动;[②]立法主体必须充分接受这些基本权利的约束,不享有和不得行使凌驾于这些基本权利之上的权力。这也是立法主体的基本宪法义务所在。

传统观点把宪法或其权利法案规定立法主体不得立法限制或剥夺公民基本权利理解为宪法保护基本权利的措施,并根据具体情况将之分为绝对保障模式、相对保障模式和折中型保障模式,[③]这当然是有道理的。但是,从权利权能的法律确认和保障角度讲,更应理解为宪法是否确认了基本权利针对立法主体应有的绝对性防御权能和相对性防御权能。因为具有这种权能是基本权利的应有之义,是基本权利具有充分的权益和功能的一种重要的具体体现。

这里的绝对性防御权能和相对性防御权能,可以从两个不同的角度进行理解。

一是立足于基本权利的属性对防御权能的需要程度。依据基本权利的属性,可以划分为绝对基本权利和相对基本权利。前者是指少数绝对不得限制(包括狭义的限制、克减和剥夺行为)的基本权利,如免于酷刑和不人道待遇的权利,免于奴隶状态或受奴役的权利,法律前的人格权,思想、良心自由权,获得公正审判权,信仰自由等;后者是指可以相对受到限制的基本权利,即受权利自身内在界限和外在界限的需要,可以立法对其进行必要的限制,但不得侵犯其本质存在。前者意味着一些权利对立法主体具有绝对的防御权能,科以立法主体绝对的消极或禁止性义务;后者意味着一些权利对立法主体具有相

---

① 参见菅从进:《权利的防御权能与立法机关的消极义务》。
② 参见菅从进:《权利的防御权能与公权主体的消极义务》。
③ 参见秦前红、叶海波:《社会主义宪政研究》,山东人民出版社 2008 年版,第 232—235 页。

对的防御权能,科以立法机关相对的消极或禁止性义务。①

二是立足于基本权利内容要求宪法确认的防御立法主体权能的层次。依此,可将基本权利的不得限制的本质存在内容所应具有的权能称为绝对防御权能;将其可以被限制的内容也应具有的一定防御权能称为相对防御权能。两种权能所对应的,也可分别称为绝对消极义务和相对消极义务。对于绝对不得限制的少数基本权利而言,其只能有本划分意义上的绝对防御权能,不需要本划分意义上的相对防御权能;对于可以相对受到限制的基本权利而言,这两种防御权能都是异常重要的。

我们可立足于第二种意义上的分类,梳理立法主体对基本权利的相应消极或禁止义务及其立法确认。

立法主体首先必须承担不得立法限制一些基本权利或其重要内容的绝对消极义务。对两类权利都要求的绝对防御权能及其相应义务的宪法性确认,通常体现为禁止性规范,即立法主体"不得制定限制或剥夺相应权利或权利内容的立法规范"。这主要表现为,宪法应以"针对国家立法主体的禁止性义务语式",规定"不得立法"剥夺和侵害某权利的权利条款或权利法案条款,明确基本权利对立法机关及其他立法主体相应的绝对防御权能。如美国宪法第 1 条第 9 款规定:美国国会不得"中止人身保护权的特权,除非发生叛乱或入侵时公共安全要求中止这项特权";"不得通过公民权利剥夺法案或追溯既往的法律"。其第一条修正案明确规定:"国会不得制定关于下列事项的法律:确立国教或禁止信教自由;剥夺言论自由或出版自由;或剥夺人民和平集会和向政府请愿申诉的权利。"②这些条款的出现,标志着从宪法的高度确认:民众享有的一些权利,具有相应可绝对抵御立法机关和其他立法主体越界使用立法权加以侵犯和限制的根本防御权能。

立法主体必须承担一定的绝对不得立法限制或剥夺一些基本权利或其重要内容的消极义务,或者说立法主体不得制定侵犯公民基本权利的法律,都并不意味着立法主体不得制定任何限制公民基本权利的法律。"在诸如言论自由、出版自由、宗教自由、集会和结社自由、通讯及住宅不受侵犯等传统的人权

---

① 参见菅从进:《权利的防御权能与公权主体的消极义务》。

② 王希:《原则与妥协:美国宪法的精神与实践》,北京大学出版社 2000 年版,第 576、582、586 页。

当中,没有一项是能够或曾经可以不受一般性法律规则之限制的绝对权利。"①实际上,多数基本权利的有界限性,决定了其防御权能也是有界限的和相对的。这种界限来自基本权利自身以及作为其存在条件的公共利益和公共秩序,本质上是宪法规定的公共利益、权利和自由的平等享有原则等因素的限制。为了保障公共利益、安全和道德,为了维护他人平等享有基本权利和自由,立法主体尤其是国家立法机关必须针对处在特定状态或者已作出特定行为的社会主体制定出限制权利的法律规范。② 可以说,在多数情况下,立法机关对公民权利的不侵犯义务,并非指立法机关不得对基本权利作出任何限制,"而是指立法机关不得违反宪法规定的条件而对基本权利加以恣意的限制"③。

然而,由于在社会现实中,立法主体正是通过不当限制基本权利的立法来侵犯基本权利的,因此,公民基本权利还必须有一种防御立法主体制定不当立法限制自身的相对防御权能。这里的相对,是指不能绝对禁止立法主体立法限制基本权利,而只能禁止立法主体不当限制的立法;并非指这种权能可有可无。相应地,立法主体应被科以相对禁止义务。这里的相对,是指立法主体没有被科以绝对禁止立法限制的义务,因此可以制定相应立法来限制基本权利的享有或行使,但不得制定不当限制基本权利的立法;并非指立法主体的此种义务是可有可无的,可以不承担的。在不得违背的意义上,它同样是一种"绝对性"的义务,是立法主体不侵犯公民权利的义务的重要组成部分。因此,立法主体同样要承担不得制定不当立法限制基本权利的义务,主要具体落实为:在进行限制公民权利的立法中,立法主体必须承担那些防范其立法任意限制或处置公民权利的义务。

民主法治国家应通过宪法规范或宪法司法案例,具体确立立法主体立法限制公民基本权利的方式、正当根据、规则、原则和程序保障要求。正是这些规定,确定了立法主体必须承担的防范其任意限制和处置公民基本权利的具体义务。这些义务增加并具体化了公民基本权利对立法机关的相对防御权能。只要立法主体遵循宪法规定或本质要求的方式、理由、规则、原则和程序

---

① 哈耶克:《法律、立法与自由》(第2、3卷),邓正来等译,中国大百科全书出版社2000年版,第432页。

② 参见菅从进:《权利的防御权能与公权主体的消极义务》。

③ 张翔:《论基本权利的防御权功能》,《法学家》2005年第2期。

保障对基本权利加以限制，这就应该是正当的，不应该被看作是对"消极义务"的违反；相反，如果立法主体对基本权利的限制不是按照宪法规定的方式、理由、规则、原则和程序保障进行，则立法主体就违背了其"消极义务"，其行为也就是"侵害行为"。所以，可以通过确定宪法应规定的立法主体正当限制基本权利的条件，来界定立法主体相对消极义务的范围，及其违反不侵权消极义务的具体情形。凡立法主体制定不符合此条件的立法对基本权利进行限制，也就是对"消极义务"（或"不侵犯义务"）的违反。[①]

综合各国宪法的实践，国家立法机关对公民基本权利作出限制时所须遵循的宪法规定和义务，就主要包括以下几个方面。

第一，限制方式——必须以法律为渊源。

此亦称"法律保留"原则。法律保留起源于法国《人权宣言》，其概念则为19世纪的德国行政法学家奥托·迈耶（Otto Mayer）所创。[②] 它是实现宪法至上的宪法工具。[③] 法律保留是在德国法治国取代警察国的过程中提出来的，其目的是更好地保障人民的基本权利。[④] 其最初主要目的是要确立"代表人民之国会立法权"对"君主统治之行政权"的限制关系，即王权若要对人民的财产和自由进行限制，就不能没有国会法律的限制。[⑤] 尽管它一开始主要体现代表民众的国会经过斗争和角力获得了对专制君主的一定胜利，形成立法与行政的分权及前者对后者的制衡和优越地位，但也确立了立法权与行政权的基本配置、权力规制与人权保障间的特殊关系。其基本要旨，是防止行政机关对限制公民基本权利的立法权力的僭越。它不仅体现为国家议会的权力和"宪法对国会及其立法的信任"，[⑥]也是宪法确定给国家立法机关的义务，即限制公民基本权利的立法权力只能由国家立法机关行使，以法律的形式出现，不能交由行政机关行使，也不允许行政机关行使限制公民基本权利的立法权，以

---

① 参见菅从进：《权利的防御权能与公权主体的消极义务》。
② 参见奥托·迈耶：《德国行政法》，刘飞译，商务印书馆2002年版，第67、72页。
③ 参见哈特穆特·毛雷尔：《行政法学总论》，高家伟译，第109页。
④ 参见奥托·迈耶：《德国行政法》，"代中文总序"，第1页；陈新民：《德国公法学基础理论》（下册），山东人民出版社2001年版，第355页。
⑤ 参见黄舒芃：《法律保留原则在德国法秩序下的意蕴与特征》，《中原财经法学》2004年第13期；秦前红、叶海波：《论立法在人权保障中的地位——基于"法律保留"的视角》，《法学评论》2006年第2期。
⑥ 参见秦前红、叶海波：《社会主义宪政研究》。

防止行政机关集立法权和行政权于一身,对公民基本权利构成恣意干涉和限制。因为无论是纯粹限制人权的法律,还是将基本权利具体化的法律,抑或是对基本权利的主观权能具有形成功能的法律,都可能事实上对基本权利构成不正当的限制。交给行政机关,让他们立法权和执行权一并行使,对公民基本权利是异常危险的。因此,从限制义务意义上讲,法律保留要求国家立法机关要通过自己制定法律的方式,才可以对基本权利作出限制。即基本权利的限制应表现为国家立法机关自己制定的基本法律规范,而不能表现为由行政和司法机关直接制定限制权利的规范,不能允许无法律依据或超越法律的限制权利的行政立法和司法解释规范出现。如果确需将限制基本权利的立法权力委托给其他机关行使,也必须有一个经得起公认的检查的适当标准。否则,就是对立法机关的消极义务的违反。① 这是一个重要的立法主体资格限定。这也意味着,没有立法机关的依宪授权或委托,任何其他立法主体制定限制公民基本权利的法律,本身就构成不当限制行为。

第二,限制理由——必须具有正当事由。

可引发权利限制的正当事由主要包括:社会紧急状态,保障社会公共安全、秩序和道德的需要,公共福利的需要,宪法秩序的需要,维护他人的基本权利和自由的需要,或"自由民主的基本秩序",等等。也就是说,只有为了防止公共利益和广大社会成员的自由和权利受到损害,才可以对公民基本权利作出限制,除此以外,以任何理由对基本权利进行的任何限制都是违反国家"消极义务"的行为,都是对基本权利的侵害。②

第三,限制程度——必须遵循相称和必要规则。

不能因为某种正当事由的存在,就可以自由地规定可采取任何权利限制的措施;相反,任何对权利限制的立法都必须与限制事由的状态严格相称,并为之必需。这要求限制公民基本权利的立法,必须遵循限制程度与限制事由具体程度的相称性,遵循正当性和必要性,不能为了统治或行政的便利,而随意处分公民的基本权利。同时,必须确认和恪守某些基本权利绝对不能限制的规则。

第四,限制原则——必须遵循法律面前人人平等原则。

————————————

① 参见菅从进:《权利的防御权能与立法机关的消极义务》。
② 参见菅从进:《权利的防御权能与公权主体的消极义务》。

国家立法机关通过立法对权利的限制，应是针对特定社会状态和社会主体的社会行为作出的普遍性的限制，因此，这种限制应遵循法律面前人人平等原则，不能在相同事由下只限制一部分人的权利，而对另一部分不加限制，或者加以等差性区别和歧视。权利限制只应真正基于正当事由，不应基于种族、肤色、性别、语言、宗教或社会出身等理由的歧视。例如，美国宪法司法实践基于平等保护条款，反对不合理的"立法归类"和"事实歧视"的立法，就体现了该原则。①

第五，限制程序——必须给予正当程序保护和司法救济机会。

这种程序性要求，主要不是指国家立法机关制定限制公民基本权利的立法时应遵循的基本程序，而是其制定的法律在授权执法和司法机关限制公民基本权利时，应设置严格的程序规则，既确保执法和司法机关依正当合理的程序限制公民权利，又给予公民权利一定的程序保护，确认其具有针对执法和司法机关的相应权能。一般认为，公民基本权利的严重剥夺或丧失，应由法院基于公正的审判程序决定之，尤其是刑事剥夺，事关对公民基本权利的严重限制和剥夺，所以应有一套以保证人权为重要指向的刑事诉讼程序作为制约；②由行政机关决定的一般性限制和剥夺基本权利的权力，也必须基于公正的程序，因此公正的行政程序法也是必不可少的。更重要的是，只要其基本权利受到公共权力之处置，任何人皆可求助司法机关进行救济。限制程序方面的禁止义务要求立法机关在制定限制公民基本权利的法律时，必须同时在法律中规定上述程序要求，不能给有权处置公民权利的任何公权力机关提供无程序或程序不公正的任意之便。否则，也是立法违背了不侵犯公民基本权利的消极义务。③

上述宪法应规定的相对禁止义务，是一般学理性的条理化归纳。事实上，目前世界各国宪法，无一作出如此条理化的规定。但是，以美国和德国为代表的法治发达国家的宪法规范和宪法实践，事实上都规定或肯定了这些义务。

---

① 参见莒从进：《权利的防御权能与立法机关的消极义务》。
② 正因为国家刑事追诉对公民权利构成严重限制，所以不少国家宪法的权利条款或权利法案，都直接规定了刑事程序中关键的限制性程序，如美国宪法第 10 条的相关规定，《权利法案》的第 4—10 条宪法修正案；再如英国的 1689 年《权利法案》和一系列《人身保护令法》的相关规定。
③ 参见莒从进：《权利的防御权能与公权主体的消极义务》。

例如,美国宪法先是以较明确的禁止性条款,规定了立法机关的一些绝对禁止义务和一些较重要的相对禁止义务——开始仅限于约束联邦政府;后来,又针对州权规定了法律正当程序条款和平等保护条款,并通过将"正当程序"发展为"实体性正当程序"的宪法司法实践,用正当程序条款"吸纳"《权利法案》主要条款的宪法司法实践,以及用第五条修正案"反向吸收"正当程序条款及平等保护条例的宪法司法实践,较全面地确立了联邦政府和州立法机关的内容丰富的各种禁止义务——当然不限于禁止性义务,为公民基本权利提供了丰富的对抗立法侵权权能。

我国宪法的相关规定,可以理解为以隐含的方式承认了一些基本权利针对国家立法机关的对抗立法侵权权能。例如《宪法》第 33 条规定"国家尊重和保障人权",应包含国家立法机关尊重和保障人权之意。《宪法》第 36 条规定"任何国家机关、社会团体和个人不得强制公民信仰宗教或者不信仰宗教,不得歧视信仰宗教的公民和不信仰宗教的公民",应含有"国家立法机关不得立法强制或歧视"之意。但是,从总体上讲,我国宪法关于基本权利的条款,没有明确突出公民基本权利对国家立法机关的这种对抗或防御权能。

2. 审查主体的救助义务

公民基本权利对抗立法侵权的权能,包括可以求助特定机关审查侵权立法并对其作出相应裁判和决定的机制。审查主体因此承担的一项责任重大的保护义务,即对立法侵权的行为主张给予救助的义务,确保公民基本权利不受立法的釜底抽薪式的侵权。由此形成基本权利针对立法的救济机制。

各国基于自己不同的权力体制和法治传统,确定了基本权利针对立法的不同救济机制。其中在英美法系国家,以美国为代表,确立了普通法院承担救助义务的救济机制。美国联邦最高法院既审查议会立法是否与美国宪法及其《权利法案》相抵触,也审查行政机关法规、命令与公民基本权利有无违背,还审查联邦下级法院和州法院的判决是否侵犯了公民权利。因此,美国联邦最高法院承担的救助义务具有典型的权利主体启动性,在缺乏争议和个案的情况下,不会对法律性文件进行抽象性审查,一切有关法律、法规合宪性与否的判断都是在审理普通案件的过程中进行的。这体现了将对立法的宪法司法审查与权利保障合二为一的特征,较充分地体现了基本权利对抗立法侵权的主观权能。在这种适用审理普通案件和诉讼过程的机制中,法院既审查事实,也审查法律;当法院适用法律裁决时,须对规范性文件进行合宪性判断。如果法院认为某一法律与《权利法案》相抵触,可否决其效力,并不在本案中适用。通过否决适用法律的合宪性,依据该法律对当事人的指控不能成立,公民的宪法权利得以维护。法院在审理案件的过程中通常伴随着宪法解释,这是宪法基本权利保障制度中的一个重要环节,因为只有在宪法解释的基础上,才能判断一个法律或者命令是否与宪法及其《权利法案》相抵触。

英国一直缺乏公民基本权利可防御立法权的传统,在《欧洲人权公约》机制的推动下,1998 年通过了《人权法案》。该法案采纳了《欧洲人权公约》规定的绝大部分实体权利,并将其称为"公约权利",体现了公民基本权利保障国际方式与英国本土方式的整合。该法案对英国的立法和司法审查都具有变革性的影响。就立法而言,该法案第 19 条为英国制定新的法律设定了一个特殊的程序,可以影响到立法的实质内容。根据该条,负责上议院或下议院法律议案的王室大臣必须在议案二读前,作出该法律议案的条款与公约权利一致的声明。如果该王室大臣不能作出一致性的声明,那么他必须作出该法律议案与公约权利不一致但政府仍然希望该法案能够通过的说明。[①] 这种新的要求,将会对政府起草立法的详细审查产生意义重大的影响。当这种一致性的声明不能够被作出的时候,议会对该法案的审查将会更严格。这一程序的实质意义在于,议会在审议一部法案的过程中,要特别考虑该法案对于公民基本权利的直接的或潜在的影响;而政府在提出一部法律议案时,就要考虑该议案对于基本权利的影响,而不论这种影响是直接的还是潜在的,并且应当在向议会提交该议案之前将会造成与公约权利不一致的因素排除在外。这种制度,实际上具体化了公民基本权利对抗立法侵权的一些客观权能。就司法而言,初步设立了英国特色的违宪审查制度,并协调了保障公约权利与尊重议会主权的矛盾。法案第 4 条授权某些指定的高等级法院,在运用第 3 条法律解释规则解释法律时,在立法不能与公约权利相调和的情况下作出"不一致的宣告",由此赋予了司法机关基于基本权利保护审查议会制定的基本法和附属法的基础。根据该条规定,受到这些法律影响的当事人向法院提起诉讼,法院如果认

———————————

① 参见芦雪峰:《英国 1998 年〈人权法案〉研究》,中国政法大学博士学位论文,2006 年,第 82 页。

定该法律与公约权利不一致则可宣布不一致;但根据受质疑法律的分类不同,效果也不同。具体情况为:如果基本法受到质疑且法院认为与公约不一致,则可以对其作出不一致的宣告;如果附属立法受到质疑,法院认为其违反了某项公约权利,则可以宣告其无效或不适用。只有当该附属法与某项公约不一致,而且相关的基本法禁止废除该不一致的情况下,法院才可以对该附属法只作出不一致的宣告。宣告不一致的结果不影响被质疑法案的有效性或者可执行性;对于被宣告不一致的法案,由政府和议会决定是否以及如何修改。① 同时法案第 10 条又规定,内阁大臣可以作出修改立法使其与公约相一致的补救命令,但该补救命令必须通过该法案中的"快轨"程序,最终由议会批准。显然,1998 年《人权法案》标志着在英国,公民基本权利也被确认为具有制约立法权力的宪法性权益和能力,自此以后,在英国也可以对议会立法是否符合基本权利进行司法合宪性审查了。这使议会的立法受制于公民基本权利和司法审查,尽管法院不能直接否定或推翻议会的立法。同时,议会制定的法律仍不能被直接宣告无效,只能由议会自觉修改,这也维护了议会主权的地位。这种具有与传统妥协特色的制度,实际上也是一种制度创新。尽管它与美国式的违宪审查制度还有差别,但同样也是一种有效的制度,而且协调了违宪审查与民主代议的矛盾,也体现了公民基本权利对议会立法的客观制约能力和一定的对抗侵权权能。根据 2005 年《宪政改革法》,英国于 2009 年 10 月 1 日正式成立了最高法院,进一步增强了英国司法的独立性,增强了英国司法审查议会立法的力度。

以德国为代表的大陆法系国家,则采取了宪法法院模式,救济立法对基本权利的侵犯。在德国,独立的联邦宪法法院的根本任务,就是通过对法律的合宪性审查,保护宪法确立的基本原则及基本权利免受公权力侵犯。宪法法院既是一个独立的司法机关,也是一个准政治性的机构,是凌驾于立法、行政和司法机关之上的国家机关。德国《基本法》充分确立了基本权利的客观和主观权能,以防止议会制定法侵犯基本权利,宪法法院裁决议会立法的合宪性问题可实现这一功能。而宪法法院的运行,确立了公共权力侵犯基本权利的审查机制。宪法法院保护公民权利免受公权力侵犯的特色之一是宪法诉愿制度。

———————————

① 参见芦雪峰:《英国 1998 年〈人权法案〉研究》,2006 年。

宪法诉愿,是指当公民个人受公权力的侵犯,在穷尽普通法律救济的情况下仍无法消除侵害,当事人可以向宪法法院提起诉愿,要求救济。宪法诉愿保障的是公民宪法上的基本权利,诉讼标的包括立法行为、行政行为和司法裁判行为。[1] 宪法诉愿制度的施行既真正落实了《基本法》第1条的规定,也使公民基本权利得到了切实保障。

在法国,1958年设立的宪法委员会,由最初政治色彩强烈的"议会—政府权力调节器",逐渐发展成为今天的司法性较强的"公民权利和自由的捍卫者"。最初,有权向法国宪法委员会提起审查的主体是总统,审查对象包括法律、条约、组织法和议事规则,是在相关法律生效之前对之进行审查,而且是与具体案件救济无关的抽象性审查,审查的效力是某项(被认为是)违宪条款在即将颁布的法律中消失。这种合宪性审查,属于特定机关发动的事前、抽象、非强制的审查,[2]没有给予公民直接提请的机会,总体上体现了法国公民的基本权利具有客观性对抗立法侵权的权能,而且有了一定的权力体制保障。在国内民众和《欧洲人权公约》保障机制的压力之下,1990年4月,密特朗总统再次提议修改宪法第61条,赋予普通诉讼案件当事人就案件适用法律提出违宪异议的权利。具体包括允许个人和团体向任何司法机关提请审查与基本权利相关但尚未被宪法委员会宣布违宪的法律条文的合宪性;受理案件的法院若认为案情重大,应将案件移送最高性质法院或最高法院,由后者决定是否将该问题交由宪法委员会最终裁决;在此期间,诉讼中止。由于当时占据参议院多数的在野党的抵制,这项方案未获通过。但法国进一步改革宪法委员会的职能,确立公民提请违宪审查的制度,已是呼之欲出。2008年7月法国通过了修宪法案,该法案在公民基本权利的宪法保护方面存在两大革命性变革:一是设立公民权利捍卫人,其由国家元首任命,任期6年,受理自认为个人权利被公共机构损害的人的"申诉";二是规定涉及违宪性的特殊申诉,任何公民都可通过行政法院和最高法院上诉宪法委员会。至此,法国的宪法委员会实际上宪法法院化。

目前我国立法审查制度,是立法体系内部的宪法监督和立法监督体制。依据2000年通过和2015年修改的《立法法》,人民代表大会及其常务委员会

---

[1] 参见贾永健:《控告权的正义之理研究》,西南政法大学博士学位论文,2014年,第103页。

[2] 参见莫纪宏:《违宪审查的理论与实践》,法律出版社2006年版,第196页。

是我国的宪法监督主体,但其他非最低位的立法主体也是对下位立法主体的立法监督主体。其中,人民代表大会对自身通过的法律具有自身的合宪认定权,不受任何其他机关的合宪审查,同时,全国人民代表大会有权改变或者撤销它的常务委员会制定的不适当的法律,有权撤销全国人民代表大会常务委员会批准的违背宪法和《立法法》第75条第2款规定的自治条例和单行条例,即对法律及相关自治条例和单行条款具有合宪审查权;全国人民代表大会常务委员会有权撤销同宪法和法律相抵触的行政法规,有权撤销同宪法、法律和行政法规相抵触的地方性法规,有权撤销省、自治区、直辖市的人民代表大会常务委员会批准的违背宪法和《立法法》第75条第2款规定的自治条例和单行条例,即对行政法规、全部地方性法规以及省级人大常委会批准的自治条例和单行条例进行合宪、合法和合行政法规的审查权;国务院有权改变或者撤销不适当的部门规章和地方政府规章,即对地方行政规章具有审查权;省、自治区、直辖市的人民代表大会有权改变或者撤销它的常务委员会制定的和批准的不适当的地方性法规,即对它的常务委员会制定的和批准的地方性法规有审查权;地方人民代表大会常务委员会有权撤销本级人民政府制定的不适当的规章,即对本级人民政府的行政规章有审查权;省、自治区的人民政府有权改变或者撤销下一级人民政府制定的不适当的规章,即对下一级政府规章有审查权;授权机关有权撤销被授权机关制定的超越授权范围或者违背授权目的的法规,必要时可以撤销授权,即授权机关对被授权机关的法规有审查权。① 显然,除全国人民代表大会制定的国家基本法律免于其他主体的合宪审查外,其他立法主体全部接受上级立法机关或本级立法机关或上级行政机关(仅限于行政规章)的合宪、合法的审查。这种审查,如果是基于批准和备案审查程序主动的、抽象的审查,与公民及其社会组织的请求权无关,至多属于可体现公民基本权利对抗侵权立法的客观性权能机制。而根据《立法法》第99条和103条的规定,行政法规、地方法规等低位法的违宪、违法审查可以由特定国家机关向有权审查机关提起书面要求,启动被动审查的程序,公民及其社会组织仅享有向审查机关提出进行审查的建议的权利。这意味着,我国公民基本权利在对抗低位立法侵权方面,具有了一定的主观权能。而在国家法

---

① 显然,这意味着一些低位法规和规章的合宪、合法审查权,也被配置给了地方人大及其常务委员会和行政机关。

律层面,事实上没有法定启动程序的规定,更没有公民的建议权,完全靠全国人民代表大会及其常务委员会自觉地履行相关客观义务。要言之,我国公民基本权利对抗立法侵权权能中的主观权能内涵目前还是极其微弱的。

四、 基本权利本体权能的基本属性及其主要指向

如前所述,基本权利的本体权能是指公民基本权利在正常行使状态下应该具有的义务主张和客观需求能力。它需要相应义务主体承担大量的作为或不作为义务,以满足权利可真正行使的状态。从所对应义务的性质来看,可以分为防御权能和受益权能。首先将分别论证这两种权能的基本内涵、属性和主要指向。

(一)防御权能的基本属性及其主要指向

1. 基本属性

防御权能作为基本权利的本体权能之一,具有如下重要属性:

首先,防御权能是诸多基本权利最基本、最根本的权能之一,这是由权利承载的自由和自我肯定的利益能力所决定的。权利之所以为权利,就在于其有一种能对抗和防止他人对这种自由和自我肯定的利益能力的侵犯和剥夺的能力。[①] 所谓自由,实际上是不受干涉(non-interference)和自主(self-mastery)的统一,它意味着在一定范围内、一定程度上的不可干涉性和自我决定、自我作主的能力。"自由就是自我作主,就是实现自己意志的障碍之消除。"[②]同样,肯定性的利益能力,也就是一个人可按自己的意志建构、维护、追求、变更和影响某种利益关系而他人应予以尊重的能力。自由和自我肯定能力,无论如何都意味着在一定限度内的不受干涉和自主,意味着他人的不得侵犯和干预。因此,权利所承载的自由和自我肯定,首先就意味着防御他人不当

---

① 参见菅从进:《权利的防御权能与公权主体的消极义务》。

② 王海明:《新伦理学》,商务印书馆 2001 年版,第 410 页。

干涉、妨碍、侵犯和剥夺的权能。[①]

其次，基本权利的防御权能，以法律规范科以权利主体之外的所有人须承担不侵犯权利承载的自由和利益能力的消极义务为基本内容，表现为一种对世性的防御权益和功能。它以义务主体的"不作为"为主观请求和客观需求内容，针对的是消极不作为义务。它科以广泛的义务主体以消极的不作为义务。这种权能尽管不是权利的所有意义所在，但却是诸多权利的根本意义所在。一个人，哪怕在通常情况下事实上可以享有自由和肯定性的利益能力，并没有被别人侵犯，但如果他不享有包含防御权能的权利，他就不是真正的权利享有者。如果被法律宣示的权利不包含防御权能——表现为社会通过法律制度科以所有应负有不侵犯义务的人以相应义务，即使没有人实际上对其干预，而权利事实上就消失了。[②]

再次，防御权能应是各类基本权利所普遍具有的一项权能。防御权能首先是从人身自由权、财产自由权和政治自由权等人的基本自由权享有中推导出来的。"自由权指的是排除国家权力对个人领域的介入，以保障个人自由的意思决定和活动的人权，在这个意义上，自由权也被称为'不受国家干涉的自由'"[③]，对这些所谓"消极权利"——只需要他人履行不妨碍义务就可以满足权利承载的基本自由和肯定性的利益能力的权利——来说，防御权能是它们的基本意义所在。对于各种积极性权利而言，同样需要防御权能。我国《宪法》第41条规定的各种公民监督权利，无疑是很具有积极性的。该条第二款的第一句话规定："对于公民的申诉、控告或者检举，有关国家机关必须查清事实，负责处理。"这无疑确认，国家对这样的权利负有为特定积极作为的义务。然而，这些权利同样须具有防御权能尤其是对国家的防御权能才有意义。故该条第二款第二句又强调了这些权利的防御权能："（对于申诉、控告、检举等权利）任何人不得压制和打击报复。"这显然是指，国家机关及其工作人员不得侵害公民的检举权等权利，这些权利本身也具有排除国家公权主体侵害的防御权能。再如，我国《宪法》第42—50条。这些条款，主要是规定公民的社会、经

---

① 参见菅从进：《权利的防御权能与立法机关的消极义务》。
② 参见菅从进：《论基本权利的防御权能及其主要指向》，《聊城大学学报》（社会科学版）2008年第3期。
③ 芦部信喜：《宪法》，林来梵等译，第72页。

济、文化权利和对特殊主体的保护性权利。从权利性质和内容来看,这些权利无疑是最具积极性的权利,要求国家和相关社会组织为各种积极的行为。所以,从这些条款的文字来看,难以找出"禁止""不得""不受侵犯"这一类要求国家和其他社会主体的消极不作为的用语,所以似乎无法从中直接导出防御权能。但是,稍作深入思考,就可以发现这些社会、经济、文化权利中隐含着防御权能。事实上,国家机关可通过立法和具体权力行为,积极地剥夺和限制这些权利的享有,社会主体也可积极地剥夺和妨碍这些权利的享有。[①]

最后,防御权能是主观权能占绝对主导地位的本体权能。由于防御权能对应的义务是不得作为的消极义务,义务的履行具有明确性和简单的操作性,也没有和其他利益平衡的必要,因此,他们多是权利主体可向义务主体进行直接主张和要求的。这就决定了防御权能总体上的主观权能属性。特别是,在基本权利对抗立法侵权权能已经总体上作为主观权能存在的情况下,防御具体侵权的防御权能更应总体上主观权能化。否则,基本权利作为主观权利存在的现实将大打折扣。

从上述的分析可以看出,"防御他人的侵害",乃是一切权利的题中应有之义。由此可以说,防御权能是基本权利的基础性权能之一,任何权利缺少此权能,实难言其为权利。

2. 基本指向

在权利正常行使的状态下,基本权利的防御权能的基本指向,只能是国家公权力及其行使主体。诚如有学者指出:"从立宪主义的精神来看,公民基本权利的作用在于对抗公权力,防止公民的生命、自由与财产受到公权力的侵犯,从而维护个人免受国家恣意干涉的空间。"[②]在本初意义上,基本权利主要是个人对抗国家权力的自由,排除国家和各种公权力主体的干预或侵害,是"摆脱国家的自由"(freedom from state),国家承担消极的不干预义务。"个人权利起始之处,就是国家权力终止的地方,这就是宪法保护消极的自由权利之真谛所在。"[③]

---

① 参见菅从进:《权利的防御权能与公权主体的消极义务》。

② 张翔:《论基本权利的防御权功能》。

③ 吴庚:《宪法的解释与适用》,三民书局 2004 年版,第 103 页。

在西方宪法中,基本指向国家权力的防御权能,被看作是基本权利最根本的权能;相应地,国家不得侵犯社会主体基本权利的消极义务,被认为是国家最根本和最重要的义务。在社会主义的传统宪法理论中,人们多不愿把基本权利的防御权能的基本指向定位为国家权力。其理论依据主要有二:一是认为,根据马克思主义的相关国家学说,在社会主义国家,国家利益与社会利益取得统一与和谐,个人与国家在利益上是一致的,国家不会有意去侵犯个人权利,所以也就不必强调权利具有防御国家侵害的内涵和作用;二是认为,在社会主义国家,即使是权利的防御权能仍具有重要的意义,但其基本指向也不应针对国家,因为社会主义国家是人民主权的国家,是无产阶级的先锋队领导和执政的国家,代表了人民的根本利益,所以不应是公民权利防御的主要对象。①

这种理论,作为一种"理论预设"或"前见",从根本上影响着人们对宪法本质及价值的认知。但是,无论在理论逻辑还是在社会现实方面,这种理论都是难以成立的,是似是而非的理论误区。

首先,在社会主义国家,国家利益和社会利益的一致,至今仍是社会发展和追求的目标,远未完全是事实。根据马克思主义国家和社会的学说,只要存在国家,就意味着个人利益与个人利益、个人利益与公共利益、社会利益与国家利益之间仍存在一定的尖锐的乃至难以调和的冲突。更何况,行使日常国家权力的,仍是专职的官僚群体,他们当中许多并不是公共利益的化身。

其次,人民主权原则的确定,作为无产阶级先锋队的政党对国家的政治领导和执政,只是为确定权利针对国家的防御功能提出了更内在的要求,也为这种权能的实现提供了更有利的条件,而并没有消除和减弱其必要性。如前所述,人民主权的真正落实,恰恰依赖于人民凭借广泛的权利掌控国家权力来实现,这从根本上决定了人民权利的基本防御权能应指向国家权力。至于无产阶级先进政党对国家的政治领导和执政,也并不能排除或减弱公民权利的防御权能指向国家的内在必要性。众所周知,马克思等唯物史观的经典作家,借助黑格尔的"自在"和"自为"概念,认为工业革命后的无产阶级已经意识到自己的阶级使命,开始成为自为阶级,这种自为性主要由其先锋队即用科学社会主义理论武装起来的无产阶级政党来承担,该先锋队要自觉地代表广大人民

———————————

① 参见菅从进:《论基本权利的防御权能及其主要指向》。

的根本利益,领导广大民众进行社会革命,扬弃资本主义制度,建立社会主义制度,最终实现共产主义。但是,他们从来没有认为,无产阶级先锋队政党的历史使命本身,以及完成这一使命所要求的对社会主义国家的政治领导和执政地位,能保证社会主义国家权力不会出现异化现象,也从来没有论证说无产阶级政党的成员或领导群体都是道德和智慧的完人,不会滥用和误用权力。相反,他们对所有的国家都是社会的"寄生赘瘤"和官僚集团存在自为性的论断,对人民要享有真正选举权、罢免权和监督权的肯定都昭示:无产阶级先锋队政党必须通过建立真正的民主法治制度,促进和保障自己肩负起历史使命,防止自己的成员尤其是大权在握的官员滥用误用权力,追求特权和专横,腐化变质。如果不从民主和法律制度上确认将人民享有广泛的权利作为目标和手段的统一有效制约权力,就会导致国家权力专横无度,将"权力之剑"砍向人民,导致官员群体的特权、腐败盛行,蜕化变质,甚至导致封建性的帮派政治、亲贵政治和家族政治。这从根本上决定,在人民主权的原则下,公民权利尤其是基本权利的防御权能仍应主要是指向国家公权主体的。[①]

应指出,公民基本权利的防御权能主要指向国家,并不意味着公民的权利会成为国家及其代表的公共利益的对立物,会妨碍国家正当行使的权力。恰恰相反,这些权利的防御权能只是指向背弃公共利益、侵犯公民权利和自由的滥用和误用国家权力行为,从而促使国家权力的正当行使。

(二)受益权能的基本属性及其主要指向

1. 基本属性

所谓基本权利的受益权能,是指权利主体应享有的一种主观上可以要求义务主体承担积极给付义务,以及在客观上可以让义务主体承担积极给付义务,以实现其权利正常行使的权益享有能力,表现为依靠法律规范的存在和有效实施,权利主体可以主观上行使对他人的"积极作为请求权"或"利益获取请求权"的能力,以及客观上享有了可以让他人承担一些作为义务的能力。对这一定义,可从如下几个方面考察。

---

① 参见菅从进:《论基本权利的防御权能及其主要指向》。

首先,基本权利的受益权能,是基本权利的一种权能,而非一种权利,它与传统的受益权概念是两个不同层次的范畴。

权利承载的自由和自我肯定的利益能力,并不能仅靠防御他人的侵犯和干预来成就,在诸多场合,还需要特定义务主体承担积极作为或利益付出义务。在一些场合下,不干涉和侵犯本身,也可能意味着自由和肯定性的利益能力的成就,但在多数场合下,却难以成就权利主体的自由和肯定性的利益能力的真正存在。所以,要求特定主体承担积极作为和利益付出的受益权能,是权利的应有内容,同样是保证权利成为权利的本体性权能,否则,权利在本体意义上就是残缺不全的。权利的受益权能,在各种社会权利中得到最充分的体现,因此社会权利也被称为受益权。但是,与防御权能和防御权是两个不同层次的概念一样,受益权能与受益权也是两个不同层次的概念。①

其次,作为权利的本体性权能之一,权利的受益权能是与其防御权能并列的一种权能,它是任何一种权利都应具有的权能;而且,对一些基本权利而言,该权能是最基本的权能,无此权能,该权利就不成其为权利。

其一,对公民的人身权和财产权等所谓消极权利来说,受益权能虽然通常不是最主要的权能,但仍是不可缺少的基本权能。这些权利包括生命权、健康权、人身安全权、人身自由权、人格尊严权、财产自由和安全权等。这些权利,不仅要具备充分的防御权能才能成就为权利形态,而且,在特定情况下,只有具备受益权能,也才能成就为基本的权利形态。"自由权仅仅作为一种消极权利无法实现"②,就生命权、健康权、人身自由与安全权、财产自由与安全权而言,特定的自然灾害、人为事故、社会境遇,导致权利主体享有的这些权利必须对特定的义务主体拥有受益权能,科以其积极作为的义务,这样才具有基本的意义。这种义务,通常要表现为请求权的对应物。③ 有学者甚至认为,所有被看作受益或积极权利的社会权利(亦称福利权利),都可以被看作是从防御或消极权利推导出来的。"之所以有这样的判断,乃因为自由权也有着天然的受益或积极属性,尽管这种属性往往被人们忽略。"④

---

① 参见菅从进:《权利的受益权能与国家公权主体的给付义务》。
② 大沼保昭:《人权、国家与文明》,王志安译,上海三联书店2003年版,第210页。
③ 参见菅从进:《论基本权利的受益权能及其主要指向》。
④ 张翔:《基本权利的受益权功能与国家的给付义务》,《中国法学》2006年第1期。

其二,公民及其社会组织的政治权利,多数要求不仅具有防御权能,而且必须具有受益权能。诸多政治权利,包括言论自由权、出版自由权、结社自由权、集会自由权、游行示威自由权、选举权和被选举权、罢免权、知情权、批评建议权、检举控告权、对立法的创制与复决权、平等担任公职权,都需要特定的义务主体,尤其是作为社会总代表的国家,承担积极作为义务。公民及其社会组织所享有的这些权利,只有具有要求国家履行积极作为义务的权能,才能具备起码的意义。例如,知情权必须具有要求国家相关公权力部门公布和提供相关文件和信息的权能。"知的权利,被认为不仅在消极方面,系指不受他人妨碍地自由知悉,且具有要求持有资讯的主体,公开或提供资讯的积极性质。"①知情权如简单地被视为表现自由之一种,即要求国家权力不得妨碍人民行使知情权时,就有可能忽视了知情权还对国家科以一定的义务,积极要求国家主动公开各种情报的权利的层面。②

其三,随福利国家和社会发展成长起来的各种社会性权利,则毫无例外地以受益权能为最根本的权能,以致人们习惯于将这些权利称为受益权。③ 它们明显不同于因对抗国家权力积极滥用而确认的以防御权能为基本内涵的第一代人权,而是从社会主体良好的基本生存和发展出发,从社会公平出发,为保障每一个人能够过上合乎人类尊严的生活,充分保障个人的自由,而要求社会的总代表——国家及其他社会主体积极采取措施和行为予以满足的权利。这些受益权主要包括生存权(社会个体和家庭享有维持自己及其家庭的健康和福利所需要起码的生活条件的权利)、劳动权(具体包括获得劳动集会和适当劳动条件的权利、同工同酬的权利、带工资享受定期休假权、退休人员的生活保障权)、休息权、娱乐权、教育权、特定群体受特别保护权(如儿童、妇女、残疾人、失业群体、贫困群体获得社会的特别保障权)、危险状态的获救助权等。这些权利的基本意义,就在于其获益功能。这些具体权利以受益权能为根本意义所在,尽管同时须具有起码的防御权能。④

最后,受益权能针对的是相应义务主体的特定的积极给付义务,性质上兼

---

① 阿部照哉等编著:《宪法》(下册),周宗宪译,第155页。

② 参见大须贺明:《生存权论》,林浩译,法律出版社2001年版,第28页。

③ 参见肖泽晟:《宪法学——关于人权保障与权力控制的学说》,科学出版社2003年版,第237页。

④ 参见莒从进:《权利的受益权能与国家公权主体的给付义务》。

有客观义务和主观义务。

受益权能针对的是相应义务主体给予权利主体物质、精神、机会和程序上的帮助和给付义务,所以又可称为"获得给付权能"或"获益权能"。义务主体所负的是一种积极给付义务,内容主要是物质、精神、机会以及程序上的某种利益。

认定一般社会主体的给付义务,是一个相对比较简单的问题,而认定国家应承担的积极给付义务则是较为复杂的问题。国家为帮助或促进公民基本权利的实现而承担的积极义务有很多,但并非所有的积极义务都属于给付义务的范围,只有可满足公民基本权利的正常行使状态的积极义务,包括一般保护义务和直接保障义务,才属于给付义务,其中人民可以直接向国家请求的保障保护义务,又被称为狭义的给付义务。[①] 在这一点上,给付义务与基本权利享有同时还要求的国家的其他积极义务是不同的。给付义务是与公民权利的受益权能相对应的,只有与这种权能直接对应的国家公权主体对权利主体正常行使权利状态的给付,才属于给付义务范围。而国家为保障和促进公民权利实现的其他某些积极作为,如立法构建制度的行为和进行公立救济的行为,并非直接满足公民基本权利的受益权能,可能是满足构建法律制度权能、救济权能,所以不属于给付义务范围。再者,由于受益权能对应的积极义务中的一般保护义务总体上是客观义务,而直接保障义务兼有客观义务和主观义务的性质,因此受益权能是主观和客观属性并存。关于此点,笔者还将在后文进一步论证。

2. 主要指向

社会主体的诸多基本权利,单靠特定的一般社会主体是无法实现的,需要国家公权力主体作出相应的积极行为来实现。因为只有这些组织才可以汲取、组织社会的财力和人力,建立制度性的保障机制和义务。就公民基本权利的受益权能而言,承担相应义务的最基本主体只能是国家公权主体;或者说,公民基本权利受益权能的最主要指向,只能是国家公权主体。

首先,传统的人格尊严、人身基本自由和安全权利,被确认越来越多的受益权能,而满足这种受益权能的积极作为义务,只能主要由国家公权主体承

---

① 参见营从进:《论基本权利的受益权能及其主要指向》。

担。公民人身自由和安全权,应包括在因自然、社会乃至自身原因造成的危机和不利环境中获得社会救助的权能。与这种权能相对应的救助或帮助义务,这种直接满足公民基本权利行使的义务,虽然需要特定的社会主体承担一些,但主要需由国家公共权力来承担。个人不但拥有不受国家干预的自由,也要获得自由发展人格的机会,并能自主参与公共生活。自由的实现需要国家提供协助或行使的条件,此时就可能产生对国家的给付请求权。[1] 因为,只有国家公共权力才可以凭借自己掌控的强大人力和物力,凭借必要的制度建设,使社会主体在危机和不利环境中获得充分的救助。[2]

其次,公民政治自由和权利所承载的受益权能,根本指向只能是国家公权主体。公民政治自由和权利,从一开始就包含两个方面的内涵:一是作为反抗和防范的权利而出现的内容,即公民以个体或群体的形式,凭借在法律上一律平等、公民的人格尊严、人身自由、住宅不受侵犯等基本自由权利,以及思想、言论、通信、出版、集会、结社、游行、示威等政治自由和权利,对抗侵犯公民人身安全和政治自由的公共权力滥用行为;二是作为民主参与和监控公共权力的权利而出现的内容,即公民以个体或群体的形式,凭借选举权、被选举权、罢免权、知情权、批评建议权、检举控告权、立法提案和复决权等,保证国家权力的民主属性,有效掌控国家公共权力的民主建构和法治化运作,从制度上有效防范公共权力的滥用。

第一种意义上的政治自由和权利,主要权能无疑是防御权能,但这些权利的有效享有,无疑也要求一定的受益权能,而且相关受益权能的根本指向是国家公共权力。例如,集会、游行、示威自由和权利的落实,需要有相应的义务主体提供一定的公共场所和安全秩序保障,需要相应的义务主体对人民的正当要求作出回应,而履行这些义务的主体只能是国家公权主体。

第二种意义上的政治权利,主要权能无疑是受益权能,需要国家公权主体在承认、尊重和保护这些权利的基础上,采取制度化、规范化的积极作为行为,保障和促进这些权利的基本实现,即作为义务主体,成就这些权利。这些权利受益权能的基本对应物,是应被法制化的国家权力主体的积极给付义务;权力

---

[1] 参见于文豪:《基本权利》,第39页。
[2] 参见菅从进:《论基本权利的受益权能及其主要指向》。

主体履行法制化的积极给付义务,是这些政治权利得以真正落实的基本保证。[1]

最后,社会基本权利的基本属性是受益权能,这种受益权能的基本指向,更加只能是国家公共权力。在本质上,社会权利是一种需要社会积极作为才能满足的权利。在具体的权利义务关系中,这种义务承担,确实少不了特定的一般社会主体。但从根本意义上讲,社会权利的充分享有或实现,必须依赖广泛的财力、人力和制度性保障才能满足,而可以掌握这种广泛人力、物力并具有制度性保障建构能力的,只能是组织体系化的国家公共权力。"各种形式的社会基本权利,都是期待国家要有积极的行为,来促使这些权利的实践。"[2]况且,在民主国家,始终存在这样一个共识:国家及其掌握的公共权力,作为社会公共工具,要充分履行服务于社会的公共职能。争取社会主体自由平等权利真正落实的基本路径选择必然是:社会要求并赋予国家公共权力体系更多的职权,使其可以汲取、掌控更多的社会财富,有效地组织社会人力资源,建立完善的社会权利保障制度;同时,更科以其必须合理利用所掌控的社会资源,建立完善的社会权利保障制度的义务,使其成为满足公民社会权利的直接的、也是最基本的义务主体。可以说,"社会基本权利的权利效果,就是要求国家积极作为,介入社会生活以保障社会弱者获得实质的自由平等地位"[3]。社会权利的真正享有,以及权利属性的基本满足,关键就在要从法律制度上确认国家公权主体的积极给付义务,并有效保证其能够履行相关义务。

综上所述,各种公民基本权利尤其是政治和社会基本权利,其受益权能的基本指向,就是国家公权主体。对此,我国台湾学者苏永钦的概括可谓是经典:"某些基本权利,本质上即仅具有国家取向,多数的受益权如受教育权、诉讼权等,及参政权如选举、罢免、创制、复决、考试、服公职皆属之。"[4]

---

① 参见菅从进:《论基本权利的受益权能及其主要指向》。
② 陈新民:《德国公法学基础理论》(下册),第690页。
③ 许庆雄:《宪法入门》,元照出版公司2001年版,第143页。
④ 苏永钦:《宪法权利的民法效力》,《当代公法理论》,月旦出版公司1993年版,第168页。

五、 基本权利本体权能的相应法律义务

基本权利的本体权能的充分化具备或成就,需要宪法和法律法规充分确定相应义务主体的相应义务,这些义务应具有对应性,其中多数应是权利主体可以向义务主体直接请求和主张的;即便是社会化主体不能向义务主体直接主张的,也应该具体明确,可以在法律的内在性和强制性促使下,以及其他公权主体督促下,被义务主体充分履行。鉴于这些义务的复杂性、丰富性和重要性,笔者将专门作为一个较大的问题论述。

(一) 防御权能所要求的消极义务与法律确认

从基本权利的防御权能,可以导出国家公权力主体对基本权利负有"消极义务",也就是国家公权力主体负有不侵犯基本权利的义务。这种防御权能的大小和强弱,要靠宪法和法律确认公权力主体的消极义务来保证。但是,消极义务的内容是不作为,我们无法单纯从正面去说明不作为,只能借助其反面,也就是国家机关对基本权利的"侵害"的角度,去界定各机关的消极义务。[①] 也就是说,只要能界定国家机关的哪些行为是"侵害"基本权利的行为,也就能够明确各国家机关对基本权利的"不侵犯义务"是什么。

1. 立法机关的消极义务和法律确认

从最广义的角度讲,立法主体针对基本权利对抗侵权立法权能应承担的消极义务,即不得制定侵犯或不当限制公民基本权利的法律,也属于立法主体应承担的广义的消极义务。但此处所言消极义务,是具体法律制度已经确定或者应当确定的相关义务主体在具体权利行使状态中应承担的义务,是对应于基本权利本体权能中的防御权能的具体义务。

国家立法机关作为基本权利的义务主体,并非仅作为最重要的立法主体,

---

① 参见张翔:《论基本权利的防御权功能》。

只承担进行保障权利立法的积极义务和禁止不当限制权利立法的消极义务。它们还可能是公民行使一些基本权利的具体义务主体,尤其是作为公民行使一些政治参与权利和监督权利的监督对象和求助对象,需要承担一些具体义务,包括禁止性义务,如禁止各种手段妨害公民行使监督权,禁止对权利主体及其利益相关人进行打击报复,禁止不当应对公民行使监督权的行为,等等。

2. 行政机关的消极义务和法律确认

公民基本权利针对行政机关的防御权能之充分化,意味着行政机关要充分承担各种层次的不侵犯公民基本权利的义务。行政机关侵害公民权利尤其是基本权利的情况主要可分成三大类:一是行政机关适用违宪或侵犯公民权利的"法律",作出侵权行政行为;二是行政机关直接违宪、违法,作出无法律依据或超越法律依据的行政行为,侵害权利;三是行政机关虽有合宪的法律作为依据,但滥用裁量权,侵害权利。所以,无论是在理论上还是在实践上,要确立行政机关的相应消极义务并促使其履行消极义务,都是一个比较复杂的问题。[①]

首先,行政机关应承担不适用违宪或侵犯基本权利的"法律"作出侵权行政行为的义务。

在此,确实存在一个悖论:"法律"的违宪性或非法性与行政机关应受制于法律、依法行政的矛盾。但是,我们认为,行政机关不适用违宪或侵犯基本权利的法律作出侵权行政行为,是一种绝对或优先的宪法义务。它决定了对行政机关依法行政的职责,只能作形式与实质相统一原则的理解,而不能仅作形式主义的理解。即行政机关既必须恪守一切合宪和认同基本权利的法律,同时又不能对依法行政作形式主义的理解,"依法"逃脱不侵犯基本权利的义务,更不能恶意凭仗违宪或侵犯基本权利的"恶法"侵犯基本权利。"宪法规定权利的目的正是为了保障人的自然或基本权利不受法律的侵犯。"[②]只有宪法确定行政机关的这一绝对义务,才能真正确认权利具有充分的对抗国家立法和行政机关侵权的权能,并建立真正的宪法实施机制。这一原理,在发达国家宪法和行政法治理论与实践中已得到明确的体现。如德国行政法理论认为:"行

---

① 参见菅从进:《权利的防御权能与行政机关的消极义务》,《行政与法》2008 年第 11 期。
② 张千帆:《宪法学导论》,法律出版社 2004 年版,第 506 页。

政活动不能只具有形式的合法性。行政活动必须合乎宪法,尤其要维护法律的平等性,尊重公民的自由和财产。它们具有直接的约束力,任何执法人员都应当遵循,不仅在行使裁量权、适用正式法律之下的法律规范(法规命令、规章)时,而且在适用宪法生效前的法律时都应当如此。为此不能实施违反宪法、特别是基本权利的行政活动。"[1]这一义务的确立还意味着,当某一"法律"文件被认定违宪时,行政机关依该违宪的"法律"文件侵犯公民基本权利的,不管立法机关适于或不适于承担救济责任,作出行政行为的机关必须承担相应的救济义务。[2]

其次,行政机关的消极义务应主要表现为恪守法律授权、不得进行无法律依据的干预行政的义务。

行政机关侵害基本权利的行为,主要是在"干预行政"中进行。所谓干预行政,又称侵害行政,是指行政机关行使公权力,干预公民权利,限制公民自由与财产,或科以公民义务或负担的活动。[3]例如行政处罚、行政征收、行政强制等,都属于这种直接干预或侵犯公民权利的"干预行政"。一般认为,干预行政由于是直接干预和限制公民的权利,故更应受严格的法律授权原则的限制,即干预公民权利的行政行为,都必须基于立法机关制定的基本法律的授权,有明确的法律授权,不得与法律相抵触,受法律的约束。[4]这是行政机关承担和履行消极义务的主要体现。它同样体现为"法律保留"原则,只不过这一原则对行政主体而言,变成了根本性的行政合法原则——行政必须首先符合宪法和法律的规定。这一根本的行政合法原则,应是由相应宪法规范承载和表达的原则。[5]

这一原则要求,无论是行政机关根据法律的授权,制定更为具体化的行政法规、行政规章和一般性行政文件,还是根据法律的授权,从事限制和干预权利的具体行政行为,都必须严格恪守法律的授权,不得超越法律规定的内容和范围。在这里,尤其要禁止行政机关没有法律的授权,或超越法律的授权,以制定行政法规、行政规章和一般行政文件之名,行决定法律要素和直接制定限

---

① 汉斯·J. 沃尔夫等:《行政法》(第 1 卷),高家伟译,商务印书馆 2002 年版,第 335 页。

② 参见菅从进:《权利的防御权能与行政机关的消极义务》。

③ 参见杨建顺:《日本行政法通论》,中国法制出版社 1998 年版,第 327 页。

④ 参见翁岳生编:《行政法》,中国法制出版社 2002 年版,第 30 页。

⑤ 参见菅从进:《权利的防御权能与公权主体的消极义务》。

制基本权利的法律规范之实。在这种行政机关行使行政立法的职权可轻易打造侵权性行政法规、规章的情况下,法律成为可有可无的东西,行政机关依据超越法律的行政法规、行政规章和行政文件行政,只能是普遍性的违法侵权。[①]

最后,行政机关在根据法律的授权对基本权利进行限制时,还必须承担和履行根据合理性原则行使裁量权的义务。

现代行政发展的新现象之一是,"在对于复杂多样的行政活动赋予法律根据的法律规定中,认许行政部门裁量判断的部分增加,法律对行政的拘束降低"[②]。在这种情况下,行政机关如何"合理"行使裁量权的问题,成为权利保障的重要问题。如果行政机关限制公民权利是合乎法律规定的,但是并不合理,也应被认为是违反了"不侵犯义务"的侵害行为。[③] 这里的合理性原则,不是一个道德原则,仍然是一个法治原则。诚如韦德爵士所言:"法治的第二层含义是,政府根据公认的、限制自由裁量权的一套规则和原则办事。""法治的实质是防止滥用自由裁量权的一整套规则。"[④]关于行政行为"合理性"的认定,最可供借鉴的是法治国家的"比例原则"。所谓比例原则,是主要针对行政警察权的一个行政法治原则。"所谓警察,在学术上,是指为维护公共秩序而限制私人的自由和财产的权力性活动。"[⑤]"行政警察就其一般意义而言,是指行政机关为了保证公共秩序而对个人自由所加的限制。"[⑥]比例原则要求,如果在某一给定条件下需要采取某种公共行为以限制某项基本人权,这项限制"必须是必需的,并且与该限制措施所要避免的损害成比例的"。任何超出这一限度的限制都是非法的。[⑦] "通常而言,只有同时符合下列条件,某一行为才符合比例要求:第一,公共机关行使权力采用的手段符合立法目的;第二,公共机关只能使用对人损害最少的手段;第三,该行为对个人造成的损害与对公众带来的益处之间成比例。"[⑧]由此,形成比例原则的三个具体原则:第一,适当性原则,又

---

① 参见菅从进:《权利的防御权能与行政机关的消极义务》。

② 阿部照哉等编著:《宪法》(下册),周宗宪译,第 335 页。

③ 参见菅从进:《权利的防御权能与公权主体的消极义务》。

④ 威廉·韦德:《行政法》,楚建译,第 25—26 页。

⑤ 盐野宏:《行政法》,杨建顺译,法律出版社 1999 年版,第 59 页。

⑥ 王名扬:《法国行政法》,中国政法大学出版社 1988 年版,第 460 页。

⑦ 参见张越:《英国行政法》,中国政法大学出版社 2004 年版,第 288 页。

⑧ 彼得·莱兰、戈登·安东尼:《英国行政法教科书》,杨伟东译,北京大学出版社 2007 年版,第 369 页。

称"合目的性原则",是指以法律授权作为依据的干预行政的作出,必须合乎宪法的目的;①第二,必要性原则,是指在能够达到正当事由所要求的必要限制这一目的的各种手段中,行政机关应当选择其中对公民权利侵害最少的手段;第三,狭义比例原则,是指虽然为了某种正当事由所要求的必要限制,必须选择某种手段,但是该手段所引起的公民负担的增加和副作用与所欲达到的目的显然不成比例时,可以考虑放弃此目的,也就是不采取这种手段。要言之,权利限制"即使是必要的,目的和手段也必须是成比例的"②。

以上三原则,都是对行政机关剥夺公民权利的限制性条件,是对行政行为合理性的规定。如果行政机关的行为只是合乎法律的规定,但是背离这些"合理性"原则,仍然应该被认定是违反了对权利的"消极义务",是对公民权利的侵害。行政合理性原则,作为行政法的基本原则,同样应该体现在宪法的相关规范中,并为基本法律和行政立法所充分确认,只有如此,才能确认公民基本权利针对行政机关的相对性防御权能和行政机关的相应禁止性义务。③

3. 司法机关的消极义务和法律确认

司法机关对应权利的防御权能而承担的基本消极义务,主要是其在司法和其他相关活动中不侵犯公民权利。司法机关是公民权利最终的救济机关,也是可以实施严厉权利限制和剥夺的最终裁决机关。"在一定意义上讲,司法就是以其特有的方式强化权利义务概念、保障权利实现的制度和秩序。"④公民权利的基本享有,既离不开国家司法机关的有效保护和救济,也要求其具备有效防范国家司法机关侵害的权能,而后者依赖于司法机关承担在司法活动中不侵害公民权利的消极义务。⑤

司法或相关活动,在一定意义上就是处理、裁决公民相关权益的活动,因此在此过程中,司法机关通常会与各方当事人形成复杂的权利义务关系,各方当事人都存在被司法机关的违法、不当的行为侵害权利的可能性。其中,对原

---

① 参见蔡震荣:《行政法理论与基本人权之保障》,五南图书出版公司 1999 年版,第 105—106 页。
② 盐野宏:《行政法》,杨建顺译,第 59 页。
③ 参见菅从进:《权利的防御权能与行政机关的消极义务》。
④ 扬一平:《司法正义论》,法律出版社 1999 年版,第 62 页。
⑤ 参见菅从进:《权利的防御权能与公权主体的消极义务》。

告或诉请中的其他主张权利救济者而言,如果司法机关的裁决和措施仅是错误地维护了相关非法利益状态,所妨害的也可能仅是其进行救济权利的公力救助权能,则意味着司法机关没有履行公立救助义务;但司法机关在相关活动中,也可能进一步侵犯权利救济人需要救济的权利和其他权利,这些本应处在全部或部分正常行使状态的权利,无疑应该对司法机关及其工作人员具有防御权能。对被追诉人及第三人而言,他们也面临被裁决和强制承担没有事实和法律依据的、非法或过当的义务和责任,或被进行违法或不当的权益剥夺和限制,因此,他们的相应权利同样须具有针对司法机关的防御权能。因此,在所有违法和不当的司法裁决及相关活动中,如果司法机关的违法错误行为仅是维护了原侵害人的利益,没有进一步侵犯权利救济者力图救济的权利和其他权利,这仅是违背公立救助义务的问题;而其余的,都会构成司法侵权的问题。由此决定,必须确认公民基本权利对司法机关广泛而具体的防御权能,要求司法机关承担广泛而具体的消极义务。

其一,不进行罔顾事实和法律的限制权利裁决的义务。

基于上述分析,司法机关的罔顾事实和法律的裁判,可分成两种情况。一是在有事实根据和法律依据,应作出要求侵权人或债务人承担相应义务和责任,以对权利救济人进行有效救济的裁判的情况下,司法机关却滥用误用权力,错误认定事实和适用法律,作出减轻或免除限制的裁判,损害受害人的利益和公共利益,给侵权人谋取不当利益。这实际上是司法机关背离应保护公共利益和社会主体权利的公立救助的义务。二是在无事实根据和法律依据应作出剥夺或限制某当事人权利的裁决的情况下,司法机关却误用权力,错误认定事实和适用法律,支持一方当事人的错误诉求和主张,甚至会故意滥用权力,谋取私利,人为制造冤案和假案,非法限制或加重限制相关当事人的权利,对权利构成积极的侵害。此为因罔顾事实和法律而形成的违背必要消极义务的侵权裁判。为保障公民基本权利不受司法机关的积极侵害,促使司法机关承担和履行不侵犯公民权利的消极义务,司法机关的司法限权裁判活动必须首先做到以事实为根据,以法律为准绳。①

以事实为根据,首先意味着任何在捏造事实基础上通过裁判进行限制权

---

① 参见菅从进:《权利的防御权能与公权主体的消极义务》。

利的行为,都是恶劣的侵权行为。同时,它还意味着司法机关用作限制权利裁判基础的事实认定,必须有高标准的证据支持。在涉及一般性限制社会主体基本权利的事实根据的确认时,证据的标准至少要达到明白、不含糊和令人信服的程度;如是支持严重限制人身自由、剥夺人的生命的事实根据,其相关证据的标准应达到没有任何合理怀疑的程度。相关司法机关在承担相应举证责任和进行证据确认时,必须履行恪守这一证据标准的义务,否则就可能导致在虚假事实的基础上损害权利,出入人罪。

其二,不滥用司法裁量权作出限制权利裁判的义务。

以法律为准绳进行限权裁判,只能避免典型的非法侵权行为,并不能避免形式上合法但实质上仍构成非法侵权的裁判。如同行政机关在执行法律时有裁量权一样,司法机关在适用法律时也有裁量权。在一定意义上,赋予法官范围较广的自由裁量权,是"为法官提供实现个案正义所需要的更全面的权力"①。问题是,这种自由裁量权在使用的过程中,也会偏离其存在的内在根据而被滥用。比如说,法律的规定可以作几种不同的解释,而法院却选择了与宪法相违背的那种,并作出了裁判。在这种情况下,并非法律违宪,而是法院对法律的解释和适用违宪,是法院滥用了司法裁量权。② 在这种情况下,就应认定法院的裁判是对公民基本权利的侵害,法院违背了对基本权利负有的"消极义务"。③

其三,不得非正当适用剥夺或限制权利的司法程序和制裁措施的义务。

由于司法机关是通过裁判剥夺和限制公民基本权利的最终权威,因此确定基本权利针对司法机关程序和措施非正当性适用的防御权能是重要的;尤其是针对司法机关进行刑事追诉的有关程序和措施,事关对公民基本权利的严重限制。故不少国家的宪法权利条款或权利法案条款,以及司法权条款,都重点直接规定了刑事追诉中的程序限制或权利保障。如前所述,美国宪法修正案及《权利法案》第4—8条,就明确规定了诸多禁止性义务。再如德国《基本法》第104条规定:"一、个人自由非根据正式法律并依其所定程序,不得限制之。被拘禁之人,不应使之受精神上或身体上之虐待。二、惟法官始得判决

---

① 罗斯科·庞德:《法理学》(第4卷),王保民等译,法律出版社2007年版,第10页。
② 参见张翔:《论基本权利的防御权功能》。
③ 参见菅从进:《权利的防御权能与公权主体的消极义务》。

可否剥夺自由及剥夺之持续时间。此项剥夺如非根据法官之命令,须实时请求法官判决。警察依其本身权力拘留任何人,不得超过逮捕次日之终了。其细则由法律定之。三、任何人因犯有应受处罚行为之嫌疑,暂时被拘禁者,至迟应于被捕之次日提交法官,法官应告以逮捕理由,加以讯问,并予以提出异议之机会。法官应实时填发逮捕状,叙明逮捕理由,或命令释放。四、法官命令剥夺自由或延续剥夺期间时,应实时通知被拘禁人之亲属或其信任之人。"[①]这一方面直接限制了立法机关制定违背这种禁止性义务的立法,另一方面直接构成司法机关和行政追诉机关的禁止性义务。宪法中的这类禁止性义务规定,又构成在诉讼法中确定司法机关更具体的禁止性义务的基础。

司法权的公正行使,从根本上须依赖宪法和国家基本法律确认保障司法权公正行使的程序,确认公民基本权利相应的防御权能和一些程序性权利,科以司法机关在行使司法权力时必须履行的一些程序正义性禁止义务。发达的法治国家对这些义务的规定具体翔实,并对违反者科以较严格的法律责任;而我国目前的一些规定过于空泛,致使我国公民基本权利对司法机关的防御权能大打折扣。[②]

(二) 受益权能所要求的给付义务与法律确认

1.几种性质不同的积极义务及其相互关系

如前所述,基本权利的制度构建权能和受益权能,都要求特定国家公权主体履行积极义务;在后文将要论述的救济权能,也要求国家公权主体承担大量积极义务。但必须明确,这几种积极义务,从其承担的层面和对权利享有的意义而言,存在重大差异。

积极构建保障权利的法律制度的义务,是一种根本的、宏观义务上的保护义务和积极义务。它的充分承担和履行,意味着公民基本权利获得了法律制度的具体确认和保护,形成了内容具体丰富的权利—义务关系。其中,既包含具体的主观权利关系,也包括更加具体的客观权利关系,使权利的正常行使和

---

① 《联邦德国基本法》2001 年版,见 http://xfx.jpkc.gdcc.edu.cn/show.aspx? id=332。另参见魏健:《刑事诉讼之宪政视角研究》,中国政法大学博士学位论文,2005 年,第 35 页。

② 参见菅从进:《权利的防御权能与公权主体的消极义务》。

救济都得到了具体明确的法律规范的保障。正是它的履行,明确了更加具体的各种义务关系,其中的积极义务,就包括与受益权能对应的给付义务和与公立救助义务对应的救助义务。而给付义务,作为基本权利在正常享有状态下相关义务主体应该承担的一种更为具体的积极义务,是满足权利的受益权能的积极义务。

如果说,构建法律制度之积极义务,是立法主体很大程度上需要考虑社会基本条件和利益平衡来宏观把握,很大程度上可自由裁量而履行的义务,通常无法为权利主体所直接主张,因而总体上是客观义务,并决定了相应权能的总体上的客观属性;那么,基本权利受益权能所要求的义务,则相对具体明确。其中,除了一些具有一般性保护的义务尚具有客观义务属性外,更多的是作为直接保障和满足的义务,具有充分的主观属性,属于权利主体可以直接进行的义务主张。这是基本权利主观化和充分享有的一个根本体现。可以说,在满足基本权利受益权能的给付义务中,有一般保护性的给付义务,也有直接保障性的给付义务,前者整体上是客观义务,后者整体上是主观义务。对于满足受益权能的这两种性质不同的积极给付义务,有必要进一步区分,并把握其对权利享有各自不可替代的独特价值。

在满足公民基本权利受益权能的积极义务即给付义务中,不少属于公权主体承担的一般保护性义务。保障公民基本权利享有的法律制度的有效运行,首先要求存在能够满足制度运行的一般性基础条件。这些条件体现了国家尊重、保护、满足、促进基本权利充分享有的重要客观义务,它们受制于特定的社会经济政治条件。但一旦立法主体立基于社会现实条件和需求,以法律规范的形式确认了这些义务,特定国家公权主体就必须认真承担和履行这些义务。这也是基本权利获得宪法规范和国家法律规范保障,具有获得一般保护权能的根本意义所在。

特定公权主体依法主动承担和履行这种满足制度运行一般条件的相应职责和义务,是让更具体的义务得以依法承担和履行的前提。只有它们的存在和被履行,基本权利的主观性法律关系,以及更加具体特定的客观保护法律关系,才可能产生和运行。因为它们构成了权利有效行使和救济的一般性保障基础和条件,是众多的社会主体可以有效行使和救济基本权利的一般保障。这种义务的承担,以立法构建制度保障义务的履行为存在前提;在此基础上,进一步需要特定公权主体依法接受相应职责,履行提供权利保障制度运行的一般条件的义务。它由国家公权主体基于法律的内在性或客观的权力强制关系而履行。这些义务要在国家诸多重要的法律制度中得到充分的体现,主要又包括:

其一,提供相应组织和人员保障的义务。许多公民基本权利行使和保障,需要国家确定各种组织和人员予以一般性的保障。如选举权需要组织选举的具体机构和工作人员设置;知情权行使需要有提供信息的机构和人员;公民人身安全享有和保障需要公共安全组织的设立和人员;受教育权的满足需要有教育机构的设立、教学及管理人员的配备;控告权的行使需要国家设定各种必要的权利救济机关,配备专业化的人员;等等。这还意味着国家必须提供这些机构和人员使用的开支和劳动报酬。

其二,提供特定物质设施设备保障的义务。许多公民基本权利的行使和保障,需要国家直接或要求相关机构提供必要的物质设施设备。如公民知情权的行使需要特定机关提供获取信息的场所和设施;选举权的有效行使需要选举场地和投票设施的存在;受教育权的实现更需要教育场所和各种教学设备的配备。

其三,提供必要的一般性机会保障的义务。公民基本权利的行使和保障,需要国家机关和其他社会主体提供必要的具有一般性的机会。所谓具有一般性的机会,是指对建立在合理分类基础上的同类人员提供相同的机会,同时普遍享有或通过公平竞争赢得机会,取得享有或行使相应权利的机会。如受教育权的行使,需要国家和教育机构提供直接普遍入学的机会,或通过组织考试竞取入学的资格;控告权的行使需要国家确定广泛的可救济事项或权利的范围。

其四,提供一般性保护措施的义务。公民基本权利的行使和保障,需要国家机关和其他社会主体提供一般化的、常规性的保护措施。如为保护公民人身和财产安全进行日常性的巡逻,安装必要的监控和侦查设施,建立日常化的紧急救助平台等等。

其五,提供必要程序保障的义务。公民基本权利的行使,需要国家机关和其他社会主体提供一般化的程序保障。"某种程序是'正当的'这一观念表明,宪法权利为政府施加了积极的义务。"①如国家机关必须提供权利主张的途径、期限、形式确认等程序性环节。

这些义务的承担,需要以法律制度的规定为基本依据,同时需要特定国家机关和社会主体根据具体条件行使一定自由裁量权而作为和提供,但须达到法律的要求。它们是法律规定的义务,但却不是个别公民立足于基本权利可以向相应义务主体直接主张和要求的义务。基本权利的充分享有和行使,需要以这些义务的履行为前提,因为基本权利主观权利关系的形成和客观的特别保障和救济关系的形成都是以此为直接基础和前提的。如有了紧急呼救平台的建设,公民才有紧急呼救的具体请求权。

构建保障基本权利法律制度的义务,是最高层次的保护义务和积极义务,国家立法主体之所以要承担这一义务,并非仅仅是为了确定更多国家公权主体的一般保护义务,而是从根本上为了构建起权能充分的主观权利,明确公权主体和其他相关主体可被权利主体请求的各种义务。其中,在权利正常行使状态下,作为主观权利享有内在要求的主观受益权能及其对应的主观给付义务,应是充分重视的对象,因为它是满足权利行使的直接保障义务。如果忽略了对这种具体的积极给付义务的法律构建和确认,基本权利的主观权能将是严重不足的,基本权利将在诸多方面沦为单纯的"客观价值秩序"。这种具体明确的积极义务,是作为履行客观性保护义务的重要基本目的和成就标准存在的。因为权利受益权能内容复杂,义务主体具有特定性,如果国家的一些保护义务不落实为受益权能的主观权能所对应的直接保障义务上,所谓的保护义务落实只能是名存实亡。因此,可以说,国家公权主体是否被科以充分的主观性积极给付义务——直接保障义务,亦即权利是否具有充分的主观性的受益权能,是国家是否充分履行保护义务的基本标尺之一。基本权利主观受益权能及其相对应的主观积极给付义务被确认,不仅意味着公权主体已履行了一定的保护义务,而且真正使基本权利作为权利与直接保障义务相对应,赋予了权利主体以主观能力。② 此正如阿列克西所言:"如果想避免权利与义务间

———————

① 伊利:《民主与不信任——关于司法审查的理论》,朱中一、顾运译,法律出版社 2003 年版,第 35 页。

② 参见菅从进:《权利的受益权能与国家公权主体的给付义务》。

的断裂,唯一的选择就是从保护义务条款中导出保护性权利。"①

总之,基本权利受益权能所要求的主观性给付义务,满足的是权利主体在正常行使状态下可主张和要求的具体积极义务,体现了典型的"主张—义务"的法律关系。在这种关系下,国家公权主体为特定行为的义务总是与权利主体的请求权相对应。基本权利受益权能的主观内容,首先包含了权利主体得向国家主张积极给付义务的强大能力,体现了权利主张和给付义务的对应关系。这种对应关系,构成权利主体可主观上请求国家承担积极给付义务的能动关系。② 国家公权主体承担的这部分积极义务,迥然不同于一般保护义务这种积极义务:一是前者是客观的,后者是主观的;二是前者是相对宏观的,具有广泛满足意义的,后者则是具体的,尽管法律规范也是以普遍的方式所规定。

鉴于基本权利受益权能的充分确认,表现为对各类国家公权主体积极给付义务的充分确认,而这种积极给付义务的确认,同时也是国家保护义务得到法律落实的主要体现之一;因此,从基本权利的受益权能充分化的角度,分析各类国家公权主体应承担的积极给付义务及其法律确认,具有重要理论和实践意义。

2. 立法机关的给付义务与法律确认

对基本权利的充分享有而言,立法机关主要承担构建保障性的法律制度和禁止制定不正当限制权利法律的义务。对于权利的受益权能而言,由于义务内容的复杂性,并须由特定义务主体具体承担,因此,作为对普遍对象行使权力的立法机关一般不承担这种特定积极给付义务。尽管如此,在现代法治国家,立法机关在一些情况下,还是要承担一些与基本权利受益权能对应的积极给付义务。立法机关对应于权利的受益权能的积极义务,应是满足相应公民民主参与和民主监督的积极给付义务。这类义务,多会得到宪法规范和法律规范的明确确认。

在民主法治国家,国家立法机关作为民意机关,其人员的组成和更替要根

---

① Robert Alexy, *A Theory of Constitutional Rights*, translated by Julian Rivers, Oxford University Press, 2002, p. 302.

② 参见菅从进:《权利的受益权能与国家公权主体的给付义务》。

据民主的原则进行；其主要职能是提炼民意制定国家的基本法律，决定国家的重大决策，控制财政收支，任命主要国家机关的主要领导人；其基本活动要最大程度地接受民众的监督乃至民众的参与，以便充分体现民意。公民民主参与权利和监督权利等诸多受益权能首先正是指向国家立法机关的；只有如此，这些权利才具有起码的意义。这些权利的受益权能的实现，恰恰首先需要法律确认立法机关承担积极给付的义务才能实现。如公民对立法机关及其组成人员的民主选举权和罢免权，需要立法机关承担组织选举、启动罢免程序、接受选举和罢免结果等义务；公民对立法的知情权和参与听证权，需要立法机关承担公开立法信息和程序、组织公正的听证程序、尊重并回应听证意见等义务；公民对立法机关的批评和建议权，需要立法机关承担回应和接受批评建议的义务。[①] 法律确认立法机关对这些义务的承担，是公民取得相对于国家的"积极地位"和"主动地位"的基本保证。[②]

3. 行政机关的给付义务与法律确认

公民基本权利的受益权能，通常要靠行政机关予以直接满足；或者说，公民各类权利的受益权能所要求的义务，多需要行政机关具体承担和落实。立足于不同的角度，可以对行政机关满足权利受益权能的义务作不同的分类，进行不同层次的探讨。根据行政机关承担的义务是否具体化、特定化，可以将其分成两大类，予以探讨和研究。

第一类是行政机关需要承担的大量的一般性保护义务。这些义务的种类如前所述。需要指出，这些义务的履行通常需要行政机关制定规范性文件的行为来保障，同时要求行政机关依据法律和规范性文件的规定，对公民基本权利承担各种一般保护性的义务，如构建组织和配备人员、提供特定物质设施设

[①] 参见昔从进：《权利的受益权能与国家公权主体的给付义务》。

[②] 德国公法学者耶里内克在其代表作《公法权利体系》中，以严整的逻辑结构提出了公民地位理论：(1)被动地位，这是指个人居于应该服从国家统治权力的地位，产生个人对国家的义务。(2)消极地位，即个人在摆脱国家公权力的干涉和侵犯下而享有自由。在这个范围内，个人处于消极的地位，只是要求国家不加干涉。此即人民的自由权。(3)积极地位，即个人站在积极的地位，进一步要求国家应有一定的作为，借以享受特定利益和达成特定愿望。此即人民的受益权。(4)主动地位，即个人更进一步以主动的地位参与国家政权的行使、国家意见的形成。此即人民的参政权。有关该理论的详细内容参见谢瑞智：《宪法新论》，文笙书局 1999 年版，第 142—143 页；许崇德主编：《宪法》，第 145 页；陈新民：《德国公法学基础理论》(下册)，第 693—695 页；林来梵：《从宪法规范到规范宪法》，第 89 页。

备、提供一般性的社会机会、提供普遍性的保护措施,等等。它们整体上属于客观义务的范围,权利主体一般不能对承担这些义务的行政机关进行这些内容的权利主张和要求。

第二类是行政机关在行政过程中针对基本权利的主观受益权能,必须履行的具体给付义务,即直接保障性义务。

一旦宪法、国家法律、行政法规和地方法规等法律法规对公民的基本权利给予了充分的确认和保护,就意味着相应行政机关在具体行政关系实践中,要对公民基本权利承担诸多直接保障义务。这些义务内容丰富、种类繁多,以一般性保障义务为基础,但具有更直接针对权利主体的权利行使而直接满足的特征,是一般保护义务的具体化,也是其存在的具体目的,因此,与一般保护义务的种类具有一定的对应性。这些具体保障义务的承担与否,也是判断一般性保护义务的基本价值实现与否的标准。通常是,正是因为诸多公权主体要承担这些具体的直接保障性义务,才需要特定公权主体首先承担一般性保护义务。这些义务的种类可以简单概括如下。

一是提供具体安全保障和救助的给付义务。公民的生命权、健康权、人身自由权、财产所有权和自由权,都蕴涵着要求国家公共安全机关相应积极作为,予以安全保障和救助的义务。这些义务是直接满足权利的基本受益权能的义务。如公共安全机关及其人员制止危害他人生命和财产行为的义务,对处于危险状态的公民进行营救的义务。它是国家公共安全机关建构公共安全紧急救助机构、配置人员、设定特定救助职责这些一般性保护义务的具体目的。这种义务,既是维护公共秩序的义务,也是公民基本权利的受益权能所要求的行政机关的具体义务。

二是提供制度化物质帮助的给付义务。现代公民享有的诸多社会权利,尤其是社会经济和文化权利,其主观受益权能是指向国家公权力主体的,需要相应的国家行政机关履行提供直接的物质帮助和支持的给付义务。只有相应行政机关履行这种义务,这些权利才有起码的意义。这种物质帮助和支持,应作广义的理解,具体包括金钱和其他物质、人力帮助等多方面。《经济、社会和文化权利国际公约》确认的所有基本权利,几乎都具有这种要求国家提供物质帮助的受益权能指向。

三是提供具体机会的给付义务。诸多基本权利的受益权能所要求的,是国家对权利主体提供制度化的、公平合理的、充分的机会并具体给予特定机会。以受教育权为例，其指向国家的受益权能，首先包括要求国家提供公平合理的考试和录取制度，提供公平的、必要的升学机会的权能，对应的是一般保护性义务，但特定的教育管理部门必须向特定个人和群体真正提供参与具体考试和录取的机会，如果不能或拒绝提供，就违背了直接满足受教育权的给付义务。

四是进行某种资格和权利能力确认的给付义务。诸多权利的受益权能所要求的，是国家对权利主体取得某种资格和权利能力的确认。这种确认，本质上是国家行政机关根据社会公共利益、他人的自由和权利等与权利主体之权利利益的平衡，立足于法定条件，对权利主体具体享有和行使某种权利予以许可和确认。它既表现为行政机关的某种职权，也表现为某种义务，但归根结底是一种义务，而不是一种恩赐。

五是回应和满足公民民主参与、监督的给付义务。公民民主参与和监督的权利，都包含诸多以自身利益和公共利益为基本旨归的受益权能。这种权能，通常要求国家行政机关履行一定的给付义务予以满足。以知情权为例，它的根本意义在于民众可以要求获得某种信息；相应地，行政机关须主动或应民众要求公开相关信息。它蕴涵着这样的确定政府相关义务的原则：政府文件公开是原则，不公开是例外，政府对拒绝公开负有举证责任。

以上列举，并不能穷尽行政机关相对于权利的受益权能的基本义务，因为基本权利及其受益权能的极其广泛性，决定后者同样也是极其广泛的。①

4. 司法机关的给付义务与法律确认

"从性质上说，司法权自身不是主动的。要想使它行动，就得推动它。"②但这绝不意味着司法机关只承担消极义务。相反，司法权力的消极性仅在于，如果没有公民及公共权力机关的相关诉请，其不会主动启动司法程序，行使司法权力。其丝毫也不包含这一含义：司法机关对公民的基本权利不承担积极的义务，包括积极给付义务。

司法机关承担的可为权利主体主张的积极义务有两类：一是司法机关作

---

① 参见菅从进：《权利的受益权能与国家公权主体的给付义务》。
② 托克维尔：《论美国的民主》（上卷），董国良译，第110页。

为权利的最终救济机关,要承担大量公力救助义务,其中主要是积极义务,即权利主体提出相关救济请求后,司法机关要承担相应的积极作为义务,包括实体上和程序上的,对权利主体的救济请求给予积极的回应和满足,避免不作为。二是在权利主体直接行使某些以司法机关为行使对象而非救济求助对象的权利时,司法机关要承担一些积极给付的义务。如为满足公民对司法资料信息的知情权,司法机关要承担公开信息的义务;为满足公民针对司法机关行使的批评权和建议权,司法机关要承担积极回应的义务。①

司法机关的这两种积极义务是存在一定差别的。其中前者是在权利的救济状态下,司法机关须承担的与相关权利的主观性公力救助权能对应的义务;后者则是司法机关在一些以自身为义务承担对象的权利正常行使状态下,就要承担的积极义务。前者具有遭受侵犯的原权利进行公力救助的属性,满足的是权利的救济权能;后者则是直接满足权利正常行使状态下的受益权能。当然,由于救助权能也具有一定的受益性,加上诸多诉权已经具有了独立权利的属性,因此,将一些权利的获得公力救助权能理解为诉权的受益权能,将公力救助义务理解为给付义务,提出更广义的受益权能和给付义务概念,也是一种可以接受的观点。或者说,两者存在了一定竞合性,取决于人们将司法机关行使的一些具有诉权或救济权性质的权利,视作一种相对独立的原权利,还是视作另一种原权利的救济权能。只不过,从权利基本权能的逻辑分析结构来说,我们还是应该区分司法机关针对权利承担的积极给付义务和公力救助义务,明确司法机关在不少情况下应承担的积极给付义务。

除了司法中可能涉及公民诸多基本权利外,积极指向国家司法机关的公民基本权利可分成两大类:一是诉讼权利;二是对司法的监督权利。

广义的诉讼权利,不仅是指社会主体提起诉讼和应诉的权利,还包括获得公正审判及执行的保障性权利。这些权利可以划分为两大亚板块。一是启动诉讼程序和执行程序的权利,亦可以称为狭义的诉讼权利。包括起诉权、反诉权、独立请求权、上诉权、再审请求权、自诉权、申请强制执行权等。司法机关在社会主体依法行使诉权后,必须作出开启司法审判或审理的程序,并根据可证明的基本事实,依法作出相应裁判。二是保证司法审判和执行公平正义的

——————————

① 参见菅从进:《权利的受益权能与国家公权主体的给付义务》。

第三章　公民监督权法制化构建的根本理路和法治意蕴　261

权利。具体包括陈述权、提出证据权、辩论权、辩护权、使用自用语言权、免费获得语言翻译帮助权、申请回避权、公平听证权、质证权、获得公开审判权、获得公平审判权、诉讼进展知情权、撤诉权、沉默权、被告知拘捕理由权、被告知指控权、获得时间和便利准备辩护权、及时受审权、传唤和询问证人权、获得无罪推定权、免于双重受罚权、被剥夺人身自由的人道待遇权等。① 显然，如果把这些广义的诉讼权利，都理解为相对独立的原权利，那么可以认为，除个别的以防御权能为基本内容外，它们多数兼有防御权能和受益权能，其中多是以受益权能为主。司法机关只有履行相应的积极给付义务，这些权利才具有基本的意义。同样，如果把它们理解为公民基本权利中应有的获得公力救助的主观性救济权能，司法机关需要履行的相应义务就都可理解为公力救助义务。为了基本权利的基本权能分析框架的逻辑完整和科学性，笔者倾向于第二种理解。

公民对司法的监督权利，是保证公民获得公平审判和诉讼的保障性权利。其中的防御权能，要求司法机关承担和履行相应的不作为的义务，是保证司法的独立和中立，程序的合理、公开、平等、及时便利等程序公正所必须的；同样，其中的受益权能，也是保证程序正义所必须的。② 有些权利的受益权能所要求的司法机关的特定义务，是避免法律实施中"道德成本"的基本保证。德沃金的道德成本理论认为，在评价和设计一项法律程序时，应当最大限度地减少法律实施中的道德成本。道德成本是指由于错误地惩罚无辜者所带来的非正义。道德成本的产生源于人的权利受到剥夺，因为剥夺一个人应得的权利就是不公正地对待他。通过道德成本这一概念，德沃金在法律程序中引进了权利的观念。"在德沃金看来，要真正享有一项实体性权利（如不受错误定罪的权利），就必须求助于第二项权利——程序性权利。"③德沃金所指的一些程序权利的设计，多包含针对司法机关的特定的受益权能，要求其承担履行特定的给付义务。只有充分科以司法机关满足这种程序权利的义务，才能保证司法行为不是恣意的产物。

还需要指出，笔者倾向于将诉权理解为公民基本权利救济权能的体现，强

———————————

① 参见菅从进：《权利的受益权能与国家公权主体的给付义务》。
② 同上。
③ 陈瑞华：《走向综合性程序价值理论——贝勒斯程序正义理论述评》，《中国社会科学》1999年第6期。

调公民基本权利获得公力救助权能的存在及其与受益权能的区分,并不意味着反对宪法规范和国家基本法律尤其是诉讼法规范确定公民应享有的大量诉权。相反,宪法应明确确认公民的裁判请求权、获得公平审判权,或者规定一些较为具体的、多需要司法机关必须作为的程序性和实体性保障权利,如美国宪法第六条修正案规定的获得迅速和公开的审判权、获得控告性质和理由权、获得证人权和获得律师帮助权,等等。同时,应在基本诉讼法律中,详细确认公民的基本诉讼权利的具体内容和国家司法机关的相应义务及法律责任。至于这些权利的相关内涵和对应的义务,应被理解成是权利的受益权能还是权利的公力救助权能,是积极给付义务还是公力救助义务,都仅是不同视角引发的不同认知问题。

相对于行政主体给付义务的广泛性和复杂性,司法机关的相应义务是比较单一和易确认的;但只有重视公民基本权利保障的司法制度,才可能较充分地确认司法机关的这种义务。

六、 基本权利救济权能的基本属性及其主要指向

对于救济权能的基本属性,我们可从以下几个方面考察之。

其一,救济权能是基本权利的一项基本权能。救济权能只是基本权利的基本权能之一,本身并非基本权利或一项具体的权利;它与诉讼权等通常被人们称为救济权的权利不是一个层次上的概念。

传统观点多把权利的救济能力理解为一种以原权利为基础的独立权利。人们认为,权利救济意义上的"救济"一词,具有救助、恢复、补偿、修复、赔偿、矫正等含义。这种意义上的救济,通常以某种权利的存在和被侵害为前提,是对权利的救济,即在权利被侵害后对权利的恢复、修复、赔偿、补偿,或对侵权的矫正及侵权结果的否定,故常称为权利救济。这种权利救济能力应赋予权利主体及其利益相关人,从而形成他们作为权利主体应具有的救济权利。①《牛津法律大辞典》云:"救济就是纠正、矫正或改正已发生或业已造成伤害、危害、损失或损害的不当行为。……权利和救济这样的普通词组构成了对

———————

① 参见菅从进:《论权利的救济权能及其发展》,《河北法学》2008 年第 8 期。

语，……更准确的分析可以这样表述：法律制度赋予特定关系中的当事人以两种权利和义务：第一与第二权利和义务，前者如取得所购买的货物和取得货物的价款，后者如强制对方交货，或强制对方就未交货一事给付赔偿；或者在另一方面，强制对方支付货物的价款或强制对方就拒收货物而给予赔偿。虽然只有在第一权利未被自愿或未被令人满意地满足的情况下，第二权利或救济权利才能发生作用，但要求对方履行义务的权利，或要求对方就未履行义务或不适当履行义务给予救济的权利，却都是真正的法定权利。相应地，救济是一种纠正或减轻性质的权利，这种权利在可能的范围内会矫正由法律关系中他方当事人违反义务行为造成的后果。"①这种理论，典型地体现了把权利救济能力理解为一种独立权利的观点。

严格地讲，与其把权利救济能力理解为一种独立的权利，不如把其理解为一种完整权利的内在的基本权能来得更为确切。因为一种完整的权利，必须内在地具有这种基本的权能。权利的救济能力归根结底是一种权利的救济权能，它必须内在地被确认并存在于权利的基本内涵之中。尽管权利的救济能力可以被抽象出来，以一般性救济性权利的形式如诉讼权等存在；但即使是典型的救济权利，也需要内化于某种具体权利的救济能力才能发挥作用。因此，正如人的躯体由躯干和四肢构成一个完整的有机体，我们没有必要把躯干称为第一躯体，把人的四肢称为第二躯体一样，我们也没有必要把权利的救济权能独立称为第二权利。② 美国著名宪法学家 L.亨金教授接近言明了此点。他认为："一个人可以先验地把法律权利界定为由正式的属于权利所有人的救济所支持的正当法律要求。""制度化的救济不仅促使权利的法律性和权利提供的享有的可能性，而且创立实践的'机制'以实现现实对权利的享有，如果救济由权利所有人控制，就更可能被运用，因而实现对权利的享有。"③

其二，权利的救济权能，具体又包括获得侵权者赔付权能（可简称为获得赔付权能或获赔权能）和获得公力救助权能（可简称为获得救助权能或获救权能）。

其中，获得侵权者赔付权能是针对侵权当事人的权能，体现了权利对其承载的利益在受到侵害时应有的得到恢复、补偿、赔偿等矫正能力。这里的矫正

---

① 戴维·M.沃克：《牛津法律大辞典》，李双元等译，第 764 页。
② 参见菅从进：《权利救济权能的充分化与国家赔偿立法》。
③ L.亨金：《权利的时代》，信春鹰等译，知识出版社 1997 年版，第 47 页。

能力,要作广泛意义的理解,不仅包括可获得侵权者停止侵害、行为被撤销或宣告无效这些保障权利恢复的前提条件,以及可获得物质补偿、赔偿及获得赔礼道歉、恢复名誉、消除影响等精神恢复,还包括可让侵权者承受各种应承受的惩戒如行政处罚或处分、刑事处罚和民事惩戒性赔偿等,以及可获得相应补救行为如侵权者被判令重新或继续做出满足权利行使的行为等。因为只有如此,才能真正符合矫正的正义,做到罚当其过。这种能力是保护本体权能可通常处于正常状态的手段性权能,也是体现和恢复权利之价值的根本保证。

而获得公立救助权能,则是权利获得国家公力有效承认和保护在权利遭受侵犯的情况下的体现,也是权利特定内容和功能的体现。法律的出现,就意味着权利主体的私力救济和保护能力被转移至国家公权力主体,权利也因此具有了获得公力救助的权能。公力救助行为范围也非常广泛,主要包括权利救济诉请的受理、认真调查核实义务及在此基础上的裁决,采取必要特别保护或营救措施,对侵权者实行强制措施和强制执行措施,等等。当然,履行这些公力救助义务的同时也必须承担保护对方人权的义务,但它又属于受制于对方权利的防御权能问题了。

其三,权利的救济权能是保障性或手段性权能。

权利的获得制度构建权能、对抗立法侵权权能、防御权能和受益权能等,属于权利的基础性权能或本体性权能。他们被充分实现和确认,既为权利主体提供了不得侵犯的自由和自主利益能力的界域,又为权利主体提供了主观上要求或客观上促使他人积极作为以提供自由和利益之积极条件的正当能力范围。这些权能被充分确认,意味着为公权主体和广大社会主体确立了主要的行为规范,确立了重要的法律义务,为自主、平等、和谐的社会秩序提供了一般性的规范保证。[①] 然而,权利和义务之所以要被法律确认,恰恰就在于:权利有时会被他人侵犯或妨害,相应义务被违反或拒绝履行。权利被他人侵犯或妨害,意味着权利的防御权能和受益权能被侵犯或妨害,失去了应有的作用。为了保证权利的基础性和本体性权能得以实现,法律必然同时要充分确认权利的另一种基本权能。这种保障性或手段性的权能,就是权利的救济权能。权利的基本权能始终面临着对立的因素,即相关义务主体因为人性和其他种

---

① 参见菅从进:《论权利的救济权能及其发展》。

种复杂的社会原因违反相应义务;因此,必须在充分确认权利的基础权能和本体权能的基础上,充分确认权利的救济权能。[1]

其四,权利的救济权能,尽管是依赖于权利本体权能即防御权能和受益权能的实现状况发挥具体的功效,但仍是必须从一开始就予以确认的基本权能。

权利的防御权能和受益权能作为权利的本体权能,应该处于正常发挥功效的状态,即相关义务主体充分履行相应义务,满足这两种基本的权能。但当这两种权能遇到侵害或妨害,不能顺利实现时,权利的救济权能必须发挥其基本功效,通过要求侵权者停止侵害、赔偿损失、恢复原状等,或通过撤销与否定侵权行为的结果,补救、恢复权利的基础权能,纠正或减轻权利主体的权益损失,维护权利承载的基本价值意义。但是,权利的救济权能的作用,不仅仅在于这种消极的救助和恢复功能;更在于,因其能够促使侵权者恢复义务履行,或者负担新的更大的义务和利益付出,而具有积极的保障和防范功效。如果没有对这种救济权能的充分确认,权利的防御权能和获益权能很难真正存在和发挥作用。因此,充分确认权利的救济权能,成为权利真正完整享有的关键环节。只有享有充分的救济权能,才能意味着享有充分的权利。[2]"有救济才有权利,没有救济就没有权利"这句在西方妇孺皆知的法律谚语,道出了权利的救济权能的异常重要性。诚如英国阿什比诉怀特案(Ashby v. White, 1703)的主审法官贺尔特所说:"没有救济支持的权利是一个空像。没有权利当然无所谓救济;没有救济也就无权利可言。"[3]威廉·韦德爵士的论断更是到位:权利和救济不能分离,并且救济的属性(nature)决定着权利的属性。[4]

其五,权利的救济权能既具有主观权能的属性,又具有客观权能的属性。

就其获得赔付权能而言,可主要分成如下三种情况:(1)有些是权利主体可以直接主张的,主要是一些可以直接恢复和补偿权利被侵犯的物质和精神损害的追加义务或法律责任,由相关国家公权主体或授权主体通过调查,基于权利受侵害的程度和后果等因素,直接判令责任人承担;(2)有些则是权利主体难以直接主张的,主要是一些严重的侵权行为,不仅损害了权利主体的权

---

[1] 参见菅从进:《权利的救济权能与公权主体的救助性义务》,《学海》2008 年第 3 期。

[2] 参见菅从进:《权利救济权能的充分化与国家赔偿立法》。

[3] 黄金鸿:《英国人权六十案》,联经出版事业公司 1990 年版,第 20 页。

[4] 参见张越:《英国行政法》,第 241 页。

益,更严重侵犯了公共利益和秩序,其需要承担的惩戒性责任,固然与权利的受侵犯程度有关,但更与公共利益、公共秩序和公共价值等因素有关,因此,需要公权主体基于特定的调查提出具体责任的追究,权利主体至多有一定的督促权或建议权,而公权主体并不一定接受这种督促或建议,而是根据公共利益和权利保护的客观需要来确定,体现为法律对相关侵权行为的惩戒性责任设定客观上约束着公权主体,使其不享有自由处分权,尽管有一定的自由裁量权空间;(3)有些则介于两者之间,或可以视作对第二种情况的变通,在责任追究上,法律规定应一定程度上考虑权利主体的建议和要求,其谅解或坚持严惩的建议和要求,可在一定程度决定或影响对侵权者的追究,而且,这成为目前现代法治国家权利保护的一种趋势。

就其获得救助权能而言,也具有上述同样的情况。有些公力救助行为,是权利主体请求和主张的必须回应,体现了典型的依申请而为的主观权利的推动能力,主要适用于这种公力救助义务是起码的、一般性的,是进行救助必不可少的,权利救济主张与维护公共利益、公共秩序高度一致,没有利益权衡和取舍的必要。有些公力救助行为,虽然存在权利主体及其利益相关人的请求和主张,但救助行为的作出,则是公权主体依据法律规定,根据客观情况包括权利救济和公共利益、秩序维护权衡而为的。救助主体主要是依据法律规定的职责,综合考虑各种因素做出相应行为,履行相应义务,是权利的特别保护义务,而不是权利主体及其利益相关人的具体请求和主张,作为客观要素应当发挥重要的作用,约束着公力救助主体的行为选择。例如,是采取与绑匪谈判和做交易的方式还是直接采取暴力手段来营救人质的选择,对人质生命权、健康权的救济义务无疑是非常重要的客观因素,公共利益和秩序、具体的情势都是值得考虑的客观因素,体现出了典型的客观权能属性。有的则是介于两者之间,权利主体的主张和请求,可以对救助行为的作出和方式产生一定的影响。如救助主体可以较充分考虑权利主体的请求,权衡权利救济和公共秩序的需要,决定中止行政命令和司法令的执行,或采取临时救济措施。这也成为现代法治国家优先保护权利救济的一种趋势。

对公民基本权利的救济权能而言,其中的公力救助权能无疑是绝对指向国家公权主体的。这种公权主体具有一定的特殊性,其中司法机关占主导地位,但一些立法机关和行政机关有时也被法律设定为公力救助主体。至于其中的获赔权能,由于公民基本权利主要是针对国家公权主体的权利认定,因此也是主要针对国家公权主体及其工作人员的。

七、 基本权利救济权能的相应法律义务

(一) 两种特殊的积极给付义务

如前所述,权利的救济权能,具体又包括获得侵权者赔付权能和获得公力救助权能。它们分别成就于:侵权者要承担充分的侵权赔付义务(可简称赔付义务);相关公权主体要承担应有的公力救助义务(可简称救助义务)。这两种义务,总体上也都是积极义务,可以看作最广义的给付义务中的两种特殊义务。

侵权者的侵权赔付义务主要体现为:停止侵害,恢复原状,消除影响,恢复名誉,赔礼道歉,补偿和赔偿权利主体的损失,承担受惩戒责任,承担行为结果无效的责任,继续或重新履行满足权利要求的行为,等等。它是权利所要求之本体义务(即防御权能和受益权能所要求义务)的保障性和恢复性义务,[①]属于因违反本体义务而形成的第二性义务,总体上表现为法律责任这种特殊的法律义务。无此义务,权利所要求本体义务的履行得不到有效保障,权利的救济权能也无从谈起。

公权主体的公力救助义务主要表现为:受理救济请求的义务,认真调查、确认、判令或责令侵权者承担侵权责任即侵权赔付义务的义务,强制侵权者履行侵权责任的义务,消弭侵权者行为消极后果的义务,等等。它是公权主体促使侵权者承担赔付义务的保障性义务,是特定公权主体的特定义务。[②] 无论是依据国家公权力来自人民委托的学说,还是依据国家公权力来自人民权利的转让的学说,公权主体有权力确认、判令和强制侵权者承担侵权责任,或直接消弭侵权造成的消极后果。这种权力本质上也是权利救济权能的部分内容上升为社会公力的集中体现。因为存在委托关系,权力主体本身行使这种权

---

① 参见菅从进:《权利的救济权能与公权主体的救助性义务》。

② 参见菅从进:《权利救济权能的充分化与国家赔偿立法》。

力,同时也是其职责或义务。①

不难看出,权利的救济权能,针对的是侵权主体的积极作为义务和特定国家公权主体的积极作为义务。在此点上,它与权利的受益权能所针对的积极给付义务(即狭义的积极给付义务)有共同点,但两种权能所要求的义务还是有质的不同。受益权能所要求的积极作为义务,是特定主体的本体性义务,是直接给付的义务。而救济权能中的获得侵权者赔付权能所对应的义务,是一种第二层次或派生层次的义务,只有在侵权者违反自己的消极义务和积极义务的前提下,才能承担这一积极义务。至于救济权能中的获得公力救助权能,因其对应的义务,通常被一些学者理解为国家的消极性保护义务或给付义务,确实可以表现为一些特定权利(主要是诉讼权等救济性权利)的基本受益权能,或者说,在某些情况下,发生了救助权能与受益权能的竞合现象。但归根结底,它应是涵盖在各种权利的救济权能中的必不可少的特定权能,内在地存在于各种权利享有的内涵中。其对应的义务,也是公权主体的一项特殊的给付义务——公力救助的义务。②

(二) 国家公权主体的赔付义务及其法律确认

侵权赔付义务主要体现为:停止侵害,恢复原状,消除影响,恢复名誉,赔礼道歉,补偿和赔偿损失,承担受惩戒责任,承担行为结果无效的责任,继续或重新履行满足权利要求的行为,等等。这些义务,从整体上表现为一种赔付、接受惩戒、继续满足的义务。③ 由于国家公权力主体是公民基本权利最大的潜在和实际侵犯者,公民诸多权利的基本防御权能和受益权能都指向国家;因此,决定权利获得侵权者赔付权能充分确立的根本标志,就在于充分确定国家公权主体应承担的侵权赔付义务。然而,在法治国家的成长过程中,如果说社

————————

① 参见菅从进:《论权利的救济权能及其发展》。
② 参见菅从进:《权利的救济权能与公权主体的救助性义务》。
③ 侵权者接受各种惩戒,除了为破坏公共利益和公共秩序付出利益外,也为权利受侵害者在提供必要的物质和精神补偿之外进一步进行精神慰藉和安抚的功能,体现了矫正或平衡正义的充分化,因此也具有赔付的含义,可用赔付概念涵盖。而重新或继续履行满足权利行使的行为,无论是实体行为还是程序行为,都具有通过救济对权利主体给予补救、弥补等付出的含义,故也可用赔付概念涵盖。

会主体的基本权利针对平等主体的侵权赔付义务,亦即相应权利针对平等民事主体的救济权能,从一开始就得到了较为完整的确认;那么,其对国家公权主体作为侵权者应承担的充分赔付义务的确认,却经历了较为曲折复杂的过程。这种需要宪法的国家赔偿权规范和国家赔偿立法来充分确认的义务,可谓"确"之不易。[①]

即使是在西方主要法治国家,直到20世纪下半叶,蕴涵着国家公权主体要承担充分侵权赔付义务的国家赔偿理念,才得以真正确立并制度化。

无论是在英美法系国家,还是在大陆法系国家,资产阶级革命后确立的法律面前人人平等、人权保障、自然公正等法治原则,并没有在一开始就导致国家公权主体侵权后应承担相应侵权赔偿义务的制度确立。英美法系国家依据普通法原理和法治原则,在一开始实行的规则是:公职人员执行职务时违法侵犯公民权利和自由造成损害的,由公职人员自己负责,其所负的责任和一个公民的侵权行为一样,没有特别适用的法律。在大陆法系国家,也通过立法实行类似的规则。这一规则的实行,与当时盛行的主权豁免原则有关。形成于西欧专制君主国时代的传统国家主权理论认定:主权无拘束,主权豁免和"国王不能为非";[②]国家作为主权者,对一切人无条件地发布命令,不能要求国家对公民权利的侵害承担责任,公民因国家活动而遭受权益损害时,不能追问国家的责任;国家拥有至高无上的权力,未经国家同意,任何人均不得向国家起诉。这种观念,与国家要承担侵权赔付义务,权利要具有针对国家公权主体的充分救济权能,无疑是背道而驰的。[③]

19世纪后半叶,随着资本主义发展,国家职能得到了强化,国家行政事务不断增多,国家公务人员在执行公务中频繁侵犯社会主体的合法权益。西方主要资本主义国家开始确立了国家要对公权行使导致的侵权承担赔偿责任的理念,相继通过立法和判例,初步形成了国家赔偿法律制度,开始真正确认国家权力主体的侵权赔付义务,确认了权利针对国家公权主体的获得侵权者赔付的权能。

---

① 参见菅从进:《权利救济权能的充分化与国家赔偿立法》。
② 保留了君主制的英国,在法律上长期没有国家的概念,法律上的英王就代表着中央政府。在英国,国家主权豁免表现为其在封建时代形成的一个普通法原则:国王不能为非。该理论认为,英王是公正和良心的体现,不可能实施侵权行为,因此不承担任何实体法上的法律责任。
③ 参见菅从进:《权利救济权能的充分化与国家赔偿立法》。

"二战"后以来,包括美国、英国、法国、德国、日本、意大利、加拿大、荷兰、比利时、瑞士、瑞典、挪威、丹麦、澳大利亚等西方法治国家,或通过采用以普通民事规范为主,以兼有公法和民事特别法性质的《国家赔偿法》规范为补充的法律制度建设,或通过采用以《国家赔偿法》规范为主,以普通民事规范为补充的法律制度建设,较充分地确立了国家公权主体的侵权赔付义务和赔偿责任。其相关法律制度确立的国家公权的救济和赔偿义务,不仅针对物质损害,而且针对精神损害,不仅针对直接损害,而且针对间接损害。[①] 并且,从对行政、司法的侵权救济和赔偿,发展到对立法侵权的救济和赔偿,[②]从权力积极作为致害权利的赔偿到公权主体不作为致害权利的赔偿,[③]包括公共设施设置和管理存在瑕疵的致害赔偿,[④]其归责原则也从过错责任发展到无过错责任或危险责任,只要国家公权行使过程中发生了侵权损害结果,国家原则上都要承担赔付义务和赔偿责任。

我国法律制度对公权主体侵权赔付义务的确认,亦即对公民基本权利针对公权主体的获得赔付权能的确认,也经历了一个较为曲折和漫长的过程。

尽管 1954 年新中国第一部《宪法》第 97 条明确规定,"由于国家机关工作人员侵犯公民权利而受到损失的人,有取得赔偿的权利",第一次明确确认了公民基本权利获得国家赔偿的救济权能,并从宪法上确立了公权主体起码的侵权赔付义务。但是,接踵而来的法律虚无主义和政治路线的"左"的偏差,使

---

① 美国的《联邦侵权赔偿法》规定对预期利益的行政侵权给予赔偿,并适用私人侵权赔偿原则,其赔偿标准相当于当事人一般情况下获得的利益。

② 1936 年法国最高行政法院以判例的形式,开创了国家对经济措施立法所造成的损害承担赔偿责任的先例。随后,在 1938 年判例中则明确了国家对合同以外的立法行为所致的损害给予赔偿的责任。根据当代法国最高行政法院的相关判例规则,即使法律未明示国家有无赔偿责任,但只要立法行为直接发生的损害对被害人构成异常而特殊的危险,国家仍然应该尽赔偿义务。

③ 如《美国联邦侵权法》第 1346 条第 6 款规定:"由于政府雇员在他的职务或工作范围内活动时的疏忽或错误的作为或不作为所引起财产的破坏或损失,人身的伤害或死亡皆属于美利坚合众国的侵权赔偿范围。"德国 1981 年《国家赔偿法》第 1 条第 1 款规定:"公权机关违反对他人承担的义务时,公权机关应依据本法对他人赔偿就此产生的损害。"

④ 如德国在 1981 年颁布的《国家赔偿法》第一条明确规定:"国家对其技术性设施故障所产生的侵权行为,应负赔偿责任;因违反对街道、土地、领水、违章建筑物的交通安全义务所造成的损害,国家应负赔偿责任。"法国则通过判例确定了国家对特定的公共工程活动和公共建筑物造成的损害承担赔偿责任。1947 年的英国《王权诉讼法》中,以法条形式确认了中央政府对其所有、占有和控制的财产负危险责任。

这一宪法性条文成为摆设;与之形成强烈反差的,是国家公权或直接利用各种手段,或动员群众运动,对越来越多无辜者的人身、政治和经济权利的侵夺和践踏,以及权利被侵害者的忍辱负重和投诉无门。极左路线主导或影响下的1975年《宪法》和1978年《宪法》,干脆取消了关于公民因权利遭受公权侵害而获得国家赔偿的条款。

1982年的中国《宪法》第41条,又恢复了公民取得国家赔偿的权利。不过,该条文规定公民依照法律的规定取得赔偿权利的授权话语,似乎排斥了公民直接依据宪法请求国家赔偿的权能,取消了宪法条款的直接适用的效力,反而降低了宪法的权威。

1994年制定的《国家赔偿法》,将行政赔偿和司法赔偿(主要是刑事赔偿)统一于国家赔偿这一概念范畴之下,并明确界定了归责原则、赔偿的范围和标准、特定程序。这部法律对于促进中国国家赔偿制度的确立,明确社会主体基本权利对国家公权主体的一定获赔救济权能,确立和强化国家公权主体对公民的一定侵权赔付义务,具有积极作用,标志着中国进入了有系统国家赔偿法律制度的国家行列。但是,这部法律的具体实施效果,在一段时间内并没有引起人民的普遍称道,反而引起民众的不满。其原因就在于这部《国家赔偿法》,在归责原则、赔偿范围、赔偿程序等诸多方面存在明显的不足,所确认的公民权利救济权能非常有限,事实上对公民应享有的针对国家公权的救济权能,对国家公权主体应承担的侵权赔付义务和救助义务,进行了严重的缩水性处理,限制和克减了社会主体应享有的针对公权主体的救济权能。[①] 2010年《国家赔偿法》作了重大修订,在归责原则、赔偿范围、赔偿程序等方面都作了较大修改,标志着我国公民基本权利针对国家公权主体的获赔权能得到了大大强化,但仍然留下一些明显的不足。本书前文对此问题已有较大涉及,也将在后文进一步讨论此问题。

(三) 公力救助义务及其合理配置

权利救济权能的充分成就,除了体现为权利主体可以要求相应的侵权主

---

① 参见菅从进:《权利救济权能的充分化与国家赔偿立法》。

体承担充分的侵权赔付义务外,还同时体现为权利主体可以要求相应公权主体承担必须的公力救助义务,即一种确认和促使侵权主体承担侵权赔付义务的义务。如果权利主体仅有要求侵权主体承担赔付义务的能力,不具有要求相应公权主体承担救助义务的能力,前一种能力根本得不到保证。公民权利的充分享有,除了表现为义务主体须同时被充分确认承担相应的本体义务和侵权赔付义务外,还表现为相应公权力主体须被科以相应的公力救助义务。

公力救助义务,是公权主体积极作为或给付的义务。但这种义务,较公权力主体承担满足权利受益权能的积极作为义务有所不同,具有自己的特定性。后者有时也表现为一种救助性质。如公民的生命健康权、人身自由权、财产权等,并不意味着公权力主体仅承担消极的不侵犯义务,同时也要求公权力主体承担积极作为义务,如因自然灾害和自身原因造成的危机状态下,需要公力履行积极救助义务。这种义务尽管也可能具有救助性质,但却是由权利的受益权能所要求的本体义务(也可能是权利作为客观法所要求的保护义务)。如相应公权力主体不履行该义务,其行为构成直接侵权。而与权利的救济权能相对应的救助义务,表现为一种确认侵权者赔付义务并促使其履行该义务的义务。尽管这种救助义务的主体和本体性质的救助性有时须为同一主体承担,并表现为相关性的行为;但这种义务是公权主体承担的满足权利主体追究侵权者的侵权赔付责任的特定义务,是特定的救助义务,须由一些适宜行使裁决权、强制权和监督权的特定公权主体承担,与其特定的职权相连。①

显然,与权利的救济权能对应的这种公权力救助义务,表现为一种及时、公正地确认和促使侵权者承担侵权赔付义务的义务。因这一义务具有特定地位、属性和内容,并不需要由普遍的公权主体承担,而应由特定的主体承担,并按特定的原则配置。

公力救助义务,是特定公权主体应权利主体请求而作出的一种积极给付义务,但它不同于一般的给付义务。它给付的主要内容包括:及时的受理,认真的查证,实质公正和程序公正相统一的司法或准司法裁判,督促令,公正而强有力的强制措施和手段支持,等等。主要包括受理案件之义务,进行公正审理的义务,作出公正裁决的义务,保障裁决公正执行的义务,以及受理申诉、控

---

① 参见菅从进:《权利的救济权能与公权主体的救助性义务》。

告、检举之义务,督促办理义务。其中,最重要的是司法性救助义务。

有学者把权利的获得司法机关公力救助权能称为"司法受益权功能",并称之为消极"受益权",[①]从而把这种权能所要求的公力救助义务,也纳入权利的受益权能所要求的积极给付义务中。[②] 事实上,获得公力救助权能作为权利救济权能的一部分,是一种权利内含的社会主体在基本权利受到侵害后,为了救济自身的利益而被迫行使的权能。它所要求的义务,与权利针对公权主体的受益权能直接要求公权主体给付一定的利益有所不同,将之独立类型化有重要理论和实践意义。

这种义务,也与广义的诉讼权利所要求的义务不是一回事。广义的诉讼权利,包括起诉权、应诉权、陈述权、辩护权等,都凭其应有的防御、受益和救济权能,要求广泛的各类义务,这些义务有些确实与公力救助义务形成竞合。但权利的救济权能所对应的公力救助义务,是公力裁判与保障的一般义务,它内在地存在于各种基本权利享有所应有的内容中,尽管它通常要通过一些诉讼权利来请求,并同时认定为相应诉讼权利的受益权能所要求的一般给付义务。[③]

公力救助义务的确认和配置,从来就不仅是一个简单的立法确认问题,而是与民主法治的权力体制建构相关的一个重要问题。如果从保障基本权利或权利有效制约权力的目的出发,这种义务确认和在公权力主体中的具体配置,应遵循如下民主法治原则。

其一,基本权能充分化原则。基本权利的充分享有和保障,要求充分和完整地确立其基本权能。对基本权利的本体性权能而言,最重要的是要确认其对各类公权主体包括立法主体的防御和受益权能,否则,就是权利本体权能的严重不足或缺失。确立了这种本体性权能,必然要求确立相应的救济权能,即确立行政主体、立法主体和司法主体的侵权赔付义务以及特定主体的公力救助义务。这种公力救助义务,主要包括:特定的司法审查监督行政的义务,监察机关监督行政和司法人员的义务,权力机关监督行政、司法的义务以及进行

---

① 笔者认为,与权利受益权能所要求的给付义务相比,司法救助义务确实具有消极性。前者作为满足权利本体性权能的义务,没有权利主体的请求,义务主体也应主动履行,尽管权利主体可以请求。而后者则多是应权利主体的诉请才会履行的义务。

② 张翔:《基本权利的受益权功能与国家的给付义务》。

③ 参见菅从进:《权利的救济权能与公权主体的救助性义务》。

宪法监督的义务。因此需要复杂的权力监督制约权力体制的构建。

其二,司法救助绝对性原则。该原则意味着,应该让司法机关承担一般的和最终的公力救助义务,充分确认公民基本权利针对国家司法机关的获得公力救助性权能。即应充分确认社会主体的每一项权利所遭受的各种侵权都可获得司法权力的救助,充分确认司法机关的广泛的和最终的救助义务。固然,权利的救济并不都需要通过司法机关救助而获得解决,甚至绝大多数不需要通过司法救助获得解决。但是,司法救助的价值并不在于它解决权利救济的数量,而在于它的最后权威性和对其他救济方式的质量认定,所有公民不满意的"救济"结果都可以在这里重新检测和补救;所以,"司法是人权法律保护的最后屏障"①。诚如洪堡所指出:国家最优先的义务之一,就是调查和裁判公民权利的争端。"在社会里,公民安全主要赖以为基础的东西,就是把整个个人所有谋求权利的事务转让给国家。但对于国家来说,从这种转让中产生了义务,……因此,如果公民之间有争端,国家就有义务对权利进行裁决,并且在占有权利上保护拥有权利的一方。"②司法也因此被认为是现代社会正义的最后保障和救济途径。"在现代社会,司法不仅具有解决各种纠纷和冲突的权威地位,而且司法裁判乃是解决纠纷的最终手段,法律的公平正义价值在很大程度上需要司法的公正而具体体现。"③

其三,自然公正和司法独立原则。自然公正原则是起源于古罗马,成熟于现代早期英国的重要法治原则,现为多数民主法治国家接受。"它被归结为两个规则:其一,任何人不应是涉及自己案件的审判员;其二,任何人都不能在不能给予公平的审判机会之前受到惩罚。"④其一个方面的基本内容是:任何人不能自己审理自己或与自己有利害关系的案件。这一原则要求,负有侵权赔付义务的公权力主体,一般不宜再科以其公力救助的职责和义务,否则,将可能导致其逃避义务,有违正义。

其四,及时便民原则。即社会主体基本权利遭受侵犯时,应得到及时方便的公力救助;或者说,应确认公民基本权利有一种获得及时方便的公力救助的

———————————

① 莫纪宏:《现代宪法的逻辑基础》,法律出版社 2001 年版,第 307 页。

② 威廉·冯·洪堡:《论国家的作用》,林荣远、冯兴元译,中国社会科学出版社 1998 年版,第 137 页。

③ 王利明:《司法改革研究》,法律出版社 2001 年版,第 3 页。

④ 威廉·韦德:《行政法》,楚建译,第 10—11 页。

权能。这一原则,首先要求相关国家公权力主体在承担和履行救助义务时,必须遵循效率原则,有较高的工作效率。即要求救济行为应提供及时的认定或裁判。在这里,"及时是草率和拖拉两个极端的折中"。因为"草率作出的判决容易出错";而"拖延解决争执会促使人们把问题'私了'",并扩大被侵权者的损失和痛苦,"妨碍人们安排其生活"。① 其次,它要求在给予保证公权力主体充分履行救助义务的必要时间的同时,应对其履行公力救助的救济义务的期间进行合理的限制。最后,它要求给予民众多渠道的救济途径,包括可以赋予行政机关侵权主体及其上级机关或准司法的行政裁判机关以一定的公力救助义务,以方便民众的及时救济。现代行政复议制度和行政裁判所制度等,就体现了该要求。②

其五,有利于民主的原则。通过切实可行的民主渠道进行权利救助,可以强化公民的主人翁地位和意识,也有助于强化民意机关及其代表维护公民的意识。因此,法律应科以民意机关及其代表制度化的相应公力救助义务,尤其是针对行政机关和立法机关的侵权进行救助的义务。民主法治国家实施的民意机关及其代表的调查质询制度和行政监察专员制度,就体现了这一原则。但该义务科以,不能妨碍司法机关的独立司法权威。③

显而易见,将公力救助义务根据这些原则进行配置,绝非一个简单的立法问题,它需要特定的国家公权力配置体系作为保障。在这里,需要独立公正和真正有权威的司法机关,需要民意机关对其他权力机关尤其是行政机关的强有力的监督机制,需要司法机关对行政机关和民意机关的制衡机制,需要专门监察机关对国家工作人员及其相关人员的监察机制,等等。这种特定的公权力配置体系,是权利救济权能所要求的公力救助义务充分化的基本体制保障。其是否存在或完善,在一定意义上可以作为基本权利保障和享有的基本尺度之一。

————————————

① 参见迈克尔·D. 贝勒斯:《法律的原则》,张文显等译,中国大百科全书出版社 1996 年版,第 36 页。

② 参见菅从进:《权利的救济权能与公权主体的救助性义务》。

③ 同上。

第二节　公民监督权的基本权能与
公权主体的相应义务

作为公民基本权利,公民监督权利体系中的每一项权利,都具有自身特色的基本权能。因为,公民监督权是具有自身特性的权利体系,其中的每个具体监督权也具有自身的特殊性。鉴于公民监督权的具体权利类型丰富,且下文将展开论述其具体权能的构建问题,在本节内容,我们按整体权利体系与个别权利兼顾的原则,并基于具体法律关系的主体,论述公民监督权的基本权能及其对应公权主体的相应义务问题。

一、 公民监督权的基础权能与公权主体的相应义务

如前所述,公民监督权利的根本社会正当性就在于,它赋予公民及其社会组织去监视、督促国家公权主体遵守法律和正义,从而赋予了公民及其组织作为社会主体敦促国家权力践行正义的能力和资格。该权利体系的真正确立,意味着公民依据宪法和法律规定,出于维护公共利益和个人正当利益等具体目的,针对公权主体从事的各种国家公共事务及其相关事务的守法性和正当性问题,依法享有监视、指控和督促的相应能力或资格。它的本质属性,是尊重和保障公民作为具有自主平等人格的权利主体,对国家公权主体,对国家公共事务和相关事务,具有更积极和直接的监视、督促、制约和影响能力,从而实现公民的权利主体人格得到公共权力体系的尊重和保障、人民主权原则得到更好的落实、国家公共权力受到公民权利的有效制约、公共利益和个人正当利益得到有效维护、权力异化得到有效遏制等多元一体性的民主法治目标,因此又可称之为公民法律监督权。这奠定了公民监督权利在公民基本权利体系中重要而独特的地位。正是这种地位,决定了公民监督权更加应具有针对性、内在性和强有力的基础权能,要求相关公权主体承担相应的客观性和主观性的法律义务。

（一）公民监督权的获得制度构建权能与对应义务

公民监督权法律关系是以特定政治理念、制度和法律平台为基础的，它们多非社会自发性的产物，需要具体、复杂且科学的法律制度构建。这决定，从公民监督权为宪法规范明确或隐含确认为公民基本权利后，针对国家立法机关和其他具有立法权的国家机关，就应具有制度构建的客观权能。"国家特别是立法机关必须制定一套制度来形成基本权内涵，并保障基本权的实现。"[①]宪法中规定的公民监督权利，必须通过具体的法律法规将其具体化，然后才可能转化为权能具体、充分的权利；而且，在一般情况下，这还不是经过一个层次的转化所能完成的，它往往需要经过几个层次的转化，才能变权能成较具体的、充分的、具有可操作性的公民监督权利。基于我国立法体制的多层级制度，公民监督权利的具体确认和保障，首先应由全国人民代表大会或者其常务委员会制定国家法律确认和保障，再由国务院制定行政法规进一步具体确认和保障，然后还要由各地方立法主体或部门立法主体将其进一步具体化。最终，要形成一个宪法、法律、行政法规、地方性法规、部门规章及司法解释等组成的有机法律规范系统，充分确认和保护公民监督权的权利内涵和能力。

这意味着，我国各级拥有立法权的机关都具有复杂而艰巨的客观义务，通过制定法律、法规或其他法律性规范性文件，去构建保障公民监督权充分、有效享有和行使的具体法律制度。这其中，制定系列性的、有效统一和相互配合的国家法律是核心基础，因为根据现代法治国家的法律保留原则，只有国家法律才能设定公民基本权利的界限，设定对公民基本权利进行必要的剥夺、限制和克减的规范。没有国家法律层面的规范作为核心和基础构架的权利保护制度，公民基本权利尤其是监督权利就会缺乏真正的制度属性，成为其他国家权力主体可随意安排、取舍的东西。因此，国家立法机关具有保护公民监督权利的首要职责和义务。而只有具有法律层面的制度构建和安排，才能为更加具体化的法律制度提供合理基础和基本限制，防止下位立法者不当处分公民监

---

① 饶志静：《基本权利的原理与运用》，上海人民出版社 2012 年版，第 16 页。

督权利,并为公民可通过宪法监督机制对不当立法进行防御和救济提供制度保障。现代法治原则告诉我们,这是宪法赋予立法机关的一种客观上的法律义务,具有法律的强制性。尽管这种义务通常不能为公民直接主张,但却是国家立法机关必须承认和接受的宪法强制义务,并主要通过对宪法基本权利规范的内在认同意识来履行这种义务,即内在地接受宪法基本权利产生法律强制性义务的法治理念,主动履行这种义务。

这首先需要国家立法机关确立宪法基本权利规范高于法律,是法律的本源之一。这是国家立法机关制定法律的重要根据和基础的宪法理念,也是宪法至上这一核心法治观念的最根本规则之一。

其次需要国家立法机关有立法确认公民基本权利的职责意识,确立公民基本权利内在具有要求国家立法机关制定国家法律,以得到法律制度化落实和保护的客观能力的法治理念。这种基本权利必须法律制度化才算是充分的法律权利的现代法治规则,是法治观念的应有之义。

最后需要国家立法机关对公民监督权有内在的敬畏和尊敬意识。法治国家立法机关存在的根本价值就在于,制定充分保护公民基本权利和公共利益的法律体系,构建自由、平等与秩序相统一的法治秩序。其中,让公民及其社会组织作为法治的根本主体,享有广泛而充分的公民监督权,监视、督促公权主体守法守正,有效防止公权力的滥用、误用,防止公权力的腐败和异化,是建设法治秩序的根本环节所在,公民监督权体现为宪法规范的根本价值也正在于此。因此,国家立法机关作为最主要的宪法施行和监督机关,必须充分敬畏和尊敬公民监督权利,及时制定相关法律制度,将公民监督权利充分具体化为法律权利,确立相应各类义务及其义务主体,落实和确认各种基本权能,让公民监督权利成为在法律上可具体享有、行使,而不是仅仅空悬于宪法规范的权利,或者是沦为行政主体立法或规范性文件控制和支配下的权利。

我国公民基本权利尤其是公民监督权利的制度构建权能,尚处于极为弱小的地位。主要原因包括:(1)宪法至上观念,尤其是其中的公民基本权利高于一般立法权力的观念,尚没有真正确立。尽管目前我国建设中国特色社会主义法治国家的方略中,确立了宪法至上这一重要的法治观念,但真正为权力主体普遍接受尚需时日。至于宪法基本权利规范是国家立法的基础和前提,高于国家立法机关制定的法律,并对立法权的正当行使构成基本前提性制约和限制这一现代法治观念,更缺乏各级立法主体的真正认同。相反,公民依法享有权利的说法,还被理解为公民权利是法律授予的,法律授予多少权利,公民就只能享有多少权利。基本权利作为宪法规范确认的基本人权,作为法律的核心价值基础高于法律,要被法律充分确认和保护,从而实现公民依法享有权利,这一法治追求,被错误地理解为权利只能由法律授予和产生。由此,宪法基本权利规范仍在事实上被理解为一种仅具有道德意义上的权利宣示,公民基本权利被理解为要从根本上受制于法律的价值,而没有被理解为作为法律必须保护的价值目标而被法律充分确认和承载。(2)公民监督权利作为体系性权利,没有为宪法规范系统完全明示规定,国家立法机关也没有给予应有的重视。比如,知情权和舆论监督权是可以从宪法人民主权规范、政治自由和权利规范、本体性公民监督权规范、国家尊重和保护人权规范等中推导出来的隐含性基本权利,但国家立法机关至今没有给予充分的重视;而信访权尽管有现实的制度运作基础,也被理解为本体性公民监督权必不可少的途径性权利,但同样没有被作为公民基本权利看待。

因此,目前我国公民监督权利制度构建权能的具体实现还是非常有限的。例如,知情权作为整个监督权利体系中的基础性权利,至今没有专门的法律层次的制度进行保障,仅由相关行政法规和行政规章构筑了我国公民知情权的基本确认和保护框架,大大限制了公民知情权的保护范围和水平。批评建议性监督权利,尽管在多部国家基本法律和其他法律中有所体现,但普遍语焉不详,缺乏基本的程序和机制设计,而且在很多应有所体现的法律中没有涉及,整体上谈不上法律层面制度的具体构建和保障。检举权、控告权、申诉权和取得国家赔偿权,因事关国家基本诉讼制度的构建,法律层面的具体制度构建和保障较为充分,也具有较强的操作性,但针对国家权力主体的具体权能认定仍然存在一些问题。至于公民舆论监督权和信访权,都处于基于行政规范和规章、地方法规、司法解释或规范性文件定制确权的水平,保护程度低和权利的滥用并存,国家法律层面的规范整体上处于缺位的状态。

公民监督权利获得制度构建的权能整体上也应该是一种客观权能,对应的义务是国家立法主体承担的客观的积极义务。尽管如此,在现代法治国家,立法主体,尤其是非国家层面的立法主体,在一些情况下,也可以承担一些与获得制度构建权能相对应的积极给付义务。这种制度设计,对公民监督权利各种具体客观和主观权能的构建,同样具有重要的意义。

如前所述,现代法治国家现行的主导性宪法理论多已认定:宪法基本权利规范,作为一种强制性规范,形成对立法者的一种命令性"宪法委托";①它并不是一个单纯的对于立法者的政治和伦理的呼吁,而是一个强制性的、法拘束性的义务。"立法者制定执行性质法律,来贯彻宪法,不仅是权限,亦是一种义务。"②尽管这种义务,从整体上可以看作是客观性的立法保护义务,但是,鉴于这种客观性的立法保护义务履行的主导权,毕竟完全掌握在立法主体之中,其对立法时间和内容是享有裁量余地的。③ 因此,为了保护公民重要基本权利尽快充分落实的获得制度构建权能,在条件具备时,国家应通过宪法和基本法律条款,明确立法机关的立法内容和期限,使其成为明确具体的义务,使公民立足于基本权利,可直接请求立法机关进行立法作为,并对立法不作为进行司法救济。这意味着公民重要基本权利获得制度构建权能的部分主观化。

在我国,宪法规范对公民监督权的明确或隐含规定,可以看作是对立法主体的"宪法委托"。鉴于目前国家立法机关因各种原因,对公民监督权行使的立法保护整体落后,国家立法机关一方面应尽快充分履行这种宪法委托所要求的客观意义上的制度构建义务,另一方面,应通过立法规划或立法授权、立法决定的方式,确定自身和国家其他立法主体对公民监督权立法保护的任务、期限,让公民监督权针对立法主体具有一定的请求立法的主观权能,让自身和其他国家立法主体承担一些立法上的主观义务。这种制度规定的目的,主要是为了对付公民监督权利的保障遭到普通立法行为的不作为的阻碍。这种立法不作为,与立法上的一些乱作为一起,目前都是公民监督权法律保障不足的基本原因。目前,我国现行《立法法》仅确认了公民及其社会组织认为行政法规、地方性法规、自治条例和单行条例同宪法或者法律相抵触的,可以向全国人民代表大会常务委员会书面提出进行审查的建议权利,对公民的针对立法应作为的建议权和请求权还没有任何规定,公民监督权对立法主体制度构建

———————————

① 所谓宪法委托,是指宪法在其条文内,仅作出原则性规定,而委托其他国家机关特别是立法机关,以特定的细节性的行为来贯彻实施宪法条文。宪法委托,就立法者而言,不仅是立法授权和立法者由宪法直接得到的立法权限,同时也是要求立法者制定执行性法律,实施宪法的一种义务。参见陈新民:《德国公法学基础理论》(上册),第 148 页。

② 陈新民:《德国公法学基础理论》(上册),第 159 页。

③ 参见莒从进:《权利的受益权能与国家公权主体的给付义务》。

的主观权能,总体上还只能是一种理论的设想。

(二) 公民监督权的对抗立法侵权权能及对应义务

法律规范是构建法律关系的前提要素,如果法律规范不当限制了公民基本权利,将导致制度性侵权。公民监督权作为监督公权主体守法守正的权利,很容易招致一些公权主体的慢待乃至敌视。一些立法主体,尤其是低位法的立法主体或实际主导的制定主体,本身就是公民监督权的行使对象或求助对象,因此,逃避自己的义务或责任,不当限制公民监督权利的立法很容易出台。作为公民基本权利,公民监督权对构建法律规范的主体应有一定的对抗立法侵权权能。如前所述,公民监督权是公民特殊的政治权利,还兼有政治自由权、救济权等基本权利的一些特性。这决定,公民监督权的立法确认应该处于较高层次,并应对国家各级立法主体的立法行为具有较强大的对抗立法侵权权能。要言之,尽管公民监督权不属于"不得限制的绝对基本权利",但公民监督权对国家立法机关同样具有绝对防御权能和相对防御权能。其绝对防御权能体现在,国家立法机关不得制定侵犯公民监督权本质性存在的法律,否则就构成对公民监督权的立法侵犯行为或"违宪"行为。

满足公民监督权这种对抗立法侵权的绝对防御权能的消极义务,并不能仅仅是客观义务,而应是可以由公民主张的并可由特定宪法监督机制保障的主观义务。国家立法机关对公民监督权利保护,进行或不进行立法,受制于特定的社会条件,立法机关有较大的选择权。它不是公民可以直接主张国家立法机关履行的主观义务,而是宪法基本权利规范具有的获得制度构建权能要求的客观义务,其具有法律强制性,但又主要靠法律的内在性、执政党的政治考量和民意的压力等因素发挥作用。但如果国家各级立法机关实施了立法行为,所制定的法律规范直接侵犯了公民监督权利的本质存在,公民应可以直接立足于宪法基本权利规范对抗或防御这种行为。这种权能的是否具有和强弱,是现代法治文明水平的主要标志之一。

公民监督权利具有相对性的对抗立法侵权权能体现在,国家各级立法机关在制定限制公民监督权利的法律规范时,还要遵循一些重要的宪法原则和法律规则,包括前文已经论述的法律保留原则、法律面前人人平等原则、正当事由规则、相称和必要规则、必须给予正当程序保护和司法救济机会规则。这种相对防御权能，要求立法机关同样要承担不得制定不正当立法限制基本权利的义务，主要具体落实为：在进行限制公民权利的立法中，各级立法机关必须承担那些防范其立法任意限制或处置公民权利的义务。这种权能，更应通过必要的宪法监督机制的完善而存在。

公民监督权的特殊地位和属性，决定其应该获得法律保留原则的地位。由此决定，其针对国家立法机关，应该既具有绝对防御权能，还具有相对防御权能；其对于其他立法机关或立法主体，则应具有全面的绝对防御权能。后者意味着，相应立法主体在制定非法律层面的法规、规章保障公民监督权时，在相应权利的限制方面，绝对不能再突破国家法律层面的限制。在国家立法机关尊重和保障公民监督权防御权能的基础上，其他立法主体只能落实和完善相应机制，而不能扩展限制公民监督权的范围和事由。

依据现行《立法法》第8条的规定，我国公民监督权多数不属于法律保留的范围。这首先意味着，国家立法机关履行对公民监督权的法律制度构建义务有了更大的裁量空间。其次，还意味着国家立法机关转移了针对公民监督权对抗立法侵权权能的消极义务。当前，我国尚没有确立将公民请求权直接纳入对国家法律的宪法监督机制。从表面上看，这似乎不影响公民监督权对抗立法侵权权能对其他立法主体的效用。但事实上，它不仅大大缩小了公民监督权对立法主体的绝对防御权能的范围，更导致公民监督权对立法主体的相对防御权能失去了应有的法律基础和标准，使公民监督权的享有，实际受制于国家立法机关以外的其他立法主体的低层次立法。由于没有公民基本权利高于国家法律规范、更高于其他法律规范的现代法治观念的支持，更由于没有国家法律对相应公民监督权基本范围、限制范围、限制规则等要素进行明确规定，我国公民监督权对抗立法侵权权能是异常弱小的，多数公民监督权的具体保护事实上受制于行政法规、地方法规和行政规章等低位阶法律规范的确认水平，受到行政、地方和乃至于部门利益的严重侵蚀，被不合理地限制和克减。这从根本上决定了公民监督权对国家公权主体的软弱，也决定了个别保护公民监督权法律的规制能力的低下。

二、 公民监督权的防御权能及其对应义务

依据基本权利的防御权能概念，所谓公民监督权的防御权能，是指公民监督权主体应享有的一种可以在主观上要求或者客观上促使公权主体及其特定利害关系人承担不得侵害其权利的不作为义务的权益能力，表现为依靠法律规范的存在和有效实施，权利主体可以主观上行使对他人的"不得作为请求权"或"侵害停止请求权"的能力，以及客观上具有了可以让他人承担一些不作为义务的能力。公民监督权作为一项特殊的公民权利，其防御权能也具有如下特征。

其一，公民监督权的防御权能的针对对象既具有特定性，又具有广泛性。所谓特定性，是指尽管在逻辑上，公民监督权的防御权能是可以针对所有公权主体和社会主体的，但现实中主要是针对作为监督对象的公权主体及其利益相关人、作为监督权行使求助对象的公权主体及其他公共媒体平台。所谓广泛性，是指这些主体包括立法机关、行政机关、司法机关及其工作人员或其任命的人员，执政党、参政党、人民团体的机关及其主要工作人员，国有企业或事业单位机关及其主要工作人员，上述机关和人员的利益相关人，如相关机关、上级领导、下属、近亲属、朋友和同学等。

其二，公民监督权的防御权能面临着较强的政治暴力对抗性，因此应具有一定特别保护属性。由于公民监督权利是督促公权主体及其相关人员守法守正，而且是对其违法、犯罪或不当行为进行批评或指控矫正的权利，加上多数监督对象主体掌控国家公权力，可以轻易动用国家机器和权力对付监督权行使主体和利益相关人，因此，监督权主体及其利益相关人很容易招致公权主体非法的直接对抗和妨害，经常被施加严重的政治暴力，或者直接遭受国家公权力进行的压制和报复。如 2009 年河南省灵宝发生的"王帅案"。2009 年 2 月，在上海工作的王帅获悉地处河南灵宝市的老家土地被征且征地手续有严重问题后，随即拍下了被征农地的现状，以及农户清理地面附属物的情形传到网上，为了吸引人气，他将帖子的题目命名为《河南灵宝老农的抗旱绝招》。3 月 6 日，他遭到来自灵宝市刑警的逮捕，罪名是"诽谤政府"，理由是：王帅的帖子

让市里之前为抗旱做的很多工作都白费了,"实在是太让人生气了",王帅的"污蔑""造谣","给灵宝带来多坏的影响"。[①] 正是因为公民监督权面临较强的政治暴力对抗性,加上其具有督促公权主体及其人员守法守正的正当性,因此,法律对监督权的防御权能应给予特别的保护。比如,法律应明确规定,只要不是故意捏造事实虚假监督和诬告陷害,非故意的失实和不当监督,不应承担严重的法律责任尤其是刑事法律责任。

其三,公民监督权的防御权能对法律的明确确认有更高的要求。正是由于其面临更多的政治暴力对抗性,常被公权主体借用执法、司法的名义加以侵害、妨害,再加上这些侵害、妨害行为的方式有公开也有隐蔽,有直接也有间接,有高强度妨害也有"柔弱"的长期折磨,因此,法律应该将广泛存在的侵害公民监督权的行为进行科学的提炼、表述,纳入法律明确禁止的范围,并保持列举性行为具有较大的开放性,以从根本上明确和严密公权主体的消极义务,明确和强化公民监督权的防御权能。

其四,公民监督权的防御权能的保护主体具有一定的扩张性,即公民监督权防御权能所保护的不仅是行使权利的权利主体,还应包括其近亲属,甚至包括对假想主体的同类保护。鉴于妨害公民监督权行使和打击报复行使人的方式,常常严重侵犯权利主体的近亲属等利益相关人的利益,公民监督权行使主体的近亲属等利益相关人应被纳入防御权能的保护范围。而当监督对象或其利益相关人员将别人认定为监督者加以侵害时,该假想监督人应可以依法充分享有相应监督权的防御权能,对抗加害行为。

公民监督权防御权能的上述特征,决定了其对各类国家公权主体及相关主体的义务要求也有特殊性。为了论述的方便,这里从构成公民监督权利法律关系的各类主体而不是国家机关类别的角度,具体分析公民监督权防御权能的各类指向及其对应义务。

---

① 参见林卫萍:《"灵宝事件"道歉之后是"问责"》,http://ngzb.gxnews.com.cn/html/2009 - 04/18/content—221540.htm,2009 年 5 月 18 日;张华、黄健荣:《网络监督面临的政治梗阻困局及其化解路径》,《求实》2012 年第 5 期。

（一）对监督对象的防御权能及对应义务

如前所述,公民监督权的行使对象具有广泛性,但总体上可以分成两类:一是单位主体;一是人员主体。从逻辑上讲,单位主体可包括:狭义的国家机关、执政党的领导机关、人民政治协商会议机关、民主党派机关、人民团体机关,因为它们事实上构成了我国广义的国家机关。此外,国有事业单位、国有企业单位、群众社团组织,因为特殊财产关系和社会性质,也应被纳入公民监督权监督对象的单位主体范围。人员主体除上述广义国家机关的工作人员外,还应包括国有事业单位、国有企业单位、社会团体组织重要的管理人员。如前所述,这些单位主体和人员主体成为公民监督权对象的具体情形,是存在很大差异的。例如,由于国家机关中的民意代表机关、执政党的机关、人民政治协商会议机关、人民团体机关等,一般不会直接处理具体的国家公共事务,尤其是与个人利益直接相关联的国家事务,故一般不宜成为申诉权、控告权、检举权和取得国家赔偿权的对象;至于它们的工作人员,则可成为申诉权、控告权和检举权的对象。再如,尽管对国有事业单位、国有企业单位、基层社会群众自治组织的一些申诉和控告,可以被纳入民事权利救济的范围,但在诸多场合,它们自身及其重要管理人员,还是要成为公民行使申诉、控告和检举权的对象。因此,所谓公民监督权对监督对象的防御权能,是指各项公民监督权主体依法可要求各类监督对象不得做出任何妨害监督权行使的行为,它意味着公民监督权的行使对象要被法律科以明确的消极义务。这也决定其具体指向的对象异常广泛,所要科以的具体义务种类也非常丰富。

公民监督权主体的行使权利行为,与被监督主体的违法不当行为之间,存在较强的对立性。鉴于此,无论是公民监督权行使对象中的单位主体,还是人员主体,都必须被科以严格的消极义务。即在公民监督权利行使的事前、事中和事后,都不得作出任何妨害公民监督权行使的积极行为或作为。这类行为整体上可分为三类。

一是妨害监督行为。这是指公民监督权行使所针对的单位主体或人员主体,通过各种手段妨碍、阻止、侵害公民监督权行使的行为。这些手段可包括通过官方组织或个人势力，采用人身伤害、财产损害、威胁、压制、陷害、刁难、骚扰、免职、调职或劝说、求情等暴力或非暴力方式，对即将或正在作出的行使公民监督权行为进行妨害。这种行为的构成，并不以对公民监督权行使构成实际妨害结果为构成要件，只要有行为的举动，就构成应被禁止的行为，其实际妨害结果的发生，只是承担较重法律责任的条件。其中，国家公权主体假公济私，以执法或司法的名义滥用职权，进行直接妨害的行为，更应是严厉禁止的妨害行为。

二是打击报复行为。这是指公民监督权所针对的单位主体或人员主体，以打击报复为直接目的，通过各种手段，对正在或已经行使监督权的主体进行利益侵犯的行为。其手段也包括通过官方组织或个人势力，采用人身伤害、自由剥夺、财产损害、剥夺机会、栽赃陷害、刁难、骚扰、免职、调职等各种报复陷害方式，对行使监督权的主体及其利益相关人进行人身、财产、自由和各种机会等权益的侵犯。其行为同样也不以对公民监督权行使主体及其近亲属构成现实的损害为构成要件，诸多行为只要做出举动或造成损害的危险性，就应该是被禁止的。其中，国家公权主体假公济私，以执法或司法的名义滥用职权，进行直接打击报复的行为，更应是严厉禁止的打击报复行为。

三是不当应对行为。这是指公民监督权所针对的单位或人员主体，出于维护自身权威、公共秩序、个人合法权益等利益考虑，不能正确理性地应对公民监督权的行使，以监督权的行使存在行为和言辞偏激、事实根据失实、方式不当、动机不纯等理由，通过官方手段，对公民监督权行使的行为和主体进行不恰当处理和对待。从逻辑上讲，这类行为和前两类行为在行为动机上存在明显的不同，其行为动机具有一定的正当性，因此应当认真区分；但在客观结果上，同前两类行为类似，其同样可以对公民监督权的行使构成妨害，或对权利主体产生利益损害的结果，因此也应是法律严厉禁止和防范的。而且，它科以了相应义务主体更高道德意义上的消极义务，承担对公民监督权行使的宽容和谨慎对待义务。正因为这类行为动机上的一定正当性和更高道德意义上的义务设定，一些监督对象可能将自身动用公权力对公民监督权行使主体进行妨害或打击报复的行为，刻意解释为该类行为，以逃避自身行为的主观恶性评价和责任追究。因此，真正保护公民监督权行使的法律制度，应严格禁止和否定该类行为，确定其应承担的严厉的法律责任。即便是该类行为，也要设定与前两类行为类似的法律责任；而且，当一项具体的行为难以确定是该类行为还是前两类行为的一种时，应按前类行为对待。当然，能够区分的还是应该认真区分，以体现法律的公平性。

（二）对监督对象利益相关人的防御权能及对应义务

从逻辑上讲，公民监督权利防御权能具有对世性。但根据利益相关原则，其防御权能还应重点指向监督对象的利益相关人。如前所述，这些利益相关人，从公职关系范围看，应包括该被监督人员主体的所在机关，被监督单位主体或人员主体的上级领导或主管机关、同级配合机关、下级机关或职能部门，及所有这些单位的相关负责人和工作人员；从私人关系范围而言，应包括作为监督对象的人员主体的诸多利益相关人、单位对象的主要负责人或工作人员的诸多利益相关人，具体可包括这些人员的近亲属、姻亲关系者、同学、好友、利益同谋者、被收买人员、其他投靠或受指示人员等存在明显利益关联的人员。为了充分保护公民监督权的行使，法律应基于开放性的主体概念，明确而充分地确认监督权对这些人员的防御权能。具体应表现为，法律应明确规定这些人员对公民监督权主体承担相应的消极义务，不得做出任何妨害和打击报复监督权行使主体的行为。这类行为整体上分为两类。

一是直接妨害行为。这是指作为公民监督权对象的利益相关人，包括单位或个人，或受监督对象的指使、委托、暗示、纵容，或是主动而为，通过各种手段，妨碍、阻止、侵害公民监督权行使的行为。与监督对象直接行使的妨害行为类似，这些手段可包括通过官方组织或个人势力，采用人身伤害、财产损害、威胁、压制、剥夺自由、陷害入罪、刁难、骚扰、免职、调职或劝说、求情等暴力或非暴力方式，对即将或正在做出的行使公民监督权行为进行妨害。同样，这种行为的构成，也并不以对公民监督权行使构成实际妨害结果为构成要件，只要有行为的举动就构成应被禁止的行为，其实际妨害结果的发生，只是承担较重法律责任的条件。

二是打击报复行为。这是指作为公民监督权对象的利益相关人，包括单位或个人，或直接受监督对象的指使、委托、暗示、纵容，或是主动而为，以打击报复为直接目的，通过各种手段，对正在或已经行使监督权的主体进行利益侵犯的行为。其手段也包括通过官方组织或个人势力,采用人身伤害、剥夺自由、财产损害、剥夺机会、栽赃陷害、刁难、骚扰、免职、调职等各种报复陷害方式,对行使监督权的主体及其利益相关人进行人身、财产、自由和各种机会等权益的侵犯。其行为的构成,同样也不以对公民监督权行使主体及其近亲属构成现实的损害为构成要件,诸多行为只要作出举动或造成损害的危险性,就应该是被禁止的。

需要指出,监督对象利益相关人的上述两类行为,通常具有更大的隐蔽性。这首先是因为,在我国官员信息公开还受到很大限制的情况下,官员的一些社会关系具有隐蔽性。其次,一些妨害和报复的行为,可以假借国家机关执法、司法或单位正常行使职权行为的形式进行,具有形式上的合法性。再次,尽管某监督对象的利益相关人,只要不同时具有监督权求助对象及其主要责任人的身份,其作出妨害和报复监督主体的行为,都可以较容易地认定为明显的违法犯罪行为,但在上述两类行为的主体同时也是监督权行使的求助对象及其主要责任人员的情况下,其行为很容易为监督求助对象的不当应对行为所混淆和遮蔽(这类行为将在下文论述)。当然,回避原则的确定及其认真执行,是避免这种行为隐蔽性和轻易得手的重要制度设计。在强制和自愿回避原则法定化的情况下,法律不应再承认监督对象利益相关人的所谓不当应对行为,而应将其消极义务明确为禁止进行上述两类行为。只有在排除利益相关人关系的情况下,作为监督权行使求助主体的单位及其相关工作人员的相应行为,才可归入不当应对行为;所以,一旦被确定为监督对象的利益相关人,就应该按这种利益相关人而不是求助主体身份来承担法律义务和法律责任。

(三) 对监督求助对象的防御权能及对应义务

公民监督权的顺利行使,必须得到被求助主体即求助对象履行诸多特定的义务才能实现。其中,对监督对象及其利益相关人的防御权能,必须要靠求助对象的支持才能实现。但是,求助对象本身,也可能发生诸多主动妨害公民监督权行使的行为,因此,应同样充分确认公民监督权针对求助对象的防御权能,让其承担诸多消极义务。这种防御权能及其对应的消极义务,同样也是通过法律确认监督求助对象的禁止性行为来成立的,主要包括如下三种行为。

一是妨害监督行为。这是指作为公民监督权求助对象的国家机关或组织及其相关责任人员和工作人员,出于各种复杂的原因,通过各种手段,妨碍、阻止、侵害公民监督权行使的行为。这些手段主要包括通过官方行为,故意压制、刁难、歧视或劝说等非暴力方式,对即将或正在作出的行使公民监督权行为进行妨害。这种行为的构成,也并不以对公民监督权行使构成实际妨害结果为构成要件,只要有行为的举动就构成应被禁止的行为,其实际妨害结果的发生,只是承担较重法律责任的条件。其行为动机,远没有监督对象及其利益相关人妨害行为的动机恶劣,通常是怕麻烦,躲避责任,对监督者的主张和诉求缺乏认同,等等。当然,如果这类主体受命于监督对象的指使,或者屈从于其权势和压力,或者出于与监督对象的私人利益关系主动去妨害监督行为,则构成了相关利益人的妨害监督行为,其行为手段和方式通常会越出非暴力的范围,采取更加具有危害性的行为。因此,法律区别作为求助对象的妨害监督行为和作为监督对象利益相关人的妨害监督行为,是完全必要的。

二是不当应对行为。这是指作为公民监督权的求助对象,出于维护国家机关和组织权威或声誉、公共秩序、个人合法权益等利益考虑,不能正确、理性地应对公民监督权的行使,以监督权的行使存在行为和言辞偏激、事实根据失实、方式不当、动机不纯等理由,通过官方手段,对公民监督权的行使行为和主体进行不恰当处理和对待。从逻辑上讲,这类行为和前一类行为在行为动机上存在一定的不同,其行为动机具有更多的正当性;但在客观结果上,同前类行为相比,对公民监督权的行使可能要构成更大的妨害,或对权利主体产生了更大的利益损害结果,因此也应是法律严厉禁止和防范的。

三是不得泄密义务。这是指作为公民监督权求助对象的公权机关及其相关工作人员,因一些公民监督权行使所维护的利益涉及监督对象的根本利益,极易引起监督对象及其利益相关人对监督权主体进行侵害和报复,因此应承担的严格保守相应秘密的义务。法律应规定这些求助对象即被求助主体承担严格的保密义务,将权利行使主体的个人信息作为国家秘密严格保守,不得泄露给监督对象及其利益相关人,也不得泄露给任何不应知道该类信息的其他组织或人员。由此,一些公民监督权就具有了对特定国家机关及其工作人员的这种特殊防御权能,要求其承担特定消极义务,不得侵犯特定权利行使主体的秘密性。当然,这种义务的履行,通常也要靠特定机关和工作人员履行特定保密措施的积极义务来保证,但其基本属性是不得泄密的消极义务。

总的说来,公民监督权求助对象不会对权利主体进行打击报复行为。如果他们身处求助对象的地位,而事实沦为监督对象的利益相关人,则完全可能进行该类行为。在法律处理上,也应该将他们作为利益相关人对待,确认其特定的行为性质,不宜看作是公民监督权求助对象的打击报复行为。当然,这类实质身份转化者的行为,理应承担更严重的法律责任。同样,如果公民监督权的求助对象因没有履行相关义务进一步成为公民监督权行使的对象,其可能会进行打击报复行为,但根据法律关系的相对性,其身份也转化为公民监督权的行使对象。

综上,公民监督权针对各种相对主体的防御权能所要求的相应消极义务,可以归纳为下表:

	不得妨害义务	不得报复义务	不得不当应对义务	不得泄密义务
监督对象	有	有	有	否
监督对象的利益相关人	有	有	否	否
监督求助对象	有	否	有	有

三、 公民监督权的受益权能及对应义务

所谓公民监督权的受益权能,是指权利主体及其利益相关人在权利正常行使的状态下,应享有的一种主观上可以要求或客观上可以促使义务主体承担积极给付义务,以实现其权利正常行使的权益享有能力,表现为依靠法律规范的存在和有效实施,权利主体可以主观上行使对他人的"积极作为请求权"或"付出利益请求权"能力,以及客观上可以让他人承担一些积极作为义务的能力。公民监督权作为一类特殊的基本权利,其受益权能具有如下特点。

其一,公民监督权受益权能的对象既具有广泛性又具有具体性。作为公民基本权利,公民监督权受益权能的指向主要包括:具有特定制度平台建设职责的机关、监督权行使对象和求助主体等。这些主体的广泛性,决定了公民监督权受益权能指向主体的范围的广泛性。但是,公民监督权的具体行使对象和求助对象,又通常具有特定性,需由特定的主体承担和履行相应给付义务。

这为法律明确确认相应义务和义务主体提供了便利。

其二,公民监督权受益权能的内涵具有丰富性和多样性。公民监督权的受益权能,既包括可以促使特定公权主体履行一般保护义务,为公民监督权的行使提供基础性的保障条件,更包括针对监督对象和求助对象的各种主观的和客观的具体受益内容和能力。尤其是后者的内容更为丰富多样,既有实体性的,也有程序性的;既有提供物质支持的,也有提供机会的;既有对义务主体来说是羁束性的,也有对义务主体来说是可裁量性的。

其三,公民监督权受益权能多具有一定的救助性质。这是由于多数公民监督权本身就是作为特定权益的救助权利而行使决定的。当然,由于这些权利本身已经具有基本权利的性质,其具有救助性质的受益权能,整体上应作为受益权能看待,与其自身被侵犯后进一步寻求救济的救助权能之间,存在逻辑层次和属性上的差别。

鉴于公民监督权内容和具体指向的特殊性,这里在首先分析公民监督权一般保护义务的承担情况的基础上,也是从构成公民监督权利法律关系的各类主体而不是国家机关类别的角度,具体分析公民监督权直接保障性受益权能的具体指向及其对应义务情况。

(一) 公民监督权受益权能所要求的一般保护义务

公民监督权受益权能,首先要求国家特定公权主体基于具体的法律制度构建,承担对公民监督权利具有普遍保障意义的一般保护义务。这种义务,不是公民立足于监督权利可以向相关公权主体主张的主观义务,而是公权主体被法律制度确认和科以的、为保障公民监督权利的行使而必须履行的客观义务。这些保护义务,对公民监督权的充分和顺利的行使,具有直接提供基本条件和保障的作用。例如,为了满足公民知情权的享有,必须设立可有效运行的信息公开机构和公开平台;为了满足公民信访权的行使,必须设立接访机构,并让接访机关履行交办、督办义务;为了满足和鼓励公民检举权的行使,必须设定审查义务和侦查义务,也必须设立必要的保密制度,等等。这些义务,是法律制度设定后,相应公权主体必须根据具体情形认真履行的客观义务,否则,公民监督权的享有缺乏起码的保障和落实机制,也失去了应有的价值。尽管公权主体也可能会积极主动地履行一些没有法律具体确定的一般保护义务,但这些义务毕竟要靠法律规范的明确的规范基础和保障,才有更大的履行可能。

显然,这种权能及其相应义务的存在,以公民监督权的获得制度构建权能及其相应义务的履行为基础和前提,是它们得到具体落实的部分成果体现。公民监督权法律制度构建的一个重要内容,就是要确立和落实这种客观义务及其承担主体,为监督权的享有或实现提供直接的条件和保障基础。这种权能及其对应义务的充分形成,是因为国家各级立法主体构建了相关法律制度,对它们进行了明确的确认。由此,公民监督权利制度构建权能的强弱、高低,决定了一般保护权能的强弱、高低,形成其决定性的前提基础;因为没有国家法律层面的规范对客观保护义务的设定,这种客观义务也只能是由较低层次的法规或非法规规范文件乃至内部规范性文件等低层次规范来具体科以,缺乏应有的权威性,可轻易为义务主体所规避。这决定了我国一些公民监督权利的一般保护权能层次低、能力弱、伸缩性大,对义务主体的规制能力弱。

以检举权为例,目前保障这一权利的虽然有一批国家法律,但多是原则性规定,而事实上由一批法规、规则和规范性文件起具体的规范作用,主要包括:《中共中央纪律检查委员会关于检举、控告和申诉的若干规定》(1987 年 7 月 15 日),《最高人民检察院关于保护公民举报权利的规定》(1991 年 5 月 6 日),《监察机关举报工作办法》(1991 年 12 月 24 日),《中国共产党纪律检查机关控告申诉工作条例》(1993 年 8 月 22 日),《中央纪委监察部关于保护检举、控告人的规定》(1996 年 1 月 19 日),《中共中央纪委监察部关于纪检监察机关接待处理集体上访的暂行办法》(1996 年 4 月 24 日),《人民检察院举报工作规定》(1996 年 7 月 18 日最高人民检察院检察委员会第五十八次会议通过,2009 年 4 月 8 日最高人民检察院第十一届检察委员会第十一次会议修订,2014 年 7 月 21 日最高人民检察院第十二届检察委员会第二十五次会议第二次修订),《信访条例》(2005 年 1 月 10 日国务院令第 431 号颁布,自 2005 年 5 月 1 日起施行),《人民检察院刑事诉讼规则(试行)》(2012 年 11 月 22 日),《人民检察院民事诉讼监督规则(试行)》(2013 年 11 月 18 日),《最高人民法院 最高人民检察院 公安部 国家安全部 司法部 全国人大常委会法制工作委员会关于实施刑事诉讼法若干问题的规定》(2012 年 12 月 26 日),《最高人民检察院 公安部 财政部关于保护、奖励职务犯罪举报人的若干规定》(2016 年 3 月 30 日)。此外,还有广东、湖北、广西、河北、山东、陕西、江西、安徽等地立法机关制定的保护公民举报权利条例或规定,如《广东省保护公民举报条例》(1989 年 6 月 29 日)、《湖北省保护公民举报权利的若干规定》(1991 年 3 月 2 日)、《江西省保护公民举报权利条例》(1994 年 6 月 17 日)等。表面上看,这些法规、规章和规范性文件,似乎建立起一套严密的确认和保护公民检举权的法律制度。但事实上,由于国家法律层次的规范缺位和断层,而低层次规范受限于各个部门,规范内容缺乏确定内涵,用语模糊,诸多确定公权主体一般保护义务的规定仍然较为原则和笼统。诸多实体规范宽泛无力;一些实体规范尽管很具体,但仍然存在明显的义务漏洞。如《最高人民检察院 公安部 财政部关于保护、奖励职务犯罪举报人的若干规定》第 5 条规定了人民检察院对职务犯罪举报应当采取下列保密措施:"(一)受理举报应当由专人负责,在专门场所或者通过专门网站、电话进行,无关人员不得在场。(二)举报线索应当由专人录入专用计算机,加密码严格管理。专用计算机应当与互联网实行物理隔离。未经检察长批准,其他工作人员不得查看。(三)举报材料应当存放于符合保密规定的场所,无关人员不得进入。(四)向检察长报送举报线索时,应当将相关材料用机要袋密封,并填写机要编号,由检察长亲自拆封。(五)严禁泄露举报内容以及举报人姓名、住址、电话等个人信息,严禁将举报材料转给被举报人或者被举报单位。(六)调查核实情况时,严禁出示举报材料原件或者复印件;除因侦查工作需要并经检察长批准外,严禁对匿名举报材料进行笔迹鉴定。(七)通过专门的举报网站联系、答复举报人时,应当核对举报人在举报时获得的查询密码,答复时不得涉及举报具体内容。(八)其他应当采取的保密措施。"这些规定看似具体严密,但何为"无关人员"? 有权接触举报材料的人员范围并没有具体列举。更为明确的问题是缺乏或不重视程序性规范,导致公权主体的履行义务缺乏操作性。上述《规定》第 6 条是对实名举报人面临风险的评估机制的规定,具体规定是:"人民检察院受理实名举报后,应当按照相关规定,对可能发生的风险及其性质、程度和影响等进行综合评估,拟定风险等级,并根据确定的风险等级制定举报人保护预案。在办案过程中,人民检察院应当根据实际情况的变化,及时调整风险等级。"这些规定明显缺少了程序机制的规定。如谁是风险评估的召集人和责任人,谁是具体的评估主体,如何确定评估启动时间,举报人是否应被邀请参加评估等问题,都有待进一步明确。

即便有充分的法律确认，公民监督权受益权能所要求的一般保护权能的充分落实，也仅仅是有了一定的法律规范基础，而不是充分现实化。更根本的问题还在于，相关公权主体认真履行相应客观保护义务的现实程度。仍以公民检举权为例，我国诸多关于检举权保护的法律法规所规定的公权主体对检举人、举报人的保护义务，大多是相关公权主体的客观职责或义务。从我国打击报复检举人问题突出[1]这一现实看，在很多情况下，公民检举权的诸多客观保护义务是没有被相关公权主体认真履行的。当然，这也是检举权所要求的公权主体应承担其他义务，如特别保护义务、消极义务、给付义务和救助义务等，都没有得到很好履行共同导致的结果。再如知情权，在国家法律缺位的情况下，主要靠《政府信息公开条例》及其他更低位的法规、规章来间接确认和保护，相关规定甚至没有明确科以政府收集相关公共信息的客观义务。实践中，政府编制信息公开指南和公开目录的义务多不被认真对待；政府信息公开主管部门的确认就成为一个棘手的问题；由于《条例》对政府信息主管机关设定过于单一，根据我国现有体制，海关、国税、金融、外汇管理等中央垂直系统以及地税、工商、质监、国土等省以下垂直系统不属于地方政府（省以下级别）的工作部门或下属机构，对这些部门政府信息公开工作的推进、指导、协调和监督，地方政府往往无能为力；信息公开的基础平台的作用往往被大打折扣，不少政府信息网站建设徒有其名，主要不是用作信息公开平台；[2]政府应主动公开各种信息的客观义务往往被大打折扣，重信息发布而轻信息整合与加工，或无故拖延，并且因为社会主体无直接请求权和救济权而被轻易逃避。[3] 客观地讲，政府承担的这种客观保护义务的履行，多需要一定的财力和现代信息技

---

[1] 最高人民检察院的有关统计显示，我国每年有关检举的活动中，证人、检举人因为打击报复而致残致死的案件呈上升趋势，已经由 20 世纪 90 年代以来的每年不足 500 件，上升到 21 世纪后年均 1 000 多件，被检举人对于检举人、证人等相关人员的打击报复日趋猖獗。最高人民检察院自 1988 年设立举报中心以来，至今已经运行逾 30 个年头。在第一个 10 年中，全国检察机关每年接到的有关人员对检举人的打击报复的控告达近万件，但这些控告中最后得到立案侦查处理的却不足 100 件，如 1994 年立案调查的只有 27 件，但每年却有大量的检举人因为打击报复而致死致残，这一数据每年在 500 件左右。进入 21 世纪后，对于检举人的打击报复案件数量还在大幅度上升，仅每年发生检举人伤亡的案件就达 1 200 件以上，但是这千余件案件中能够得到检察机关查办的数量仍然仅在几十余件左右徘徊。参见喻丹峰：《完善我国举报制度的法律思考》。

[2] 参见陶镕：《对我国政府信息公开制度的探讨》，《生产力研究》2011 年第 8 期。

[3] 参见张龙：《行政知情权的法理研究》，北京大学出版社 2010 年版，第 186—187 页。

术力量的支持,但正确对待这些义务的态度仍是最重要的。

(二) 对监督对象的受益权能及对应义务

这是指在公民监督权利体系中,某些公民监督权针对监督对象具有主张履行积极给付义务的内容和能力,由此才能满足相应公民监督权利的有效行使。对某些公民监督权利而言,可以或必须以直接简单的行使方式,要求监督对象给予一定的回应,直接履行某种义务来满足公民监督权的行使。在这些情况下,公民监督权也因此对监督对象具有了相应的受益权能。这种受益权能,主要包括三种能力。

一是要求监督对象受理相应监督主张的能力。在监督对象依法承担设置合理的受理监督平台这一客观义务的基础上,当公民直接对监督对象行使监督权时,监督对象的相关工作人员应认真受理公民监督权的行使,作必要的登记和文字记录,并进行认真的核实。这主要适用于行使批评权、建议权,而且监督对象是单位主体或单位主体与人员主体并存的情况。如果监督对象是人员主体,即便是本单位的工作人员,该单位也应认定为监督求助主体,其义务性质也变成了监督求助主体的给付义务。为了方便批评权、建议权的行使,法律应确认权利主体针对监督对象具有这种受益权能,让这些权利的行使对象承担直接受理监督的给付义务。

二是要求监督对象给予认真回应和答复的能力。这种能力的存在场合和条件与上述情况类似。作为批评权、建议权行使对象的单位主体,应认真对待权利主体的批评和建议,对自身确实存在的违法和不当行为进行认真的整改,对权利主体的合法建议应认真采纳。即便批评的违法和不当行为是不存在或仅部分存在的,也要以宽容的态度对待善意批评人,给出合理的说明;即便建议缺乏合理性和操作性,也要给出积极的回应,说明不宜采纳的理由。总之,最终对批评建议者给一个明确的答复,应作为一种法定义务科以特定的监督对象。

三是要求监督对象给予必要物质性补助的能力。这种能力也适应于前述单位主体作为批评建议权行使对象的情况,而且还要具备更特殊的条件。即批评建议者如果付出了必要的时间和精力,协助批评监督对象整改违法或不当事项,或者帮助落实合理化建议,监督对象就应该承担给予监督者一定的经济补偿的义务,监督权主体行使的监督权相应就具有了这种特定的受益权能。

(三)对监督求助对象的受益权能及相应义务

只有在一些特定的场合,公民监督权的有效实现,才可以依赖被监督对象的自我矫正能力。在多数情况下,必须求助于特定的单位主体,对监督对象的违法或不当行为进行查处,或者督促其改正,作出补救行为,才能实现监督目的。在绝大多数情况下,公民监督权的有效行使,必须借助有效的权力监督权力机制来实现。即公民及其社会组织必须向对特定监督对象具有调查、审查、处理、督促等监督权力的权力主体求助,才能有效实现监督的目的。因此,公民监督权主体将与监督求助对象形成复杂的法律关系,公民监督权的充分有效行使,必须具有针对监督求助对象的诸多受益权能,而监督求助对象也因此必须承担诸多给付义务。

其一,要求监督求助对象受理监督主张的能力。监督求助对象必须提供诸多切实可行的监督主张受理方式、平台和场所,在履行这种客观义务的基础上,其受理机构和人员必须认真对待和受理监督权利人的监督主张。这一义务是程序义务和实体义务的统一,具体包括:接受监督文本资料或制作监督主张的笔录和必要的录音录像,对权利人进行相关权利与义务的告知,必要的管辖移送以及必要的告知并协助联系有权管辖机关等环节。

其二,要求监督求助对象认真查证处理监督指控的能力。在监督求助对象依法受理监督主张后,必须由特定机构就监督指控的具体内容,尤其是主要的线索进行审查处理,启动特定程序追究监督对象的责任,对其违法和不当行为造成的后果进行必要的救济。这一环节,虽然需要求助对象的相关机构履行大量的客观积极义务,但总体上构成了满足公民监督权有效行使这种特定内容的给付义务。法律应规定审查处理的主体、步骤和期限。

其三,要求监督求助对象及时答复处理结果和查处进展的能力。这是监督主体对监督后果和进展享有必要的知情权的体现。这种答复处理结果和查处进展的内容应包括:立案处理或不予立案处理的决定、查处过程进行到的环节、最终处理结果或意见。其答复方式应该合理适当,表达清晰,并有案可查。

其四,要求监督求助对象给予特定安全和权益保护的能力。在监督权利行使过程之中或之后,监督对象及其利益相关人可能对监督权主体及其近亲属实施打击报复和其他侵犯行为,对其人身和财产等权益构成严重威胁。在此情况下,监督权主体及其近亲属等相关利益人,则享有要求其监督求助对象采取必要措施保障、防范侵害行为发生、保障其安全和合法权益的权能。必须指出,这种情况下,行使公民监督权的求助对象,就可能不限于一个特定的单位或机关,而可能是数个单位或机关。还需要指出,安全和合法权益保障的措施和手段的采用,最终要由有权实施机关根据具体情况裁量实施,并不一定受制于权利人的要求,而且在没有权利主体请求保护的情况下,相关公权主体也完全可以根据特定情况依职权采取特定保护措施,因此,安全和合法保护措施具有客观义务的属性。但整体上,必须通过具体法律规定,赋予监督权主体及利益相关人要求特定机关或单位采取保护措施的权利主张能力,并科以这些机关或单位依法承担和履行保护的给付义务。这些安全和合法权益保障实施的条件、具体种类、具体手段、实施主体和责任承担等,都应该在法律规范中得到明确的规定。

其五,要求特定人员回避的能力。如果监督权主体认为监督权求助对象及其工作人员中存在监督对象的利益相关人,或者存在其他可以要求回避的事由,就可以为了保证自己监督权的顺利行使,要求相关人员回避。监督求助机关及其相关工作人员应承担依法落实回避的义务。当然,如果符合法定的主动回避条件,即便没有监督权主体的回避请求和主张,也要承担回避义务。这种义务,本质上可以看作是客观性的一般性保护义务的具体内容之一,对应的是公民监督权的一般保护权能。

其六,获得监督求助对象一定奖励的能力。如果监督权主体提供了重要的线索,协助监督求助对象机关侦破了监督对象的严重违法犯罪行为,为国家挽回了巨额的经济损失,或者有效维护了其他巨大的社会效益,就应该获得巨大的精神和物质奖励。法律一旦确立了这种关系,公民监督权的行使就具有这种特定的受益权能,监督求助机关就应依法承担这种特定的给付义务。法律应明确规定履行这种奖励义务的条件、标准、期限、方式、领奖证明、奖励金额计算依据和可能发生的权利继承关系等要素。

其七,要求监督求助对象提供必要信息或信息线索的能力。为了形成较为清晰的监督线索,监督权主体可以向相关国家机关或单位索取必要的信息或线索。这种信息求助单位不一定是有权查处监督对象的单位,也可能是掌握了与行使监督权相关的必要信息的国家机关或单位。如果相关信息涉及国家秘密和个人隐私,相关单位只能提供信息线索,由有权查处的机关取得相关信息。

四、 公民监督权的救济权能及对应义务

整体上讲,公民监督权利体系的多数权利都具有救济属性,尤其是救济诉请性权利板块和途径性权利板块的各权利,救济权利属性突出。在一定意义上,它们也可以被看作是公民维护特定公共利益和个人正当权益的救济性权利,甚至可以归入相应公民基本权利的救济权能。也正是因为此,多数公民监督权的正常行使状态就需要有求助对象的存在,形成了远比其他公民基本权利正常行使时复杂的法律关系,明显不同于其他公民权利正常行使的情况。只不过,由于这些权利承载着督促国家公权主体及其工作人员守法守正的内容和功能,并具有可广泛维护各种社会利益的独立价值。因此,宪法和法律将之规定为相对独立的权利体系,并确认其中每项权利作为权能丰富的独立权利存在,是完全必要的。这意味着,这些权利具有广泛的客观权能和主观权能,包括其自身依然需要拥有的充足有效的救济权能。

所谓公民监督权的救济权能,是指监督权主体或其利益相关人,依法可以主张或客观上促使侵权者承担权利恢复、损害补偿和利益惩处等责任,并可以请求或客观上促使相关公权主体确认和追究侵犯者的侵权责任及采取有效措施消除侵权的消极后果、预防新的侵权行为发生的能力。由于公民监督权自身的特殊性,其救济权能也有特殊性。这里,对公民监督权的两种救济权能的基本特点及对应的义务,分别展开论述。

(一) 公民监督权的获得赔付权能及对应义务

所谓公民监督权的获得赔付权能,是指监督权主体或其利益相关人,在监督权行使受到侵犯的状态下,依法享有的一种针对相关侵权者可以主张权利恢复、

损害补偿和利益惩处,以及在客观上可实现特定的权利恢复、损害补偿和利益惩处等救济的能力。其具有如下对相应义务的法律设定产生重要影响的特点。

其一,公民监督权获得赔付权能的具体指向、理由和对应义务形式都具有多元性。

其具体指向,包括监督对象即被监督主体、监督对象的利益相关人、监督求助对象即监督被求助主体等。其中,在多数情况下,他们属于广义的公权主体及其工作人员,但也可能属于私人主体。其指向理由也具有多元性,主要包括:(1)监督对象及其利益相关人妨害和打击报复公民监督权的行使,对权利主体及其利益相关人进行人身、财产等利益的侵害,或者是特定监督对象违背相应积极作为义务,监督权的行使难以实现有效结果,或监督权主体的权益受损。(2)监督求助对象压制、阻碍或者不当应对监督权的行使,或者违反了其他消极义务,对公民监督权主体及其利益相关人造成实际的人身、财产等利益的损失或形成潜在危险,或者造成公民监督权无法有效行使。(3)监督求助对象没有或不能充分履行相应积极给付义务,造成公民监督权不能有效行使,或者造成权利主体及其利益相关人的人身、财产等利益的损失或形成潜在危险。这些情况决定法律设定的监督权主体或其利益相关人可以主张的侵权赔付义务应具有多元性,具体应包括停止侵害、恢复原状、恢复工作岗位和待遇、消除影响、恢复名誉、赔礼道歉、补偿和赔偿权利主体的损失、承担各种惩戒性责任、承担行为结果无效责任等法律责任形式。

其二,公民监督权的获赔权能通常与其他公民权利的获赔权能以复合形态并存,其中公民监督权因受侵犯而应获得赔付的救济能力,应是优先考量或至少不能忽略的因素。

所谓复合形态存在,是指各种较严重妨害公民监督权行使的行为,例如监督对象及其利益相关人严重妨害权利行使的行为,打击报复监督主体及其利益相关人的行为,监督求助对象严重妨害或不当应对监督权行使的行为,等等,通常也就意味着同时严重侵犯了监督权主体及其利害关系人的生命权、健康权、人身自由权、政治自由权、精神自由和安宁权、财产权等权利。公民监督权与这些权利同时受到侵犯,但侵权人对抗公民监督权的行使是基本肇因。因此,在此情况下,对同一行为造成的两类或以上权利受损,不能仅简单适用竞合或吸收原则处理,而应使两类或以上权利的救济获赔权能都得到体现,而且必须要体现公民监督权的救济获赔权能。故对相关法律责任的设定和追究,应体现公法惩处和救济的特点,不能仅按一般民事侵权行为来处理。

首先,即便是完全私人性的即没有利用公共职权妨害和打击报复监督权行使的行为,如恐吓、行凶、伤害、破坏财产、限制自由等,如能符合打击报复证人罪的构成要件,就按该罪处理;如能按竞合规则确定构成杀人罪、故意伤害罪、非法拘禁罪、绑架罪、故意毁坏财物罪、诬告陷害罪等其他严重的犯罪,则在按相应的罪名定罪处罚时,也一定要将妨害和打击报复公民监督权行使作为重要的情节进行考虑。在这里,尚不构成其他严重犯罪的打击报复监督权行使的行为,构成典型的打击报复犯罪,其惩处刑罚保护的权益同时包含了公民监督权和其他公民基本权利所具有的特定救济权能;在直接构成其他严重犯罪的打击报复监督权行使的犯罪中,其惩处刑罚依然必须同时承载公民监督权所具有的特定救济权能。而且,这两种情况都不应影响刑事附带民事责任的提出和确定。

其次,国家工作人员利用职权打击报复监督权行使主体和利益相关人的,无论是按打击报复证人罪、报复陷害罪追究责任人员的刑事责任,还是按其行为构成的其他严重犯罪追究其刑事责任,也要遵循同样的规则,而且应让相关国家机关承担国家赔偿责任。

最后,其他滥用误用国家公共职权严重妨害公民监督权行使的行为,也应让国家在承担国家赔偿责任的同时,追究相关责任人员的法律责任,包括法定刑事责任,并且在定罪量刑时考虑公民监督权的获赔权能因素。

其三,公民监督权的获赔权能,应得到法律的特别优待。

公民监督权本身多具有权利救济的属性,其主观或客观承载的督促公权主体守法守正的价值,是追求人民当家作主的法治国家最值得珍重的公共利益和价值之一。[1] 一类本身就具有权利救济属性的权利,又承载着如此重要的价值,法律理应给予特别保护和优待,确认其充足有力的救济权能尤其是获赔权能,让其得到及时、充分、有效的救济,以保障公民监督权在多数情况下可

---

[1] 发达国家通过立法,明确将公民和公务人员的检举等监督行为视为重要的公共服务,如1989年美国《吹口哨人保护法》。其社会大众也视检举等监督行为为公共美德。美国《时代》周刊2002年年底评选的年度风云人物,就有3名检举者入选,他们是安然企业的副总裁莎朗·沃特金斯、世界通信公司副总裁辛西娅·库珀和联邦调查局的律师科琳·罗利。

以有效行使,避免救济性权利自身却常常需要再救济并且得不到有效救济的尴尬局面。法律应设定侵权者明确、严格和具有严厉惩戒性的赔付义务,以有效消除或补偿公民监督权遭受侵犯的消极后果,帮助公民坚定有效行使监督权的信心。

其四,正是公民监督权获赔权能应受特别优待的属性,加上其与其他公民权利获赔权能的复合共存性,要求法律对与公民监督权获赔权能相关的赔付义务即法律责任的设定,应具有严厉性和惩戒性。

在各种侵权者一般性地妨害和打击报复公民监督权的行使,或者不当处置公民监督权的行使时,即便对公民的人身、财产等权利没有造成明显的侵害,也应设定责任人承担较严厉的行政法律责任,包括外部的行政处罚责任和内部行政处分责任,相关责任单位更应承担停止侵害、消除影响、采取有效补救措施、恢复权利正常行使的状态等责任。在各种侵权者严重妨害和打击报复公民监督权行使,对公民人身、财产等权利造成严重侵犯的情况下,应在设定责任人承担严厉的行政责任和刑事责任的同时,设定其承担具有惩罚性的民事损害赔偿或国家赔偿,要求侵权者承担为进行权利救济而损失和支持的费用,同时要设定相关责任单位承担停止侵害、消除影响、采取有效补救措施等责任。

(二) 公民监督权的获得救助权能及对应义务

所谓公民监督权的获得公力救助权能,是指监督权主体或其利益相关人,依法可以请求相关公权主体确认和追究侵犯者的侵权责任,或者在客观上可以促使相关公权主体确认和追究侵权者的法律责任的能力。其具有如下对相应义务的法律设定产生重要影响的特点。

其一,公民监督权获得救助权能的具体指向具有法定性明确的特点,但仍具有多元性。

监督权主体及其利益相关人因行使监督权而遭受实际侵权,或者感觉被侵权,没有得到公正对待,国家公权主体理应进一步给予公力救助的机会,承担公力救助的义务。国家应该通过科学立法,为公民监督权行使遭受侵害的救济,设定公正、便利的法律救济机制。其中,对监督对象及其利益相关人的侵权行为,应坚持异体救济的正义规则,让对监督对象及其利益相关人有法定调查和处理权的公权主体承担公力救助义务,作为权利主体及其利益相关人进行救济的求助对象。应避免这样的制度设计:遭受监督对象侵权的权利主体和利益相关人只能请求监督对象自查自纠。如果原监督求助对象对救济求助无管辖权和直接处理权,应赋予其必要的督促、协助相应救济求助对象的义务。对监督求助对象的各种侵权行为后果的救济,如果是原救助对象职责范围内的决定、裁定,可以设定向该救助对象或其上级机关申请复议的程序;如果是严重的违法行为,应设定通过有权查处的救济求助机关进行救助的机制,并保证司法救济的可选定性。可以说,在我国目前,行政机关、监察机关、检察机关、司法机关、民意机关、执政党的纪律检查机关等一切可以作为公民监督权求助对象的机关,也都可以成为对公民监督权行使再救济的求助机关。但是,应该遵循公正便民的原则,充分发挥司法、检察、监察等机关的权威性,同时充分发挥民意机关的监督功能,合理配置和确认公民监督权再救济的求助对象和义务承担。这一问题,在后文还将有详细的论述。

其二,公民监督权获得救助权能应包括获得必要的临时和特别救助措施的能力。

侵害公民监督权的行为主体主要是公权主体,可以轻易采用行政决定和司法裁决的方式,侵犯监督权主体及其利益相关人的权益,加上一些行为事实具有很大隐蔽性,查证困难,确认环节和程序复杂,因此,相关权利的救济过程可能费时费力,如不停止或变通相应行政决定和司法裁决的执行,将给权利主体及其利益相关人带来更大更多的损失,导致侵权行为恶果扩大。由此决定,法律应赋予救济求助主体应受害人申请依法采取中止或变通行政决定和司法裁决的职责。同样,如果权利主体及其利益相关人正遭受人身和财产安全的侵犯,或即将发生这方面的危险,相关公力救助主体更应采取紧急保护措施和彻底消除危险的措施,国家机关应该作出重大付出的,就必须付出。此外,公民监督权受侵害被救济后,如果还存在权利人会遭到打击报复的危险性,相应公权救助主体也要采取有效的措施,规避和化解这种危险。

其三,公民监督权公力救助权能充分化的标准应是,法律充分确认和保证公民监督权救济人寻求可救济的主体性,可以有效参与和影响公力救助单位作出责任追究的决定过程,保证获赔权能的充分实现。

对公民监督权的救济,通常意味着对公权主体及其工作人员的控告,追究他们的公法责任,包括行政责任、政务责任、刑事责任和国家赔偿责任等法律责任。这通常意味着公民需要求助特定的机关,向它们控告、申诉和检举侵权行为,由它们进行初步的调查核实后,再提请其他有权处理的机关作为第二层次救助人,进行事实确认并依法裁决或决定追究侵权者的相应法律责任。因为行政责任和刑事责任的直接提请追究权通常情况下只能属于一些公权主体,如行政监察部门或行政主体自身、国家公诉机关,公民可直接提请责任追究的情况只是补充渠道或特殊情况。由此决定,满足公民监督权救济的好制度设计,应确保监督权的主体及其利益相关人在追究侵权责任中的主体地位,防止救助人实际剥夺或严重挤压请求救济主体的主体地位,压制其主体性,蜕变成单纯的权利救济主体的控制者或僭越者,严重阻碍而不是有效支持和服务救济主体的救济行为,甚至成为侵权者的庇护者。在一定意义上,它们成为阻止监督主体及其利益相关人进行权利救济的第一道"防护墙"。避免这种制度设计的关键因素有很多。首先,要减少受理控诉机关的自由裁量权,赋予其严格的受理、调查和保护义务,强化其权利保护和救济的服务意识。其次,要设立合理的低立案标准,降低被求助主体对权利救济的控制作用。再次,要实行有利于权利救济主体的举证标准和举证责任分配。如免除对侵权者主观动机直接证据的举证,实行客观关联性证据标准;减轻权利救济人的立案证据提供负担;实行合理的举证责任倒置规则。最后,要强化权利救济人及其社会组织对调查、决定责任追究诉请、责任审查或审理、裁决的知情权和参与权,尊重其作为权利救济主体的地位,尊重其愿望和要求。

(三)公民监督权两种救济权能的共有特征

公民监督权的获赔权能和获助权能除了各自的特征外,它们作为统一的公民监督权救济权能的不可分离的两部分,还有一些共有的特征。这些特征,对于我们科学把握相应法律义务的设定和责任追究,也具有重要的意义。

其一,多数公民监督权的救济权能具有较强的衍生其他公民监督权的能力。

公民监督权利主体是为了救济和维护公共利益或正当私人权益而行使相

应监督权,监督对象是国家公权主体及其工作人员,监督客体即行为对象是国家公共事务及其相关事务,监督求助对象也多是国家公权主体及其工作人员或公共平台。在监督权利行使的过程中发生被侵权行为,可以说多是公权主体及其工作人员或他们的利益相关人所为,因此,权利的救济仍需要通过相应的监督行为救济。例如,某公民对某公权主体进行公开的批评,结果遭受该机关及其利益相关人的严重打击报复,被行政拘留,某公民为此向可救助机关进行权利救济,行使申诉权或控告权,结果该救济机关却维护了侵权人的行为和利益,或者根本不作为,由此某公民又必须继续寻求救济,对前一救助主体的行为也进行控告和申诉,或者进行检举。至此,如果还得不到有效救济,救济的链条还会不断延伸下去。在国家宪法规范和一些法律规范确认、保护公民诸多监督权利的情况下,公民基于自己的境遇行使这些权利是正当的,也是完全应该的。但是,公民监督权作为公民依法应享有的特殊政治权利,不应持续不断地行使下去。因为这意味着国家公权主体及其工作人员不断处在违法失当状态,处在损害公共利益、公共秩序和私人正当权益的状态,是对法治状态的严重偏离。因此,应尽力避免公民监督权行使本身再遭侵权而不得不进行救济的情况,如确实需要救济,就应充分实现其有效的救济权能,这也是公民监督权可通常处于正常行使状态的重要保证。为此就应该首先强化公民监督权正常行使状态下监督求助对象和监督对象的各种义务履行,同时,严格设定监督权救济权能所要求的赔付义务和救助义务。此外,还应对以公力救助主体违反法定义务为救济对象的第二轮监督权救济,再设定更严厉的、具有惩戒性的赔付义务或法律责任。

其二,公民监督权救济权能中的两种具体权能,都包含一定的具有客观性的救济权能,对应着一些具有客观性的赔付义务和救助义务,这些义务设定主要涉及公权主体及其工作人员,需要得到多层次法律规范的协调确认,而且要靠有效的权力监督制约权力机制来督促履行,因此应该认真对待,并尽量增加一些主观义务因素。

为了保障公民监督权利的充分享有,各种监督权利内在地要求各类国家立法主体履行制定法律、构建监督权利的客观义务。这一义务的较好履行,也就意味着公民监督权利具有了一些更具体的、可直接满足权利正常享有的客观和主观权能,具体包括一般保护权能、防御权能、具体受益权能。但是,相应义务主体可能不愿履行这些义务,使监督权利遭到侵犯。因此,为了保证公民监督权利在通常情况下可以正常享有,阻吓不愿承担义务者,保护和救济权利主体的基本权益,还必须设定违背义务者应承担的追加义务即赔付义务——通常被称为法律责任。同时,还要设定特定公权主体承担公力救助义务,进行事实核查,确认和追究侵权者的法律责任,并采取相关措施消除侵权行为的消极后果和预防侵权行为的再次发生。这些义务的设定,如果是权利主体不能直接主张的,就是国家法律设定的具有客观属性的特别保护义务。如果是权利主体可以主张的,就是主观属性的特别保护义务。它们都是国家法律科以侵权者和公力救助主体的特别保护义务,共同构成救济权能的两个具体权能所对应的客观赔付义务和客观救助义务。

整体上,这些客观特别保护义务的设定主要针对公权主体及其工作人员。首先,公民监督权是因可能存在明显问题的公权行为及其相关行为而行使,相关公权主体及其工作人员要因自身行为的违法或不当而被追究相应法律责任,因此极易产生利用职权或其他不正当手段对监督人进行妨害、打击报复等恶劣行为。由此,除了让监督对象依法承担原有违法行为的法律责任外,更要设定和追究监督对象及其利益相关人违背消极义务,对监督主体进行侵害的法律责任。这些法律责任,有些是主观性质的赔付义务,但也有一些是客观义务,是要通过刑事法和行政法等公法予以确定和追究的责任。其次,公民监督权具有明显的救济权利属性,本身就是对个人正当权益或公共权益进行维护和救济的特定功能性权利,常需要特定国家公权主体作为权利行使的求助对象,履行各种复杂的一般保护义务、给付义务、消极义务以及主观性的救助义务,也要履行一些客观的救助性的特别保护义务。但是,因为公权主体利益的勾连性、特殊的官场人际关系、官僚习性等各种复杂的现实原因,作为被求助主体的公权主体及其工作人员,常常易于违背各种义务承担。因此,他们也应当承担各种补救义务或法律责任,其中,有些属于客观性的特别保护义务。最后,在行使公民监督权的主体是监督对象的工作人员或下属、同事的情况下,监督人极易被打击报复或给予其他恶行相向。因此,更应针对性地设定一些严格的客观性的特别保护义务。

公民监督权救济权能的充分化,首先应表现为相关法律制度对公权主体应承担的客观性的赔付义务这种特别保护义务进行了明确、合理、充分的确认。从整体上讲,无论是作为公民监督对象的公权主体及其工作人员或利益相关人,违背消极义务,对权利主体及其利益相关人做出打击报复等恶劣行为,直接对抗公民监督权的行使;还是特定公权主体及其工作人员作为监督求助对象,违背一般保护义务、消极义务、给付义务和救助义务,怠慢和侵害公民监督权的行使,只要达到一定的程度,都应该进一步承担客观性的特别保护义务,接受法律的制裁或惩处。这些法律义务或责任,主要是行政责任和刑事责任。但现有关于或涉及公民监督权的相关法律规范,对这些责任的具体设定却存在较为严重的问题。

首先,刑事法律对刑事责任的设定和追究要求存在明显问题。以控告权、检举权和申诉权为例,尽管最近出台的几个低层次法规也规定了对检举人、控告人近亲属的保护,强化了对检举人、控告人及其近亲属的财产保护,但国家法律层面对相关刑事责任的设定构成了根本性的限制。比如,《刑法》第254条规定报复陷害罪的条文是:"国家机关工作人员滥用职权、假公济私,对控告人、申诉人、批评人、举报人实行报复陷害的,处二年以下有期徒刑或者拘役;情节严重的,处二年以上七年以下有期徒刑。"其保护对象明显仅限于控告人、申诉人、批评人、检举人本人,不包括他们的近亲属。再如《刑事诉讼法》第63条规定:"人民法院、人民检察院和公安机关应当保障证人及其近亲属的安全。对证人及其近亲属进行威胁、侮辱、殴打或者打击报复,构成犯罪的,依法追究刑事责任;尚不够刑事处罚的,依法给予治安管理处罚。"该规定明显地将严重侵犯财产的行为排除在外了。这些规定,使一些低层次规范对法律责任设定的有效性受到根本限制。

其次,行政责任的设定操作性不强,很容易被逃避。如《人民检察院举报工作规定》第64条规定:"对打击报复或者指使他人打击报复举报人及其近亲属的,经调查核实,应当视情节轻重分别作出处理:(一)尚未构成犯罪的,提出检察建议,移送主管机关或者部门处理;(二)构成犯罪的,依法追究刑事责任。"这是非常原则性的规定,而且由于仅规定了检察机关提出检察建议的义务,没有规定检察机关跟踪督促的义务,导致实施打击报复行为的国家机关责任人或工作人员很难被追究行政责任。而《最高人民检察院 公安部 财政部关于保护、奖励职务犯罪举报人的若干规定》第12条规定:"打击报复或者指使他人打击报复举报人及其近亲属的,依纪依法给予处分;构成违反治安管理行为的,依法给予治安管理处罚;构成犯罪的,依法追究刑事责任。"从规范性上讲,该规定作为新规范,却是更加原则性的,缺乏具体的操作性规定。

最后,诸多法规部分甚至完全逃避了国家公权主体对公民监督权的特别保护义务。公民监督权救济权能的充分化,还要求相关法律制度对公权主体应承担的客观性的救助义务这种特别保护义务进行明确、合理、充分的确认。但现有法律、法规却使国家公权主体可以轻易逃避这种义务。其一,大量法规根本没有或很少确认公权主体对公民监督权利的一般保护义务、消极义务、给付义务和救助义务,更谈不上确认公权主体对公民监督权利的特别保护义务。例如,在目前公民网络监督权利既需要法律规制,更需要法律保护的当下,相关法规却多将重点放在对公民舆论监督的管理和规制上,很少有规范规定公权主体对公民舆论监督权应尽的尊重和保护义务,其特别保护义务也就完全被轻易逃避。其二,有些法规虽然规定了公权主体的相关特别保护义务,但却设定了较高的条件。如《人民检察院举报工作规定》第 77 条规定:"具有下列情形之一,对直接负责的主管人员和其他直接责任人员,依照检察人员纪律处分条例等有关规定给予纪律处分;构成犯罪的,依法追究刑事责任。"其中的第六项规定是:"违反举报人保护规定,故意泄露举报人姓名、地址、电话或者举报内容等,或者将举报材料转给被举报人、被举报单位的,或者应当制定举报人保护预案、采取保护措施而未制定或者采取,导致举报人受打击报复的。"规定将"导致举报人受打击报复"作为泄露举报人信息等行为承担法律责任的条件,显然放宽了相关公权主体的特别保护义务。

与公民监督权利的一般保护权能类似,即便有充分的法律确认,公民监督权的特别保护权能的充分落实,也同样仅仅是有了一定的法律规范基础,而不是充分现实化。这还需要相关公权主体真正履行和承担相应义务或法律责任。法律规范的缺位、罅漏和缺乏操作性,为相关公权主体轻易逃避特别保护义务提供了方便。如前所述,十余年来,严重打击报复检举人、控告人而被进一步救济的案件每年都在 1 000 起以上,但真正被追究法律责任的打击报复者都不足 100 起,可以看出我国公民监督权实际具有的公力救助权能即特别保护权能的软弱性。对此,无须赘言。

第三节 法律充分构建公民监督权
基本权能的必要性和法治意蕴

基于公民基本权利的基本权能理论,可以更清晰地看出我国法律对公民监督权构建和保障的不足。这决定,通过法律制度有效构建和保障公民监督权问题的关键,就在于充分构建或落实公民监督权的各项基本权能。基本理由在于,只有充分存在于当代中国法律制度中的公民监督权,才能取得良法有效保障的实质,作为现代法治中民众直接掌控的"剑盾"合一的关键社会力量,依法有序行使,充分具有有效监督制约公权力,将其关进笼子的功效。具体内容可以归纳为如下三个方面。

一、 公民监督权获得良法有效保障的实质所在

法律是确认和保障社会主体权利的最好的方式或手段,通过法律保护公民基本权利的有效行使和享有,已经是大家的一个共识。但正因为是一个共识,人们也就懒得去深入思考权利的法律保障的本质内涵。人们通常认为,法律保障权利,就是通过法律规范确定一下权利的名称,明确一下侵权行为的种类和构成及其相应的法律责任,并认真执行法律规定而已。但事实上,法律对公民基本权利的保障,从来不是为保障而保障,或者进行消极性的法律保护,而在于通过确认公民基本权利充分的内容和能力,赋予其法律上的能动力量,即充分有效的权能来实现;否则,权利主体就成了消极的、可怜的被保护对象,不具有在权利法律关系中占优势的主体地位。

因为有一批权利对公民享有其他权利是如此重要,缺之则其他任何权利都难以有效享有,人们便把公民应享有的这一批重要权利称之为公民基本权利,并由宪法规范来确认和保障。这种宪法规范确认和保障的基本权利所内在要求的具体法律制度构建和保障义务,是异常丰富的。这种基本权利要真

正为公民及其社会组织充分享有,意味着相应各类国家公权主体要承担从立法保障义务到具体给付、救助义务等各种义务。宪法规范确认这些公民基本权利,绝非仅仅具有权利的宣示意义,而是赋予了它们约束和规制相应的国家公权主体的地位,并科以了各类国家公权主体概然性的尊重、保护、满足、促成基本权利的义务。公民基本权利在宪法规范层面的这种权能,是整个基本权利的基础性权能;其中,国家立法机关承认这种权能并积极履行自己应承担的义务,是公民基本权利得到法律充分构建和保障的根本性的基础环节。这又可分成两个层面的具体问题:一是国家立法机关愿不愿意积极承担这种义务的问题,这需要国家立法机关真正接受宪法至上的现代法治观念,承认宪法基本权利规范对自身科以了立法保障职责或义务并具有根本的规制力,愿意依宪立法,进一步确认和保障公民基本权利;二是国家立法机关能不能充分承担这种义务的问题,这需要国家立法机关对公民基本权利应具有的内容、能力、范围、法律限制程度、行使程序和救济程序等要素有准确的把握,本质上就是准确把握基本权利的各个层面的基本权能,通过立法行为直接确认、构建或落实这些权能。国家立法机关在履行了为保障基本权利构建基本法律制度的义务后,进一步衍生并具体化了其他立法主体的法律制度构建义务。这些多层次制度构建义务的充分履行,意味着基本权利具体化为权能充分的法律权利,其本体权能和救济权能都得到了充分的法律确认和保障,相对应的义务及其义务主体被法律明确认定,并有相应的法律机制促使其履行。

如此之法律才是真正尊重和保障公民基本权利的现代良法,它们的真正存在,是现代法治的不可或缺的要素。权利主体可以凭借自身享有权利的充分权能和相应法律机制,促使或督请相应义务主体履行义务,或者在权利行使遇到阻碍或遭受侵犯时,可请求特定公权主体承担公力救助义务,进行权利救济,以恢复、弥补权益损失,实现权利充分享有或行使的价值。

因此,基于对基本权利的基本权能的充分认同和认知,通过宪法确认基本权利并承认相应规范的直接规制能力,通过此规制机制提供的国家层面和其他位阶的法律制度的具体构建作用,实现对权利基本权能的充分确认、满足和保障,是法律有效保障权利的实质所在,也是法律达致法治之良法的根本标准所在。

公民监督权更需要具备这种法律有效保障权利的内在逻辑。主要原因包括:其一,公民监督权是政治构建性的权利,其具体权利内容的形成和享有,完全依靠特定政治制度基础上的法律制度构建。例如,没有让人民有效监督公权主体的政治理念及制度设计,就很难确认公民的检举权;而没有检举受理、调查处理公权机关及其职责的法律设定,所谓公民检举权根本就难以行使,甚至不可以说是有效存在的。其二,公民监督权是必须积极行使才有意义或价值的公民基本权利。它们完全不同于消极自由权,通常需要义务主体承担消极不作为义务就可以实现权利有效享有,公民必须积极行使公民监督权,才能体现宪法确认该权利的价值目标。公民监督权只有被公民积极行使,通过直接批评建议、指控、来信来访和借助公共舆论平台等途径,表达要求、意见、批评、诉求、控告和揭发等意愿,才能监视督促国家公权主体守法守正,维护公共利益和私人正当权益。其三,如前所述,公民监督权是需要国家公权主体承担大量尊重、保护、满足和促成义务才能有效享有和行使的权利,但公民监督权又是与公权主体及其相关人员存在较大对立性的权利,极易为公权主体所漠视、打压和报复,遭受形形色色的妨害或侵犯。可以说,没有法律的强有力保障,公民监督权利主体将动辄得咎,望"权"兴叹。

由此决定,公民监督权必须通过法律充分确认和保障其丰富的基本权能才能得以充分行使。这首先要求,国家立法机关充分认同和落实宪法规范层面的公民监督权的基础权能,充分认知公民监督权在具体法律规范层面应该具有的丰富权能,认真履行构建保障公民监督权法律制度的主客观义务,在国家法律层面构建出充分确认和保障公民监督权防御权能、受益权能、获赔权能、获得公力救助权能的基本法律规范,并促使其他立法主体进一步制定充实而不是限制这些权能的低位阶法律规范。如此,公民监督权就可以为公民及其社会组织积极有效地享有和行使,在司法、执法等机关主动或被迫作出的认真用法行为的支持下,发挥应有的价值和作用。

要言之,法律充分保障公民监督权的实质就在于,通过国家的多层面立法,承认和实现公民监督权的基础权能,确认和落实公民监督权丰富的本体权能和救济权能。这一法律制度构建也意味着,国家立法机关和其他立法主体首先被科以并承担立法保护义务,同时,包括它们在内的相关公权主体和其他社会主体,依法被科以并承担与公民监督权的本体权能和救济权能相对应的各类主客观的法律义务。

二、 依法有效促使公权主体承担与公民监督权相对应的各种义务

现代法律制度承载的基本目标价值如自由、平等、公正及秩序,都意味着,在价值层面,现代法律必须以公民自主平等的权利人格主体地位为本位,以公民基本权利为本位。这不仅意味着,从宪法到国家法律再到低位阶法规,都要有一些直接确认公民基本权利的授权规范,更意味着,要按公民基本权利权能充分的原理,制定大量的充分确认相应义务及其义务主体的义务规范。而后者的数量远比前者的数量多,内容也远比前者的内容复杂。因此,就法律规范体系的表达形式结构而言,可以说现代法律又是以义务规范为"本位"的,或者是义务规范主导的。但是,这种表达形式结构的义务规范本位,必须是建立在对基本权利基本权能的充分满足或成就这一法律的核心价值目标上的;否则,义务规范就偏离了其正当性,蜕变成不当限制而不是充分保障公民基本权利的压制性规范,背离了法治的基本属性。

各级立法主体,可以很容易地制定直接确认公民基本权利的授权性规范,也很容易制定一些要求一般社会主体承担相应义务的义务规范,但制定确认公权主体针对公民基本权利应承担的各种义务的法律规范,却困难得多。现实中,扩权减责、淡化义务、模糊职责、语焉不详、罅漏缺失等立法现象,时有发生。这首先与立法主体缺乏现代法治精神有关。现代法律以保障公民基本权利为最重要核心价值之一,这要求立法主体首先认知和认同宪法基本权利规范对自身有直接的规制力,自身要承担保障公民基本权利的法律制度构建这一根本义务,尽管它是权利主体所不能直接主张的概括性的、客观性的义务。同时,要真正充分地履行该义务,就必须充分认知和认同基本权利作为法律权利应具有的各种本体权能和救济权能,及与这些权能相对的、可以充分满足这些权能的义务及其主体设定,充分地对相应公权主体设定各种法律义务或法律责任。只有形成这种依宪立法、充分构建基本权利基本权能的宪法实施理念和机制,才能有效完成对基本权利的法律构建,保障公民基本权利的有效行使。缺乏这种认知和认同的立法,必定是对公民基本权利保障不充分的立法。

至今，在我们的法制宣传中，一强调公民的基本权利享有就同时强调权利主体的义务，这当然是必要的。因为，权利主体要享有权利，必须承担大量的伴随义务，如尊重公共利益、公共秩序和他人的权利，不得侵犯他人同样应该享有的权利，不得滥用权利，服从公权主体的正当管理，等等。但公民基本权利充分享有和保障，更应强调公权主体应承担和履行的相应义务。因此，应当充分明确公民基本权利所具有的各项权能，亦即充分明确公权主体与各项权能相对应的客观和主观义务，并以此为基础完善法律的实施和运行机制。

公民监督权利行使的对象主体、求助主体、客体、内容等都决定，必须从宪法规范的规制力层面充分认知和认同其客观权能，在此基础上制定出充分确认公权主体的相应义务、满足公民监督权利本体权能和救济权能的法律体系。如此，公权主体才能被充分科以对公民监督权的各种尊重、保护、满足和促成义务。一部或一组有效保护某项公民监督权的法律，其主要和核心的内容，必须是充分确认其防御权能、受益权能、获得赔付权能、获得公力救助权能的规范，亦即充分确认相应公权主体消极义务、给付义务、赔付义务和公力救助义务的规范。如此，才能真正赋予权利主体充分享有和行使公民监督权的能力，才能强化公权主体相应的义务承担意识和义务履行能力，满足公民监督权顺利行使的需要。现实中，公权主体可以"依法"漠视、阻碍甚至打压公民监督权的行使，轻易不履行或逃避针对公民监督权的诸多义务，与我国目前涉及公民监督权的法律制度尚缺乏对公民监督权基本权能的充分构建，尚缺乏对公权主体相应义务的充分确认和合理督促履行机制的构建，存在重大干系。

现实中的一些公权主体，还缺少对公民监督权的行使承担和履行义务的起码意识。如针对公民在网络上批评和质疑公权主体的言论，一些机关或部门动辄加以打击，不惜编造理由，滥用权力，上演"跨省追捕"的闹剧，根本就没有对公民舆论监督权要承担尊重义务即消极不作为义务的意识，所秉持的是公民享有或不享有权利、享有多少权利"都要由我说了算"的特权意识。再如针对公民知情权，由于一些公权主体缺乏承担诸多客观和主观给付义务的意识，在公共信息的收集、整理和主动提供方面缺乏起码的作为，对公民的申请获取信息的行为总是消极推诿。

因此，在法理上充分认知和认同公民基本权利的基本权能理论，在制定保障公民监督权的具体法律制度时，立足于公民监督权基本权能充分化来确认公权主体的相应义务,并构建促使相应公权主体充分承担法定义务的具体法律机制,可有效促进各类公权主体对公民监督权的义务承担意识和能力,以实现法律对公民监督权的基本保障,实现公民监督权的有效行使即对公权主体的有效监督功能。

三、 有效促使公民监督权行使途径的法治化

我国公民监督权尽管多得到宪法规范的明确确认,也得到了一定法律制度的具体确认和保障,但距离良法充分保障、公民充分而正当地行使权利、国家公权主体受到法律有效规制并充分承担和履行相应义务的状态,仍然存在极大的差距。立足于完善法律制度,充分构建和落实公民监督权的各项基本权能,是达致这种法治状态的根本保证。

我国的公民监督权利,在行使或表达途径上,目前主要有三个合法的或制度性的途径。一是常规法律途径。其在制度设计上是公民主要通过向法定的司法机关、行政执法机关、监察机关或权力机关行使公民监督权,由相关司法机关、行政执法主体、监察机关或权力机关作为直接的行使权利求助对象,按照较严格的司法、执法、监察、监督程序,调查处理权利主体对监督对象的监督指控或利益主张。体现为法律制度规定了这些权利行使的司法、行政执法、监察等程序,这些程序在一定程度上要成为公民监督权具体法律内容的重要组成部分。二是舆论监督途径。即公民借助公共舆论平台,行使和表达相应公民监督权,督促特定公权主体启动调查处理监督对象的程序。由此,形成了公民监督权行使所必需的一个特定性的途径性权利——公民舆论监督权。目前,保障这种监督途径或权利的法律制度相对缺乏,保护和规制都不力,对公民通过公共舆论行使监督权的做法偏重于管制和打压性应对,公权主体针对这种监督权利行使应有的尊重、保护和满足义务尚缺乏法律的明确规定。除非舆论压力和由此引发的上级领导所给予的压力较大,且被监督对象的违法违纪行为或劣迹情况明显,否则不一定会引起对监督对象的调查处理行为。

三是信访途径。即以来信来访的方式，公民直接或间接求助①权力机关、司法机关尤其是行政机关设置的信访机构，行使监督权。由后者视诉求的具体情况进行不同处理：如诉求不正当或不属于本机构受理范围，则不予受理或不再受理；如认为诉求具有正当性且属于本机构受理范围，则进行接谈，然后根据具体情况按转送、告知、交办、上报等程序分类处理，要求相关部门调查处理相关问题，并行使督办、建议等职权。由此，形成了公民监督权行使所必需的另一个特定性的途径性权利——公民信访权。目前，这种信访途径或权利缺乏统一的国家法律层面的制度规范，主要受国务院制定的《信访条例》和其他权力主体的内部性规范进行规制。该途径的处理程序和实体利益的保障，更缺乏法律的严格规制，呈现出典型的法律保障和规制程度较弱的状态，尽管其一直作为合法的重要制度和具有现实合理性的权利表达途径而存在。

由于总体上公民监督权的基本权能尚缺乏相关法律制度的充分确认和保障，相应公权主体应承担义务缺乏法律充分的确认和规制，三种公民监督权表达途径都没有达到应有法治状态；并且，三者之间没有形成法治取向的良性互动状态，在很大程度上却形成了阻碍法治价值取向的相互掣肘关系。

如前所述，对公民监督权行使的常规法律途径领域而言，作为监督求助对象的司法机关、行政机关、监察机关没有承担和履行充分的尊重、保护、满足和促进义务，致使公民监督权的行使时常发生不畅，利益或权利救济得不到有效保障，诸多程序走过场，或得不到裁判和处理决定的认同，或得不到真正的执行，或致使权利行使遭受新的阻碍和侵害。这就损害了司法、行政和监察自身的权威性。以司法权威而言，其内核是合法的权力与令人信服的威信。它以合法的权力为保障，基于司法活动的合法性以及令人信服的裁判结果，其本质是司法裁判所具有的公信力和执行力。"公信力指审判过程及其判决结果不仅为当事人从内心接受，而且能获得公众的信任和尊重，从而达到解决纠纷、稳定社会秩序的效果；执行力指生效的司法裁判获得当事人的自觉执行或者当事人在国家潜在的强制力驱使下履行了司法裁判所确立的义务，从而使得

---

① 直接方式是指信访者直接向信访机构来信来访；间接方式是指信访者直接通过各种方式向相关部门领导表达诉求，引起领导重视交信访机构办理的情况，或其他途径的转访。

另一方当事人的权利得到有效的实现。"①应该说,主要是我国目前司法机关司法公正水平和说理水平的缺陷,导致了司法权威不足及其对社会公众心理认知的定势作用,再加上部分民众对司法公正性认知的偏差、对自身利益的不正当期许和维护等因素,最终导致不服判、不信法的当事人比例较高,选择了或首先、或继续、或同时通过信访进行维权的途径。而通过行政执法进行监督权表达的情况,整体上与司法途径类似,甚至呈现了更多的行政决定和执法的不公、粗暴或不作为。

常规法律表达途径的不畅和信访表达途径的不畅,为公民运用舆论监督尤其是网络舆论监督提供了丰富的素材和动力。故在网络传媒大众化时代到来后,网络舆论监督呈现出深受民众欢迎的局面,但也引发了一些网络舆论监督过激现象。但是,保障法规的缺失和管控法规的过当,导致了对公民网络舆论监督行为过多的打压、控制和违法不当的报复,不仅进一步放大了舆论监督所需要的追求煽动效应,而且在司法救济不公平待遇无望的情况下,公民只能进一步寄托于更加激进的舆论监督和信访活动,从而又进一步损害了相关行政机关和司法的威信。

在信访表达途径领域,不仅呈现出弱法律规制和保障的制度特征,形成了制度的内卷化②,而且形成了对法治更严重的偏离和掣肘作用。首先,大信访格局下行政信访机关受理诉求的范围过于庞大,挤占了常规的法律途径。其次,信访机关及其责任处理机关的相关义务的伸缩性、模糊性,导致它们在缺乏信访人的真正压力、上级机关和领导的压力情况下,一开始采取推托、敷衍等消极方法,缺乏对信访权利的真正尊重和保护;而在信访人走上上访、缠访、闹访之路后,或者为了考核指标而动用非法的截访、接访或打击手段,结果会引起上访人更大的反弹,或者在上级机关和领导的压力下,慷国家和公共利益

---

① 张永和、张炜:《临潼信访:中国基层信访问题研究报告》,人民出版社 2010 年版,第 241 页。另参见季金华:《司法权威的意义阐释》,《江海学刊》2004 年第 6 期。

② 内卷化的概念来自于英文 involution 一词,该词有内卷、内旋、内缠、错综复杂、纠缠不清、纠缠不清的事物、复杂的事物,以及退化和复旧等含义。美国学者戈登威泽首次用"内卷化"这一概念来描述某类文化模式,即当这种文化模式达到了某种最终的形态后,既没有办法稳定下来,也没有办法使自己转变为新的形态,取而代之的是不断在内部变得更加错综复杂和功能混乱。美国人类学者吉尔茨用之描述特定经济制度和发展模式的困境,后被进一步用于描述制度设计和运作的困境。参见刘世定等:《"内卷化"概念辨析》,《社会学研究》2004 年第 5 期。

之慨,迁就和满足上访人的不当诉求,无原则地息事宁人,以求尽快罢访结访。这导致信访呈现出"依法诉求无果,违法诉求获益"的制度怪圈。此即民间所说的"小闹小解决,大闹大解决,不闹不解决"的现象。最后,虽然缠访、闹访获得超正当利益的案件为数不多,但却有极大的示范效应,于是一些人在一开始就抛却应该采用的常规法律途径,而采用信访途径;或者在开始常规法律途径后,同时再采用信访途径;或者在走完常规法律途径后感到利益诉请没有得到公正对待或有效维护,就继续走信访途径,以求否定司法裁判,重新得到更有利自身的处理结果,或促进裁判的真正执行。尽管《信访条例》明确规定,"对依法应当通过诉讼、仲裁、行政复议等法定途径解决的投诉请求,信访人应当依照有关法律、行政法规规定的程序向有关机关提出";尽管信访部门也明确强调,"对于已屡经司法途径败诉转而信访的案件,有关部门和领导应当尊重司法的权威性,不能运用行政手段干预司法公正"[①];但是,司法应解决的问题变成行政信访解决的问题,信访导致的党政领导干预司法审判和执行,党政部门的信访处理结果否定司法判决等问题屡有发生,从而进一步损害了司法的权威。这说明,在信访制度基础上衍生的信访权利,作为公民监督权行使或表达的特殊途径,尽管确实有存在的必要,但必须充分纳入法治化保障的范围,为其提供准确的、法治化的制度定位。即充分确认公民信访权的基本权能,确定信访受理机关、办理机关充分而又合理的义务和职权,防止领导意志的不当干预。

上述情况决定,必须全面提升公民监督权行使的三个制度性途径的法治化程度,通过认真落实公民监督权的法律制度构建权能,充分确认和构建公民监督权的基本权能,充分确认或明确相对应的义务及其义务承担主体。其中,常规法律途径是法治化构建的根本基础;信访渠道法治化构建是必要的补充,也是理顺相互关系的突破点;舆论监督途径是法治化构建的重要的支点和平衡点。具体制度构建可遵循如下几个重要原则。

首先是常规法律途径优先原则。即对依法应当通过诉讼、仲裁、行政复议申诉、举报等法定途径解决的投诉请求,相关司法机关和行政执法机关一定要认真受理,并真正充分履行尊重、保护、满足、救助、促成正当监督权利行使的义务,以提高司法和行政执法的权威;同时,如果权利主体直接或同时诉求信

---

① 姚小军:《浅析"信访怪圈"的成因及对策》,http://qzxf.zj001.net,2011 年 1 月 20 日。

访机关的,信访机关应拒绝受理,并告知信访人应当依照有关法律、行政法规规定的程序向有关机关提出,或听候相关机关的处理。

其次是涉诉信访最终通过司法解决原则。这首先要求,在原则上应实行涉法信访必须由司法系统内部的信访机关受理和转办,同时以权力机关的信访机关为最后信访求助机关。对于没有走完向人民法院和人民检察院申诉程序的信访,司法系统信访机关应拒绝受理信访诉求,并告知信访人依法进行申诉;对于依法已经走完申诉程序,或者因为非信访人的正当原因失去申诉机会,但确实存在需要改变司法裁判和决定的,司法系统机关信访机关应受理信访诉请,并提请通过人民法院自行启动的审判监督程序和检察机关的抗诉程序,通过审判监督程序纠正错误裁判和决定。如果认为信访人诉求不当,司法裁判和决定不需要改变的,则应制作司法信访终结决定。信访人走完上述信访程序,认为权利诉求依然没有得到有效实现的,信访人可以到国家权力机关的信访机关信访,该信访机构认为司法机关的裁决和处理确实存在问题的,可启动个案监督程序,通过督促人民法院自行启动审判监督程序和检察机关启动抗诉程序,依法改变裁判和决定。如认为诉求无理,司法裁判和决定不需要改变的,应制作监督司法信访终结决定。这同时要求,政府机关的信访部门不得督办和协调处理涉诉诉讼。

再次是信访途径的补充性和辅助性原则。所谓信访途径的补充性和辅助性,是指该渠道具有补充常规法律渠道的不足和辅助其更好地发挥作用的基本定位。上述两个原则,事实上在一定程度上已经体现了信访途径的公民监督权行使具有补充性和辅助性地位或功能。但就信访途径的具体制度设计而言,这种补充和辅助原则更体现为如下几点。其一,信访渠道可诉请范围的补充性和辅助性。这种诉请总体上应是司法无法立案而信访可以受案的情况,主要包括:法律上已经超过时效但诉求利益应该得到维护的案件;在司法诉讼或行政执法正常法律渠道之外的案件,如历史遗留问题、村干部的某些违纪行为、抽象行政行为、行政机关坚持的行政不合理行为等;因牵扯复杂关系或原因导致司法机关无法处理,需要行政协调处理的案件;咨询法律法规、相关政策及应诉求机关的请求;等等。这需要从信访制度的实践中认真归纳。其二,处理职责的补充性、辅助性。主要是信访机关应承担的基本职责要通过法律明确为:确定案件的受理与否,履行转交、上报、告知、转送、督办,提出改进建议,对怠于信访工作的行政人员提出行政处分的建议等。其基本法律定位,是充当权利主体与监督对象或求助对象之间的一个具有特殊作用的中转性主体,总体上应视为公民监督权行使的特殊求助对象,可以发挥受理、督办、组织协调和调解解决问题等作用,更有信息传递的重要作用。在这种补充性和辅助性职责的推动和督促下,有直接处理职责的公权主体通常还要按常规性法律途径处理诉求。在很大程度上,这可以避免直接监督对象或求助对象简单将权利诉请拒之门外而且难以救济的弊端。但显而易见,如果信访机关逃避应承担的义务,或出现替监督对象或求助对象充当挡箭牌的立场偏差,就可轻易成为权利行使的有效阻碍者。其三,程序和处理规则的多样性和灵活性。尽管信访途径处理问题的主要依据仍应是法律规范,但是在存在一些法律规范无法调整或有效解决的诉请时,可以在相关信访机关统一协调下灵活处理或调解解决问题。如此定位的信访渠道,将不会偏离法治的价值目标,阻碍法治权威的提升;相反,可以弥补司法和行政执法途径的有限性、保守型、风险性、疏远性、迟延性等不足,修正或缓和法律之刚性,并发现和弥补法律之漏洞,为司法和行政执法途径的完善和有效运行助力补漏。同时,也会大大减少暴力或违法截访、接访,或以其他违法不当行为对待信访人的行为,减少生发激进舆论监督行为的信息源和动力。

最后是理性对待公民舆论监督权原则。在言论自由、表达权、政治参与权、公民监督权都被宪法确定为公民基本权利的情况下,公民舆论监督权更是不言自明的公民基本权利,而且具有突出的公民监督权属性。对国家公权主体的舆论批评,只要不是故意捏造事实,恶意诽谤攻击,严重侵犯个人隐私,哪怕存在一定的失实、夸大,言辞激烈,并具有一定的煽动效应和负面效应,暂时降低或损害了个别公权主体的声誉,都是应当容忍和保护的,更不得借机打压报复。相反,为尽快平息舆情,落实舆论监督的诉求和作用,相关公权主体应认真调查处理批评、检举、揭发对象,给社会大众一个明确的说法。这就要求公权主体对公民舆论监督权应承担严格的尊重和保护义务,也应承担大量的主观或客观的给付义务及其他义务。

要言之,按照上述原则构建的保障公民监督权表达和行使渠道的法律制度,必然符合法治的价值目标追求。这些法律制度根本特质或要义在于,要充分确认和保障公民监督权的基本权能,充分确认和规制其对应的各类义务及义务承担主体。

第四章　公民监督权基本权能的充分构建

公民监督权基本权能的宪法实施性构建,需要国家立法主体尤其是国家立法机关承担大量的客观和主观义务。其根本标准,就是公民监督权每个具体权利都有充分的本体权能和救济权能。必须对照我国公民监督权立法保护和行使中存在的问题,对公民监督权三个层次上基本权能的充分化进行深入具体的分析,以具体论证公民监督权有效行使和制约公权力的内在法律逻辑结构的构建问题。

第一节　公民监督权基础权能的宪法实施性构建

宪法是我国根本大法,具有最高的权威性、相对稳定性、原则性、纲领性、概括性等特征,因此,宪法不可能事无巨细地规定公民的权利。但宪法规定公民监督权,绝不是仅仅出于"有利于人们权利意识和监督意识的提高与增强,一定程度上提高了公民监督权的地位"[1]这一考虑,而是通过赋予公民监督权的基本权利地位,使其具有了作为基本权利的基础权能,科以了国家立法主体,尤其是国家立法机关,去构建充分保障而不是不当限制公民监督权的法律制度的根本义务。要使宪法规定的公民监督权得以切实的保障和实现,就必须将公民监督权的享有和行使在具体的法律法规中进行明确;否则,公民监督权将仅仅只是空悬于宪法的自说自话,是一个有着公民基本权利的名号,却没

---

① 王薇:《论我国公民监督的完善》,东北财经大学硕士学位论文,2010年,第36页。

有实际主张能力、保护能力以及对公权主体具有制约能力的空洞宣告。从公民监督权被宪法规范明确或隐含确认为公民基本权利后,针对国家立法机关和其他具有立法权的国家机关,就应具有要求它们立法建制具体保护其真正有效行使的基础权能。

近些年来,我国公民监督意识明显增强,但是,整体上呈现为客观权能的公民监督权的基础权能,并没有得到充分的实现或显示。如前所述,有关公民监督权保护的国家法律至今阙如,已有的法律法规也呈现出很大程度的不健全、不完善,导致公民监督权的本体权能和救济权能存在严重不足,给公民有效行使监督权带来了不少困扰。因此,要想保证公民监督权的有效行使,具备有效制约权力的功效,必须要求国家立法主体充分认同和重视公民监督权的基础权能,积极承担自身应该承担的根本义务,通过自己的立法建制作为,使这种权能得到现实构建。

公民监督权的基础权能尤其是获得制度构建的权能,整体上是一种客观权能,对应的义务主要是国家立法主体承担的客观性的积极义务。尽管如此,在现代法治国家,立法主体,尤其是非国家层面的立法主体,在一些情况下,也可以承担一些与获得制度构建权能相对应的主观性的积极给付义务。同时,广义的制度构建权能还包含了对抗立法侵权的基础性权能,对应的是国家立法主体不得制定不当限制公民基本权利法律的义务,它是具有根本意义的消极或禁止性义务。

从广义上讲,公民监督权基础权能充分实现的标准就是,公民监督权得到了法律的充分保障,法律充分确认和构建了公民监督权的本体权能和救济权能。但是,公民基本权利的基础权能与其本体权能和救济权能不是同一事物,而是公民基本权利在宪法规范和法律规范不同层面分别具有的权能形态。前者是前提和基础;后者是前者现实化的目标。前者是基本权利作为宪法规范确认和保障的基本权利而具有的权能,为特定国家公权主体设定了特定义务并促使其履行;后者则是这种宪法义务得到履行后,基本权利作为法律规范充分、具体、明确地确认和保障的存在物而具有的更加具体的权能,并对应了直接保障权利行使的具体义务。尽管后者是前者充分实现的目标和标准,但为什么必须制定国家层面的法律规范保护该权利,并立足于国家法律规范促使并规制低位立法更好地保护而不得不当限制该权利,盖起因于基本权利的宪法地位赋予了其特定的基础权能。

因此,尽管在一定意义上,可以将基本权利本体权能和救济权能的充分化构建纳入其基础权利实现的问题中思考,但本节对公民监督权基础权能的现实化问题的考察,是狭义的或基本意义上的。即公民监督权各具体权利的实际宪法地位的确立,国家立法主体尤其是国家立法机关充分认同其基本权利地位及其具有的基础权能,承担的主要是客观性的积极作为或消极义务:适时制定保障其有效行使的国家层面的法律规范和其他层次的法律规范,避免制定或及时更正不当限制其有效行使的法律规制。显然,公民监督权这种基础权能的落实,或者说国家立法机关及其他立法机关充分承担相应义务,都不可能是一蹴而就的事情。特别对一个法治文明建设和追求尚处在初级阶段的国度来说,需要一个较为漫长的过程。

基于中国公民监督权立法建制保护的水平和现实需要性,为尽快落实公民监督权的基础权能,国家立法主体尤其是国家立法机关应尽快承担或履行如下几个方面的主要义务。

一、 进一步明确相关公民监督权的宪法基本权利地位

目前,我国宪法尚没有明确规定公民知情权、舆论监督权和信访权的公民基本权利的地位。有必要首先通过宪法解释或修宪的方式,明确这些权利的基本权利地位。这是国家立法主体全面承认公民监督权的基本权利地位,认同其具有规制自身的基础权能,尽快制定和完善相关保护性立法的重要前提。

(一)明确公民知情权的宪法基本权利地位

公民知情权已经是举世公认的公民基本权利,因为它对公民行使其他诸多重要的权利是必不可少的。尽管我国《宪法》中并没有"公民知情权"的具体条文,也没有具体的解释,但《宪法》第 2、27、33、35、41 条都对"公民知情权"有所体现。[①] 再依据我国已经签署的国际人权公约及宪法解释方法,公民知情

---

① 参见张远航:《论公民知情权的法律保护》,东北大学硕士学位论文,2009 年,第 27 页。

权应有的基本权利地位是不容否定的。因此,公民知情权在我国必须享有宪法确认的基本权利地位,具有特定的基础权能,科以我国立法主体尤其是国家立法机关构建法律制度进行充分保护的根本义务。

目前我国宪法并没有明确知情权的基本权利地位,这导致国家立法主体认同其基础权能,积极承担为保障其有效行使而立法建制的义务尚缺乏明确的宪法依据。在宪法性文件中明确规定知情权,一方面可明确肯定公民知情权的基本权利地位,另一方面也以宪法规范的形式对国家立法主体科以了特定立法义务,使知情权作为公民基本权利具有重要的基础权能。目前,由于作为国家根本大法的《宪法》的修改程序是很严格的,故要通过宪法修改来使知情权入宪,在具体操作上可能比较困难,也需要时日。因此,通过宪法解释的方法来明确公民知情权,是比较可行的。正如一位台湾学者提出:宪法本身变动的困难使得宪法解释负有较一般法律解释更高的调适功能,尤其是在漏洞补充的广义解释上。而我国《宪法》第 67 条规定了全国人民代表大会常务委员会行使解释宪法、监督宪法实施的权力。可见,以宪法解释的方式使公民知情权的保护能有相应的法律依据是可行的,而宪法解释与宪法具有同等效力,在宪法解释中规定知情权就相当于知情权入宪。①

中国共产党《十八届四中全会公报》中提到:"全面推进政务公开。坚持以公开为常态、不公开为例外原则,推进决策公开、执行公开、管理公开、服务公开、结果公开。各级政府及其工作部门依据权力清单,向社会全面公开政府职能、法律依据、实施主体、职责权限、管理流程、监督方式等事项。重点推进财政预算、公共资源配置、重大建设项目批准和实施、社会公益事业建设等领域的政府信息公开。"在我们国家,中国共产党是领导党和执政党,党的文件明确提到"政务公开",其实就是为了保障公民的知情权,有效监督公权力主体。党用公报这种方式确立公民知情权,也是为后期宪法增加知情权规范做好了铺垫。

---

① 参见张文元:《政府信息公开中知情权法律保护的实例分析》,黑龙江大学硕士学位论文,2013 年,第 20 页。

（二）明确公民舆论监督权的宪法基本权利地位

舆论监督本质是指人民群众对于国家和社会公共事务的监督，是人民群众行使民主权利的一种方式。舆论监督的对象主要应该是国家机关及其工作人员和其他公众人物，是他们与社会公共利益相关的活动和行为。[①]

毋庸置疑，舆论监督权应是公民的一项基本权利。《宪法》第 41 条规定："中华人民共和国公民对于任何国家机关和国家工作人员，有提出批评和建议的权利。"此外，《宪法》第 35 条规定的言论自由通常也被认为是舆论监督的法律根据。在执政党方面，中共中央在《中国共产党党内监督条例（试行）》（2004年）等重要文件中对媒体的舆论监督作出了明确规定。中共十七大提出"保障人民的知情权、参与权、表达权和监督权"后，十八大报告再次强调了这四种权利，并且把它们和"舆论监督"安排在同一个自然段中，从而实现了二者的意义对接，即"加强党内监督、民主监督、法律监督、舆论监督，让人民监督权力"。十八大报告把舆论监督和其他三种法定监督方式并列在一起，共同视为人民监督权力的工具，正是体现了"以权利控制权力"的基本逻辑。[②]

但是目前我国宪法并没有明确舆论监督权的基本权利地位，这导致国家立法主体认同其基础权能，积极承担为保障其有效行使而立法建制的义务尚缺乏明确的宪法依据。

舆论监督权缺乏最高效力法律规范的明确确认和保障，其应有的基础权能没有得到实现，导致在现实中出现了许多社会问题。由于缺乏明确具体的法律保护，公民因在网上发帖评论政府行为而被行政罚款、拘留甚至被关进监狱，记者正常采访、提问经常遭到地方本位主义的行政干预，强拿硬夺记者的采访资料，甚至暴力相向、殴打记者、毁坏摄像机等现象，常有发生。在自媒体如此发达的今天，公民的舆论监督权由宪法加以明确和保护，并以此为基础建立具体明确的法律确认和保护，这已经是很迫切的社会需求。当然，由于国家

---

① 参见王强华、魏永征主编：《舆论监督与新闻纠纷》，复旦大学出版社 2000 年版，第 25—26 页。

② 参见李洋：《中国宪法语境中的舆论监督含义探讨》，《南京社会科学》2013 年第 5 期。

的宪法不能修改得很频繁，可以通过全国人大常委会对《宪法》加以解释，予以变通解决。

(三) 明确公民信访权的宪法基本权利地位

一般认为，公民信访权的法律依据是《宪法》第 41 条的规定："中华人民共和国公民对于任何国家机关和国家工作人员，有提出批评和建议的权利；对于任何国家机关和国家工作人员的违法失职行为，有向有关国家机关提出申诉、控告或检举的权利，但是不得捏造或者歪曲事实进行诬告陷害。"中国共产党《十八届四中全会公报》中写道："把信访纳入法治化轨道，保障合理合法诉求依照法律规定和程序就能得到合理合法的结果。"这些都构成公民信访权是宪法基本权利的佐证。

与公民舆论监督权一样，公民信访权同样是批评建议权、申诉控告权、检举权等必不可少的渠道性或途径性权利，符合公民基本权利的构成条件，即对其他公民重要权利的享有和行使来说，是必不可少的重要成就性和保障性权利。尽管目前还有人对信访权的基本权利地位存在质疑和理解的偏差，但由于信访权是公民监督权的基础和本体板块各权利通过常规法律渠道和舆论监督权渠道行使的必不可少的补充，更由于信访制度是新中国成立之初就确定的民众行使监督权的重要制度，因此应明确信访权的公民基本权利地位。更何况，公民信访权作为监督权利体系的一个必不可少的重要途径性权利，其制度的完善不可避免地要影响整个监督权利体系的完善，信访制度的建构必须与整个监督权利体系的完善相协调。目前，在很大程度上，信访权没有明确的宪法基本权利地位，我国信访制度的法律构建还处在行政法规的层次，制度构建和运行的基本目标价值定位、功能范围定位、规范化程度定位都发生了一定程度的偏差，信访制度建设似乎不是以保障公民信访权的行使为基本价值取向，而是将信访问题作为维稳的重要治理对象。

将信访权明确为一项宪法权利，将更加凸显全国人民代表大会及其常务委员会尽快制定国家法律来加以保障的必要性，强化人大在信访制度建设上的主导地位，形成功能范围合理、与其他监督权常规行使渠道相互协调的信访制度。此点将在后文有更加具体的论证。

二、 应制定几部保护相关公民监督权的国家立法

(一)制定信息公开法和相关程序保障法

政府信息公开是满足公民知情权的根本条件之一。由最高行政机关制定的、仅规制行政机关公开信息的《政府信息公开条例》又迎来修订。2017 年 6 月 6 日,由国务院办公厅、法制办公室起草的《中华人民共和国政府信息公开条例(修订草案征求意见稿)》正式发布。经过意见征求和反馈后,新《条例》于 2019 年 4 月 3 日正式发布。对新《条例》初步梳理发现,放宽范围、落实职责、平衡诉求、加强监督都是重要的关键词。新《条例》贯彻中央精神,遵循政府信息"以公开为常态,不公开为例外"的原则,规定除法律、行政法规另有规定外,政府信息应当公开,并对危害国家安全、公共安全、经济安全和社会稳定的四类可不予公开的政府信息进行了细化。依照规定,政府信息以主动公开为主,以公民申请公开为辅。《条例》还通过明确公开的义务主体,合理设定公开的职责分工来保障落实。此外,还以强化监督的方式,保证政府信息公开工作得到落实。

但仅靠完善《政府信息公开条例》是远远不够的,因为民众需要掌握的信息不仅仅限于行政机关收集、整理和掌控的信息,整个国家公权力机关收集、整理和掌控的信息都是应当掌握的;另外,应当公开的国家公权主体行使权力过程的信息,政府官员个人和家庭财产情况、主要社会关系等信息,也是应当为民众所掌握的。因此,正如有的学者认为:"知情权是可以积极地要求政府信息公开的权利,在此意义上,也具有要求国家实施某项政策的国务请求权乃至社会权的性质,这也是知情权的最大特征。但是,为使这些权利成为具体的请求权,制定信息公开法等法律是必要的。"[①]考虑到当时的立法条件不成熟,因此先在短时间内制定《政府信息公开条例》满足公民对政府信息公开立法的迫切需要,经过一段时间的实践总结经验,再制定一部比较完善的《政府信息

---

① 刘杰:《日本宪法上的知情权与信息公开法》,《法学家》2007 年第 3 期。

公开法》是比较合理的。从目前的情况看,我国很有必要制定《政府信息公开法》,这样可以避免国务院的部门和地方政府制定效力层级低于法律的部门规章和政府规章来缩减政府信息公开范围。另外,从国外某些成功的立法经验来看,制定一部专门的法律对保护公民知情权很重要,比如美国 1966 年制定了《信息自由法》,英国 2000 年制定了《信息自由法》。我国可以借鉴国外在这方面的成功经验,尽快出台《政府信息公开法》。①

如果说《政府信息公开条例》是从实体内容来保障公众的知情权,那么《行政程序法》则是从程序的规则上来确保公众知情权的有效实现。"行政程序是行政主体实施行政行为时所应遵循的方式、步骤、时限和顺序",是适用于所有行政活动的程序性规范。行政程序作为一种行政行为约束机制,具有扩大公民参政权行使途径、保护相对人程序权益、监督行政主体依法行使职权、提高行政效率的价值,②能有效地保障公民知情权等合法权益不受政府自由裁量权的侵犯。"行政程序法是关于行政行为的方式、步骤以及实现这些方式和步骤的时间、顺序的法律规范。"③行政公开原则是行政程序法的核心,只有统一的《行政程序法》才能作为行政公开的有效载体。通过《行政程序法》中相应的程序制度(表明身份程序、通知程序、咨询程序、告知权利程序、说明理由程序、听证程序、辩论程序等),行政公开的原则和精神得以体现。我国目前关于行政公开的规定远没达到合法行政的要求,主要存在以下问题:第一,行政程序法与行政实体法合为一体,没有统一的行政程序法典;第二,有关行政程序的规定散见于各个单行的法律、法规之中,目前仅有的行政程序性法律规范也只是笼统地规定程序事项,内容过于简单、庞杂,缺乏可操作性;第三,行政程序法侧重于赋予行政主体程序上的权利,缺乏保障公民合法权益的程序性规定。因此,必须加快制定一部符合程序正义的统一行政程序法典。该法典应进一步统一和完善听证制度、说明理由制度等行政程序基本制度,从程序的立法上赋予公民更多的知情权利,从更大程度上满足公民的知情要求。④

充分保障公民知情权的程序法,必须是符合程序正义的程序法。一些行

---

① 参见张悦:《论行政知情权的法律保障》,华东师范大学硕士学位论文,2007 年。
② 参见姜明安:《行政法与行政诉讼法》,北京大学出版社、高等教育出版社 2005 年版,第 365 页。
③ 皮纯协:《行政程序法比较研究》,中国人民公安大学出版社 2000 年版,第 532 页。
④ 参见张悦:《论行政知情权的法律保障》。

政机关其实在其他一些场合并不忽略程序,甚至还将程序问题提高到令人困惑不解的地位。例如,向政府部门申请营业执照,向某一机构申请办理某种许可证。这里的程序是政府机构专门用来管理、控制社会的手段,也是对个人权利的一种限制方式。"这种对程序的重视仍然是一种表象。因为官员们通过使程序繁杂化,逐渐将自己的权力在百姓心中神秘化甚至市场化,使宪法和法律上确立的公民权利透过自己对权力的恣意行使,而受到近乎苛刻的'过滤'。"①对于行政程序法,有学者建议,可以从以下几点考虑:首先,行政程序法明确以行政公开原则作为其基本原则;其次,在行政程序法中还应建立与政府信息公开相匹配的制度,着重强调行政过程的公开。主要表现为两个方面:一是行政决策公开,要求行政主体决策之前事先通知相对人,必要时召开听证会,还要将决策的结果、理由、依据以及可以获得的救济告知相对人;二是行政执行公开,是行政主体实施具体的行政行为时,应当向社会公开,以便为社会评价其行政行为的合法性与合理性提供机会。② 这些主张,可谓抓住了行政程序法的关键规范。

(二) 制定综合性的公民行使批评建议权保护法

公民批评建议权是我国《宪法》第 41 条明确规定的基本权利。但这种基本权利应具有的宪法上的规制能力并没有得到真正确立和实现。这表现为:国家立法机关对公民批评、建议权的立法在多数领域处于简单重复宪法规范的水平;全面系统保护公民批评建议权的有关国家立法迟迟没有出台,甚至没有提上立法的日程;连法定的对最高国家立法机关的法规违宪和违法审查建议权都缺乏明确具体的制度保障。因此,公民批评建议权基础权能的现实化,还任重道远。

初步统计,尽管我国目前有 30 余部国家层面的法律,规定公民可以在相应领域行使批评建议权,但多是重复宪法规范的实体规则,很少有法律提供更加具体的实体规范尤其是实施规则。还有许多重要的法律,本应高度保障公

---

① 陈瑞华:《看得见的正义》,北京大学出版社 2013 年版,第 9 页。
② 参见郑啸:《完善我国公民知情权的法律保障》,第 30 页。

民批评建议权的行使,但却完全缺失。我国的几部国家机关组织法,针对公民提出批评建议的具体受理机构和基本程序基本上都没有做准确的规定,致使公民在行使批评建议权时得不到明确的法律法规的保障,实践中多被纳入功能繁多、法律规范层次低的信访体制来保护。

改变这种状态的途径有二:一是在众多的国家层面法律中,根据需要规定公民行使批评建议权的实体规范和实施规范;二是在条件成熟时制定一部综合性的公民批评建议权保护法。目前,我国法律实务界有一种将公民批评建议权缩小化为人大代表批评建议权的倾向。好像有了前者的保护,后者就无所谓了。实践中,一些部门对人大代表的批评建议多少还能给予一定的尊重和接受,对普通公民行使批评建议权则习惯于不予理睬,有的还给予不当应对和打击。其实,这是两种完全不同的权利,前者是公民直接行使的权利,后者是公民选出的代表作为国家公权力人员根据职责行使的权利,尽管内容上有交叉,也需要人大代表汇集公民的批评建议意见形成人大代表表达的批评建议意见,但两者完全是不同层次的权利。其中前者是更根本的权利,没有前者,后者也难以真正很好地行使,而且后者也仅仅是前者有时必须借助的间接渠道,而不是唯一的渠道,法律应尽力扩张公民批评建议权行使的直接渠道和平台。因此,我国迫切需要制定专门保障批评建议权的国家层面的立法,作为保障公民批评建议权的基本法律依据,以保证公民批评建议权的有效行使。这是国家立法主体真正认同公民批评建议权的地位及其因此具有的基础权能的根本标志。

除了制定专门性的保护法律外,还应尽快制定或完善有利于公民批评建议权行使的其他重要法律。前述保障知情权的法律,就是可为公民批评建议权提供重要前提和支持条件的法律,其他重要的还包括《新闻媒体传播法》《信访法》等。因为公民批评建议权的具体行使,除了通过专门法律程序搭建的常规渠道外,还离不开具有更大公开性和影响力的新闻媒介渠道,离不开作为补充渠道的信访制度。制定这两部法的必要性将在后文论述,此不赘述。

(三) 制定检举人保护法

检举权是指公民对国家公权主体的违法失职行为,有向有关机关揭发事实,请求依法处理的权利。检举权作为公民的一项宪法权利,是国家为了发现、纠正公权力行使中的错误而通过宪法确认公民享有的重要基本权利,它以利他性、公益性为显著特征。举报权既是公民检举权的另一种说法,有时又是指除了检举公权力的违法犯罪行为外还包括对社会主体的违法犯罪行为进行检举的权利,即更广义的检举权利。检举权或举报权的宪法确认,体现了一国为了公共利益,借助公民的力量而对公权力有效约束的价值追求,具有重要的民主价值和功用。因此在法治发达的社会中,公民检举权的基础权能大多得到了很好的体现,国家立法机关大多制定了检举人或举报人保护法。

如前所述,我国至今没有一部专门的《检举法》或者《举报人保护法》,有关公民检举权的法律保障措施零散地分布于个别国家层面的立法中,如《刑法》《监察法》等,更多地分布在司法、行政、纪检监察等负有检举受理和处理义务的国家机关的规范性文件中,不仅层次低,而且有自己为自己立法之嫌。保障检举人权利是检举制度的关键和核心。1991 年最高人民检察院发布《关于保护公民举报权利的规定》,1996 年中共中央纪律检查委员会、监察部联合发布《关于保护检举、控告人的规定》,标志着我国开始建立检举人保护制度。有关国家机关对保护检举人也做了大量工作,但是与法治的要求和现实发展的需要相比,仍然存在着不少需要完善的地方。

尤其不足的是,《公务员法》作为管理和保护国家公务员的基本法律,却只规定了公务员的批评权、建议权、申诉权、控告权,而没有规定检举权,似乎否定了公务员群体的检举权。事实上,不管国家机关和其他公权力机关的信息公开程度如何,国家公务员都是最了解公权力主体权力行使过程和情况的一个群体,也是最有责任和条件行使检举权的群体。因此,诸多国家的检举人保护法都是重点或主要保护公务员或政府雇员的检举权的,如美国的《吹口哨人保护法》。确实,国家公务员具有三重法律身份:普通公民法律身份、公务员法律身份、行政人法律身份。因此,也具有三种不同的法律责任。[1] 但公民身份仍是最根本的身份,且无论是基于何种身份,都不能否认其享有检举权的地位,尽管这种检举权确实要受到公民、公务员、行政人三重法律身份所要履行的义务和纪律限制,即可以因为公务员身份和行政人身份在行使内容和方式

---

[1]　参见潘荣伟:《公务员法律责任略论》,《行政与法》1998 年第 4 期。

上给予特定的限制。① 事实上,明确和优先保护公务员的检举权,并没有什么真正符合正义的、不应也不能打破的公务员伦理或道德困境;② 相反,它对打破"家长制""家丑不可外扬""单位本位"等痼疾性的官场陋规陋习有重要作用。尽管目前在实践中,我国公务员可以行使检举权,且受到一定的保护,但《公务员法》在公务员检举权问题上的暧昧规定,在公务员行使检举权易遭受打击报复,易不被受理和重视等障碍之外,又增加了法律依据的障碍。③

尽快制定一部统一的检举人保护法,是国家立法机关必须承担的一种客观义务。不然,公民参与反腐的"检举成本"仍会高得无法预估。近年来,有不少的人大代表不止一次呼吁国家制定出台《检举法》或《举报人保护法》。无论是 2000 年九届全国人大三次会议还是 2004 年全国政协十届二次会议,抑或是 2005 年全国"两会"期间,一直到现下,提出制定检举保护专门法律的呼声仍不绝于耳。从各种条件来看,当下制定《检举法》或《举报人保护法》的时机是恰当的,国家应当把检举人的法律保障提升到与反腐败一样的重要地位来看待,要做到对检举人的保护同反腐败的艰巨性相适应。完善立法、严肃执法,才能为强化监督、根治腐败奠定基础。④

(四)适时制定新闻媒介与网络信息传播的国家法律

基于各种复杂的社会原因,我国至今没有制定一部专门规范新闻传播活动或规范某一类大众传播媒介的法律。在信息网络技术高度发展的今天,跨出我国新闻法治关键一步的呼声越来越强烈。尽管必须坚持国情原则和渐进原则创制新闻传播法条文,但尽快制定出具有可操作性的,可被政府、媒体和

---

① 参见盛小金:《略论我国公务员的检举权》,《云南行政学院学报》2017 年第 4 期。
② 有学者认为,"行政检举的道德困境的根本乃是组织和上级的利益与人民的公共利益之间的冲突,集中于行政人员身上就是角色冲突,常常对行政忠诚价值提出挑战。""行政检举的本质在于官僚个体依靠自身的身份认同和伦理自主性来化解多重角色之间的冲突性。因为对于官僚个体而言,相较于个体和官僚组织的利益,对公众和公共利益的忠诚具有天然的优先性。他们是由人民选举出的,是公众利益的受托者。然而,行政忠诚在现实政治实践中出现的异化,使得要让行政人员实现行政检举的期望变成了一种无法企及的'道德乌托邦'"。参见李建华、朱伟干:《行政检举的道德困境》。
③ 参见李亮:《公务员检举权的法律探讨》。
④ 参见沙娟娟:《公民检举权法律保障研究》,安徽财经大学硕士学位论文,2015 年,第 20 页。

社会公众普遍接受的专门性的《新闻传播媒介法》，已是时代之需要。

首先，制定《新闻传播媒介法》是保障新闻传播自由的需要。在现代民主法治国家，新闻传播自由是具有宪法位阶的制度权利。"这使得传媒法律规范中，有相当部分具有明显的宪法属性。"[1]对于新闻传播自由的尊重和保障，也已成为现代法治国家的共同选择。新闻法从其性质上来说应该是新闻传播自由法而非新闻限制法。其一，新闻传播自由是公众了解事实真相的手段。现代的大众传媒能够使人们足不出户便了解到世界任何角落的消息，通过文字、声音、影像、图片等手段的综合运用，让受众有身临其境之感，使政治事务不再遥远和陌生。其二，新闻传播自由是推进民主与法治的重要手段。新闻媒体作为行政权、立法权与司法权以外的第四权力组织，在抑制政府违法、防止政府滥权方面发挥着重要的监督功能。其三，新闻传播自由是公民参政议政的渠道。[2]"没有知情的民众，就没有民主。"通过事实真相的获悉和参与评价，原本分散的个体意志被凝聚成群体意志，为国家所重视。新闻法恰当的文本表达必将使新闻自由的理念得以最大化的落实。

其次，《新闻传播媒介法》可以为媒体从业人员在新闻舆论活动中的合法权利提供保障。近年来，实践中新闻工作者尤其是记者经常遭到地方本位主义的行政干预，地方强行阻止新闻记者的采访，威胁或暴力阻止采访对象接受采访，强拿硬抢记者的采访资料等时有发生，甚至发生殴打记者、毁坏新闻采访设备等行为。这些事件背后最主要的原因就在于，我国立法对新闻舆论活动的主体、对象的权利义务还没有任何规范，以至于新闻采访权、报道权、接受采访权还仅停留在习惯性的权利上，没有形成具体的法定权利，没有任何刚性规范，这也就造成了现实处理结果通常是不了了之。现实法律对新闻工作的支持是那么的苍白无力，这一切与新闻记者中立者、无冕之王的社会角色是极不相符的。因此，当务之急就是要让一个法治国家做到有法可依，有法必依，制定一部《新闻传播媒介法》确定新闻记者的采访权、报道权，同时确定非法滥用新闻舆论监督权利和妨碍新闻舆论监督权利的责任，切实为新闻工作者在内的广大人民群众提供新闻舆论监督权的法律依据。[3]

---

① 李丹林：《论传媒法的宪法属性》，《南京社会科学》2011 年第 3 期。

② 参见赵勇：《新闻法立法必要性分析》，《新闻爱好者》2010 年第 5 期。

③ 参见文瑜：《新闻舆论监督的立法研究》，广西师范大学硕士学位论文，2013 年，第 27 页。

最后，也是最重要的，《新闻传播媒介法》可以督促传播媒介更好地为公民服务。其一，我国传统新闻媒体属于事业单位，隶属于党政部门，某种程度上也是一种公权力。公众借助传统新闻媒体对公权力进行监督，通常要借助新闻媒体来表达出来，因此可以说，如果新闻媒体高度受制于监督对象的控制，公民借助新闻媒体对公权力的监督其实是一种内部的自体监督，这就使得其监督权限和能力大打折扣。因为现实中，当新闻媒体行使监督权和公权力发生冲突时，媒体的舆论监督权要常常受制于各种公权力。新闻媒体在履行自己有限的批评报道权时，受到各级党委宣传部门和政府行政部门的约束已经是不争的事实。因此，作为党和人民的喉舌的新闻媒体，在一般民众看来，不过是具有政府性质的传播政府新闻的传声筒而已。在这种官本位的大环境下，新闻媒体很难发出自己真正的声音。《新闻传播媒介法》在坚持党对新闻事业领导的前提下，也要严格限制政府部门出于不当利益的考虑干预、限制舆论监督的情况，进一步强化新闻媒体为民众服务的义务。[1] 这一义务，既限制政府部门对新闻单位的不当干涉，又敦促新闻单位积极主动地与普通公民接洽。其二，进入网络时代后，传统媒体和新电子媒体相互结合，优势得到了充分的发挥，新闻媒体的舆论监督作用可以有效增强，但是，决不能将公民舆论监督权限于仅仅通过传统媒体来行使，因为传统新闻媒体的舆论监督是一种事后的监督，多是在某个事件引起社会的关注之后才会介入其中，并不能将其监督的职责用于事前的监督。网络舆论监督则可能在违法事件发生的事前和事中就进行发声，尽管网络舆论本身是一种利弊并存的现象，但现今的立法如果只注重对其中负面因素如网络谣言、网络暴力等的限制，则将从根本上限制了公民的网络舆论监督权。[2]《新闻传播媒介法》将与《信息网络安全法》《公民信息保护法》等法律并行不悖，侧重于对公民网络舆论的保护，以对抗公权力部门拿着其他法律当幌子限制公民的舆论监督权。因为新闻记者和一般公民的舆论监督权永远不可缺少。2001 年 7 月 17 日广西南丹发生特大矿难，81名矿工死亡，矿主勾结地方政府隐瞒事实真相。时任国家总理朱镕基感言说："没有记者来揭露，这件事就冤沉海底了。"但瞒报安全事故现象近年来仍然时有发生，如 2008 年山西襄汾新塔特别重大尾矿库溃坝事故，县领导谎报事故

---

[1] 参见丁建红：《我国〈新闻法〉立法的若干问题》，云南财经大学硕士学位论文，2014 年。

[2] 同上。

原因和性质,瞒报死亡人数;河北蔚县李家湾矿井私藏炸药爆炸,矿主勾结官员封锁消息85天;2009年河南鲁山一煤矿火灾造成24人死亡,当地隐瞒4年之久;2010年河南渑池某煤矿瓦斯爆炸,矿主转移尸体隐瞒遇难人数;2011年4月黑龙江鸡西市煤矿事故死亡9人;2013年12月河南巩义煤矿淹水7死9伤;2014年7月黑龙江鹤岗市煤矿事故7人遇难;2015年11月黑龙江鸡东县煤矿瓦斯燃烧造成3死9伤,事故责任者都曾瞒报,都是新闻媒介揭露或民众举报后得到查处的。[①] 2018年8月山西和顺矿区发生滑坡事故,造成5台挖掘机被埋,4人死亡,5人失踪。当地政府不进行认真调查,反而以发布"谣言"为由行政拘留了披露真相的网络发帖人。[②] 这些事件都说明,必须给予舆论监督权尤其是网络舆论监督权以高层次的法律保护,以对抗官方滥用打击"谣言"的所谓执法行为。

(五) 适时制定统一的信访法

早在2002年,刘相荣等30名人大代表就提出了《关于制定"信访法"的议案》。[③] 2014年蒋忠仆等人大代表提出《关于制定信访法的议案》(第312号),但未被列入全国人大常委会的立法规划。[④] 因此,直到目前,信访权这一途径性的公民监督权利尚缺乏专门的国家法律层面的制度规范,主要受国务院制定的《信访条例》和其他权力机关、司法机关的内部性规范进行规制。信访权实现领域不仅呈现出弱法律规制和保障的制度特征,形成了制度的内卷化,而且形成了对法治更严重的偏离和掣肘作用。通过制定统一的《信访法》,可以促使信访途径与常规法律途径之间形成良性的互动。

首先,统一制定的《信访法》将成为具体落实信访制度改革整体性共识的载体,是对新中国成立以来信访经验的总结。《信访条例》和各省、自治区、直辖市的信访条例,是几十年中国信访制度和信访工作历史经验的积淀,其规范

[①] 参见魏永征:《新闻传播法教程》,中国人民大学出版社2016年版,第105—106页。

[②] 参见杨于泽:《和顺矿难瞒报事件:"谣言"怎么反转成了真相?》,http://news.sina.com.cn/pl/2017-08-16/doc-ifyixias1409339.shtml,2017年8月17日。

[③] 参见《关于制定"信访法"的议案》(第226号),《中国人大》2002年第13期。

[④] 参见中国人大网,http://www.npc.gov.cn/wxzl/gongbao/2015-02/27/content_1932703.Htm,2015年3月28日。

框架已大致定型。因此,统一《信访法》的制定应尊重既有信访规范的体系框架和基本制度设计,同时,着力改变原有信访立法位阶过低、功能定位不明确、信访机构设置不合理以及信访请求受理范围不明确、类型化不够等实践中极易引发信访制度问题的方面。另外,针对既有信访立法所普遍存在的信访工作程序、信访督办、信访听证、信访终结以及信访责任规制等规定难以操作,缺乏必要制度衔接等问题,统一《信访法》必须予以足够关注,并进行修补、完善。①

其次,通过制定统一的《信访法》可以明确信访途径的补充性、辅助性地位。通过立法,可以明确信访与常规法律途径之间的关系。可在《信访法》总则中的法律适用里直接表明其与行政、司法的衔接问题。同时在“信访请求的受理范围”这一章通过受理范围的厘定和区分,进一步明确其与人大、司法制度、行政救济等常规法律途径的关系问题。目前《信访条例》和其他有关信访的规范性文件几乎都对“信访事项的范围”进行了规定,但这些规范根本无法从国家法律层面明确信访事项的具体范围,更无法理清信访途径和一般的法定途径包括诉讼、仲裁和行政复议之间的关系。② 如果信访机构设置依据权力体系的不同分为人大信访、行政信访、法院信访、检察院信访,甚至监督委员会信访,那么它们在信访请求的受案范围上理应是严格区分的。人大及其常委会是权力机关,对同级的“一府两院”工作进行监督,因而其受理信访请求的范围应该以此为基础设定,并与人大监督权力机制接轨。目前《信访条例》信访受理范围的规定仅限于各级行政信访,内容十分粗陋,甚至与《行政复议法》《行政诉讼法》存在冲突,因此,行政信访工作机构受理信访请求范围的准确规定应是重点。此外,为了避免行政信访对行政部门自身工作的过度干预,必须在《信访法》中明确行政程序的优先性,能够适用行政程序的,继续适用行政程序。至于法院信访和检察院信访请求的范围,必须坚持“诉访分离”的原则,从制度上区分普通信访和司法申诉的范围,使信访不能染指、干预正常的案件审判和检察活动。

最后,制定统一的《信访法》有助于优化、整合信访机构。现行信访制度所引发的问题很大程度上是由于目前信访机构设置多元化、权限不合理、职责不

———————————

① 参见李栋:《信访制度改革与统一〈信访法〉的制定》,《法学》2014 年第 12 期。

② 同上。

配套。"信访组织体系的多元化造成各级信访机构之间没有严格意义上的隶属关系,缺少权威性的统一归口管理及领导机构。这导致信访事项受理及处理的主体不明,信访事项在不同层级机构间来回转办。"①因此,需要制定《信访法》协调各级信访机构及其相互之间隶属关系问题。只有制定《信访法》,才能突破《信访条例》只规范行政信访的根本局限性,将人大信访、法院信访和检察院信访纳入法律的规范中,并从根本上优化行政信访机构的设置问题。具体而言,应在区分信访专门工作机构(或机关)和负责信访工作机构的基础上,合理设定各级各类信访机构。其中,针对人大信访、法院信访和检察院信访机构的设置层面,重点在厘定受案范围上加以区分。人大信访由各级人民代表大会常务委员会设立统一的信访工作机构;各级人民法院和人民检察院应当根据需要设立或者确定负责信访工作的机构;行政信访受理信访请求的信访机构设置较为混乱,应该基于统一、效能和便民的原则予以精简,只保留原专职信访机构,即各级人民政府信访工作机构,由其统一受理、交办、督办、转送行政信访事项。原政府各工作部门的信访机构在《信访法》上不应再定位为信访工作机构,应在功能上确定其为负责政府工作部门与各级专职信访机构的联系、沟通机构。垂直管理的政府工作部门应当根据需要,设立或者确定负责信访工作的机构。在政府信访工作机构的权力配置上,则应加强上下级专职信访机构之间的联系,并赋予其对同级政府职能部门和下级政府专职信访机构具有实质约束力的督办权,将纵向专职信访机构与横向政府职能部门连接成一个整体。②

三、 系统完善保障相关公民监督权的法律制度

应该说,我国公民监督权利体系中的申诉权、控告权和取得国家赔偿权,都具备了相对完整的国家层面的法律制度。其中,一些重要确认和保障这几类权利的国家立法,如《行政诉讼法》《行政复议法》《刑事诉讼法》《国家赔偿法》都先后制定出来并多已经历过重大修改,日趋完善。但由于这些权

---

① 张红:《破解信访困局亟需制定〈信访法〉》,《中国经济周刊》2013 年 11 月 4 日。

② 参见李栋:《信访制度改革与统一〈信访法〉的制定》。

利行使的具体法律制度复杂,与其他重大法益存在诸多需要博弈和平衡的地方,更由于基本权利具有规范国家立法机关的基础权能的现代法治观念没有在我国落地生根,相关国家立法对权利充分保护的规范仍然存在一定的不足。因此,进一步完善相关立法,依然是国家立法机关必须承担的重要义务。

(一) 完善保障申诉权法律制度

确认和保护申诉权的立法,目前较大的不足首先是比较散乱,这有其必然原因。因为申诉制度存在于行政内部执法和外部执法、刑事司法、行政司法和民事司法的各种具体制度中,制度的具体构建存在较大差异;同时,申诉机制通常被认为是相对灵活而不太正规的救济和监督机制,加上一些制度尚有控告制度作为进一步救济的保障,因此,国家层面的立法多规定实体性规范,对实施性的规范重视程度不足。此外,还比较普遍地存在着对申诉受理和处理机关的中立性重视不够的问题。这导致我国公民申诉权的行使,呈现出较多的“软权利”特征。

应该在科学把握申诉权具体种类的基础上,制定专门的《行政申诉法》。相对于性质繁杂的司法申诉来说,行政申诉性质较单一,不存在较多层次,可以通过统一的法律、法规加以确定。统一的行政申诉立法,应对各类行政在申诉的处理原则、机构设置、申诉范围的管辖权、申诉期限、申诉主体与客体之间权责确定、申诉处理时效、方式、执行与事后监督救济方式予以明确落实,只有这样才会使公民在申诉时得到行之有效的法律保障。[①] 司法申诉由《民事诉讼法》《刑事诉讼法》以及《行政诉讼法》加以规定。但必须进一步完善实施规范,强化受理和处理机关的中立性,增加可操作性和实效性。

---

① 参见安逸尧:《论我国公民申诉权法制保障研究》,第 29 页。

（二）完善保障控告权法律制度

我国公民享有的狭义的控告权，即专门对公权主体的控告权，具有较广泛的范围。目前主要包括对行政单位主体的行政诉讼控告，对个人性公权主体的刑事控告，对单位或个人性公权主体的监察控告和司法监督控告。其中，行政诉讼控告对抽象行政行为的整体排除，导致一些变相的、通常构成严重群体性侵权的行政行为可轻易逃避行政司法审查，以及在行政诉讼实践中受案范围的变现限制和行政机关干预司法审判问题。公民的刑事控告，目前的制度供给还存在对公民参与主体性缺乏足够的承认等不足。至于监察控告和司法监督控告，都存在实施规则不具体、受理和处理机关的中立性不足的问题。这需要国家立法机关通过立法建制，进行制度创新。目前进行的国家监察体制的改革试点，至少为刑事控告、监察控告和司法监督控告的完善提供了历史性的机遇，值得珍惜。

再者，国家立法机关还应从完善公民申诉权和控告权保障，强化国家各级立法机关作为权力机关的监督职能出发，尽快建立可以让公民以人大常设机关乃至人大代表为求助对象的申诉控告制度，以强化公民基本权利的救济权能，强化公民监督权与国家权力机关监督机制的对接性。关于此问题的必要性，笔者将在下文作更具体的论证。

（三）完善国家赔偿法律制度

在一定意义上，取得国家赔偿权是公民对国家控告权的重要组成部分，体现了公民基本权利对国家救济权能的充分发展，但其本身也有一个不断发展的问题。从法治发达国家国家赔偿制度的发展历程看，其赔偿范围越来越大、程度越来越高、程序越来越便民、对国家公权主体的监督制约越来越强。尽管我国宪法对公民取得国家赔偿权的确认较早，但我国国家赔偿制度的建立却经历了一个较为漫长的过程，而且最初的立法不足之处较多。2010 年修订的《国家赔偿法》，使我国国家赔偿制度取得了较大的进步，但距离广大民众的期望和认同程度仍有一段距离。较突出的问题包括：赔偿范围还应该进一步拓展，尤其是国家建设和管理的公共设施的侵权损害应纳入国家赔偿的范围，对所谓判决无罪的"依法拘留"拒赔更是明显的制度悖论；赔偿程度缺乏与损害程度的真正对应性，缺乏合理的计算方法，更缺乏必要的惩戒性赔偿；没有真正确立赔偿义务机关的主动赔偿机制，程序的便民性不足；对变相拒赔或打击报复赔偿请求人行为的防范缺乏有效制度的保障；追偿条款处于"休眠化"的状态，权力监督制约功能不足；等等。

取得国家赔偿权得到宪法和法律的明确确认和充分保障，是国家正义、良知和良心的充分体现，也是国家公权主体真正尊重公民针对自身行使救济权利和监督权利的根本标志，它不能长期存在不应有的不足。这决定了，国家立法机关必须充分认同其作为公民基本权利的基础权能，抓住一切有利时机，充分承担自己完善立法、完善制度的客观义务。

四、 优先完善立法机关自身支持和满足公民监督权行使的法律机制

依据国体、政体性质和宪法规定，我国的立法机关，在性质和地位方面，与世界上绝大多数国家的立法机关存在很大的不同。它不仅是立法机关，还是国家权力机关，即派生行政权力机关、司法权力机关和监察权力机关，并要求后者对其负责的代表人民统一行使主权的机关。它在直接决定诸多国家和地方重要事务的同时，更肩负着通过立法为整个国家和社会治理提供基本行为规范的使命。法律是治国之重器，良法是善治之前提，法律作为司法实务和行政执法活动的依据，对人民生活产生着深远的影响。而根据我国宪法的规定，全国人民代表大会及其常务委员会享有国家立法权，地方各级人民代表大会及其常务委员会享有地方立法权，故人民代表大会及其常务委员会这一法律上最重要的权力主体对公民监督权的重视程度，包括立法保障程度、直接尊重和满足程度，会直接影响到从中央到地方其他公权主体对于公民监督权的尊重和保障程度，促使以法律为准绳的司法机关、依法行政的行政机关和必须带头遵纪守法的监察机关，都必须对公民监督权承担相应的保护和满足义务。

假若立法机关对于公民监督权不能给予足够的重视和支持,不仅没有及时充分地制定法律全面保护公民监督权利的行使,通过法律为各种公民监督权构建起足够的本体权能和救济权能,而且还不能以身作则,首先构建起保障公民监督权对自身有效行使的系列性法律制度,并保障这些制度有效运行,让公民监督权借助自身的地位和职权,借助自身监督其他权力主体的机制得到优先的实现;那么,就首先意味着,其自身没有接受公民监督权的客观规制,缺乏对于公民监督权基础权能的内在认同,没有很好地承担对公民监督权的充分保护义务。

因此,国家立法机关不仅应重视通过广泛的立法建制行为,全面保障和维护公民监督权的有效行使,更应首先在此方面以身作则,积极制定基于自身的运行和监督机制保障公民监督权有效行使的法律制度。这种制度,既能促使其自身权力体系的公权主体承担作为监督对象的义务和职责,也能促使它们承担作为监督求助对象的义务和职责。因此,国家立法机关承担立法建制保障公民监督权义务的优先内容,是应当优先完善那些立法机关权力体系支持和满足公民监督权行使的法律机制。具体主要包括如下三个方面的内容。

(一) 完善满足公民对立法机关行使知情权的法律机制

公民知情权是公民的一项重要的基本权利,不仅自身具有公民监督权的基本属性,而且还是其他公民监督权有效行使的基础。而人民代表大会及其常务委员会,作为人民选举产生的代表人民行使国家权力的机关,其自诞生之初便具有维护、促进公民知情权有效实现的义务。人民代表大会及其常务委员会促进公民知情权的行使,不仅体现在监督行政、司法、监察机关是否存在侵犯公民知情权的情况及救济,更重要的在于其自身对于公民知情权的满足程度,即立法机关的信息公开程度。

立法机关满足公民知情权的重要性主要体现在以下几个方面:

第一,从立法机关选举制度的有效性来看,立法机关应通过立法建制满足公民知情权的行使,促进其代表选举的有效进行。此处选举制度的有效性不仅着眼于选举活动的顺利进行,更立足于经选举选出的人大代表日后工作所产生的社会效益。公民选举产生的人大代表若不能代表人民意志行使国家权力,那么,选举制度的实质和目的便带有一定的虚假性。而选举制度若不能维护人民的各项权利,实现人民当家作主,那么,选举制度本身便不具有有效性。在选举制度中,公民对候选人提名确定过程和候选代表的个人信息的了解程度,是选举制度实现有效性的两个关键因素。候选人提名确定过程和候选代表的个人信息能够反映出候选人的个人素质、能力及政治主张,对其知情程度直接影响公民自身利益和诉求的实现程度,故此阶段立法机关对公民知情权的满足和支持直接影响选举制度的深度和长远性,对选举制度的有效性具有举足轻重的影响。因此,为确保选举制度的有效性,立法机关应当积极完善人大选举立法构建相关机制,促进候选人提名确定过程的公开;并拓展选举信息公开渠道,有效利用新兴媒体,使公民能够更加方便快捷地了解到相关信息。

第二,从立法机关职权行使的整体性角度来看,立法机关应通过立法建制满足公民知情权的行使,促进自身权力的有序运行。其一,立法机关由人民选举产生,其职权行使最根本的立足点应当是维护人民的意志和利益,立法机关的立法、决策、任免、监督等活动均应当体现人民的意志和利益,而立法机关如何了解人民意志?立法机关的民意收集必然来自其内部组成人员即人大代表,而实现人大代表对人民意志的了解则需要构建人大代表与选民长期的、稳固的、有效的沟通交流机制。只有通过良好的沟通与互动,坚持群众路线,人大代表才能始终代表人民的利益,反映人民的意见和诉求,不致偏离人民意志。其二,立法机关的立法权来自人民的授权与让渡,立法权的有效行使应当是立法机关通过法定程序制定出代表人民意志和利益的法律,故公民应当享有对立法过程的知情权和监督权。而实现公民对于立法过程的监督,首先应当保证公民对于人大会议议程的知情权,故此,应当构建人大会议议程公开机制,保障公民对人大及其常委会进行议事和立法活动的知情和监督。

第三,从促使人大代表履职的角度看,人大应通过必要的立法建制满足公民对人大代表履职情况的知情权,促进人大代表的廉洁履职。人大代表作为"社会人",并非"圣人",其也具有自身的利益观和价值观。若人大代表出现贪腐现象,危害的不仅仅是某一选区选民的利益,在一定程度上将起到"牵一发而动全身"的作用,影响立法机关的立法、决策、任免、监督四大职权的行使,从而危害司法活动和行政活动。因此,实现公民对人大代表的监督,保持人大代表的廉洁性,对于立法机关整体职权的良性运行尤为重要。故在加强代表与公民的联系,促进公民对于代表的了解,公开人大基本工作议程的同时,应当建立健全代表履职情况公开机制,加强公民对代表履职情况的了解和监督,并将公民满意度作为人大代表履职情况的重要考核标准。

(二)完善满足公民对立法机关行使批评建议权的法律机制

公民批评权、建议权是公民监督权的重要内容。公民批评国家机关及其工作人员的违法失职行为,向国家机关及其工作人员提出意见或者建议,参与民主政治和社会管理,是行使公民监督权的重要方式。公民批评权的行使可以促进国家机关及其工作人员认真履行职务,改正工作中的不足,使得立法、司法、行政活动能够更顺民心、聚民意;公民建议权的行使可以促进立法和行政执法活动集中民智,使得公民有序地参与国家和社会公共事务。但是,实践中,公民批评权、建议权却具有较大"柔性"。当然,造成公民批评权、建议权柔性化的原因很多,但其中最重要的一点在于权力机关的忽视,在实践中最明显地表现即在于公民批评权、建议权法律保护的缺失。公民批评权、建议权法律保护的缺失,在很大程度上也表现为权力机关自身在接受公民批评和建议方面存在较大的不足,没有通过自身的立法建制职权,让自身立意鲜明地承担接受公民批评和建议的义务。因此,国家权力机关应当以身作则,首先完善满足公民对自身行使批评建议权的法律机制,身体力行地维护和促进公民批评建议权的行使。

公民批评权的行使是促进立法机关及其工作人员更好地履行职责的"苦口良药"。《宪法》规定的公民批评权,侧重于公民对国家机关及其工作人员的缺点、错误等不当或违法行为提出意见。公民批评权是一项给出相应否定性评价的权利,往往包括对于国家机关及其工作人员的道德行为、职业伦理和合法性标准等方面的否定性评价。立法机关及其工作人员行使公民通过宪法授予的国家立法权,其若听不到否定的声音,则极易滋生权力行使的腐败化和恣意化,导致权力行使偏离人民群众的意志和要求。人大代表在履职过程中,若不能加强与公民的联系,听取公民的批评,结果往往可能是脱离人民群众,工作效果也可能是事倍功半;人民代表大会在法律文本的制定过程中,若不能听取公民对于立法的批评和建议,往往容易使得法律文本脱离客观现实,缺乏民意性和可操作性。因此,权力机关应当满足公民批评权的行使,并建立健全公民行使批评权的法律机制,完善法律草案征求意见机制和立法听证制度,以保障公民有序行使批评权。

公民建议权的行使,是促进立法机关及其工作人员更好地履行职责的"智慧源泉"。公民建议是公民对于某一公共权力行使的观点或者主张,通常是公民在行使批评权指出国家机关不当或违法行为的基础上,提出具有建设性的改进意见,它是民智的集中体现。一部法律,若不能体现人民群众当下需要或与公民意愿背道而驰,其在制定之初就难以实现法律文本的与时俱进和有效性,故人大代表应加强与所处选区内人民群众的联系,了解公民的意愿和诉求,听取公民的建议,人大立法应当反映当下公民的诉求,为公民生活提供便利;法律法规制定出来必将作用于社会生活,对公民合法权益产生影响,故立法机关制定法律法规应当充分听取公民建议。对于法律法规草案,立法机关应当采用多种途径,确保公民能够知悉法律法规草案的具体内容,为公民提出建议奠定基础。立法机关可以充分利用新兴媒体,通过报刊、广播、电视、人大网站、人大微信公众号、人大官方微博平台公布法律法规草案,建立双向沟通交流平台,听取群众意见,并建立回复制度,对于群众的建议予以回复,解答公民的质疑和疑惑。在此基础上,还应当保证公民与立法机关能够就法律法规进行面对面交谈的机会,充分听取公民意见,故应当完善立法听证机制,最大限度保证公民建议权的行使。

只有立法机关及其代表切实意识到人民意志、人民利益的重要性,尊重公民批评权、建议权的行使,并为公民向立法机关及其代表提出建议、作出批评提供充分的法律机制保障,才能激发公民参与国家法治建设的热情,提高公民对社会主义法治的信心,促进公民有序参与政治生活;才能促进立法机关法律法规的科学化、民主化,增强其可操作性;同时,立法机关提高对公民批评权、建议权行使的重视,也能通过相关法律法规规制行政机关、司法机关的行为,为公民批评建议权的行使奠定良好的法治环境。

(三) 完善公民利用权力机关的监督职权有效行使申诉控告权的法律机制

从当前法律法规的制定数量来看,我国权力机关对于公民申诉权和控告权的保护,较之于对公民知情权、批评权、建议权的法律保护相对更完善。相关人大立法规定了公民申诉权、控告权的实体性规则,虽然相关实施性规则仍然存在一定的问题,程序性规则相对缺位,但仍然能够反映出权力机关对于公民申诉权、控告权的保护已经有了一定的重视。只不过,权力机关虽试图通过立法活动保障公民申诉权、控告权的行使,却忽视了其自身在公民申诉权、控告权行使中的直接支持和满足作用,其未通过立法建制和制度创新,使作为受理公民申诉权、控告权的机关切实保障公民申诉权、控告权的实现;或者说其未在公民申诉权、控告权的行使中充分发挥应有的直接助力作用,利用人民赋予其的监督权力,为公民向其提出申诉、控告请求构建完善的法律机制,维护其所代表的公民的合法权益。

事实上,权力机关作为公民申诉权、控告权的受理机关,具有其他机关无法比拟的优越性,主要表现为:第一,权力机关享有法定监督职权。一方面,权力机关享有对其他国家机关广泛的监督权,我国其他机关由权力机关产生,并应对其负责、受其监督,权力机关监督其他机关的监督范围广,监督对象更是涉及其他国家机关职务行为的方方面面。另一方面,我国权力机关的组成人员即人大代表,享有对其他国家机关工作人员的监督权,可以通过宪法赋予其的质询权、任免权、调查权监督国家机关工作人员,对其违法失职行为予以追责。故权力机关有权对其他国家机关进行监督,对其违法失职行为进行追责,因此,权力机关具有维护公民申诉控告权行使的能力。第二,权力机关具有相对中立性。公民根据现行法律规定向有关机关提出申诉或者控告,或多或少会受到来自其他机关的干预。例如,公民就行政机关工作人员的违法失职行为提出申诉,如果申请行政复议和行政申诉,复议和受理机关仍然是行政机关,难以保证中立性;如果走司法程序,司法机关因其财政在一定程度上受到同级人民政府的限制,故很可能发生司法机关中立裁判受到同级行政机关干扰的情况。而权力机关由于其权威性,在很大程度上能够保证中立性地位,不受其他机关的干扰。第三,权力机关具有公民申诉控告权的法定责任和便宜性。这种法定责任和便宜性来自其人员,一方面,人大代表由公民选举产生,应当密切联系群众,反映人民群众的诉求,具有维护公民诉求的法定责任;另一方面,如前文所述,若人大代表选举是一项有效的选举,那么,公民足够了解其代表,代表也能听取公民的心声,公民与代表之间的联系应当十分便捷。公民通过向人大代表提出诉求,由人大代表通过调查,反映其诉求,维护其合法权益更加方便,能够减轻公民诉累,同时也能降低公民遭受不法报复的风险。因此,权力机关应当作为公民监督权行使的重要求助对象接受申诉、控告,完善满足公民申诉控告权的法律机制,利用质询、调查和问责等机制支持公民的诉愿,如此,才能更好地促进公民申诉控告权的有序实现。

综上,通过这些机制的完善,可以使人大机关、代表和常务人员充分认知公民监督权的重要地位,认同自身立法保护公民监督权的法律职责重要性,更自觉认同公民监督权的基础权能,承担对公民监督权行使具有根本保障意义的客观义务。

五、 充分运用法律保留原则和宪法监督机制,优化相关低位阶立法

在基本权利的基础权能中,包含可以有效对抗立法主体不当限制基本权利的权能。这种权能目前在我国,整体上是客观权能,但也有了一定的主观化的内容。公民监督权作为公民基本权利的重要权利板块,当然也应当真正具有这种客观权能,而且更迫切地需要这种权能可较好地实现。因为我国公民监督权的法律保护不足,不仅体现在国家法律层面的法律规范的缺位和不足,还体现为低位阶的相关法律规范利用国家法律规范的缺位和不足,无视宪法规范的根本价值,轻易突破法律保留原则,不正当限制了公民监督权的行使,而它们在很大程度上又是规制相关公民监督权行使的主导型的、具体性的法律规范。这决定,在我国宪法性文件确定的人大常委会行使宪法监督权的体制下,国家立法机关的常设机关,必须充分认同公民监督权的基础权能,自觉

地利用法规备案审查机制,最大限度地尊重公民享有的法规违宪审查建议权启动审查机制,促使相关立法主体针对公民监督权基础权能,承担起应有的消极义务。

(一) 恪守公民监督权的法律保留原则,认真履行法规备案中的主动审查义务

在现代法治国家,有一个非常重要的宪法原则,在保障公民基本权利以及防止公权力滥用方面发挥着重大作用,这就是法律保留原则。法律保留意义上的"法律",指的是"正式法律"或"议会法律",它具有特定限定性,指的是国家立法机关所制定的法律,而不包括由行政机关制定的各种法规文件。① 我国《宪法》有多处规范规定或体现了法律保留原则,新修改的《立法法》第8、9条,是对法律保留原则的直接及最为重要的规定,是法律保留原则在我国立法制度中得以正式确定的标志。《立法法》第8条规定法律保留事项有:国家主权、国家组织、国家基本制度及公民基本权利,必须由全国人大及其常委会制定法律的其他事项。第9条规定了我国的授权立法制度,即本法第8条规定的事项尚未制定法律的,全国人大及其常委会可以授权国务院制定行政法规,但是有关犯罪和刑罚、对公民政治权利的剥夺、限制人身自由的强制措施和处罚、司法制度等事项不得授权。②

公民监督权属于公民基本权利,根据我国《立法法》的规定,总体上应当是法律保留的范围,个别情况下可以授权国务院制定行政法规。这种对立法现实有一定妥协性的规定,意味着公民监督权的法律保留是相对的,但在总体上也确立了公民监督权的法律保留原则。理论上来说,必须由全国人大及其常委会制定的法律才能对公民监督权限制克减,特定情况下可以国务院制定的行政法规决定其基本范围。但是在实践中,往往出现其他层级立法非法限制、剥夺公民监督权的情形。因此,全国人大常委会真正恪守法律保留原则,利用

---

① 参见黎军:《保障公民基本权利之法律保留原则》,《深圳大学学报》(人文社会科学版)2004年第1期。

② 参见温耀原:《〈立法法〉修正下法律保留原则研究》,《西北师大学报》(社会科学版)2015年第3期。

《立法法》规定的立法备案审查制度,严格审查相关立法是否不当限制了相关公民监督权,也就显得异常重要。

《立法法》第96条规定了应予以改变或者撤销的法律、行政法规、地方性法规、自治条例和单行条例、规章的基本条件。第97条规定了改变和撤销上述法律法规的机关及其权限。第98条规定了行政法规、地方性法规、自治条例和单行条例、规章的备案程序。第99条第3款则规定如下:"有关的专门委员会和常务委员会工作机构可以对报送备案的规范性文件进行主动审查。"

显然,这些规定确立了人大对报送备案的规范性文件的主动审查制度。依据上述条文的规定,全国人民代表大会常务委员会有权撤销同宪法和法律相抵触的行政法规,有权撤销同宪法、法律和行政法规相抵触的地方性法规,有权撤销省、自治区、直辖市的人民代表大会常务委员会批准的违背宪法和《立法法》第75条第2款规定的自治条例和单行条例。但是,现实中,由于人大常委会的工作常常被立法工作所占据,全国人大常委会人手非常有限,就现在专门负责审查工作的法规审查备案室而言,其编制仅为20余人。① 因此现实中对上述法规主动审查的情况极少,这就有可能导致地方立法侵犯公民基本权利的情形。更何况,行政规章和规范性文件尽管效力较低,但数量极大,现实生活中规制作用很大,却是立法机关依法不用也无暇审查的规范性文件。审查任务交给了国务院,而国务院也面临着同样的任务承担的困难。

这种情况必须改变。基本的思路应该是:首先,增设法规审查委员会。如前文所提,全国人大常委会的专门机构立法任务繁重,无暇顾及法规审查工作,因此我们必须专设法规审查委员会进行专业化审查,而且要聘请宪法学专家、学者、律师对法规审查工作进行指导。其次,将"有关的专门委员会和常务委员会工作机构可以对报送备案的规范性文件进行主动审查"中的"可以"改为"应当",确保法规审查委员会对每个应被审查的法规履行审查的职责。最后,还应规定不依法报备和审查的法律责任,比如可以借鉴地方立法的相关规定,对立法侵犯公民权利的情形,给予单位罚款,给予单位负责人和制定法规的工作人员政务处分。

此外,在对地方性法规进行备案审查的过程中,还要特别注意拓宽民意表

---

① 参见梁思明:《从全国人大常委会成立法规审查备案室看我国违宪审查制度》,http://xfx. jpkc.gdcc.edu.cn/show.aspx? id=374&cid=33,2017 年 7 月 16 日。

达渠道,健全民意表达机制,让社会公众通过合法途径参加到对地方性法规的审查监督工作中来,充分发挥广大人民群众,特别是与地方性法规规定有利害关系的当事人或者行政管理相对人等的监督作用,随时监督地方性法规制定和备案审查机关对地方性法规的清理工作。[①] 当然,更重要的是下文要论述的真正落实公民的法规违宪审查建议权。

(二) 充分尊重公民法规违宪审查建议权,进一步激活公民监督权对抗立法侵权的权能

我国《立法法》第 99 条第 1 款规定:"国务院、中央军事委员会、最高人民法院、最高人民检察院和各省、自治区、直辖市的人民代表大会常务委员会认为行政法规、地方性法规、自治条例和单行条例同宪法或者法律相抵触的,可以向全国人民代表大会常务委员会书面提出进行审查的要求,由常务委员会工作机构分送有关的专门委员会进行审查、提出意见。"第 2 款规定:"前款规定以外的其他国家机关和社会团体、企业事业组织以及公民认为行政法规、地方性法规、自治条例和单行条例同宪法或者法律相抵触的,可以向全国人民代表大会常务委员会书面提出进行审查的建议,由常务委员会工作机构进行研究,必要时,送有关的专门委员会进行审查、提出意见。"根据此规定,有学者将我国法规违宪审查分为享有要求权主体和享有建议权主体。其中,前者可以直接启动相关程序,后者仅有启动某种机制的可能性。享有法规违宪审查建议权的主体可归纳为:一般国家机关、社会团体、企业事业组织、公民。他们认为法律、行政法规、地方性法规和行政规章违反上位法或同位法之间相互抵触的,可以向有权处理的立法机关书面提出对该法规进行审查的建议。[②] 根据目前法律规定,可向全国人大常委会建议合宪审查的法规仅包括:行政法规,地方法规,省(自治区、直辖市)的人民代表大会常务委员会批准的自治条例和单行条例,最高人民法院和最高人民检察院的司法解释。

如前文所述,公民及其社会组织的这种合宪审查建议权虽然开始得到了

---

① 参见田自成:《我国地方立法不抵触原则在实施中存在的问题及对策》,湖南大学硕士学位论文,2011 年。

② 参见胡建淼、金承东:《论法规违宪审查建议权》。

全国人大常委会的重视，相关条款已经被激活，但真正要让公民及其社会组织的这项权利充分有效行使，全国人大常委会还有许多具体制度的构建工作要做。其一，构建建议登记回复制度。任何建议都应该记录在案，并对提出建议的公民及其社会组织反馈登记在案的信息，表明认真对待建议的态度。其二，构建初步审查制度。由人大常委会工作机构如法律工作委员进行初步审查，审查建议合宪审查法规是否属于人大常委会审查的范围，相关建议是否具有审查的基本必要性，分不同情况给予建议主体不同的信息反馈。其中，认为有审查必要时，送有关的专门委员会进行审查、提出意见，同时也应当将送审决定等启动正式审查程序的信息及时告知建议主体。如果全国人大常委会相关工作机构对公民及其社会组织提出的法规审查建议不予接受，决定不予送审以启动实质审查程序，则应当将结果、原因或法律依据在一定的期限内告知提出建议的公民及其社会组织，该公民或社会组织也应当享有申辩的权利。[①]其三，构建正式或实质审查制度。严格按照《立法法》第 100 条的规定，进行正式审查。"全国人民代表大会专门委员会、常务委员会工作机构在审查、研究中认为行政法规、地方性法规、自治条例和单行条例同宪法或者法律相抵触的，可以向制定机关提出书面审查意见、研究意见；也可以由法律委员会与有关的专门委员会、常务委员会工作机构召开联合审查会议，要求制定机关到会说明情况，再向制定机关提出书面审查意见。制定机关应当在两个月内研究提出是否修改的意见，并向全国人民代表大会法律委员会和有关的专门委员会或者常务委员会工作机构反馈。全国人民代表大会法律委员会、有关的专门委员会、常务委员会工作机构根据前款规定，向制定机关提出审查意见、研究意见，制定机关按照所提意见对行政法规、地方性法规、自治条例和单行条例进行修改或者废止的，审查终止。全国人民代表大会法律委员会、有关的专门委员会、常务委员会工作机构经审查、研究认为行政法规、地方性法规、自治条例和单行条例同宪法或者法律相抵触而制定机关不予修改的，应当向委员长会议提出予以撤销的议案、建议，由委员长会议决定提请常务委员会会议审议决定。"无论是何种结果，全国人大工作机构都应将最终的审查结果告知建议人，并将相关法规的实质审查程序和结果制作成公报性文件，通报全国；公

---

① 参见范美华：《论公民法规审查建议制度的完善》，第 60 页。

报内容应包括建议人姓名或名称。

第二节　公民监督权本体权能的充分构建

如前所述,基本权利的本体权能,包括防御权能和受益权能两个方面的内容,因此,本节拟从具体公民监督权防御权能的充分构建和受益权能的充分构建两个方面,来分析探讨其本体权能充分构建的具体路径或要点。

一、　公民知情权本体权能的充分构建

公民知情权是整个公民监督权利体系得到有效实施的前提和基础,充分构建公民监督权的本体权能,首先应当实现公民知情权本体权能的充分构建。

(一)公民知情权受益权能的充分构建

公民知情权的受益权能指的是公民在正常行使知情权的情况下,主观上可以要求或客观上可以促使国家机关及其工作人员承担积极给付义务,以实现公民知情权正常行使的权益享有能力,表现为根据法律规范的存在和有效实施,公民主观上可以行使对国家机关及其工作人员的"积极作为请求权"或"付出利益请求权"的权益能力,以及客观上具有可以让国家机关及其工作人员承担一些积极作为义务的权益能力。整体上讲,公民知情权是受益性权利,即主要要求国家公权主体承担大量积极作为义务,满足公民获得必要信息的要求。例如,当公民向相关国家机关申请信息公开的时候,相关国家机关及其工作人员应当对公民的申请积极审查,对该申请作出积极的回应,依法向该公民出示或提供相关信息。因此,其受益权能的内涵异常丰富,其对应义务及其主体具有极大的广泛性。总体上,公民知情权受益权能的充分化,需要有关法律设定相关公权主体大量的积极作为的主观和客观义务。

1. 立法明确公权主体是满足公民知情权的根本性义务主体

我国现有《政府信息公开条例》（以下简称为《条例》）所规定的信息公开义务主体，不仅包括行政机关和法律、法规授权的具有管理公共事务职能的组织等传统意义上的义务主体，还将教育、水电气供应、环保、医疗卫生、公共交通等与人民利益密切相关的公共企事业单位纳入了调整范围。但是，由于缺乏统一的国家层面的信息公开法或公民知情权保护法，目前承担信息公开的公权主体的范围并没有统一的规定，国家权力机关、司法机关、人民政协机关、人民团体等行使国家公权力或其他公权力单位的相应义务，目前整体上靠内部的规范性文件规定。未来的相关统一立法应明确公权主体是满足公民知情权的根本主体。要做到此点，还必须在立法上提升现有《条例》的立法宗旨，即将政府信息公开的目的定位于"提高政府工作的透明度，促进依法行政，充分发挥信息对群众生产、生活和经济活动的服务作用"，充分保护公民的知情权，促进公权主体的依法履行职责。"对于中国政府信息公开制度的目的而言，更应明确保障乃至强化'知情权'是其根本目的。这是因为政府在行使受人民所托而获得的权力时所生成、取得和持有的信息（数据）是人民共同拥有财产之一部分，而该财产的权利主体为人民，因此符合逻辑的结论就是应当承认本来的权利人（人民）拥有获取和利用相关信息的权利——'知情权'。"[1]

2. 充分确认公民的信息公开请求权

信息公开请求权是公民知情权的根本手段性权利，也是知情权受益权能的根本内容之一。国际社会较为公认的一种观点是："可以认为知情权作为言论的、表达自由的现代形态，其最大特点在于不仅体现在接受信息这样的消极性权利，还表现在包括对信息源（即向不特定多数人提供信息的公权力机关）提出获得信息要求的积极性权利。"[2]关于信息公开请求权，现行《条例》一方面确认了"知情权"的行使主体（公民、法人或者其他组织）拥有政府信息公开请求权，即除了政府机关主动公开外，还可以根据自身生产、生活、科研等特殊需要，向负有政府信息公开义务的机关申请获取相关政府信息；但另一方面仅规

---

① 罗勇：《大数据背景下政府信息公开制度的中日比较——以"知情权"为视角》，《重庆大学学报》（社会科学版）2017 年第 1 期。

② 芦部信喜：《宪法学·人权各论》，有斐阁 1998 年版，第 261—262 页。

定,当信息公开请求权人认为负有信息公开的义务人(行政机关)不依法履行政府信息公开义务时,所能采取的救济渠道仅仅是:公民、法人或者其他组织认为行政机关未按照要求主动公开政府信息或者对政府信息公开申请不依法答复处理的,可以向政府信息公开工作主管部门提出申诉。而公民、法人或者其他组织认为行政机关在政府信息公开工作中侵犯其合法权益的,可以向上一级行政机关或者政府信息公开工作主管部门投诉、举报,也可以依法申请行政复议或者提起行政诉讼。根据这种规定,行政机关的信息公开不作为(信息不予公开)似乎不属于侵犯了信息公开请求权人的合法权益。换言之,《条例》一方面承认信息公开请求权以实现"知情权",但在另一方面又规定一些信息公开义务只能通过申诉的方式予以救济,在制度设计上似乎在尽可能地限制该权利的实现。不难理解,《条例》之所以如此规定,还是源于对信息公开请求权在"知情权"的特殊价值和地位缺乏内在的认同。充分确认公民的信息公开请求权,也意味着公权主体对公民知情权的义务承担总体上应确定为:主动公开和提供信息是根本,依申请公开信息是必需,信息保密是例外。

3. 权力机关承担的权利保护和信息公开义务应高度法制化

公民知情权作为一项宪法权利,首先应当得到权力机关的重视和认可,才能得到其他机关的关注并遵照执行。当前,虽然我国权力机关对于公民知情权有一定的保护意识,但从其自身信息公开程度来看,其对公民知情权的保护意识仍然不足,立法行动滞后,根本原因是国家权力机关对自身和国家公权主体应承担的各种义务尚没有制定统一的法律加以具体确定,这导致实践中国家机关对于公民知情权的保护力度整体不够。因此,要构建公民知情权充分的受益权能,首先应当明确权力机关对公民知情权应承担的基本义务。这种义务除了积极立法保护的义务外,还有自身依法应承担的具体的满足、促进、保障等积极义务。这要求,首先应积极推进维护公民知情权的保障性立法,将原有《政府信息公开条例》上升到法律层面,制定《信息公开法》,以法律形式明确公民知情权及其救济,彰显权力机关积极维护公民知情权的决心。其次,逐渐推进人大会议公开制度。我国人大会议过程的公开性有待进一步提高,这一点可以借鉴发达国家的做法,建立人大会议旁听制度,完善人大网站的建设,通过视频直播、重播等方式保证公民知情权。再次,落实人大代表联系群众制度,并借助互联网、微信、微博等新兴网络媒体加强人大代表与群众之间的联系,对于人大代表的履职过程,监督结果应当向社会公众报道和公开,自觉接受人民群众的监督。最后,贯彻落实人大代表民主选举制度。发达国家特别重视选举过程中公民知情权的维护,选民只有在掌握议员的态度、立场、发言、投票表决等情况后,才能对议员施加影响,然后由议员代表选民影响议会,从而实现选民的自身利益。而我国选举制度的一些环节往往流于形式,选民对于候选人缺乏了解,公民在选举过程中的知情权往往得不到保障。因此,权力机关应当重视,加强对候选人的介绍,可以通过互联网、纸质媒体记录典型事迹等方式描述候选人,通过候选人与公民见面会加强选民与候选人之间的沟通交流,从而保证公民在选举过程中享有充分的知情权。

4. 进一步强化行政机关信息公开义务的法制化程度

应进一步明确、细化和扩大政府机关信息公开的各种客观和主观义务,对限制公开信息的范围本身也做出严格的限定和明确化,有效防止行政机关及其工作人员的"怠政"行为,确保在公民知情权的行使过程中,行政机关具备积极的作为意识,对于应当主动公开的信息,行政机关及其工作人员应当及时主动公开;对于依申请公开的信息,行政机关及其工作人员应当为公民知情权的行使提供充分的服务。行政机关促进公民知情权行使的积极作为意识主要包括以下几个方面。

一方面,积极主动进行信息的收集和保存工作。

其一,积极收集、制作相关信息,充分履行政府应掌控必要信息的义务。行政机关应当提高自身的积极性,主动和认真收集、制作各自职权范围内的信息,包括依法应当制作的政府信息和行政机关应从公民、法人或者其他组织获取的政府信息。其二,有效整合收集和保存的信息,实行信息的高水平数据化。当前行政机关对于信息的分类标准和整合水平不够完善,很多政府网站的相当一部分数据的公开程度只能算得上是轻描淡写,公民很难从中获得有效的信息。因此,政府在资料收集过后,应当根据信息的内容对信息进行分类,并按照时间、主体的不同对同一类别的信息进行排序,将信息进行细化,有效整合信息,提高信息公开的质量和水平。其三,合理保存信息,提供方便公开信息查询的存留。行政机关对于其收集整理的信息应当妥善保存,采取分类管理保存的方式,并可根据类别的不同对信息进行编号,并且根据编号进行统计,登记造册或利用电子信息进行存储,以便公民申请信息公开时更方便快捷地找到全面的信息,为公民提供信息公开服务。

另一方面,既要做好大量信息的主动公开,更要做好对信息公开请求的受理与提供。

在履行主动公开信息的义务时,应确保信息公开的及时、方便、准确、充分。在内容上保障公开信息的丰富性、准确性;在公开方式上搭建真正便利民众获取、阅读、检索、查询、复制信息的信息媒介、场所、设备和设施;在基本保障上,应提供必要的特殊服务,满足弱势群体的信息需求;在信息公开的信息服务上,应当编制、公布准确明了的政府信息公开指南和政府信息公开目录,并及时更新。必须强调,一些涉及社会利益的紧急事件的信息,必须及时准确地公开,不能以维稳或其他为借口,隐瞒事实真相。如 2014 年 4 月的兰州水污染事件,政府部门没有就水污染发生的相关信息及时、准确地向民众说明,使得兰州市民至少饮用 8 天含苯自来水,给人民的日常生活、身体健康造成严重影响。[①] 新的立法应当从类似实践中得到警示,设定相应特别义务条款,防止类似事件的再次发生。

对公民申请信息公开的,更应尽积极配合义务,依法审查并提供信息。主要义务承担包括:(1)受理。首先,行政机关应当向公民提供受理部门、受理人员接受公民的申请;其次,对于受理人员的选择应当慎重,尤其不能忽略受理人员的服务意识;再次,加强内部监督,加强对受理人员的考核和监督,设立专门的民意反映部门,方便群众对政府的信息公开活动提供批评建议;最后,可以通过电子设备记录信息公开的受理过程,一方面可以方便公民日后维权,另一方面行政机关也可将此作为公民未有序行使知情权的证据而免于行政责任。(2)审查。行政机关对于信息公开的审查应当依法进行,对于不符合要求的,及时作出处理并说明理由;对于符合要求但不属于本机关保存的,应当说明原因,并在征求公民意见后,决定由公民个人继续向有权机关提交申请或者移送有权机关处理;对于符合要求但材料不全的,一次性告知公民应当补充的材料,对于相关材料的获取和释明应尽合理解释义务,以减轻当事人的程序负

---

① 参见张涛、郭如瑾:《论政府信息公开与公民知情权的保障》,《中共南昌市委党校学报》2015 年第 1 期。

担;对于完全符合要求的,根据信息分类和保存进行查找,为公民提供全面、正确的信息。值得一提的是,行政机关在信息公开申请审查中存在流于形式的情况,例如,在一些案例中,申请信息虽提及第三人,但并未涉及第三人利益,行政机关往往不假思索直接询问第三人意见,第三人不同意即以涉及第三人不愿公开的秘密为由拒绝当事人申请,对申请信息公开是否涉及第三人实质利益往往不加审查,严重侵犯公民知情权的行使。行政机关应当转变原来"重形式轻实质"的审查理念,对于信息公开申请,应当坚持形式与实质并重的审查理念,积极尽实质审查的作为义务,保障公民合法的知情权有效实现。(3)提供相应信息。在信息申请人的申请合法的情况下,相关行政主体应及时准确地提供有关信息,不应有任何克减和拖延。

5. 提高司法机关信息公开义务的法制化水平

司法机关促进和保障公民知情权行使的义务主要有两类:一是在公民知情权受到侵犯时,司法机关要承担的公力救助义务。这是公民知情权的救济权能所对应的义务,此不赘述。二是当司法机关本身也是相应信息公开的义务人时,承担主动的信息公开和依申请的信息公开的义务。这种义务,与上述行政机关的信息收集保存,主动公开信息,对公开申请的审查、受理与提供等义务类似。因此,司法机关对于其掌握的审判、检察信息,也应当具有分类整合、妥善保存信息的意识,以方便为当事人查阅信息提供更好的服务。其中,法院和检察院应积极推行审判公开和检务公开。美国法院对于每个参审法官的意见都一一公开,虽然判决结果以多数法官的意见为参考标准,但无论是赞成意见还是反对意见,都详细明确地写在判决书上并进行公开,①这种做法值得借鉴。而当前我国审判公开的程度与此还有较大的距离,应当在实践中不断改革完善。

6. 有效防止信息公开范围的不当克减

此点主要内容是,要求公权主体明确和合理把握信息公开与几大秘密的合理界限,不能故意或不当地以国家秘密、商业秘密和个人隐私为借口,克减

---

① 参见孙普玲:《我国公民知情权及其实现研究》,陕西师范大学硕士学位论文,2012 年,第35 页。

公民知情权的范围。当前,《条例》规定的信息公开范围仍比较模糊,导致实践中公民知情权的行使往往受限于国家秘密、商业秘密、个人隐私等规定,可以说,公民知情权行使最大的障碍在于信息公开范围不明导致实践中信息公开范围被人为地缩小了。实践中,比较常见的是一些所谓涉及第三人隐私的信息被无端放大,连公司法人的基本信息也被纳入所谓隐私的范围。如吴文其诉上海市虹口区国家税务局信息公开申请答复案,因案件涉及上海申太房屋动拆迁有限公司的财务印鉴、个人印鉴、企业印鉴和公司电话号码,上海市虹口区国家税务局在征求上海申太房屋动拆迁有限公司的意见后,根据其意见拒绝了吴文其的信息公开申请。[①] 事实上,公司法人的财务印鉴、个人印鉴、企业印鉴和公司电话号码不属于商业秘密和个人隐私的范畴。

"人们知道了自己的知情权,他就会明白政府对于人民有公开信息的义务。当权力随意宣布保密的时候,人们就会表示他们的不满,甚至要求权力加以公开化。"[②]政府以秘密为由拒绝公民的信息公开申请,事实上构成了对公民知情权的二次侵害,激化了公民与政府机关之间的矛盾。因此,只有明确信息公开与各大秘密的合理界限,才能理性扩大公民知情权行使过程中信息公开的范围。

其一,公民知情权与国家秘密的界限。法律对权利主体行使任何权利的保护都是有限度的。[③] 公民享有宪法和法律赋予的知情权,也应当履行宪法和法律规定的保密义务。《中华人民共和国保守国家秘密法》于 1988 年制定,其对国家秘密的界定为:"国家秘密是关系国家的安全和利益,依照法定程序确定,在一定时间内只限一定范围的人员知悉的事项。"除此之外,并未对国家秘密进行明确的界定。国家秘密与信息公开的范围并不十分明确,导致实践中国家秘密容易成为政府怠于履行信息公开义务的借口,这也使得公民知情权的行使受到人为地限缩。因此,应当制定《信息公开法》,明确公民知情权与国家秘密的界限,以此来扩大当今实践活动中信息公开的范围。

其二,公民知情权与商业秘密的界限。商业秘密指的是不被大众所知道,

---

① 参见北大法宝,http://www.pkulaw.cn/case/pfnl_1970324837849606.html? match=Exact,2017 年 3 月 8 日。

② 卓泽渊:《法政治学》,法律出版社 2005 年版,第 195 页。

③ 参见毛高杰:《论纠纷解决中法律的限度》,《四川师范大学学报》(社会科学版)2012 年第6 期。

却能给权利人以商业利润,具有实用价值,且被采取保密措施的技术信息、经营信息。[1] 认定商业秘密必须坚持以下特征:(1)非公开性,商业秘密必须是不为一般普通大众所掌握的信息;(2)非排他性,商业秘密的专有性是相对的,不排除其他人以合法的方式获得同一内容的商业秘密,如两家同类型的公司获得了同种产品的制作技术;(3)利益相关性,商业秘密与信息所有者的利益息息相关;(4)无害性,商业秘密不得损害他人合法权益,不得与国家利益、社会公共利益相抵触。因此,应当在相关法律中明确商业秘密的范围,必须是同时符合以上四点特征的商业信息才可被认定为商业秘密,行政机关在信息公开过程中也应当依法审查信息是否具备商业秘密的所有特征,不得未经审查即将商业秘密作为"口袋理由",侵犯公民知情权的行使。

其三,公民知情权与个人隐私的界限。对于个人隐私,国内外学者众说纷纭,对其界定有 20 多种,[2]借鉴张新宝先生的著作,可将个人隐私定义为:自然人享有的私人生活安宁与私人信息秘密依法受到保护,不被他人非法侵扰、知悉、搜集、利用和公开的一种人格权。[3] 而对于一些特殊群体,一味地强调对其隐私权的保护可能会损害社会公共利益,侵犯公民知情权的行使。例如,政府官员是否应当享有普通公民所享有的隐私权? 答案应当是否定的。恩格斯曾经说过:"个人的隐私应受到法律保护,但个人的隐私甚至阴私与重要的公共利益——政治生活发生联系时,个人隐私就不是一般意义上的私事,而是属于政治的一部分,它不再受隐私权的保护,它应成为历史记载和新闻报道不可回避的内容。"[4]政府官员掌握着公共资源的管理和分配,其收入状况得不到公开,公民难以享有充分的知情权,则很难让他们放心。并且,公民的怀疑并不是无的放矢,而是一个个触目惊心的贪腐案例的存在,使得公民不得不怀疑,也迫切地需要掌握更多的信息,实现其知情权。如郑州房妹案,有网友爆料郑州"房妹"一家有 29 套房,其兄名下有 14 套房产,15 岁时名下即有公司等相关情况,后经郑州市有关部门展开调查显示,二七区房管局原局长翟振峰已触犯

---

① 参见张涛、郭如瑾:《论政府信息公开与公民知情权的保障》。

② 参见周紫阳:《知情权与隐私权的博弈与平衡——从"以人查房"说起》,《学习月刊》2014 年第 2 期。

③ 参见张新宝:《隐私权的法律保护》,群众出版社 2004 年版,第 12 页。

④ 《马克思恩格斯选集》(第 18 卷),人民出版社 1964 年版,第 591 页。

法律。① 因此,对于个人隐私,立法应当按照主体不同设置一定的区别。对于普通公民,其个人隐私不侵犯国家和社会公共利益时应坚决维护;而对于国家机关工作人员,其收入状况应当透明化,应保护其除收入状况之外的个人隐私。

7. 拓宽公民知情权的行使渠道

这是立法机关、行政机关、司法机关等公权主体都应承担的一种渠道保障义务。前文已略有涉及,这里进一步展开论证。目前,我国公民知情权的行使渠道较为单一,对于信息公开部门主动公开的信息,公民可以通过报刊、广播、电视、网络等渠道获得,但是信息比较分散,有些信息流于表面,公民很难从中获得自己想得到的信息;对于依申请公开的信息,公民通常需要到行政机关指定部门提出申请并提交相关资料,虽然随着信息技术的飞速发展,公民也可通过政府网站申请信息公开,但是,政府机关通常也存在拒绝公开且不说明理由或理由笼统含糊、迟延回复等问题。为此,应当拓宽公民知情权行使渠道,为公民行使知情权提供更多选择,尤其是一些涉及公民重大利益的决策,可以让公民第一时间或较快时间内知道相关信息。

第一,健全政府电子政务网站。当前,虽然我国从中央到地方各级政府大都有自己的政府网站,并都开辟了信息公开专栏,但是信息公开仍然比较分散,且杂乱无章,不利于公民查阅。政府主动公开的信息比较分散,内容五花八门,公民难以从中找到有用的信息;对于依申请公开的信息,公民难以得到有效的指导,容易出现不知道如何申请,不知道向哪个部门申请的情况,若公民申请公开的信息分散于多个部门,其需要向多个部门提出申请,过程复杂且获得的信息未必全面准确。因此,有必要建立全国统一的信息公开网站,由中央政府信息公开部门领导各级政府信息公开部门进行建立。各级政府信息公开部门都对网站有登录和管理权限,网站按行政区划提供专栏,但所有的信息又都可按照关键词搜索引擎进行分类,即公民可以通过该网站搜索到全国内容上同一类别的信息,也可迅速地搜索到其所在的省市公开的信息。这就从很大程度上保证了信息公开内容的系统性和整齐性。同时,网站应开辟互动

---

① 参见徐伯黎:《公众知情权与官员隐私权界限在哪》,《检察日报》2013 年 1 月 10 日。

专栏,公民可通过该专栏向其所在省市的政府信息公开部门申请信息公开,信息公开部门必须作出答复,若其在合理期限内未作出答复或答复不能使公民满意,公民可通过该专栏向上级政府信息公开部门反映情况,申请其作出处理。在当今世界各国中,波兰就专门建立了波兰信息网(http://bip.ms.gov.pl),汇总了大量政府信息,几乎所有国家机关及负有向公众提供公共信息的机构都要向该网站提供公共信息,它是波兰公民获取政府信息的最主要平台。[1] 对于像中国这样一个信息大国,信息技术的飞速发展使得各种信息铺天盖地而来,且真伪难辨。因此,我国迫切地需要一个主流信息公开平台作为政府与公民之间沟通交流的平台,故应当借鉴波兰信息网,建立中国信息公开网,以此来促进公民知情权的充分行使和服务型政府的构建。

第二,完善听证制度。听证制度作为国家机关与公民之间平等沟通的制度,其本身具有独特的价值,不仅具有法律上的价值和功能,而且具有独特的政治价值和功能,是现代程序制度中正义和民主的集中体现。[2] 听证制度不仅是满足公民参与权的有效方式,也是公民知情权行使的重要渠道之一。当前,听证制度在我国可以分为立法听证、司法听证和行政听证制度三大类。公民可以通过立法听证制度在一项法律制定之前和制定过程中对相关法律法规予以了解,建言献策;通过行政听证,公民可以对与自身利益切实相关的抽象行政行为和具体行政行为进行了解,陈述意见;通过司法听证,当事人双方可以在法庭开庭前对案件事实进行陈述,对一些专业性的问题申请鉴定,很多司法鉴定也通常在这个环节提出,当事人可在开庭前对一些专业性的疑惑有所了解,这大大方便了司法活动的顺利开展。但是,目前我国不管是在立法、司法还是行政方面,听证制度普遍存在适用范围偏窄、听证程序不健全、制度效益得不到保障等问题。因此,应当健全我国的听证制度,以维护公民知情权的行使。

健全听证制度可以从以下几个方面进行:其一,扩大听证制度的适用范围,在立法、司法、行政领域,除了涉及国家秘密、商业秘密、个人隐私的事件外,公民对其他事件均有知情和发表意见的权利,特别是对于一些重大的公共建设项目,应当事先向社会公示,确认项目不存在法律纠纷,听取群众的批评

———————————

① 参见杨凤宁、陈钢:《波兰公民知情权探讨及借鉴》,《时代法学》2015 年第 5 期。

② 参见孙普玲:《我国公民知情权及其实现研究》。

建议,才能开始建设。而从我国近年来不断被群众叫停的 PX 项目可以看出,我国政府在此方面的做法亟待完善。其二,完善听证制度的告知程序,相关机关和部门应当在法定期限内将听证事项告知相关人员,类似立法听证等关乎很多人切身利益的,应当通过媒体、广播、报刊、网络等渠道进行公告。其三,确立听证主持人的中立地位,听证主持人应当保持中立性,以实现公平正义。其四,对听证结果进行监督。听证过程应保持公开性,以保证公民对听证事项、过程及结果的知情权;此外,应当制作并保存完整的笔录,听证笔录应当有参与听证的所有人员的签字,并进行有效保存,以便作为后续权利救济或追责的依据。

第三,完善政府新闻发言制度。互联网的发展使得言论流传速度越来越快,当一项新制度出台或一项重大决定作出抑或是重大事件发生时,如果相关部门不对此进行正面回应,公民对于知情的渴求往往容易被一些不法分子所利用,相关部门讳莫如深的态度也会让公民产生怀疑,增加公民与政府之间的隔阂,故完善政府新闻发言制度尤为重要。政府应当善于利用网络和媒体,公开回应社会关注的热点问题,保障公民的知情权,使一些谣言不攻自破。新闻发言制度主要应当立足于以下几个热点问题:(1)重要政策、法规的解读;(2)重大项目决策的产生及其对国计民生的利弊;(3)重要舆情和社会热点问题。[1] 只有采取措施积极回应,解疑释惑,让公民理解,才是保障公民知情权,促进法治社会、和谐社会建设的不二法门。

8. 拓展有利于公民监督权行使的信息公开范围

阳光是最好的防腐剂,满足公民知情权的信息公开,大都具有防止权力行使暗箱操作、适用潜规则的防腐反腐作用。在诸多情况下,公民行使知情权,就是为了直接监督公权主体的守法守正,或者是为了获得必要信息,为进一步行使其他公民监督权提供条件和支持。因此,一个追求有效反腐、建立廉洁政府的国家,应尽量立法拓展有利于公民监督权行使的信息公开范围。其中,对政府官员个人及其家庭财产的信息公开制度,即官员财产申报公示制度,已被一些国家的实践证明为行之有效的制度,被称为"强化社会制约(人民监督)的

---

① 参见隋成龙:《从保障公民知情权角度浅谈我国政府信息公开》,《青年与社会》2013 年第 11 期。

前提之一"①"世界公认的反腐利器",也是《联合国反腐败公约》规定的国际义务。② 国家机关工作人员和普通公民不同,因其职业的特殊性,其个人隐私应当受到一定的限制。随着公民权利意识的不断增强,国家机关工作人员财产透明化的呼声也不断提高,而我国至今未能实现国家机关工作人员财产透明化。对此,可以借鉴波兰的官员财产申报制度,波兰每年都会进行官员财产申报,且申报必须主动、详实,不能弄虚作假,财产申报范围包括:(1)现金(波兰币、外国币);(2)有价证券;(3)住房(单幢、农场、其他不动产),需要注明住房价值、大小、住房产权;(4)在公司所持有的股份,需要注明这些股份是否超过10%,是本地的公司股份还是外地的公司股份;(5)本地的法人公司收入;(6)购买的产品,需要注明时间、内容;(7)自己从事经营活动的收入(独立的还是与人合伙的);(8)作为其他商业公司的代表或合伙代理的收入;(9)是否在其他公司担任董事会成员,在其他公司就职的收入;(10)超过 1 万兹罗提(波兰货币)的动产,需要注明品牌、生产日期、型号;(11)贷款、借款、登记申明。③ 如此详实的申报和公开大大保障了公民知情权,促进了公民监督权的行使,也从一定程度上保证了官员队伍的廉洁性。我国尽管实行了一定级别的官员的个人收入和财产申报制度,但却仅是有关部门内部掌控的,缺乏对社会公众的公示性。有学者认为,严格意义上的官员财产申报制度至少有四个重要特点:一是将规定提升到法律层面,有一部官员财产申报法律,或在反腐败法中专设官员财产申报章节;二是对于申报内容进行审查的环节;三是进行公示的环节;四是对于谎报、瞒报行为进行严厉惩治的环节,一些国家(如韩国)甚至设立了瞒报罪。④ 因此,我国相关制度的建设尽管已经酝酿了 20 余年,但距离真正确立,仍然任重道远。

---

① 陈家刚:《建立官员财产申报公示制度的政治逻辑》,《领导科学》2013 年第 3 期。
② 参见林佩云:《博弈论视角下官员财产申报制度的建立路径》,《广西社会科学》2014 年第 12 期。
③ 参见杨凤宁、陈钢:《波兰公民知情权探讨及借鉴》。
④ 参见林喆:《当代中国官员财产申报制度建立的难点及对策》,《中国党政干部论坛》2009 年第 9 期。

（二）公民知情权防御权能的充分构建

所谓公民知情权的防御权能，指的是为保证公民知情权的正常行使，公民主观上可以要求或者客观上可以促使相关机关及其人员承担不得侵害公民知情权行使的不作为义务的权益享有能力。表现为根据法律规范的存在和有效实施，公民主观上可以行使对相关机关及其工作人员的"不得作为请求权"或"侵害停止请求权"的权益能力，以及客观上具有可以让相关机关及其工作人员承担一些不作义务的权益能力。尽管公民知情权整体上是受益权，侵权行为主要表现为消极作为行为，但也不排除在特定情况下，公民监督权被一些公权主体的积极作为行为所妨害。因此，知情权也应该有相应的充足的防御权能。实践中，主要存在三种严重侵犯公民知情权的积极行为：一是在公民行使知情权的请求权时，相关公权主体采取积极行动如威胁、利诱、欺骗乃至打击报复行为妨碍权利主体的权利；二是以违法政令的方式，在一定范围内封锁信息载体，大面积侵犯公民知情权；三是在公民利用特定信息媒介或平台搜索相关对公民监督有重要价值的信息时，却被相关公权力以侵犯隐私权等名义加以制裁。因此，有关立法应明令禁止这几类行为，充分构建公民知情权的防御权能。

1. 严厉禁止和制裁妨害公民行使知情权的行为

现实中，一些党员干部漠视群众知情权，不按规定公开党务、政务、厂务、村（居）务等。出现此类情况，有的是因为干部存在严重的特权思想，有的是因为维护个人和单位的不正当利益。尤其是在一些国家机关或行使一定公权力的社会组织中，相关负责人独断专行，对其部下和成员在重要问题上行使知情权的行为加以妨害，甚至打击报复，造成恶劣的社会影响。例如，由于修路，某村经历了一场大面积的拆迁。对于征地补偿款，村民极不认同，认为与自己应得款项出入甚多，要求公开征地拆迁相关事项。面对村民的合理诉求，该村党支部副书记、村委会主任刘某却置之不理，甚至组织社会闲杂人员威胁要求村务公开的村民，造成恶劣影响。[①] 目前，相关法律规定的缺乏，使制裁这种行为

---

① 参见张磊：《群众知情权，能够随意侵犯吗？》，《中国纪检监察报》2016 年 5 月 30 日。

尚缺乏直接法律依据的支持。

2. 严厉禁止和惩罚公开封锁合法信息媒体的行为

这类行为,通常由管理某一区域或领域的党政干部以非法政令的方式作出,是一种严重滥用职权护短的行为。近年来,因有关媒体(主要是报纸杂志)报道某地区的负面新闻和事件,相关报纸杂志被当地政府或相关部门下令收缴的事件几乎年年发生。被收缴的报纸杂志,上到最高党报《人民日报》,下到地方党报和有一定影响力的刊物;做出这种行为的主体,既包括乡镇级政府、县级政府及其职能部门,也包括地级市政府及其职能部门。通常是一声令下,众多人员齐出动。这种行为方式,不仅严重侵犯了相关新闻媒体的舆论监督权,大面积侵犯了公民的财产权,更严重侵犯了公民的知情权。这种非法收缴合法报刊的行为,体现了相关官员对公民知情权的恐惧和漠视,也体现了部分官员对法律的极端漠视,因此应作为法律严厉制裁的对象。尽管法律在事实上赋予了相关媒体和公民个人分别立足于舆论监督权和财产权的控告权,但通常是前者不便行使,后者也不愿行使;因而,保护公民监督权的立法应确认和保护相关公民及其社会组织立足于知情权的举报权和控告权。

3. 禁止和防范侵害公民自行收集必要信息的行为

公民知情权的充分实现,不仅靠国家公权主体主动公开大量信息,或者公民向公权主体申请得到相关信息,还包括公民依法享有在公共信息平台上搜集、获取和传播必要信息的自由,否则,公民的知情权就是残缺不全的。近年来,利用网络媒体进行的所谓"人肉搜索",尽管有些时候存在侵犯公民隐私权或商业秘密的现象,但其中也包含了一定的合理内容,即公民通过这种信息上的相互交流和协助取得必要的信息,尤其是官员不正当的行为或财产信息,进行舆论监督或行使其他监督权。在一定意义上,这也是我国信息公开不到位和官员财产申报公示制度催生的"信息自助行为"。在现代网络技术导致的大数据时代,根据大数据信息源的类型,可以把关于政府官员行为的信息分成三类:结构型数据、半结构型数据、非结构型数据。其中,结构型数据主要是指有关部门收集和提供的信息,主要涉及与官员行为或财产相关的银行、税务、公安、房产、金融与国土,这类信息的结构相对稳定,格式相对清晰。而半结构型数据与非结构型数据主要是指由公民个人在社交过程中留下的"数据足迹"和公众参与而来的"数据反馈",它们一般是通过微博、微信、QQ、论坛与贴吧等社交网络平台出现。之所以将其划归为半结构或非结构型数据,主要是由于这类信息并不是传统意义上的可格式化信息,它们没有固定的结构,可能是一张图片、一段语音视频等信息。[①] 由于关于官员行为信息的这些结构性信息在我国多是不公开的,一般民众难以知悉,因此,民众只能对半结构型数据或非结构型数据产生强烈的兴趣,在认为必要时进行搜集、整理、交流,以期待掌握官员的一定信息,对官员行使必要监督权利。这种信息的搜集、整理和交流,虽然可能会发生一定的主观臆断、扭曲和放大的情况,但在整体上并非都是违法的。尽管其可能和一些官员的个人和家庭隐私发生冲突,但也只能合理规制与引导。实践中,一些地区借助不合理的地方或部门立法,对公民这种信息自助行为进行简单地禁止、打压、制裁,从根本上体现了对公民知情权的漠视和打压,因此,要想真正保护公民知情权的法律,对这类行为也要进行法律规制。

二、 公民批评建议权本体权能的充分构建

公民批评建议权[②]是受益权能和防御权能都比较均衡的权利,但我国目前公民批评建议权的行使,一方面是其积极权能得不到充分的体现,权利诉求的范围狭窄,渠道不畅,多无果而终;另一方面是防御权能也严重不足,发挥不了应有作用,权利行使人动辄被冠以侵犯名誉权送上法庭并败诉,或被冠以诽谤罪遭受拘捕和刑事责任追诉。可以说,当前我国公民批评权、建议权的行使,处于渠道不畅、效果不佳、保护不力、权利行使存在巨大风险的尴尬状况。具体分析公民批评建议权的受益权能和防御权能的充分构建,对完善相关立法,进行必要的法律制度创新,畅通公民行使批评权和建议权的渠道,为公民批评权、建议

---

① 参见邱安民、胡杨成:《大数据思维下的官员财产申报制度研究综述》,《中国管理信息化》2017 年第 2 期。

② 如前所述,批评权、建议权是公民监督权中相对具有较大"柔性"的权利,也是目前立法保护相对更加稀缺的两种权利。尽管它们在内容和行使形式上也存在较大差别,但两者的性质相近,内容和特点有较大交叉性和共性,故将它们放在同一段落内讨论,并采取批评建议权的统一概念表述。

权行使提供完善的制度和程序保障,具有重要的理论和现实意义。

(一) 公民批评建议权受益权能的充分构建

公民批评权,本质上属于公民及其社会组织行使公共批评的权利。所谓公共批评,是指公众对现实中公权主体的公共政策、公共事务等不满意而表达否定或质疑,就其不合理、违法违规的行为和现象予以公开呈现、揭露与评判。其主体包括公众和新闻舆论媒体,并互为支持。公众和媒体进行批评的动机和目的,既可以是维护公共利益、公共秩序,也可以是维护特定的个人和组织的正当权益,或二者兼有。其对象主要是"国家机关、政府官员、国家提供经费的各类团体组织、企事业单位和其他参与到公共生活领域的社会知名公众人物"[1]。广义的公共批评含义很广泛,它包括对政府或官员的违法、不正当行为的控告,还包括对其行使公权力行为是否正确的评价,建议其改进等。"而对不正当行使权力行为的理解也不能只局限在官员的贪污腐化、权力滥用等行为,还应该放宽到权力的不当行使、决策失误等行为,甚至是要将官员不符合社会公德的行为也囊括其中。因为官员的个人品德直接影响到他们执行法律、服务于公共利益的品格,是官员适任性的一个构成要素。"[2]事实上包含了面向社会公众的公开控告和狭义的批评建议权。建议权则是指公民向公权主体,就改进相关工作,促进政治、经济、文化和社会发展,提出意见、倡议和方案等的权利。它通常与批评权结为一体,也可独立出现,但整体上也可以被纳入广义的公共批评范畴之中。公民行使批评建议权的表达方式具有多元性,既有专门法定程序保障式的,也有公共媒体舆论监督式的。由于专门法定程序设定的不足,后者成为目前我国公民行使批评建议权的主要方式。尤其是,随着互联网的普及,网民参与公共发言和公共生活的积极性不断高涨。其中最典型的形式有网络爆料、网络调查、网络曝光、网络拍砖、网络举报、网络问政、网络围观等方式,这些方式被称之为"网络监督"式公共批评。故而,公民批评建议权与公民舆论监督权之间形成了一为内容、一为主要表达方式的交叉竞合关

---

[1] 姚泽金:《公共批评与名誉保护——论公共诽谤的法律规制》,第 17 页。

[2] 陆武:《从"长治现象"看党报舆论监督的困境及走向》,《湖南大众传媒职业技术学院报》2014年第 4 期。

系。下文偏重于公民批评建议权的基本属性和内容,来分析受益权能的充分构建问题。

1. 拓展公民批评建议权的法定行使领域

目前,我国公民批评建议权尤其是建议权的法定行使领域还非常有限。且不说对官员名誉权的实质性宽泛保护、对诽谤罪和寻衅滋事罪的宽泛适用,在一定程度上严重限制了公民行使批评权的程度和范围,公民建议权真正被法律提供明确的实体和程序保障的,非常稀少。一些与公民切身利益息息相关的法律却未确认公民对相关事务的批评建议权。在立法领域,除了《立法法》确认了公民法规违宪审查建议权,各级权力机构的立法有时也会发布立法文稿的征求意见稿外,通过举行立法听证等方式征求民众建议,整体上还处在"可以"而不是"应当"的立法主体自由裁量决定的状态。在行政立法领域,立法意见稿的广泛意见征求和举行立法听证程序更处在立法主体自由裁量的权限范围内。在行政执法领域,尽管有数十部国家层面的法律规定了行政主体必须接受公民的批评和建议,但由于缺乏基本的启动程序和运作机制,导致重大行政决策、处罚、强制措施对公民建议权的接纳程度也很低,行政听证的运行议程决定权随意,缺乏公开性,听证结果约束力弱。[①] 在司法领域,有很大合理性的受害人量刑建议权制度至今被排除在《刑事诉讼法》之外。目前,在一定场合下实践的允许受害人发表量刑意见的制度设计,根本不具有量刑建议权的权利属性,更缺乏刚性的效力。[②]

2. 拓展公民批评建议权行使的法定渠道或平台

目前,公民批评建议权行使的法定渠道或平台明显缺失,每一个具体领域的立法应该在明确公民对相应事务享有批评权、建议权的基础上,进一步通过法律实施细则或其他下位法,明确该领域接受公民行使批评建议权的义务主体、程序和实体上的具体义务。传统的公开征求意见渠道、听证会渠道应在更大范围内被采用;而新媒体的出现,也要求公权主体在相关网站上公开设定接受批评和征求建议的平台,并真正形成答复回应机制。这种主动接纳和回应性的公民批评

---

① 参见石瑛、朱孟才:《完善行政决策听证的策略选择》,《社会科学战线》2012 年第 6 期。

② 参见韩轶:《论被害人量刑建议权的实现》,《法学评论》2017 年第 1 期。

建议权渠道或平台,既是公民行使监督权的有效保障,也是防止过激化舆论监督事件的有效对策。目前,应有效完善的重要制度包括以下几个方面。

第一,完善人大代表联系群众制度。人大代表联系群众制度是当前公民行使批评建议权的重要渠道,公民可以通过向人大代表反映情况,陈述意见,获得人大代表的支持,由人大代表在人民代表大会上提出公民的利益诉求,以促进公民的利益诉求更好地实现。而当前我国人大代表联系群众制度并不完善,人大代表与人民群众之间还存在一定程度的脱节,因此,应当健全和完善人大代表联系群众制度,为公民批评建议权的有序行使提供更为广阔的渠道。完善人大代表联系群众制度,应当从以下几个方面入手:(1)加强公民对于本地区人大代表的了解。中国特色的间接选举制度适合中国国情,并且具有其独特之处,但是也存在一定的弊端,其不像直接民主式的竞选,选民与候选人之间有足够的了解,中国不存在竞选程序,故选民对于候选人往往不够了解。因此,人大代表应当加强与公民之间的沟通与联系,可以定期到群众中去考察,定期召开群众座谈会,加强与选区公民的沟通与交流。(2)人大代表应当提高自身责任感和使命感,切实履行职责。人大代表在遴选之初就应当将其思想品德、服务意识作为入选的重要内容,人大代表应当全心全意为人民服务,对于公民的批评建议谨慎作出处理,切实反映群众诉求。(3)健全人大代表联系群众的方式。人大代表在入选之初就应当公布其办公室地址、办公室号码,以便接待公民来访。随着信息技术的发展,人大代表还可以通过微信、微博、QQ等社交网络平台与公民进行沟通交流,切实听取人民群众意见并作出处理。(4)健全人大代表履职情况监督。对于人大代表的履职情况,也应进行合理的监督。可以通过量化指标为主,公民满意度调查为辅的方式对人大代表履职情况进行考核,即将人大代表在职期间与群众的联系程度、反映群众批评建议的次数、调研的次数等纳入人大代表履职情况评估表,并且可采用抽样调查的方式对其选区内的选民进行满意度调查,将人大代表履职情况评估表和满意度调查联系起来,作为对人大代表履职情况的考核,并且在下一次人大代表选举时进行公布。

第二,完善听证制度。听证制度不仅是公民知情权行使的重要途径之一,同时也是国家机关与公民在中立的第三方主持下进行沟通交流,前者听取后者批评建议的重要渠道之一。对于当前我国听证制度的不足和完善的问题,已在上一节有所论述,在此不多赘述。

第三，开辟网络批评建议专栏，建立双向沟通互动机制。随着信息技术的飞速发展，网络进入寻常百姓家，其即时性、快捷性、交互性等特点带给了人们无穷的便利，电子政务也由此兴起。因此，为方便公民批评建议权的行使和保证国家机关及时有效进行答复，更促进其他公民对这一过程进行监督，可在各地区政府网站下专门开辟一个网络批评建议专栏。政府应专门安排人员对该专栏进行构建，收集公民的批评建议，转达给有权机关，并反馈有权机关的处理结果，保证该渠道切实成为保障公民行使批评建议权的重要渠道。可以从以下几个方面对该网站予以构建和监督。首先，在网站设置登录程序，登录需要记录公民的必要信息，如姓名、性别、身份证号、联系方式、住址。对于在该网站提出批评建议意见的公民，其首先必须登录。此设置一方面规制公民的行为，防止公民肆意利用网络，无的放矢，另一方面也方便网站负责人将公民批评建议权行使情况转述给公民。其次，规定适当的回复期限，即该网站至少应当在多长时间内对公民批评建议权行使情况给出反馈意见。最后，公民对于逾期不给回复或者回复不满足公民要求并且未说明理由的，仍可继续主张权利，并且可以向其主管部门投诉，若投诉得不到处理，则公民可以提起行政诉讼。

3. 明确相关公权主体对公民批评建议权的回应答复职责

公民批评建议权的受益权能虚置化的根本标志，是法定的公民批评建议权行使渠道不畅，法律也没有明确设定或者有力保障特定公权主体承担相应回应或答复义务的机制。这种情况下，相关制度的空转也就是一种必然。我国公民仅对与宪法或者法律相抵触的行政法规、地方性法规、自治条例和单行条例享有提出违宪审查建议权。这一制度设计起始于 2000 年的《立法法》，体现了公民建议权行使的最高法律层次，也是公民基本权利对抗不当立法权能得到一定程度主观化的基本体现，对我国公民监督权的有效行使具有重要的推进意义。2003年广州发生孙志刚案件，引发部分法学学者对全国人大常委会提出了关于审查《城市流浪乞讨人员收容遣送办法》的建议书，开启了公民力图推动该制度运行的历史。目前，这一制度在空转数年后，已经初步激活。但如前所述，还必须基于登记受理反馈制度、初步审查制度和实质审查制度的具体构建，进一步明确规范全国人大常委会相关工作机构的多阶段的回应答复职责，通过进一步明确规定其对公民建议权的回应和答复职责，强化我国公民建议权在公权主体面前的刚性制约力。这种涉及国家最高权力主体的制度,是具有极大示范效应的。可以说,相关公权主体回应和答复义务的确立和履行,将对我国公民批评建议权的行使,对我国法规违宪审查机制的运行起到根本的推动作用。

(二)公民批评建议权防御权能的充分构建

尽管公民批评建议权行使引发的利益对抗没有控告权、检举权所引发的利益对抗严重,但由于批评建议权尤其是批评权的公开行使关涉有关国家机关及官员的声誉,而声誉关涉有关官员的仕途,因此,公民因行使批评建议权而遭受妨害、打击报复和其他对抗行为的概率甚高。这决定,法律必须充分确认和保护公民批评建议权的防御权能。

由于批评权的行使极易引发批评对象及其利益相关人的打击报复和其他妨害行为,因此,相关法律明确规定公权主体不得进行这种作为的消极义务,是必不可少的。更根本的问题还在于,由于批评权多以公开的形式进行,而公开批评意味着公开对公权主体进行负面评价,负面评价则意味着对一个人的名誉产生消极影响,或产生负面的社会影响,加上批评的事实可能存在一定出入,而被批评对象通常还没有足够明显的违法犯罪事实被有关机关及时调查追究;于是,利用民事上的名誉权保护制度,行政法上的治安处罚制度,刑法上的诽谤罪、寻衅滋事罪和危害国家安全罪等罪名设定,"合法"地对抗、反击公民批评权行使行为,已成为一些公权主体的"法律"武器。我们不能否认,的确有个别公民打着行使批评权、舆论监督权的幌子,故意捏造事实,恶意攻击批评有关公权主体,制造社会事端,严重危害社会秩序,因此应该承担相应法律责任。但是,由于我国民事名誉权立法和民事司法实践的明显缺失,更由于我国行政立法、执法和相关刑事立法、司法的明显不足,一些具有权力优势的公权主体可以轻易影响乃至直接动用司法权力,"合法"地打击应该受到保护而不应该承担法律责任的行使批评权的公民,使他们轻则败诉赔偿,或遭受行政制裁,重则身陷囹圄。

因此,我国公民批评建议权防御权能充分化的最根本问题是,通过一系列法律制度和司法实践的完善,严格厘定公民正当行使批评建议权、舆论监督权与名誉侵权行为、危害公共安全行为、诽谤犯罪、寻衅滋事罪和危害国家安全犯罪的界限,建立对公民行使批评建议权、舆论监督权相对宽松或倾斜保护的法律制度和文化,而不是反其道而行之。诚如党和国家的最高领导人多次明确强调的,对待来自公众和网络的批评,"只要出发点是好的,就要热忱欢迎,对的就要积极采纳。即使一些意见和批评有偏差,甚至不正确,也要多一些包容、多一些宽容,坚持不抓辫子、不扣帽子、不打棍子"①。借鉴国内相关学者的研究成果,可以认为,要做好这种在一定程度上倾斜保护公民批评权、舆论监督权的界限界定,必须处理好如下几个方面的问题。

1. 必须明确公权主体的名誉因公民监督权而消灭或受限

所谓名誉权,是人们依法享有自己所获得的正面的社会客观评价和声誉并排除他人侵害的权利。名誉权主要表现为名誉利益支配权和名誉维护权。必须明确,与公民批评权相关的名誉权属于两类特殊主体的名誉权,第一类是国家机关等单位公权主体,是根据宪法和法律设立的管理国家事务及其相关事务的公法人机构,它们享有名誉,但却不享有民事法律意义上的名誉权;②第二类是国家机关工作人员等个人性公权主体,是依据宪法和法律,受人民委托从事公共事务管理的人员,他们享有名誉权,但因为特殊地位而必须受到特殊限制。③ 批评确实不同于褒奖或赞扬,其所陈述的必然是对某一机关或者

---

① 《习近平在知识分子、劳动模范、青年代表座谈会上的讲话》,新华网,http://www.xinhuanet.com/politics/2016-04/30/c_1118776008.htm,2016年4月26日。

② 较为公认的观点是,国家机关作为公法人肯定是有名誉的,因为它涉及国家机关的公信力和社会评价。但是,国家机关在接受监督时不能享用名誉权。赋予政府机构名誉权所可能击中的恰恰是民主的心脏,因此,对政府机构的批评,应当受到宪法言论自由条款的最妥善、最严格的保护。参见侯健:《舆论监督与名誉权问题研究》,北京大学出版社2002年版,第147页。

③ 较为公认的观点是,官员的名誉具有公共物品属性,因此,不可能像纯粹私人的名誉那样享有独占性权利,它当然得受限制。参见林爱珺:《论公共利益原则对官员名誉权的限制》,《新闻记者》2006年第5期。还有学者认为,一个人一旦选择成为公仆,其生活环境将不可避免地因被监督而受影响,其名誉权的维护也将因被监督而不可避免地弱化。同时,公职人员可以通过其他渠道恢复名誉,不能占用宝贵的司法资源。司法资源作为一种公共资源,是解决纠纷和争端的最后保障,因此必须避免浪费。而公职人员由于所处的特殊地位,使其有更多的渠道,不论是通过官方发布还是接受媒体采访,都可以对公众的批评进行答辩与辩解,从而达到维护自身合法名誉的目的。在现实生活中,官员通过自身的地位和掌握的资源完全可以在自身名誉受损的情况下恢复自身的名誉,而如果再允许其通过司法途径来解决其与公民之间的名誉权纠纷,甚至不惜动用刑法为其名誉保驾护航,将严重打击民众对政府和官员批评监督的热情,而且会使得本已经相当稀缺的司法资源被占用,这类案件的增多甚至还会有损民众对司法公正和独立的评价。参见姚泽金:《公共批评与名誉保护——论公共诽谤的法律规制》。

某一个人的负面评价,此即公民批评权与名誉和侵犯名誉权纠纷产生联系的地方。但正当行使公民批评权与侵犯名誉权纠纷显然存在区别:(1)行使公民批评权针对的是国家机关及其工作人员与职务活动有关的行为,而侵犯名誉权纠纷侵犯的则是一般法人或公民的所有行为;(2)行使公民批评权主观上带有中立性,是针对某一客观事件的中立评价,而侵犯名誉权主观上带有负面性,带有主观恶意;(3)行使公民批评权的规制对象是公权力,而侵犯名誉权的保护对象则更倾向于私权利。这就意味着:第一,任何公权力单位主体因为公民及其社会组织的批评而主张民事上的名誉权保护都是荒谬的。第二,对任何公权力成员主体而言,只要是针对其已经发生的或正在进行的行使公权力的行为或者与其有内在关联性的行为进行批评监督,哪怕是具有一定信息失实、评价偏激的情况,只要不是主观恶意捏造和攻击的,也不涉及个人名誉权问题。第三,故意捏造事实攻击公权主体的,如果针对的是公权力单位主体,且造成较严重或严重社会后果的,可以适用于行政处罚和相应刑事责任追责;如果是针对公权力成员主体的,可以进行民事救济和自诉性质的诽谤诉讼,且主观恶意需由官员负举证责任。

因此,对于公民批评权与国家机关及其工作人员名誉权纠纷,可以这样作出处理:一方面,国家机关等公权主体虽然属于公法人,但由于其公共性,其与公民之间本身就存在监督与被监督的关系,故公民对国家机关的负面言论不能适用侵犯名誉权纠纷来处理。确实存在恶意煽动之嫌的,由刑法等其他法律进行规制,但要审慎适用。若适用侵犯名誉权纠纷,则不仅浪费司法资源,且国家机关因享有国家权力而处于优势地位,存在打压批评者、破坏司法制度之嫌,而国家机关利用司法机关打压提出批评的公民,最终导致的是对中国法治的破坏和践踏。另一方面,应当在民法名誉权保护中特别提出国家机关工作人员有限制的名誉权这一概念。之所以提出这一概念,一方面可以提醒国家机关工作人员,其具有主动接受公民监督的义务;另一方面能够向公民彰显国家机关工作人员主动接受批评的决心,提高公民有序参与政治生活的积极性;最重要的是能够对司法实践起到一定的指导作用,明确立法者保护公民合法批评权的决心,指导司法者对公民合法权益进行积极捍卫。

2. 必须严格区分公民行使批评权与刑法上诽谤罪、寻衅滋事罪等罪名的界限

这是公民批评权对国家刑事司法权力应具有充分的防御权能的必然要求。如前所述,在一个时期内,诽谤罪刑事追诉尤其是公诉性的刑事追诉,被一些官员作为打压公民批评言论,掩饰自身过失的手段,曾经制造了一系列影响恶劣的案件,以至于公安部不得不在2009年4月下发相关通知,强调侮辱、诽谤案件一般属于自诉案件,应当由公民个人自行向人民法院提起诉讼,只有在侮辱、诽谤行为"严重危害社会秩序和国家利益"时,公安机关才能按照公诉程序立案侦查。这种内部通知性规范,尽管实践中会起到一定的作用,但毕竟不是国家基本法律赋予公民基本权利的应有权能。法律应明确规定如下规则:针对国家机关等公务人员的公务行为或相关行为,基于一定事实进行批评,或者将相关虚假事实认定为真实事实加以扩散,或者将某种相关虚假事实进行扩散但无损害他人名誉的故意而是出于公共义愤的,都不构成诽谤罪;只有当行为人针对官员相关行为陈述的虚假事实没有任何根据,全部内容均为捏造,而且陈述虚假事实的唯一目的是毁损其名誉,没有任何其他正当目的时,才能认定为诽谤罪。而只有这种行为确实"严重危害社会秩序和国家利益"时,才能启动公诉程序。

鉴于2013年9月"两高"相关司法解释发布后,网络言辞型寻衅滋事犯罪的刑事追诉又成为公权主体打击批评言论的重要手段,出现了一些引起民众广泛批评的"案例"。因此,关于"两高"该解释相关条款的适用更应慎之又慎,尤其是在2015年8月《刑法修正案(九)》,通过增加《刑法》第291条第2款,增设了编造、故意传播虚假信息罪后。为避免公民有一定正当性的批评行为被陷入刑法缧绁,应该做到:第一,所谓虚假信息应严格认定,只能是完全没有事实根据的故意捏造的谣言,且应限定在"事实的描述"上;第二,主观上必须具有捏造事实、起哄闹事的故意,不能把维护自己或他人正当权益的一些过激行为认定为起哄闹事;第三,将造成"公共秩序严重混乱"之危害结果的认定严格限定在社会现实场所中的公共秩序,摒弃所谓造成"网络公共秩序严重混乱"并以点击、转发次数与信息传播范围作为认定标准的乱用司法解释的做法。

3. 应赋予公共批评主体特殊的抗辩权能力

这种特殊抗辩权能力,本质上是赋予公民批评权有效防御那些借助司法手段对抗权利行使的特殊防御权能。针对公民批评权的行使在实践中往往被冠以诽谤罪、寻衅滋事罪等罪名,而与之相伴而来的往往是公民面临无穷无尽的官司和麻烦,甚至有可能面临牢狱之灾。故为了安抚公民,促进公民积极行使宪法赋予的权利,使其批评权的行使无后顾之忧,应当赋予公民一定的防御性权利,即能够从一定程度上阻却被批评者对公民冠以诽谤罪、寻衅滋事罪等罪名的权利。英国在 1999 年的"雷诺兹诉泰晤士报案"中确立了这一权利。[①]欧洲人权法院也于 20 世纪 80 年代通过一系列判例确定了政治言论自由和"公众共同关注之事务"讨论的优先保护。因此,为促进言论自由和公民批评权的有序行使,我国应当借鉴发达国家的相关制度,确立我国的公民批评权保护制度,即公共批评主体抗辩权。公共批评主体抗辩权是公共批评主体的一项防卫性的权利,即通过设立"真实抗辩、公正评论抗辩、特许权抗辩、公共利益抗辩"制度,规定对于被告人发表的不实言论,能够证明一般公民都会如此认为,并不存在故意捏造事实行为的,不得对该公民作出不利处理;能够证明该言论是对于某一事实的评论,而不是事实本身,评论具有事实依据的,不得对该公民作出不利处理;能够证明该言论有客观准确记录的公务行为、官方文书或出自权威信息源的,不得对该公民作出不利处理;能够证明该不实言论与公共利益密切相关的,不得对该公民作出不利处理。[②] 并且只要不存在故意,即使该言论因为部分不实或观点偏激而对国家工作人员的名誉造成一定的减损,也不构成诽谤,国家机关工作人员可通过其他途径公开、解释并还原实际情况,一般的名誉损害应当是其作为公职人员所应承受的。

三、 公民申诉、控告权的本体权能构建

《宪法》第 41 条规定的公民申诉权、控告权,是我国公民监督权体系中两

---

① 参见王伟亮等:《负责任报道与媒体特权免责的平衡:论英国诽谤法中特权免责对我国的启示》,中国政法大学出版社 2013 年版,第 87 页。

② 参见姚泽金:《公共批评与名誉保护——论公共诽谤的法律规制》。

种具有鲜明救济属性和程序属性的权利。这两种权利的指向对象或客体，都是国家公权主体行使公权力的行为及其相关行为，由此决定，这种控告权是狭义或特定意义上的，不包括公民对私人主体的控告权。所谓申诉权，是指公民对国家公权主体作出的已发生法律效力的关涉自身或利益相关人的特定权益的决定、判决和裁定不服，向有关国家机关申述理由，请求重新处理、改变原裁决的权利。其权利行使的目的主要是改变权利人认为错误的裁决。目前在我国，申诉权的行使主要可以分成两大类：一是非诉讼性申诉，主要指行政申诉，又具体包括行政内部处理申诉（含公务员行政处分申诉、教师行政处分申诉等）、行政复议和其他行政申诉；二是诉讼性申诉，又具体包括诉讼中的裁决申诉和审判裁决申诉两大类。所谓控告权，是指公民对公权主体侵犯自身或利益相关人的一定人身权、财产权和其他权利的行为，向相关部门控告要求启动相关追究程序，确认其行为违法并追究其法律责任的权利。其权利行使的目的既包括改变相应处理决定和裁决，也包括对违法行为主体的违法性质的确认和法律责任追究，但在不同的控告中有不同的侧重，或者两个并重。按指控对象划分，控告可分成对机关单位的控告和对人员的控告；按法律领域划分，又主要包括行政诉讼控告、刑事控告、司法监督控告和监察控告等。其中，行政诉讼控告是针对机关单位的控告，刑事控告是针对机关人员的控告，而其他违法控告则兼有两种情况。显然，为救济私人性权益，权利行使的客体是公权主体违法失当的决定或行为，启动某种程序要求有关机关经过查证确认其违法或不当、作出矫正或追责，是两种权利的共同点。正是基于这些共同点，可将它们统称为申诉、控告权，并进行一体分析为主，同时兼顾个性分析的基本权能构建论证。

申诉、控告权作为救济性权利，在基本权能的内涵和属性上主要包括获得赔付权能和获得公力救助权能。但是，由于两种权利已经被宪法规范确认为公民基本权利，我们将立足于这种权利的正常享有状态，把这些权能整体上看作其所应有的本体权能，从防御权能和受益权能的分类进行分析；同时，在后文探讨其自身应该还要具有的再救济权能问题。

（一）公民申诉、控告权受益权能的充分构建

突出的救济权利属性，决定在公民申诉、控告权的本体权能中，受益权能占主导地位。作为程序性权利，其程序性的受益权能又是根本。而我国现行有关法律，对一些公民主要申诉、控告权的法律确认和保护，恰恰是在相应程序义务设定方面存在较大的问题。这里，既有现有制度具体规则尤其是程序实施规则设计的不足，也有制度运行的责任保障问题，更有一些重要申诉、控告权制度的根本缺失。

1. 应立法完善两类行政申诉的程序规则

目前，在行政申诉方面，除了行政复议的程序规定在实体性规则和实施性规则方面比较具体外，其他行政申诉的程序规定都存在严重不足。其中，行政内部处理申诉尽管在实体性规则方面有明确的规定，但在实施性规则的规定方面却存在严重不足。而其他行政申诉，则在实体性和实施性规则方面的规定都严重缺失。所谓实体性规则，是指在什么条件下进行什么救济行为（含申诉、控告、诉讼等行为）的规则，它的基本结构形式是："如果出现甲情况，那么就乙选择，否则就是丙选择。"所谓实施性规则，是指规定如何实现实体性规则的内容规则，它的基本结构形式是："谁来做，怎么做。"两种结合才构成完整的程序规则。① 其中，前者确定的是申诉、控告的客体，即可以对哪一类行为及其结果进行申诉和控告；后者确定的是各种行为主体和行为规则，如申诉、控告的启动者、受动者、裁决或处理者和救济者，申诉、控告行为的方式、期限、证明责任、证明标准、证明方式、改变或撤销或否定原裁决和追究法律责任的标准、裁决的方式和告知方式，等等。我国行政内部处理决定的申诉法律规定，在实施性规则方面，远远没有达到此标准，这给了申诉处理机关很大的自由裁量权。而其他行政申诉，诸多情况下连实体性规则都没有，遑论严密的实施性规则。如通过信访渠道进行的申诉，其所为程序多是规定了受理、转交、移送等协调处理程序，有关真正处理问题的行为规则严重缺失。因此，必须强化对后

---

① 参见锁正杰：《刑事程序的法哲学原理》，中国人民公安大学出版社 2002 年版，第 39、45 页。

两种行政申诉程序的行为规则的规定,切实强化相应行政申诉权的受益权能,促使有关行政主体承担符合实质正义和程序正义的职责。

2. 应进一步完善诉讼中申诉的实体规则和程序规则

我国目前的三大诉讼制度的诉讼申诉,在审判裁判申诉方面都确立了申请法院再审申诉和申请检察院抗诉申诉制度。这种被称为审判监督程序的制度,在实体规则和程序规则方面有了较明细的规定,但主要体现在司法解释规则层面,法律规范的层次较低。而对诉讼中裁决的申诉制度,尤其是刑事诉讼中裁决申诉制度,整体上处在很不完善的状态。

其一,一些涉及公民重大权益而应该设定申诉制度的决定、裁定,根本就没有设定申诉制度。如拘传决定、取保候审或监视居住的决定、逮捕决定、拘留决定、驳回申请取保候审的决定、不同意犯罪嫌疑人聘请律师的决定、检查决定、搜查决定、扣押决定,等等。

其二,有些制度虽然规定了简单的实体规则,但对实施规则却根本没有明确具体的规定。例如,(1)对驳回申请回避的申请复议制度(《刑事诉讼法》第31、32条)。具体规定为:"对驳回申请回避的决定,当事人及其法定代理人可以申请复议一次。""辩护人、诉讼代理人可以依照本章的规定要求回避、申请复议。"(2)辩护人、诉讼代理人认为公安机关、人民检察院、人民法院及其工作人员阻碍其依法行使诉讼权利的申诉或控告制度(第49条)。具体规定为:"辩护人、诉讼代理人认为公安机关、人民检察院、人民法院及其工作人员阻碍其依法行使诉讼权利的,有权向同级或者上一级人民检察院申诉或者控告。人民检察院对申诉或者控告应当及时进行审查,情况属实的,通知有关机关予以纠正。"(3)当事人和辩护人、诉讼代理人、利害关系人对于司法机关及其工作人员违法采取强制措施的两级申诉和控告制度(第117条)。具体规定为:"当事人和辩护人、诉讼代理人、利害关系人对于司法机关及其工作人员有下列行为之一的,有权向该机关申诉或者控告:(一)采取强制措施法定期限届满,不予以释放、解除或者变更的;(二)应当退还取保候审保证金不退还的;(三)对与案件无关的财物采取查封、扣押、冻结措施的;(四)应当解除查封、扣押、冻结不解除的;(五)贪污、挪用、私分、调换、违反规定使用查封、扣押、冻结的财物的。""受理申诉或者控告的机关应当及时处理。对处理不服的,可以向同级人民检察院申诉；人民检察院直接受理的案件，可以向上一级人民检察院申诉。人民检察院对申诉应当及时进行审查，情况属实的，通知有关机关予以纠正。"(4)被不起诉人对不起诉决定的申诉制度(第181条)。具体规定为："对于人民检察院依照本法第一百七十七条第二款规定作出的不起诉决定，被不起诉人如果不服，可以自收到决定书后七日以内向人民检察院申诉。人民检察院应当作出复查决定，通知被不起诉的人，同时抄送公安机关。"显然，这些规则对相关申诉制度的期限、举证责任、举证方式、作出新裁决的标准都没有明确的规定。

其三，这些制度多设定原处理机关为唯一的或首先的申诉受理和处理机关，如第(1)(3)(4)种制度设计。这导致申诉处理的中立性原则较弱，申诉走过场的情况多。

其四，各种制度规定都没有明确规定如申诉成功的法律后果或法律责任，尤其是没有设定侵权行为或原有裁决违法无效所导致的程序无效和后续程序无效等重要法律后果或责任。这导致在司法实践中大量本应无效的行为事实上发生法律效果。[①]

因此，我国刑事诉讼中申诉制度的完善应包括如下几个方面：扩大申诉制度的适用范围或客体，给当事人更多的救济机会；进一步明确相关程序实施规则的要素，引入听证或听诉程序；避免原裁决机关自我受理申诉的制度设计，实行上级机关和异体监督机关受理申诉的制度，将审判机关裁判行为引入侦查、提起公诉阶段，受理和裁决二次申诉，并作出终局裁定；必须根据无效诉讼行为的不同情况、不同的错误决定是否构成侵权行为，科学设定其对应的实体责任，明确申诉改变原裁定的法律后果或责任，规定侵权行为或原有裁决无效引发的实体后果，尤其是程序无效或后续程序无效的后果。

3. 应完善各种针对公权力控告制度的程序规则尤其是实施性规则

其一，目前我国的行政控告虽然已经构建了较为完备的行政诉讼制度，但仍有一些明显的不足，现实运行也受到一些权力体制的困扰。主要是受理案件的范围较窄，而且经常可以为一些土规定和实际做法所限制或克减。再加

[①]　参见姚正祥：《论犯罪嫌疑人的申诉和控告权》，《安徽大学学报》(哲学社会科学版)2003年第1期。

上因法院设置和管辖体制的限制,行政机关或负责人对法院行使独立审判权的不当干预和影响时有发生。目前,在全国一些地区试点进行的行政案件跨区域管辖改革值得期待。

其二,我国对国家工作人员及相关公权力人员的刑事控告,目前整体上也存在一些明显不足。这种控告,由人民检察院和监察委员会的相关职能部门如控告申诉部门、反渎职侵权部门、侦查监督部门、公诉部门等机构受理、初步调查、侦查和收集证据、审查决定、提起公诉。目前的制度设计对公民控告权主体性的接纳存在不够充分的问题。信息反馈,决定的意见征询,尤其是不采取强制措施或不予起诉的制度并没有确定真正的控告人或受害人有效异议制度。其中,对不采取强制措施没有任何异议制度的设计;对不予起诉制度的异议制度,在实施规则上尚存在明显的不足,如没有引入必要的听证或听诉制度。而直接自诉权的确认,也大大加重了控告人作为受害人的诉讼负担,并非保护公民行使对公权人员控告权的有效制度设计。

其三,我国的司法监督控告,制度设计复杂多变,严重不统一,亦缺乏有效运行机制的保障。以刑事司法监督控告制度为例,辩护人、诉讼代理人认为公安机关、人民检察院、人民法院及其工作人员阻碍其依法行使诉讼权利的,有权向同级或者上一级人民检察院申诉或者控告;当事人和辩护人、诉讼代理人、利害关系人对于司法机关及其工作人员违法采取强制措施的,则有权向该机关申诉或者控告。对处理不服的,可以再向同级人民检察院申诉,其中人民检察院直接受理的案件,可以向上一级人民检察院申诉。两者的不统一是显而易见的。这些制度的缺失还在于:其对控告或申诉成功的后果,有的没有明确规定,有的仅规定人民检察院有权纠正,没有规定检察院对违法行为的追责,也没有规定程序无效或后续程序无效的后果;检察院作为法定司法监督机关行使受理和查处司法监督控告理所应当,其他机关自我监督的程序实在没有必要;而人民检察院处理对自身及成员行为的控告,无论如何都摆脱不了自我监督和同体监督的困境。

要解决这些制度的明显不足,一个亟待解决的问题是要进一步完善公权主体之间的制约监督机制。如通过制度创新,弱化地方人民政府对司法独立审判的不当影响和干预;设立异体监督行政主体的权力机关,摆脱行政监督控告的同体监督这一根本困境;将人民检察院的刑侦权剥离,摆脱或弱化检察院对司法监督控告的自我监督或同体监督困境。这就涉及公民监督权有效行使与权力监督机制的良性互动问题。

4. 建立公民申诉权、控告权的承办人责任制度

申诉、控告案件会对公民的权利义务产生深远的影响。为更好地保护公民合法权益,促进公民申诉、控告权在法治轨道上有序行使,规制公权机关特别是其办案人员的职务行为,使其审慎用权,应当对该权力进行监督和追责。故当前我国亟需建立公民申诉权、控告权的承办人责任制度,对于申诉、控告案件的经办人,应当明确其责任,要求其耐心做好疏导工作,积极与申诉人、控告人沟通,切实防止踢皮球、敷衍了事的做法。[①] 承办人员责任制的做法可参照我国法官案件的终身负责制,申诉、控告案件的承办人员应当对其承办案件的质量负责,谨慎对待公民权利,切实维护公民权益。

5. 建立我国各级权力机关受理公民申诉控告、行使必要监督职责的制度

法治发达国家多确立了公民个人或集体向民意机关表达请愿或诉求,进行一些权利救济,督促行政和司法公权主体守法守正的制度设计。如德国联邦议会的申诉委员会制度,瑞典、挪威等斯堪的纳维亚国家议会监察专员制度,波兰、匈牙利、保加利亚等东欧国家申诉专员制度,英国议会行政监察专员制度,美国国会议员调查制度,等等。这些机构和人员设置,有的是民意机关下设的机构,由民意机关主导运行;有的则是民意机关设立和任命的独立机构或人员,相对独立行使监督职权,受理民众的申诉和控告。但都体现了民意机关联络民意强化监督的制度设计。其中,德国联邦议会的申诉委员会,对公民的申诉履行受理、宣读、审议、调查、答复和决定等职责,使得德国民众对该委员会"有权要求将该申诉根据事情的是非曲直加以审议并对此作出裁决"。德国法学家认为,申诉权赋予议会以正式的全面的权力和职责。人民的代表机构有权和有责任处理所有向它提出的申诉。与"主管机关"不同,议会能够施加政治压力并要求政府或行政机关提供补救,尽管议会不能也不可对事情本身作出裁决。[②]

人民代表大会作为我国最高权力机关,其一项重要职责是密切联系群众,

---

① 参见石楠:《宪法视野下的申诉权研究》,第 27 页。
② 参见沃尔夫冈·格拉夫·菲茨图姆:《联邦德国的公民申诉权》,牟西译,《环球法律评论》1987 年第 3 期。

反映人民的意愿,监督公权力。但在现实生活中,申诉、控告主体很少通过人大代表反映自己的诉求。究其根本,原因有三:其一,现实生活中人民代表大会除了每年召开一次之外,其在处理实务中关乎公民切身利益的问题时,作用并不明显,人们对于人民代表大会的职能定位往往在于立法而忽视其监督职能,人民代表大会及其代表在履职行为中,也多趋向于调研而不在于对国家机关及其工作人员的监督。故而在公民的意识中,人民代表大会还不如各个省、市、镇的党委书记更具有影响力,人大的监督权威容易被忽视。其二,人大代表与公民联系并不密切。由于我国人大代表选举制度在落实方面仍然存在一定的问题,公民在代表选举之初对于代表就不甚了解,人大代表的产生大多是经由党委推荐或由当地党委直接安排,公民选举通常只需投赞成票,选举制度流于形式,故人大代表与选民之间天然联系较弱,其自产生之初就游离于群众之外。其三,宪法赋予了人大代表四项职权:立法权、决定权、任免权、监督权,立法权、决定权和任免权均是在人民代表大会会议期间统一行使的,至于监督权,是贯穿于国家机关及其工作人员职务行为的方方面面、每时每刻的权利,具有持续性,很难在一朝一夕统一行使。但人民代表大会每年只召开一次,若由人民代表大会常务委员会行使监督权,其如何行使也没有规定,这就使得实践中人民代表大会的监督比较"软",难以发挥实际作用。而早在数年前,就有学者建议将申诉问题的处理与人民代表大会制度联系起来,切实发挥人民代表大会在监督其他国家机关及其工作人员履职情况方面的作用,使各区人大代表都能密切联系群众,为群众权益奋斗。并且,选区内的选民也可以以此为依据,对人大代表的任免和重新选举进行考量,选出能够真正倾听他们诉求、反映他们心声的人大代表。同时也会使公民的诉求有稳定的、规范化的反映渠道。[①] 而且相对来说,对人大监督制度的完善是现行的最快捷、最稳定的民主发展方式。姜明安教授也曾指出:"人民代表,全国各级人民代表恐怕有几十万,他们如果能够真正发挥听取民声,反映民意和监督政府的作用,信访案件的大部分问题有可能解决。"[②]因此,若完善人民代表大会制度,使人大代表能够恪尽己责,听取群众声音,对公民申诉、控告权的行使予以监督和保护,我国公民的申诉、控告权将会得到更有效的行使,公民监督权和人大监督权的行

_____

① 参见安逸尧:《论我国公民申诉权法制保障研究》。

② 姜明安:《信访制度及其解决争议的机制应当创新》,《法制日报》2004 年 2 月 12 日。

使必将呈现出良性互动的局面。

(二) 公民申诉、控告权防御权能的充分构建

尽管因为具有救济权利属性,公民申诉、控告权的受益权能占主要地位,但其防御权能也是必不可少的。因为在这两类权利的行使过程中,相关公权主体和私权主体的积极作为的侵权行为也会经常发生。因此,法律必须明确设定这些主体的消极义务,禁止他们可能做出的侵权行为。

这些义务规范的设定应主要包括:禁止申诉、控告对象及其利益相关人采取任何妨害或打击报复权利行使主体及其利益相关人的行为;禁止行使申诉、控告权利的求助对象采取任何违法不当行为对待权利主体。这些义务已经在本书前面相关章节中作了较详细的论述,此不赘述。

值得一提的是,在申诉、控告权防御权能的充分化的制度建构中,发达的律师制度是对控告和申诉行为的强力服务和支持机制,是一个卓有成效的制度选择。在一定意义上,这也是强化公民申诉、控告权受益权能、救济权能的有效制度设计。这种制度设计本身,也可以说是强化诸多公民基本权利受益权能的制度支持,属于公权主体的客观义务。但允许律师强力服务和支持公民的诉讼代理和辩护服务,除了给予当事人广泛的法律知识支持之外,其中一个重要的作用,是在公权主体轻易侵犯当事人的诉讼权利时,可为后者增加了保护和防御力量。高度介入的、强有力的律师服务,既可以为公民行使申诉、控告权提供积极支持的力量,也可以为防御公权主体和其他主体妨碍或打击报复权利的行使提供有效的防御能力。当然,其在权利再救济中还有大力协助作为。可以说,一个公民申诉、控告权能够得到有效行使和保障的国家,必然是需要和存在发达律师制度的国家。

四、 检举权本体权能的充分构建

公民检举权是出于维护公共利益目的对公权主体的违法行为向有关国家机关检举报告的权利,其权利引发的利益对立性较为明显。检举对象及其利

益相关人通常会认为检举人"多管闲事",故意跟自己过不去,视其为"叛徒",[①]因此通常会对其进行各种妨害打击报复行为;同时,尽管公民检举或举报行为对国家反腐和督促公权主体守法守正有重要的推动作用,但官员之间利益的关联性,再加上官场乃至整个社会敌视所谓"告密"的特殊政治文化,[②]也导致检举权行使的求助对象不当对待公民检举权行使的情况高频率发生。这种不当应对行为,既有消极应对、敷衍的情况,也有积极打压、阻挠的情况。整体上,我国公民检举权的行使,目前处于可能的付出与可能的受益严重不均衡的高风险阶段。"囿于检举权保障制度的缺位,检举权的实现遭遇困境。"[③]一方面,由于对检举人保护不力,检举人可能遭遇来自被检举人的打击报复,检举人的合法权益难以得到有效的保障;另一方面,检举的成效往往十分有限,检举人将检举材料交给有关国家机关后,有关国家机关查处的信息透明度较低,给被检举人留存了影响调查结果的暗箱操作空间。发达国家甚至也有这样的经历。因此,强化公民检举权的防御权能和受益权能,一直是各国立法保护公民基本权利的重点和难点。目前我国公民检举权的法律保护,整体上处在较低的水平,而制定一部专门保护公民检举权的国家层面的法律,是国家立法机关较为迫切的任务。该部法律的核心,无疑是充分构建公民检举权的防御权能和受益权能。

(一) 公民检举权防御权能的充分构建

拥有充分而有力的防御权能,是公民检举权得以有效行使的基本屏障。

[①] 这种情况在全国屡见不鲜,甚至屡屡出自腐败的高级干部口中。参见罗浩声:《检举揭发咋成了"叛徒"?》,《宁波日报》2015 年 4 月 27 日。

[②] 有人认为,"数千年来,告密之风像一个挥之不去的阴影,笼罩着、缠扰着中国人的社会生活,其影响至为深远,迄于当代","告密之风的源远流长,是中国文化的悲哀。值得庆幸的是,此类专制文化的余孽在今天已是无本之木,因而将最终从中国人的生活中消失"。参见郭莹:《中国古代的"告密文化"》,《江汉论坛》1998 年第 4 期。而现代世界绝大多数国家都提倡公民向国家机关检举、密告违法犯罪行为,侦查机关在缉拿犯罪嫌疑人时为鼓励举报而给予举报人奖励更是各国的通例。笔者认为,它与中国古代产生的"告密文化"有质的不同,后者体现出长于收集不合主流言论、吹毛求疵、歪曲事实、添油加醋、罗织罪名,讨好官府和上级官员,谋求晋升和特殊利益等特征,是一种败坏社会风气、打击正直人士的行为,不具有道义性;而前者是一件对社会和人民有益的事情,具有充分的道义性。

[③] 吴家清、洪丹娜:《数字化时代——公民检举权实现路径的异化及重构》。另参见洪丹娜:《公民检举权实现机制研究》。

其得到充分有效构建的要点,应包括如下几个方面。

1. 充分确认检举对象及其利益相关人的禁止性义务

公民检举权行使的对象是国家公权主体,他们通常既可以借助公共权力方式,也可以借助私人的力量,采取各种公开或秘密手段,阻碍公民检举权的行使,或进行打击报复。诚如有学者所指出的:在现实生活中,检举人往往处于弱势地位,而被检举的国家机关及其工作人员手里拥有各种各样的国家公共资源,甚至包括国家暴力机关,除此以外还有众多迎合者和既得利益者同盟。"他们从各个方面通过各种方式对检举人进行打击报复,轻则对检举人进行威胁、打击、降薪、降职、调动、调离、下岗、开除,重则雇凶杀人,甚至还有动用国家公共权力对检举人进行双规、拘留、劳教、逮捕、判刑的情况发生",检举人的人身、财产等各种权利受到严重的侵犯。[①] 因此,对检举对象及其利益相关人设定严格的禁止性义务,应是保护检举人法律制度构建的重点。必须指出,这种严格义务的构建须注意如下几个问题:首先,应设定内涵广泛的利益相关人概念,不能像目前法律法规的相关规定那样,仅限于监督对象的近亲属。应采取列举和兜底性条款并用的方式,将一切帮助、协助甚至替代监督对象妨害和打击报复检举人的亲属、同学、同事等具有特殊社会关系的人都列入监督对象利益相关人的范围。其次,应将妨害和打击报复公民行使监督权的行为对象确定为检举人及其利益相关人,其利益相关人还应该使用具体列举和兜底性条款并用的方式加以设定,因为现实中,监督对象及其利益相关人通过侵害检举人利益相关人的方式妨害和打击报复检举人的行为也很普遍,通常也更为产生消极后果。最后,应采取列举与兜底性条款并用的方式,明确又开放式地认定妨害公民行使检举权的行为和打击报复行为。尤其是要注意对隐蔽和间接行为的列明和容纳,对借助公权力正当形式进行的变相打击报复行为的列明和容纳。

2. 列明检举权行使求助对象的严格禁止性义务

公民检举权的有效行使,必须借助特定公权主体的支持才能实现。这意味着相关国家机关及其工作人员必须要承担大量的积极和消极义务。其中的

---

① 参见李志明、潘如新:《论我国公民检举权保障制度的完善》。

积极义务固然重要，必不可少；而其中的消极义务同样重要。一些国家机关及其工作人员，有时甚至沦落为检举对象的利益同盟者，直接妨害或打击报复检举人及其利益相关人，他们应该被视为监督对象的利益相关人且承担法律责任。但更多的情况下，他们可能出于特殊的利益考虑，如怕被找麻烦，怕影响政府声誉，对检举行为不理解，等等，不认真受理、调查和处理检举人的诉求，反而不当应对甚至主动打压公民检举权的行使，如进行非法劝阻、恐吓。这些行为不仅仅是违背积极给付义务不作为的问题，而且是违背消极义务而主动妨害公民检举权行使的问题。相关法律规范的设定，必须基于我国现实中发生的这类行为的各种具体形态，进行明确的列举和归纳。

3. 赋予检举人一定的特权或豁免责任能力

检举权的公益性和公权主体违法犯罪行为的隐蔽性都决定，公民行使检举权需要特殊保护、特别豁免。公民检举通常只能是提供一些具体线索，事实真相有赖于有关国家机关通过法定程序和手段进行查证。如果强求检举的情况一定完全属实，或者说仅因检举人所反映情况与事实有出入便对其科以制裁乃至刑罚，只会大大阻碍检举权的行使。[①] 鉴于检举权是宪法赋予公民的基本权利，而且行使权利被检举对象及其利益相关人打击报复的风险很大，为了保障公民充分地行使这一民主权利，公民在行使检举权时应该享有一定的豁免权。这种特权或豁免权的核心内容应是：严格区分"诬告"与"错告"，严格限制"诬告"的认定标准，且对"错告"原则上不追究任何法律责任。法律应严格规定，凡是没有充分确凿证据证明举报人是故意陷害的，即便举报内容严重失实，也不能认定为"诬告"，而只能视为"错告"。如此，可大大压缩假借"诬告"实施打击报复的空间。目前，中纪委以内部文件的形式规定，对于检举控告的内容失实，先区分是诬告还是错告，认定诬告必须经地市级以上（含地市级）党委或纪委批准。[②] 这种诬告须经地市级以上（含地市级）党委或纪委批准的规定，尽管可以在一定程度上保护错告的检举人，但毕竟于法无据，也不符合法治原则。还是应该通过高层次的、严格的法律规定认定"诬告"的法律实

---

① 参见王雅琴：《论公民检举权——政治参与的视角》，《中共青岛市委党校青岛行政学院学报》2009 年第 11 期。

② 参见张贵峰：《严格认定"诬告" 保障公民检举权》，《宁波日报》2016 年 11 月 30 日。

体标准和程序。还需要指出,这种"严格区分,倾斜保护"的立法和执法价值取向,不应因为公民在媒体上的公开举报而克减。必须认识到,对于一般检举者,不能苛求其举报内容准确无误,所谓"媒体不是中央纪委、不是审计署,你不能要求他每句话都说得对",否则,势必会极大限制公民检举控告权;在"公民检举权"与"官员名誉权"发生冲突,难以兼顾之时,只能"两利相权取其重",优先保护前者。

4. 认真设定有关国家机关保护检举人安全的义务

这种义务,从权能理论的分析逻辑上已经不是与检举权防御权能对应的消极义务,而是与其受益权能对应的给付义务。但这种义务的科以和履行,本身会促使有关国家机关及其工作人员去积极预防、制止妨害或打击报复检举权行使的违法犯罪行为,会有效增加公民检举权防御权能的实效性。这体现了公民权利两大本体权能内在的相互支持和保护关系。这种义务的法律设定,将在后文详细论证。

此外,还应重视在公开检举方面进行制度化构建。阳光是最好的防腐剂,公开检举制度的构建将有利于实现防御权能,防止检举对象做出任何妨害检举权行使的行为。但是,公开检举会与检举对象的秘密保护产生矛盾,如何平衡二者之间的关系,是我们构建公开检举中需要考虑到的问题。

(二) 公民检举权受益权能的充分构建

公民行使检举权至少在客观上是为了维护公共利益,要有效实现这种目的,有效保护检举人的正当权益,实现社会正义,需要特定国家机关及其工作人员承担大量的给付义务。检举权的受益权能所对应的义务,具有义务主体的广泛性和具体性、内涵的丰富性和多样性、形式和性质的多元性等特征,其对应的公权主体的义务主要包括:依据相应法律的实体和程序规则,通过受理、立案、调查、处理或追究检举对象的违法犯罪责任等程序,确保情况属实的检举目的得以实现;建立严格保密制度和检举线索管理机制;为检举人提供必要的安全预防和保护措施;尊重检举人在国家机关追究监督对象过程中的主体性,给予必要的信息反馈;弥补因检举行为所遭受的损失,对挽回国家重大利益损失的检举行为给予必要的物质和精神奖励;基于有效的回避机制承担必要的回避义务等。当然,更重要的还包括对公民公开或在特定场合行使的监督权也要提供有力的法律保护,等等。只有在这些方面的主观或客观义务都得到充分的设定,公民检举权的受益权能才能充分化。

1. 严格设定有关公权主体在检举受理和处理各阶段的实体义务和程序义务

检举权的有效行使或实现,需要特定国家机关履行调查、移送或交办、立案、调查、处理等各阶段的重要职责或义务,包括实体义务和程序义务,客观义务和主观义务。这些义务设定的基本价值定位应包括:降低受理和立案的标准,限制公权主体的自由裁量权,促使公权主体认真行使职权、履行职责,有效防止敷衍和消极应付公民检举诉求、放过重要调查和追责线索、危害公共利益、损害检举人合法利益的各种渎职行为。其中最重要的环节是对检举受理和立案制度的具体构建。

我国应该首先建立起一套统一的受理检举的制度体系,明确规定各个接受检举有关机关和部门的分工,归类受理检举案件,以便检举人方便地找到相应的受理机构进行检举,避免因检举人自身知识水平的局限和对法律的模糊规定迷惑不解造成踌躇不前。① 可以借鉴一些取得成功地区的法律体制经验,建立既相互独立又完整统一的检举受理和处理机构。具体可以设计成:人民检察院的举报中心,综合受理各类违法犯罪案件;监察机关的检举中心,专门处理公务员或其他履行公职人员的违法失职案件。由人民检察院和监察委员会立案后,根据检举案件的性质以及所属的管辖机关,将案件进行分流,由相应的所属机关进行办理。这样的一种构建,避免了检举人状告无门、相关机关之间扯皮推诿的问题。同时,为方便检举人进行检举,检举受理机构的联系方式如电话、邮箱、网站、地址等,应当以清晰明确的方式让公众知晓。检举可以采取书面、口头、电子邮件等多种形式。除了分类受理制度的设计,还应当同时加强制度的告知义务,以便使群众对检举受理机关的设置有宏观上的了解,减少检举人因为这方面信息的匮乏而来回奔波。

在检举权案件立案上,立法必须重点考虑对于行政权的有效约束。通过

---

① 参见姜丹:《公民检举权法律保护研究》,辽宁大学硕士学位论文,2013年,第13页。

立法权对于行政权的有效约束来实现有案必立,并排除行政权对于案件受理的干预。实行案件登记制度,如果不能立案则应及时告知当事人理由。在依法承担设置合理的受理检举平台这一客观义务的基础上,当公民直接对检举对象行使检举权时,相关国家机关及其工作人员应认真受理公民检举,作必要的登记和文字记录,并进行认真的核实。

2. 严格设定有关机关和个人的保密及检举线索管理义务

法律应规定严格的保密主体、范围、措施和手段,防止故意或过失泄密。应建立检举人安全风险评估机制,明确规定采取预防安全措施和特别保护安全措施的条件、责任主体、基本措施、协调机制和紧急应对机制。实行预防、应对和救济并重的安全保护措施,并设定有权侵权人员和渎职责任人员严格的法律责任。

我国在保密制度上对于检举人的信息保护现状堪忧,实践中曾出现检举材料和检举人信息流落至被检举人手中的荒谬情形。这些乱象的发生在很大程度上都源于检举工作机关对检举材料保密意识的欠缺和保密措施的疏失,这同样也是我们检举保密制度存在缺陷的必然结果。健全的保密制度是检举人保护的第一步,检举人信息的良好保护是防止打击报复行为的首道堤坝。有关检举工作机关对检举人信息及检举材料的保密工作的严密程度,与检举人的检举风险大小密切相关:保密越严格,风险越小;保密越疏忽,风险越大。有关检举工作机关通过采取严密的保密措施对检举信息进行保密,也是对检举人进行保护的重要内容之一。

2016 年 3 月 30 日最高人民检察院、公安部、财政部联合印发的《关于保护、奖励职务犯罪举报人的若干规定》第 5 条规定:"人民检察院对职务犯罪举报应当采取下列保密措施:(一)受理举报应当由专人负责,在专门场所或者通过专门网站、电话进行,无关人员不得在场。(二)举报线索应当由专人录入专用计算机,加密码严格管理。专用计算机应当与互联网实行物理隔离。未经检察长批准,其他工作人员不得查看。(三)举报材料应当存放于符合保密规定的场所,无关人员不得进入。(四)向检察长报送举报线索时,应当将相关材料用机要袋密封,并填写机要编号,由检察长亲自拆封。(五)严禁泄露举报内容以及举报人姓名、住址、电话等个人信息,严禁将举报材料转给被举报人或者被举报单位。(六)调查核实情况时,严禁出示举报材料原件或者复印件;除因侦查工作需要并经检察长批准外,严禁对匿名举报材料进行笔迹鉴定。(七)通过专门的举报网站联系、答复举报人时,应当核对举报人在举报时获得的查询密码,答复时不得涉及举报具体内容。(八)其他应当采取的保密措施。"保密工作应该贯彻整个检举权行使的全过程,使得公民免于公权力对于私权利的妨害。[①] 这些规定,应为未来的国家立法所吸收。

检举线索天然地具有隐秘性、目标性、目的性、待确定性等特点,敏感性极强,有关检举工作机关对其管理必须要严格而完善。对检举线索进行统一管理,将有助于对检举信息的全面收集,为查办有关违法违纪案件建立基础,也为检举人的保密和保护提供可能,对于案件查办过程中的督办催办等也有裨益。对于检举线索的统一归口管理,在检察机关检举工作实践中已经有了一定的实践,但还需要进一步完善工作机制。要避免检举线索的无序管理,就需要检举工作机关对检举线索进行比较明确的归口管理,这也可为检举材料泄密后的责任倒查提供渠道和便利。因此,法律应明确规定这种制度的具体要素,并设定相关国家机关进行信息化管理的义务,尽管这种义务整体上属于客观义务。

3. 认真设定有关国家机关对检举人及其利益相关人提供安全预防和保护措施的义务

对公民监督权的有效保护,法律制度的设定应采取事先防御、及时保障、事后救济与惩罚并重的原则,但首先要做好预防措施。除了做好前述必要的保密措施这一具有重要风险预防性质的措施外,还应建立及时有效的检举人风险评估制度,对检举人可能发生的被侵害风险及其性质、程度和影响等进行综合评估,拟定风险等级,并根据确定的风险等级制定举报人保护预案。其中,尤其要充分尊重检举人的保护请求,确定风险等级,采取有效的预防措施。其次,在及时保护方面,应明确规定较广泛的被保护主体范围和内容范围、保护主体、责任范围、相互协调配合责任、具体措施尤其是紧急措施的实施条件,要改变目前"保护范围狭窄,保护手段单一,保护程序缺失,保护机构职责不

[①] 关于印发《最高人民检察院、公安部、财政部关于保护、奖励职务犯罪举报人的若干规定》的通知,《中华人民共和国公安部公报》2016 年 6 月 15 日。

清"等制度缺失的局面,①尤其是要设定对那些并不明显违法甚至利用表面合法的方式实施的打击报复行为,如无故的刁难、不公平的工作条件,进行及时主动干预与制止的法律义务。最后,应完善详细的可操作的程序方面的规定,检举人如何主张自己的请求保护权,检举人如何申请保护,办案机关如何确定保护、怎样保护,法律均应予以规定。这同时也涉及检举权的救济权能问题,对检举权的事后救济措施,后文将在论述公民监督权的救济权能的充分构建时,进行更加具体的论证。

最高人民检察院、公安部、财政部于 2016 年联合发布的《关于保护、奖励职务犯罪举报人的若干规定》,对检举人风险等级评估制度、请求保护制度、保护措施类型以及检察院和公安机关在保护检举人方面的协助义务和机制进行了初步的规定,但在保护措施的种类、主动保护的条件设定、请求保护的程序、协同义务的严厉性等方面,仍存在明显的不足。未来的国家立法应吸纳其积极成果,提供更加权威和明细的法律规定。

4. 严格设定有关国家机关及其工作人员对检举人的信息反馈义务

检举信息反馈和答复工作的完善与否,直接关系到检举人对案件的关注度以及线索材料的提供积极性,对于加强检举工作机关的公信力,增进检举工作机关和检举人的信任关系,加强检举工作机关的工作效率等都具有积极意义。在答复机制的构建上,可以在 2001 年最高人民检察院下发的《关于认真做好署名举报答复工作的通知》基础上进一步完善,并上升为国家法律层面的法律规范。该通知对于答复的范围、时间和内容进行了规定:"对使用真实姓名、单位的署名举报,除因通讯地址不详等情况无法答复的以外,都应将处理情况答复举报人。对于不属于检察机关管辖,移送有关主管机关处理的,由接受举报的检察院答复,在七日内,将移送的理由、部门和时间通知举报人;对于属于检察机关管辖,依法作出处理的,由有管辖权的检察院答复,在三个月内最迟不超过六个月,将查处结果通知举报人。"这其中最应完善的,是法律应明确规定进入或不进入相应程序的具体标准。

---

① 参见李志明、潘如新:《论我国公民检举权保障制度的完善》。

第四章　公民监督权基本权能的充分构建　389

5. 严格确认相关国家机关对检举人的补偿和奖励义务

应构建多样化补充和激励机制。法律应明确规定对检举人行使检举权产生的直接损失进行补偿的条件和义务主体。国家应当建立必要的补偿基金，对检举人为检举所受到的直接经济损失进行补偿。比如，检举人因为检举行为而产生的误工费、工本费等费用，都应当有权向受理机关提出补偿请求。对于哪些费用属于补偿范围之列，以及该类费用的支出和数额，有关机关必须要做出明确的规定。同时，设定检举人获得必要的物质和精神奖励的具体条件、义务主体、奖励额度和奖励发放的期限。[①] 还应该增加一些其他的激励方式，尤其是道德、精神上的激励，但法律不宜提倡公开的暴露身份的精神奖励。检举人奖励不能仅奖励那些检举"大案要案"的检举人，而是应当奖励所有对案件查办作出贡献的检举人，也就是说，检举人的检举行为起到一定的检举效果都要给予检举奖励。法律还应规定有关国家机关承担如下义务或职责：加大对检举奖励基金的财政投入力度，确保奖励基金到位，专款专用，充分保证检举人奖励奖金的获得与实现，不能失信于民。

6. 严格确定有关工作人员的回避义务

检举回避制度是指检举的求助对象具有法定情形时，必须回避，不参与检举案件的调查处理的制度。检举受理和处理等机构内人员有法律规定的回避情形，检举人发现后，可以申请其回避。受理或者处理检举的工作人员有下列情形之一的应当主动提出回避，检举人也有权要求其回避：是被检举人或者被检举人近亲属的；本人或近亲属与被检举问题有利害关系的；与检举问题有关的其他问题，可能影响检举问题公正处理的。回避制度的构建是保障检举人权利的有效行使和其他正当权益必不可少的制度设计，它要求相关工作人员在特定条件下必须承担回避这样一种特殊的给付义务。其制度设计要件包括：第一，在回避范围上的合理确定。我国对于亲属关系的回避范围与第一顺位继承范围类似，限定在亲密血亲和近姻亲关系中，关于亲属关系的法定条件过于狭窄，根本无法满足我国的现实国情。我国不仅家庭观念、宗族观念根深蒂固，而且是十分重视本土关系和社会关系的社会，包括检举案件受理机关公

---

① 参见姜丹：《公民检举权法律保护研究》，第12页。

务人员在内的大多数人都生活在一个充满着"人情"的熟人社会中。因此,我国现行法律规定中对于回避范围的界定还无法更完善地囊括可能影响公务人员公正执法的复杂人情关系。我国可以在亲属关系的回避中加入拟制血亲关系回避和曾经的姻亲关系回避,将亲属关系牢牢涵盖在公务员回避的制度当中,列举若干常见的利害关系的表现形式,如金钱关系、监护关系、朋友关系、同窗关系等都应囊括在回避的制度当中,并应规定出一个兜底条款,将回避扩大到最有效的范围。[①] 第二,回避制度的提出。回避的提出时限既可以在检举开始之前也可以在检举过程中。检举处理结束后将不再具有此权利。第三,严格违背主动回避义务的法律责任。对应该回避而没有回避,出现相应法律后果的,可采取过错推定原则追究法律责任。

7. 对公民公开或在特定场合行使的监督权也要提供有力的法律保护

不能对《宪法》第 41 条公民检举权规范作机械的理解,认为检举权只能直接向国家机关主张或行使,否则就是缺乏宪法或法律依据。事实上,无论是申诉、控告还是检举,都包括直接向国家机关行使权利的路径和间接向国家机关行使权利的路径。其中,后者主要指公民借助新闻传播媒介等信息公开传播平台,公开进行申诉、控告和检举,直接向社会大众公开自己的诉求,希望借助社会大众的关注和舆论压力,对应该受理这种诉求的相关国家机关和权利的行使对象形成压力,以促使前者尽快处理诉求,启动调查程序,追究相关权利行使对象的责任,实现检举目的,并促使后者难以进行极端的妨碍和打击报复行为。因为一旦曝光,被检举人几乎就失去了暗箱操作的空间,有关职能部门调查的进度及结果也受公众实时监督。这也是舆论监督权或具有政治诉求性的言论自由权等基本权利的主要价值所在。

在目前我国相关学界和实务界,一直存在着一种将利用新闻传播媒介进行公开检举排除在依法行使检举权的范围之外的主张,坚持认为公民检举权只能依法直接向有关国家机关行使,否则就属于不受法律保护的行为或违法行为。如有学者认为,近年来网络公开检举流行的"知情人曝光"和"网民集体的人肉搜索"等模式,虽然其目的"都在于促使官方启动调查而实现检举的目的",但却是"公民检举权实现路径的异化"表现形式。并认为,在数字化时代,

---

① 参见许亚新:《我国公务员回避制度研究》,辽宁大学硕士学位论文,2012 年,第 17 页。

检举权实现路径的变化集中体现为公民通过在网络空间行使言论自由权,披露、揭发有关国家机关和国家工作人员的违法失职信息,从而吸引有关职能部门的注意而启动调查,达到检举的目的。"检举权与言论自由权的耦合实质上昭示了检举权实现路径的异化,而异化后的'检举权'显然已经不同于严格的法律意义上的检举权,更多的是表现为网络曝光官员腐败信息。"[①]尽管人们也承认这种所谓异化路径的功效,如提高了公众参与反腐的积极性、导入了有效的公众监督程式、有利于保护检举人的合法性权益等,但更强调其衍生的问题,如法治秩序失范、减损司法权行使和损害其他合法权益等,因此,主张其是一种"民意倒逼"的反腐方式,只能作为制度性反腐的补充,一种过渡性的检举权实现路径。笔者认为,这种观点尽管有一定的道理,但体现了将公民检举权窄化对待的理念。

事实上,必须首先承认,通过新闻传播媒介尤其是网络公开行使检举权,是公民借助现代信息技术即数字化技术平台,一定程度上绕开了现有检举权行使的制度障碍和缺失的现实性选择,它使广大网民获得更多的现实话语权和更便捷有效的监督权行使途径,使得公民集体参与揭露腐败事件成为可能。在此基础上,应通过强化相关法律制度建设,对网络公开行使检举权实行保护为主、合理规制的法律调整,促进公民行使权利与反腐制度的良性互动,使检举权实现路径在有效拓展和强化中不断被重构。其一,法律必须充分确认,通过网络行使检举权尤其是公开行使检举权极大推助了"社会参与反腐"的基本价值。因为它不仅使参与网络反腐和行使检举权的公民增多,使参与反腐和行使检举权的动机更趋向于寻求社会公正,更使公民可通过多维度的参与来推进检举权的实现,如讨论、质疑有关问题,挖掘有关线索,监督日常生活中的公职人员的行为(如对公车私用行为进行拍照,对官员在公开场合不当言行的曝光等),推进反腐制度的有效建设和完善,推动反腐措施的完善和落实。其二,法律要强化国家机关及其工作人员对网络检举的接纳性、认同性和合作性,规定其及时回应和调查的义务,同时规制网络检举的偏激性和群体极化倾向,增强网络检举权行使与官方的合作性,形成官方与民间的反腐法治共识。对于反腐法治共识而言,其重要功能则在于消除国家的反腐制度与民众的反

---

① 吴家清、洪丹娜:《数字化时代——公民检举权实现路径的异化及重构》。

腐期望之间存在着的信任隔阂与对接错位,因此,应将国家的权力反腐与民众的权利反腐统归于制度反腐之中,设定于法治秩序之中。[①] 其三,法律应高度认同和保护现代网络提供了"公众集中表达反腐诉求的场域"这一时代进步所赋予的社会现实,促使国家公权主体承认公民话语从政治边缘地带进入权力中心地带的社会现实,对公民检举权承担更多的主动义务和保护义务,构建公民权利与国家权力有效合作对接的良性机制。一方面,可通过设立有关国家机关网站的网络举报版块,接受网民检举,引导网民通过更直接的正式途径行使检举权;另一方面,要对通过网络公开行使检举权的行为给予同样认真的回应和保护。相反,任何试图通过法律否定和压缩这种有生命力的社会现实的努力都是徒劳的,只会激起民意的更大反弹。

检举人网上公开信息有错误或出入的情况下,是否要承担诽谤和诬告陷害责任? 在此问题上,检举人是否需要承担刑事责任的判断标准仍然只能在于,其是否故意虚构了被检举人的违法违纪事实。只要检举人不是故意捏造和虚构事实,哪怕仅仅是基于可以成立的合理的怀疑,只要没有极端偏激的攻击言论,就不应承担诬告或诽谤的法律责任。这是现代民主法治国家为了保护国家和公共利益,为了保护公民监督权的积极行使,而进行的合理的法律利益倾斜分配,它大大限制或压缩了国家工作人员的隐私权和名誉权,更不用说所谓国家机关的名誉权或信誉损害问题。网络检举的本质,就是公民对公权力与公权力行使者以及公共事务的民主监督,而作为民主监督就具有监督严苛性、严厉性的特点。当然,网络检举在一定意义上使用的是"有罪推定",但这种审查和责难不具备任何法律上的效力,不应当影响有权机关尤其是司法机关在对检举问题进行调查和审理时遵循的无罪推定原则。这也反过来要求借助网络行使检举权的个人,理性地公开自己掌握的证据或线索,合理地表达自己的怀疑,避免对被监督对象的人身攻击,避免扩大事实,健康合理地行使自己的监督权。目前存在的问题一方面是确实存在诸多不理性的网络公开检举行为;另一方面是不合理的应对和打压,为了对抗打压,网络公开监督的事实夸大性、内容和标题的煽动性、言辞的偏激性更加强化。由此形成了一定程度的偏激和打压之间的劣性互动。合理的法律应对机制应是,对一些存在严

---

① 参见蔡宝刚:《法治反腐之道:由"偶然反腐"转向"必然反腐"——"情妇反腐"的热现象与法治视域下的冷思考》,《学习与探索》2014 年第 5 期。

重信息错误或失真的情况,法律应保护检举对象通过民事诉讼保护自己的名誉,追究检举失实的民事责任。因为民事责任和刑事责任有质的不同,不应允许或鼓励仅有一定名誉权损失的官员,动不动就借助官方的力量,追究检举人的所谓诽谤罪或陷害罪;而即便是具有一定捏造事实的检举行为,也应谨慎地动用国家公权力提起公诉,通常情况下应让受害人采取自诉的方式追究责任。

另一种同样需要法律认真对待的是一些犯罪嫌疑人在法庭上公开进行的检举。这种当庭揭发检举的情况和动机更为复杂。不能否定,其中有相当部分情况属于错误检举和捏造事实的恶意虚假检举。前者属于无主观故意的举报不实或错告,如在法庭上慌不择言;后者则是有意诬陷,将清白的人拉下水,把自己痛恨的人的名声搞臭。对于触犯后者的国家工作人员,应该从严从重处罚。但也不能否定,还有相当部分的人,甚至可能是多数人,或是为了立功赎罪,或是为了减轻自己的罪责,甚至因为悔罪,或者为推翻对自己的无理指控,而选择了检举自己的上级、同事或其他具有特殊关系人员的违法犯罪行为。这些当庭检举人员多数是官员,但也有一些非官员身份的企业主或行政辅助性人员。他们选择在审判法庭上才公开进行检举行为,是因为他们担心,在失去自由之身的情况下,他们对相关国家机关人员进行检举揭发,可能不仅不被重视和正确对待,反而引火烧身,招致有生命危险的打击报复,所以他们选择在审判法庭中,面对审判人员、公诉人员、辩护人或众多旁听者包括新闻媒体进行公开检举,以达到既实现检举目的又保护自身安全的目的。还有当事人认为,庭审对自己的最终命运有决定性影响,常常会吸引媒体、社会人士关注。这时,自己根据掌握的真实情况揭发,就可以扩大影响,增加社会关注度,造成舆论压力,确保组织迅速调查后认定自己立功。再者,在法庭上,被告人需要做陈述、答辩等,谈的内容较多,范围较广,很容易揭发新的内容。但是,这些检举行为甚至与网络公开检举一样,并非都会引起官方的重视和给出处理结果。其原因,除了错误检举和诬告外,还有国家机关出于特殊的原因根本就不愿或不能核实线索,进行查证,甚至公然掩饰检举行为的发生,进行紧急"消防"处理。如涉及当年仇和家人的当庭举报,有知情人称当事人举报后,现场很快被封锁,不允许旁听,如今当庭举报人已去世。[①]

受审的犯罪嫌疑人当庭检举揭发,具有戏剧效果,也很容易吸引眼球,但不能因此就否定其是特定情况下公民行使检举权的合法方式,并应给予充分的法律保障和认真对待。法律应首先特别规定充分保护这种特殊检举人的人身安全的特别措施,赋予检举人特别的安全保护请求权,要求相关部门认真对待检举行为,对检举人本人和社会公众给出必要的信息反馈,并依法给予应立功或减免刑事责任的待遇。还应明确禁止任何人对此类检举行为给予"消防"处理,保持法庭公开审判,同步录音录像资料的完整性。同时法律还应规定,如果是错误检举,应该对检举人进行必要的训诫和教育;如是故意诬告,应严厉追究检举人的法律责任,至少应加重处罚。至于无辜的被检举人,则应给予适当的消除社会影响的保护,官方媒体应该给予权威性的澄清。那种自身都不相信"身正不怕影子斜"的"消防"行为,只会引起民众更大的怀疑和更多的谣传。

如此诸多义务或职责的制度化设定,意味着公民监督权的防御权能和受益权能必将得到充分的构建。当然,对于公民检举权的具体行使而言,仅如此还是不够的,在这两种本体权能构建的基础上,还需要构建同样充分的救济权能。如此,公民才会真正有效享有或行使检举权。

五、 取得国家赔偿权本体权能的充分构建

取得国家赔偿权具有鲜明的救济权利属性,在一定意义上讲,它就是诸多公民基本权利救济权能一部分内容的集中体现,作为公民基本权利为宪法规范所明确确认和保护。因此,不仅可以将获得国家赔偿的权能或获得国家赔偿公力救助的权能纳入公民基本权利的救济权能进行分析,更可以再将请求国家赔偿权作为独立的基本权利,从其作为独立权利具有的本体权能和救济权能进行分析。这样,一方面,可以更深刻全面地把握公民取得国家赔偿权作为独立权利的丰富权能;另一方面,也可以更深刻认知公民取得国家赔偿权自身也应该拥有的再救济的权能。

---

① 参见李天锐:《当庭检举官员,他们图个啥》,《廉政瞭望》2016 年第 7 期。

（一）取得国家赔偿权防御权能的充分构建

从整体上讲，取得国家赔偿是一种受益权，其正常行使或实现，需要相应公权主体履行大量的积极义务或给付义务，包括必要的赔付义务和总体上呈现出积极义务属性的公力救助义务。但事实上，在公民及其社会组织行使取得国家赔偿权时，常常也会遇到相关公权主体违反消极义务，进行各种积极妨害或打击报复行为的情况。

这种侵权行为的主体，既包括国家赔偿义务机关及其相关机关（后者包括授权机关或被委托机关），也包括公力救助机关，尤其是在国家赔付义务机关和公力救助机关为同一机关时，更容易发生这种侵权行为。这种侵权行为的通常做法是，不惜违反同一行为不得受到两次追究的司法原则，否定已经作出的无罪司法裁决，罗织新的罪名和证据，以继续追究权利主张者法律责任的方式，阻碍其取得国家赔偿权的主张。2017 年发生在河南省某地的一个案件，可清楚地展现此点。

2017 年 6 月 1 日，中青在线以《河南一商人申请国家赔偿后两次被定罪已提出上诉》为题报道了河南商人吴运强的离奇遭遇。据报道，当 2013 年 12 月拿到不起诉决定书的时候，河南商人吴运强一度以为自己自由了，遭违规扣押的财物也可以还回来了。然而，过了近 3 年半，吴运强不仅没能要回这些财物，连自由也再次失去了。在要求公安机关退还财物并向法院申请国家赔偿之后，他再遭逮捕，原本无法入罪甚至没能写进起诉书的旧事，均重新启动了刑事程序。近日，在信阳市中级人民法院第二次以事实不清、证据不足发回重审的情况下，河南省固始县人民法院仍第三次判决吴运强犯非法转让、倒卖土地使用权罪。之后，吴运强又进行了第三次上诉。

事情起因于 2009 年 9 月，吴运强涉嫌非法转让、倒卖土地使用权罪被刑拘。2003 年 12 月，吴运强用广东万客来公司的名义，与河南省固始县人民政府签订了国有土地使用权出让合同，以 250 万元低价获得 60 亩土地使用权。土地位于固始县教育城，吴运强试图办一所在当地有影响的双语幼儿园，并于 2005 年正式招生。彼时，吴运强已与多个公司或个人签订入股协议，将 60 亩土地中未用完的 47.26 亩用于抵扣工程款,并合作开发项目。这些土地上的商住楼等建筑手续齐全,吴运强以幼儿园建教师公寓、陪读公寓等名义,申办了建设用地规划许可证、建筑工程施工许可证。在吴运强看来,这是完全合法的,且出让合同也显示,公司可根据其实际需要,在保证满足幼儿园及其配套所需的情况下,将建设用地及建筑物作其他用途。但固始县相关部门和法院并不这么认为。2011 年 11 月,该院认定这些做法系吴运强以牟利为目的,违反土地管理法规,非法转让、倒卖土地使用权,判处其有期徒刑 3 年、缓刑 5年,并处罚金 50 万元,追缴 416 万违法所得。时隔将近两年,2013 年 7 月,河南省信阳市中级人民法院二审裁定,认为原审事实不清、证据不足,裁定撤销原审判决、发回重审。该判决系请示最高人民法院之后的结果。河南高院向信阳中院转述最高法的意见称:“以入股形式使土地使用权发生实质变更属于非法转让土地使用权的法律依据不足;吴运强的行为有相关合同约定,故不宜认定为非法转让、倒卖土地使用罪。”此后,固始县人民检察院同样以这个理由撤回了起诉。2013 年 12 月,该院称固始县公安局认定的犯罪事实不清、证据不足,经退回补充侦查,仍不符合起诉条件,故作出不起诉决定。恢复自由的吴运强本以为案件到此结束了,自己也可以依法申请国家赔偿。2014 年 2月,吴运强向当地公安机关申请要回 200 万元及一辆丰田霸道越野车。200万元是 2009 年吴运强亲属在吴被关押期间替其缴纳的,起初声称是取保候审的保证金,这笔钱转入了办案警官陈某的个人账户,不过,吴运强 2010 年 11月收到了一张《河南省罚没收入统一票据》,收款单位为“纪委、监察局”。丰田霸道越野车则在 2010 年被固始县公安局扣押,并被估价 29.1 万元抵作追缴的非法所得款,然而,该车后被改装成警车。在申请公安机关退还这些财物的同时,吴运强也向固始县人民法院申请国家赔偿,包括被非法拘留 34 天的赔偿金、被查封的房产产生的损失、200 万元取保候审金产生的利息等共计约500 万元。当年 5 月初,固始县人民法院超过法定期限仍未答复,吴运强进而至信阳中院申请国家赔偿,同时也向河南省公安厅寄出了退还财物的申请。令吴运强意外的是,没等到退还的财物和国家赔偿,2014 年 5 月,他被再次刑事拘留,后被批捕,涉嫌的罪名依然是非法转让、倒卖土地使用权罪。吴运强此番被指控的除了已被最高法认为“定罪法律依据不足”的 3 笔“土地入股”之外,还多了一笔交易——2008 年 5 月,吴运强将 22 间门面、折合 2.39 亩土地,以 230 万元价格转让给黄某。后来,这些交易的相关手续的报批未获得固始县规划局批准。2009 年 6 月,吴运强与黄某解除了协议,并约定吴运强退还给黄某 293 万元。事实上,此笔失败的交易并非首次被发现,它曾被列入起诉意见书,但它最终未进入 2013 年以前的起诉书。这 4 笔此前未入罪的交易全被认定成了犯罪事实。2014 年 10 月,固始县人民法院第二次认定吴运强犯非法转让、倒卖土地使用权罪,吴运强获刑 3 年,并处罚金 50 万元,追缴非法所得约 396 万元。过了两年多,信阳中院 2016 年 12 月二审再次认定原判部分事实不清,裁定撤销原判、发回重审。裁定前,被羁押两年半的吴运强获取保候审。2017 年 3 月 30 日,固始县人民法院第三次判决吴运强犯非法转让、倒卖土地使用权罪,这一回,"土地入股"的 3 笔交易终于不被认为是犯罪,但最后一笔与黄某的交易仍被认为系非法转让,"由于其意志以外的原因而未得逞,系犯罪未遂,可以比照既遂从轻或减轻处罚"。他的量刑比第二次一审判决轻了一些,吴运强被免予刑事处罚。但信阳中院 2014 年在吴运强被重新逮捕之后就驳回了其国家赔偿申请。该院认为,吴运强以同一事实、同一罪名又被公安机关执行逮捕,刑事诉讼程序未终结,申请国家赔偿不符合国家赔偿法的有关条件。在辩护律师看来,即使按照一审判决,"公安、纪委机关一分钱都不能扣吴运强的,之前扣吴运强的 200 万元和车,最后都得退还"。但这一切依然遥遥无期。①

吴运强的案情并不复杂,也根本构不成犯罪,但因为他要求返还被非法剥夺的财产和国家赔偿,相关部门为推脱责任,也就滥用国家司法权力,突破法律的底线,不惜一切手段对其定罪处罚。此案典型体现了公民取得国家赔偿权在一些国家公权主体面前的软弱无力。目前,我国《国家赔偿法》没有任何禁止公权主体妨害和打击报复公民行使取得国家赔偿权的规范,更没有针对这种行为设定法律责任的条款。

未来的国家赔偿法修改,应增设相应条款,明确国家公权主体不得使用任何手段妨碍、阻止、打击报复公民及其社会组织行使取得国家赔偿权的消极义务,并设定违反该义务应承担的法律责任。具体条款可以设计为严禁任何国

---

① 案情情况根据相关媒体公开报道整理。参见《河南一商人申请国家赔偿后两次被定罪 已提出上诉》,《中国青年报》2017 年 6 月 1 日。另参见 http://hn.ifeng.com/a/20170601/5713771_0.shtml,2017 年 7 月 21 日。

家赔偿义务机关、赔偿请求受理机关及其他利益相关人做出下列行为：（1）在撤销案件、不起诉或者判决宣告无罪终止追究刑事责任后，因赔偿请求人依法主张国家赔偿请求，在实质上仍以原查明的事实或原有证据重新启动刑事程序追究赔偿请求人刑事责任的；（2）以威胁、欺骗、利诱等方式强迫赔偿请求人放弃取得国家赔偿权的；（3）法律规定的其他情形。为了确保取得国家赔偿权这种防御权能的充分有效，国家赔偿立法还应增加相应法律责任条款，从计算利息增加国家赔偿的金额、追究责任人的相关行政乃至刑事责任、适用高比例的追偿规则等方面，来有效惩戒和遏制这种侵权行为。

　　实践中，还有一些国家赔偿义务机关，主要是刑事司法机关，在发现不宜对已经被羁押的当事人定罪处罚后，尽管不得不终止强制措施，但为了逃避或拖延国家赔偿，却迟迟不愿意明确作出撤销案件、不起诉决定或者判决宣告无罪的裁决，使取得国家赔偿权的行使"迟迟无门"，或者是迟迟不依法作出解除查封、扣押、冻结等措施或返还财产的裁决。这是一种以特定情况下的不作为来妨害公民取得国家赔偿权的行为，曾经相当普遍。因此，法律也必须积极防范这种行为的出现，或消除其对取得国家赔偿权行使的妨碍或不利影响。目前，最高人民法院和最高人民检察院于2015年12月联合发布的《关于办理刑事赔偿案件适用法律若干问题的解释》（法释〔2015〕24号）第2条第1款规定："解除、撤销拘留或者逮捕措施后虽尚未撤销案件、作出不起诉决定或者判决宣告无罪，但是符合下列情形之一的，属于国家赔偿法第十七条第一项、第二项规定的终止追究刑事责任：（一）办案机关决定对犯罪嫌疑人终止侦查的；（二）解除、撤销取保候审、监视居住、拘留、逮捕措施后，办案机关超过一年未移送起诉、作出不起诉决定或者撤销案件的；（三）取保候审、监视居住法定期限届满后，办案机关超过一年未移送起诉、作出不起诉决定或者撤销案件的；（四）人民检察院撤回起诉超过三十日未作出不起诉决定的；（五）人民法院决定按撤诉处理后超过三十日，人民检察院未作出不起诉决定的；（六）人民法院准许刑事自诉案件自诉人撤诉的，或者人民法院决定对刑事自诉案件按撤诉处理的。"第2款规定："赔偿义务机关有证据证明尚未终止追究刑事责任，且经人民法院赔偿委员会审查属实的，应当决定驳回赔偿请求人的赔偿申请。"第3条第1款规定："对财产采取查封、扣押、冻结、追缴等措施后，有下列情形之一，且办案机关未依法解除查封、扣押、冻结等措施或者返还财产的，属于国家赔偿法第十八条规定的侵犯财产权:(一)赔偿请求人有证据证明财产与尚未终结的刑事案件无关,经审查属实的;(二)终止侦查、撤销案件、不起诉、判决宣告无罪终止追究刑事责任的;(三)采取取保候审、监视居住、拘留或者逮捕措施,在解除、撤销强制措施或者强制措施法定期限届满后超过一年未移送起诉、作出不起诉决定或者撤销案件的;(四)未采取取保候审、监视居住、拘留或者逮捕措施,立案后超过两年未移送起诉、作出不起诉决定或者撤销案件的;(五)人民检察院撤回起诉超过三十日未作出不起诉决定的;(六)人民法院决定按撤诉处理后超过三十日,人民检察院未作出不起诉决定的;(七)对生效裁决没有处理的财产或者对该财产违法进行其他处理的。"第2款规定:"有前款第三项至六项规定情形之一,赔偿义务机关有证据证明尚未终止追究刑事责任,且经人民法院赔偿委员会审查属实的,应当决定驳回赔偿请求人的赔偿申请。"这些规定,显然是以"实质上的程序终结"克服"形式上的程序终结"的法律漏洞。[①] 但一方面,这种低位阶的司法解释规定应尽快上升为《国家赔偿法》的正式条款,且应该进一步缩短相关期限规定;另一方面,对两条条文的第二款所规定的"证据证明",也应该有更明确细化的证明要求。否则,它们的第一款所规定的相关情形,都可以被轻易规避,失去任何制约意义。

(二)取得国家赔偿权受益权能的充分构建

作为一种整体上的受益权,取得国家赔偿权的受益权能内涵丰富,更应是有关法律制度构建的重点。从程序上看,其包括受理申请、审查、决定赔偿、履行赔偿、追偿等程序环节;从性质上看,包括获得赔付权能和获得公力救助权能(又包括获得相应公权主体支持、保护等);从内容上看,则重点包括充分的赔偿范围、充足的赔偿程度、及时公正的赔偿程序、严厉有效的追偿规则等要素。以下从内容的角度,具体分析公民监督权受益权能的充分构建。

1. 赔偿范围的充分化

其一,应考虑将国家提供和维护的公共设施对公民人身权和财产权的损

---

① 参见沈亦平、张晓帆:《论"程序终结"在国家刑事赔偿中的认定与适用》,载陶凯元、柯汉民主编:《国家赔偿办案指南》2016年第2辑(总第16辑),第146—157页。

害,纳入国家赔偿的范围。因为这种国家负责的公共设施的侵权损害案件,目前按民事赔偿的程序索赔,在责任主体的确定、举证责任规则的设置等方面对受害人严重不利,而国家负责的公共设施的侵权行为,同样多是相关国家公权主体的渎职行为造成的。其二,应考虑将责任受害人与公权主体合力造成的人身和财产侵害纳入国家赔偿范围。目前这种情况是从整体上排除,这是非常不公平的,因为如果公权主体的违法不当行为是受害人行为的诱因或合力,国家公权主体就应该承担相应赔偿责任。其三,应将目前社会大众反应强烈的所谓"合法"的无罪刑事拘留在一定程度上纳入国家赔偿的范围。确实,没有被定罪量刑的犯罪嫌疑人并非都适宜就刑事拘留提出国家赔偿,因为存在犯罪情节轻微,可以不追究刑事责任或认为不构成犯罪的酌定不追究情况;但如果是绝对无罪即绝对冤屈的情况,即便是合法刑事拘留,相关国家机关也应该承担国家赔偿责任。具体理由前文以作详细论述,此不赘述。当然,这种情况可以不适用追偿规则,也可以将国家赔偿金确定为具有国家补偿的性质。

2. 赔偿程度的充足化

我国目前《国家赔偿法》规定的赔偿程度,以赔偿直接损失为原则,国家赔偿以支付赔偿金为主要方式,以国家上年度职工日平均工资为计算基准,以返还财产和精神抚慰行为、精神损害抚慰金为补充的赔偿方式和标准。这种制度设计整体上既不能满足对一些请求人巨大损失的弥补,也难以适应个案正义的要求。总体上,国家赔偿在程度上充足的基本标准应是,能充分弥补受害人的损失,同时具有较充足的惩戒和威慑作用。具体制度完善应包括:(1)设计一个合理的分段计算累进增加赔偿金额的制度,具体时间段和增加额应进行科学合理的设置;(2)对主观恶性很严重的侵权行为,应实行惩戒性赔偿制度,如可适用于徇私舞弊、打击报复、刑讯逼供和各种"钓鱼执法"等民众深恶痛绝的行为;(3)进一步放宽精神抚慰金的最高标准,满足个案正义的需求;(4)采取有效保障措施,落实精神抚慰行为的实施。

3. 赔偿程序的及时公正化

提供及时便民、公平正义的国家赔偿程序设计是国家对公民取得国家赔偿权必须承担的根本义务,也是取得国家赔偿权的受益权能必须要求的基本内容。取得国家赔偿权本体化,必须要求相应国家赔偿义务机关承担职责性的义务履行能力,并不一定以公民行使请求权为前提才依申请而为。在一定意义上,我国《国家赔偿法》第 9 条第 1 款和第 22 条第 1 款的义务设定规范,事实上已经确定了相关国家赔偿义务机关的主动赔偿义务,只是因为缺乏具体制度的明确化,所以相关国家机关普遍地逃避这种义务。取得国家赔偿权的行使现实,已经充分证明了"激活"这种制度的必要性。近年来,跨省通缉、拘捕中因各种原因导致的错误拘捕屡有发生,[1]无辜的受害人虽然被及时释放,但相应的国家赔偿,却因为跨省申请、程序复杂、日久延时、交通食宿费用支出不菲等,让国家赔偿请求人"望权兴叹"。例如,陕西青年薛某在家中被浙江绍兴市警方带走错误拘留 7 天案,该案中,警方在抓人、带人和放人行动上都很轻率,知错后却不愿书面赔礼道歉,而是建议薛某申请国家赔偿。但按现有国家赔偿标准,薛某获得的赔偿不足 2 000 元,远不足以弥补薛某家人已经直接付出的经济代价,更不用说将来索赔的经济费用。该案不仅凸显了国家现有赔偿方式和标准的不足,更凸显了对简单明确的国家赔偿责任案件应适用主动快速赔偿处理程序的必要性,即对于像本案所涉的案件,事实清楚、责任主体明确、赔偿金额和方式易于操作,赔偿义务机关应主动予以赔偿,根本不应再走冗长的赔偿程序,来增加当事人和国家机构的诉累。[2] 因为,即便国家赔偿义务机关承担薛某的合理费用支出,也是花费大量人力物力、费时耗日、浪费国家资金的不当行为。而如果一些应该得到赔偿的当事人,因畏惧程序冗长、成本高昂而无奈放弃索赔,所导致的又将是极端的不公,增加民众对国家的不满情绪,社会效益的损害更难以弥补。除了真正确立这种简易的主动赔偿制度外,在常规程序中进一步缩短赔偿裁决期限、扩大赔偿义务机关的举证责任也是必要的制度完善举措。

---

[1] 近年来,警方错误通缉、错误拘留、错误逮捕公民的事件并不少见,有的是因为名字相同导致,有的是因为身份证遗失导致。但警方工作态度草率,缺乏应有的责任心,是最直接和根本的原因。参见杨涛:《没有人愿意被"错抓"》,《中国青年报》2013 年 12 月 11 日,第 2 版。另参见 http://zqb.cyol.com/html/2013 - 12/11/nw. D110000zgqnb_20131211_3 - 02. htm,2015 年 12 月 8 日。

[2] 参见《浙江警方跨省抓错人 羁押 7 天放人建议其申请国赔》,http://news. 163. com/17/0630/08/CO5PPN6A00018AOP.html,2017 年 6 月 30 日。

4. 追偿规则的认真有效实施

国家赔偿的追偿制度,不仅是国家赔偿制度的重要组成部分,也是保障公民取得国家赔偿权具有充分基本权能的重要制度设计。对国家赔偿的请求人而言,他们并不满足于"只要赔偿就行,谁赔都一样",其同样很看重对具体侵权人的惩戒和责任追究,也期待国家赔偿制度能够具有足够的惩戒性和威慑性,有效遏制类似侵权行为的发生。因此,严厉而有效的国家赔偿追偿制度,不仅是满足国家促进国家机关及其工作人员依法行使职权的制度追求,也是充分满足公民取得国家赔偿权的基本权能尤其是特定受益权能——救济权能的重要制度设计。它应该赋予国家赔偿请求人相应的建议和督促的主观和客观权能,科以追偿机关尊重、满足这种建议权和督促权的主观和客观义务。为真正激活目前整体上处在"休眠状态"的国家赔偿追偿制度,应该尽快制定具体详细的追偿规范,其基本内容应包括但远远不限于如下几个重要具体规则:(1)对被追偿人、追偿比例或金额等,国家赔偿请求人有向追偿人提出建议和督促的权利,追偿人应及时向取得国家赔偿权人反馈追偿决定的内容和进展情况,并说明理由;(2)有严重过错的责任人必须承担国家赔偿的追偿责任,承担比例应根据取得国家赔偿权人遭受人身和财产侵害的程度、责任人的过错程度、责任人承认和改正错误的态度,以及是否获得取得国家赔偿权人谅解等因素综合考虑确定;(3)国家赔偿决定实行向地方财政部门备案的制度,地方财政部门作为统一的追偿机关履行法定职责;(4)国家赔偿义务机关应配合法定追偿机关的追偿行为。如此,取得国家赔偿权督促国家机关及其工作人员守法守正的权能才可能得到充分的构建和实现。

六、 舆论监督权本体权能的充分构建

传统媒体和网络都是目前公民行使舆论监督权的途径,而且两者有相互融合和支持的趋势。一方面,传统媒体在保留原有传播方式的同时,也日益网络数据化,且把网络信息作为自身重要的信息源进行传播。另一方面,网络传媒业离不开传统媒体传播的权威性信息的支持,同时也为传统媒体提供了大量迅速、便捷的信息源。在一定意义上,两者也形成了整体上良性竞争的态

势。但整体说来，目前在我国，二者之间依然具有很大的差异性。这决定，传统媒体舆论监督和通过其行使的公民舆论监督权，与网络媒体舆论监督和公民通过其行使的公民监督权，存在较大程度的基础差异。

　　首先，从公民监督与媒体的关系而言，传统媒体诸如广播台、电视台、报社、杂志社、出版社等，资产具有公有制产权属性，隶属于特定的党政部门，受到国家有关公权力部门或机关的较严格掌控，公民借助其进行舆论监督存在较为严格的把控，有较严格的采用审定程序，但一旦能通过主流媒体发声，则更能引起有关国家机关对监督事务和对象的重视。① 而现代网络媒体的开放性、便捷性和广泛参与性，使得公民借助网络媒体传播信息、进行舆论监督具有很大的便捷性，也很容易产生舆论的鼓动性，在形成一定的舆论效应后，也通常会引起有关国家机关对监督事务和对象的高度重视。其次，从行使舆论监督权的直接参与程度来看，公民借助传统媒体的舆论表达，首先需要传统媒体从业者的采集编写，而这些从业者不仅有一定的资质要求，需具备专业的新闻学及其他社会科学的知识，更需要受新闻法规、职业纪律道德和单位管理规范与纪律的约束。除非新闻从业者基于各种考虑后，愿意采编公民提供的信息并在相应媒体上予以发表，否则公民通过传统媒体进行舆论监督的情况很难发生。而网络媒体舆论监督是几乎零门槛，会上网、能打字即可，即便是再严厉的网络控制，在众多网民都可以拥有随身式的网络信息传送平台的情况下，要审查每条信息才允许传送完全是不可能的，除非是整个封网。因此，每个网民都可以成为有很大自主空间的信息源和传播者，直接成为舆论监督的行使者，尽管通过删帖、屏蔽等手段，可以直接控制某些信息，但通常已经形成一定的受众，并仍可在一定程度上传播。最后，从行使舆论监督权的参与范围来看，传统媒体舆论监督以专业的从业者为核心，社会一般公众虽然能提供一定的信息，普遍接收传统媒体的新闻、消息，但是参与程度有限，想通过传统媒体行使舆论监督权需满足一定的条件。而网络舆论监督是全民参与的。在自媒体时代，任何人都可以在网络上发表观点、参与讨论、引起话题、形成舆论。

---

① "互联网＋"背景下，每个传统媒体都有自己相应的门户网站，都会在网络上发声，但这是传统媒体的网络化传播方式，其目的是强化相应的传统媒体舆论，即使其对网络舆论有一定的助推作用，但不宜归类于网络舆论之中。除非该网站是对普通网民直接开放的，网民可以直接在该网站上传可以公开和传播的信息。

正是因为上述的这些区别,基于传统媒体的公民舆论监督权的本体权能的构建,与网络舆论监督权本体权能的构建,需要使用不同的构建目标、原则和规范。从总体的构建目标上来说,传统媒体的公民舆论监督应当在力求专业、严谨、客观的基础上,进一步强化和保障媒体对公民的开放性,在舆论监督中发挥更大的作用;网络媒体舆论监督应当在保持便捷、自由、全民参与的现实性的基础上,充分尊重和保障公民正当的网络舆论监督权利,也要进一步有效规制其正常行使,形成公民舆论监督权、言论自由权与公共秩序、国家安全和他人正当权益的平衡和良性互动。近年来,虽然我国的网络舆论管制呈现出向传统媒体舆论管制靠拢的倾向,但可以肯定的是,二者不能适用同样的管理模式。如果网络舆论管制达到了传统媒体舆论管制的程度,不仅意味着网络信息大众传播功能严重削弱,公民的网络舆论监督权也将几乎丧失。因此,下文将分别阐述公民传统媒体舆论监督权本体权能和公民网络舆论监督权本体权能的法律构建问题。

(一) 公民基于传统媒体的舆论监督权本体权能的构建

1. 防御权能的充分构建

基于传统媒体的公民舆论监督要想发挥出充分效果,当然首先要严格设定禁止监督对象及其利益相关人进行妨害权利行使和打击报复行为的义务。此类义务设定,同公民批评建议权、申诉控告权、检举权尤其是批评权、检举权的相对义务设定具有很大一致性,故无需再详细论证。因为公民舆论监督权本质上是公民行使上述监督权的一个必不可少的渠道。这里将重点论述基于传统媒体畅通行使的公民监督权应该具有的关键防御权能。鉴于传统新闻媒体要形成舆论监督效应,必须经过信息的获取、信息的表达以及信息的传播三个环节,即调查、表达、传播;相应地,基于传统媒体的公民舆论监督权的防御权能必须在这三个环节上都有充分的体现,相关公权力主体或其他主体要承担相应的消极义务,这是其防御权能得以充分构建的关键内容或环节。

(1) 严格设定公权主体和其他主体不干涉采访调查自由的义务

采访调查可简称为采访,是传统大众传播机构进行一切信息传播活动的第一步。其具体形式包括记者直接采访、通过电子通信渠道采访和投递书信送访等方式。没有采访,传播媒介就没有信息来源,也就无信息可传播。诚如美国最高法院怀特大法官在布莱兹伯格诉海斯案中所说:"没有对新闻采集的某种方式的保护,出版自由也就是一句空话。"①广义的采访自由包括进行采访的自由和接受采访的自由,狭义的采访自由仅指进行采访的自由。进行采访的自由和接受采访的自由两者有时会存在一定的冲突性,但更具有很大的一致性。其中,进行采访的自由不能凌驾于接受采访的自由之上,否则就构成对接受采访自由的侵犯;但在进行采访的自由和接受采访的自由一致的情况下,侵犯任何一种自由都是对整个采访自由的侵犯。如对采访者的阻挠,也意味着间接侵犯了被采访者的自由;同样,对被采访者的阻挠,也意味着间接侵害了采访者的自由。故对采访者和被采访者任何一方的侵犯,都意味着侵害了整个采访自由,意味着对公民舆论监督权的侵犯,也意味着对媒体舆论监督权的侵犯。当然,也可以同时发生直接对两者进行侵犯的情况。

近年来,新闻记者遭殴打事件频频发生。其中,有些是舆论监督对象或监督求助对象拒绝向记者提供相关信息,使新闻记者的追踪采访面临重重困难,督促和批评报道的采访更是步步艰难。这是媒体舆论监督权和公民监督权的受益权能受阻的问题,后文将详细论述。但也有很多事件,是阻挠记者采访的愿意提供监督信息的公民及其社会组织。无论是对记者的直接阻挠,还是对公民及其社会组织的直接阻挠,都是对媒体和公民舆论监督权的严重侵犯,是比拒绝采访或阻挠对自身相关人员的采访更恶劣的积极侵权行为,相关保护公民监督权的立法应明确列举这类违法行为,并设定严格的法律责任。这种禁止性义务应一体设定,并都作为针对采访者和被采访者权利保护的直接义务,可以为权利人直接主张和救济。

(2)严格设定有关公权主体和其他主体不干涉媒体报道自由的义务

舆论监督在传统媒体的表现形式,主要是新闻报道,舆论监督权的实现有赖于媒体新闻报道自由的实现。媒体新闻报道自由,也是表达自由的核心和主要表现形式,它要求公权主体承担两个一般性的消极义务:一是对新闻报道不得事先审查;二是不得随意禁止刊载。法律应赋予媒体自身决定的权利和自我把关、自我负责的职责。中国传统媒体通过特殊的领导体制和运作体制,

---

① 唐纳德·M.吉尔摩、杰罗姆·A.巴龙、托德·F.西蒙:《美国大众传播法:判例评析》(上册),梁宁等译,清华大学出版社 2002 年版,第 308 页。

赋予了传统新闻媒体一定的自由和职责,也设定了一些国家机关、部门、社会组织和个人不得随意干预的一般义务。问题是,在严格的审查采用制度之外,由于舆论监督涉及一些特殊公权主体和领导者的利益,还会出现一些公权主体通过各种关系,采取各种非正当手段,对相关媒体应拥有的报道自由进行进一步干涉,既侵犯了媒体的报道自由和舆论监督权,更侵犯了公民舆论监督权。而且,此类行为多属于暗箱操作,一旦媒体接受,公民便无可奈何。因此,相关保护新闻自由和公民监督权行使的法律规定,应严格设定作为监督对象及其利益相关人的禁止性义务和相应法律责任,切实守住公民基于传统媒体行使舆论监督权的有限的表达自由能力。这种义务设定,对媒体自身而言应是可以直接主张和救济的义务,尽管在现实中,特定主体违背这种义务后,很少有媒体会去主张和救济。对公民及其社会组织而言,尽管这种义务整体上具有间接性,不宜为公民及其社会组织直接主张,但如果特定主体违背,至少也应该是可进行一定非常规投诉、控告的对象。因此,法律应该明确设定这种禁止性义务。

在这里,法律明确规定可以依法报道的事项,限制相关部门超越法律之上的权力,是至关重要的。有了法律明确的规定,媒体就可以判断所进行的批评报道是否违法,是否该取消或限制某类批评报道。如果没有明确的法律规定,只是由党组织或行政部门发文件规定哪些不准批评,哪些可以批评,实际上等于取消了批评。因为媒体批评的对象主要就是公权主体,而由批评对象确定批评的内容,哪还有真正的批评呢?而且,部门文件或领导指示一般是针对特定时期的特定情况作出的,往往是为解决特定的矛盾和问题,随着情势的变化,势必会发生变化。处在多变的状态之下,媒体就无所适从,无法对自己的批评行为进行确定的判断。其结果是媒体害怕出现差错,只好进行自我严格审查,不愿进行监督采访和报道,远离民众的正当诉求,该批评的也不敢批评。由于现在我国没有新闻传播方面的专门法律,关于禁载问题的法律规定很不完善,这就为一些公民舆论监督的对象及其利益相关人通过各种关系和手段,干预媒体的报道和公民的表达自由提供了巨大的空间。在实际的工作中,对禁载内容的规定随意性很大,主要由上级党组织或政府部门根据需要随时作出规定,没有固定的标准,规定禁载的内容往往随政治气候和某些管理的需要而不断变化。由于没有明确的法律规定,所以在管理上也可以采取变相的事先审查制，提前向各媒体发指示、打招呼，禁止批评、报道某些事情。而公民舆论监督权作为法律权利应具备起码防御权能的一个关键要求是：除宪法、法律明确规定的禁载内容之外，公权力机关需尊重传统媒体的表达自由，不得随意禁止刊登报道。①

（3）严格设定公权主体和其他主体不得阻挠新闻报道传播的义务

新闻报道通过自身的媒介和其他相关媒介进行自由传播，是媒体舆论监督权、新闻传播自由权、公民舆论监督权最终可以得到有效实现的又一根本环节，也是社会大众知情权和信息接收自由权的重要保障。任何组织和个人无法定的理由，不得干涉媒体向公众或单位发售报刊和节目，不得阻挠公众接收新闻信息。从媒体的角度看，它可以向所有的受众发行、销售报刊，无论在发行范围还是发行对象上，不应有任何限制。从受众方面看，接收自由主要体现在两个方面：一是可以接收也可以不接收的自由。受众订阅、购买报刊，收听、收看广播电视节目是自觉自愿的行为，他既可以看报、看电视、听收音机，也可以完全不接触这些东西，他人不得强迫。二是可以选择媒介的自由。受众可自由选择看报、看杂志、看电视或听收音机。看报也可选择看《人民日报》《光明日报》《经济日报》或《参考消息》等，看电视可选择有线电视或卫星电视、中央台或地方台等，完全是个人的事，他人不应干涉。这两种自由如果遭到侵犯，不仅意味着媒体传播自由权和公民知情权、接受信息自由权受到侵犯，也意味着公民的舆论监督权受到一定的侵犯，应有的舆论监督效应受到影响。在我国舆论监督的实践中，传递自由基本上是受到保障的，但现实中损害传递自由的事也经常发生。经常看到这样的事，某一媒体发表了揭露某地问题的报道，当地官员就指使有关部门在当地封杀这一媒体，使当地的公众看不到相关报道，以此种愚民手段来掩盖问题，削弱舆论监督的力量。相关论述已在公民知情权本体权能部分有较充分的论证，此不赘述。需要强调的是，对这种禁止性义务的违背，对媒体的信息传播自由、舆论监督权和信息受众的财产权、知情权、信息接收自由权都是直接侵犯；对被媒体采访并获刊载的公民及其社会组织而言，也是侵犯了公民舆论监督权。法律应当将其规定为特定主体应直接承担的主观义务。

---

① 参见李晨：《新闻自由与司法独立关系研究》，吉林大学博士学位论文，2011年。

2. 受益权能的充分构建

公民基于传统媒体的监督权同样需要充分的受益权能,即需要特定公权主体、媒体和其他社会主体承担积极作为的给付义务,帮助和满足公民监督权的行使。这里主要有两大类义务。

(1) 传统媒体承担的给付义务

公民通过传统媒体行使舆论监督权的本质,是借助媒体这样一个信息传播平台进行舆论表达和动员。没有传统媒体的广泛的信息传播能力,仅靠公民及其社会组织个人的信息传播能力,根本就形不成广泛的舆论监督效应,尽管其有可能在一定的社会区域内形成一定的社会动员能力。信息只有经过传播,得到众多人的关注和认同,成为众多人的共识(社会集合意识),才能形成舆论。社会大众对国家事务和社会公共事务的批评和建议,经过新闻媒介的表达,得到集中和放大,形成社会舆论,才能对国家和社会事务产生强大的影响力,成为舆论监督。而传统信息媒介的生命力从根本上来自民众,它们传播民众需要传播和知悉的大量信息,在政府与民众之间进行必要的信息交流和社会动员,促进社会共识的形成,成为政府和社会大众都需要的公共媒介。尽管它们可能更多地受制于政府的控制力量,但在民主法治国家,大众传媒又必须保持自身的独立性和必要的亲民性,倾听人民的呼声,表达人民的意愿,代表人民或者以自身的名义对政府进行舆论监督,督促公权主体守法守正。当然,这并不妨碍媒体具有自身的政治倾向,并与整体上具有合法性的政府保持在基本立场和根本利益上的一致性。由此,媒体及其工作人员被政府和社会大众通过新闻传播法律或其他规范形式,赋予广泛的权利,如新闻信息传播自由权、记者的采访自由权等,也被科以广泛的义务,如真实报道、接受公众求助、禁止有偿新闻、尊重公共价值和公共秩序、维护国家安全、尊重他人的合法权益,等等。其中的义务设定,还多得到新闻职业者的职业伦理、职业纪律等自律规则的确认,并以自律组织作为保证。因此,接受需要进行舆论监督的公民和社会组织的求助,对公权主体进行必要的舆论监督是传统媒体及其从业者的职业职责,也是应该上升为法律规范其承担的职责。尽管可以说,在公民和新闻出版单位之间,按照平等、自愿、公平的原则调整双方的关系。"报刊社同公民之间不存在任何支配与被支配、命令与服从这样的关系,而是处于彼此独立、完全平等的法律地位。在表达言论方面,双方应当在自愿的基础上,平等协商,取得一致意见,并且彼此享有一定的权利和承担相应的义务,最基本的一点,就是公民有要求表达或不同意表达的自由,报刊社也有予以表达或不予以表达的自由,任何一方都不能把自己的意志强加给另一方。"[①]但无论如何,传统媒介还是在整体上应承担一种倾听人民呼声,为社会大众"鼓而呼"的客观义务和职责。

当然,从整体上看,传统大众媒介的这种义务或职责,只能是客观性的,不能为公民及其社会组织所直接主张。迄今为止,世界上也没有一个国家或地区的大众媒介或新闻传播法,将之规定为社会成员可以将其作为主观权利的对应物而直接主张的义务。但在新闻传播受到官方控制较少,新闻出版自由较多的国度,传统传媒凭借较充分的出版自由权利,承担这种职责或义务的自觉性很强,受到的干预和掣肘也较少。因此,在一定意义上,传统传播媒介履行这种义务的强度,更取决于其享有的新闻出版自由和采访自由的程度;同时,也取决于对公民言论自由或出版自由的法律保护,因为公民享有这种自由权利,也就意味着传统媒介必须要承担一定的满足义务。如现行《出版管理条例》第23条规定:"公民可以依照本条例规定,在出版物上自由表达自己对国家事务、经济和文化事业、社会事务的见解和意愿,自由发表自己从事科学研究、文学艺术创作和其他文化活动的成果。"这是对现阶段我国公民行使出版自由的方式的总体表述,当然包括了公民依法在报纸、期刊等出版物新闻媒介上自由表达自己的思想、见解和诉求,对国家和社会公共事务实行舆论监督等方式。

(2)特定公权主体承担的特定给付义务

这里的特定公权主体应承担的特定给付义务,具有多样性。一是特定国家机关对新闻工作者和公民行使舆论监督权所可能遭受的伤害负有安全保护义务,这同公民在行使批评建议权、检举权过程中可能遭受的人身和财产伤害应该得到保护都是一致的。二是相关公权主体对舆论监督提供的重要问题信息要予以关注,对监督对象进行查处,或对好的建议予以采纳,并对行使舆论监督权的媒体、公民和社会大众进行回应。这是公民舆论监督权真正实现效果的关键保障,但整体上属于客观义务。其三,也是专门对舆论监督权行

---

① 魏永征:《新闻传媒法教程》,中国人民大学出版社2006年版,第52页。

使具有决定意义的给付义务,即作为监督对象和监督求助对象的公权主体,应承担接受新闻追踪采访和调查的特定义务。这种义务,不宜直接施加给私人及其社会组织,但国家公权主体应被法律设定接受民众和媒体舆论监督的特殊义务,不仅不能采取积极行为主动阻挠新闻记者的采访和报道,而且在自身存在一定问题时,负有配合新闻采访和调查的义务。不少新闻从业者希望制定一种法律,保障新闻记者通行无阻,顺利取得自己需要的材料,或者足以威慑那些舆论监督对象和有责任查处的机关不敢拒绝采访和推托,隐瞒有关情况。

这应该是一种法定义务,尽管对公民监督权而言仅仅是一种间接的客观义务,对权利主体而言,没有可以直接主张履行和救济的能力。但对新闻媒体而言却是可以直接主张的义务,尽管新闻传媒通常不会诉诸法律进行救济,更没有自己强制的能力,但如果义务主体拒绝履行,新闻媒体可以利用新闻追踪报道进行曝光和揭露,置特定主体于社会舆论中更加不利的境地。故法律应明确规定这种义务,如果不规定这种义务,也就承认特定主体具有拒绝媒体采访和调查的权利,从而置公民和媒体的舆论监督于违法或不当的地位。

可以看出,公民传统媒介行使的舆论监督权,除在直接防御特定公权主体的直接侵犯方面具有直接的防御权能,在可能遭受侵犯时具有直接请求公权主体履行积极的保护义务外,其他多是客观的、间接的义务,更多地依赖新闻媒介对舆论监督的接纳、支持和坚持。这决定,基于传统媒体的公民舆论监督权,整体上受制和附属于媒体的舆论监督权,并具有一体存在性和构建性。这更突出了新闻媒介立法对保障公民舆论监督权的重要性。

(二) 网络舆论监督权本体权能的构建

有学者指出,以公民参与为主要方式的体制外的权利反腐长期以来没有得到应有的重视,重要症结之一就在于,公民通过传统媒体难以对腐败等社会公共事务进行合理批评。各种传统媒介由于准入门槛较高,国家和媒介人严密"把关",以及媒介版面有限等各种因素,难以进行自由表达和广泛交流。① 现代网络媒介的出现，大大扭转了这种局面，借助现代互联网信息传播的开放性、便捷性和广泛参与性，公民网络监督蓬勃而起，官方和民间总体上认为公民因此应该享有一种网络舆论监督权。尤其是近十余年来，伴随着网络大众化参与平台或自媒体平台如论坛、手机短信、QQ 空间、微信、微博等的快速普及化，公民通过网络进行的舆论监督有效推进了中国反腐事业的发展。尤其是微博反腐，是"指通过微博曝光或收集腐败线索，监督公职人员的行为，从而达到有效预防和惩戒腐败行为的一种反腐方式"②，被形象地描述为"微博一转，关注数万，纪委一动，倒下一片"③。鉴于其突出的反腐效果，有人总结为："微博反腐，对党委政府而言，多了一个制约监督权力的平台；对反腐败职能部门而言，多了一条获取腐败信息和线索的渠道；对腐败分子而言，多了一种威慑力量；对公众来说，多了一种快速便捷监督官员、举报腐败的途径；对党员干部而言，多了一项警示约束自己的机制。"④而且，它的主要优势在于参与主体广泛、线索多，行动快捷、效果好，信息反馈快、成本低，⑤尤其是安全隐秘、风险低。⑥ 但也有另一种基本否定的意见，认为参与微博反腐的部分网民缺乏理性，通常难以站在客观公正的角度审视和思考问题，更会因产生谣言而对社会的良好秩序产生负面影响。且由于微博反腐缺乏有效的法律规范，网站监督过滤信息的技术受到限制，微博反腐事件在受理、查处、反馈方面尚无明确的程序规范和期限规范。⑦ 由此带来的负面效应屡有发生，"微博丑闻、微博谣言、微博谩骂等乱象丛生，伴之网络暴力、网络色情、网络诈骗等网

---

① 参见蔡宝刚：《迈向权利反腐认真对待微博反腐的法理言说》，《法学》2013 年第 5 期；蔡宝刚：《迈向权利反腐：认真对待微博反腐的法理言说》，http://article.chinalawinfo.com/Article-Html/Article_78569.shtml，2015 年 6 月 12 日。

② 杜治洲、张阳阳：《微博反腐模型、现状与对策》，《理论视野》2012 年第 6 期。

③ 王亦君：《微博反腐的权利边界在哪？》，《中国青年报》2012 年 12 月 16 日。

④ 高斌：《当反腐邂逅微博》，《检察日报》2012 年 6 月 7 日。

⑤ 《2012 年微博年度报告》显示，24 起影响较大的 2012 年网络反腐案例中，从被举报到政府公布处理结果的平均耗时为 28.08 天。由微博曝光的案件立案调查和司法处理时间大大缩短，具有快捷迅速的特点。微博反腐是低成本的。

⑥ 一个基本共识是，微博提供了公民言论自由的平台，即公民能够几乎毫无顾忌地检举揭发和批评监督官员的腐败行为，因为网络具有虚拟性，网民可以在微博上匿名举报，这就避免了被检举者打击报复；在当下举报制度有待完善的环境下，微博这种隐秘性的举报方式极大地保护了检举者的人身安全，也进一步地激发了广大网民参与反腐的主动性。参见蔡宝刚：《迈向权利反腐：认真对待微博反腐的法理言说》。

⑦ 参见周凯：《微博反腐已进入"剥洋葱"式深度挖掘时代》，《中国青年报》2013 年 1 月 4 日。

络犯罪屡禁不止"①。还有人认为,微博反腐中公民的知情权、监督权容易侵犯官员的隐私权、名誉权等权利,公民的知情权不能凌驾于隐私权之上,成为获取他人隐私的"挡箭牌",而两者权利是平等的。

由于网络反腐尤其是微博反腐,确实存在着信息真假难辨、一些言论缺乏理性、主题多涉生活腐败等问题,故在政府加大对网络上固有的网络谣言、网络暴力、网络欺诈的管制和惩处时,公民网络监督在一些人眼里似乎也应成为规制和打击的"负能量"。特别是个别对网络监督心怀芥蒂的官员,利用"自己做自己的法官"的优势,有意无意地混淆相关界限,以所谓"法律手段"为武器,重点指向了公民网络监督行为。这导致目前尚处在稚嫩期的公民舆论监督处在非常尴尬的地位:一方面,法律尤其是高层次法律尚没有对公民网络舆论监督权进行明确具体的认定和保护;另一方面,对网络负面言论的规制和打击行动,因为法律规范的不足和运动式执法的偏差,常常成为打击公民网络监督的体制性"利器"。由此决定,公民舆论监督权本体权能的充分构建,成为当前公民监督权法律保护中的最重要问题之一。

1. 网络舆论监督权防御权能的充分构建

对公民网络监督权防御权能的充分构建,照理依然是,法律必须严格设定如下禁止性义务:监督对象及其利益相关人不得作出任何妨害和打击报复网络舆论监督者及其相关人的行为;监督求助对象不得进行任何打压、阻挠等不当应对网络舆论监督的行为。但基于前述对批评建议权、检举权等权利防御权能的分析,再考虑目前公民网络监督权行使面临的困境,本节无需再重复强调这些义务的设定,而是重点讨论,如何通过法律规范的科学设计和准确执行,去强化对这些义务的具体落实细节的有效保障。这里的要点有如下三点。

（1）设定公民网络监督行为的强抗辩能力,相关公权力主体应承担相应的宽容义务

首先,对待公民网络监督行为,更应确立实施范围和力度都受到合理限制的公权主体名誉权保护制度。其中包括:确立公民单位公权主体不得以名誉权受侵犯追究公民民事和刑事责任的法律制度;确立个人性公权主体享有限

———————————
① 曾哲:《微博的法律边界》,《法制日报》2012 年 3 月 1 日。

制性名誉权且只能自诉追究公民所谓诽谤责任的法律制度。相关理由，已在前文关于公民批评建议权本体权能的充分构建的阐述中有详细论证，此不再赘述。

其次，对制造传播网络谣言的行为适用寻衅滋事罪等罪名处罚时，必须进一步完善相关法律规范，并准确严格地执法，有效避免将基于有事实根据的虚假或不完全真实信息进行监督的行为作为制造传播谣言的行为入罪。如前所述，2013 年 9 月，我国开始进行严厉打击利用互联网制造传播谣言等违法犯罪活动的执法活动，它以最高人民法院和最高人民检察院于 2013 年 9 月联合发布的《关于办理利用信息网络实施诽谤等刑事案件适用若干法律问题的解释》（法释〔2013〕21 号）（以下简称《解释》）为基本法律依据。但是这种运动式的执法，一开始就没能很好地守住底线。[1] 不仅国家互联网信息办网络新闻协调局和最高人民法院认知到了其中扩大化的偏差，并提出充分重视和保障民众发表建设性言论的自由的要求，连《人民日报》也发文指出："经是好经，可惜让歪嘴和尚给念歪了。""少数地方的少数执法者未能准确把握这一解释的精神实质，滥用法律赋予的权力，甚至将其作为拒绝舆论监督的手段。这样的做法无疑是十分错误的。"[2]事实上，除了个别"歪嘴和尚念歪经"的情况外，《解释》本身对立法的扩张性解释，对规范和概念表述的不当和模糊，对公民网络监督权的保护缺乏规定，也是重要的原因。如前所述，本身就因为行为罪状的模糊性而具有"口袋罪"属性的寻衅滋事罪，因为行为类型的扩大和危害结果的危险性或危害性的人为扩大，而更加具有了"口袋罪"的属性。[3] 由此决定，一些本来对公民在网上传播对政府机关或官员有负面性影响的信息就心存芥蒂的执法者，可以轻易出入人罪，也就不难理解了。因此，有关法律规范的完善和执行必须要做到：真正划清"谣言"和"虽然与事实不符但有一定事实根据的信息"的界限；恪守寻衅滋事罪要件中"扰乱公共场所秩序"的严格内容，避免将"网络空间秩序"简单等同"网络秩序"再简单等同"公共场所秩序"；避免"恶意"与简单的道德规范和政府及其官员形象联系起来，避免用"恶意"削弱

---

① 比如 2013 年 8 月，安徽砀山一网民将当地一起死伤的特大交通事故说成"16 死"，竟然被当地警方以"造谣"的名义处以行政拘留，引发网友强烈质疑，最终当地公安也承认处罚不妥。

② 范正伟：《依法治网要警惕"歪嘴和尚"》，《人民日报》2013 年 9 月 25 日。

③ 参见孙万怀、卢恒飞：《刑法应当理性应对网络谣言——对网络造谣司法解释的实证评估》，《法学》2013 年第 11 期。

对"明知"的事实认定;严格"明知"的认定范围,并防止用所谓"恶意"否定或弱化事实的客观性,防止道德和意识形态凌驾于法律之上,充当法律的标准,对行为人进行人格和思想的审判和处罚。

最后,应通过法律严格明确公共安全、公共秩序和国家安全的范围,避免这些重要法益的过于弹性化和扩张性认定;基于此,来确保信息传播平台表达公民监督诉求的低成本、低门槛和高实效性,能较好地汇集民意,促使形成官民互动的良性监督机制,更好地实现反腐倡廉,避免网络信息传播规制立法和执法对公民行使监督权的吓阻效应。固然,互联网不是法外之地,网络言论也要受社会道德、法律法规的约束,但网络的虚拟性特点就注定了对于网络舆论的约束应当弱于现实中的舆论管制,也就是说,政府等公权力部门对于网络舆论要更宽容,容忍度要高于其他舆论。这是因为网络言论相对而言参与度高、传播迅速,容易引起一时间"声势浩大"的虚象。但仔细分析则会发现,网络热点有时就像流行性感冒,来得快去得更快,一段时间后就销声匿迹。同样内容的言论,在网络论坛里说出来,和在现实中的公开场合讲出来,效果是不一样的,后者对于现实社会的影响更大。人们在网上发言时,为了吸引注意力,往往会言辞更加激烈,这就要求政府部门有一定的容忍义务。不能简单将线上线下、网内网外的情况等同。如果要求人们在互联网上的发言也承担同现实中同样的成本,网络舆论的最大优势实际上就被抹杀了。

总之,网络舆论监督权的防御权能的关键点就在于:可有效防止公权力轻易将网络言论定义成谣言从而进行抹杀;若公权力主张公民网络言论是谣言,其至少要有证明发言人明知是虚假的义务。若证明本身很困难,是否构成谣言模棱两可,则根据存疑时有利于公民一方的原则,不得认定为谣言。通过加重公权力义务的方式,来维持公民行使网络舆论监督权的低成本。

(2)公权主体应承担不强硬压制群体极化的网络监督舆论的义务

基于舆论维稳的观念,在每一场重大事件发生之后,网民在网络上会踊跃参与对该事件的评论,对政府存在的问题进行批评,也不乏良好的建议。但有些地方政府首先想到的是不能让舆情发酵、延烧乃至沸腾,于是全力"灭火""消气"和"堵漏",甚至以权威性的通讯社的报道为唯一事实依据,以此为标准衡量网民信息传播的真实性,即便是没有根本性的出入,也会将网民传播的信息定义为虚假信息或谣言,进行追责。这种维稳式的舆情管理,所使用的方法主要是禁止发声。某些地方政府,不但要求党政机关及其工作人员不得传播相关消息,甚至要求普通民众不传播、不讨论。例如在 2013 年昆明市"反对 PX 项目"事件当中,昆明市委便发出通知,要求昆明市各高等学校老师、学生和职工不要提及 PX 项目,不通过网络手段转发、传播相关内容,不在公众场合发表相关言论等等。此外,某些地方政府甚至通过诸多手段禁止媒体记者进入当地采访报道。对相关事件的发声、讨论,是形成舆论的前提,下达"噤声令"的方式是对网络舆论监督权的根本性干涉,也是不现实的、可笑的。公民网络监督权的防御权能还要求公权力机关不得在网络上设立任何具体的言论禁域,即使基于诸如国家安全、公序良俗等原则性限制,也不是靠事前禁止,而应当靠事后监察来管理,否则也就不会有公民对政府的不当言行和违法行为进行网络舆论监督的必要了。

(3) 有效防止公权主体通过加重网络运营商的义务,逃避自己的禁止性义务

就像现实中的经营场所承担一定的安全保障义务一样,网络服务运营商对于网络舆论的监管也承担着一定的义务。这种义务如果设定得过重,网络服务运营商出于保护自身利益的考虑,就会成为公权主体侵犯公民网络舆论监督权的"帮凶"。因此,公民舆论监督权的防御权能,应包括有效对抗公权主体过度设置网络运营商的控制信息传播的能力,尽管公权主体因此承担的义务主要是一种客观性的义务。我国吸收了"避风港"规则①的一些要素,在《中华人民共和国侵权责任法》第 36 条中作出如下规定:"网络用户、网络服务提供者利用网络侵害他人民事权益的,应当承担侵权责任。网络用户利用网络服务实施侵权行为的,被侵权人有权通知网络服务提供者采取删除、屏蔽、断开链接等必要措施。网络服务提供者接到通知后未及时采取必要措施的,对损害的扩大部分与该网络用户承担连带责任。网络服务提供者知道网络用户

---

① 网络服务提供者使用信息定位工具,包括目录、索引、超文本链接、在线存储网站,如果由于其链接、存储的相关内容涉嫌侵权,在其能够证明自己并无恶意,并且及时删除侵权链接或者内容的情况下,网络服务提供者不承担赔偿责任。互联网服务提供者根据避风港原则免于赔偿责任有三个前提条件:一、要求网络服务提供者"实际上不知道有关内容或行为系构成侵权;由于实际上不知道,因而对表面上的侵权事实或情况,未加注意;在知道或注意以后,对侵权相关之内容,迅速进行删除或阻止他人访问"。二、要求网络服务提供者"未从该网络服务商有权利和义务进行干预的侵权行为中,直接得经济利益"。三、要求网络服务提供者在接到"侵权通知以后,对引导或链接,立即删除或阻止他人访问"。

利用其网络服务侵害他人民事权益,未采取必要措施的,与该网络用户承担连带责任。"网络运营商的主要义务就在于接到通知之后删帖,否则可能会承担连带责任。但设想这样一种情形,刚有网友在论坛上发帖,批评某一地方政府机关或其工作人员的违法或不当行为,马上就会有人出来向网络运营商提出异议:该帖侵害了我的隐私,损害了我的名誉,或者涉嫌寻衅滋事。这时网络运营商为避免承担连带责任的风险,兼之它也没有能力证实帖子的真假,其最好的做法就变成顺从此机关或个人的意见,把帖子赶紧予以删除、屏蔽等。[①]网络运营商义务的加重,实际上为政府部门及其官员利用惩戒之权逃避自身不作为义务提供了方便。因此,法律应赋予网络营运商立足于公民舆论监督权和媒体自身舆论监督权的抗辩能力,并提供法定的救济渠道。同时,减轻其直接删帖或阻止链接的义务,即在网络言论可能造成侵权的情形之下,网络运营商仅需承担通知义务,当政府机关及其官员主张网民的信息不实涉嫌违法时,运营商可以基于自身的判断直接删帖或阻止链接,也可以决定只需要在限定时间内通知该用户,并告知其利用网络侵权的相关后果即可,是否撤回言论在于发言者的自行判断,是否需要强制删帖在于政府部门的判断。如政府命令强制删帖或阻止链接,在维护政府决定的执行力的同时,则应赋予网民进行法律救济的能力,法律后果也分别由政府和网民自行承担。

2. 网络舆论监督权的受益权能

在很大程度上,网络舆论监督权受益权能的基本内容就是公民批评建议权、控告权等权利的受益权能的另一种表达。如提供必要的安全保护措施,对监督对象开展必要的调查和责任追究,或作出必要的错误整改,对权利行使者给予必要的及时回应、回避义务、奖励或补偿义务,等等。但对具有便捷性、集众性特点的公民网络舆论监督权行使而言,应有两种最基本的受益权能。

其一,特定公权主体应提供具有针对性的、正规化的信息网络平台,为公民及其社会组织有效行使网络舆论监督权提供便利,并有效限制其副作用。

在信息社会时代,要实现有效的社会治理,政府就必须构建一些问政、督政网络平台,设立求助、咨询、维权、投诉、批评建议等窗口,作为接受人民群众

---

① 参见胡泳:《人肉搜索监督官员当留免责空间》,http://view.news.qq.com/a/20100710/000037.htm,2011 年 12 月 20 日。

监督、践行党的群众路线的重要途径,这是国家治理体系和治理能力现代化的重要体现。这种政府主动设立的政务性信息网络平台,更加便于民众的问政、监督,有针对性地督促公权主体履行职责、守法守正;同时,体制性、常态化运行可有效避免激进舆情的积累,化解网络群体事件。因此,近年来,各地政府多积极搭建了这种政务性信息网络平台,并取得了良好的运行效果。以湖北省的长江云"民声"平台为例,其是集求助、咨询、维权、监督为一体的移动互动平台。长江云汇聚呈现省市县三级政务微博、微信、客户端,政府部门入驻当地政务大厅发布信息、政务公开,入驻"民声"问政系统回应百姓诉求、践行"网络群众路线",督促各级党政领导干部,"对建设性意见要及时吸纳,对困难要及时帮助,对不了解情况的要及时宣介,对模糊认识要及时廓清,对怨气怨言要及时化解,对错误看法要及时引导和纠正,让互联网成为了解群众、贴近群众、为群众排忧解难的新途径,成为发扬人民民主、接受人民监督的新渠道"[①]。网上举报投诉窗口 24 小时接受群众的咨询、投诉和举报,平台后台将相关问题分发到对应的部门。处理流程同步公开,接受群众的监督。平台把群众监督、政府部门监督、纪检监察机关监督和新闻媒体监督整合到一个平台,实现了多种监督力的有机结合,形成强大监督合力。该平台还联动湖北《党风政风热线》节目,打造全省践行群众路线的全覆盖网络,能及时发现问题、迅速解决问题,并以满意率排行榜、回复率排行榜、办结率排行榜对办理单位形成无形的监督力,倒逼政府部门履职尽责。该平台曝光的一批典型案例,如农村福利院老人生活凄凉,公安部门对暂扣款、罚没款管理混乱,民政部门救灾款发放不到位,地税部门兴建奢华办公场所等,在全国范围内激起强烈反响,也获得了民众的信任,优化了政府形象。[②] 但也有一些地区,虽然建立了政务信息网络平台,但问政、监督的渠道却不畅通,成为民众可望而不可即的摆设,民众及其社会组织也只能通过自媒体和商业化信息网络平台行使网络舆论监督权。

其二,公权主体应构建积极主动的网络舆情应对体系,承担积极的回应义务,而不是在公民舆论监督面前扮演"失语"者的角色。

---

① 孙甜甜:《区域性生态级媒体融合平台——长江云平台到底是啥?》,湖北台网,http://news.hbtv.com.cn/p/197118.html,2017 年 6 月 22 日。

② 参见刘玮等:《以"问"的犀利倒逼"责"的落实——强化媒体监督,推动执纪问责》,《新闻战线》2017 年第 9 期。

在 2016 年 7 月发生的"邢台大贤村洪灾"事件当中,邢台官方在相当长一段时间内处于"失语"的状态:在洪灾发生两天半后才发布消息,到第三天凌晨才就洪灾原因作出解释。此般"政府失语"反映的是政府在面对舆论时所运用的乃是消极应付的舆情管理方式。如此做法,并非仅存在于河北邢台一地,可以说是全国相当多的地方在面对汹涌的舆论时都会运用到的方式。这种做法是强硬压制与一定侥幸心理的结合,即便搞定了当下,但也未必能长远。因为拷问真相、寻求正义的火种其实未灭。正如《国语》所说的那样:"防民之口,甚于防川。川壅而溃,伤人必多,民亦如之。"

消极应付的舆情管理也让公民失去了获取真相的可能。因为在信息获取与传播的过程中,民众相较于政府而言原本就处于劣势地位。假若政府传播信息不及时,或是有意传播不真实的信息,这便使得民众原本的劣势地位更为明显,民众获取真相也就更为困难。如此一来,民众在不明真相或者知道政府有意"撒谎"时,便会自觉或不自觉地抵制或向政府讨要说法。在"邢台事件"当中,便有民众通过封堵高速公路的方式要求政府说明真相。更有甚者,政府的"失语"还可能导致各类谣言乘虚而入,由于信息渠道的不畅通,谣言便走在了真相前面。因为真相的声音与谣言的声音之间是反比例关系,即真相的声音愈大,谣言的声音则愈小;相反,若真相的声音愈小,则谣言的声音愈大。真相的空虚状态无疑为谣言的乘虚而入创造了绝佳的机遇。消极应对的舆情管理方式非但不能达致维护稳定的目的,反而会因真相缺位致使谣言乘虚而入。此外,政府的屡屡"失语"无疑会减损民众对政府的信任,进而引发暴力围堵等群体性事件。鉴于此,身处公共事件"漩涡"的政府在面对舆论、进行舆情管理的时候,应当积极主动地回应,及时迅速地释放信息以阐明真相,适当地引导舆论以制止谣言。具体来说,在事件尚未发生或者已发生但仍未"发酵"之时,政府便须与民众之间实现有效的信息传播,向民众传递真实的信息。若事件已经发生并迅速发酵,此时"亡羊补牢,未为晚也":政府须向民众释放真实的信息,同时,还须对舆论进行合理合适的引导,以避免和制止谣言的肆意传播与扩散。

首先,及时发布信息以澄清真相。面对大大小小的各类事件,不少政府为维护地方形象和官员利益,往往是"秘而不宣",企图"大事化小、小事化了"。如果说这种处理方式在信息闭塞时代尚能达到掩人耳目的目的,在通信手段高度发达的今天，其无异于掩耳盗铃。同时，真相的缺位使得谣言有机可乘。因此，在事件尚未发生或者发生之初，政府便需要及时向民众发布信息、澄清真相。① 不要等到谣言已"充斥街头"或者民众已"蜂拥围堵"时才有所"醒悟"，因为谣言通常比真相更有市场，尤其是在有些政府（主要是地方政府）信任已有所减损的情况之下。就像在"邢台事件"当中，官方发声时洪灾已经发生了两天半时间，而官方对洪灾原因的说明就更为滞后了。暂且不论洪灾的真实原因为何，邢台官方事后发声的做法在很大程度上已为时晚矣。

其次，允许公众表达以消除或缓解民众的不满。诚如上述，在公共事件发生之后，不少地方政府在"秘而不宣"的同时还要"闭塞言路"，以各种形式和方式禁止民众讨论该事件或传播与之相关的信息。这种做法在信息传播不通畅的旧时或许可行，在互联网上时代的今日必定是"无能为力"的，甚至会适得其反。因为即便可通过一时的"删帖""禁言"实现"闭塞言路"之目的，也仅仅是"躲得过初一，躲不过十五"，真相终究会为民众所知晓。与此同时，此般"闭塞言路"的做法还会激起民众的不满情绪。因为真相的缺位原本已经让民众对政府产生了不信任心理，假若其自由的言论再受到限制，则无疑会激起民愤。同时，纷繁复杂的谣言，尤其是有意抹黑政府的谣言，更易让民众的不满情绪高涨。诚如《国语》所言："为川者，决之使导；为民者，宣之使言。"因此，在公共事件当中，只要民众的言论合法，政府不仅要允许其自由地表达，还应当更进一步地建立言论表达的途径、渠道，利用官方微博等形式回帖、转发，积极与网民进行互动。

最后，正确进行舆论引导以制止谣言。政府允许公众自由表达，绝非意味着对舆论不理不顾。政府还需要对舆论进行适当的引导。党和政府在新闻工作中历来注重舆论的引导工作。在 2016 年年初召开的新闻舆论工作座谈会上，习近平总书记更是专门强调了提高新闻舆论传播力、引导力。但不可否认的是，不少地方政府在舆论引导层面仍有较大欠缺。简单来说，舆论引导须及时，要求政府在第一时间发布信息。对于持续时间较长的事件，还需持续更新消息。再者，舆论引导还须适度，避免出现矫枉过正以及让公众反感的情况。例如，在"邢台事件"当中，"邢台发布"虽然发布微博就大贤村洪灾原因作了解

---

① 参见赵新婷：《灾情压力下官方应如何发力——邢台洪灾舆情应对得失全解读》，http//yuqing.dzwww.com/yqjd/201608/t20160822_14806101.htm，2017 年 7 月 30 日。

释,但微博下的评论相当多的是诟病之语。

还须指出,这种政府必须承担的积极回应义务,是对公民舆论监督权有效行使和制约权力的最大满足,也是对公民知情权的充分满足。尽管它整体上是客观义务,公民通常也只能依靠更激烈的群体性舆论监督来督促政府承担这种客观义务。但是,它是互联网时代政府不能怠慢公民舆论监督权的必然要求,也是互联网时代公民舆论监督权有效行使发生质的革命的体现,是时代进步赋予的人民主权地位得到更大体现的标志,也是真正服务于人民的政府机关及其官员不能逃避的法律义务。

七、 信访权本体权能的充分构建

信访权是我国公民行使本体性监督权和知情权不可缺失的途径性权利,它兼有权力监督、权利救济和民众参与的多种功能。信访权总体上是一种程序性权利,但却同样具有实体性权利的一些内容。就其基本权能而言,由于其具有权利或权益救济的基本性质,其本体权能也呈现出权利的救济权能的属性,可以理解为是公民诸多基本权利遭受侵犯时具有的救济权能。但是,由于信访权是公民实现其他基本权利必不可少的权利,也是宪法隐含确认的基本权利,因而可以作为独立权利来分析,阐发其自身的本体权能和救济权能。

(一) 信访权基本权能充分构建的制度前提:信访制度的合理定位

信访权作为一种公法权利,其具体权能的充分构建本身就是合理的信访制度的构建。但显而易见,目前我国信访制度的构建和运行,在价值目标定位、作用范围定位和规范化程度定位等方面,都出现了较为严重的偏差。因此,对于公民信访权本体权能的充分构建问题,首先涉及信访制度的基本定位问题。

信访制度的合理定位主要包括三个方面的问题:一是包括信访制度构建和运行的基本价值目标合理确认问题;二是在具有同类价值目标的各种制度建设中,信访制度功能范围的合理确认问题;三是信访制度建设的规范化程度的定位,即信访制度主要是溢于法律制度之外的充满权力裁量性的政治化制度,还是法律提供严格规范尤其是程序规范的制度。

1. 信访制度的基本价值目标的合理确认问题

信访制度是对公民信访行为的制度性确认和保护,而信访行为的社会正当性即其基本价值功能,是其取得公民权利资格的社会现实基础。信访行为具有承载公民进行权力监督、权利救济和民众参与的基本价值功能,这就决定了信访制度构建和运行的基本价值目标是保障信访行为作为一种公民权利充分发挥其应有的价值功能。舍此,就是信访制度价值目标的"异化",也必然是信访制度构建和运行的"异化"。一个时期以来,我国的信访制度在很大程度上已是偏离了这一核心价值目标,制度的具体构建和运作滑向了以维稳为根本和直接价值目标。这是导致信访制度运行出现诸多悖论性的问题,公民信访权行使不畅的根本原因。确实,对一个国家和社会的长治久安而言,在一定意义上,"稳定具有压倒一切的地位"。但必须明确,在现代社会,长期的、坚实的国家和社会秩序,并不能建立在高压维稳的基础上,而只能建立在这些要素构成的善治状态之上,具体包括:经济发展;政治清明,政府及其官员守法守正,廉洁公正;法治昌明,社会具有起码的公平正义;民众享有广泛的自由民主平等权利,百姓安居乐业;等等。因此,不能是任何制度的运行都以维稳为直接目标,或受制于高压维稳的目标,而应该各种制度都恪守其本真的价值目标,为社会问题的解决提供坚实的基础。否则,一个追求良好价值的制度构建和运行也必然走向"异化",在具体模式上走向自己的反面。一段时间以来,我国压制型信访模式的形成,就典型地体现了此点。

这种压制型信访模式具有以下特点:其一,它以构建刚性维稳机制为信访治理目标,以严格的社会管制为常态表现,以政绩考核与"一票否决"制的官员问责为动力,通过强力打压手段封堵社会矛盾,追求社会的静态稳定秩序,其所构建的是一种行政权力主导下的刚性社会稳定机制。基层政府多采用行政命令、行政强制的方式,严控越级访、进京访,甚至对信访人进行各种强制打压,将上访控制在属地管辖范围之内,并以上访量的多寡作为对下级官员政绩考核的指标之一。① 其二，它体现了信访运行的工具主义和制度建设的工具主义，法律对权力的制约和对权利的保护处于软弱无力的地位，信访机关和其他相关机关主要运用行政强制应对上访问题，以贯彻行政主体的单方意志为目标，通过"倒逼式"手段加强社会稳定，注重行政权力维护社会秩序的功能，忽略了信访人的权利主体地位。其三，在信访治理的理念上，它秉持"管控理论"理念，在价值取向上以权力为本位，重公共权力，轻个人权利；重效率，轻公正；重实体，轻程序。信访治理本身仅是一种权力运作策略，信访行为本身被看作是对稳定的破坏，是稳定指标的异己物，信访人天然具有故意找麻烦的嫌疑。基层政府和信访部门在应对民众上访时，往往忽视其合理的利益诉求，认为上访是对社会稳定秩序的破坏。一旦公民权利受损而进行单个或集体利益诉求表达时，政府往往以"维稳"的名义进行高压打击，以防事态扩大。② 于是，在管理目标上出现了"零上访"这种荒谬的考核指标，形成了包保责任制、定时接访、强制截访、花钱销号等异化的、压堵式的、非规范性的权宜性治理手段。

这种压制型信访模式必然陷入自我悖论式的困境。因为它不仅使已被纳入科层制的信访制度"从反制整个官僚制转变为中央对地方、上级政府对下级政府的一种监督控制手段"③，更在于使信访制度解决民众诉求、监督权力守法守正方面的功能严重萎缩，甚至走向了反面。一方面，随着社会的进步，底层民众权利意识觉醒和维权热情增强，而目前我国的利益表达机制、政治参与体制、司法制度建设远滞后于多元分化的社会利益，信访制度这样一条门槛较低的利益表达和政治参与渠道，无疑为弱势群体提供了便利，也被看作是党和国家联系群众、关爱民众、体恤下情的制度保障——党和国家的主要领导人和主流媒体也一直对其作出这样的定位；但另一方面，各级政府对信访的治理手段多重结果而轻过程，过于重视对社会秩序的恢复，不重视甚至压制了民众的利益诉求表达。④ 地方政府常采用运动式治理方式，如采取暴力截访、对缠访

---

① 参见李巍：《基层信访治理模式之转换：从"压制型"向"回应型"》，《天津行政学院学报》2017年第1期。

② 同上。

③ 周飞：《基层信访"内卷化"：关于社会反作用于国家的研究》，《甘肃行政学院学报》2015年第3期。

④ 参见崔卓兰、张继红：《从压制型到回应型：行政法治理模式的转换——群体性事件的行政法反思》，《社会科学辑刊》2014年第6期。

户专人看管等侵犯公民基本人权的手段,依靠行政强制追求信访治理的效率性,不注重制度化的长效积累效应。结果,基层政府与民众利益的博弈失衡,双方平等对话的沟通能力不匹配,维稳本位高于权利本位,维权者因权益进一步被侵犯而坚持信访之路,维稳者再以高压和非法手段应对,双方陷入更加激烈的博弈。① 最终,信访这一化解官民矛盾、为稳定提供制度性保障的制度,反而成为进一步制造更多侵犯事件和群众不满的异己之物,陷入"越维越不稳"的治理困境。在一定程度上,也异化为群众向政府不当施压以谋取非正当利益的手段,②因为在高压手段无效而又要完成上级指标的情况下,基层组织有时不得不"屈服"让步,慷公共利益之慨,花钱买平安,这进一步刺激了缠访、闹访行为的发生。

因此,信访制度必须回归自身本真的价值目标定位。其基本方法就是彻底放弃这种维稳压制型的制度构建和运作模式,真正以尊重和保护公民信访权为基础,以落实信访制度的权力监督、权利救济和民主参与的基本目标为出发点,形成维权回应型的信访制度运行模式。其核心环节是政府对信访人的利益诉求以及所反映的问题进行积极的回应,要求信访机关和其他有关机关以保障相对人的合法权益为出发点,采用参与、沟通、合作等非强制性手段,通过对话和协商给予信访人参与公共事务治理和进行维权的机会;"采用柔性行政手段而非命令服从式的压制办法阻止群众不满情绪的释放,通过官民对话、耐心倾听等手段为其提供信息引导,并作好思想安抚工作,及时回应诉求"③,它必须注重公权主体对信访权利的充分尊重和保障义务及有效落实机制。

2. 信访制度功能范围的合理确认问题

总体说来,信访制度必不可少,不可废弃,但其基本定位应是补充或辅助性的公民监督权行使和权利救济渠道,它的根本作用是补充常规法律渠道的不足和辅助其更好地发挥作用。

信访的普及率和认可度是毋庸置疑的,但是随之而来的是信访制度运行

---

① 参见李巍:《基层信访治理模式之转换:从"压制型"向"回应型"》。
② 在信访制度正当性不容否定的情况下,"零上访"等责任目标的考核,使部分访民产生了"政府怕什么,就偏得做什么"的心态,把上访尤其是越级上访和"进京访"作为向政府施压的手段,以便取得利益博弈的优势。
③ 李巍:《基层信访治理模式之转换:从"压制型"向"回应型"》。

的高额成本,低下的信访效率,众多且难以遏制的公权力侵权事件,以及大信访制度对司法权威造成的冲击。因此,有不少人主张废除信访制度,认为这样的"准司法"制度是对我国司法独立性的挑战,极大地影响了我国司法的权威。表现为,已决案件被无故撤销,党政机关工作人员面临信访压力后,给司法机关施压影响其重新改判,或者另行给出不同于司法裁判的处理结果。然而,这只是部分涉访涉诉案件才存在的问题,至于因为司法不予立案,司法空白的区域,涉及地方利益、公民利益又没有得到切实保护的司法结果,都需要涉法涉诉信访的继续存在,更何况还有更多的非涉诉信访,因此,信访仍旧是公民寻求权益实现的有力手段。[1]

信访是一个典型的中国特色的制度,虽然外国也有与中国的信访相类似的制度,但是一个自上而下遍及立法、行政、司法各个部门接受投诉并解决纠纷的制度系统在世界上大概是独一无二的。[2] 这个"独一无二"体现为信访受理范围几乎无所不包。立法、行政、司法等各类国家机关均可受理救济类和非救济类信访事项。实践之中,信访权常常与批评权、建议权、申诉权、控告权、检举权等权利的常规法律行使渠道混同。大信访格局之下,一切都归类于"信访"之中,不但无法保障信访权,反而会使信访权处于一种危险的境地之中。什么都归类到信访中,本质上应为补充性、辅助性途径的信访权实际上就因为这种混同而泛化和弱化了,形成"大而无当之累"。这里固然有信访受理范围规定不明确的立法机关因素,也有行政机关懒政而造成的后果。

许多行政机关的法定职权就包括解决纠纷,或者行使法定职权的行为本身即能实现定纷止争的效果。劳动行政部门、工商行政部门、土地管理部门、治安管理部门、环保部门等行政机关即为典型代表。但是,法律对于相对人如何启动这些职权的行使缺乏具体详细的规定。例如,《土地管理法》《森林法》《草原法》《水污染防治法》只规定相关争议由某一级人民政府处理,并未规定相对人如何申请政府处理。又如,《消费者权益保护法》《环境保护法》仅规定了"投诉""举报"。在这种情况下,相对人只能自寻途径提出要求行政机关履行职责的申请。信访几乎是能够想到的唯一途径。当然,相对人通过信访方

---

① 参见张梦霞:《监督权视野下公民信访权的实现》,第6页。
② 参见周永坤:《信访潮与中国纠纷解决机制的路径选择》,《暨南学报》(哲学社会科学版)2006年第1期。

式提出解纷申请后,行政机关本可以将之分派至对应的机构或者部门通过法定的程序予以处理,并以法定的方式作出处理意见。但是,实际情况是行政机关对此类申请往往怠于进行区分,直接作为信访案件予以受理,并通过信访程序进行处理。这样,就把行政机关日常的、正规的行政处理事务直接转化成了行政信访事务,纳入了非正规的处理事务和程序。这无疑是将信访案件的受理标准简化成了两条:一是通过来信、来访方式提起;二是属于行政机关职权范围。将复杂的立案审查标准简化,显然是懒政的表现,而结果是将大量本属于行政机关行使法定职权、通过行政程序解决的纠纷纳入了信访的受理范围,进而破坏了多种法定救济途径之间的界限和衔接。①

　　童之伟将我国宪法框架下的政治法律制度相对区分为核心政制和辅助政制两个部分。核心政制包括人大体制、行政体制和司法体制等,信访体制是辅助政制的重要组成部分。他认为,在我国宪法框架中,从功能上看,信访体制只能补核心政制之遗缺,或作为核心政制运行的"润滑剂"发挥效用,不能与之分庭抗礼。在通常情况下,信访体制不宜取代或部分取代核心政制的功能,更不可以妨碍核心政制正常发挥制度效用。② 因此,基于法治的大思路,应当在确保人大体制、行政体制和司法体制顺利运行的前提下,发挥信访制度的补充性功能和辅助性功能。无论是有意为之,还是被迫进行,扩大信访事项范围以致其偏离了补充性、辅助性的定位,其实是对信访权最大的侵害。受理信访的部门不能随意扩大信访事项范围,只处理常规法律途径无法立案的事项,主要包括:第一,法律上已经超过时效但诉求利益应该得到维护的案件;第二,在司法诉讼或行政执法正常法律渠道之外的案件,如历史遗留问题、村干部的某些违纪行为、抽象行政行为、行政机关坚持的行政不合理行为等;第三,因牵扯复杂关系或原因司法机关无法处理需要行政协调处理的案件;第四,咨询法律法规、相关政策及应诉求机关的请求;第五,已经走完行政程序和司法程序包括申诉程序的案件,即涉法涉诉通过特定信访途径进行信访,通过特别监督程序,促使原处理权力体系经过法定程序如审判监督程序等进行重新处理;等

---

① 参见夏金莱:《法治视野下对信访受理范围的再思考》,《暨南学报》(哲学社会科学版)2015年第5期。
② 参见童之伟:《信访体制在中国宪法框架中的合理定位》,《现代法学》2011年第1期。

等。这需要从信访制度的实践中认真归纳。①

3. 信访制度建设的规范化程度定位问题

信访制度在中国运行的相当长的时间内，都呈现出较强的政治和人治色彩，主要靠党和国家的政策及主要领导人的指示调整，后来尽管有了行政法规层级的法律规范调整，但仍比较粗陋，且效力层次不够。而维稳压制型信访治理模式的运行，依然需要权力主体事实上享有凌驾于法律之上的权力和巨大的裁量性权力。于是，目前整个信访制度的法定实体和程序规则，尤其是实施规则，是非常粗陋或缺失的，仅有一些管辖和处理的协调程序规定，连起码的时限规则都没有设定。这种情况造成两种结果：一是信访功能范围的不确定性，形成大信访格局，并与常规法律机制存在严重交叉重复的问题，具体如前所述；二是信访的处理和终结程序缺乏明确的规则，形成很多有始无终、难以结访的局面。无论是正常信访还是非正常信访，是个体访还是集体访，都应当有终结机制。对于那些不合法不合理而且已经依法处理终结的信访诉求，不能无原则地迁就，而应当在程序和实体上予以终止。所谓程序上终止，就是不再受理和处理这类信访诉求；所谓实体上终止，就是不能再推翻依法已终结的信访结论。这也是了结信访事项的一项要求，应当属于要解决的应有之义。如果败诉方相信他们可以在另一个法院或者另一个法院以外的系统再次提起诉求，他们就永远不会尊重既有的系统和法院的判决，并顽固地拒绝执行对其不利的决定和判决。无休止的诉求解决程序同时也刺激了对法院决定的不尊重，从而削弱了司法和法治的权威和有效性。②

因此，信访的功能范围或受案范围，信访与常规司法处理和行政处理程序的分离和衔接问题，信访自身的基本处理程序和终结程序等问题，都应该由法律明确规定。需要例外的，可以是矛盾化解时利益分配和具体程序的一定灵

---

① 曾有调查者将上访者反映的问题归纳为以下八个方面：一是企业改制、劳动及社会保障问题；二是"三农"问题，即农民、农村和农业问题；三是涉法涉诉问题，主要是各类纠纷、不服法院判决等，这类问题积案较多，重复来信来访量大，长期滞留上访的人多，已成为长期困扰各级信访部门的主要问题之一；四是城镇拆迁安置问题；五是反映干部作风不正和违法乱纪问题；六是基层机构改革中的问题；七是环境污染问题；八是部分企业军转干部要求解决政治待遇和经济待遇问题。参见《2003 年中国遭遇信访洪峰》，http://news.sina.com.cn/c/2003-12-09/07351295591s.shtml，2004 年 6 月 7 日。

② 参见杨小军：《信访法治化改革与完善研究》，《中国法学》2013 年第 5 期。

活性,但也要有法律规范的限制。如此,信访权利才能合理确定范围、界限和具体内容,并具有充分的权能。

在信访制度的价值目标、功能范围和规范化程度归于合理的情况下,信访权的本体权能及其救济权能才能得到真正充分化的构建,从而既能强化信访制度,又能避免信访对于其他常规法律途径的不良影响,形成信访制度的法治化,实现信访制度与常规法律制度之间的良性互动。

(二)信访权防御权能的充分构建

信访权作为诸多公民监督权有效行使的必要的途径性权利,其防御权能的多数内容也与这些公民监督权的防御权能的基本内容一致,包括要求设定信访对象及其利益相关人不得妨害和打击报复信访行为的禁止性义务,信访受理机关、处理机关和其他相关机关及工作人员不得不当应对信访行为的禁止性义务,等等。其中,对信访权利的实现具有特别意义的一种防御权能,是对相关地方政府及其要害部门的一种特别防御能力,即必须设定禁止他们以各种理由干扰合法信访活动的义务。

信访权的实现需要有信访活动的支撑,信访活动的启动又有赖于公民的来信来访等信访行为。但公民的信访行为常常触及地方政府及其部门的利益,因为选择信访就相当于向信访部门宣告:信访人认为地方政府通过常规法律途径并不能处理好自己的问题。在这样的情况下,地方政府总倾向于干扰信访活动的进行。信访权的防御权能就要求,一旦公民选择了信访程序,政府及其部门,尤其是利益相关的政府部门,不能违背公民意愿干扰其信访活动;即使公民本身的信访行为有所瑕疵,也要等信访部门宣告程序终结或移交信访所涉事项后再进行处理,不得提前介入。具体包括以下几点。

1. 信访进行中不拦截、扰乱信访

不可否认,在实践当中存在着大量不规范的信访行为,比如无理信访、多级信访、未穷尽其他法律途径的信访等,但这并不能成为政府部门拦截、扰乱信访的理由,更不要说以此为借口侵犯公民的人身权、自由权。因为有关信访部门完全可以拒绝信访,并告知有权处理部门,而有权终结公民信访活动或将

信访所涉事项移交到其他机关处理的政府部门,也只能是受理信访的相应信访机关,并且这种终结或移交必须严格依据相关法律法规的规定,理由正当、程序合法。也就是说,信访权的防御权能要求,一旦公民进入了信访程序,任何公权力机关都不得违法扰乱该程序的进行,既不能针对信访公民进行扣押、拦截,也不能针对信访机关进行贿赂、施压。

2. 信访结束后不打击报复

一定的历史时期中,地方政府打击报复进京信访人员的案例屡见不鲜,本书第二章中已经列举了很多,此处不再赘述。任何公权力打击报复私权利的行为,其本质问题都是对公权力约束不足,以致公权力被滥用。近年来,在全面推进依法治国、构建法治政府的大背景下,政府权力的行使逐渐透明、公开,直接侵犯公民人身权、自由权的案件数量有所下降。从中央到地方,各层级的信访条例也都明文规定不得打击报复信访人。《中华人民共和国刑法》也规定了报复陷害罪。需要指出的是,对信访人进行打击报复相较于对其他主体进行打击报复更具有敏感性,因为信访本身就寄予着公民对于国家的信任,加之信访补充性、底线救济的地位,对其打击报复更易激化社会矛盾。综合来看,信访权的防御权能严格要求公权主体尤其是政府机关不得对信访活动进行打击报复,不能直接侵犯信访公民的人身权、自由权,也不能采取隐性的手段削减信访公民应得的利益或应享受的社会福利,更不能在该公民事后再与政府部门打交道时进行刁难。与直接侵权的打击报复方式相比,后两种打击报复的手段更具有隐蔽性,因此需要更完善、体系化的信访人保护和救济机制。

3. 审慎动用临时动议

临时动议是指在特殊情况下,超越法律或议程规定的程序和内容,对某些需要紧急处置的情况采取紧急措施。对于任何一个法治社会而言,常态制度和机制建设是至关重要的,在非紧急状态下使用临时动议是最为忌讳的。社会管理过程中因突发或者紧急事件而采取临时动议是不得已的选择,不能随便地使用临时动议。目前一些地方政府因信访问题的临时动议比较多,这并不利于问题的解决。信访问题往往涉及访民的切身利益,处理不当极易诱发、激变成大规模的群体事件,危及公共秩序和社会的和谐稳定。因此,在对待信访问题上要严格依照法律程序办事,审慎对待临时动议,普通的信访问题坚决不能采用，只有在突发或者紧急的情况下才可考虑使用临时动议。因为运用临时动议，就可能意味着对信访人权利的限制和克减。"基于非突发或者紧急状态下采取临时动议的成本非常高、后遗症比较大，要坚决杜绝非突发或者紧急状况下临时动议的使用。"即使遇到突发或者紧急状况，需要采用临时动议时，也必须以谨慎的态度对其带来的成本和后果进行评估，以免造成不可挽回的损失。①

（三）信访权受益权能的充分构建

防御权能是信访权得以实现的基石，但信访权要想正常运转和真正实现，还需要公权力机关积极主动地提供一些保障制度、配套措施，履行具体的保护和满足义务，这正是信访权受益权能的要求。这些受益权能的一些主要内容，也与批评建议权、申诉控告权、检举权等相应受益权能的主要内容具有同一性。但专门满足信访权这一特殊途径性权利所特别要求的受益权能内容，还是异常丰富的。其要求法律明确设定相关公权主体的相应主观义务和客观义务，尤其是满足某种机制有效运行的客观义务，具有一定的基础保障意义。

1. 提供并遵守公正有效的信访受理和处理程序的义务

首先，信访受理和处理机关的设定应符合公正原则。信访受理机关应为具有一定专业人员的专门机关，并被赋予专门权限。行政信访机关可以被赋予相应的直接处理之权，同时尽量设定原处理机关的监督机关或上级机关为信访问题的处理机关，以减少相关部门"自己为自己法官"的机会。当前信访处理程序，无论是转办、交办、督办还是领导人批示的批办等，多是将信访诉求发还给原处理责任部门再次处理。这决定，进入信访渠道，无非就是增加了信访部门的督促、检查、汇报、责任追究等"外部"压力而已。这样的信访程序，经常会有两个问题：一是信访人不接受也不愿意原处理部门再次接手处理；二是不少原处理部门已经形成"定论"，很难不受此"定论"影响而重新处理。这样的程序从一开始就影响了其公正性。公正，应当包含处理部门即主体的公正。

---

① 参见闫锋：《成本视域下当代中国信访改革的路径选择》，《河南师范大学学报》（哲学社会科学版）2017 年第 3 期。

一个已有处理诉求"定论"的主体,再次处理诉求难免先入为主。而先入为主本身,就有违公正原则。因此,不能将信访事项交由原处理的责任部门再次处理,而应当由另外一个更具权威和中立的部门负责处理。① 其次,处理程序必须公开,保证信访人进行必要的协商、对话、陈述、听证的能力。一些信访问题的处理过程应当由纠纷双方平等参与,增加辩论和质证的环节,使双方都能举证说明问题。在此过程中,双方可以阐述各自的主张和理由,并反驳对方的观点。当事人会不自觉地开始接受和理解对方的想法,会对"极化"表达起到限制作用,有利于纠纷的协商解决。处理信访程序应当透明,接受群众广泛监督,以国家机关内部程序处理信访事务已经不能适应当今社会的要求。②

2. 承担便利公民信访权实现的具体制度供给的义务

长期以来,在维稳压制型信访治理模式的促使下,一些地方政府出于对上级信访考核的应付,采取了急于事功、欺下瞒上的做法,运用截访、压访、销号甚至送精神病院等方法,来追求令人啼笑皆非的"零信访"指标,包括"零上访""零进京上访""零非访"等。这导致了信访成本的陡然高涨,败坏了政府的形象与公信力。这是信访机关和相关政府机关严重不务正业的行为。与其不惜巨资压制信访,将矛盾拖后或激化,不如花小钱建立一些有效方便公民行使信访权、就地解决矛盾而息访接访的机制。现实中,信访反映与诉求往往就在体制运行各个环节的拖拉、推诿、扯皮中失去了最佳处理时机,导致信访越级升级、成本高涨不止,而欲盖弥彰的"零信访"更是造成了信访公私成本的不断高涨。③ 信访机关完全可以通过实行律师和权威人士的信访代理制度,构建功能齐全的信访服务大厅,增设网上信访新平台,建立特聘律师信访专员制度等具体制度供给,增加基层信访制度运行的有效性、平和性,有效配合、保障和满足公民信访权的行使。这是信访机关和基础政府必须承担的客观义务,未来信访制度立法也必须明确规定这些制度建设义务。

这其中,推动信访信息化建设,实现"互联网"+"信访",就是一种非常值得期待的制度供给。信访的信息化建设主要包含两个方面。其一是信访部门

---

① 参见杨小军:《信访法治化改革与完善研究》。
② 同上。
③ 参见闫锋:《成本视域下当代中国信访改革的路径选择》。

内部之间的信息共享。实践中,同一信访人就同一事项向多个机关或者多个部门提出的情况屡见不鲜。在不同机关信访审查及受理各自独立,并且尚未实现信访案件信息联网的情况下,这种广撒网式的信访方式极易造成信访案件的重复受理。同一事项,不同国家机关分别受理并按照各自的程序和方式进行处理,信访人的目的有三:一是通过更有权力的机关对与信访事项关联更加密切的机关施加压力或者影响,以谋求更符合预期的处理结果;二是希望不同的机关作出不同的处理意见,从中选择对自己最有利的一种;三是抱着博彩的心态,多求助几家,总有一家能够解决自己的问题。但是,重复受理信访既是对公权力资源的浪费,又很容易造成权力运行和法律适用的冲突,最终导致国家机关权威和法律权威的双输。信访信息系统和信访信息数据库的建设能够提高信息的共享程度,使政府和民众都成为信息的拥有者和受益者。[①] 政府通过查询数据库可获得相关信访信息,及时了解当前的热点和难点问题,为决策服务。[②] 全国信访部门使用统一的信访受理登记系统,不但能杜绝重复受理的情况发生,还能通过为每个信访事项建立的数据库,跟踪相关问题的解决情况。民众通过访问信访网站,能够掌握国家或地方的政策和法律法规变动情况,避免传统信访工作方式中因缺乏对相关信息的了解而引起的盲目信访。其二是开拓网络信访渠道,为普通公民提供更加方便、快捷、低成本的监督渠道。要在继续畅通现有各种信访渠道的同时,运用现代化的信息手段,不断开辟出新的信访渠道,建立信访工作信息网络。要向社会公布信访机构的通信地址、电子邮箱、投诉电话、传真和信访接待时间等,并建立全国和地方各级政府信访信息系统。这样不仅可以拓宽民意上达的渠道,方便信访人查询信访事项的受理、进展情况和调查结果等;同时还有利于促进各级信访机构之间资源共享,加强各级政府之间处理信访问题的沟通,形成处理和解决问题的合力,避免同一信访事项在不同地域和系统内得到相异的处理结果。[③]

---

① 参见张炜:《公民的权利表达及其机制建构》,第 202 页。
② 参见夏金莱:《法治视野下对信访受理范围的再思考》。
③ 参见张陆庆:《信访制度的法制化研究》。

第三节　公民监督权救济权能的充分构建

如前所述,公民监督权的救济权能是其在遭受各种侵犯和妨害的情况下应有的权能,包括获得侵权者赔付权能和获得公力救助权能。基于公民监督权自身的特殊性,这种救济权能也有自身的特殊性。但整体上讲,各种具体公民监督权的救济权能却具有较大的共性,因为其获得赔付权能所对应的义务或法律责任在种类上有限,而且在性质上相同或类似,而获得公力救助权能所对应的义务也存在类似的情况。鉴于此,在本节中,笔者将不再对每种具体公民监督权利的救济权能一一分析,而是从整体上把握公民监督权两种具体救济权能的充分构建问题。

一、　公民监督权获得赔付权能的充分构建

如前所述,权利获得赔付权能之"获得赔付"一词的内涵,是权利针对侵权主体所具有的各种救济能力的统称,应作广义的理解。其对应义务或责任,从整体上表现为一种赔偿、接受惩戒和继续履行的特别义务。对公民监督权的获得赔付权能而言,其具体指向、理由和对应义务形式都具有多元性;其存在形态具有复合性;其救济功能通常具有再救济的属性,需要法律的特别优待;其对应义务或者法律责任设定应具有必要的严厉性和惩戒性。因此,必须立足于这些基本属性,来具体构建公民监督权的获得赔付权能,以确保其充分化。

(一) 相应法律责任设定和追究的复杂性

公民监督权获得赔付权能的具体指向、理由和对应义务形式都具有多元性,这既源于公民监督权具体权利形态的多样性,更取决于侵犯和妨害公民监

督权的行为及其行为主体和相关责任主体的多样性。公民监督权行使的监督对象、行为客体、求助对象乃至利益相关人尽管都有一定的特定性,但仍然是异常广泛的,其中国家公权主体占主导地位,但也可能包括私人及其社会组织。这种法律主体的复杂性,再加上公民监督权行使所承载和引发利益关系的复杂性、对立性,决定妨害公民监督权行使的侵权行为具有多样性和复杂性,法律责任的设定和追究同样应具有多样性和复杂性。

就权利救济的主体而言,既包括权利主体本人,也包括权利主体的利益相关人,而且,这种利益相关人并不一定限于权利主体的近亲属,其姻亲、同学、好友也可能成为受到威胁、恐吓乃至打击报复的对象。

就侵权行为主体而言,既有典型的公权主体,也有典型的私人主体,也有私人假借公权主体名义和权力的情况。在公权主体的行为中,既有行政机关的行为、司法审判机关的行为、法律监督机关的行为,也有司法侦查机关的行为乃至立法机关、监察机关的行为,等等。

就行为性质而言,既有民事侵权行为、行政侵权行为,也有司法侵权行为、监察侵权行为和各种公权主体的其他不当应对行为。

就侵权行为的方式而言,既有积极作为行为,也有违法不作为的侵权行为。

就行为主体及其相关责任人应承担法律责任的种类而言,可包括民事责任、行政主体的行政责任、内部行政责任、外部行政责任、政务处分责任[1]、刑事责任、国家赔偿责任乃至宪法责任。[2] 从应承担法律责任的功能而言,既包括赔偿性责任、惩戒性责任,也包括继续保障或满足性责任。

就责任承担主体而言,既包括法定行为主体的责任设定问题,也包括对相关责任人如领导、直接负责的主管人员和其他直接责任或行为人的责任设定问题。

就责任的主客观属性而言,既有主观义务属性的,即权利主体及其利益相关人可以直接主张的;也有客观义务属性的,即权利主体及其利益相关人不可以直接主张,只能给出诉求性建议,启动某种程序,由相关公权主体基于法律

---

[1] 这是《中华人民共和国监察法》第45条规定的新型法律责任。

[2] 如果把对抗立法侵权权能包含的特定救济权能也包括在广义的救济权能之内,则获得赔付权能也可以理解为包括宪法责任。

的规定作出。

因此,在构建充分保障公民监督权的相关法律规范时,必须充分认知公民监督权这种获赔权能和相应义务及其承担主体的这种复杂性,在法律上作出充分而严密的规定,防止相关义务主体可以轻易逃脱相应责任。其要点可以归纳如下:

其一,关于可以主张权利救济的主体。不应限于公民监督权行使的权利主体及其近亲属,而应该采取开放式的具体列举条款的方式,依法规定一个有利于保护公民监督权正常行使的权利救济主体范围,最大限度地保护公民监督权行使主体及其利益相关人的利益。

其二,关于责任主体。首先,应对特定主体作出的特定渎职行为及其应承担的责任,进行明确具体的规定,法律规定的渎职行为的外延应具有充分的涵盖性和一定的开放性。其次,对打击报复行为种类应采取开放式的列举性条款,而不应采取封闭式的列举性条款。最高人民检察院、公安部、财政部联合发布的《关于保护、奖励职务犯罪举报人的若干规定》第 7 条,对打击报复举报人的行为采取封闭式列举条款方式,列举了 10 类行为,但其在外延上仍是不周整的,将导致一部分实行打击报复行为的主体轻易逃避责任。同时,对打击报复行为的责任设定,应立足于行为的构成要件确定责任主体,而不应人为地仅仅将主体限制为监督对象及其近亲属。

其三,关于行为性质及其应承担法律责任的范围。首先,法律规定和分类应明确,不能采取模糊规定的做法。如前述《若干规定》第 10 条规定:"举报人及其近亲属因受打击报复,造成人身伤害、名誉损害或者财产损失的,人民检察院应当支持其依法提出赔偿请求。"这里的赔偿是民事赔偿还是国家赔偿,还是两者都有,明显语焉不详。最高人民检察院《关于保护公民举报权利的规定》第 8 条的类似规定更是语焉不详。其次,不能人为排除严重渎职行为应承担的刑事责任,而仅规定行政处分责任。如目前施行的由国务院制定的《信访条例》第 40 条规定了导致信访事项发生、造成严重后果的四项渎职违法行为,规定"对直接负责的主管人员和其他直接责任人员,依照有关法律、行政法规的规定给予行政处分;构成犯罪的,依法追究刑事责任"。第 45 条规定:"行政机关及其工作人员违反本条例第二十六条规定,对可能造成社会影响的重大、紧急信访事项和信访信息,隐瞒、谎报、缓报,或者授意他人隐瞒、谎报、缓报,造成严重后果的,对直接负责的主管人员和其他直接责任人员依法给予行政处分;构成犯罪的,依法追究刑事责任。"但第41条至第44条规定,都明确排除了相应信访渎职行为责任人员负刑事责任的可能性。其中,第41条规定:"县级以上人民政府信访工作机构对收到的信访事项应当登记、转送、交办而未按规定登记、转送、交办,或者应当履行督办职责而未履行的,由其上级行政机关责令改正;造成严重后果的,对直接负责的主管人员和其他直接责任人员依法给予行政处分。"第42条规定:"负有受理信访事项职责的行政机关在受理信访事项过程中违反本条例的规定,有下列情形之一的,由其上级行政机关责令改正;造成严重后果的,对直接负责的主管人员和其他直接责任人员依法给予行政处分:(一)对收到的信访事项不按规定登记的;(二)对属于其法定职权范围的信访事项不予受理的;(三)行政机关未在规定期限内书面告知信访人是否受理信访事项的。"第43条规定:"对信访事项有权处理的行政机关在办理信访事项过程中,有下列行为之一的,由其上级行政机关责令改正;造成严重后果的,对直接负责的主管人员和其他直接责任人员依法给予行政处分:(一)推诿、敷衍、拖延信访事项办理或者未在法定期限内办结信访事项的;(二)对事实清楚,符合法律、法规、规章或者其他有关规定的投诉请求未予支持的。"第44条规定:"行政机关工作人员违反本条例规定,将信访人的检举、揭发材料或者有关情况透露、转给被检举、揭发的人员或者单位的,依法给予行政处分。行政机关工作人员在处理信访事项过程中,作风粗暴,激化矛盾并造成严重后果的,依法给予行政处分。"在些规定中,尤其是第43、44条规定的行为中,完全可以出现与第40、45条同样严重的渎职行为和严重后果,且不能为该两条所涵盖。这些规定,体现出《信访条例》重视社会稳定效果、轻视信访权利保护的立法意图。

其四,关于以公权主体身份作出侵权行为的责任承担问题。首先,在明确其停止侵权或改正责任、赔偿责任等基础上,应注意对其继续履行和满足责任的设定,避免以"责"代"行"情况的出现。其次,在设定法定行为主体责任的同时,更应具体设定相关责任人如直接领导、直接负责的主管人员、直接行为人员的法律责任,包括必要的刑事责任,从法律上避免出现次要人员替主要人员、下属替上司受过的漏洞。最后,应进一步构建切实可行的国家赔偿的追责机制和其他追责机制。

其五，关于责任追究时对权利主体意愿因素的考量问题。应充分尊重和考虑公民监督权的救济主体对追究相关责任人法律责任的诉求和建议。不仅在对民事责任和国家赔偿责任的追究时，应充分依法考虑权利救济主体的意愿；在追究国家工作人员及其相关人员的行政责任和刑事责任时，也要充分考虑当事人的意愿。立法可规定，如不能获得受害人谅解，或者受害人主张依法严惩的，不得减轻处罚。在法律规定相应救济程序时，应设定受害人表达这种诉请并记录在案的程序。

（二）保证相应法律责任的真正存在

在公民监督权获赔权能的设定和实现中，常常会发生与其相对应的法律义务或责任被忽略乃至被抛弃的情况。这是由于，公民监督权的获得赔付权能，通常与其他公民权利的获赔权能以复合形态并存。如前所述，所谓复合形态存在，是指在各种较严重妨害公民监督权行使的行为中，如监督对象及其利益相关人严重妨害权利行使、打击报复监督主体及其利益相关人的行为，监督求助对象严重妨害或不当应对监督权行使的行为，等等，通常也就意味着同时严重侵犯了监督权主体及其利益相关人的生命权、健康权、人身自由权、政治自由权、精神自由和安宁权、财产权等权利。公民监督权与这些权利同时受到侵犯，但侵权人对抗公民监督权的行使是基本肇因。因此，在此情况下，对同一行为造成的两类或以上权利受损，在立法和法律适用方面就不能仅简单采取和适用竞合或吸收原则处理，而应使两类或以上权利的救济获赔权能都得到体现，而且必须要同时或首先体现公民监督权的救济获赔权能。这决定，相关法律责任的设定和追究应具有严密的科学性。

1. 私人性侵害公民监督权行为的责任设定和追究

所谓私人性侵害公民监督权的行为，就是纯粹基于私人力量而没有利用公共职权妨害和打击报复公民监督权行使的行为，如以私人力量进行的恐吓、行凶、伤害、破坏财产、限制自由等行为。

首先，这些行为如果仅对受害人造成轻微人身或财产伤害，不构成刑事犯罪行为，也应适用民事侵权和行政治安处罚的双重法律责任；其中，行政处罚责任的设定和追究,除应考虑侵害行为的具体程度外,还必须考虑其妨害和打击报复公民监督权行使的动机这一情节和后果,依法加以严惩。这要求,相关国家立法应该把妨害和打击报复公民监督权的动机或目的纳入行政处罚的法定加重情节。

其次,在这种行为已经构成刑事犯罪的情况下,依据我国现有刑法制度,则应进一步明确立法按下列规则处理:(1)如果犯罪行为符合打击报复证人罪的构成要件,就按该罪处理;(2)如果犯罪行为按竞合规则确定构成了故意杀人罪、故意伤害罪、非法拘禁罪、绑架罪、诬告陷害罪、故意毁坏财物罪等其他严重的犯罪,则在按相应的罪名定罪处罚时,必须要将妨害和打击报复公民监督权行使作为重要的定罪量刑情节进行考虑。在这里,尚不构成其他严重犯罪的打击报复监督权行使的犯罪,构成典型的打击报复证人犯罪,其刑罚惩处所保障的权益同时包含了公民监督权和其他公民基本权利所具有的特定救济权能;在直接构成其他严重犯罪的打击报复监督权行使的各种犯罪中,其刑罚惩处依然必须同时承载公民监督权所具有的特定救济权能。而且,这两种情况都不应影响刑事附带民事责任的提出和确定。此外,笔者还认为,鉴于我国刑法目前规定的打击报复证人罪属于妨害司法犯罪,且构成要件严格,应考虑设定适用一般主体的妨害公民监督权罪,以补充打击报复证人罪在防止和打击一般私人侵害公民行使监督权犯罪方面的不足。

2. 国家公职人员利用职权打击报复公民监督权行使的责任设定和追究

首先,这类行为如果仅对受害人人身或其他权益造成较轻微伤害,情节显著轻微,社会危害不大,不构成刑事犯罪行为,应适用国家赔偿责任和行政处分双重法律责任,或者仅适用行政处分责任,应按如下规则设定和追究法律责任:(1)符合国家赔偿条件的,应依法承担国家赔偿责任,并适用对具体责任人的全部或高比例追偿规则;(2)行政处分责任的设定和追究,除考虑侵害行为的具体程度外,还必须考虑其妨害和打击报复公民监督权行使的动机这一情节,依法从严从重给予处分。

其次,在这种行为已经构成刑事犯罪的情况下,依据我国现有刑法制度,则应明确立法按下列规则处理:(1)如果犯罪行为符合报复陷害罪或打击报复证人罪的构成要件,就按相应罪名处理;(2)如果犯罪行为按竞合规则确定构成故意杀人罪、故意伤害罪、非法拘禁罪、诬告陷害罪、刑讯逼供罪、虐待被监管人罪等其他严重的犯罪,则在按相应的罪名定罪处罚时,必须要将妨害和打击报复公民监督权行使作为重要的定罪量刑情节进行考虑。而且,这两种情况都不应影响国家赔偿责任的提出和确定。此外,还应将国家工作人员利用职权打击报复公民监督权行使的情节,作为特别加重情节写入我国《刑法》相关犯罪条文中。

3. 其他滥用职权妨害公民监督权行使的相关行为的责任设定和追究

首先,在行为属于一般性违法行为,尚不构成犯罪的情况下,应按前一类行为的类似情况,适用类似规则,此不赘述。

其次,如果相应行为构成相应犯罪,如故意伤害罪、过失致人死亡罪、过失致人重伤罪、非法拘禁罪、刑讯逼供罪、非法搜查罪、非法侵入住宅罪、虐待被监管人员罪、侵犯通信自由罪、侵犯公民个人信息罪等,在对责任人定罪量刑时,应考虑公民监督权的获赔权能因素,即应考虑将责任人滥用职权侵犯公民监督权的基本情节作为加重情节,进行定罪量刑。同时,在必要时,国家相关机关应承担国家赔偿责任。值得认真对待的是,目前,在非科学的信访考核目标和机制的促使下,一些机关及其工作人员采取粗暴和违法的行为拦访、截访,采取暴力强制、非法拘禁等手段对付行使公民监督权的行为。尽管事实上触犯了上述一些罪名,但却可以轻易逃避责任,更不用说被加重处罚和责任追究了。

(三) 相应法律责任设定应具有严厉性和惩戒性

公民监督权的本体性权利板块和途径性权利板块的多数权利,本身就具有鲜明的救济权利属性和功能。从根本上讲,公民监督权就是通过对权利主体的正当利益和相关公共利益的维护和救济,来实现督请相应公权主体守法守正的主观或客观目的。不难发现,所有的公民监督权指向的利益,都是与公权主体的行为密切相连或难脱干系的:或者至少是与公权主体的职责或身份密切相关的行为触犯或扭曲了特定的正当利益关系,或者至少是公权主体通过处理、裁决等公职行为进行了相应利益的重新配置、平衡或矫正。一旦在相应公民及其社会组织看来,公权主体的相关行为存在违法失正之情况,导致相应合法权益受损,就应该通过特定的权利来救济,从而至少在客观上,这种救济可以督请相应公权主体守法守正。一类以权益救济和督请公权主体守法守正为根本价值目标的公民基本权利,或者说,一类本身就具有权利救济属性的权利,又承载着如此重要社会公共价值,这决定,法律理应给予特别保护和优待,确认其充足有力的救济权能尤其是获赔权能,让其得到及时、充分、有效的救济,以保障公民监督权在多数情况下可以有效行使,避免救济性权利自身却常常需要再救济并且得不到有效救济的尴尬局面。

为实现此目标,就必须要求法律法规对与公民监督权获赔权能相对应的赔付义务即法律责任的设定,应具有必要的严厉性和惩戒性。法律应为侵权者设定明确、严格和具有严厉惩戒性的赔付义务,以有效消除或补偿公民监督权遭受侵犯的消极后果,帮助公民坚定有效行使监督权的信心。

1. **抛弃侵权行为"造成严重后果"才设定惩罚性法律责任的"温柔型"立法思维**

我国目前保护公民监督权的立法,除总体上还处在价值目标偏移、高位阶法律严重缺位、低位阶法规散乱无序的状态外,还存在法律责任设定范围不足、程度不够等弊端。目前,好多相关法律尤其是低位阶法律,对公权主体妨害公民监督权行使的责任主体的法律责任设定,哪怕是内部行政责任设定,都要加上一个"造成严重后果"的基本条件。而且这种所谓"严重后果",实践中多不是从公民及其社会组织的权益严重受损、权利行使严重受阻的情况来认定,而是从社会秩序或稳定受到冲击,出现群体事件乃至政府声誉受到严重损害的角度来认定。于是,就促使相关公权主体及其责任人产生了"只要不出事,可以用一切手段'摆平'(老百姓)"的不良心态,公民监督权的行使在他们眼里就是"麻烦"和"事端",于是,尽快消除"麻烦"和"事端"而不是尊重和保护权利的正当行使,就成为他们的基本行为取向。必须克服这种不充分的立法及其导致的不良执法心态,否则公民监督权的有效法律保护只能是天方夜谭。因此,真正保护公民监督权行使的立法应是,各侵权者一般性地妨害和打击报复公民监督权的行使,或者不当处置公民监督权的行使,即便没有对公民的人身、财产等权利造成明显的侵害,也应设定责任人承担较严厉的行政法律责任,包括主要适用一般社会人员的外部行政处罚责任和适用国家公职人员的内部行政处分责任,相关责任单位更应承担停止侵害、消除影响、采取有效补救措施、恢复权利正常行使的状态等责任。

2. 对公民监督权赔付权能所要求的民事赔偿责任应适用惩罚性赔偿

所谓惩罚性损害赔偿(punitive damages),也称惩戒性的赔偿(exemplary damages)或报复性的赔偿(vindictive damages),一般是指由法庭所作出的赔偿数额超出了实际损害数额的赔偿。它发源于英国 1763 年 Wilkes v. Wood 案和 Huckle v. Money 案,后为美国在 1784 年 Genay v. Norris 案中适用。"二战"后,尤其是 20 世纪 80 年代后在美国被较广泛适用,主要适用于侵权、财产、劳工、家庭、消费者权益保护、食品安全、医疗、知识产权、反垄断、环境保护等法律领域。它的法律价值要旨在于:判定的损害赔偿金不仅是对原告的补偿,而且也是对故意加害人的惩罚。[1] 它时常用以表明法院或陪审团对被告蓄意的、严重的或野蛮的侵权行为的否定性评价。[2] 与补偿性赔偿相比较,惩罚性损害赔偿具有如下特点。在目的和功能方面,其被认为具有补偿、惩罚(制裁)、遏制(威慑)、激励、私人协助执法等多样性,其中补偿和惩罚是根本,其他都是两者的派生物。[3] 但近年来,美国学者和司法实务界都强调其最根本的两个功能是惩罚(制裁)与遏制(威慑)。一些美国学者如海尔顿等认为,惩罚性赔偿就是采用利益消除的方式,来遏制不法行为。通过判定惩罚性赔偿,使行为人考量成本效益,从利益机制上,对其行为进行遏制。这就形成了一种最优化的遏制方式(optional deterrence),因此惩罚与遏制才是其最重要的功能。[4] 2009 年 Exxon 案中,联邦最高法院特别明确地强调了这一共识:无论这些年来有多少不同的理由,今天的共识是,惩罚性赔偿的目的并非赔偿,而是惩罚和遏制有害的行为。这一共识表达在现代美国绝大多数的法院给予陪审团的指示之中,即惩罚性赔偿的上述两个目标。[5] 当然,惩罚性赔偿

---

[1] 参见王利明:《美国惩戒性赔偿制度研究》,《比较法研究》2003 年第 5 期。

[2] 参见戴维·M. 沃克:《牛津法律大辞典》,李双元等译,第 406—407 页。

[3] See Dorsey D. Ellis, Jr.,"Fairness and Efficiency in the Law of Punitive Damages", 56 *S. Cal. L. Rev.* (1982), pp. 1, 3, 11.

[4] See Keith N. Hykton,"Punitive Damage and the Economic Theory of Penalties", 87 *Georgetown Law Journal*, 421 (1998).

[5] See Exxon Shipping Co. v. Baker, 554 U. S. 471, 490 (2008).

的补偿、激励或引导功能,也是不容否定的,并在制度实施早期一直被强调。在适用行为对象上,该制度注重行为人的主观恶性状态,即如果补偿性赔偿明显不足以对侵权人的行为形成遏制作用,而原告能证明被告在实施侵权行为时,具有恶意(malice)、实际的明显的事实上的恶意(actual,express or malice-in-fact)、恶劣的动机(bad motive),或被告完全不顾及原告的财产或人身安全,那么就可以考虑适用惩罚性赔偿。在司法实践中,惩罚性赔偿的数额要高于甚至大大高于补偿性损害赔偿。主要考量因素是补偿性赔偿难以补偿受害人损失且惩罚作用有限,而受害人实际损害不能准确确定,以及加害人从不法行为中获得了极大的利益,也是通常考虑的因素。其数额大多是由法律法规直接规定的,或者由法律法规对惩罚性赔偿的最高数额作出限制,以防止法官陪审团任意确定惩罚性赔偿金的数额。

在英国,惩罚性赔偿长期主要适用于如下几类案件:涉及国家公务员不公正的、专横的或者违宪的行为的案件;故意严重漠视原告权利的民事侵权案件尤其是严重侵犯人格权的案件;被告的行为是精心策划出来以牟取超过原告可获得赔偿的利益的案件;制定法授权进行惩罚性赔偿的案件。近年来,也被扩大到非常恶劣的违约案件。在功能定位上,主要是强调制裁不法行为和此种赔偿的社会示范作用,即赔偿的威慑性,"为他人确立一个样板,使他人能够从中吸取教训而不再从事此种行为"[1],从而达到制裁违法、维护公共秩序的目的。因此,英国法中惩罚性赔偿更多地强调其社会功能。在适用对象方面,也特别强调行为的主观恶性,即加害人主观过错较为严重,尤其是动机恶劣、具有反社会性和道德上的可归责性。[2]

我国惩罚性赔偿制度,肇端于1994年起施行的《消费者权益保护法》第49条。在随后的十余年间,《合同法》(1999)、《最高人民法院关于审理商品房买卖合同纠纷案件适用法律若干问题的解释》(法释〔2003〕7号)、《食品安全法》(2009)、《侵权责任法》(2010)等,都以《消费者权益保护法》第49条为模本,先后作了多种加倍赔偿规定。[3] 但有洞见的学者指出,这种商品或服务价格基

---

[1] David F. Partlett, "Punitive Damages: Legal Hot Zones", 56 *La. L. Rev.* 781, 797 (1996),转引自王利明:《美国惩罚性赔偿制度研究》,载张新宝主编:《侵权法评论》(第2辑),人民法院出版社2003年版。

[2] 参见张新宝、李倩:《惩罚性赔偿的立法选择》,《清华法学》2009年第4期。

[3] 参见朱广新:《惩罚性赔偿制度的演进与适用》,《中国社会科学》2014年第2期。

础上的多倍惩戒性赔偿,与美国等国家的惩戒性赔偿具有质的不同,该制度首先考虑"激励消费者提起诉讼进而制裁违法经营者"的功能与定位,而并非首先定位于严厉制裁与惩罚违法经营者的功能,可以说并非真正的惩罚性赔偿制度。多倍赔偿制度本身就不具备惩罚与遏制功能,社会各界误将其视为惩罚性赔偿而寄予了不切实际的期望。[①] 实践中,也仅仅起到了鼓励"职业打假人"提起诉讼的作用,并没有起到多少直接制裁和遏制经营者不法行为的作用。2009 年,我国将《食品卫生法》修改为《食品安全法》,在其第 96 条规定十倍赔偿制度,以进一步强化这种多倍赔偿制度的惩罚与遏制功能。2013 年 10 月 25 日,第十二届全国人民代表大会常务委员会第五次会议表决通过《关于修改〈中华人民共和国消费者权益保护法〉的决定》,对《消费者权益保护法》作出全面修改。在新法第 55 条,不仅将多倍赔偿金额由原来的商品价款或服务费的两倍增加到三倍,并设有 500 元的最低增加赔偿额度,而且正式确立了立足于受害人所受损失的多倍惩罚性赔偿制度。2015 年 4 月全国人大常委会修改《食品安全法》,其第 148 条进一步将原第 96 条的商品价款十倍赔偿修改为由受害人在多倍赔偿与惩罚性赔偿中自由选择的制度:"生产不符合食品安全标准的食品或者经营明知是不符合食品安全标准的食品,消费者除要求赔偿损失外,还可以向生产者或者经营者要求支付价款十倍或者损失三倍的赔偿金;增加赔偿的金额不足一千元的,为一千元。但是,食品的标签、说明书存在不影响食品安全且不会对消费者造成误导的瑕疵的除外。"至此,在民事法律的相关领域,我国正式确立了以商品服务价款和受害人损失为计算基础的两种惩戒性赔偿制度,两者并存且可以由受害人选择。其中前者即多倍价款惩罚赔偿制度具有较突出的奖励功能,尽管惩罚和遏制功能不足;后者即多倍损失惩罚赔偿制度则兼有惩罚、遏制和奖励功能。这两种制度尽管都与美国等国家存在的只限定最高额的惩罚性赔偿制度还存在一定差别,但在整体功能上与后者已经基本类似。当然,目前尚有部分理论和实务工作者坚持认为,我国不宜建立和实施多倍损失惩罚赔偿制度,因为我国法律制度相关惩戒和遏制功能已经由行政罚款制度很好地承担,而美国的相关制度却非常薄弱。[②]

关于惩罚性赔偿制度,还有两点内容是必须指出的,它对我们认同该制度

[①] 参见李友根:《惩罚性赔偿制度的中国模式研究》,《法制与社会发展》2015 年第 6 期。

[②] 同上。

适用于公民监督权的保护,具有重要的理论支持作用。

其一,惩罚性赔偿还有一个更深层和较为抽象的功能,即它是实行一定的社会控制、维护特定公共秩序或公共利益的重要制度设计。惩罚性赔偿的目的在于惩罚和威慑,具有两种意义:一是对加害人予以惩罚,防止该特定被告继续或者重复相同的不当行为;二是对潜在的其他人予以威慑,以预防此类相同或类似的不法行为再度发生。而该制度适用的行为通常是,如不能被有效遏制,其不利后果和类似行为将可能大面积发生在不特定公众身上,或是在一定程度上已经并将继续危害社会公共利益。

其二,惩罚性赔偿适用的最早两个案例,就是以政府粗暴对抗舆论监督为肇因的政府侵权案件。1762年,身为反对派、国会议员、伦敦高级行政官的约翰·威尔克斯(John Wilkes)发起创办了《北不列颠人》(*North Briton*),该报纸发表的文章主要是反对保守党托利党人的政治主张。1763年,英国与法国签署了《巴黎协定》。根据该协定,英国继续保持其对北美的统治权,而加勒比海岛屿的统治权与加拿大东海岸的渔业权则归于法国。但反对党与新兴商业阶层坚决反对法国控制加勒比海岛屿和渔业权。英国国王就此发表演讲,承认人们反对《巴黎协定》有一定的道理,但他解释道,这一协定从长远来看将是有利于英格兰的。此后,《北不列颠人》第45期发表匿名文章,批评英国政府无能,指责国王为卖国贼。英王遂命令国务大臣哈利法克斯勋爵(Lord Halifax)以破坏治安与诽谤起诉该报社出版商与作者。英国行政机关签发45份逮捕搜索令,但该命令中仅载明控诉之不法行为,而未载明特定的罪犯姓名。由于约翰·威尔克斯以反对政府而著称,国务大臣哈利法克斯认为批评国王的文章是约翰·威尔克斯所写(后来庭审的事实也证明是他所写),就下发概括性搜查令(general warrant),由伍德(Mr. Wood)负责执行。后者将约翰·威尔克斯逮捕到伦敦讯问,对其书房与住宅进行搜查。约翰·威尔克斯被释放后,认为该概括性搜查令未经合法程序取得,属于违法授权令状。因此,他提起侵害诉讼,主张若仅科以被告轻微的损害赔偿责任,将无法遏制被告未持合法搜查状即强行进入住宅搜索的恶行,故请求巨额的惩罚性损害赔偿(large and exemplary damages),以威慑此类违法行为。陪审团最后准许了约翰·威尔克斯的请求,除了判处给予20英镑的人身损害赔偿之外,并判处1 000镑的惩罚性损害赔偿。被告提起上诉,高等法院驳回上诉维持原判。① Huckle v. Money 案与 Wilkes v. Wood 案是同时发生的同一性质的案件。国务大臣哈利法克斯根据国王的命令,在逮捕《北不列颠人》报社负责人约翰·威尔克斯,查封报社的同时,拘留了该报社印刷工人胡克尔(Huckle)六小时。胡克尔在拘禁期间有啤酒喝,有牛排吃,其人身并未受到任何伤害。但释放后,他仍以侵害行为、意图伤害以及非法拘禁等理由提起诉讼。陪审团在全面分析案情后认为,从胡克尔遭受的人身损害来看,补偿他 20 英镑也就可以了,但考虑到英国政府治安官员任意行使拘禁公民的权力,搜查公民住宅,践踏公民自由,违反了大宪章,故作出惩罚性损害赔偿(exemplary damages)是必要的。因此,法院最终判决给予胡克尔 300 英镑,几乎等于胡克尔一周工资的 300 倍。关于适用惩罚性赔偿的理由,原告律师指出,这一案件已经远远超越约翰·威尔克斯先生个人的权益,而是触及了这个国家每一个公民的自由。如果政府的行为被认为是合法的,那么被动摇的将是英国人最珍贵的自由传统。如果我们的房屋、庇护所竟然可以被政府人员随意地进入,那么法律所谓的对它们的保护将毫无意义。② 该案首席法官也认为,如果政府有权根据其内部所谓的行动先例,而在搜查令并未载明扣押物清单和具体的犯罪嫌疑人姓名的情况下逮捕公民,并进入其住宅,扣留其文件或其他所有物,那么,搜查人所拥有的极大的自由裁量权,将使得他们可以搜查任何令他们存有疑惑之处。这必然会危及英国的每位公民以及他们的财产,将从根本上摧毁公民的自由。③

惩罚性赔偿制度承载的多功能属性尤其是其深层次的社会功能,国内外尤其是我国学者和实务界对该制度模式和功能的不同认知,该制度起源的特定案例,都首先凸显了在公民监督权的民事保护领域应实行惩罚性赔偿制度的必要性。对私人性的严重妨害,尤其是对采用暴力等恶劣手段打击报复公民监督权行使的案件而言,如果受害人遭受了较为严重的人身和财产损害,但

---

① Wilkes v. Wood 案情介绍,参见 http://press - pubs uchicago. edu/founders/documents/amend IVs4.Html,2011 年 2 月 22 日;陈聪富:《美国惩罚性赔偿金的发展趋势——改革运动与实证研究的对策》,《台大法学评论》第 27 卷第 1 期;孙效敏、张炳:《惩罚性赔偿制度质疑——兼评〈侵权责任法〉第 47 条》,《法学论坛》2015 年第 2 期。

② 参见 Audrey Willianmson, Wilkes, *A Friend to Liberty*, Allen & Unwin, 1974, pp. 48 - 60;转引自余艺:《惩罚性赔偿制度研究》,西南政法大学博士学位论文,2008 年,第 41 页。

③ 参见 Eng.Rep.489,498(K.B.1763),转引自余艺:《惩罚性赔偿制度研究》,第 42 页。

尚不足以追究侵权人的刑事责任,只能让其承担一定的补偿性民事赔偿责任和行政处罚责任,或者只能追究其较轻的刑事责任,而没有适用罚金,就会导致如下结果:受害人仅获得补偿性赔偿,实际上并没有得到与自己人身和财产实际损失相匹配的赔偿,得到的只是人身或财产权的赔偿,监督权被侵害却没有任何补偿;相关行政处罚和刑罚也不足以惩戒侵权人主观恶性和行为,有效遏制类似行为的经常发生;受害人会感到为公共利益、他人或自身正当权益行使公民监督权是得不偿失的"犯傻"行为。在这种情况下,以受害人实际损失为基础的惩罚性民事赔偿,无疑可以弥补上述责任追究体系所产生的严重不足。首先,它能更充分地弥补受害人的各种损失;其次,它能加大惩罚和遏制侵权者的恶劣行为,使类似行为得到更大程度的震慑,为公民监督权行使提供一个较好的环境;最后,它不仅可以激励权利主体更加积极地进行自己的权利救济,更可以激励公民更积极地行使相应的公民监督权。

因此,在条件适当时,国家应通过制定特别的民法规范,确立侵犯公民监督权的民事惩戒性赔偿制度,以弥补私法保护的赔偿功能不足,公法保护的惩戒、遏制功能不足以及两者共有的奖励功能不足,即它可以通过加大赔偿额强化或进一步弥补私法保护的赔偿功能,通过设定特定的私法保护的惩戒、遏制功能来弥补公法保护的惩戒、遏制功能的不足,并通过两者的强化,来形成两者都没有的奖励功能。这种制度对公民监督权的侵权者而言,总体上是具有可行性的,因为妨害公民监督权行使的私人性主体,大多也是国家公职人员及其利益相关人,通常具有较好的经济地位和基础,可以承担惩罚性赔偿并体会到惩戒的压力。

3. 相关国家赔偿责任应适用惩罚性赔偿,并适用高比例追偿规则

在一些发达国家,主观恶性较大、消极影响恶劣的公权主体的侵权行为要承担惩罚性国家赔偿责任,已经不成为问题。① 如前所述,在英国,惩罚性赔偿甚至从一开始就是针对恶性侵权的政府行为的,尽管当时还没有确立国家赔偿制度,而是在"国王不得为非"概念的主导下,政府以其人员的名义承担惩罚性赔偿责任。英国至今仍把涉及国家公务员不公正的、专横的或者违宪的行

---

① 这些国家,主要是没有公法、私法划分,由普通法院统一处理各种侵权案件的英美法系国家。在大陆法系,只有个别国家采用了该制度,但近年来各国理论界的论证和呼吁越来越多。

为的案件作为首要的一类惩罚性赔偿案件。该类案件必须具备下述两个条件：一是必须存在一个不公正的、专横的或违宪的行为。在 Holden v. Chief Constable of Lancashire 一案中，上诉法院指出，这些术语应该分开来理解。因此，即使违宪的行为既不是不公正的，也不是专横的，也可能归入第一类。[①]二是该行为必须是运用政府权力实施的。英国上院在其著名的 Cassell & Co.,Ltd v. Broome 案的判决中清楚明确地表达了该要求。[②] 无疑，在英国，借用国家公权力打击报复，或者以严重违法不当行为对待公民批评、检举公权主体及其公职人员的情形，必然属于此列。因为，这种行为是英国国民非常珍视的言论自由和政治自由。

我国的国家赔偿制度接纳惩罚性赔偿目前尚处在理论界论证和呼吁的阶段。基于学者论证，可以发现，将惩罚性赔偿引入国家赔偿法的观点主要受到以下几个方面因素的推动。首先，我国现行《国家赔偿法》规定的赔偿标准和赔偿数额往往根本无法弥补受害者的损失，尤其是社会上反应强烈的、严重违法和不当的、性质恶劣的行政执法和刑事司法案件，无论是受害人还是社会大众都感到，所谓直接损失赔偿金加一定的精神损害抚慰金，根本无法弥补受害人遭受的生命健康权、自由权、精神安定权、名誉权和家庭安宁权等方面的巨大损失。其次，一些国家公权主体侵权案件性质恶劣，无论是补偿性的赔偿，还是一定的行政制裁或刑事制裁，都不能起到必要的惩罚和威慑作用。如为创收和罚款而"钓鱼执法"的案件，假借公权力打击报复公民行使监督权案件，诬良为娼案件，刑讯逼供产生的冤案，野蛮粗暴对待公民维权行为而严重侵犯公民自由和人身安全的案件，等等。特别是一些恶性案件的行政制裁或刑事制裁措施常被"高高举起，轻轻放下"，不了了之，使得加大相对易于确定的国家赔偿更突显必要性。诚如有学者所言，在国家机关工作人员的职务行为中，有些违法行为所造成的后果非常严重，有些违法行为完全是贪赃枉法、营私舞弊或恶意执法所致。"对于这些不能容忍的违法或过错行为，不能满足于一般的弥补性赔偿，而应当规定必要的惩罚性赔偿内容，设定惩罚性赔偿的标准，

---

①   Holden v. Chief Constable of Lancashire, 1987 Q. B. 380，388(C. A.).

②   Cassell & Co.,Ltd v. Broome, 1972 A. C.1027(H. L.). 另参见阳庚德：《普通法国家惩罚性赔偿制度研究——以英、美、澳、加四国为对象》，《环球法律评论》2013 年第 4 期。

表明法律的态度和使违法者负担更重的赔偿责任。"①最后,我国滥用公权力的侵权事件众多,是人民群众最痛恨的社会事端,而通过惩罚性赔偿金的设立,会给公权力的行使者施加额外的经济上的负担,对其产生一定的威慑作用,从而达到预防公权力侵权行为出现的效果。

应当明确,公权力直接以违法行为对抗公民监督权行使的行为,尤其是其中运用公权力进行打击报复公民监督权行使、造成公民人身和财产权益严重损失的行为,是较私人性的同类行为更加恶劣的行为,它集执法犯法、恶意报复、公开继续滥用权力、护短于滥用权力行为、视人民权利为草芥等诸恶意于一体,堪称是"滥用权力现象之癌"。它是人民最痛恨的现象之一,也是对国家公权力的声誉、形象、权威造成极大损害的自毁行为,因此必须让其承担最严重的法律责任,以有效惩戒这类行为,充分消弭其造成的恶果,威慑类似行为的再次发生。前述我国公民监督权遭受公权主体打击报复的案件高发且通常得不到有效救济的事实,充分说明了针对这种侵权设立惩罚性国家赔偿责任的必要性。

但这种惩罚性的国家赔偿如果仅仅由法定的赔偿义务机关承担,同样起不到惩罚恶意违法的责任人的效果。因为国家赔偿金来自国家财政,事实上由全体国民承担。因此,国家赔偿的惩罚和威慑功能,必须依赖于国家赔偿制度的追偿制度的有效设计和运行。我国国家赔偿的追偿机制,目前整体上尚处在"休眠"状态,在上位配套法规迟迟没有出台的情况下,目前只有个别省份如浙江省制定了《浙江省国家赔偿费用管理办法》,对如何追偿责任人进行了细化规定,其中,追偿比例根据违法性质、损害后果以及被追偿人过错程度等因素确定,追偿金额不超过国家公布的上一年度职工年平均工资的 2 倍。显然,尽管该《办法》的制定具有一定的样本意义,但追偿程度仍然较低,也缺乏明细的规定。一旦设定惩罚性国家赔偿制度,就必须适用于恶意对待公民监督权行使的侵权案件,并适用高比例的、严格的追偿规则。因为,与由一定"客观原因"如"严打""命案必破""领导干预"等促成的冤案错案不同,恶意打击报复公民监督权行使的案件体现了自主性的极端恶意。这其中,多是出于护己

---

① 台运启、杨小君:《关于国家赔偿标准的问题与建议》,《中国人民公安大学学报》2003 年第 5 期。

护人之短，或者与有权有势有钱者勾结交易，或者为自己的特权、晋升、嘉奖扫清路障等动机，漠视别人权益，甚至草菅人命，多属于无所不用其极的故意恶意制造冤假错案者。对他们，必须实施多管齐下的严厉制裁和威慑，才能最大程度保证公民监督权的行使，才能赋予公民监督权充足的获得赔付权能。

二、 公民监督权获得公力救助权能的充分构建

公民监督权的获得公力救助权能，是其获得侵权者赔付权能的根本保证，两者共同构成了公民监督权获得有效救济的保证，也构成了其有效行使的重要保障。该权能的充分化，同样需要法律对相应义务及其义务承担主体进行明确、合理、充分的设定和确认。其要点可以归纳为如下几个主要方面。

（一）设定真正的公力救助职责

公民监督权遭受侵权后的救济，端赖于承担公力救助的公权主体履行相应职责。只有如此，权利主体的权益损害才能得到救济，侵权者的赔付义务才能得到追究和落实。显而易见的是，不是任何一个公权主体都可以承担和履行这种职责的。这涉及国家权力制约监督体制的合理构建问题。对于保护公民监督权的立法，必须与各级国家机关组织法相互配套，针对具体公民监督保护的需要，设定特定的公权主体承担相应公力救助义务，通常是相互配合协调的几个具体公权主体依据法律设定的职责承担相应义务。相应公权主体被设定真正的公力救助职责，又必须遵循如下几个具体规则。

1. 必须被法律授予相应职权

对国家公权主体而言，要承担公力救助公民监督权的义务，必须同时被法律授予特定的权力。所谓职责，较为公认的观点是权力和责任的统一。没有相应权力作为支撑和保障，义务的真正充分履行是不可能实现的。因此，相应承担公力救助的公权主体，必须被授予相应的足够的职权，如对公民救济监督权的诉请和相关侵权者的行为有管辖权或受理权，有相应的调查权力，有采取相应措施的权力，有处理权或建议处理权，等等。这些权力，是履行公力救助

义务的前提和基础,在很大程度上是义务或责任的直接载体。因为这些权力承载着公共利益和秩序,是不能任意取舍的,本身就有责任的属性。对公民监督权的保护而言,令人担心的不是相应公权主体被授予强有力的权力,而是被授予不当的权力和滥用权力。前者包括不当规制公民监督权的权力和不足以保护公民监督权的权力。目前,公民监督权行使和救济不充分的一个重要原因,是一些公民直接求助的公权主体没有被授予相应职权,只起到中转站的作用,而一些侵权主体反被设定为救助机关,被赋予了自体性的调查权和处理权。

2. 必须被科以相应义务

如前所述,公权主体被赋予的权力本身,也意味着被科以相应义务或责任。对公民监督权承担公力救助义务的公权主体,其被赋予相应权力,是对相应的需要其处理的人及相关事务而言的,对享有权利救济诉求能力的权利主体而言,行使这些权力本身,如对诉请的受理,对侵权行为人的调查、提请处理或处理,采取必要的措施等等,又同时都是履行法定义务的行为。这些义务的法律表述和确认,应该明确具体而又具有一定的开放性。在赋予其相应职权的同时,这些义务应是很难被轻易逃避的。

3. 必须能够履行相应义务

这里的能够,除了包括授予必要的权力外,还包括提供必要的制度机制,促使承担相应公力救助义务的公权主体积极或至少不得不认真履行相应义务。其中,最重要的机制是避免承担公力救助义务的主体受到侵权主体及其利益相关人的干预或掣肘,确保两者不存在不当利益的勾连关系,使公力救助主体保持立场公正性,同时真正具有调查、处理和采取必要措施的权力。同时,还要有监督公力救助主体正当行使权力、履行义务的法律机制,以及追究其违法不当作为的法律责任的机制。这就要求设立科学的权力配置机制,形成科学有效的权力监督制约机制。

对于直接满足公民监督权本体权能的监督求助对象而言,所承担的相应义务的设定和履行,也面临上述同样的问题。因此,本书将在最后一章内容的相关部分,进一步论述此问题。

（二）设定采取必要保障措施的职责

对公民监督权进行救济的主要目的并不限于通过认真的事实调查，对侵权者给予相关处理，追求其相应法律责任。另一个重要的目的是，必须采取必要的措施，有效制止侵权行为的继续，防止其后果的扩大，消除正在发生的危险性，并预防未来类似情况的发生。对一些利益对抗严重的被监督对象及其利益相关人的打击报复行为，以及相关公权主体对公民监督权行使给予严重的违法对待，严重侵害权利主体利益的行为，都可能适用其中的一种或数种情况。这就要求，法律对承担公力救助义务的公权主体应设定采取必要措施的职责。这是能充分构建公民监督权公力救助权能的法律规范必须具有的制度设计。

1. 设定必要的搁置行政决定和司法裁决效力的职责

监督对象及其利益相关人假借公权主体进行的打击报复行为，监督求助对象不当对待公民监督权行使的行为，通常都会表现为以公权主体作出相应行政决定和司法裁决等方式。如给予行政处罚、劳动教养、降职或调动职务决定，采取刑事强制措施，判决定罪处罚，等等。由于这些行政决定和司法裁决的撤销、宣告无效、废止或变更，涉及复杂的程序，加上一些行为事实具有很大隐蔽性和争议性，查证困难，确认环节和程序复杂，因此，相关权利的救济过程可能费时费力，周期很长。如不搁置相应行政决定和司法裁决的效力和执行，将给权利主体及其利益相关人带来更大更多的损失，导致侵权行为恶果扩大。由此决定，在侵权行为性质明显的情况下，法律应设定公力救助主体依受害人申请或依法定职权，变通相应行政决定和司法裁决效力的职责。

所谓搁置行政决定和司法裁决的效力，是指有权机关在尊重行政决定和司法裁决效力的法律安定性原则的基础上，基于法律规定的特殊情形，对其效力的公定力、确定力、拘束力尤其是执行力，作出相应的中止、停止、暂缓等搁置性的变动决定，以实现特定的法律目的，故又可称为行政决定和司法裁决的效力搁置。具体包括行政行为或司法判决的效力中止、暂缓执行、停止执行和中止执行等法律制度的设计。目前,在我国法学理论界和法律实务界,包括立法领域人员,对行政行为和司法裁判效力所包含的公定力、确定力、拘束力和执行力的认知,多有僵化不当之处,片面强化了所谓行政决定和司法裁判的上述效力,忽略了公民权利保护和救济对这些效力尤其是执行力的平衡能力问题。事实上,行政行为乃至司法裁判的公定力、确定力、拘束力和执行力都是相对的,且不说行政决定可以经过行政复议和行政诉讼被变更、撤销、废止、宣告无效,即便是生效的司法裁决也可以经过申诉程序或审判监督程序予以变更、撤销、废止、宣告无效。就行政决定而言,"因为承认公定力、确定力是相对的,才能建立行政行为无效确认、撤销等制度;因为执行力是相对的,才能建立中止(暂停)执行制度"①。多数生效司法裁判,也同样应具有这种属性。

我国法律文件中,至今未明确提出行政行为或司法裁判的效力搁置等概念。但是,最早在《治安管理处罚条例》第 40 条,现见于《治安管理处罚法》第 107 条,有行政处罚的暂缓执行的相关规定。后《行政复议法》第 21 条、《行政处罚法》第 45 条、《行政诉讼法》第 56 条,都在明确规定诉讼(复议)期间不停止行政行为执行原则的同时,也规定在符合法定情形时可以停止执行相应行政行为。《最高人民法院关于执行〈中华人民共和国行政诉讼法〉若干问题的解释》第 94、95 条也规定了诉讼期间人民法院不予强制执行行政行为的一般规定和具体规定,实际上是行政行为执行效力的中止问题。《刑事诉讼法》第 257 条规定了人民法院按照审判监督程序审判的案件,可以决定中止原判决、裁定的执行。《民事诉讼法》第 256 条规定了人民法院应当裁定中止执行的具体情形。2007 年通过的《物权法》第 19 条,规定了不动产物权登记异议和起诉制度,事实上确定了在登记异议和起诉期间,登记行政行为的法律效力多方面内容的中止问题。

上述法律规定,意味着我国已经确立了较为广泛的行政决定和司法裁决效力的搁置制度。对公民监督权公力救助权能的充分化而言,关键是通过保护公民监督权的特别法律规范的明确规定,确定公权主体在进行公民监督权的权利救济时,基于特定的情形,承担搁置相应行政决定和司法裁决效力的职责。这种职责的适用情形,无疑不能宽泛,但在公民监督权惨遭侵犯的事实比

---

① 公衍义:《论行政行为效力中止制度——兼论民行交叉纠纷实质性化解的途径》,《山东审判》2011 年第 3 期。

较明显,如不变通相关行政行为或司法裁决,损害利益将进一步明显扩大的情况下,法律就应该设定这种职责。

2. 设定采取必要特别保护措施的职责

在利益对立比较严重的监督权行使过程中,有时会发这样的情况:权利主体及其利益相关人在进行权利救济的过程中,还继续遭受人身和财产安全的侵犯,或将发生这方面的危险。这种情况的存在,就要求充分构建公民监督权获得公力救助权能的法律,必须设定特别的保护措施。这些保护措施,从根本上应是客观性的,即不一定是依权利救济人申请而作出的,而在根本上应是特定公权主体依法定职责而主动作出的。

这种职责的设定应包括:(1)对公民监督权及其利益相关人遭受严重侵犯的风险进行评估的职责。这种风险评估并不一定是一次性的,而应是根据具体情况、根据需要不时进行的,并应该有风险等级确定和调整制度。(2)主动或依申请确定和采取必要保护措施的职责。这种职责应是多样化的,如果是公民监督权行使主体及其利益相关人的人身、财产安全受到威胁的,就应直接或要求法定的协助单位采取一项或多项必要的保护措施,如禁止特定的人员接触权利主体及其近亲属,对权利主体及其近亲属人身、财产和住宅采取专门性保护措施,将权利主体及其近亲属转移至安全的地点,以及其他必要的保护措施。权利主体及其近亲属因遭受打击报复正在受到错误处理的,应当建议或要求有关部门予以停止或纠正。有证据表明权利主体及其近亲属可能会遭受单位负责人利用职权或者影响打击报复的,应当要求相关单位或者个人作出解释或说明。(3)对必要的作证行为给予特别保护的职责。如果公民监督权行使主体确有必要在诉讼中作证,其本人及其近亲属因作证面临遭受打击报复危险的,应当采取必要的个人信息的保护措施,应在起诉书、询问笔录等法律文书、证据材料中使用化名代替权利主体的个人信息,并应当书面说明使用化名的情况并标明密级,单独成卷。需要出庭作证的,也应采取不暴露证人外貌、真实声音等出庭作证措施。

目前,仅有最高人民检察院、公安部、财政部联合发布的《关于保护、奖励职务犯罪举报人的若干规定》和其他为数不多的低位阶法规,对上述职责作了一定的规定。但都存在明显的不足,如将根本上是依职权的职责规定为依申请的职责。更重要的是,由于立法位阶低,根本不可能将相关公权主体的职责作统一的全面规定和合理配置,导致制定法规的主体对一些职责的设定只能是残缺不全的,只能规定自身权力体系内公权主体的相应建议、请求、督促等柔性职责,根本不可能对承担关键职责的公权主体的职责作出明确具体的规定,更不可能设定必要的法律责任。这种情况,更突显了制定国家法律层面的有关公民监督权保护法律的必要性。

3. 设定采取必要后续预防性保护措施的职责

一些公民监督行使导致的严重利益对立性还决定,公民监督权受侵害被救济后,可能还会存在权利主体及其利益相关人继续遭到打击报复的危险性。这种危险性可能会持续很长时间,并具有更大的隐蔽性和不确定性。这要求相应公权救助主体依法采取较为彻底的保护措施,有效规避和化解后续性的危险。

这种措施可以是多种多样的,既包括行政人事方面的,也包括公共安全保护方面的。如可以规定,被取保候审、监视居住的犯罪嫌疑人打击报复或者指使他人打击报复公民监督权行使主体及其近亲属的,人民检察院应当对犯罪嫌疑人依法予以逮捕。决定逮捕前,可以先行拘留。也可以规定,对本单位及其相关领导行使公民监督权的公职人员,在出现工作调动到其他单位的机会时,享有优先调动的选择权。甚至可以规定,对检举揭发重大犯罪行为的权利主体及其近亲属,如有可能遭受监督对象及其利益相关人持久的严重报复的危险,国家相关部门应提供其异地定居生活的物质保障和政策保障。这些规定,多已经出现在发达国家保护检举举报人的相关法律规定中,值得我国借鉴。目前,在前述《规定》中,已经有了第一种措施的相关规定。

(三) 设定充分尊重权利救济人主体性的职责履行制度

任何权利的获得公力救助权能,对权利主体而言,都不应是在作出请求后只能消极等待被求助的公权主体来决定自身命运的制度设计。合理的制度设计应该是,法律赋予了承担公力救助义务的公权主体大量职责,这种职责的承担和履行总体上要受制于或服从于权利救济主体的合理主张、程序正义等要求,以确保合理救济主张的实现。这种对权利主体合理主张的尊重和服从,体现为承担公力救助机关的公权主体对权利救济人主体性的充分尊重和接纳,这是权利的获得公力救助权能得以真正充分化的重要标准。因此,公民监督权公力救助权能充分化的标准还应包括,法律应充分确认和保证公民监督权救济人寻求救济的主体性,从而促使相应公权主体也充分尊重和保障公民监督权救济人寻求救济的主体性,让后者可以有效参与和促进公力救助单位进行事实调查、作出责任追究的过程,以保证获得赔付权能的充分实现。

这种制度设计的关键,是最大程度地避免承担公力救助义务的公权主体利用公力调查和公力追责机制及相关不当程序,来阻止权利主体的主体地位,阻碍其权利救济的主张和参与。

如前所述,公民监督权救济的控告对象具有较多的公权主体指向性,所追究责任主要是公法责任,包括行政责任、刑事责任和国家赔偿责任等。这通常意味着,公民监督权的救济需要求助至少两个层面的公权主体。首先需要求助特定的调查和提起追责机关,向它们控告、申诉和检举侵权行为,由它们进行初步的调查核实后,再提请其他有权处理的机关作为第二层次救助人,进行事实确认并依法裁决或决定追究侵权者的相应法律责任。实践中,一些第一层面的救助主体,经常剥夺或严重挤压请求救济主体的主体地位,压制其主体性,蜕变成单纯的权利救济主体的控制者或僭越者,严重阻碍而不是有效支持和服务救济主体的救济行为,甚至成为侵权者的庇护者。在一定意义上,它们成为阻止监督主体及其利益相关人进行权利救济的第一道"防护墙"。而一些第二层面的救助主体,由于与被追责对象存在各种利益勾连或掣肘关系,如与被追责对象处于同一权力体系,受到被追责对象的所在机关、上级机关及其领导人的干预,等等,也经常罔顾事实和法律,让一些侵权责任人可以轻易逃避或减轻法律责任。

因此,有效避免这种现象出现的法律制度设计,需要在诸多具体环节上科学设定公力救助主体的职责,增强权利救济主体可享有的主观性获得救助权能。其要点包括:首先,要减少受理控诉机关的自由裁量权,赋予其严格的受理、调查和保护义务,强化其权利保护和救济的服务意识。其次,要设立合理的低立案标准,降低被求助主体对权利救济的控制作用。再次,要实行有利于权利救济主体的举证标准和举证责任分配。如免除对侵权者主观动机直接证据的举证,实行客观关联性证据标准;减轻权利救济人的立案证据提供负担;实行合理的举证责任倒置规则。最后,要强化权利救济人及其社会组织对事实调查、决定责任追究诉请、责任审查或审理、裁决应享有的知情权和参与权,尊重其作为权利救济主体的地位,尊重其愿望和要求。

发达国家相关法律制度的构建的教训和成功经验值得认真总结。以美国建立的联邦政府人员内部检举人权利保护制度为例,其就经历了一个曲折的发展和完善过程。

1978 年,美国国会通过了《文官制度改革法》,虽然这部法律的出发点是使联邦机构更为便捷地聘用和解雇职员,但是这部法律包含了许多有关保护检举人的内容,构建了保护联邦工作人员中的检举人这一制度的基本框架,对1989 年的《吹口哨人保护法》起到了奠基的作用。[①] 根据该法和配套方案,美国国会在自身名下设立实绩制度保护委员会和特别调查办公室两个机构,其成员均须经总统提名,经参议院同意后任命,均独立于总统的人事管理权之外,专门从事公务员的权利救济工作。同时,采取正、反两面的列举方式,明确规定了联邦政府的"人事行为"和"禁止的人事行为"。禁止的人事行为有 11种,其中非常重要的一种就是禁止对检举揭发政府的浪费、欺骗和滥用权力行为的联邦工作人员进行报复。[②] 其权利救济机制是,在联邦公务员权利救济兼惩戒机关即实绩制度保护委员会下,特设特别调查办公室,通过其雇佣的特别顾问接受公务员对行政机关违反人事禁止规定(包括对依法检举的公务员实施报复性人事处分)的申诉,负责调查及向实绩制度保护委员会起诉违反人事禁止规定的行政机关及人员,然后由该会作出矫正处分或纪律处分。特别调查办公室与实绩制度保护委员会的关系,类似刑事检察官与法院的关系。但这种制度运作不久,就因为成效不佳,受到了国会议员和遭受不公平待遇的公务人员的强烈指责。国会议员根据实绩制度保护委员会的调查数据,认为这种保护机制不足以鼓励公务员检举,害怕因检举而受报复的公务员并没有减少。特别调查办公室本应发挥监察职能,但在事实上却没有为检举公务员

---

① See Patricia A. Price, "An Overview of the Whistleblower Protection Act", *The Federal Circuit Bar Journal*, Vol. 2, No. 1 (Spring 1992), pp. 26 - 27.

② See Bruce D. Fisher, "The Whistleblower Protection Act of 1989: A False Hope for Whistle-blowers", *Rutgers Law Review*, Vol. 43, No. 355, 1991, p. 369.

提供协助或救济,而且认为自己的职责在保护实绩制度,并非保护检举公务员。根本原因在于,该法律仅让检举人用申诉和传统行政听证来挑战"折磨"方式的报复,即降级或长于两个星期停止工作的纪律处分,而对于大多数形式的报复,联邦雇员只能向特别调查办公室求助,由后者决定是否在不调查的情况下提起听证诉讼。但特别调查办公室却常常屁股坐歪,成为对检举人进行权利救助的严格控制者和敌对者,使检举人进行权利救济的主体地位受到严重限制和剥夺。从1978年这个部门建立,到1989年《检举人保护法》通过,特别顾问仅在1979年举行过一次听证会,恢复了一位检举人的工作。同时,特别调查办公室还传授给政府部门领导人如何开除检举人而不受惩罚,甚至在必要时还辅导联邦管理人员怎样不保护检举人而又无须承担责任。特别调查办公室甚至经常充当一个免费"发现"资源的部门,它和检举人所在的政府部门共享受害检举人寻求帮助的证据资源,同时又与这些部门共享那些向特别调查办公室寻求协助的投诉的调查结果。①

　　1989年,美国国会颁布了一部专门保护检举人的法律,名为《吹口哨人保护法》。该法的立法目的是加强对联邦工作人员权利的保护,以便制止报复行为和消除政府内的不正当的行为。为达到此目的,该法还特别规定,设立特别调查办公室的最主要目的,就是保护联邦工作人员特别是"吹口哨人"免受"禁止人事行为"的侵害,充分保障那些向其寻求保护的工作人员的权利。为此,该法对检举人的权利救济制度进行了四个方面的修改:(1)通过个人诉讼权利法案(IRA),给予检举人对自身案件的控制权,为实绩制度保护委员会的听证提供了更大的事项范围和属人管辖权,同时强化检举人作为胜诉方获得惩处性赔付的能力(包括律师费和其他合理费用);(2)取消特别顾问之前滥用的自由裁量权,使特别调查办公室只能在法律规定的范围内作出选择;(3)扩大保护范围,加强对受保护行为的保护,扩大对雇主非法行为范围的规定;(4)建立更为现实、合理的证明责任,以使举报人能够成功。② 但是,该法在一开始也同样没有为检举人进行权利救济提供有效保护。据1993年美国审计总署调查

---

① 参见宁立成:《我国检举人权利保障制度的完善——美国"吹口哨人保护法"及其启示》,《江西社会科学》2008年第10期。

② See Thomas M. Devine, "The Whistleblower Protection Act of 1989: Foundation for the Modern Law of Employment Dissent", *Administrative Law Review*, Vol. 51, No. 2, 1999, pp. 536 – 537.

报告指出,20％的检举公务员在 24 小时内受到报复性骚扰,行使救济权利而受协助者不到 10％,更有 45％的受访者指出行使救济权反而为他们带来更多困扰。这主要是因为,美国解释该法的机关(实绩制度保护委员会及联邦巡回上诉法院)或者对该法采取敌对的态度,或者不愿意加以执行,检举公务员对特别调查办公室滥用自由裁量权的情况,依然无能为力。

1994 年,美国国会对《吹口哨人保护法》进行了修改,增加了 20 条修正案,以求真正增强对"吹口哨人"的保护。主要内容包括:(1)允许占联邦工作人员总数的 65％的签订集体劳动合同的工作人员,采取诉诸劳动仲裁的方式进行权利救济,举报人可就报复性的人事处分申请工会组织作为代表与政府协商谈判,要求政府作出纠正处分或纪律处分;(2)进一步扩展个人诉讼权的范围,支持那些适合使用个人诉讼权的"吹口哨人"能更多地进行附带的诉讼,并规定了一些新的"禁止的人事行为",扩展了"总括性"的"禁止人事行为"的范围;(3)继续加强对特别顾问自由裁量权滥用的控制,强化其禁止泄露资料的义务,规定如果没有投诉人的同意,特别顾问的所有行动都是不属于他或她的政府所授权的;(4)强化特别调查办公室与受到报复的受害人之间沟通、反馈和提醒的义务;(5)进一步减轻检举人对报复行为的举证责任和立案负担;(6)规定责任部门对胜利的雇员要支付相应的损害赔偿、医疗费用,并且就像没有发生报复一样,让雇员恢复原职。雇员有权得到因为要赢得胜利而支出的所有直接或间接花费的偿还,无论这个费用是由律师还是客户支出的。这些规定,大大增强了美国相关制度的有效性。①

上述美国相关制度的建设和完善历程表明,对公民监督权救济权能的法律确认,是一个必须科学构建相应法律制度的问题。就政府内部检举人的保护而言,确实需要借助行政监察性的准司法机构的支持和协助,由它首先受理检举人的诉请并展开调查,实施必要的临时救济措施,并提请另一有处理权的准司法机关进行审查而矫正,以防止将大量的行政内部管理纠纷直接纳入司法救济的途径。但制度的设计,绝不能偏离权利救济和保护的根本目的,严重限制权利主体的主体性和选择性,让被求助的机关享有巨大的裁量权,失去了作为被求助机关的作用和身份,成为侵权者的保护者。美国的《吹口哨人保护

———————————

① 参见宁立成:《我国检举人权利保障制度的完善——美国"吹口哨人保护法"及其启示》。

法》,尤其是其修正案,逐步解决了最初制度设计的严重偏差,确立了内部检举人通过个人诉讼进行权利救济的强大能力,确立了特别调查办公室及特别顾问对检举人权利救济的保障、救助和协助义务,基本消除了它们对权利救济主体的僭越和阻斥能力。同时,还保留了司法审查最后救济的制度。更重要的是,该制度还通过设定中止人事管理措施,让权利救济检举人获得在等待审查结果期间的工资、赔偿,以及任职期内应得的各种利益和工作条件,在救济后得到优先调动职位的权利等救济能力,充分确认了检举人权利救济的获赔权能。这种制度建构,体现了法律对公民监督权的特别优待,也体现了法律对公民监督权与其他公民基本权利的救济权能复合性共存的科学把握,值得借鉴。

第五章　公民监督权与权力监督权力体制的良性互动

现代民主法治国家的权力监督制约体系,实际上是一个要素众多、结构复杂的庞大体系。宏观上讲,其包括权利制约权力体制,权力监督权力体制,思想道德的内在约束因素,法律监督因素,等等。系统分析方法告诉我们,这些因素,一方面,在一定程度上可以独立发挥相应的监督制约公权力的相应作用;另一方面,也是更主要的,又与其他因素在系统同构中一体并存、良性互动,共同发挥权力监督制约体系的总体功能。这其中的任何一个要素,都不能单独具有这一体系的总体功能。其中最重要的两个因素,本质上也是两个最主要、最复杂的亚体系性要素,无疑是权利制约权力机制(核心内容是公民监督权有效制约权力机制)和权力监督权力体制。它们当中的任何一个,同样不能发挥有效监督制约公权力的总体功效,只有两者形成一体并存、良性互动的系统同构耦合①关系,整个权力监督制约体系才能发挥总体上的良好功能。现代民主法治国家的基本机理决定,两者应当、也能够形成良性互动的关系。因为两者的有效构建,行使或运行的良好状态的形成,都内在需要对方的满足和支持,内在需要对方提供的巨大能量。因此,本章内容将论证两者良性互动关系的内在机理和基本作用。

---

① 耦合是一个在通信工程、软件工程、机械工程等工程学科中常使用的名词术语。耦合是指两个或两个以上的电路元件或电网络的输入与输出之间存在紧密配合与相互影响,并通过相互作用从一侧向另一侧传输能量的现象。概括地说,耦合就是指两个或两个以上的实体相互依赖于对方的一个量度。借用这一术语,可以很形象地说明公民监督权行使和权力监督权力机制运行的良性互动关系。

第一节　公民监督权的充分化内在需要
合理化的权力监督权力体制

一、权力监督权力关系及其与公民监督权充分构建的内在关联性

权力监督权力关系,是权力监督制约权力关系或权力制约监督权力关系的简称。尽管有学者强调,权力监督权力关系与权力制约权力关系是两种有本质区别的制度,[1]但多数人认为,尽管在具体机理和内容上,权力监督权力与权力制约权力确实存在一定的、不容忽视的区别,但两者在总体上具有一致性,都是立足于一种权力主体对另外一种权力主体的监视、督促、规制、控制、制衡、矫正等关系对后者进行约束,促使后者相应权力的合法或正当行使,并矫正后者违法或不当行使权力的后果。其中,监督更多地呈现出对动态过程的表述,制约则更多地体现出对动态过程和客观结果的统一表述。

现实中,权力监督权力关系的范围、性质、方式等,具有多样性、复杂性。

从监督性权力行使的过程看,这种监督制约关系,可以表现在被监督制约权力行使的事前、事中和事后各个阶段,也可以是其中的部分阶段。但事中尤其是事后的情况居多。

---

① 该观点认为,监督与制约是有区别的,尽管两种制度都是以控权为目的,但监督往往以事权的集中为前提,与效率导向的体制相适应;而制约以事权的分离为前提,强调程序和过程的合理性。具体而言,监督是指权力委托主体对权力代理主体的控制,以保障权力行使符合委托意图。监督逻辑上意味着权力代理主体可以拥有完整事权,只有在违背委托方意图时,才会受到制裁。而制约则是对事权进行分割,从而保证权力主体之间的相互钳制,以防止任何一方滥用权力。这同时也意味着,任何一方都不可能独自完成整个事项,执行在协商与妥协中才能实现。监督制度中的事权高度集中一定程度上提高了权力运行效率,却也留给权力主体操作资源的较大空间。参见陈国权等:《权力制约监督论》,浙江大学出版社2013年版,第1页。

从监督性权力对被监督制约权力系统的介入程度而言,可以是后者独立行使相关权力基础上的制约监督,也可以存在前者制衡和共同参与相关权力行使基础上的监督制约。后者意味着,对监督制约对象行使权力的最后结果,制衡者可以起到重要的权衡决定作用。在事中相互钳制,防止权力的滥用,是该机制的一个重要价值追求。

从监督性权力行使的主动性而言,可以是依职权的主动制约监督,也可以是依其他社会主体和权力主体的请求而进行的制约监督。

从监督对象的属性看,包括对单位公权主体的监督制约和对成员公权主体的监督制约,后者实际上是对公权单位工作人员或履行公职人员的监督制约。

从监督制约主体与被监督制约主体是否属于同一权力体系,可以分为同体监督和异体监督。前者意味着监督制约者和被监督制约者属于立法、司法、行政、监察等权力系统的同一权力体系内,通常是上下级的关系,但也可能是平级的不同部门关系。后者意味着监督制约者和被监督制约者属于两个相对独立的权力系统。尽管从权力来源上,可能存在一种权力主体对另一种权力主体是派生和被派生关系的情况。

从监督权力行使的相互向度看,既存在相互监督制约的关系,也存在单向的监督制约关系。但如果仅从一个具体的监督制约法律关系来看,总是呈现出一个是监督者而另一个是被监督者的单向关系。相互监督关系实际上是多个向度不同的单向监督制约关系的集合。在现代国家的权力体制内,完全有必要在一定范围内构建这种相互监督制约关系。

基于这种分析,可以认为,过分强调权力监督关系和权力制约关系区别的学者,把制约窄化为了一种特定的监督制约关系,即"制衡"关系。所谓具有制衡特征的监督制约关系,就是更多地体现出了强化权力之间的一定交叉和制衡关系以及异体之间的相关监督制约关系的一种特殊的监督制约形态。美国联邦政府的"三权分立"制度和国会两院制度,是其典型代表。因此,我们采取权力监督制约权力关系这一外延较大的概念,用来表述我国权力之间的监督关系,并简称为权力监督权力关系。

从根本意义上,公民监督权的充分化并非与国家权力监督权力体制无涉的问题;恰恰相反,它们是两个高度关联即系统同构、一体运行、功能耦合和良性互动的要素。这首先是由公民监督权的权利属性及其对应的义务承担和履行机理决定的。

公民监督权的有效行使和享有,是建立在相对义务主体承担相应义务之基础上的。这些义务可分为主观义务和客观义务,积极给付义务和消极禁止义务,赔付义务和公力救助义务,等等。但无论何种意义上的义务,其中的大量义务,是由公权主体承担的。在这些公权主体承担的义务中,只有很少的一部分是基于权利主体的主观请求或客观要求能力,由公权主体直接自觉履行的;更多的是基于权利主体的主观或客观的要求能力,同时也是基于可能被其他权力主体予以强制的威慑,才予以自觉或半自觉性履行的;还有相当部分,是在其他公权主体给出明确的指令后,被直接强制或基于强制的威慑而履行的。

因此,即便是法律予以充分保护和支持的权利,所拥有的能力也仅仅是基于社会正当性和法律规范确认保障的主观请求力和客观要求能力,不是对义务主体的直接支配性力量。公民监督权大多数权利,特别是救济属性很强的权利,其本体权能的充分构建或实现,就多需要特定的公权主体作为监督求助对象承担特定的公力救助义务,在其遭受阻碍或侵权时所需要的救济权能更是如此。诸多作为求助对象的公权主体,所依法承担的义务,就是立足于法律的授权来受理监督权利行使的诉求,立案调查、处理监督对象的违法犯罪行为,作出处理决定或裁判,让其承担相应法律责任,并保证其承担相应责任。可以说,公民监督权的有效行使,尤其需要制度性地借助国家公权力的支配力量才能实现;否则,其难以具有起码的影响力和功效。这种支配力量体现为,一种公权力主体可以基于自身具有的制约监督相应公权主体的职权,对后者进行调查、处理,确定相应法律责任。公权主体行使这种支配力量的过程具有复杂的权力—义务或权利—义务关系;对国家和监督权利主体而言,公权力主体首先是承担一定的义务;对监督对象而言,是公权主体行使权力而让其承担配合、服从义务的过程;对权利主体而言,也意味着要承担一些受其支配的随附义务。

在一定意义上讲,公民监督权基本权能的法制化构建和有效运行,也是对国家权力监督关系或体制作出相应优化配置的问题,而且占据着核心位置。也正是基于此,公民监督权的有效行使,需要合理化的权力监督体制作为基本保证并一体性地运行。

公民监督权各种基本权能的充分构建,都离不开特定的权力监督权力关系的构建。两者在很大程度上体现为"一体同构"的关系。一方面,特定的权力监督权力体制,提供了充分构建某个公民监督权基本权能的至少某些具体内容的基础或前提,即国家宪法和基本法律确定的宏观性的权力监督权力关系,成为公民监督权具体权能构建的基础或前提,没有这种关系,国家确认和保护公民监督权的立法将无所适从,无从进行具体的程序、机制构建。另一方面,各个公民监督权基本权能的具体构建,即充分确定相应公权主体的特定义务,又是在宏观上的权力监督权力关系的框架基础上,进一步构建内容更丰富、更具体的权力监督权力关系,一定程度上也是优化①这种权力监督权力关系。这种更丰富、具体的权力监督权力关系,即权力监督权力的具体机制,在很大程度上又已经是公民监督权利的内容或基本权能的一部分。例如,对行政诉讼控告范围的扩大,意味着人民法院司法权监督国家行政权范围的扩大,人民法院对公民的相应控告权要承担更多的救助义务;申诉权受理和审查处理机关如更多地由属于异体监督关系的公权主体充任,意味着具体权力监督权力关系和内容的调整和优化,也意味着申诉权相应基本权能的更加充分化。

二、 公民监督权充分化的核心要素: 优化配置权力监督权力机制

这种一体化的共生耦合关系首先决定,国家完善法律制度以充分保障公民监督权的行使,即充分构建公民监督权的基本权能,同时意味着进一步优化配置权力监督权力关系。因此,强化对公民监督权的法律保障,充分构建其基本权能,既不是要普遍性地弱化国家公权力,更不是要弱化国家权力监督权力体制的作用和建设,而是要强化公民监督权的有效行使和权力制约权力机制的有效运行,强化两者的良性互动,从而弱化公权主体易于滥用权力的能力,弱化违法不当行使权力的公权主体对抗和逃避民众监督和权力监督的能力。因此,首先要讨论的,是公民监督权基本权能的充分构建对优化配置权力监督

---

① 即通过优化监督主体的设置、权限、职责及其与被监督主体的关系,强化监督范围和程度,实现更有效的监督效果。

权力机制的内在需求和促进作用。

（一）监督权基础权能的充分化对优化权力监督权力机制的内在需求

公民基本权利获得立法保护的权能，主要是一种客观权能，即便是在法治发达国家，国家立法机关承担这一义务，主要既不是靠公民立足于基本权利的主观请求，也不是其他权力机关借助权力监督制约关系督促的结果，而主要是立法机关的民意自觉性、公民作为选民联系立法议员制度、利益表达的压力集团制度、公民和媒体行使舆论监督等因素综合作用的结果。但如果国家立法机关确定基本保障制度后，需要政府和地方立法机关制定更明确的法律制度予以保护，则可以形成立法机关主动或基于民众的诉请督促有权公权主体履行义务的监督机制，甚至可以形成特定司法机关基于民众的诉请，通过裁判督请有关公权主体履行义务的机制。这是公民基本权利对抗立法不作为的特殊机制，目前只有个别法治发达国家确立了此制度，而且作用有限，主要是针对有权制定低位阶法规的立法主体的。

但是在发达国家，公民基本权利对抗不当立法的基础权能，却借助宪法监督机制得到了较充分的实现，这就是不少国家已经确立的各具国情特色的宪法司法审查制度。前文已有多处论及，此不赘言。我国目前的《立法法》赋予了公民对法规违宪审查的建议权，这是公民可以行使的一种最高意义上的建议权，其基础就是全国人大常委会对国务院和其他立法主体的宪法和法律监督机制，即全国人大常务委员会的宪法监督主体地位。这种建议权真正具有充分的权能，需要全国人大常委会真正受理和认真研究公民的建议权，行使必要的法规违宪审查权。

当然，仅仅赋予公民对法规违宪审查的建议权是远远不够的。公民立足于能直接启动某种程序的申诉权、控告权提请宪法监督机关审查有违宪之嫌的法律法规，应是我国公民基本权利的基础权能充分化的一个基本趋势。这就需要进一步发展和完善中国的宪法监督制度。人民代表大会制度确定的基本权力体制决定，在我国很难建立最高人民法院行使宪法监督权进行违宪司法审查的体制。比较可行的是，全国人民代表大会选举任命一个相对独立的宪法监督委员会，统一主导运行中国的宪法监督机制，受理相关国家机关、公民及其社会组织违宪审查的请求权。这可以克服全国人大常委会和全国人民代表大会自身启动或审查自己制定法律的体制性缺陷。为了保证全国人民代表大会的最高权力机关地位，宪法委员会可以径直审查认定全国人大常委会及以下的任何立法主体制定的法律法规的合宪性问题，但只能在审查有关请求主体合理性的基础上，提请全国人民代表大会审查决定自身制定法律的合宪性问题。这一关系重大的宪法监督体制的建设，需要时间，但值得期待。如此，我国公民基本权利的基础权能，公民监督权的基础权能及其本体权能，都将得到极大的充分化。

(二) 监督权本体权能的充分化对优化权力监督权力机制的内在需求

如前所述，公民监督权本体权能的充分构建，是指法律要充分确定其在正常行使状态下对应的义务及其承担主体。但这些义务能否真正被义务主体承担或履行，必须依靠法律的强制性规定和提供的基本保障机制。这其中，法律构建可以有效运行的权力监督权力机制，更是必不可少的。

首先，就监督对象及其利益相关人的义务而言，义务承担主体主要是公权主体，无论他们承担的是积极义务还是消极义务，法律的强制规定是重要保障因素，但法律提供具体保障机制和救济机制是更有力的保障。这包括：权利人要求监督机关立足于特定权力监督权力机制进行督促；如违背义务将因为权利救济权能的存在而被追究责任，这种责任追究的实现，本质上也是依靠特定的权力监督权力机制。多数公民监督权突出的救济权属性，决定其监督对象及其利益相关人的本体义务的履行，更多地直接受制于承担公力救助义务[①]机关直接依靠特定权力监督权力机制的督促，更不用说其进一步侵犯公民行使监督权而需要进一步承担救济性责任了。

其次，就监督求助对象的义务而言，义务主体几乎都是公权主体，他们义务的充分设定和承担，更离不开特定权力监督权力机制的有效存在。其一，在这些公权主体承担的义务中，有一些义务同时也作为职权存在，是特别重要的，即调查、处理被监督对象的违法不当行为，确定和督促监督对象及其利益

[①] 如前所述，这种公力救助义务因为公民监督权独立权利属性的存在，已经本体义务化。

相关人承担各种作为或不作为义务,确定他们应当承担的法律责任。这些义务都是典型的需要依靠权力监督机制才能履行的义务。其二,公权主体承担这些义务和其他作为或不作为义务的基本保障,主要靠他们对法律规定的认同性和法律的强制性。而其中的强制性主要体现为,公民可以立足于监督权依然具有的再救济权能,利用权力监督权力机制追究这些公权主体违背相应义务的法律责任。此点将在后文进一步论证。总之,公民监督权监督求助对象的义务设定和承担,更离不开特定权力监督权力机制作为前提、内容和保障条件。

还需要进一步指出,就公民行使诉请救济矫正性的监督权而言,一个根本问题就是要有职权受理诉请、进行调查处理或侦查起诉违法犯罪的公权主体,承担相应职责或义务,启动和运行相应权力监督权力的机制,以实现特定监督目的。公民监督权具有的只是一种主观或客观的诉求力、督促力,不具有公共权力的直接支配力。公民无权直接调查、确认和追究公权主体的违法犯罪行为,无法直接矫正公权力的滥用误用行为,只有借助权力监督权力机制,才能实现这种监督目的。因此,在一定程度上可以说,这类公民监督权的本体权能的充分构建,就是对具体权力监督权力机制的有效构建,以确保其有效运行。

(三) 监督权救济权能的充分化对优化权力监督权力机制的内在需求

固然,国家的权力监督权力机制不是仅仅具有服务于权利救济的目的和功能,因为其还有保障公共利益、防止和矫正其他非侵权性的众多滥用权力行为的目的和功能。但却可以说,所有针对公权主体侵权行为的救济,都需要相应权力监督权力机制的保障。如前所述,公民监督权的监督属性及其多数权利具有的救济权利属性决定,其多数权利的本体权能的充分构建,就是基于特定的权力监督权力制度进行的,基本内容是确保相应具体的权力监督权力机制的有效运行,实现监督权行使的目的。同样,对其权利的救济权能而言,则普遍更是如此。公民监督权的救济权能,是相应权利的行使受到监督对象及其利益相关人的侵犯,或者是受到监督求助对象的侵犯或不当对待时应具有的权能。其获得赔付权能,对应的是侵权主体承担的赔付义务;其获得公力救助权能,对应的是公力救助主体的救助义务。无论何种义务的充分设定和承担,都离不开对权力监督权力机制的充分构建和运行的内在需求。

其中,赔付义务可能是侵权的监督对象及其利益相关人承担的,也有可能是监督求助对象承担的。前者承担这种救济性的义务,可能需要由原监督求助公权主体予以追究和确认,也可能需要由新的公力救助主体——不一定限于一个权力主体——予以追究和确认,因此,更多的权力监督权力机制的具体设定和运行是必不可少的。后者要承担的这种救济性义务,一定是由针对救济权能承担公力救助义务的特定公权主体来追究和确认的,因此,也必须基于特定的权力监督权力机制的充分构建和运行来实现。要追究公权主体的赔付义务或相应法律责任,只能是对追究对象有相应监督权的特定公权主体才能最终依法决定。靠权利主体自身的权利能力不行;靠侵权者自我追究和决定自己的责任,更是不靠谱。具体而言,无论是行政控告、刑事控告、监察控告、司法监督控告,还是行政复议、狭义的行政申诉、各种司法申诉,抑或是违法犯罪检举,本质上都是公民及其社会组织行使监督权启动权力监督权力机制,进行相应权利救济或利益维护,矫正公权力滥用或不当行使的权力监督活动。它们构成了权力监督制度的重要内容。

这就决定,针对公民监督权救济权能承担公力救助义务的公权主体,应是更具法律权威的公权主体,其基本义务的设定和承担,就是围绕受理监督权请求救济主体的诉请,对上述两类侵权或不当履行义务主体追究相关赔付义务,主要是通过调查、处理程序,或侦查、追诉和判决等程序,追究特定公权主体的法律责任。这是典型的行使监督权力职责的行为。这些义务或职责的设定,既是公民监督权获得公力救助权能充分化的体现,也是对权力监督权力机制运行的更具体构建。

总之,公民监督权需要权力监督权力机制与其有效对接,并在一定程度上内在地一体共存。这正是公民监督权的监督属性和部分权利具有的救济属性使然,也是监督权基本权能得到充分构建,确保监督权得到充分行使,实现有效制约公权力的目的使然。公民监督权的有效行使和救济,都离不开相应权力监督权力机制的合理构建;否则,许多公民监督权利将无处用力,也难以产生起码的功效。公民监督权各种基本权能的充分构建,决定必须充分确认与这些权能相对应的、并体现权能所在的具体义务。但这些义务在内容和承担主体方面如何设定,才能达到公民监督权利基本权能充分构建的标准?其根本标准无疑是能有效保障公民监督权利的有效行使和救济。其间接标准则应包括一些义务的内容和主体的设定,必须符合相应强有力的权力监督制约权力机制的有效运行的要求。因为只有后者的有效运行,才能保障前者的有效实现。

三、 公民监督权有效行使的制度性保障:权力监督权力体制的合理化

国家立法主体制定保障公民监督权的法律,落实其基础权能,充分构建其本体权能和救济权能,设定相应的义务内容及其主体,涉及对相应权力监督权力机制的具体构建和促使其有效运行的问题。但相关义务的设定和权力监督权力机制的具体构建,又都不是毫无前提的,而是要在国家基本权力框架所确立的权力监督权力体制基础上进行。这种体制,通常为宪法规范和具有宪法地位的国家机关组织法所规定。这种制度设计的具体情况,各种必要的监督关系在多大程度上有效,是否有体制化的弊端,对具体权力监督权力机制的构建和运行是否形成影响,都会对公民监督权基本权能的充分构建和实现产生重要影响,从而影响公民监督权的有效行使和救济。要言之,合理化的权力监督权力体制,是公民监督权有效行使的制度性保障。

合理化的权力监督权力体制,无疑是多种标准的统一体。这些标准的有机统一,可以使该种体制下的各种机制得到有效运行,与公民监督权的有效行使一体运行,实现良性互动,并最终保证国家权力受到有效制约,腐败、无能等权力滥用或不当行使的现象受到有效遏制,其消极后果也得到及时有效的矫正,相关责任人被及时追究法律责任。借鉴各国权力监督权力体制运行的正反两个方面的经验教训,合理化的权力监督权力体制应具备公正性、民主性、便民性、规范性等。这些标准无一不利于公民监督权的行使,它们的同时具备,将为公民监督权的有效行使提供权力体制制度化的有力支持。鉴于我国已经正式确立国家监察委员会制度,我国权力监督权力体制发生了根本性变革,因此,我们也将同时论证这一制度提升我国权力监督权力体制的可期待性。

（一）权力监督权力体制的公正性

公正即公平正义，虽然具有一个普罗透斯式的面孔，但在现代法治社会的基本含义还是比较明确的，即每个人"得其应得，为其应为"。对于公权主体而言，就是要坚持社会正义，即推行和维护分配正义、交往正义，实行矫正正义。尤其是行使监督权的公权主体，必须以维护社会正义、公共利益和秩序、个人正当权益，维护法律在公权力面前的尊严，督促公权主体守法守正为根本价值追求，秉承分配正义、交往正义和矫正正义的基本规则行使权力，以自身权力的正当行使，督促监督制约对象权力的正当行使。作为权力监督者的不公正作为，可以有很多情况，如以权谋私，侵犯监督对象的合法权益，或与后者勾结，共同分肥。但最大的不公正，是不顾民众的检举揭发、控告申诉，想尽一切办法包庇监督对象，使其逍遥法外，同时对公民的监督行为进行压制甚至打击报复，堕落为违法乱纪的监督对象的利益同谋者或庇护伞；或者是，虽然没有达到利益同谋的关系，但因为各种特殊利益关系的考虑，或因为各种现实利益关系的掣肘，不能依法办事，矫正监督对象的违法行为，维护公民等社会主体的合法权益，而是放纵或保护违法乱纪者。

促使行使监督权的公权主体行为正义的因素很多。首先，应该说是行使监督权的公权主体要有追求正义的强烈意识和使命感，不愿向任何违法乱纪者低头让步。其次，要严格设定监督者自身滥用职权、玩忽职守的法律责任，利用法律强制性的威慑效应，来减少这种现象发生的可能性。但最重要的还是在体制上下功夫，即尽量建立可有效避免监督者与被监督者存在直接的利益关联性、容易发生利益掣肘、产生利益共谋、形成包庇偏袒关系的制度设计。而导致这种关系发生的现实利益关系具体包括：监督对象和被监督对象属于同一权力体系，而且利益关系密切，属于同体监督关系，甚至属于变相的"自体监督"关系；监督对象受到被监督对象的严重利益掣肘，在经济、人事关系等方面反而受制于被监督对象，虽然两者可能属于不同权力体系，但异体监督关系根本就难以真正存在；监督者和监督对象共同受制于一个强有力的领导机构或领导人，该领导可以出于各种原因轻易包庇监督对象，可以对监督者发号施令,控制监督者的监督行为;监督机关的工作人员和被监督对象有特殊的利益,应该回避的而没有回避;等等。因此,建立真正能有效避免监督者和监督对象存在利益勾连关系的体制,是保证权力监督权力体制公正性的关键所在。基本思路应是尽量设置"独立性异体监督体制",并保证其真实存在和发挥作用;同时,必须建立和坚持严格的回避制度。

我国权力监督权力体制长期存在的一个明显不足,是异体监督体制没有得到充分的设置,并且一些具体设置的体制在实践中没有得到很好的保障,被大大弱化,形成了监督者严重受制于被监督对象的利益掣肘情况,不得不在事实上屈服或受制于监督对象,偏袒监督对象的违法不当行为,为此不惜牺牲公共利益和社会主体的权益,也极大地影响了自己的公信力和公共权威。首先,对行政执法机关的监督而言,日常的主动监督体制多属于典型的同体监督而受到很大的影响。如原行政监察的主体是各级行政监察机关,尽管在制度设计上实行所谓双重领导体制并以垂直领导为主,但由于同属行政系统,行政监察机关和监督对象都受制于一级地方政府的主要责任人的领导,其他行政部门与行政监察机关不仅行政级别相同,而且存在各种错综复杂的利益关系,故行政监察机关的权威性和公正性都受到很大的影响,难脱一级行政机关内部操作的根本局限性。这种监督对象直接领导专门的监督机关的监察体制,造成"虚监""弱监"等监督乏力现象。同时,我国实行上一级纪检机关和当地党委对党的纪律检查机关双重领导的监察体制。从实践来看,同级党委常委会管理着纪检机关的立案权、审查权、处分权等重要权力,且具有对纪检部门人财物的控制权。纪检机关吃人家饭,受人家管,难以对同级党委实施有效监督。[①] 再如,我国人民法院虽然与行政机关属于不同的权力体系,人民法院也有权应社会主体的诉请而对行政执法行为进行司法监督,但我国法院体制和地方行政区划的高度统一,使法院在财政、人事等诸方面受制于地方政府,加上行政诉讼以直接的区域管辖和级别管辖为原则等因素,法院在行政审判中受到地方政府及其部门的强有力掣肘、干预等,也就不足为奇了。至于我国目前的司法监督,检察院对自身权力系统的监督要么是自身监督,要么是自体监督;而法院对检察院和公安机关侦查行为的监督制约,几乎是空白,所谓司法

---

① 参见刘俊:《论我国权力制约监督的障碍与途径》,《岭南学刊》2015 年第 1 期。

审判的作用,被严格限制在审判阶段。

因此,仅从权力监督权力机制的公正性来看,鉴于行政监察对象的范围广泛,很有必要设置一个真正独立于行政机关的监察机构。而行政司法审判监督,则需要进一步强化人民法院在财政和人事方面摆脱对地方依赖的体制改革,通过力图推进行政诉讼跨行政区划管辖改革,有效克服地方党政机关对行政审判的掣肘和干预。至于司法监督,可以将人民检察院的侦查职能分离出来,交给专门的监察机关,强化检察院对司法业务的监督职能,同时强化人民法院对侦查阶段的监督能力。

(二) 权力监督权力体制的民主性

民主的原意是"统治归于人民"或人民主权。更准确地说,由全体人民平等地、无差别地参与国家决策和进行国家管理,这是民主最原始、最简单的含义。[①] 人民大众对国家管理和国家公权力运行的参与性,是民主最重要的本质特征之一。现代国家地域广阔、人口众多的属性,决定在政体上只宜实行代议制民主,即人民选举自己的代表或议员来行使国家的最高权力——立法权和其他重大事项的决定权。但并不意味着人民不能再对其他国家事务和管理进行参与。一个时期以来,在发达国家,"参与式民主"成为发展的新趋势。这包括公共讨论、参与式预算、协商会议、协商投票以及公民陪审团等许多方式。虽然法律通常并不要求公共权威所作出的最终决定是公众参与的结果,但决定的内容会受公众参与的影响;而且最后的决定,无论其导向如何,都必须对决议过程中出现的质疑给出辩护或回答。[②]正如美国学者亨廷顿提出:公众参与是影响政治发展的重要变量,公众参与的程度和规模是衡量一个社会政治现代化的一个重要尺度。[③]

民主政治是一个现代国家通向长治久安的唯一途径。"民主并不给予人民以最精明能干的政府,但能提供最精明能干的政府往往不能创造出来的东

---

① 参见王绍光:《民主四讲》,生活·读书·新知三联书店 2008 年版,第 1 页。
② 参见蔡定剑主编:《民主参与:欧洲的制度和经验》,法律出版社 2009 年版,"序",第 4 页。
③ 参见塞缪尔·亨廷顿:《变化社会中的政治秩序》,李盛平、杨玉生等译,华夏出版社 1988 年版,第 56 页。

西:使整个社会洋溢持久的积极性,具有充沛的活力,充满离开它就不能存在和不论环境如何不利都能创造出奇迹的精力。这就是民主的真正好处。"[1] 2009 年,《中国青年报》社会调查中心通过民意中国网和腾讯网进行的一项在线调查显示:我国有近 30% 的人不愿意参与反腐斗争。[2] 这一现象反映出我国权力监督权力体制构建和运行的民众参与性,尚有待进一步提高。首先,民众诉愿能够直接启动权力监督制约机制的法定渠道偏少,尤其是可启动民意机关法定监督的机制整体上处在缺乏状态。其次,由于公民检举权保护不力,民众遭遇打击报复的风险高,民众对参与权力监督缺乏应有的积极性,再加上信息掌握的有限性,公民积极提供线索推动、协助国家监督机关反腐的作用还相当有限。现有统计数字表明,相关机关立案线索来自民众检举的比例不低,但在腐败现象日趋严重且居高不下的情况下,也只能说明两个问题:一是相关机关的反腐成效在整体上还有限,作为不到位;二是在有限的作为中,如果再离开民众并不踊跃的支持,其依靠自身力量遏制和打击腐败的能力将更加有限。最后,当体制内反腐的动力不足或公信力流失时,"体制外"的网络反腐就会火爆登场。[3] 但这种借助新媒体的舆论监督所呈现出的碎片化、非理性等偏差,反而引起了体制内对抗力量的反弹,以"网络并非法外之地"为借口进行压制,而相关国家机关对监督对象的必要调查也愈来愈迟钝。据中国传媒大学互联网信息研究院统计,2014 年由网络举报而揭露的腐败案件仅 51 件,全年总和不及网络反腐"鼎盛时期"一个季度的件数,网络反腐(或称民间反腐)发生断崖式降温。过去的反腐案件往往是网友爆料,在网络上形成舆论之后倒逼官方进行调查处理的,如今这种形式反了过来,反腐案件首先通过中纪委网站曝光,之后才在网络世界中形成舆论热点。[4] 这说明官方反腐力度加大,但同时出现网络反腐降温,并非值得期待的局面。

　　要言之,民主是权力腐化和滥用的天敌,只有充分接纳公民民主参与的权力监督权力体制,才能真正得到有效运行。在亚洲第一廉政国家新加坡,其完

---

[1]　托克维尔:《论美国的民主》(上卷),董果良译,第 280 页。

[2]　参见陈晓辉、王世波:《论中国公众参与反腐的可能性与现实性》,《学术交流》2014 年第 11 期。

[3]　参见马长山:《网略反腐的"体制外"运行及其风险控制》,《法商研究》2014 年第 6 期。

[4]　参见张祖平:《2014 年国内反腐舆情分析》,载商红日、张惠康主编:《反腐败与中国廉洁政治建设研究报告》(Ⅱ),北京大学出版社 2016 年版,第 160 页。

备的权力监督权力机制与民众参与高度对接。除了由人民行动党主导的新闻监督外,其行为跟踪制度则是以贪污调查局为主,由广大社会公众配合执行的一种制度。"对所有公务员,无论职位高低,尤其是新任职的公务员,进行暗中派人跟踪,明察暗访他们的行为或受到举报后派人跟踪。"[①]在我国初显威力的网络反腐,也具有现实的证明力。诚如有学者指出,公民参与的网络反腐的实践表明,我国反腐的观念、模式、制度等需要适时向以公民参与为主的权利反腐转变。[②]

(三) 权力监督权力体制的便民性

便民性是现代诸多法律制度的一个重要原则,更应成为权力监督权力体制构建和运行的一个重要原则。因为现代权力监督权力体制,在运行目的上具有为民性或利民性,在具体启动和运行上离不开民众的启动与参与。其具体制度设计和运行所要求的内涵丰富,主要包括:为民众提供充足的权力公开运行的信息;提供便利的程序和途径,使公民可便捷地启动和参与权力监督权力机制运行,有效行使公民监督权;对民众监督的诉请进行及时充分的回应,等等。

在权力运行的信息公开方面,既包括监督对象权力运行的信息充分公开,也包括监督机关权力运行的信息充分公开。有专家指出,凡是涉及公权力运行的信息,如权力清单、规则程序、过程结果都要及时公开,成绩要公开,问题也要公开,好事好消息要公开,坏事坏消息也要公开。总之,除法律规定不能公开的信息以外,其他的权力运行信息都应该公开。而且,要创造高效便捷的权力公开机制。高效,就是要采取灵活多样的方式和渠道,把权力运行的各种信息在第一时间向社会公开。要健全领导机关、管理和服务部门向社会公开信息的机制,也要拓展公众获取信息的渠道。便捷,是指人民群众能够通过最便利的手段、最低廉的代价,获得权力运行方面的最多最真实的信息。[③]

人民群众是权力滥用或腐败的最大受害者,因而对权力的监督有着天然

---

① 郑维川:《新加坡治国之道》,中国社会科学出版社 1996 年版,第 263 页。

② 参见蔡宝刚:《迈向权利反腐:认真对待微博反腐的法理言说》。

③ 参见陈武明:《权力的制约监督一定要有新突破》,《红旗文稿》2015 年第 2 期。

的积极性,但要把这种积极性转化为现实力量,让他们支持权力制约权力机制的运行,积极行使一些公民监督权利,尤其是仅仅涉及公共利益或他人利益而与自身利益无涉的权益,必须在提供特别保护的同时,还要提供便利的程序。如果相关监督权力的具体程序设计使民众的诉请常常被推来推去,遭遇冷眼相待,在相关部门之间来回"踢皮球",或者诉求可以轻易被相关部门截留,这种制度设计整体上就是对民众封闭性很强的制度。我国目前违法违纪和犯罪行为控告检举部门分设,就与便民原则不符,它至少为一些机关截留民众的诉求,甚至相互推诿,提供了便利和机会。本来,一个国家的权力监督部门尤其是反腐肃贪的专门机构,一定要发挥主观能动性,主动出击,深入群众,深入实际,在紧紧依靠民众的基础上,充分运用现有的各种制度手段,防止权力的滥用和误用;如果在制度的具体设计和运行上,却可以轻易把民众的参与和权利拒之门外,其监督制约权力的效果也就可想而知了。因此,良好的权力监督权力体制的构建,必须要以能调动好群众监督的积极性,拓展群众监督渠道,让群众监督既便利又廉价,随时随地都能参与权力监督为主要目标之一。

回应意味着公权力部门对民众要求作出的反应,并采取积极措施解决问题,它是公共管理责任的基本理念之一,是政府对公众所提要求做出超一般反应的行为。美国公共管理学学者格罗弗·斯塔林(Grover Starling)在《公共部门管理》一书中对政府回应进行了定性,指出政府回应的关键不仅在于政府要对民众的诉求作出反应,更应采取积极有效的措施来解决这个问题。① 这就决定,合理的权力监督权力体制,必须是高度重视民众的监督诉求并对其作出认真回应的制度设计。保护好民众监督的积极性,高度重视民众监督的一个重要标志,是对公民的监督诉求作出及时且负责任的回应,不能有丝毫的懈怠。对监督对象的处理结果,要作出认真的释明,如果检举控告人不能理解而要求作出进一步的释明,相关机关也应该予以满足。在我国,目前,政府信息不公开,回应经验不足,造成现阶段群体性事件频发,严重影响了社会稳定。同一般的执法部门不同,负有权力监督职责、对相关违法犯罪行为进行查处的部门,更必须认真回应民众的监督诉求,因为它在很大程度上已经是被动回应,是一种主观义务;相反,压制人民的诉求、敷衍应付的行为,既是对违法犯

——————————
① 参见格罗弗·斯塔林:《公共部门管理》,陈宪等译,上海译文出版社2003年版,第132页。

罪行为的放纵和庇护,更是引发民众更大不满的愚蠢作为。

(四)权力监督权力体制的规范性

所谓"规范化",是指在经济、技术和科学及管理等社会实践中,对重复性出现或运行的事物,通过制定、发布和实施标准(规范、规程和制度等)达到统一,以获得最佳秩序和社会效益。在本质上,规范化的程度就是制度化的程度,反之亦然。权力监督权力体制的规范性,就是指一国的权力监督权力体制是在法律规范严格规制的情况下运作的,整体上排除了制度运行缺乏法律依据、权威人士可随意干预,以及法定的合理自由裁量范围之外的自由裁量行为。所以,此处所言规范化就是法治化,规范性就是达到了法治的程度。因为,"法治"最基本的含义可以概括为"以理性为背景的规则中心主义"。① 对权力进行制约监督,目的就是使权力行使规范化,但这首先要求监督主体行使制约监督权力的规范化。这也是"己不正,何以正人"这一权力伦理规则的起码要求。

在行政诉讼法的规制下,我国人民法院应公民诉请对行政行为进行监督的活动相对比较规范,但法院在通过行政诉讼监督政府方面,业绩乏善可陈,与每年数量巨大的针对官员的信访投诉相比,法院行政诉讼的受案量和判决率是比较低的,社会公众"信访而不信法"的观念还比较普遍。监察监督和司法监督的规范化程度就相对弱一些,多缺乏明晰的实施规则的约束。中国的人大及其常设机关在监督公权力方面要受到很多牵制,法律对其监督方式的规定更加宏观,启动和运行的操作性不强,也缺乏与公民监督权行使的对接性。实践中,各级人大及其常委会除了一年一度听取政府和司法机关的工作报告外,询问和质询、特别问题调查、撤职审议和决定等监督方式很少被用到。人大对腐败官员的为数不多的罢免也总是事后的、附属性的,即在党政或司法部门作出了惩罚决定后,人大才会启动这一象征性的惩罚机制。能起到较大作用的一套权力监督机制就是纪检监察制度。纪检监察把党的监督与政府内部监察合二为一,自上而下进行权力监控,构成了当代中国最重要的权力监督

---

① 参见於兴中:《法治与文明秩序》,中国政法大学出版社 2006 年版,第 23 页。

机制。但长期以来,这一制度一方面因与人民检察院的检察监督形成二元体制,导致两者的管辖对接和案件移送存在不规范之处;另一方面,这一由执政党的纪律检查机构和政府的行政监察机构共同组成的监督机构,在法理和实践中,都存在诸多法治困境。[①] 除了"党政难分"与"双重领导"的困境外,其监督程序的不完善和不公正,也是显而易见的。其中,引起广泛争议的是原"双规"这种实际上的强制措施,因为它们缺乏法律依据,实践中常被滥用。国内有学者批评道:作为一种纪律措施,"双规"是不能替代司法机关的专门侦查职能的,对特定对象的"双规"程序可能使对象遭到除司法调查程序外的更多程序调查,这种程序既可能僭越国家司法权,也有可能使涉嫌犯罪的人获得法外因素的庇护。所有这些情况,都将给国家司法体系的权威造成损害,并对《宪法》第 33 条规定的"公民在法律面前一律平等"原则形成冲击。[②] 尽管原《行政监察法》第 20 条第三项规定了"两指"措施,在一定程度上弥补了其法律依据的不足,但"双规"运行的实际状态,仍然多偏离了法律规范。[③]

权力监督权力机制缺乏法律规范的严格规制,会产生各种弊端。首先,可能会引发对监督对象合法利益保护不足的问题,这会引起过多的申诉、控告等救济行为。其次,会为行使监督的公权主体消极对待甚至压制公民监督权的行使,给予违法犯罪者法外因素的庇护提供便利,因为其事实上拥有了广泛的裁量权。再次,因为缺乏严格的实体和程序义务的设定,监督主体对公民监督权主体应承担的义务不明确具体,公民很难立足于相关规定对其督促,或者再对其他监督主体主张权利救济。这三种弊端,都会严重影响监督主体的公信力和监督功能的实现。因此,各国在对专门的权力监察机构授予巨大权力的同时,也给予严格的法律规制,使其不享有任何法外之权或者违背法治实质的权力。

(五) 监察委员会制度优化权力监督权力体制的可期待性

国家监察委员会制度经过一些地区的建设试点后,随着 2018 年 3 月 20

---

① 参见李红勃:《迈向监察委员会:权力监督中国模式的法治化转型》,《法学评论》2017 年第 3 期。

② 参见王金贵:《"双规"与自首:合宪性问题研究》,《法学》2005 年第 8 期。

③ 参见李红勃:《现行纪检监察模式的困境及其法治化改革方向》,《环球法律评论》2017 年第 2 期。

日《中华人民共和国监察法》颁布，在我国正式确立。这一重大改革举措，被称为中国权力监督制度的革命性变革。"监察体制改革欲以解决之困境，可归纳为如何整合资源、独立监察、扩大覆面、法纪衔接，最终健全国家监督组织，形成全面覆盖国家机关及其公务员的国家监察体系，取得监察良效。"①这也是探索适合国情的监察制度的核心和关键。可以期待，伴随着这一事实上涉及整个权力监督体制变革的新型制度的全面确立，我国权力监督权力体制的公正性、民主性、便民性和规范性都将大大提高。

首先，国家监察委员会制度将有效提升我国权力监督权力体制的公正性。国家监察委员会全面整合现属于行政机关的行政监察、审计等部门及其职能，同时接纳现属于人民检察院的反贪、反渎机构及其职能，成为可以对党的机关、人大、政协、政府、法院、检察院、民主党派机关、人民团体、事业单位、国有企业等国家机关和单位的公务、管理或履行公职人员普遍行使监察权的独立机构。该制度"把行政监察部门、预防腐败机构和检察机关反腐败相关职责进行整合，解决了过去监察范围过窄、反腐败力量分散、纪法衔接不畅等问题，优化了反腐败资源配置，实现了党内监督和国家监察、依规治党和依法治国有机统一"②。各级监察委员会由人民代表大会产生并对其负责，独立于行政机关和司法机关，再加上其垂直领导体制的强化，无疑会确立中国监察机制所内在要求的"独立性异体监督"的基本属性。它不仅确立了对上述人员的异体监督制度，还为强化人大对监察委员会及其工作人员的监督，提供了制度设计的基础。这将有效防止其他国家机关尤其是行政机关对国家监察机关的干预与掣肘，确保其具有足够的权威独立行使职权，同时要接受人大及其常务机关的有效监督，受到司法机关的监督和制约。

其次，国家监察委员会制度有利于提升我国权力监督权力体制的民主性和便民性。基于我国的特殊国情，新的国家监察委员会仍是与执政党的纪检机关合署办公的体制，但在具体的运行机制上，其更有利于改变目前党的纪委

---

① 秦前红：《我国监察体系的宪制思考：从"三驾马车"到国家监察》，《中国法律评论》2017 年第 1 期。

② 习近平：《在新的起点上深化国家监察体制改革》，《求是》2019 年第 5 期。

机关直接主导监察业务、替代和架空国家机构的格局，①实行"业务上以监察委员会为主"的原则。具体理由包括：（1）监察委员会地位、职权和功能已经得到了极大的强化，改变了过去依附性的弱势地位，可以当仁不让地在权力监督、反腐倡廉中发挥主角的作用。（2）在监督对象方面，党的纪律检查的对象仅限于中共党员，而监察委员会的监督对象则包括了所有个体性公权力主体，包括政府、法院、检察院、人民团体、事业单位、国有企业等机关或单位的公务、管理或履行公职人员。这意味着，将所有行使公权力人员纳入统一监督的范围，解决了过去党内监督和国家监察不同步等问题，实现了对公权力监督和反腐败的全覆盖、无死角。这不仅意味着原来监察机关达不到的地方需要纪委直接出马的局面得以消除，也意味着原来纪委职能达不到的地方，或者无法实施的地方，现在可以通过监察委员会以国家机关的名义依法实施。这样既扩大了监察的覆盖面，为监察委员会办案提供了法律依据，也确保了纪委实施党内监督各项措施的合法性。②（3）就监督工作的性质来看，监察委员会的监督属于国家法律监督，涉及公权力运行的各个领域的工作人员，工作的复杂性和监督的严肃性均非比寻常，其监督效果对法律实施具有无可替代的作用。相比之下，党的纪律检查则属于党内纪律监督，涉及的问题相对比较狭窄，其监督对法律实施的直接影响相对有限。因此，两者完全可以实行"有合有分"的工作机制。③"在党的统一领导下实行'双向负责，各司其职、有分有合'体制，既要充分发挥纪委的党内监督作用，又保证国家监察机关依法独立行使职权。"④在此基础上，监察委员会的基本职能确定为教育、预防、监督、惩治等各个方面。同时，为了全面履行其职责，在微观层面，监察委员会要开展个案调

---

① 这种格局，与原国家行政监察部门隶属于政府部门的地位、狭窄的职权和功能范围等存在必然联系。由于行政监察机关可以监察的对象有限，其自身地位不足，就必须经常利用纪检监察合署办公的便利条件，以"纪检"名义进行调查和作出决定。以此，还可以规避法律的约束。但这种局面，必然也促使执政党的纪检机关主导监察业务，不是领导而是直接包办、代替了国家机关的业务。诚如有学者指出，在过去相当长的时期内，纪检监察工作在业务上往往是以纪委为主、以监察为辅的，这是由社会现实和制度局限所形成的。毕竟，政府内部的行政监察覆盖面过于狭窄，独立性和权威性严重不足，因而必须依赖相对强势的纪委，否则其工作很难开展。参见李红勃：《迈向监察委员会：权力监督中国模式的法治化转型》。

② 参见马怀德：《国家监察体制改革的重要意义和主要任务》，《国家行政学院学报》2016年第6期。

③ 参见李红勃：《迈向监察委员会：权力监督中国模式的法治化转型》。

④ 马怀德、张瑜：《通过修法完善国家监察体制》，《学习时报》2016年7月15日。

查,处置官员违法乱纪行为;在宏观层面,还要积极参与公共决策,制定善政标准,推动国家治理水平的全面提升。这种监督范围的全覆盖,违纪监督和违法犯罪监督职能的有效对接,监督职能的全方位化,都决定了国家监察委员会制度可为公民行使监督权提供更大的开放空间、便利性和保护力度。尤其是其中的个案调查,主要就是接受公民投诉、举报,开展个案调查。这意味着监察专员的大部分时间可花在调查公民投诉方面。任何公民,认为自己的合法权利遭受了公权力机构及其人员的侵害又不能向法院和行政机关寻求救济的,都可以向监察专员进行投诉。收到投诉后,经核查符合受理范围的,监察专员就要启动相应的调查程序,查阅相关资料档案,约谈相关政府官员。如果调查显示公权力部门确实存在违法或不当行为,监察专员就会采取相应的救济措施:对于轻微的行政失当案件,应与相关政府机构进行沟通,提出自己的建议,督促政府部门采取解决措施;对明显违法以及影响恶劣的行为,监察专员则要提出严厉的批评或申斥,提出专门监察建议或报告,严重的话还可以进行犯罪指控,提请人民检察院提起公诉。

最后,国家监察委员会制度将有效提升我国权力监督权力体制的规范性。上述个案调查制度的进行,意味着监察委员会应该依法拥有广泛调取资料和证据、勘验、扣押、查封、进入场所或驻地等调查权,包括采取留置措施的权力,还应该拥有一定的化解官民纠纷的调解权。但这也同时意味着,监察委员会在行使这些权力时,必须遵循"正当程序"的原则:留置措施的适用要符合法定的标准,履行必要的审批程序,恪守法定的时限;采取留置措施时必须全程录音录像,收集保存证据,接受外部监督;最重要的是,在对当事人进行留置时,必须保障其知情权、申诉权,在符合法定标准时,当事人有权获得律师的帮助。[①] 这些规范的确立,无疑意味着我国纪检监察监督制度的法治化转型,其制度的规范性也将得到根本性的提升。

---

① 参见李红勃:《迈向监察委员会:权力监督中国模式的法治化转型》。

第二节　权力监督权力体制的有效运行需要
公民监督权行使的根本驱动

公权力姓公,也必须为公。只要公权力存在,就必须有制约和监督。不关进笼子,公权力就会被滥用。马克思强调,社会主义国家的一切权力属于人民,一切公职人员必须"在公众监督之下进行工作"[①]。当代权力监督权力体制,作为中国特色社会主义权力体制的重要而特殊的组成部分,从根本属性上讲,不应再是传统的封闭性权力体制,而应是真正受制于民众意志的开放性权力体制,受到公民基本权利直接约束和限制,更受到公民监督权利的有效行使的根本驱动。

一、　传统封闭性权力体制的历史性困境

所谓封闭性权力体制,是指权力体制包括权力制约监督权力体制运行的基本动力来自于权力系统自身,通常仅靠当权者尤其是最高当权者的意志来推动,下层民众的意志被整体上排除在权力体制包括权力监督权力体制的运行之外的权力体制。但严格来讲,古今中外,这种纯粹意义上的封闭性权力体制是不存在的。因为,即便是实行"家天下"的封建专制皇权社会,民众的诉冤也会得到统治者一定程度的重视和受理,启动惩处违法犯罪官吏的机制。因此,我们所说的这种体制是相对意义上的。在这种权力体制下,民众的意愿仅仅起到辅助作用,被统治集团作为不得不考虑的因素加以利用,而非支配性因素来考虑。中国传统封建专制君主—官僚体制,是封闭性权力体制的典型代表。

西欧封建社会实行的,是封建主以封建领地和庄园为基本单位,国家权力

---

① 习近平:《在新的起点上深化国家监察体制改革》。

被高度分割并私人人格化,人身支配、权力统治与封建经济剥削高度一体化的社会结构。这种权力体制,当然也是封闭性权力体制。与西欧地区的这种社会结构存在很大不同,中国传统的大一统式封建专制皇权社会,以地主经济和小农经济为基础,形成了专制皇权主导下皇室贵族和官僚集团的权力剥削体制。国家成为一家一姓的江山社稷,作为公众事务的政治权力,在根本上、也在更大层面上被私有化。服务于这一专制王朝的官僚理所当然地成为当权群体的一员。这种国家整体上具有"公权私占私用、权力剥削"的本质特征,[①]用现代社会的腐败标准来衡量,属于绝对的制度性腐败。因为封建专制君主、皇室贵族和官僚集团掌握国家政权,就是利用国家权力及其派生的各种特权,对全社会的劳动人民进行赤裸裸的剥削和奴役。但是,这种剥削也存在着一个限度,即必须限制在能够维持劳动人民的生存条件以内。超过了这个限度,人民生活不下去了,就要为生存而斗争,揭竿而起,推翻难以忍受的旧王朝,重新建立新王朝,或为新王朝的形成提供条件。不少封建统治者在这个问题上有清醒的认识。唐太宗李世民提出"水能载舟,亦能覆舟"的论断,可谓一语中的。为了维护对劳动人民长期统治剥削下去这个大局,整个封建皇权官僚制剥削必须有个限度,即剥削量要以劳动人民的生存限定为前提。但一些封建官僚和豪强们却常常不顾这个前提,利用特权,贪得无厌,无节制侵吞劳动人民的血汗。因此,在这种国家体制下,也必须构建对皇权负责的权力监督权力体制,以遏制过度的腐败,维护封建王朝的长治久安。多则二三百年、少则十几年的封建王朝更迭频率,官员腐败、权臣作乱等吏治问题与封建王朝衰亡的内在勾连性,使有作为的专制君主不得不采取各种措施反腐倡廉,遏制腐败和权臣作乱。主要包括:重典治吏,严刑峻法;通过察举、孝廉和科举制度选贤任能;推行礼法兼治,倡导儒家的仁义忠信廉耻学说,提倡廉洁从政;设立直接听命于君主的监察制度,纠察百官,举荐人才;受理民众的诉冤控告,惩戒豪强和为非作歹侵扰民众的官吏;鼓励官员之间的相互举告。这些措施,在一定历史

---

① 有学者认为,权力剥削是社会上一部分官吏借权力和政治特权,无偿占有劳动人民必要劳动(包括剩余劳动)的行为,它比资本剥削更野蛮、更落后。因为资本剥削主要是占有他人的剩余劳动,而且由于竞争的作用,大部分资本还需投入再生产;而权力剥削则由于失去制约、挥霍无度,将占有范围从剩余劳动扩大到人们赖以维持生存的必要劳动,从而激化社会矛盾,败坏社会风气,阻滞社会生产力的发展。可见权力剥削比资本剥削更可恶。参见杨继亮:《反腐败论》,第174页。

时期,可以保证封建王朝获得较稳定的社会治理。

但是,在这种封建剥削阶级占统治地位的私有制社会,这些反腐措施不能从根本制度上遏制腐败。腐败始终蔓延在上自君主、公卿等最高统治集团,下至一般官吏的统治阶级各阶层中,表现形式五花八门,从而影响到整个社会风气,最终导致王朝的衰亡。在这个时代,封建君主和达官贵人通常带头贪腐,生活腐败和权力腐败相辅相成,最终导致世风腐败。[①] 如权钱交易、卖官鬻爵、以权敛财;权权交易,用人唯亲,结党营私,欺下瞒上;荒淫无道,贪婪奢靡,声色犬马,挥霍无度,昏聩自傲;最终导致整个社会正气不彰,世风日下,忠信不守,寡廉鲜耻,促成改朝换代之态势。虽有个别有识之士,但回天无力,徒唤奈何。生存无路的下层民众,唯有揭竿而起;上层集团中有异心者,则以权谋国,结党篡位。或者因国力衰弱,被异族趁虚而入。由此,江山易主,新的周期开始。

这种煞费苦心构建的反腐制度措施最终无效,权力集团在不可救药的腐败中灭亡的结局,有其历史的必然性,它是历代封建王朝政权难逃的历史劫数。

根本原因在于,封建王朝政权建立在地主经济和小农经济二元并存的自然经济上,是一种完全凌驾于社会之上的、缺乏社会力量制度性约束的权力体系。封建专制君主靠暴力征服得天下,以"天子"自居,取得了所谓"代天牧民"的"神圣"地位,国家公权力以一家一姓的江山社稷面目出现。帝王为首的皇室贵族,成为直接依靠皇权攫取天下财富以自肥的特权群体,尽管他们也不得不同时承担起一定的管理社会、保卫疆土等公共职能。他们也不得不利用庞大的官僚群体,去统治和管理广阔的疆土、众多的黎民百姓,攫取财富;同时,

---

① 所谓生活腐败,主要指统治阶级成员以权力为基础,贪婪无度地攫取钱财物,追求极度的物质享受,是个人私欲超越了社会常态和法制而产生的腐败行为。所谓权力腐败,主要指侵犯、滥用、践踏公共权力,如独断专横、用人不公、权钱交易、权权交易、越权专权等,本质上是个人私欲凌驾于公共权力之上的腐败行为,严重时导致国家机器无法有效运转,失去控制,公共权力演化成谋求私利的工具。权力腐败并不是独立于生活腐败之外的,而是与生活腐败相互交织、相互影响。对当权者来说,生活腐败往往是权力腐败的先导,而权力腐败的背后,往往伴随着生活的腐败。在生活腐败与权力腐败基础上,必然形成了社会风气的腐败,表现为某些重要社会群体的集体性腐败,甚至呈现出向基层民众转化的趋向,导致整个社会价值观严重扭曲,铸成末世、乱世之态。参见卜宪群主编《中国历史上的腐败与反腐败》(上册),鹭江出版社 2014 年版,第 9—14 页。

也赋予后者基于掌握权力地位的大量特权,让他们可以在通过权力攫取社会财富的制度中分肥。而一般民众,则沦为封建专制君主的子民,虽然被视为"邦本",但仅仅是充当封建王朝江山社稷的基础和财源,从来不被认为是国家和社会的平等一员,更遑论国家和社会的主人了。因此,无论是生活腐败,还是权力腐败,腐败得到控制的关键力量不在于民众,甚至也不在于一般官吏,而在于封建君主为首的贵族和上层官僚群体。中国几千年的封建社会历史告诉我们,虽有个别贤明的君主和洁身自好的为官廉洁之士,但从总体上看,上自君主下至小吏,追求生活的腐化是一种常态。① 往往最高统治者就不会满足于已经"洪福齐天"的皇家特权,带头贪图享乐,骄奢淫逸,置整个国家的法度于不顾。至于权力的腐败,更是常态之症。

首先,是不受任何法律强制约束的皇权自身的权力腐败。即便是一些有雄才大略的帝王,也因为权力的极度占有,不仅生活奢靡,而且独断专横、贪戾暴虐、好大喜功,不惜残贼天下、穷困兆民、涂炭生灵。

其次,是由皇权独尊所引发的假借皇权所产生的权力腐败。在封建专制体制下,皇帝的权力是至高无上的,皇权虽属于个人,但又具有延伸性,皇帝亲戚及周边的人,都可以假借皇权而产生权力腐败。具体包括皇亲国戚与权臣勾结的外戚统治,宦官与权臣勾结的宦官统治,权臣佞臣的结党统治。它们通常是交替而生,呈现出安置党羽、任人唯亲、打击异己、构陷贤良、搜刮民财、贪赃枉法、败坏法纪等群体性腐败的特征。

最后,是吏治不严所产生的权力腐败。与最高统治者专权以及外戚、宦官、佞臣辅政弄权腐败相随的,必然是遍及朝廷和地方大大小小官员的所谓官场腐败。一方面是最高统治者和上层统治集团的以身示范作用,另一方面是监督制度的动力和正常运行机制已经失灵。这导致官员利用手中的权力而腐败成为封建专制王朝体制下的通病,并不分职位的高低和亲疏远近,甚至连"秩官之吏"也会"隐下而渔民"。我国历史上吏治腐败表现形式多样,如结党营私、搜刮民财、卖官鬻爵、徇私舞弊、贪赃枉法,通常会形成"政以贿成"的制度性腐败。吏治腐败还有一个重要表现形式或者结果,就是监察制度自身的权力腐败。尽管历代王朝都进行监察体制的构建与完善,试图预防和惩治各

---

① 参见龙平川:《历朝历代衰亡史,其实就是腐败史》,《检察日报》2014 年 8 月 12 日。

种腐败问题,保持监察权的独立性。① 然而,缘于专制皇权统治这一国家政体的根本弊端,腐败权力干预和异化监察权力的状态始终没有停止过。虽然"中国古代统治者赋予监察十分全面的职能和广泛的权力,但实践的效果却事与愿违,不仅监察机关的自身职能不能很好发挥,又严重混淆和侵扰了国家治理体系中的其它职能"②。一旦帝王、权贵及其他各级行政官员出现权力腐败,那么监察体制往往会丧失其真正的功能与意义。轻者,监察官员为了明哲保身,不去正当行使自己的监察权,甚至随波逐流,利用监察权力贪赃枉法;重者,监察制度成为打击异己、构陷贤良的工具,成为权力腐败的帮凶。

从根本上讲,这是一个利用专制统治权力攫取社会财富、鱼肉人民的体制,因而整体上必然排除下层民众参与和监督权力运行的制度设置。封建专制即权力的私有化,在这种权力的私有制下,国家最高掌权者对他的统辖范围是一种全面占有的关系,而这个统辖范围中的一切物与人对这个最高掌权者是全面隶属和臣服的关系。③ 在这种权力关系中,现代权力关系的互动关系无法有效存在。其上对下的支配作用是绝对的、无限大的;而下对上的制约作用在常态下是十分软弱无力的。这是一种单向性很强的权力体系,其权力结构当然不会是一个开放系统,其在整体运行上是一个封闭的体系。尽管它可以从社会下层吸纳愿意加入这一体系的优秀成员,但却不会向民众普遍开放,更不会受民众基本权利的约束。只有在它整体失灵,社会进入严重的动乱时期,这个封闭系统需要重新再造时,才进入一个短暂的强制性非正常开放期,重新聚集力量构建一个新的封闭系统。这时,各种社会力量都以自己的方式企图夺取权力、参与权力。经过腥风血雨的争斗,权力得到调整和再分配后,攫取了权力的集团仍然在其中占有优势,而社会大众仍然被拒之于这个权力体系之外。即使最高权力职位被下层或贫民出身的人所占有,这个人也必然带领自己的集团按已有的权力规范造就自己的统治力,使自己向权力阶层归

---

① 有学者认为,中国传统监察体制确实蕴含着丰富的政治智慧,如监察机关与其他机关不相统属、监察官员逐步专职化、监察官员有独立弹劾权等制度安排,但在帝国政体下,监察的独立只能是外在的、相对的,而依附皇权是内在的、绝对的。参见艾永明:《中国古代监察体制评析》,《贵州省委党校学报》2019 年第 2 期。

② 艾永明:《中国古代监察职能的基本特点——兼议对当代监察体制改革的启示》,《江苏社会科学》2019 年第 1 期。

③ 参见叶剑锋:《论中西语境中专制主义的不同含义》,《宁夏党校学报》2005 年第 1 期。

化,去造就一个与上一个封闭权力系统相似的封闭权力系统。因为基本的社会结构未变,权力价值体系和权力设计模式未变,政治文化未变,这个权力系统只能在这些既成的规定条件中同质同型地再生再造,表现为极强的重新再造的延续性。①

这种压在民众身上的金字塔型的权力结构,也是缺乏权力之间相互监督的断裂结构,更是自我隔断于社会大众日常制约的封闭性结构。整个权力体系是在专制君主为最高权力源的层层任命中建立起来的,形成一个庞大的金字塔型的官僚群体来管理国家。各级官吏产生于自上而下的任命,对任命他们的人负责,层层向上负责,整个官僚群体则向最高统治者——皇帝负责。而皇帝是不向任何人负责,不受任何人监督的,于是达到了负责链条的终点或零点。由此,在这种权力体系中君主就具有了决定性的意义,最高权力本身私人人格化,形成了个人至上的人治国家。在人事和治理方略上,必然是"一朝天子一朝臣"和"人存政举""人亡政息"。在最高统治者又只能靠血缘来传承的情况下,他们的智愚、品行可定天下之安危。在这种封闭而隔断的权力机构里,大小官员并不需要真正对民众负责,只需要对君主及其家族的江山社稷直接或间接负责;而君主更无须对任何人负责,至多是向自己的江山社稷负责。在这个时代,没有公民基本权利对国家权力的根本限制和制约,更没有公民基于丰富的监督权利,可对任何一个国家公权主体进行监督制约,并有效促使国家权力监督权力体制的有效运行。因为这是一个只有臣民、子民而没有公民的时代,没有民众的国家和社会主人的地位,没有人民主权和建立在此基础上的民主选举、民主参与和民主监督制度,也没有发达而便民的公民诉请、控告和检举制度。有的只是专制无边的皇权,可以有权攫取社会财富以自肥的合法性制度——只是有程度的限制,以及人民必须对权力逆来顺受的被动服从。

这种与公众相隔离的权力体制,总体上只能是社会效能极低的政治制度,尽管它也有较强的社会动员和组织能力,在政治相对清明的时期,可以促进社会生产的快速恢复,促进社会财富的快速积累和聚集,甚至可以集中力量办一些大事。但它的周期性腐败和衰亡历程对社会财富的巨大浪费、对文明成果的巨大破坏、对社会创造力和发展进步的严重压制及阻断,又是显而易见的。

---

① 参见杨继亮:《反腐败论》,第178—179页。

我国封建专制社会,虽然成型很早,但在这种周期性兴亡交替中,蹒跚两千多年,最终沦为近代文明的落伍者,是任何人不能无视的历史明证。

二、 西方国家突破权力体制封闭性的艰难历程——以美国为例

人类政治文明的现代化转型,很大程度上就体现为对这种封闭性权力体制的突破或摒弃,并不断克服因权力自身的局限性以及历史和现实原因随时滋生的半封闭因素。近代以来,西方民主法治国家都经过了艰难的过程,才突破权力体制封闭性的困扰。

资本主义社会,是对封建社会的革命性变革。它建立在商品经济基础上,使人类进入了建立在物的依赖性基础上的人的独立性阶段。[①] 占有生产资料的资产阶级,靠以资本为基础的雇佣劳动关系,从只能出卖自己劳动力的无产阶级身上榨取剩余价值,积累财富。在一般情况下,它无需直接借助国家权力和政治特权,无偿攫取和占有劳动者的必要劳动。因此,资本主义的发展推动了政治国家和市民社会的分离,开启了人类的政治革命和解放,导致资产阶级领导和利用下层民众的力量,推翻了专制君主统治,建立了共和国或虚君立宪制,主张保护人权,追求民主、法治、权力制约和有限国家。但是一方面,这是一个具有很大表面性的社会变革工程,因为政治解放实际追求确立的,仍然是资产阶级的政治统治地位,即资产阶级及其利益代表要实际把控国家权力。另一方面,这一过程充满了各种矛盾力量的博弈,进步历程艰难而曲折。具体包括:其一,旧的封建贵族势力利用自身的传统优势,在一定程度上接纳资本经济的因素,与新兴资产阶级形成了既相容又斗争的关系,在相当长的历史时期继续垄断或占有政治权力,阻碍民主法治的进步。这使一些国家长期保留着封建残余和封闭性依然很强的权力体制,如 19 世纪 30 年代前的英国;有的国家则走向了封建色彩浓厚的军国主义的近代化道路,如近代德国。其二,资本主义商品经济尽管从经济逻辑上反对国家经济干预,反对借助政治特权攫取财富,但资产阶级作为巨大社会财富的私人占有者,其成员整体上都会从个人私利出发,追求对国家权力的支配和利用,借助它们攫取社会公共资源,以

---

① 参见《马克思恩格斯全集》(第 30 卷),人民出版社 1995 年版,第 107 页。

便在竞争中取得优势。因此,他们中的不同利益集团和个人都热衷于追求垄断和控制国家权力,排斥其他社会力量尤其是下层民众的政治参与和权利追求,甚至追求公开权钱交易。其三,在特定的历史时期,资产阶级初步建立的近代国家权力体制,依然具有较大的封闭性,难以适应工业革命引发的社会巨大转型。公共权力受到新兴垄断资本的严重扭曲和利用,形成了足以威胁到资本主义基本社会秩序的严重腐败现象后,才促使确立近代民主法治基本框架的资本主义国家兴起了民主进步运动,通过扩大民主参与、强化公民监督、制定严厉的反腐败法等措施,促使国家权力体制得到了逐步优化,最终形成了稳定的民主法治秩序,将权力腐败控制在了社会可以容忍的程度。

美国被标榜为西方民主法治国家的先导,其权力监督制约体制和人权保护也被称为西方法治国家的楷模,"其腐败指数一直位居世界腐败排名榜上倒数 10%之行列,对于一个拥有广袤国土和庞大人口的国家而言着实不易"①。然而,在它的历史上,不仅人权保护长期受到种族主义的困扰,其权力运行体制和监督体制尽管有设计精巧的权力制衡体制作为基础,但也有过一段很严重的腐败史,其摆脱权力体制封闭性困扰的历程同样艰难曲折。具体考察分析美国的相关历程,对于我国权力监督体制的完善和反腐败斗争的推进,不无借鉴意义。

独立战争的胜利,使美国成为摆脱了其宗主国英国殖民统治的共和国家。依据 1789 年的美国宪法,美国形成了"三权分立"的联邦制。既有横向的立法、行政、司法权力的相互分权制衡,也有联邦政府、州政府和地方社区自治的纵向分权制衡,并制定了内容较为完善的《权利法案》。但独立初期的美国,具有北方各州的初步资本主义化的自耕农经济、城市工商业经济和南方各州的黑人奴隶制大种植园经济等多元而复杂的经济基础。这导致,美国的政治体制尽管较早确立了闭环性的权力制约监督体制和民主选举制度,但民众的政治参与很弱。美国早期民主政治总体上仅向上层政治精英和社区精英开放,权力体制的封闭性因素较强。多数自由民因为各种资格的限制不享有选举权,政治参与能力弱,通常仅能参与一些地方社区性事务。好在客观上由于当时北美地区的经济生活和产业结构相对比较简单,各州治理相对独立,联邦政

---

① 刘杰等:《转型期的腐败治理——基于不同国家和地区经验的比较研究》,上海社会科学出版社 2014 年版,第 53 页。

府扮演弱角色,部分也得益于美国建国者周密设计的"三权分立"体制以及由总统带头树立的严格的政府成员道德标准,建国初期的美国并没有爆发严重的腐败问题。

但真正的挑战发生在南北战争结束后的 19 世纪中后期。黑人奴隶制的废除,使美国资本主义进一步摆脱了经济和政治的羁绊,迎来了美国的"镀金时代"。在第二次工业革命的推动下,科学技术迅猛发展,且被迅速用于工业生产。新的科学技术、新的企业管理形式和新的劳力资源促进了全国工业迅速发展。工厂体系的出现推动了城市发展,也孕育了更多的新兴城市。移民为不断扩展的工业经济提供了稳定的劳力资源,其结果是国家财富的大幅度稳步增长,人民生活水平的不断提高,以及更大的繁荣机遇的出现。[①] 美国经历了最深刻的经济革命,迅速从农业社会进入工业社会,形成了全国性市场经济,各种新的问题开始浮现。首先,东部工业化快速发展,带来了劳资矛盾、城市扩张、贫富差距增大、失业危机等工业社会特有的矛盾;其次,随着城市化进程的快速推进,城市管理问题层出不穷,如新移民问题、食品安全问题、环境污染问题等;再次,西进运动已经接近尾声,领土扩张基本完成,也就意味着通过扩张方式缓解社会矛盾的方式已经受限;最后,经济集中化过程进入几乎所有工业领域中,为数不多的企业巨头控制着钢铁、石油、糖业加工、肉类包装和农业机械制造等行业,这些商业和企业对政治的影响力与它们的经济生产能力不相上下。[②] 在这种背景下,美国陷入了严重的权力腐败和社会腐败。

首先是制度性的腐败,主要体现在政党分肥制度和完整公共预算制度的缺失。所谓政党分肥制,是指政党竞选获胜上台后,大量撤换败选异党的官员,将政府机构中的职位分配给帮助自己选举的人,而得到官职的人也上交部分薪金给政党以作回报。政党分肥制的起源可追溯到合众国建国初期,其初衷是扩大民众对民主工作的参与,恢复公众对政府的信心。然而分肥制合法化后,却成了政治贿赂的工具,且愈演愈烈,到 19 世纪中后期达到高峰。政党分肥制弊端明显,公职成了对政党和党魁服务的酬谢,官员的任命不以品格才干为标准,导致大量见风使舵、善于钻营的政客把持政府重要岗位。党魁利用

---

① 参见艾伦·布林克利:《美国史》,邵旭东译,海南出版社 2009 年版,第 521 页;陈兵、宋妍:《美国反托拉斯法诞生之原因略考》,《江汉论坛》2004 年第 10 期。

② 参见埃里克·方纳:《美国自由的故事》,王希译,商务印书馆 2002 年版,第 175—176 页。

手中的权力收买人心，任人唯亲，为了扩大政党的影响力，把持政府，拼命扩充政府职位，导致部门机构臃肿，人浮于事。显然，尽管政党分肥制以民主选举制为基础，具有一定的形式上的公共权力开放性，但其是变相的政治贿赂和权钱交易，使美国两大政党的党魁得以操纵公职任命，私相授予自己的追随者，其官员选拔上的封闭性，与封建君主基于贵族身份和门第的选任官员的封闭性相较，有过之而无不及。

20世纪前，美国没有确立完整的公共预算体系，各级政府向议会争取资金，对各部门的拨款也只是一个总数，没有支出分类，也没有明细科目。各级部门没有详尽而统一的预算，只是笼统地以支出来申请资金，并提供事后报账单。民众和议会都无法对政府及其各部门进行有效的监督。[1] 这样的预算制度必然弊端丛生，尤其是面对19世纪末的经济高速发展，各级政府所要面对的基础设施建设、城市管理、抚恤救济等财政开支猛增，造成了政府赤字，同时由于缺乏有效的监督和管控，国会议员、政府官员利用预算漏洞受贿舞弊的现象屡禁不止。

其次，政府官员尤其是行政官员用权严重腐败。镀金时代的美国，全社会都处于普遍的对财富的疯狂追求和盲目崇拜之中。这种全社会对财富的崇拜，导致从联邦到地方，各级政坛被精明腐败的政客把持，他们想尽一切办法通过手中的权势捞取财富。随着经济规模不断扩大，政府所掌握的公共产品和公共资源也变得非常庞大，政府与利益集团之间的权钱交易变得非常普遍。这种腐败，指的是私人主体或利益集团对政府官员贿赂以换取政府控制的某些资源（如公共服务、公共财产等），或免于以政府规制为目的的非法支付。[2]这种交易的纽带就是党魁，当时上至联邦、州，下至市、乡，到处都出现了在党魁把控下的政治机器，对选举、立法、行政施以严厉的控制。这种腐败在经济上主要表现为利益集团利用政府来帮助企业超常规发展，收买官员、贿赂政客，对政府决策施加影响。如州政府将其管辖内的土地批准给私人建交通设施，在低税率、高票价等方面给予优惠待遇，有关官员从中谋取私利；市政府官员在将公用事业承包给私商的交易之中受贿、吃回扣、勒索，等等。承包商可

---

① 参见高新军：《"进步时代"纽约预算改革的启示》，《南风窗》2008年第20期。

② 参见爱德华·L.格莱泽、克劳迪娅·戈尔丁主编：《腐败与改革——美国历史上的经验教训》，胡家勇、王兆斌译，商务印书馆2012年版，第10页。

以通过现金交易，或安插官员的亲友，或给予政治支持等不正当手段得到利润丰厚的项目。[①] 在政治上表现为利用新移民渴望获得公共资源的心理，向新移民许诺，收买选票，争取其对政党机器的支持，操纵选举，在任命官员中大量推行裙带风、分赃制，在选举中变相勒索政治献金，等等。

最后，权力腐败和金钱崇拜催生了严重的社会腐败。在镀金时代的美国，17世纪的清教伦理和18世纪的启蒙思想理性主义时期建立起来的社会道德已经难以抵挡物欲横流的大潮，社会达尔文主义理论成为这一时代思想的主流。政府官员和企业家强调企业家在社会财富创造中的所谓作用，主张限制国家和政府的职能范围，反对政府构建任何社会保障制度。政府在利益集团和党魁的操控之下，其主要目标不是完善治理，而是为大企业主谋取利益。而一些公众似乎对这些现象并不反感，反而默许了这些政府官员的腐败行为，且对自己的政治权利并不敏感，甚至一些新移民还为了微利出卖选票。在这种大环境下，经济巨头控制了美国的经济命脉，奉行所谓"只要我能发财，让公众利益见鬼去吧"的经营哲学，不仅压低和克扣工人工资，还无视任何社会责任，导致产品虚假广告盛行，食品和药物掺假使假严重，公共交通运输服务低劣、事故频发，环境污染严重，弱势群体得不到保护。他们甚至采用恐怖主义手段恐吓竞争对手，破坏竞争对手的生产设施。政治人物和企业家寡廉鲜耻，罔顾公共利益和他人合法权益，严重败坏了社会风气。美国资本主义虽然创造了丰富物质财富，但精神文明却停滞不前，物质与精神断层脱节，使整个社会处在失衡状态。人民民主参与意识淡薄，政治参与和政治监督缺位，纵容了政治腐败的恶化。此阶段的美国在创造丰富财富的过程中，也似乎正面临失去灵魂的危险。

美国进入这样一个高发的腐败期，有其深刻的现实原因。在经济上，随着经济的高速增长，公共产品和设施也随之增多，政府手里掌握的公共资源增多，政府分配公共资源的权力增大，为政府官员提供了寻租的空间。经济发展快速催生了一批实力雄厚的大企业，一个富有的、影响力巨大的资产阶级和一个贫困的、数量庞大的无产阶级同时出现。但后者无法对前者构成力量制衡，中产阶级也处在十分弱小的阶段。这导致，企业巨头为了获取利益，可以贿赂

---

① 参见资中筠：《20世纪的美国》，生活·读书·新知三联书店2007年版，第84页。

官员，安插亲信，甚至左右选举，干预立法和司法过程，把政府和国会玩弄于股掌之间。在政治体制上，经济的高速发展和城市规模的急剧膨胀导致政府治理日益复杂，客观上要求有一个权力到位且高效的行政机构来实施治理。但当时美国的转型是如此迅猛，以致政府机构和管理体制来不及作出相应调整，政府机构权限不清、效率低下，制度漏洞频现，一些明显不合乎社会规范、损害国家和公民合法权益的行为无法得到及时有效的规制。尤其是经济权力已经需要转移到大型的国家级组织规制，但国家社会政治生活却仍然局限于地方团体极其有限的民众参与，结果便导致社会普遍的动荡不安。① 而公共产品和公共资源的增加使政府分配公共资源的权力也相应增大，但联邦政府的规模和权力在内战后仍然很小。从教育到医疗卫生保障、商业管制、民事和刑事案件的审理以及其他许多职能的行使几乎都由州和地方政府的机构来管理。② 不仅公共权力行使的能力非常弱，组织化、制度化程度不够，而且市政官员在任职条件、聘用程序、权责范围、考核标准等方面都缺乏明确具体的规定和有效的监督，公职人员在公共资源分配中有较大的自由裁量权，为公职人员权力寻租提供了方便。总之，当经济的快速发展需要一个高度接纳民主参与、高效、规范的公共权力体系时，当时美国联邦政府和地方政府所能提供的仍然是封闭的、缺乏民众参与和监督的、缺乏法律有效规制的权力体系。这一体系的腐败和异化，也就成为必然。

为了恢复正常的国家管理秩序，在民众的推动下，美国联邦政府从19世纪80年代开始进行了一系列政治改革，同时也有效地认同公民行使民主参与权和监督权的诉求，形成了上下互动的国家政治改革历程。其主要措施和情况如下：

其一，推进文官制改革，废除政党分肥制。1883年，美国国会通过了《彭德尔顿法》（Pendleton Act），即《联邦文官法》，该法废除了自杰克逊总统以来实行的官职任命中的政党分肥制，确立了一套以功绩制为核心的文官选拔和奖惩机制。具体内容包括：第一，必须通过公开的竞争性考试来选拔文官，从

---

① Robert H. Wiebe, *The Seach for Order, 1877—1920*, New York: Hill and Wang, 1967, Foreword, p. 166.

② 参见埃里克·方纳：《给我自由！一部美国的历史》（下卷），王希译，商务印书馆2010年版，第782页。

高分到低分择优录取;第二,文官不得因为政党关系等政治原因被免职,文官不得进行政治性捐款和参与任何政治活动,也不得因拒绝从事这类活动而遭免职;第三,文官在政治上要保持中立。① 虽然该法推行初期高达 80% 以上的官员仍由总统任命,但这一比例在逐年降低。至 20 世纪 80 年代,90% 以上的联邦文职官员均以该法遴选任用。② 自此,美国政府官员以录用"最优秀的人"的制度设计逐步取代出身背景和利益收买,大批专业型的技术文官进入政府队伍,保证了道德上的高尚和政府治理的高效与公平,在两党轮流执政的大前提下,实现了基本业务官员队伍向民众的公平开放性,大大限制了民主选举的异化产物——政党分肥制的适用范围。

其二,推行新国家主义的系列改革,扩大民众对国家权力授予、运行的参与和监督能力。进入 20 世纪初,以西奥多·罗斯福为代表的新型改革派提出了国家主义的民主(democracy of nationalism)理论。他强调新国家主义的核心是"国家",国家利益高于任何党派、阶级和个人的利益,联邦政府有权干预经济、规范经济,使之服从国家和人民的整体利益。③ 他主张增强行政部门的主动性,使政府成为实际改善全国社会和经济条件的有效机构。对于不称职、不诚实的官员,应予迅速罢免。④ 罗斯福的这种立场促成了联邦和地方各级政府的一系列改革。在联邦政府层面,大力完善选举制,使选民直接参与选举过程,将政治选择权交还给人民,包括无记名投票制;选民直接预选制取代党魁对候选人提名的控制;直接选举民选参议员;赋予妇女参政权等民主措施。同时,给予人民参与政府决策、立法过程和罢免官员的权利,如:立法创制权,即公民立法提案权,公民在法定人数内可以提出立法建议案,交立法机关讨论修改或经投票直接制定为法律的权力;立法复决权,即立法机关所通过的法律案或其他议案,交付公民投票表决,以决定其是否应当成立;官员罢免权,即选民对经选举产生、任期未满的公职人员进行信任表决,以决定在任官员是否再次参与竞选,确定去留,这是选民对选举性官员监督制约的有效方式。这一系列的民主措施有利于选民直接参与决策,在立法过程中摆脱对议会

---

① 转引自马骏、刘亚平编:《美国进步时代的政府改革及其对中国的启示》,格致出版社 2010 年版,第 315 页。

② 参见刘绪贻、李世洞主编:《美国研究词典》,中国社会科学出版社 2002 年版,第 708 页。

③ 参见钱满素:《美国自由主义的历史变迁》,生活·读书·新知三联书店 2006 年版,第 76 页。

④ 参见李剑鸣:《西奥多·罗斯福的新国家主义》,《美国研究》1992 年第 2 期。

的依赖,也就削弱了党魁政客对立法的操纵。在州、市层面,主要着眼于加强民选官员和专业人员对城市的管理,削减党派在城市治理中的作用,推行市长和市内阁均由选举产生的无党派团体人士担任的制度,提高社会团队对市政的参政程度。在公共财政领域,将私人领域的会计制度逐步引入公共领域,建立现代预算制度。要求政府对其所有部门的开支有一个统一完整的计划,分类详细列举政府机构的所有项目开支,并对每项开支都要说明其理由。政府必须严格按照预算计划开支。预算计划必须得到议会的批准,并接受议会和民众的监督,预算内容和过程必须透明。这种高度精确和公开的预算制度的建立,实现了对政府官员行为的制度性监控,议会和民众能通过预算制度更好地监督政府行为,故它成为遏制官员腐败和规范政府行为的最有效手段。

其三,公众监督力量大胆出击,助推公共权力和社会秩序的净化。从 19 世纪末开始,美国的新闻媒体财政逐渐独立,独立性逐渐增强,新闻从业者也视自己为社会良心的代表,认为自己有责任揭露垄断组织和政府的黑幕,监督政府的行为。同时,随着印刷技术的进步和城市人口的增长,报刊受众范围迅速扩大,新闻媒体的影响力逐步上升,被称为“第四权力”,在美国民主改革和反腐败斗争中发挥了非常重要的作用。1903 年 1 月,著名记者塞缪尔·S. 麦克卢尔(Samuel S. McClure,1857—1949)创办的《麦克卢尔杂志》(*McClure's Magazine*)发表了三组系列报道:《美孚石油公司史》《明尼阿波利斯之羞》和《工作的权利》,对大公司垄断、城市官员腐败和劳工问题领域进行了无情的揭露和抨击,拉开了持续长达 10 年之久的黑幕揭发运动(1903—1912)的序幕。黑幕揭发运动大量揭露了大公司如何贿赂议员以获得优惠待遇,如何向政治领导人行贿以使自己免受调查和限制,垄断组织如何扰乱市场秩序,引发一系列社会问题等内幕。① 该运动把触角伸向了社会生活的各个角落,引发了公众乃至总统的极大关注,罗斯福总统给这些揭露社会黑幕的记者冠以了“扒粪者”(muckrakers)的名称。“扒粪者”所做的大量黑幕调查和揭发,对公众舆论起到了积极的导向作用,并促使议会和政府作出反应。如黑幕揭发者通过对假冒伪劣商品盛行和企业欺骗消费者的恶行进行揭露,促成通

―――――――――

① 参见卢俊卿:《美国黑幕揭发运动与我国新闻舆论监督》,《新闻爱好者》2011 年第 14 期。

过了《纯净食品法及药品管理法》《肉类管理法》。通过的全国性立法还包括《赫伯恩法》《联邦储备法》《联邦贸易保护法》《童工法》等,在提倡妇女选举权、创制权、罢免权等方面也有贡献。与此同时,随着公民素质的提高、公众参与政治意识的加强、公民道德意识和社会责任感的提升,公共监督力量也成为遏制政治腐败的一支不可忽视的力量。最具代表性的是 19 世纪 80 年代兴起的由中小农场主为主导的平民党运动。它利用其影响力,倡导维护中小农场主和产业工人的权利,反对工业巨头滥用经济权力和政治权力,它提出的很多倡议被各级政府采用,有效地遏制了公职人员和工业巨头的腐败行为。

显然,基于真正遏制严重腐败的需要,美国进步主义时期政治变革的核心,是扩大美国民众对美国公共权力体系的民主选举权、参与权、知情权和监督权,克服联邦政府和地方公共权力体系的封闭性,使美国的国家权力体系真正成为向资产阶级、中产阶级乃至下层民众开放和负责的权力体系。这一改革,"通过将权力更多地分散于多数人手中,整个政治过程受到更多民众的监督,有效地控制了政治腐败"[①]。当然,它既没有完全消除美国国家权力的阶级性和封闭性,更不可能完全消除美国的权力腐败和社会腐败。它只是为后来美国民主法治的适时进步提供了基础和经验,证明了正确的方向。在"二战"前罗斯福"新政"扩大联邦政府干预经济和服务社会能力后,"二战"后的美国联邦政府和地方政府支配公共资源和社会的能力也空前提高,政府官员腐败的机会大增。但在美国民众的推动下,美国公民迎来了"权利爆炸时代",美国国会制定了一系列保障公民参与和监督政府、惩治官员腐败的重要法律,如《政府道德准则》(1961)、《联邦利益冲突和贿赂法》(1962)、《阳光下的政府法》(1967)、《政府道德法》(1978)、《文官制度改革法》(1978)、《吹口哨人保护法》(1989)等;同时,美国联邦最高法院也通过宪法审判,致力于高度保护公民的言论自由权和民主权利。这些都促使美国政府的权力体系整体上保持着很高的开放性,被关在了公民基本权利和监督权力共同构筑的"笼子"里,不至于成为民众对其腐败行为徒唤奈何的现代超级"利维坦"。这就是美国腐败指数较低的根本原因。

---

① 刘杰等:《转型期的腐败治理——基于不同国家和地区经验的比较研究》,第 52 页。

三、 当代中国权力体制的优化及公民监督权的特殊作用

当代中国的权力体制虽然具有彻底否定这种封闭性的应然性,但要彻底摆脱历史和现实因素的困扰,尚需要权力体制的大力完善。

中国共产党的"两个先锋队"性质和长期执政的历史地位,无产阶级领导的人民民主专政的国体,人民的国家和社会主体地位,人民代表大会制度的政体,公有制占主导地位、多种经济形式并存的社会主义市场经济基础,都决定当代中国的公共权力体系必须是对广大民众高度开放的权力体系。这种权力的授予、运作和监督,都必须从根本上受制于人民的意志,满足和接受人民广泛的参与。其权力运行的基本动力是服务于国家和社会的公共利益、公民的正当权益,在民众直接推动下依法行使权力,而不能与人民的利益相脱离,作为凌驾于社会之上的权力存在,更不能"异化"为具有任何私人性质的权力。但良好的地基并不等于很快可以建起一个立基于其上的宏伟、壮观、实用的大厦。沉重的历史包袱,社会主义初级阶段基本经济和社会条件的限制,权力授予和运行具体机制的不完善,法治传统的缺失等因素,导致现行权力体制在诸多重要环节和领域开放性依然不够,或者说依然具有较强的封闭性,成为人民意志所不逮之地,很容易"异化"为侵吞国家公共利益和公民正当权益的腐败权力。我国现阶段权力腐败现象的严重存在,从根本上讲主要是这种权力体制尚存在局限性的结果。

前述开国领袖毛泽东与黄炎培先生的延安窑洞的对话已经表明,新中国成立之前的中国共产党,已经将有效控权反腐的基础定位在人民监督政府上。基于对中国历代王朝周期性兴衰规律的深刻把握,尤其是对李自成农民起义领袖集团腐化变质导致功败垂成历史教训的深刻领悟,新中国第一代领导集体对新中国成立之初"腐败之风必长"早有预见和心理准备。[①] 一方面,他们及

[①] 在新中国成立前夕召开的共产党七届二中全会上,毛泽东在大会报告中指出:"可能有这样一些共产党人,他们是不曾被拿枪的敌人征服过的,他们在这些敌人面前不愧英雄的称号;但是经不起人们用糖衣裹着的炮弹的攻击,他们在糖弹面前要打败仗。我们必须预防这种情况。"《毛泽东选集》(第4卷),人民出版社1991年版,第1328页。刘少奇在新中国成立前的一次讲话中也指出:"在中国这个落后的农业国家,一个村长,一个县委书记,可以称王称霸。胜利后,一定会有些人腐化、官僚化。"《刘少奇选集》(上卷),第413页。

时发出了"戒骄戒躁""拒腐蚀""警钟长鸣"的谆谆告诫;另一方面,针对少数党员干部的居功自傲、贪图享受、腐化变质,及时通过整风整党加以遏制,并通过"三反""五反"运动予以严惩,同时净化诱发腐败的社会环境。这种运动式的反腐在当时取得了很大的成效,因为它动员广大民众参与其间。对人民监督政府的制度构建,也通过 1954 年新中国第一部《宪法》的制定,开始提上法制建设的日程。然而接下来,对群众运动路径的过分依赖,对法治的误解和疏远,对"大民主"的垂青,尤其是陷入"阶级斗争扩大化"的历史性迷雾,导致真正扩大稳定有序的民主参与、国家权力体制在法治保障下高度开放的事业很快偏离了正确的轨道。党的领袖和人民群众都深恶痛绝的"强迫命令,脱离群众"之风,在后来的"共产风"中却大行其道。历次政治运动,都使得民众正常的民主参与和监督权利受到严重冲击和压制,许多人遭受迫害,蒙受不白之冤。离开了对正常的民主法治的追求,权力体制的建设必然陷入停顿,甚至难以进行起码的运转。

拨乱反正后,中国经济和社会的快速和转型,都内在地需要国家治理体系尤其是权力体制的深刻变革。这意味着中国要真正从一个传统国家转型成为现代化国家,真正摆脱中国几千年封建专制官僚体制沉积下的历史包袱,摆脱苏联计划经济体制下的、半现代化的、僵化封闭和充满形式主义的权力体制模式的影响。这无疑是一个更加艰巨和漫长的历史任务。而经济转型的快速推进,社会转型的复杂多变和利益多元化,体制改革相对滞后,使得公共权力在继续掌控巨大的社会资源的同时,其自身的产生、运行和监督都存在明显的制度漏洞,封闭性的因素得不到及时克服,公权私用和寻租的机会多,甚至半制度化。一些官员甚至单位,可轻易逃避人民意志包括执政党汇集的人民意志的掌控,逃避权力监督制约,化公为私,侵吞国有资产,进行权钱交易,腐化堕落。这就对当今我国提出了不得不认真完成的艰巨任务:通过完善权力体制尤其是权力监督制约体制,有效控制权力的滥用,遏制和清除腐败行为。

当代中国,权力的原有之义是为人民服务,权力必须服从和受制于人民的意志。但现实中的权力占有却具有二重性,它既可以用来为人民服务,也可以公权私用、为己谋利。这既有中国传统权力私有制的历史影响和"升官发财"的历史遗毒,更有让一部分人可以轻易将权力化公为私的制度漏洞。强化掌权者的党性和人民性的思想品德教育有一定作用,但最根本的还是权力体制品质的提升,进一步增强权力体制对民众的开放性,落实民众应有的民主选举权、参与权、知情权和监督权。现代民主法治国家权力体制的优化,总体上应以首先落实公民的基本权利作为前提。因为这些基本权利,无论是积极权能为主还是消极权能为主,都首先为权力主体应当做什么、不得做什么划定了界限。其中的民主选举权利、参与权利和监督权利,更是决定重要权力的授予与否,对重要权力决策的知情、参与和监督,对日常权力行使的知情、有效监控、督促和矫正的专门权利。没有这些权利的充分确认和落实,即便是建立起较完备的权力监督权力的体制,也难以发挥应有的作用。中国封建王朝的反腐历史可以证明此点,美国镀金时代的腐败历史也可以证明此点。当前中国的权力体制,在这些方面都亟待提升。

其一,应逐步扩大、落实公民的选举权利和对重要人事任命的参与和知情权利。权力授予主体对象得当与否,是决定权力能否正当行使的关键环节。党代表人民管理干部的原则是必须坚持的,但关键官员的任命还是应该经过民主选举和任命的程序,并充分尊重民众的参与和知情权利。我国公民目前直接的选举权利,是选举乡镇、县两级人民代表大会的代表,但在不少地区多流于形式,既缺乏对选举对象的充分了解,也缺乏有效的选举组织。邓小平曾经设想,到 21 世纪中叶中国全面现代化后,人民可以直接选举产生各级人大代表。这当然不是一蹴而就的,应当逐级推进,积累经验,完善制度。目前就需要以 10 年左右为一个周期,逐步推进市级、省级和国家级人大代表的直选。只有人民真正直接选举的人大代表,才能真正有效联系自己的选民,倾听他们的意愿;否则,间接或多级间接选举产生的人大代表难以确定哪些是自己的选民,也就无需或不能联系自己的选民。也只有人民真正直接选举产生的人大代表,才能更大胆有效地行使人民代表权力,在重大决策、人事任免、权力监督等方面发挥真正有影响力的作用。目前,我国对重要岗位干部的选拔任命,采取了在一定范围内的民主推荐、征求意见和任职前公示等环节,值得肯定。但要做到不流于形式,还应该公示民主推荐的结果、选任干部详细情况包括财产情况和社会关系等,以真正满足党员干部和民众的参与权、知情权。

其二,应优化国家公务员和国有企事业单位的人事选拔制度,充分满足民众的公平参与权和知情权。这是一个更加涉及千家万户切身利益的公权力用人选拔制度。目前,国家公务员已经建立了综合素质考试选拔制度,其他国有企事业单位也及时跟进。但在实践中,考试流于形式,通过各种手段照顾本单位、本部门干部和职工子弟的做法大有市场,并被认为是符合人情的半合法做法。于是,一些地区的基层政府和政府部门、一些工资福利待遇较高的国有企事业单位,其职位成了世代相袭的"金饭碗"。这种招工招干中的本部门化、本系统化、亲缘化,是一般民众最反感的事情。因此,为强化国家人事部门对这些事务的监管,必须将招考信息,包括报考人员的相关信息,尤其是录取人员的相关社会关系信息加以公开,接受民众的监督。为真正保障公平竞争,必要时应实行回避报考和录用制度。国家公权力部门和国有企事业单位的人才录用的封闭化,是进一步滋生裙带关系和权权交易,形成群体性腐败的重要社会基础,也是民众感受机会不平等、利益被剥夺的重要原因。

其三,应扩大和落实公民对重大决策或利益相关决策的参与权和知情权。目前,我国一些地方的立法、行政机关对重大问题的决策已经采取听证、公开征询意见等制度,但制度的适用范围较小、频率较低,而且有流于形式的弊端。能够直接参与的民众一般经过了相关机关的"特殊过滤",而不是基于民众的有效推荐,这也受制于我国基层民众的组织性较差,缺乏以社区为基本单位的公民自我组织能力。在参与权有限的情况下,满足广大民众的知情权则是更重要的,在现代信息手段下,是完全可以满足的。

其四,也是最重要的,是让民众真正可以有效行使权能充分的公民监督权利。如前所述,公民监督权利是我国宪法专门确认的公民基本权利,它涵盖了西方国家的公民诉请权、言论自由权等权利的内涵,也包含了更能体现权力主体的人民主体地位的内涵。开国领袖基于民主监督跳出历史周期率的设想,在全面推进依法治国的方略下,应根本体现为公民监督权利的充分构建和行使。这已经有立意高远的宪法规范基础,也有发达法治国家的经验作为参考,更需要基于中国国情的脚踏实地的制度创新和实践。当前,无论是基于法律规定的常规渠道,还是通过传统和现代传播媒体渠道,抑或是具有辅助意义的信访渠道,公民监督权的行使都并不通畅。新媒体的出现,为公民行使舆论监督权带来了极大的便利,但一些网络秩序乱象也引起了官方的担忧。目前,规制网络秩序的立法并没有十分注意对公民网络监督权的保护,给一部分公权主体借机打压网络舆论监督提供了便利,这是令人十分担忧的事情。公民监督权可以涵盖对所有权力主体的监督。有些权利行使无需求助任何公权主体对象,可以发挥有效的监督作用,如批评权、建议权和舆论监督权,可以直接促使公权主体守法守正。但更多的监督权利行使需要求助特定公权主体的受理、调查和处理权力,才能有效制止、救济或矫正有关监督对象的违法不当行为,并且在监督权的行使没有得到监督求助主体的认真对待时,还可以进一步行使监督权,对后者进行监督,由此形成了权力监督权力体制运行的基本动力机制。鉴于这一问题的重要性,我们将在下一目内容中详细论述。

四、 公民监督权的充分行使对权力监督权力体制运行的有效驱动

从形式和结构上看,在现代民主法治国家,权力体制有效运行的驱动力量确实具有多元性。从政治层面来看,其首先受制于执政党,即执政党要将自己的大政方针具体化为国家法律和特定政策,要求国家权力机关贯彻执行。但执政党的大政方针又不是凭空而生的,而是在充分提炼民意的基础上产生的。从直接的动力机制来看,包括上级机关直至中央政府的贯彻政令和执法的权力推动,还包括相应机关法律规定的为维护公共利益和社会成员个人正当利益的执法、司法职责,更包括广大民众依法维护公共利益和个人权益的主观或客观的要求和督促。现代权力体制的开放性决定后者是最为根本有效的动力或驱动机制。从现代国家和社会治理的角度看,公民的广泛参与和权益保障,是治理具有合法性、有效性和持续性的根本保障。这就决定,必须把民众的利益诉求和参与当作国家权力体制有效运行的最根本的、持续的动力机制来对待。有效反腐是善治的根本标准之一;而所谓善治,就是一种以民众为中心的依法治理。

对现代国家的权力监督权力体制而言,其最根本和直接的动力机制,应是民众立基于广泛的公民监督权利而进行的监督活动。这些监督权利的行使,构成对公权监督主体行使特定监督权的直接督促,是通常比上级机关的督促更直接、更有效的推动,既有压力推动,也有直接支援和帮助。这种动力机制的存在,可以有效避免在封闭性权力体制下,因为高层权力主体不能有效督促权力监督权力机制运行时,整个权力监督权力体制失灵或同流合污的情况。发生这种情况的原因,可能是有决定权的当权者因为自身腐败而对腐败现象

有所容忍,缺乏强化权力监督权力体制运行的基本动力,或者是心有余而力不足,无法有效运行已经烂透了的权力体制。而权力体制的封闭性,决定其既不可能、也无力真正动员和利用民众的参与力量。专制王朝在无可逆转的腐败中衰亡,也就成为必然。

我国权力体制的开放本质,决定我国宪法规范确认了公民监督权利的基本权利地位,也决定我国初步构建了保护公民监督权的法律体系。既然公民监督权必不可少,对权力监督权力体制有效运行有如此重要的意义,那么在对我国权力监督权力体制做出重大改革的同时,就应该同时强化对公民监督权的法律确认和保护,真正落实和构建其充分的基本权能。国家监察委员会制度的建设,不仅仅是执政党和中央政府出于完善国家权力体制,通过强化权力监督权力体制,进一步有力推动反腐有效性的目的;同时,也一定包括通过强化和完善这种权力监督权力体制,进一步保障和方便公民监督权利的充分行使的目的。因为,只有如此,才能避免监察委员会制度构建的任何封闭性设计,为权力监督权力体制乃至整个权力体制的有效运行提供坚实的社会基础,最终实现反腐的"治本"目标,使中国权力体制具有充分的开放性,完成国家治理的现代化和廉洁化建设。目前,研究国家监察体制改革的论述,很少论证到这一改革与强化公民监督权有效行使的内在关联性,其根本原因是把国家权力监督权力体制完善问题与公民监督权的充分行使问题,看成了两个关联性不大或完全独立的问题。这就需要我们在揭示公民监督权充分化内在需要合理化的权力监督权力体制的同时,还要进一步论证公民监督权的充分行使对权力制约权力体制有效运行的根本驱动问题。

(一) 公民监督权常规行使的基本驱动力

如前所述,所谓公民监督权的常规行使,就是指通过法律设定的直接行使渠道而非通过舆论监督和信访渠道的权利行使。这不仅是公民监督权直接行使的渠道,更是最具法律规范化的渠道。诸多公民监督权利,包括属于基础性权利的知情权和属于本体性权利的建议权、批评权、申诉权、控告权、检举权和请求国家赔偿权,都被法律规定了行使的基本程序和必要的公权主体求助对象,公民及其社会组织通过向作为求助对象的公权主体主张权利,既启动了权利行使和实现的途径,也启动了特定权力监督权力体制的运行机制。

这些特定的权力监督权力体制,有些必须是在公民行使相应监督权利,进行权利主张时才能启动,即它们始终是依申请而为的。如果没有公民或社会组织的诉求,特定监督权力主体永远不会启动该程序。如人民法院对行政行为的司法监督、行政复议机关对行政机关的内部监督、行政申诉机关和司法申诉机关对原决定裁决机关的内部或外部监督。即便是行政监察和司法检察监督,监督主体具有主动监督的职权,但依申请进行监督既是法定职责,也是有效行使监督权必不可少的、更基本的制度设定。一个国家的权力监督权力体制,不能不设有大量的、必不可少的监督权力主体主动行使的职权;否则,事前预防和事中控制的监督就会存在极大的缺失,事后查处的监督也难以充分实现。因此,法律必须明确规定这些职责,并设定上级机关和民众共同督促的有效机制,促使监督权力主体认真行使相应依职权的主动监督行为。但是,对任何开放和有效的权力监督权力体制而言,依公民及其社会组织的诉请而进行的权力监督是最基本的。有学者认为,一个国家的权力监督活动,"可以分解为监测、指控、查证、处置(纠错、惩戒、奖励和明辨是非等)不同的过程"①。这种观点很有启发性。笔者认为,一个国家的权力监督活动可以分解为监视、指控、查证、追究、处置等过程,对应着监视权、指控权、查证权、追究权、处置权等权力或权利。其中,监视权、指控权既可以公民权利化,即体现为公民行使监督权利的基本内容——并不是其全部内容,当然也可以国家权力化,即体现为监督机关的部分权力活动。但上述各种监督权力(权利)不宜过分集中于一个主体,应该并可以配置给不同的权力主体,更应该并可以配置给社会主体和国家权力主体。而公民享有充分的监视权和指控权,及其促使公权主体行使查证权、追究权、处置权的其他权能,是必不可少的,既不能被架空,更不能被剥夺。现代权力体制的开放性要求监视权、指控权必须首先属于公共权力的实施对象,即社会大众,属于权力侵害各种权益的直接或根本受害者。而正因为这些权能归属于公民,监督机关就需要承担受理、回应和接受督促等法定义务。普通公民作为公权行使的对象和国家主人的双重身份,决定了其既是最主动的社会监督主体,又是最有效的启动监督机制的社会力量。可以说,为公

① 张铎:《中国信访制度研究——公民主权与普通人政治》,第 228 页。

民可诉请的即行使监视和指控权的范围越大,公民监督权利的权能越强,监督机关履行权力监督职责的压力和动力就越大,怠于监督权行使的可能性就越小,权力监督权力机制的有效性就越大。

公民的监督权利,不仅对监督对象具有监督制约作用,对作为监督求助对象的监督权力机关同样具有监督制约作用。现代权力监督机关是一类特殊的公权力主体,有的是专门行使监督权力的公权力机关,有的是具有其他众多职权而同时具有一定监督职权的公权力机关,但都拥有对违法或不当用权行为的公权主体进行调查、追究、处理和督促的特别权力,并同时拥有对公民监督权行使主体的权益进行相应处理的权力,因此也同样存在滥用或不当行使权力的巨大可能。首先是怠于权力行使,放纵乃至庇护违法或不当行使权力的特定公权主体,侵犯权利主体的特定权益或妨害其权益救济,这需要通过公民监督权的再救济行为进行约束。同时,还可能滥用权力,侵犯监督对象及其利益相关人的合法权益,这需要受害人也立足于公民监督权或其他的权利行使进行监督或救济。这就是监督者要接受监督的原因。诚如习近平所提醒的,纪检监察机关要马克思主义手电筒既照别人更照自己,不能只照他人、不照自己。"纪检监察机关不是天然的保险箱,监察权是把双刃剑,也要关进制度的笼子,自觉接受党和人民监督,行使权力必须十分谨慎,严格依纪依法。"①因此,可以肯定地说,权力监督机关应是与公民监督权发生相应监督法律关系最专门化的公权主体,也是首先要受到公民监督权有效制约监督后才能真正行使好监督权力的机关。

在我国,不仅各级司法机关、监察机关、民意机关或权力机关作为行使一定监督权力的机关,要被赋予受理相应公民监督权诉请的职责和接受公民监督的广泛义务,而且行政机关内部行使相应监督职权的机关,如果有权处理公民及其社会组织直接利益诉求的,也要赋予受理相应公民监督权诉请的职责和接受公民监督的广泛义务。如此,我国公民监督权的享有才能充分化,权力监督权力体制才能具有来自公民监督权常规行使的充足的驱动力。

行政主体和司法主体尤其是其中的成员公权主体,因为直接支配和处理大量公共利益和公民个人权益,历来是权力监督制约的重点。我国监察委员

———————————————

① 习近平:《在新的起点上深化国家监察体制改革》。

会制度确立后,公民对这些成员公权主体行使控告权、检举权等监督权利,已减少很多不便。因为它确立了真正的异体监督体制,权力监督主体摆脱了对行政机关的隶属和依附,这为监督权力行使的公正性提供了制度性保证。同时,也因为违法和犯罪监督的一体受理与衔接,避免了复杂而费时的移送转办程序,减少了相应机关推诿和敷衍的可能性。但是,这种异体监督的体制如果忽视了对公民监督权的充分接纳、尊重和有力保护,也将是运转无力的,同样可能会存在监督者和被监督者进行利益勾结的可能性。"人情案、关系案、金钱案"照样可以存在。从中国历史上看,监察体系是直接向君主负责的,也是独立的权力体系,但照样经常失灵,甚至沦为贪腐的同流合污者。在美国镀金时代,国会和法院对行政官员的监督制衡也基本失灵,并存在大量相互勾结、共同贪腐的情况。因此,解决问题的关键,不仅在于监督权力体系的相对独立性和较高的权力主体地位,更在于真正落实民众监督权利的行使和更广泛的民主参与,使具有独立性和较高地位的监督权力体系可以更好地受到民众的驱动,并尽力保护公民监督权的行使,形成两者的良性互动,以有效遏制权力的"异化"。

因此,权力监督机关真正践行群众路线,不仅仅在于转作风、接地气、放下身段,而根本在于尊重民众的社会主体地位,充分尊重和保护公民监督权的行使,充分认同和发挥公民监督权的依法行使对权力监督权力机制的推动作用。

(二) 舆论监督权充分行使的特殊压力驱动

在古汉语中,"舆"字本意是车轮上连接毂和辋的木条,后来"舆"泛指车,随后又出现了"舆人"一词,意为造车者,再后来"舆"由车转义为车夫,"舆人"又演化为社会地位相对比较低、数量众多的社会大众。"论"的意思自古以来变化不大,主要是指议论、评论、意见。简而言之,舆论就是公众公开表达的看法。公民舆论监督权意义上的舆论监督,是社会大众基于自己遇到、掌握或发现的公权主体所存在的违法或不当行为,通过新闻媒介和其他信息传播媒介对其发表自己的意见和看法,进行揭露、批评,形成社会舆论,以督促相关监督权力机关进行调查、处理,或者促使监督对象自我修正的舆论表达行为。监督舆论虽然不具有权力直接支配的强制性,但它却具有一种精神的、道德的强制力量。当问题和意见公开引起人们普遍关注,经过传播而形成社会舆论时,便代表着众多人的看法和意志,对社会生活产生重要的影响,形成重要的社会压力。舆论监督,以其特有的公开曝光形式所产生的评价作用和效果,与公民通过常规法律渠道行使监督权的作用是不一样的,与单纯权力监督的作用也是不一样的,它具有很强的公众震慑力,同时还具有其他监督方式所不具有的广泛性、公开性、及时性。[①] 正因为如此,监督权力机关常常将已经查明和处理的腐败和渎职官员进行新闻曝光,追求舆论监督的震慑力,以警示社会,震慑潜在的腐败和渎职行为的发生。

即使是在传统封闭性权力体制下,舆论监督也会一定程度上为统治集团承认和利用。在中国上古时代,受原始民主遗风的影响,统治者还相当重视听取社会舆论,故有"自古圣贤,乐闻诽谤之言,听舆人之论""防民之口,胜于防川"这种说法。到封建专制君主时代,也还有"听采舆颂,谋及庶民""行能臧否,或素定怀抱,或得之舆论"等主张,表明舆论是帝王决策的重要依据。但从根本上讲,从来没有承认广大民众享有言论自由权或舆论监督权,没有人真正享有批评朝廷及其官员的自由和权利。除了谏官以及某些级别的官员可以在随时可能撤销的恩准之下,批评最高统治者及其命官的不当行为之外,其他人通常是必须沉默的。可以口口相传发表议论,甚至一些议论也可以引起统治者给予认真对待,但如果是最高统治者和官员不能接受的、认为威胁其重大利益的话题,就构成"诽讪""谤讪"或"诽谤"等罪。真正通过宪法和法律赋予舆论监督权是近代政治解放的结果。[②]

在人类历史上,社会舆论的形成方式,已至少经历了四个不同阶段:从田间地头、街头巷尾的口口相传加书信相传的缓慢积聚方式,到伴随印刷技术革命和报纸杂志出现而形成的利用纸质媒介的快速积聚方式,再到电信、广播、电视等电子音像传媒与纸质媒介并存的多元媒介的高速汇聚方式,最终在 20世纪末,开始进入了信息电子数据化传播的互联网媒介牵引传统新闻媒介的

---

① 参见叶战备、慧娟:《舆论监督与地方政府网络舆情应对》,广东人民出版社 2014 年版,第15—16 页;宋美娟:《新媒体环境下如何做好新闻舆论监督》,《青年记者》2015 年第 35 期。

② 但西方没有"舆论监督"的概念,只有"public opinion"和"watch dog"大体上可以与之对应。参见齐爱军:《舆论监督的三种话语形态》,《当代传播》2003 年第 6 期。

爆炸式汇聚方式。其中,在第一阶段,主要受限于人的直接交往关系,很难快速形成社会舆论效应。在第二、第三阶段,民众的舆论监督行为很大程度上必须借助媒介自身及其管理者可高度控制的传播媒介,形成了与后者互动的关系,但往往受制于后者的开放性和对公权力行使媒体舆论监督权的主动性,导致后者在言论自由和舆论监督发达的国家,俨然取得了"第四种权力"的地位。在一定情况下,它可以充当广大民众进行舆论监督的有效工具,但也可能为特殊的政治集团或经济力量控制,充当特定的"喉舌"。互联网时代的到来,很大程度上改变了这种情况,互联网信息平台的开放性、快速性、便捷性、多元性、低成本性等属性,为普通民众借助网络平台披露事实、发表意见、传播信息提供了极大的方便,标志着普通民众舆论监督权的行使更加方便且更加具有威慑力的时代到来。因为互联网媒介是一个无法有效实行事前审查和控制的平台,通常只能进行事后的追究。当然,这同时也带来了互联网信息转播的乱象,包括滥用公民监督权利的行为和进行其他反对社会、对抗国家治理的行为,这些行为必须受到法律的规制和惩处。

　　基于各种主客观原因,我国公民基于传统新闻媒介行使公民监督权的渠道一直不太畅通,传统新闻媒体直接依民众之需要和诉请,对公权主体严重的违法乱纪现象进行舆论监督的情况不多,对已定案腐败官员的公开报道即监督"死老虎"的情况居多。尽管这种作为不无意义,但毕竟是对典型的舆论监督的变通。网络媒体的出现,大大增强了公民行使舆论监督权的机会和能力。这种能力目前受到网络信息传播的乱象及其引发的政府规制行为的干扰或限缩;但是,一些敌视公民舆论监督的公权主体,秉承"作威以防怨"的落后理念,可以轻易采用滥用权力压制和干扰利用传统媒体行使舆论监督的做法,这些做法用在网民和网络平台就难以有效了。如地方保护主义的限制,行政干预[1]、封锁消息,设置障碍、限制采访,软硬兼施、大发"封口费",收缴报刊、欺上瞒下,等等。当然,利用打击网络"谣言"的法律漏洞打击报复网民行使监督权,利用司法诉讼对抗舆论监督等新老行为还是屡有发生的。这体现了立法进一步保护公民网络监督权的必要性。让公民充分有效地行使舆论监督权,制止和矫正公权主体的违法和不当用权行为,遏制腐败的继续蔓延,与维护社

---

[1]　这种行政干预主要表现为扣帽子、找上级、搞封杀、暴力阻止和公派"公关"等做法。参见叶战备、慧娟:《舆论监督与地方政府网络舆情应对》,第124—127页。

会长期稳定的目标也是一致的。因此,我国目前必须尽快通过法治建设,形成以公民网络监督权有效行使为基本牵引,传统主流媒体的舆论监督得到有效强化并发挥主导作用的舆论监督良性格局。这对我国权力监督权力体制的实质性完善和有效运行,具有不可替代作用。要言之,公民监督权的有效行使,可以为权力监督权力体制的有效运行,提供具有如下功效的驱动力。

首先,提供避免"官官相护"的巨大社会压力。权力监督权力机制充分发挥作用的正常前提是,具有监督职权的一方必须按照法律规定,严格行使监督权力,不搞徇私枉法的"关系案""人情案""金钱案"。然而在现实中,某些公权主体有时候达成一种妥协来掩盖相关权力滥用行为,或者达成一种合作来获取更大的非法利益,由此形成所谓"官官相护"或"集体腐败"。监督者与被监督者、监督部门与被监督部门之间的"猫鼠关系"却变成了"鼠鼠关系",基于可能存在的利益相互需求,他们可能达成一些非法的交易。公民舆论监督权利的行使,使权力监督对象的问题公开化,形成民意的压力,这种民意的压力也可能变成上级机关严格要求查处或直接督办的压力,还可能发展成对监督者再进行舆论监督的更直接的压力。由此,监督者滥用权力或者消极无为,包庇被监督对象违法不当行为的可能性将大大降低。

其次,可提供民心可援、排除干扰的民意支持力。舆论监督是公开的、最直接的民心民意的聚集性表达。应该说,大多数权力监督主体基于自己的职责和社会良知,不会主动去包庇监督对象的违法犯罪行为,但不能排除其他相关权力主体和利益关系人的干扰,包括上级机关及其领导、相关单位及其领导和其他具有特殊利益相关人的干扰。因此,权力监督机关时刻面临着腐蚀和反腐蚀的考验,很容易被"围猎"。公民舆论监督权的行使,使问题公开化并引起社会的广泛关注,不仅可以减少不当干预的发生,还会为监督权的行使者增加底气,使他们不轻易屈服于相关干预,并为其提供对抗干预的理由和能力。

最后,可提供丰富的行使监督权力的线索和事由,形成充足的监督启动力。实践证明,公民或媒体的揭露,可为法定监督机构提供有关政府机构或政府官员违法犯罪的线索。尽管权力监督制度的设计者必定会赋予监督机构为搜集信息所必需的很多调查性权力,但是,监督机构所能够发现和掌握的信息,相较于追究违法犯罪所需要的信息而言,通常会具有很大的不足。监督权力也是稀缺资源,而监督对象是极为广泛的,社会信息是广泛分散的,具有特定的隐蔽性,一个监督机构无论如何主动和积极,所掌握的社会信息都是非常有限的。很多滥用权力和违法犯罪的行为,因为疏于调查或无力调查而逃脱法网。更何况,判断官员是否具有适任性所需要的信息,不仅包括有关公务行为的信息,还有与其职位和权力相关的私人行为的信息。因此不仅需要审查官员的职务行为,而且需要审查他们的部分相关私人行为。民众和监督机关都需要对某些政府官员进行全人格的审查,借此保证德才兼备的优秀者成为公共利益的代表。如果监督机关高度封闭运行,仅依靠法定监督机构收集信息,这种机构必定是庞大的,国家为此需支付很高的成本,且依然会事倍功半。这就要求,权力监督制度设计者从充分发挥民众监督主体力量的角度考虑,建立起一个保证监督对象的必要信息和民意可以公开上达的制度,以使得法定权力监督者可以得益于这种制度,以很小的成本获得它所需要的很多信息。公民舆论监督权的可广泛行使,就是这样的一种制度。① 公民个人及其社会组织、新闻媒体及其工作人员所揭露出的信息,可使政府机构发现它们原来并没有发现的某一机构或官员的违法不当行为,它们由此可以对被揭露者启动法定的调查处理程序,行使强制性的调查和处理权力。离开了这种制度,权力监督权力机制的运行只能是有限的,或事倍功半,或碌碌无为,得过且过。

由此决定,真正设计合理、有效运行的权力监督权力制度,必须建立在对公民舆论监督权的充分接纳、敬畏、满足和保护的基础上,确保其充分行使,以为其自身的运行提供不可替代的、最有功效的驱动力。否则,任何忽略此点的权力监督机制设计,即便是再强化监督机关的权威和独立性,再强调其有巨大的反腐功效,也只能是叶公好龙。

(三) 信访权充分行使的特定驱动力

如前所述,信访权作为行使公民监督权的渠道性权利,具有辅助性,但这种辅助性渠道权利也是不可或缺的。目前尽管信访制度呈现出一定内卷化和乱象,但依然解决了大量公民监督权的行使问题,这同样可以证明信访制度的

---

① 参见胡龙:《论社会舆论对行政权的监督》,《湘潭师范学院学报》(社会科学版)2006 年第3 期。

价值。随着信访制度建设的合理化,法律对信访权确认和保护的合理化、充分化,信访权行使的不可替代性将进一步凸显。公民信访权的充分行使,也可对国家权力监督权力体制的有效运行提供如下不可或缺的特定驱动作用。

首先,可以为国家权力监督权力体制运行的周延性提供特殊的驱动。周延性是权力体制运行充分有效化的一个具体标准,不容忽视。因为避免了与监督对象的直接冲突,公民行使信访权可以是行使批评权、建议权的有效渠道,更重要的是,解决如下几类特殊情况的监督权行使兼权利救济,就必须借助行使信访权这种特殊渠道。其一,行政救济和司法救济程序都已经走完或者因为各种原因错过了相关救济,但相关公权机关及其人员的行为确实存在违法和不当,并给公民或其社会组织造成了应该得到救济的损害,必须通过信访行为,引起特定机关或领导的监督和干预,通过特别渠道和措施矫正权力、救济权益。其二,某些公权机关的行为具有客观的或人为的抽象性,或者涉及众多权力主体的负责权力行为,或者是私人行为和权力行为共同引起的侵害行为,导致简单的行政救济和司法救济都难以适用,如不属于行政诉讼的受案范围,或者难以确定被告或适用何种程序,救济请求被有关国家机关拒绝或推诿,只有通过信访行为予以直接解决问题,或督促进入法定的机制予以解决问题。其三,部分公权机关或其成员的行为是依法作出的,仅存在不当的问题,或者连不当的情节都没有,但也确实地损害了公民或其社会组织的相关权益,现有常规救济程序无法解决,或错过了通过常规法律渠道解决的机会。任何一个国家的权力监督权力体制,都必须追求最大程度的监督成效,不能因为常规法律渠道的不足或公民个人救济权行使的疏忽,就不再启动监督程序,进行查证和追究违法或不当公权主体的责任,进行权力结果矫正。因为常规法律途径的不足是国家的责任,而违法或不当行为的存在是客观的,不能因为公民自身救济权行使的疏忽,就可以免除公权力主体自身的责任。再者,不能将对公权主体的要求标准降低到法律的底线,认为"公务人员只要不违法,对公民负责不负责就无关紧要、可管可不管"①。权力监督的基本目的,还包括公权主体及其工作人员必须真正对公民负责,对社会正义负责,而不是仅仅对上级或法律负责,因此其不当行为,或虽然谈不上违法与不当,但对公民和社会不负

① 张锋:《中国信访制度研究——公民主权与普通人政治》,第263页。

责任的行为,也应受到有效监督和矫正。法治的标准是充分合理的尊法、守法、用法,而不是僵化地恪守法律,将公民的合理要求拒之门外。否则,这种监督权力体制的运行将在很大程度上是应景式的,也是很不周延的。因此,信访渠道是公民监督权充分行使必不可少的渠道,信访机构也是必不可少的监督机关,尽管其需要整合优化。

其次,公民行使信访权的特殊信息提供能力,有助于权力监督权力体制的充分完善和行使。通过信访渠道行使监督权,在向政府进行信息提供方面,具有较强的开放性和丰富性。所谓开放性,是指公民可以随时向信访机关提供信息,没有严格的程序限制,也没有信息内容的严格限制。所谓丰富性,是指基于信访程序要解决的问题,通常是经过多次救济或行使监督权而没有解决的问题,因此信访得到的信息具有丰富的积累性,可能涉及行政、司法等多部门处理问题的基本情况,涉及立法和重大决策在实践中的局限性或漏洞,从而发现国家权力行使形成问题或梗阻的多种原因。这种信息的掌握,有助于权力监督机关优化权力监督的针对性,并形成权力体制改革的建议或决策。如果信访制度能打破科层制,实行直通车式的信息传输,将进一步消除公民的信息向公共权力主体方面传输的障碍,在这方面的作用将更加凸显。

最后,信访制度可以在满足公民更大参与的基础上,形成更加灵活和富有制衡效果的监督机制。信访处理问题的特殊性,决定其在权力监督尤其是在查证、追究和处置环节上可具有较大的灵活性,并更高程度地接纳民众的参与。可以由信访部门或其他监督处理部门召集信访人和责任公权主体进行协商,采取听证、调解等方式,在查清问题、澄明事实、明辨是非的基础上,既满足信访人的基本需求,又让其理解公权主体的难处,既让公权主体承担一定的责任,又取得信访人的谅解,形成互动制衡的矛盾化解机制,实现权力监督的社会治理效果。越是在法律和政策规定不明确的地方,或者是存在明显法律和政策漏洞的地方,公民的相关诉请越应该得到监督机关的关注,对公民及其社会组织的损失给予救济,规范公权力的行使,并在其基础上促使国家尽快出台和明确具体的法律或政策。现代民主法治国家的公共权力不是专门与公民权利过不去的,而是其保护者和促成者;同样,公民基本权利也不是专门对抗公共权力的,而是其合法正当行使的促使者和动力。两者的良性互动,是国家、政府和社会达至善治的根本保障。因此,监督权力机关的作用不仅仅是监督权力,更不仅仅是追责,还有社会治理的重任。其借助民众的力量规范权力正常行使的方法,既是刚性的,也是需要一定柔性或灵活性的,促成权力和权利的良性互动是必不可少的价值追求。

第三节　两者良性互动的根本功效

公民监督权是社会主体享有的主要用来监视、督促公权主体守法守正的权利。权力监督权力体制,是国家权力体系内部专门构建的立足于一种权力主体监督其他权力主体的权力监督制约机制的集合体。[①] 在现代民主法治国家,公民监督权的行使和权力监督权力体制的运行,虽然都有自身相对独立的一些机制发挥作用,但在更多的情况下,却需要两者的良性互动,利用两者一体并存、功能耦合的机制,集权利和权力这两种法律制度化的力量之合力,对公权主体形成有力的监督制约,通过监视、体察、批评、建议、控诉、调查、处置(包括各种惩戒、赔付损失、责令改正、消除后果等矫正措施)等具体机制,来督促公权主体守法守正。两种相互并存,难分难离,缺失了任何一方,另一方的价值和作用都将大打折扣,成为"名存实亡"或"口惠而实不至"的摆设。

归纳前文论述,可以将两者的良性互动关系概括为:公民监督权的有效行使,是社会主体监视、督促公权主体守法守正的能动性力量,也是权力监督权力机制得以有效运行的根本动力,是权力监督主体恪尽职守、为其当为的力量源泉,是权力监督权力机制启动和运行的根本制动力量;权力监督权力机制则是公民监督权有效行使的基本保障和落实机制,是公民行使监督权必须借助的基本权力渠道,是监督权利之权能在必要时升华为强制规制的支配力以促使监督对象守法守正、回归法治常态的"加力器"。当然,一个良性的"加力器"也是必要的过滤器,即过滤掉滥用或不当行使公民监督权的副作用,去除其行

---

① 在其中,既有专设的监督机关或机构用来专门行使监督权,也有基于各种权力主体之间的领导与被领导关系、权力派生与被派生(对派生者负责)关系、上级与下级关系、不同权力部门体系的制约关系、统一权力部门体系内部分支的分工和制约关系等设定的监督职责和监督关系。

使中的杂质或噪音,从而更好地保障公民监督权的行使,使其发挥出更大的作用。而一个非良性的"加力器",可能会直接严重消减和阻碍公民监督权行使的力量,侵害公民监督权,压制其正当行使,消弭其应有作用,最终使自己沦落为放纵监督对象滥用权力的"释力器"或"助力器"。因此,优先保障公民监督权对权力监督主体的监督制约能力至关重要。这要求,除了扩大和强化公民监督权对权力监督主体的主观权能外,还需要有权力监督权力体系内部的合理制约监督关系,可以为公民行使监督权有效借助。

要言之,公民监督权的充分构建和保障,与国家权力监督权力体制完善,必须互为支撑,一体推进。我国权力体制改革必须是国家主导,并充分考虑维护社会稳定的需要。因此,国家权力监督权力体制改革的相对先行,是必然的选择,但必须认知到国家权力监督体制对公民监督权有效行使的高度依赖性,及时加大对公民监督权保护的力度,充分构建或落实公民监督权的各种基本权能。如此,相关改革才能事半功倍。中国整个的权力监督制约体制,从根本上需要公民监督权得到充分构建和保护,与国家权力监督权力体制一体性地快速提升,都达到高水平的法治化。如此,才能真正将公权力关进"笼子",才能使目前公权力主体较大面积腐败的现象得到有效遏制和矫正,才能使公民基本权利和公共权益因公权力滥用而遭受侵害的情况得到有效控制,才能有效防止执政党和国家权力的信誉遭受进一步损害,并得到更好地恢复和提升,民族复兴大业才能有更好的保障。

鉴于此,我们有必要对两种良性互动实现控权反腐的机理和作用,作简要的论证。

一、 维护和救济正当权益,实现设置现代国家公权力的基本价值目标

现代民主法治国家,建立在社会化的市场经济基础上,以增进和维护社会个体权益和公共利益为基本旨归。其中,个人权益主要体现为公民基本权利和其他法律法规规定的权利或其他利益,由社会个体依法享有和维护,同时也靠国家公共权力体系予以公力保护。而公共利益一方面由公共权力承载和维

护,另一方面也由相应的公民基本权利来承载和维护,成为公权力和社会大众共同守护的权益。因此,设置国家公共权力的基本价值,就是让其承担维护、救济私人权益和公共权益的基本职责。但现实中,由于公权主体单位或个人的不当利益的影响和干扰,加上缺少必要的权力监督制约,一些公权主体常常可以公权私用,或不当用权,不去依法积极保护公共权益和民众的私人权益,反而积极侵害或无视这些权益,以追求和实现自身的不当利益,是为权力的滥用和公权主体职责的"异化"。

严格说来,国家公权主体侵犯公民权益和公共利益的基本情形可分成两种情况:一是直接侵犯或损害公民权益和公共利益的行为;二是在社会主体或其他公权主体侵犯或损害公民权益和公共利益时,应予以制止侵权、保护或救济权益,却没有履行法定义务,造成间接侵害。这两类行为从总数上讲,可能远远低于社会主体侵害私人权益和公共利益的情形,但就危害性而言,它们的危害是巨大的。因为前者是违背设置国家公共权力的根本旨归的行为,走向了自己的反面,哪怕是在数量上远远少于后者,也是广大民众难以接受的。更何况,权利滥用给公共利益或私人权益造成的侵害有时是巨大的、难以挽回的。如刑事追诉中将无辜的人判处死刑并枪杀,动辄数亿元的经济侵占和损失。因此,它们应是权力监督制约的重点客体。

建设法治国家、法治政府和法治社会,都需要我们限制公权力以保障公共权益和私权利,但是公共权益和私权利却需要公权力的保护。由此决定,权力与权利的平衡是法治建设必不可少的任务。如何使公权力在保障公共权益和私权利的同时,又不侵害它们,这是一门技术,也是一门艺术。① 但总的说来,通过法治建设,强化公民监督权的保护和行使,同时优化权力监督权力机制,形成两者的良性互动,是最根本的有效途径。

首先,任何公民基本权利都构成对公权主体总体上的制约,或构成了其不当为的界限,或明确了其当为的义务,但公民监督权却有更加特殊的制约监督权力的作用。在整体上,它是以其他公民基本权利和公共利益为依托或基础,利用自身具有的监视和救济权利属性,对公权主体滥用权力、通过违法不当行为损害公共和私人权益的情况加以监督的特定权利。其社会力量表现为,通

---

① 参见李鸣玲、董雪:《法治视野下的公权力与私权利的平衡》,《经营管理者》2013 年第 4 期。

过监视、体察等行为发现公权力违法不当的问题后，或提出批评改进意见，或向具有监督权的公权主体提出指控，并督促相关公权主体进行查证、追究和处置，维护和救济相关权益，追究违法或不当用权行为的法律责任。因此，公民监督权堪称是公民基本权利体系中"剑盾合一"的利器。所有行使相应权力监督职责的公权主体，只要是有权对监督对象作出处置措施并涉及相应公民权益处理的，都必须与公民监督权对接，充当公民监督权行使的求助对象或公力救助主体，同时也要受到其有效制约和监督，针对其各种基本权能，承担相应义务。有些国家机关，正是因为有了这种职责，才具有了对相关权力主体的相应监督职能，如人民法院对行政主体行政行为的司法监督，行政复议机关对有关行政主体行政行为的监督。前文对此已有论证，此不赘述。

其次，尽管权力监督权力机制的运行，也有一些非立基于公民的监视和指控而启动的情况，但其应该首先承担的职责，还是为公民的指控而启动机制、行使职权。这是一个相互需要的关系。一方面，如果没有权力制约权力机制的启动，仅靠公民监督权自身具有的社会压力和能力，并不足以使监督对象守法守正，承担责任，矫正后果。因此，必须借助或通过监督权力的强制规制支配力，来完成必要的查证、追究和处置行为，实现公民监督权的根本目的。另一方面，权力监督主体也需要公民行使监督权利，提供监督对象违法和不当用权的证明或线索，否则大量的权力监督行为将无从发生。

最后，行使公民监督权本身也会遭到侵犯，既包括监督对象以及利益相关人的妨害或打击报复，也包括监督权力机关的敷衍、压制或者打击。这决定公民监督权也必须维护和救济。而维护和救济公民监督权的行为，通常也是再行使相应的监督权，启动相应权力监督权力机制的行为。它需要特定的权力监督机关再承担公力救助的义务，维护和救济公民监督权，并对相关公权主体行使监督权力，履行监督职责，匡正这种更加恶劣的滥用权力的后果。

这决定，公民监督权充分行使和权力监督权力机制如果良性互动，发挥相辅相成的作用，公民合法权益和公共权益遭受国家公权力直接或间接侵犯的情况，就能得到有效遏制和减少。还须指出，公民监督权多数具体权利均有针对国家公权主体的救济权利的属性，这正是它们的长处，既体现了权力的有效监督必须要基于一定的利益机制，也体现了监督权力、控制权力和遏制权力腐败的基本动力和价值意义。这是与传统封闭性权力体制的情况完全不同的。

后者仅是在保持权力整体性的长期的剥削性、压迫性、掠夺性的同时,防控和遏制过于出格的权力滥用或腐败行为,目的是维护专制君主为首的统治集团的江山社稷。在这种国度,不需要公民的监督权利,更不需要、也根本不会有公民监督权与权力监督权力体制的良性互动。当然,这也决定其控权反腐的体制最终会失败,王朝必然在不可遏制的严重腐败中灭亡。

两者良性互动并充分发挥出应有的权益维护和救济功能,需要优化的具体机制很多。此处仅强调一点,即受理公民行使监督权的权力监督机关的地位,总体上应是比监督对象的地位高的。我国总体上还属于行政主导的国家格局,这有利于国家行政管理,但不利于监督,也不一定有利于现代国家和社会治理能力的优化。因此,首先应强化我国权力机关即人民代表大会及其常设机构与公民监督权直接对接的监督职能;其次,应当采取专门监督机构针对低半级行政机关和人员行使监督权的原则,由此提升公民监督权可以直接对接的监督机构的级别;最后,还应设立并建设好专门的国家监察部门,独立于行政和司法。目前已经正式确立的国家监察委员会制度,体现了这种方向。

二、 落实权力运行的正式规则,遏制权力运行的"潜规则"

有学者指出,当代中国社会权力滥用和腐败的一个根本因素,"就是正式规则与潜规则同时并存于当代社会。它构成了腐败滋生的一个基本的社会背景。当前,各个层面、不同领域中广泛滋生的权力腐败现象,归根到底,都可以根据这个因素来解释"[1]。所谓正式规则,指的是执政党的各级组织与国家的各级机构正式制定的文件、法律、行政法规、地方性法规、政府规章等。说它们是正式规则,是因为这一套规则既表达在文本中,也在日常权力话语中被强调。由这些正式规则所构成的规则体系,为当代中国执政党和其他政党组织、国家机构、社会团体、社会主体提供了全方位的行为模式:应当做什么,不能做什么,可以做什么。所谓"潜规则",则是指虽然没有法律法规、规章制度的明文规定,但在实践中却被相关主体普遍遵循的行为规范,它潜藏于公共权力运

---

① 喻中:《权力制约的中国语境》,法律出版社 2013 年版,第 48 页。另参见喻中:《正式规则与潜规则的相互关系》,《民主与科学》2010 年第 1 期。

行的各个方面,在各种正式制度的保护下发挥作用。中国的"潜规则文化"有丰厚的历史积淀,一定程度上是封闭性权力体制的必然伴生物,曾有学者专门著述予以论证。①

在当代中国,正式规则当然在诸多情况下发挥着重要的主导作用,但也受到诸多潜规则不同程度地替代、干扰和扭曲;否则,也就不会有那么多的权力滥用尤其是腐败现象。现实中,诸多权力运行可能同时保持两种规则,并在监督不到位时,潜规则在正式规则的掩护下发挥作用。这些潜规则,通常是在正式规则存在漏洞或因缺乏真正的监督难以真正或完全发生作用的情况下发挥作用的。有些潜规则在一定情况下可能已经为正式规则承认或默认,或者实际替代正式规则,发挥主导作用,正式规则似乎已对其无可奈何。它之所以还被称为潜规则,只是因为它还是在"桌面下运行的规则":大家都按照这样的规则来行动,都遵循这些规则,但它们又摆不上桌面,也没有人公开承认有这样的规则。"然而,这些没有人承认的规则之所以也是规则,是因为如果有人违背了这样的潜规则,就会受到惩罚。只是,受惩罚的形式上的理由并不是你违反了潜规则,而是以你违反了正式规则作为惩罚的依据。"②正式规则与潜规则并存和发生冲突的根本原因,在于群体与个体、公共利益与个人非正当利益的矛盾。正式规则是权力正常运行应该遵守的规则,是权力的运行真正服务、促进公共利益和个人正当权益应遵循的规则。而潜规则主要是维护和实现公权主体的不正当的个人利益。没有正式规则,权力将不再是公权力,甚至不再是合法、有效的权力,故即便是滥用公权力谋求自身利益的权力主体,也常常以遵守正式规则为幌子,而不能公开否定正式规则,只是利用正式规则存在和实施的漏洞,用潜规则替代、干扰和扭曲正式规则的实施,尤其是在缺乏真正监督的情况下。同时,他们还希望追求个人非正当利益的活动也不是混乱无序或充满偶然性的,而应该有彼此心照不宣的规则,即潜规则。因此,潜规则的盛行,尽管不是标准的制度性腐败,但通常意味着大面积的、群体性的腐败,并有较强的逆淘汰效应,构成"准制度性腐败"。

只要还存在公共利益和个人利益的矛盾和冲突,两种规则并存的现象就不能完全消除,潜规则也不会彻底退出历史舞台。但在现代民主法治国家,潜

---

① 参见吴思:《潜规则:中国历史上的真实游戏》,云南人民出版社 2000 年版。

② 喻中:《权力制约的中国语境》,第 55 页。另参见喻中:《正式规则与潜规则的相互关系》。

规则受到有效遏制，被有效压缩适用空间和支配范围，则是完全必须的，也是可以做到的。实现公民监督权有效行使与权力监督权力体制优化的良性互动，具有落实权力运行的正式规则，遏制权力运行的潜规则的功效。

要言之，公民监督权充分化与权力监督权力体制优化的良性互动，可以大大压缩潜规则存在和发生的空间，有效维护正式规则，抵制潜规则，防止正式规则被潜规则替代和干扰，防止潜规则在正式规则的掩盖下运行，促进正式规则的真正运行和落实。具体表现在以下几个方面。

其一，潜规则惧怕正式规则的细化及其为民众充分知情。潜规则能够发挥作用的一个重要前提是，正式规则不明确、不具体，缺乏实行的操作，或实际操作中留给关键当权人物的裁量空间过大，且不为民众甚至存在切身利害关系的群体知晓，存在极大的"暗箱操作"空间。因此，制定明确具体的正式规则，并满足公民对其知情权、参与权，是遏制潜规则、落实正式规则的重要基础和保证。有了这一基础，就有了公民和权力监督机关进行监视、体察的标准和依据。

其二，潜规则惧怕正式规则实施过程中的公开化和有效监督。潜规则能否替代、干扰和扭曲正式规则的关键环节多在正式规则的实施过程中，如果这一过程公开，满足广大民众尤其是相关利益群体的知情权，同时权力监督机关可以直接介入全程监督，采取预防、控制措施，并随时接受民众的信息提供，尤其是允许媒体的舆论监督，则潜规则的上述作用就很难发挥。当然，如果进一步满足公民的民主参与权，则效果更佳。

其三，潜规则惧怕知情者的曝光，并让实施潜规则的权力主体付出严重的代价。世上没有不透风的墙，潜规则在事实上会被不少人知晓，只不过多心照不宣。其并不一定能满足所有人的利益需求，有人或者因潜规则被破坏吃了亏，或者是有人不愿意遵守潜规则而吃了亏，这些人都可能曝光潜规则和实施潜规则的人，行使检举权、控告权、申诉权，或者直接进行舆论监督。如果权力监督机关真正严厉查办实施潜规则的人，追究其应承担的法律责任，并真正保护这些行使监督权的人，维护其合法权益，甚至给予一定的物质和精神奖励，这种潜规则的曝光率将会很高。由此，诸多正式规则的权威就会确立起来，真正得到实施。

总之，潜规则的根本特征是为实现私人非正当利益而具有的隐蔽性，它惧怕公民监督权行使和权力监督的到位。尽管潜规则在私下里普遍受到相关主体约定俗成的默认和遵守,且其运行往往借助正式规则的"外衣",但是由于其具有隐藏的利益追求和难以避免的非公正性,其本质上与正式规则所追求的价值和精神相悖,不能被公开在大众视野之下,否则便不能被执行,故隐蔽的环境是潜规则赖以存在和发展的基础。公民监督权中的知情权、舆论监督权的有效行使和权力监督机关行使监督权力的到位,以及必要的公众参与,能有效破除潜规则存在和发生作用的隐蔽性环境和基础。潜规则本身具有不公平和不正当性,不符合社会的基本价值判断,是为了满足少部分人的需求而伤害了大部分人的利益,其运行通常会受到社会其他人员及社会舆论的强烈反对,乃至会受到潜规则没有满足其利益的人员的反对和揭发。如果提供公民行使批评权、检举权、控告权的充分条件,严格按正式规则办事,对实施潜规则的人予以严厉惩罚,并有效保护和鼓励公民监督权的行使,潜规则必然没有太大的市场。要言之,潜规则并不可怕,可怕的是公民监督权的行使和权力监督权力机制也被潜规则化,不能按正式规则行使和运行。

三、 维护社会财富的正当分配标准,有效遏制权力攫取不当利益

社会财富的分配,乃是一个至关重要的根本性问题。马克思主义经典作家把分配看作是生产关系的一个重要环节。而早在古希腊时代,亚里士多德把分配的正义视作整个社会正义的基础,也是社会正义的基本标准之一。但符合正义的分配,在不同的时代有不同的标准。在原始社会,是简单的或低水平基础上的各尽所能、按需分配。在奴隶社会,主要按包括奴隶在内的生产资料进行分配,私人对他人的人身强权支配能力是重要的分配标准。在封建社会,无论是等级制的"家国合一的封地制国家",还是大一统的"家国合一的集权制国家",按权力的占有及权力支配的生产资料进行分配,权力在社会财富的分配中占绝对主导地位。在资本主义社会,资本是财富分配的基本标准。在生产资料以公有制为基础,多种所有制并存,实行社会主义市场经济的社会主义初级阶段,实现的是按劳分配为主的多元分配标准,资本、知识、基本需要也成为影响财富分配的重要因素。但是,在当今中国,权力在社会财富的分配

中仍在两个层面上发挥重要的作用：一是权力作为社会公共财富的实际支配者，代表国家汲取、分配、使用、处置着大量的公共财富，用于社会生产、公共开支和社会服务，并调节着多元并存的财富分配标准；二是公共权力在一定程度上被作为财富分配的标准，成为掌权者攫取公共财富和私人财富归己所有和享受的重要手段。前者是正当的、必要的；后者则体现了公共权力在当今中国的异化，是传统中国权力作为社会财富主要分配标准在新时代的变相延续，不具有积极意义和正面价值，也是当今权力腐败的主要表现形式。

以权力作为分配标准的社会现象，被学者称之为"按权分配"。但依照当代中国的正式制度，权力并不是分配社会财富的合法标准，它并未进入当代中国正式的分配标准体系中：既不具有合法性，其正当性也没有且不可能得到有效而充分的论证。然而，不具有正当性与合法性的"按权分配"，却是一种广泛存在的社会现象，已经侵入当代社会生活的各个领域。[①] 出现这种情况的原因是多方面的。首先是中国传统权力文化的影响或隐性继承。中国传统社会封闭性权力体制的实质就是"按权分配"，权力被君主高度私有化并实行官僚代理人化。对于专制君主来说，所拥有的统治权力就是他享有天下一切财富的依据。而各种大小不等的代理权，使各级官员得以成功地分享了多少不等的社会财富。"升官发财"的权力理念，作为普遍的社会意识，再清楚不过地表达了在传统中国"权力大小"与"财富多少"之间的逻辑关系。其次，当代中国有实行数十年计划经济的历史，加重了权力在公共财富分配领域中的支配地位和垄断地位，曾经所有的社会财富都属于国家权力支配的范围。在国家开始从计划经济逐渐转向市场经济的过程中，国家的"计划"不再直接管辖一切社会财富了，但由于计划经济体制的巨大惯性和政治体制改革的相对滞后，再加上主导经济发展、追求经济指标的强大动力，国家权力对社会财富的干预、支配依然是深入而广泛的。再次，当代中国公共权力支配大量社会财富具有很大的必要性。国家经济规模和社会财富的巨大增长，社会主义公有制为主的经济基础，国家对经济发展的主导和必要的市场干预能力，公共设施、公共服务和国防开支等公共支出的巨大增长，都决定公共权力必须支配大量财富，这本质上也为权力寻租提供了方便。最后，现代官员队伍的科层制及其对应

---

① 参见喻中：《权力制约的中国语境》，第61、65页。

的工资、福利、待遇,虽然整体上体现了按劳分配的基本原则,但极易被扭曲和放大为"按权分配"标准。这就意味着,权力充当分配标准的制度背景和便利条件,难以从根本上得到清除。

"按权分配"现象在当今中国仍有较广泛的表现。首先,公权主体在行使权力的过程中,有很大机会获得完全不应该有的高额经济回报。在市场竞争的背景下,掌权者支配的社会资源就成了一种稀缺资源,这种资源的稀缺性使它具有了潜在的交换价值。如各种市场主体为了在竞争过程中获得订单,只好花费一定的代价与掌权者控制的发包权、采购权进行交易。掌权者通过行使发包权、采购权等,就可获得来自其自身支配公共资源的经济利益。正是在这个过程中,权力充当了社会财富分配的标准:谁有权发包的工程项目资源多,谁就可以获得更多的社会财富。其次,"泛权力等级化"倾向仍较为突出。当前,中国几乎对所有的正式权力都进行了等级化的处理。现行《公务员法》就把公务员领导职级分成十个等级,在这些不同等级的职位或权力背后,是不同等级人员在任职期间和离退休后不同的工资、福利、待遇。这样的等级化已经在一定程度上固化了权力作为分配标准的价值,催生了中国几乎所有行业公职人员的"泛权力等级化",从而固化了"官本位"文化。最后,权力作为财富分配的标准,已经具备了相当的普遍性,甚至取得了相对于劳动、知识、资本因素的优势,刺激了社会公众对于权力的巨大欲望。借助于权力,特别是通过掌握权力来谋求更大的物质利益,尽管存在较大的风险,但毕竟是付出最少、获益极大的便捷通道。由此,在各种分配标准之间的较量过程中,权力就会脱颖而出,充当了整个标准体系中最坚挺的分配标准。

"按权分配"的盛行直接就表现为权力腐败的滋生。在当代中国的分配标准体系中,广大民众会随时看到一些官员挥动权力魔杖为自己攫取财富的巨大身影。几乎在各个领域、各个层面、各个环节,权力都在事实上充当着社会财富分配的重要标准。它构成了权力腐败的社会根源和表现,标志着社会财富分配标准的严重异化。由权力充当分配标准,意味着权力越大的人,所获得或享受的社会财富就越多,这样的分配方式只会诱导人们不择手段地追逐权力。买官卖官的现象屡禁不止也就是一种必然,因为它本身既是"按权分配"的渠道,更是"按权分配"的推进和维持机制。越来越多的人投资于"买官事业",就意味着官职或权力越来越成为非常稀缺的商品,价位也就会越来越高,奇货可居。而当一个人投入巨额资金"买下"某个官位、获得某种权力,他绝不会正当行使权力,追求正常的福利待遇,只会想方设法地运用这种"买"来的权力最大限度地获取利润,把手中行使的权力当作商品或攫取财富的手段,为自己换取最大限度的物质利益:或者出售他所控制的级别更小但职数也更多的官位,或者积极策划、发包大型的工程项目,以谋求高额的"回扣",或者直接贪污受贿,等等。可以说,以"买官"的方式获得的权力,是不可能保持清正廉洁的。既然"买官者"已经把"买官"当作了一种投资行为,他就有足够的动力和理由,通过行使"买"来的权力谋求最大的利益。由此,"按权分配"成了权力腐败生生不息的重要根源。按权分配还必然冲击其他的分配标准,造成严重的社会不公。因为它的实质是掌权者利用支配公共财富的机会,在法律规定的合理报酬和待遇之外,通过权力寻租和交易,把一部分公共财富据为己有,并有时还直接侵犯和剥夺其他社会主体的财富和获得正当财富的机遇。它的实质,就是对公共财富的掠夺和攫取,对社会财富分配正常秩序的严重干扰。其违反了最低限度的公平与正义,侵蚀了社会主义的基础,严重阻碍社会发展和文明进步。

"按权分配"及其催生的"买官卖官"现象,在当代中国尽管一时难以根治,但立足于公民监督权有效行使和权力监督权力体制有效运行的良性互动,可以有效遏制其蔓延,并大大压缩它们存在的范围。这具体可以表现为在三个层面上发挥重要的功效。

其一,在关于社会财富分配规则的制定环节,可有效限制公权主体支配公共资源和社会财富的初始分配界限,有效遏制有利于权力主体的"部门利益立法"现象。在当代中国,通过部门立法或制定规范,扩充自己支配的公共资源或财富的问题比较突出,它构成了"按权分配"的重要"法律"基础。比较直白的说法是:"公共利益部门化,部门利益法律化","跑项目不如跑立法",等等。某些政府部门(特别是地方政府部门)以参与立法的方式,实实在在地左右立法和规范的内容,并借此谋求、实现本部门、本行业权力和利益的最大化。本来,立法权作为国家权力的一个重要类型,应当着眼于公共利益,立法的过程应当是一个提炼社会正义规则、反映社会共识、平衡社会利益的过程。但有时却沦落为一项权力部门扩大自身权力,谋取更大的公共资源支配权的根本路径。立法在本质上就是对社会资源以权力、权利和义务的形式进行初始的总体分配,在"部门利益立法"的过程中,一些公权主体作为立法参与者,通过自己掌握的初始分配资源的机会,为本部门、本行业事先就谋取了过多的权力即资源支配,不当限制了社会主体的权利。这就意味着,在利益分配之初,相关部门就已经把其他社会主体置于不利地位。由此,形成了比行政、司法腐败更严重的立法腐败,为下游权力进行"按权分配"、制造社会不公提供了"法律"依据。因此,一方面,应以具体明确的国家立法压缩部门立法和地方立法的空间,强化国家立法机关的立法能力和水平。另一方面,必须在扩大和落实公民对部门立法知情权的基础上,落实民众对立法尤其是部门和地方立法的参与权和建议权,强化对各层面立法行为的舆论监督。更重要的是,在强化全国人大常委会宪法和法律监督机制的同时,落实和扩大公民对法规违宪和违法审查的建议权,甚至应将其扩大为请求权。这堪称是我国所需要的最高层次的公民监督权有效行使和权力监督权力体制有效运行的良性互动,尽管有难度,但是具有根本性价值。

其二,在社会财富和资源的具体分配环节,可有效限制"按权分配"的"利益人事""利益工程""利益行政"和"利益司法"等现象。所谓"利益人事",就是把干部和其他公职人员的职位安排作为谋取私人利益的手段,主要表现就是买官卖官,大搞裙带关系,大多属于个人行为。所谓"利益工程",是指具有公共工程设施发包、管理和材料采购支配权等职权的公共单位和人员,通过权钱交易等行为为单位和个人谋取非法利益的行为。所谓"利益行政",则是指掌握行政管理权和执法权的单位及个人,把自己手中掌握的权力及其他公共资源,当成为本单位或私人谋取不正当利益的工具和筹码,或大搞权钱交易,或采取钓鱼执法、罚款支付和勒索费用执法等违法不当行政行为,采取种种不诚信的方式与民争利,甚至祸害一方,形成大面积贪腐窝案。总之,单位或个人在用权中获得不当利益和好处,是"利益行政"的基本追求,它严重偏离了促进和维护公共利益、公共秩序和公民正当权益的公共行政价值目标。所谓"利益司法",是指一些司法人员甚至机关违背司法正义和公平的原则,插手经济和民事纠纷,侵吞他人财产或应当罚没入库的资产,或者进行权钱交易,收取当事人的好处费,把司法权当成牟利工具的行为。这些行为,都是典型体现"按权分配"的权力腐败行为,造成了部分官员的畸形致富。在这种格局中形成的失利群体或弱势群体,连自己最基本的公民权利都保障不了,于是就萌发了"仇官""仇富"的情绪,其直接后果就是官民关系的进一步对抗、疏离,公共权力的政治合法性的群众基础被严重削弱。而官民关系的紧张和有效监督的不到位,又促使官员更加腐败,更加漠视公民权利。要有效遏制这些行为,摆脱这种恶性循环,除了满足相关权力机构的合理的经费需求,规范罚没款的管理外,更基本的办法还是强化和落实对权力行使的监督。具体包括:充分扩大民众的知情权,包括对具体规则和程序的知情权,以满足民众监视和体察权力是否依法正当行使的基本要求;强化公民舆论监督权,对各种权钱交易行为和其他以权谋私行为进行媒体曝光;监督机关充分支持和保护公民及其社会组织行使控告权、申诉权、检举权和取得国家赔偿权,对相关责任主体进行严厉的责任追究。其中,应特别强化行政监察、司法监察、工程发包监察和对行政行为的司法监督机制的运行等。

其三,在财富分配的结果环节,可有效矫正"按权分配"的不合理结果。"按权分配"使一部分滥用权力的官员为自己囤积了大量社会财富,这种结果必须改变。但现有的情况是,大部分通过滥用权力攫取的社会财富被心安理得地占有和享受,甚至转移至海外,使滥用权力者及其家属乃至子孙后代心安理得地享受腐败成果;或者人虽然被追究责任,关进监狱,但财产的追缴却非常有限,形成"亏了一个人,富了一家及子孙后代"的结局。公民监督权充分行使与权力监督权力体制有效运行的良性互动,可以有效改变这种严重不公的结局。首先,还是应该满足公民的知情权,尽快出台真正的官员财产申报制度和主要社会关系公开制度,为人民提供监视和识别贪腐官员占有不义之财的判断标准和线索,这是公民监督权和权力监督权力体制得到有效运行的重要前提。其次,应充分保护公民的检举权和控告权,尤其是舆论监督权,严格限制所谓官员的隐私权和名誉权,让贪腐者身败名裂。最后,要强化通过监察监督和刑事审判机制严厉追究贪腐官员的刑事责任,充分发挥巨额财产不明罪的惩治作用,避免"高高举起,轻轻放下"的惩贪、追赃、追财机制,让贪腐者沦入低水平的生活处境。如此严厉的惩戒机制,才能真正具有惩贪防腐的作用。

总之,公民监督权利行使与权力监督权力机制运行的良性互动,是有效遏制"按权分配"、以权谋私、侵吞公共财产、侵犯私人财产的滥权贪腐行为的基本保障,是真正实现公权主体"不能腐、不敢腐"的利器。不能腐败,是因为无规则漏洞可利用,且有无数只眼睛在紧紧盯着,欲想腐败或刚一腐败,就被吓住和制止;不敢腐败,是因为即使侥幸得逞,也必将被严厉追究责任,身败名裂,得不偿失。要达此目标,除了公民监督权行使与权力监督权力机制运行的良性互动,是不会有其他值得依赖的机制的。

四、 促使权力行使到位,有效防止公权力流失

公权力流失这一概念,可以在两种意义上使用。一种是广义的,是指公权力的行使离开了应有价值目标、没有发挥应有作用的所有形态。既包括公权力的行使者违背自己行使权力的消极或禁止义务,采取积极作为行为,滥用权力,以权谋私,侵犯公共利益和社会主体权益的情形;也包括出于各种主客观原因,应承担积极作为义务的权力主体却消极不作为或作为不到位,导致公共利益和个人权益受到损失、社会秩序得不到有效恢复、各种社会纠纷得不到有效解决、必要的社会救助缺失等权力积极价值丧失的情形。这构成权力最广泛意义上的滥用或不当行使。另一种是狭义的,仅仅是指后半部分的情形,即本应承担积极作为义务的权力主体却消极不作为,产生了怠于行使权力或玩忽职守的后果。通常情况下,人们多是在狭义的范畴上使用公权力流失概念,本书也是如此。

公权力流失,每一次发生都只是个案,但多个个案累积起来,就可能产生一种严重的消极社会效应或社会印象,这种印象或效应会侵蚀、破坏依法治国的成效,不利于建立廉洁、高效的公权力行使体系,不利于维护公平的社会秩序。[①] 公权力的流失,尽管通常没有直接以权谋私的积极腐败主观恶性大,但同样是一种可以具有严重危害性的消极腐败行为,同样可以对公共利益和个人权益造成巨大损失,或者产生其他严重的危害社会后果。公权力流失,损害的是公众利益,破坏的是社会秩序。首先,公权力流失会损害国家机关的威信和公信力,有可能给不法分子以可乘之机,给国家利益埋下隐患。其次,它导致扭曲的经济关系、法律关系、社会关系不能及时得到纠正,有可能引发新的社会问题和矛盾。最后,公权力流失有可能给违法工作人员树立不适当的示范效应,不利于国家机关工作人员履行职务,可能给行贿受贿、玩忽职守、侵权

---

① 参见郭振纲:《公权力不作为的危害不可小视》,《工人日报》2009 年 7 月 9 日。

滥权留下空间。其发生的原因具有多样性,或者是因为粗心大意或过于自信的过失,或者是因为逃避责任,或者是出于相关部门或领导的压力,也可能是为了讨好相关领导和部门,或与利益的收益一方存在着特殊关系如权钱交易、亲友请托等。在后面几种情况下,为自己或利益相关人谋利的意图还是非常明显的,在一定意义上,已与积极权力腐败行为发生了直接的竞合或因果关系。因此,消极的权力腐败现象同样是广大民众非常痛恨的现象,也是当今中国权力监督制约的一个难点和重点问题。

尤其是其中一些公权力流失行为,本身就是监督权力或是对权利救济进行公力救助的权力流失。一些负有监督职责的权力主体,除了自身不去积极主动地行使监督权力外,在公民及其社会组织行使公民监督权进行指控后,却不予受理,或者受理后百般推诿敷衍,包庇滥用权力的对象,导致遭受公权力侵犯的公共利益或个人权益得不到有效维护和救济,滥用权力的监督对象得以逃避相应法律责任。这是一种危害甚大的公权力流失行为,因为它使得公民监督权的行使被严重虚化,权力监督权力体制的运行也严重虚化。在一定意义上,目前我国权力滥用腐败得不到有效遏制,就与这种特定的权力流失有关。

只有通过公民监督权行使和权力监督权力机制运行的良性互动,权力流失行为包括监督权力的流失行为才能得到有效遏制。其基本机理可以概括如下。

其一,应将所有的公权力流失行为都作为公民监督权行使的客体。这首先要求扩大公民监督权对一般权力流失行为的监督,同时还要求对所有监督权力流失行为都有进一步行使相应监督权的权利确认,直至可以借助最高国家权力机关的常务机关的监督职权行使监督权利。这也意味着,必须存在一个分工合理、监督到位且形成监督完整闭环的权力监督权力体系。

其二,法律必须充分确认公民监督权的特定获益权能。这种获益权能的法律充分构建应具体包括:(1)严格设定公权力流失主体的法律责任。这种具有赔付性质的义务,具有满足救济权能的属性,但由于公民监督权的独立性质,也可以理解为是与其获益权能对应的一种特殊给付义务。(2)对公民行使监督权的指控或诉请,法律应规定监督机关"应当"或"必须"受理,而不是"可以"受理,以严格控制监督机关在受理职责或义务方面的自由裁量权。(3)对于不予受理的指控,权力监督机关必须承担在一定期限内给予说明理由的回应职责,逾期将视为拒绝受理。(4)监督机关负有向监督权行使主体及时反馈受理指控的处理情况的职责和义务。(5)监督机关对监督对象及其行为负有认真查证、追究、处置的义务和职责。

其三,法律必须充分设定公民监督权的特定救济权能。这种特定救济权能的法律构建包括:(1)对监督机关拒绝受理的行为,没有认真履行查证、追究和处置的行为,没有进行及时反馈意见的行为,或者认为监督机关的处置结果存在问题的,公民有向对原监督机关有监督职责的机关进一步行使相应监督权的权利。(2)对监督机关的权力流失行为,导致公共利益和公民权益遭受损失的,应设定严格的相应法律责任,包括民事法律责任、行政法律责任、刑事法律责任、国家赔偿责任和宪法责任。

热播电视剧《人民的名义》之中塑造的孙连城[①]这一形象,可以说是“为官不为”,致使公权力流失的典型。至于如何对抗公权力的流失,该剧的名称也给出了暗示——要以人名的名义对抗公权力的流失和异化。一方面,权力监督体制需要优化,确保对公权力的监督到位;另一方面,公民的监督权需要充分化,确保人民可以对公权力机关进行有效的监督。当二者形成良性互动之后,来自权力监督体制的内部监督、同体监督、异体监督与来自公民的外部监督,将交织成一张天罗地网,确保公权力切实为民所用,维护社会公共利益。

总之,公民监督权对监督机关具有充分的压力或驱动力,可促使监督机关行使监督权力,而这种监督权力的行使将进一步强化公民监督权对监督机关的压力或驱动力。由此,形成两者的良性互动,对各种公权力流失行为起到有效的遏制作用。如果监督机关对监督对象的权力流失行为无动于衷,又可以轻易流失自己手中的监督权力,而公民监督权对它们又无可奈何,整个权力监督体制都将疲软,难以发挥真正的作用。

还需要指出,落实公民监督权,引进公众参与的外部压力机制,能够推动权力监督体制创新,形成日常化的监督评价机制。对抗公权力流失的重点难点,在于对岗位职责履行情况进行日常评价和监督的困难。在博弈论模型的“囚徒困境”中,两个共谋犯罪的人之所以倾向于互相揭发,而不是共守沉默,

---

① 孙连城是剧中的京州市光明区区长,每天准点打卡上下班,一刻都不耽误,他从来不贪污,但也从来不积极干事。

是因为存在着不能互相沟通的前提。而在懒政行为与勤政要求的博弈中,懒政者可以相互传染、仿效、默契、攀比,因而,"囚徒困境"中的相互揭发在官场情境中变成了"官官相护"式的合谋,以共同懒政、法不责众的心态应对来自层级管理的监督。① 针对这种情形,2010 年,美国田纳西大学的两名研究者弗朗西斯科·乌贝达和埃德加·顿尼兹-古斯芒建构了一个博弈论模型,以审视腐败问题。他们发现:"通过对司法系统的结构稍加调整,腐败群体便可以呈现出'正直'状态。在正直群体中,警察不再是一个单独的精英集团,而是'每一个人'。一旦群体中所有人都站出来捍卫共同利益,腐败将无处遁形。"而"站出来"的方式就是发布一个在线系统,让所有的居民都能够匿名举报疯狂的司机,这样就能削弱权力不平等。包括警察在内,被多次独立举报的任何人都会被调查。② 这一实践模型告诉我们,完全可以引进公民监督这一日常化的外部压力机制。如在行政机关,由当事的行政相对人对公务员的工作进行评分、评价及投诉。既可以在办事场所设立单独隐蔽的测评仪器,也可以在政府网站上增加网络评价系统进行评价,并适时公布评价数据作为工作考核的重要依据。这种方法较之公民对政府机关管理、服务的书面或口头批评、建议大为简便,且是一种公务员和行政相对人"背靠背"的评价,可以避免矛盾冲突。在当今的"互联网＋"时代,在政府相关网站上建立公务员工作网上评分评价系统已经不存在技术性障碍。由于在"前台"工作的公务员直接面对群众评价,其压力必然传导至"后台"支持系统,要求其有效配合,进而能够提高职能机构的整体工作效率,强化其服务的意识和作风。

公民监督权的行使和公权力监督机制的良性互动,还能有效提升公共精神,而公共精神是遏制公权力流失的重要思想基础。现代公共精神以"公共性"为逻辑起点,具体体现为公权力行使的民主性、服务性、责任性、法治性、廉洁性、协同性等。对公共权力机关尤其是行政权力机关而言,公共精神体现为:要加强民主廉洁开放的服务型政府组织建设,改变组织的地域封闭性、官僚性和腐败无为的工作作风,体现公共服务的本质特征;加强行政组织文化建设,抛弃管理型行政文化官本位、政府本位的组织理念,转向"民本位"的服务理念,强化"法定职责必须为,法无授权不可为"的行政组织职能,健全完善依

---

① 参见薛恒、邱冬:《庸官懒政:一个政府自身治理难题的治理》,《阅江学刊》2016 年第 4 期。
② 同上。

法民主行政制度、政务公开制度、问责制度等行政制度,重塑现代政府组织公共行政精神新风貌;"对于个人而言,公共行政的精神意味着对于公共服务的召唤以及有效管理公共组织的一种深厚、持久的承诺"①。这要求政府要始终如一代表公众公益,做社会利益分配的公平正义的"化身",尊重公民个体权益,勇担行政责任,具有较强回应性等等。不能为追求行政效率而牺牲公民的民主政治参与和社会诉求,相反,要信奉服务、民主、法治、公正等行政精神。②对普通公民而言,公共精神意味着,公民作为一个正如亚里士多德所言的"进能治国,退能守法"的人,作为享有独立平等权利和义务的社会主体,为实现自身利益和维护公共利益,应表现出通过理性合法渠道表达诉求,并参与社会公共事务治理的积极心态和精神风貌。公民应通过对政治生活和社会事务的积极参与,来展示和提高自我行为能力。公民监督权的充分行使,有助于培育社会一般公众的权利意识、民主意识、公共参与和监督意识、公共责任意识、协作意识、法治意识等;而公民监督权行使和权力监督权力体制的良性互动,无疑是这种单位公权主体、成员公权主体和公民公共精神一体提升、良性互动的根本载体。

公民监督权与权力监督权力体制运行的良性互动,还能发挥促使权力运行的阳光化,有效遏制权钱交易、权权交易等反腐控权的功效,这些功效在很大程度上也是上述功效的另外一种表达。鉴于篇幅所限,我们就不再一一论述。

---

① 乔治·弗雷德里克森:《公共行政的精神》,张成福等译,中国人民大学出版社 2003 年版,第 2 页。

② 参见丁志刚、蒋月锋:《现代政府治理视域下的行政不作为及其治理》,《西南民族大学学报》(人文社会科学版)2017 年第 1 期。

结　　语

中华人民共和国成立以来,历届党和国家的主要领导人,都强调群众监督在我国权力监督制约制度中具有无可替代的重要地位。在全面推进依法治国方略的新时代,强化权力监督制约制度建设,有效把权力关进笼子的现实需求,更凸显了必须通过公民监督权的法律制度构建,实现群众监督法治化有效运作的必要性。因为,有效的权力监督制约体系,必须以公民充分行使监督权为基础和动力保障,并表现为其与国家权力监督权力体制形成一体运行、良性互动的关系。迄今为止,我国的权力监督制约体系建设,尽管取得了明显的成效,但仍然存在诸多不足。要言之,充分确认和保障公民监督权的法律体系尚没有有效建立起来,公民监督权的行使严重不到位,并经常受到一些公权主体和社会主体的严重侵犯或妨害。公民监督权行使的疲软,伴随着权力监督权力体制运行的疲软,两者没有形成应有的良性互动,而两者的不足却时常相互影响和放大,导致权力监督制约体系虽然庞大复杂,却不能发挥应有的功效。这要求,法学理论应关注这一重大问题:公民监督权作为公民基本权利的一个重要权利群或权利板块,如何获得法律的充分构建和保护,让公民充分行使,真正有效发挥制约公共权力的功效。

本研究成果以"公民监督权法制构建论"为总命题,基本研究目的在于为如下重大问题提供基本理论答案:如何才能基于我国宪法规范的有效完善和实施,通过制定明确具体的法律规范充分确认和保障公民监督权的依法行使,并通过宪法监督、权力监督权力和权利救济等机制,让公民监督权真正发挥有效制约公权力的作用,形成与权力监督权力体制的一体运行、功能耦合和良性互动?

要回答这一具有较大挑战性的问题,只有在系统梳理、掌握、借鉴中外相关理论成果的基础上,深入思考中国宪法规定的公民监督权的特有本质属性,深入考察公民监督权法律保护和行使的现状及其问题本质,进行真正具有突破性的理论创新思考。诚如本书所呈现的,本研究提供了一系列具有创新性的理论观点。尽管它们一定会引起争议,但一定也会产生某些启发性。为进一步便于读者把握和提出批评意见,现进一步简要归纳如下。

一、 公民监督权的基础理论

我国学界关于公民监督权的基础理论研究整体上尚缺乏深入性,既难以有效支撑对公民监督权行使状况的整体科学把握,更难以直接有效支撑对公民监督权法制化构建和保障的深入思考。因此,必须首先进行公民监督权基础理论的创新性思考和论证,在此基础上准确把握我国公民监督权法律保护和行使的基本现状,优化从抽象到具体的初步认知问题路径。本书第一章内容,在系统梳理学术界对公民监督权的概念、本质属性、价值定位、法理基础、权利体系等已有研究成果的基础上,进行了如下理论创新:

其一,运用语义分析与知识史考察相结合的方法,对公民监督权的概念、本质属性和价值定位,提出了一系列新观点。即所谓公民监督权,是指当代中国公民依据国家的先进性和宪法、法律的规定,出于维护公共利益和个人正当利益等具体目的,针对各种国家事务及相关公共事务的合法性和正当性,依法享有监视、督促公权力主体守法守正的相应能力或资格。它的本质属性是公民敦促国家公权力践行正义的权利,即监视、督促国家公权主体守法守正的权利。其基本价值目标或定位是,立足于人民主体地位,尊重和保障公民作为具有自主平等人格的权利主体,对国家公共权力,对国家公共事务和相关事务,具有更积极和直接的监视、督促、制约能力,从而实现公民的权利主体人格得到公共权力体系的尊重和保障、人民主权原则得到真正落实、国家公共权力受到公民权利的有效制约、公共利益和个人正当利益得到有效维护、权力异化得到有效遏制等多元一体性的民主法治目标。

其二,论证了公民监督权是一个独立的、特殊性的政治权利板块,具有独立于政治自由权利板块和民主参与权利板块的特殊地位和价值。

其三,论证了公民监督权的一个首要法理基础,即它是现代公民——自主平等的权利人格主体的内在需要,更全面深入地论证了公民监督权法理基础的丰富内涵。

其四,更全面准确地论证了公民监督权行使法律关系的基本要素,提出并论证了监督求助对象、权利主体的利益相关人、监督对象的利益相关人等一直被长期忽略的要素概念。

其五,运用结构和功能相统一的方法,论证了公民监督权是由九项具体公民监督权组成的权利体系,并分析了其三个亚板块和九种具体权利的结构位置或联系。即认为,公民监督权作为一个权利体系,具体包括基础性权利、本体性权利和特殊途径性权利三个亚板块。其中基础性权利亚板块仅指知情权;本体性权利亚板块包括批评权、建议权、申诉权、控告权、检举权、取得国家赔偿权;特殊途径性权利包括舆论监督权和信访权。

二、 公民监督权法律保护和行使现状的考察分析

已有相关研究成果,由于对公民监督权的基本属性和权利体系缺乏准确的把握,加上对公民监督权的较深入考察研究多局限于部分或个别权利,或者是忽略了相关基本权利的公民监督权属性,因此,对我国公民监督权法律保护和行使现状的不足和问题本质缺乏系统深入的把握。

本书第二章,对各具体公民监督权的立法保护不足和权利行使缺失状况,进行了系统的实证考察和分析,并在此基础上进一步科学抽象和归纳,将我国公民监督权缺失问题的本质归结为:在宪法规范层面缺乏起码的规制能力,在法律权利层面督请义务履行的能力弱,在权利救济层面再救济能力弱,即公民监督权的基本权能没有得到法律的充分构建和保障。这一结论,不仅恪守了法律制度分析的立场,而且深化了对问题的思考和把握。

三、 基本分析框架的理论构建

要在科学把握我国公民监督权行使存在严重缺失的问题本质的基础上,

真正有针对性地解决问题,还必须进一步创新性地发展和运用公民基本权利尤其是公民监督权的基本理论,在更具有针对性的理论分析框架下,深入论证解决我国公民监督权行使存在不足问题的具体路径或对策。这是从具体再次走向抽象,从抽象再次到具体,最终获得对问题深化认知的科学研究路径。这种研究进路和框架,明显不同于已有相关成果采用的简单化进路和框架,即立足于简单的理论基础或前提,再借鉴一下国外的做法,分析问题并直接提出解决问题的对策。本书第三章重点分析、论证了理论框架的创新构建和价值意义。主要理论创新内容包括:

其一,运用结构和功能相统一的方法,进一步发展了公民基本权利的基本权能理论,提出并论证了公民基本权利基本权能的"三层面、六权能"说,作为分析公民监督权基本权能法制化构建的基本分析框架。即在采用广义的公民基本权利概念的基础上,将公民基本权利的基本权能分成基础权能、本体权能和救济权能三个层面。其中,基础权能包括获得制度构建权能和对抗立法侵害权能;本体权能包括防御权能和受益权能;救济权能包括获得赔付权能和获得公力救助权能。

其二,运用该理论,对公民监督权基本权能的内容、特点及其对相应义务设定的影响,进行了系统的分析,提出了公民监督权有效法律保障的本质是充分构建其基本权能的新观点,论证了公民监督权基本权能的充分构建对促进公民监督权有效行使的基本法治功效。

四、 公民监督权基本权能的充分构建

新理论分析框架的构建,可为我国公民监督权的充分行使、有效制约公权力的法制构建,提供针对性强、功效具体明确的解决对策,避免已有研究成果的泛泛而谈。本书第四部分即第四章内容,作为研究重点,基于整体和具体相统一的原则,对公民监督权基本权能的充分构建进行了系统分析,论证了公民监督权有效行使、监督制约国家公权力的内在法律逻辑结构。理论创新内容主要包括:

其一,在公民监督权的基础权能的宪法实施性构建方面,提出了进一步明

确相关公民监督权的宪法基本权利地位,应尽快制定几部保护相关公民监督权的国家法律,系统完善保障相关公民监督权的法律制度,优先完善立法机关自身支持和满足公民监督权行使的法律机制,充分运用法律保留原则和宪法监督机制优化相关低位阶立法等见解。

其二,在论证各具体公民监督权本体权能的充分构建方面,根据各具体权利正常行使的特点和现实境况,提出了明确具体的防御权能和受益权能的构建举措,重点论证了相应公权主体的消极义务、积极义务及义务主体的法律设定问题。

其三,在公民监督权救济权能的充分构建方面,根据公民监督权获得赔付权能的基本特点,系统论证了侵犯公民监督权法律责任设定的复杂性和复合性、相应法律责任设定和落实的真实性、相应法律责任设定的严厉性和责任性等问题;根据公民监督权获得公力救助权能的基本特点,系统论证了公力救助职责的真实设定、采取必要保障措施职责的严格设定、充分尊重权利救济人主体性的职责履行制度等问题。

五、 公民监督权有效制约公权力的功能分析

公民监督权行使和权力监督权力体制运行,构成我国权力监督制约体系的两个核心要素(本身也是亚体系)。已有研究成果对两者的关系语焉不详。本书第五章内容,运用系统分析方法,具体分析论证了公民监督权与国家权力监督权力体制的系统同构、一体运行、功能耦合、良性互动关系,论证了公民监督权基本权能的充分构建对优化权力监督权力体制的内在需求,分析了公民监督权有效行使对权力监督权力体制有效运行的根本驱动作用。同时,较深入地分析了两者良性互动的具体控权反腐功效。主要创新观点包括:

其一,权力监督权力体制与公民监督权基本权能充分构建存在内在关联性,公民监督权充分化的一个核心要素就是优化配置权力监督权力机制,权力监督权力体制的合理化即具有充分的公正性、民主性、便民性和规范性,是公民监督权有效行使的制度性保障。

其二,公民监督权的充分构建和行使,对优化当代中国权力体制尤其是权

力监督权力体制的有效运行具有不可替代的特殊作用,可有效防止权力监督权力体制走向自我封闭,对其良性运行具有根本的有效驱动作用。

其三,可以将两者的良性互动关系概括为:公民监督权的有效行使是社会主体监视、督促公权主体守法守正的能动性力量,也是权力监督权力机制得以有效运行的根本动力,是权力监督主体恪尽职守、为其当为的不竭力量源泉,是权力监督权力机制启动和运行的根本制动力量;权力监督权力机制则是公民监督权有效行使的基本保障和落实机制,是公民行使监督权必须借助的权力渠道,是监督权利之权能在必要时升华为强制规制的支配力以促使监督对象守法守正、回归法治常态的"加力器"。

其四,两者良性互动的具体控权反腐功效主要体现为:维护和救济正当权益,实现设置现代国家公权力的基本价值目标;落实权力运行的正式规则,遏制权力运行的"潜规则";维护社会财富的正当分配标准,有效遏制权力攫取不当利益;促使权力行使到位,对抗公权力流失;等等。

本书提出公民监督权的法律制度构建问题,但基于创新思考的相关论证也只能算一个尝试性的开端。公民监督权是公民及其社会组织监视、督促国家公权主体守法守正的权利;公民监督权由基础权利亚板块、本体权利亚板块和特殊权利亚板块构成,包括九种具体权利;包括公民监督权在内的公民基本权利具有三个层次的六种具体权能;公民监督权的法制构架应围绕其可归入基础权能、本体权能和救济权能的六种具体基本权能进行;公民监督权有效保障和行使与权力监督权力体制存在一体运行、功能耦合、良性互动的关系……本书对这些重大问题的论证,很大程度上还是初步的、粗略的。但愿能有抛砖之效,鞭策自己对这一具有重要理论和现实意义的重大问题,走出更长的思想探索苦旅。

参考文献

中文著作

安晨光等主编:《当代中国监督制度》,中国民主法制出版社 1997 年版。

白钢、赵寿星:《选举与治理》,中国社会科学出版社 2001 年版。

伯舆:《自治监督权之研究与检讨》,台湾商务印书馆 1974 年版。

卜宪群主编:《中国历史上的腐败与反腐败》,鹭江出版社 2014 年版。

蔡定剑:《国家监督制度》,中国法制出版社 1991 年版。

蔡定剑:《宪法精解》,法律出版社 2006 年版。

蔡定剑主编:《民主参与:欧洲的制度和经验》,法律出版社 2009 年版。

蔡彦敏等:《正当程序法律分析》,中国政法大学出版社 2000 年版。

蔡震荣:《行政法理论与基本人权之保障》,五南图书出版公司 1999 年版。

柴艳茹:《刑事侦查与大众传媒关系研究》,中国人民公安大学出版社 2013 年版。

常泽民:《中国现代监察制度》,台湾商务印书馆 1979 年版。

陈党:《惩治和预防腐败中的网络监督》,中国法制出版社 2016 年版。

陈戈、柳建龙等:《德国联邦宪法法院典型判例研究:基本权利篇》,法律出版社 2015
年版。

陈光中:《中德不起诉制度比较研究》,中国检察出版社 2001 年版。

陈光中:《中国司法制度的基础理论问题研究》,经济科学出版社 2010 年版。

陈国权等:《权力制约监督论》,浙江大学出版社 2013 年版。

陈丽丹:《新闻传播法概论》,法律出版社 2015 年版。

陈奇星等:《行政监督新论》,国家行政学院出版社 2008 年版。

陈晓枫主编:《中国法律文化研究》,河南人民出版社 1993 年版。

陈新民:《宪法基本权利之基本理论》,元照出版公司 1999 年版。

陈新民:《德国公法学基础理论》(上、下册),山东人民出版社 2001 年版。

陈兴良主编:《刑事法评论》(第 18 卷),北京大学出版社 2006 年版。

陈焱光:《公民权利救济论》,中国社会科学出版社 2008 年版。

陈勇:《纪检监察信访举报工作概论》,中国政法大学出版社 2016 年版。

程乃胜:《近代西方宪政理念》,安徽人民出版社 2006 年版。

辞海编辑委员会编:《辞海》,上海辞书出版社 1989 年版。

戴维新、戴芳:《公共权力的制约与监督机制研究》,宁夏人民出版社 2007 年版。

邓发云:《信息及信息服务的可信度研究》,西南交通大学出版社 2008 年版。

《邓小平文选》(全三卷),人民出版社 2010 年版。

丁大晴:《公民网络监督法律机制研究》,南京大学出版社 2013 年版。

董炯:《国家、公民与行政法》,北京大学出版社 2001 年版。

法律出版社法规中心编:《信访举报核心规定》,法律出版社 2015 年版。

范进学:《权利政治论:一种宪政民主理论的阐释》,山东人民出版社 2003 年版。

范进学:《宪法解释的理论建构》,山东人民出版社 2004 年版。

范进学:《认真对待宪法解释》,山东人民出版社 2007 年版。

方向:《信息公开立法》,中国方正出版社 2003 年版。

高兆明:《政治正义:中国问题意识》,人民出版社 2014 年版。

高兆明:《道德失范研究:基于制度正义视角》,商务印书馆 2015 年版。

龚冠军、施中传、鲁映祥等编著:《中外廉政与腐败纪实》,长江文艺出版社 1990 年版。

广东省纪检监察学会主编:《新时期广东腐败问题研究:多学科视角的分析》,中山大学出
    版社 2016 年版。

郭道晖:《社会权力与公民社会》,译林出版社 2009 年版。

郭剑鸣:《浙江省县(市、区)政府廉洁反腐败的公民感知评估报告》,红旗出版社 2016
    年版。

郭夏娟:《公共行政伦理学》,浙江大学出版社 2003 年版。

韩大元、林来梵、郑贤君:《宪法学专题研究》,中国人民大学出版社 2004 年版。

韩大元:《中国检察制度宪法基础研究》,中国检察出版社 2007 年版。

韩大元、王建学:《基本权利与宪法判例》,中国人民大学出版社 2013 年版。

韩立新等:《新闻舆论监督对象应对行为研究》,人民出版社 2010 年版。

韩明德主编:《倚天之剑:反腐败法制机制研究》,河南大学出版社 1999 年版。

韩强:《程序民主论》,群众出版社 2002 年版。

何怀宏编:《西方公民不服从的传统》,吉林人民出版社 2001 年版。

何勤华等:《日本法律发达史》,上海人民出版社 1999 年版。

何永红:《基本权利限制的宪法审查》,法律出版社 2009 年版。

何增科主编:《公民社会与第三部门》,社会科学文献出版社 2000 年版。

何增科:《公民社会与民主治理》,中央编译出版社 2007 年版。

何志鹏:《权利基本理论:反思与构建》,北京大学出版社 2012 年版。

侯健:《舆论监督与名誉权问题研究》,北京大学出版社 2002 年版。

胡建淼主编:《公权力研究》,浙江大学出版社 2005 年版。

《胡锦涛文选》(全三卷),人民出版社 2016 年版。

胡肖华:《走向责任政府——行政责任问题研究》,法律出版社 2006 年版。

宦吉娥:《宪法基本权利规范在刑事法中的效力研究》,厦门大学出版社 2011 年版。

皇甫中:《把权力关进制度的笼子里:与领导干部谈权力监督与制约》,红旗出版社 2013
    年版。

黄百炼:《遏制腐败——民主监督的程序与制度研究》,人民出版社 1997 年版。

黄金鸿:《英国人权六十案》,联经出版事业公司 1990 年版。

黄修荣、刘家斌编:《中国共产党廉政反腐史记》,中国方正出版社 1997 年版。

黄炎培:《八十年来》,文史资料出版社 1982 年版。

季卫东:《法治秩序的建构》,中国政法大学出版社 1999 年版。

季卫东:《法律程序的意义:对中国法制建设的另一种思考》,中国法制出版社 2004 年版。

季卫东:《法治构图》,法律出版社 2012 年版。

季正矩:《通往廉洁之路——中外反腐败的经验与教训》,中央编译出版社 2006 年版。

菅从进:《权利制约权力论》,山东人民出版社 2008 年版。

江国华:《立法:理想与变革》,山东人民出版社 2007 年版。

江国华:《宪法哲学导论》,商务印书馆 2007 年版。

姜明安主编:《中国行政法治发展进程调查报告》,法律出版社 1998 年版。

蒋冰晶:《重复信访行动研究》,知识产权出版社 2012 年版。

蒋永福:《信息自由及其限度研究》,社会科学文献出版社 2007 年版。

金太军:《政治文明建设与权力监督机制研究》,人民出版社 2010 年版。

《江泽民文选》(全三卷),人民出版社 2006 年版。

孔繁杰、王书芹:《民国司法腐败案》,天津人民出版社 2016 年版。

孔祥仁:《国际反腐败随笔》,中国方正出版社 2003 年版。

雷润琴:《传播法》,北京大学出版社 2005 年版。

李步云主编:《宪法比较研究》,法律出版社 1998 年版。

李步云:《人权法学》,高等教育出版社 2005 年版。

李存福主编:《举报贪污贿赂渎职侵权犯罪 209 问》,法律出版社 2008 年版。

李宏勃:《法治现代化进程中的人民信访》,清华大学出版社 2007 年版。

李龙:《法理学》,武汉大学出版社 1996 年版。

李龙:《宪法基础理论》,武汉大学出版社 1999 年版。

李龙主编:《良法论》,武汉大学出版社 2001 年版。

李龙:《李龙文集》,武汉大学出版社 2006 年版。

李龙主编:《人本法律观研究》,中国社会科学出版社 2006 年版。

李民、高莹:《领导干部应对大众传媒案例评析》,中共中央党校出版社 2010 年版。

李慕洁:《应用信访学》,华龄出版社 1991 年版。

李秋芳主编:《反腐败思考与对策:中国社会科学院惩治和预防腐败体系理论研究论文
    集》,中国方正出版社 2005 年版。

李秋芳、孙壮志:《反腐败体制机制国际比较研究》,中国社会科学出版社 2015 年版。

李树军:《社会监督》,当代世界出版社 1999 年版。

李卫国:《举报制度:架起公众监督的桥梁》,中国方正出版社 2014 年版。

李卫海:《紧急状态下的人权克减研究》,苏州大学出版社 2006 年版。

李游等:《走向理性的司法:外国刑事司法制度比较研究》,中国政法大学出版社 2001
    年版。

李志明:《公民检举权研究》,中国社会科学出版社 2013 年版。

连峻峰主编:《法律监督前沿问题研究》,中国民主法制出版社 2004 年版。

梁成意:《中国公民基本权利》,中国政法大学出版社 2016 年版。

林爱珺:《知情权的法律保障》,复旦大学出版社 2010 年版。

林来梵:《从宪法规范到规范宪法》,法律出版社 2001 年版。

林莉红:《中国行政救济理论与实务》,武汉大学出版社 2000 年版。

林莉红、陈菲:《外国申诉专员法律选编》,武汉大学出版社 2016 年版。

林喆:《权力腐败与权力制约》,法律出版社 1997 年版。

林喆:《权力腐败与权力制约》(修订版),山东人民出版社 2009 年版。

刘爱卿:《国家赔偿立法与实践》,山东大学出版社 2010 年版。

刘飞宇、王丛虎:《多维视角下的行政信息公开研究》,中国人民大学出版社 2005 年版。

刘国雄:《新加坡的廉政建设》,人民出版社 1994 年版。

刘恒:《政府信息公开制度》,中国社会科学出版社 2004 年版。

刘杰:《知情权与信息公开法》,清华大学出版社 2005 年版。

刘杰:《转型期的腐败治理:基于不同国家和地区经验的比较研究》,上海社会科学院出版社 2014 年版。

刘明波主编:《国外行政监察理论与实践》,山东人民出版社 1990 年版。

刘小青:《刑事申诉原理与办案实务》,中国人民公安大学出版社 2011 年版。

刘志刚:《立法缺位下的基本权利》,复旦大学出版社 2012 年版。

柳飒:《近代中国公民基本权利变迁研究》,法律出版社 2012 年版。

柳晞春:《检察举报理论与实践》,中国方正出版社 1999 年版。

罗豪才等:《现代行政法的平衡理论》(第 2 辑),北京大学出版社 2003 年版。

罗忠敏:《让权力在阳光下运行:新时期北京市反腐败斗争探究》,中国方正出版社 2009 年版。

马长山:《公共领域兴起与法治变革》,人民出版社 2016 年版。

马贵翔:《刑事司法程序正义论》,中国检察出版社 2002 年版。

马国泉:《行政伦理:美国的理论与实践》,复旦大学出版社 2006 年版。

马怀德:《完善国家赔偿立法基本问题研究》,北京大学出版社 2008 年版。

马怀平等主编:《监督学概论》,中国财经出版社 1990 年版。

马骏、刘亚平编:《美国进步时代的政府改革及其对中国的启示》,格致出版社 2010 年版。

马艳朝:《制度规则与公共秩序》,知识产权出版社 2014 年版。

毛宏升主编:《当代中国监督学》,中国人民公安大学出版社 2003 年版。

《毛泽东选集》(全四卷),人民出版社 1991 年版。

莫纪宏:《违宪审查的理论与实践》,法律出版社 2006 年版。

聂辉华、仝志辉:《创新纪检监察体制,遏制"一把手"腐败》,中国社会科学出版社 2015
年版。

宁立成、黄睿:《公民检举权研究》,群众出版社 2015 年版。

强月新、黄晓军:《中国大众传媒合作竞争论》,人民出版社 2011 年版。

乔德福:《举报与反腐败:新形势下的群众举报与反腐败研究》,中国社会出版社 2007
年版。

秦前红:《宪法变迁论》,武汉大学出版社 2002 年版。

秦前红编:《比较宪法学》,武汉大学出版社 2007 年版。

秦前红、叶海波:《社会主义宪政研究》,山东人民出版社 2008 年版。

秦前红主编:《新宪法学》,武汉大学出版社 2009 年版。

秦前红:《人民监督员制度的立法研究》,武汉大学出版社 2010 年版。

钱满素:《美国自由主义的历史变迁》,生活·读书·新知三联书店 2006 年版。

瞿同祖:《中国法律与中国社会》,中华书局 1981 年版。

饶艾:《比较司法制度》,西南交通大学出版社 2003 年版。

饶志静:《基本权利的原理与运用》,上海人民出版社 2012 年版。

任文松:《法律监督权研究》,知识产权出版社 2009 年版。

荣仕星、钟敏:《政坛永恒的话题:民主监督》,法律出版社 1998 年版。

商红日、张惠康主编:《反腐败与中国廉洁政治建设研究报告》,北京大学出版社 2015
年版。

邵国松:《网络传播法导论》,中国人民大学出版社 2017 年版。

沈荣华:《行政权力制约机制》,国家行政学院出版社 2006 年版。

沈太霞:《人权的守卫者》,暨南大学出版社 2014 年版。

石俊超等:《比较监察制度》,中州古籍出版社 1991 年版。

石佑启、夏金莱:《社会矛盾化解与信访法治化问题研究》,广东教育出版社 2016 年版。

时永才、高一飞:《人民法院独立审判与舆论监督关系研究》,法律出版社 2015 年版。

宋冰:《程序、正义与现代化:外国法学家在华讲演录》,中国政法大学出版社 1998 年版。

宋协娜:《信访和谐问题研究》,人民出版社 2013 年版。

宋英辉等编:《刑事审判前程序研究》,中国政法大学出版社 2001 年版。

苏力:《道路通向城市——转型中国的法治》,法律出版社 2004 年版。

苏满满:《腐败心理预防论》,中国方正出版社 2004 年版。

孙国华、沈宗灵:《法学基础理论》,法律出版社 1982 年版。

孙谦主编:《职务犯罪监督论》,中国检察出版社 1994 年版。

孙笑侠、夏立安:《法理学导论》,高等教育出版社 2004 年版。

孙逸民主编:《社会主义监督学概论》,中共中央党校出版社 1990 年版。

孙长永:《侦查程序与人权:比较法考察》,中国方正出版社 2000 年版。

锁正杰:《刑事程序的法哲学原理》,中国人民公安大学出版社 2002 年版。

汤唯、孙季平:《法律监督论纲》,北京大学出版社 2001 年版。

唐惠虎:《舆论监督论》,湖北教育出版社 1999 年版。

陶凯元、柯汉民主编:《国家赔偿办案指南》2014 年第 2 辑（总第 8 辑）,法律出版社 2015
        年版。

陶凯元主编:《最高人民法院国家赔偿最新司法解释理解与适用》(2012—2014 卷),中国
        法制出版社 2015 年版。

陶凯元、柯汉民主编:《国家赔偿办案指南》2016 年第 2 辑（总第 16 辑）,法律出版社 2016
        年版。

陶乾:《国内外"网络信访"机制研究》,中国政法大学出版社 2015 年版。

童之伟:《法权与宪政》,山东人民出版社 2001 年版。

万斌、薛广洲:《民主哲学》,浙江人民出版社 1994 年版。

万俊人主编:《现代公共管理伦理导论》,人民出版社 2005 年版。

汪波:《中国网络监督与政府治理创新》,北京师范大学出版社 2013 年版。

汪习根:《法治社会的基本人权——发展权法律制度研究》,中国人民公安大学出版社
        2002 年版。

汪习根主编:《司法权论:当代中国司法权运行的目标模式、方法与技巧》,武汉大学出版
        社 2006 年版。

汪志芳:《反腐败论》,浙江人民出版社 1991 年版。

王爱琦、王寿林主编:《权力制约和监督专题研究》,中共中央党校出版社 2007 年版。

王传利:《1978—2009 年中国腐败高发期及其治理方略研究》,清华大学出版社 2016
        年版。

王传利:《中国腐败高发期及治理研究之一:新中国成立初期的腐败高发期及其治理方略研究》,清华大学出版社 2016 年版。

王德志:《宪法概念在中国的起源》,山东人民出版社 2005 年版。

王芳:《阳光下的政府:政府信息行为的路径与激励》,南开大学出版社 2006 年版。

王高生:《控告举报工作重点与方法》,中国检察出版社 2013 年版。

王关兴、陈挥:《中国共产党反腐倡廉史》,上海人民出版社 2001 年版。

王广辉等:《通向宪政之路——宪法监督的理论和实践研究》,法律出版社 2002 年版。

王海明:《新伦理学》,商务印书馆 2001 年版。

王沪宁:《腐败与反腐败——当代国外腐败研究》,上海人民出版社 1990 年版。

王靖华:《美国"大众传媒—政府"系统运行机制研究》,首都经济贸易大学出版社 2012 年版。

王利明:《司法改革研究》,法律出版社 2001 年版。

王利明:《法治——良法与善治》,北京大学出版社 2015 年版。

王莉君:《权力与权利的思辨》,中国法制出版社 2005 年版。

王梅芳:《舆论监督与社会正义》,武汉大学出版社 2005 年版。

王名扬:《法国行政法》,中国政法大学出版社 1997 年版。

王名扬:《美国行政法》,中国法制出版社 2005 年版。

王鹏翔:《美国刑事诉讼法》,北京大学出版社 2005 年版。

王浦劬:《以治理的民主实现社会民主——对于行政信访的再审视》,北京大学出版社 2012 年版。

王强华、魏永征主编:《舆论监督与新闻纠纷》,复旦大学出版社 2000 年版。

王人博:《宪政的中国之道》,山东人民出版社 2003 年版。

王绍光:《民主四讲》,生活·读书·新知三联书店 2008 年版。

王寿林:《权力制约和监督研究》,中共中央党校出版社 2007 年版。

王万华:《行政程序研究》,中国法制出版社 2000 年版。

王万华:《知情权与政府信息公开制度研究》,中国政法大学出版社 2013 年版。

王伟亮等:《负责任报道与媒体特权免责的平衡:论英国诽谤法中特权免责对我国的启示》,中国政法大学出版社 2013 年版。

王文革:《环境知情权保护立法研究》,中国法制出版社 2012 年版。

王希:《原则与妥协:美国宪法的精神与实践》,北京大学出版社 2000 年版。

王锡锌:《公众参与和行政过程———一个理念和制度分析的框架》,中国民主法制出版社 2007 年版。

王学成:《法律监督权研究新视野》,中国检察出版社 2011 年版。

王亚南:《中国官僚政治研究》,时代出版社 1948 年版。

王泽鉴:《法释义学———比较法与案例研究》,北京大学出版社 2013 年版。

魏定仁等:《宪法学》,北京大学出版社 2001 年版。

魏永征:《新闻传媒法教程》,中国人民大学出版社 2016 年版。

文春英、顾远萍:《当代中国大众传媒研究》,中国传媒大学出版社 2013 年版。

翁岳生编:《行政法》,中国法制出版社 2002 年版。

吴镝鸣:《信访理论研究》,人民出版社 2014 年版。

吴思:《潜规则:中国历史上的真实游戏》,云南人民出版社 2000 年版。

吴振钧:《权力监督与制衡》,中国人民大学出版社 2008 年版。

吴忠敏:《通往廉政之路———中国反腐败的历史思考和现实对策》,中国方正出版社 1998 年版。

武树臣:《中国法律思想史》,法律出版社 2004 年版。

《习近平谈治国理政》,外文出版社 2014 年版。

《习近平谈治国理政》(第 2 卷),外文出版社 2017 年版。

夏义垄:《公共信息资源的多元化管理》,武汉大学出版社 2008 年版。

夏勇:《人权概念起源》,中国政法大学出版社 2001 年版。

夏勇主编:《走向权利的时代:中国公民权利发展研究》,社会科学文献出版社 2007 年版。

夏正林:《从基本权利到宪法权利》,法律出版社 2018 年版。

肖泽晟:《宪法学———关于人权保障与权力控制的学说》,科学出版社 2003 年版。

谢鹏程:《公民的基本权利》,中国社会科学出版社 1999 年版。

徐显明主编:《公民权利义务通论》,群众出版社 1991 年版。

徐亚文:《程序正义论》,山东人民出版社 2004 年版。

徐亚文主编:《西方法理学新论:解释的视角》,武汉大学出版社 2010 年版。

徐玉生、徐莳:《中国反腐败与执政党建设研究》,中国社会科学出版社 2017 年版。

许崇德:《学而言宪》,法律出版社 2000 年版。

许连纯:《新时期干部权力监督概论》,中共中央党校出版社 2001 年版。

许庆雄:《宪法入门》,元照出版公司 2001 年版。

许新芝等:《舆论监督研究》,知识产权出版社 2008 年版。

许亚文:《程序正义论》,山东人民出版社 2004 年版。

薛波主编:《元照英美法词典》,法律出版社 2003 年版。

薛国荣:《权力监督与权利保护:行政复议焦点问题法律评析》,江苏大学出版社 2016
     年版。

阎德民:《中国特色权力制约和监督机制构建研究》,人民出版社 2011 年版。

扬一平:《司法正义论》,法律出版社 1999 年版。

阳昌宽、王科:《沉重的历史话题:拒腐防变的新透视、新思考、新举措》,西南财经大学出
     版社 2005 年版。

杨春福等:《自由、权利与法治:法治化进程中公民权利保障机制研究》,法律出版社 2007
     年版。

杨继亮:《反腐败论》,山西人民出版社 2016 年版。

杨建顺:《日本行政法通论》,中国法制出版社 1998 年版。

杨麻、彭文德主编:《走出"周期率":关于腐败与反腐败的思考》,法律出版社 1995 年版。

杨敏之主编:《中国历代反贪全书》,湖南大学出版社 1996 年版。

杨明品:《新闻舆论监督》,中国广播电视出版社 2001 年版。

杨素云:《宪政的伦理分析》,法律出版社 2013 年版。

杨绪盟、黄宝荣:《腐败与制度之"笼":国外反腐经验与启示》,人民出版社 2014 年版。

杨宇冠主编:《我国反腐败机制完善与联合国反腐败措施》,中国人民公安大学出版社
     2007 年版。

姚建宗:《法理学——一般法律科学》,中国政法大学出版社 2006 年版。

叶必丰:《行政法的人文精神》,北京大学出版社 2005 年版。

叶战备、惠娟:《舆论监督与地方政府网络舆情应对》,广东人民出版社 2014 年版。

尹利民:《地方的信访与治理——中国地方信访问题调查与研究》,人民出版社 2015
     年版。

应松年主编:《行政法与行政诉讼法词典》,中国政法大学出版社 1992 年版。

尤光付:《行政监督理论与方式》,华中师范大学出版社 1997 年版。

尤光付:《中外监督制度比较》,商务印书馆 2003 年版。

尤游:《大众传媒农村社区的角色变迁:湘中 S 村的个案阐释》,上海交通大学出版社 2011
年版。

于洪珠:《腐败治理新论》,世界图书出版公司 2012 年版。

于文豪:《基本权利》,江苏人民出版社 2016 年版。

余伟利:《构建和谐社会视域下的中国新闻舆论监督研究》,中国大百科全书出版社 2013
年版。

於兴中:《法治与文明秩序》,中国政法大学出版社 2006 年版。

喻中:《权力制约的中国语境》,山东人民出版社 2007 年版。

展江等:《新闻舆论监督与全球政治文明:一种公民社会的进路》,社会科学文献出版社
2007 年版。

张步洪:《新民事诉讼法讲义:申诉、抗诉与再审》,法律出版社 2012 年版。

张铎:《中国信访制度研究——公民主权与普通人政治》,华夏出版社 2012 年版。

张红:《国家赔偿法学》,北京师范大学出版社 2011 年版。

张华:《当代中国公权力网络监督研究》,合肥工业大学出版社 2013 年版。

张晋藩:《中国法律的传统与近代转型》,法律出版社 2005 年版。

张利生:《防治腐败简论》,中国方正出版社 2017 年版。

张利兆主编:《法律监督权的配置与运行》,中国人民公安大学出版社 2008 年版。

张龙:《行政知情权的法理研究》,北京大学出版社 2010 年版。

张清、刘金程:《党风廉政建设与反腐败教育 100 例》,中共中央党校出版社 2014 年版。

张炜:《公民的权利表达及其机制构建》,人民出版社 2009 年版。

张文显:《法哲学范畴研究》,中国政法大学出版社 2001 年版。

张文显:《法哲学通论》,辽宁人民出版社 2009 年版。

张显伟:《民事行政诉讼检察监督制度研究》,中国法制出版社 2011 年版。

张翔:《基本权利的规范建构》,高等教育出版社 2008 年版。

张翔主编:《德国宪法案例选释(第 1 辑):基本权利总论》,法律出版社 2012 年版。

张翔:《基本权利的规范建构》(增订版),法律出版社 2017 年版。

张新宝:《侵权法评论》(第 2 辑),人民法院出版社 2003 年版。

张新宝:《隐私权的法律保护》,群众出版社 1997 年版。

张永和、张炜:《临潼信访:中国基层信访问题研究报告》,人民出版社 2009 年版。

张永和:《常县涉诉信访》,人民出版社 2013 年版。

张越:《英国行政法》,中国政法大学出版社 2004 年版。

张正钊等主编:《比较行政法》,中国人民大学出版社 1998 年版。

张宗林、王凯:《信访与治理》,人民出版社 2014 年版。

张宗林、郑广淼:《信访与法治》,人民出版社 2014 年版。

章剑生:《行政监督研究》,人民出版社 2001 年版。

赵瑞琦:《印度大众传媒研究:全球化的消解与本土化的建构》,中国传媒大学出版社 2015 年版。

赵双阁:《政治文明视阈下舆论监督法治建设研究》,中国社会科学出版社 2012 年版。

郑德涛、林应武:《腐败治理与公共服务:公务员干部管理培训加拿大班论文集》,中山大学出版社 2015 年版。

郑维川:《新加坡治国之道》,中国社会科学出版社 1996 年版。

郑贤君:《基本权利研究》,中国民主法制出版社 2007 年版。

郑贤君:《基本权利原理》,法律出版社 2010 年版。

郑毅:《同一主体的基本权利冲突》,法律出版社 2015 年版。

《重点领域和关键环节腐败案例剖析》编写组:《重点领域和关键环节腐败案例剖析》,中国方正出版社 2011 年版。

中共中央委员会编辑:《列宁论检察制度与监察工作》,新华书店 1949 年版。

中共中央文献研究室编:《建国以来重要文献选编》(第 1—4 册),中央文献出版社 1992 年版。

中央文献研究室编:《习近平关于全面依法治国论述摘编》,中央文献出版社 2015 年版。

中国青年出版社编:《大家都来检举反革命分子》,中国青年出版社 1955 年版。

中央纪委研究室编:《十六大以来反腐倡廉建设·重要文献卷》,中国方正出版社 2007 年版。

钟海让:《法律监督论》,法律出版社 1993 年版。

周汉华主编:《外国政府信息公开制度比较》,中国法制出版社 2003 年版。

周汉华主编:《我国政务公开的实践与探索》,中国法制出版社 2003 年版。

周甲禄:《舆论监督权论》,山东人民出版社 2006 年版。

周旺生:《立法学》,法律出版社 2004 年版。

周伟:《宪法基本权利:原理·规范·应用》,法律出版社 2006 年版。

周叶中:《代议制度比较研究》,武汉大学出版社 2005 年版。

周叶中主编:《宪法》,北京大学出版社、高等教育出版社 2005 年版。

朱维究主编:《政府法制监督论》,中国政法大学出版社 1994 版。

卓泽渊:《法政治学》,法律出版社 2005 年版。

资中筠:《20 世纪的美国》,生活·读书·新知三联书店 2007 年版。

宗剑峰:《中西文化与贪污贿赂犯罪学研究》,中国检察出版社 2003 年版。

最高人民检察院研究室编:《举报控告申诉·国家赔偿办案必携》,法律出版社 2005 年版。

最高人民检察院办公厅编:《最高人民检察院工作报告集》,中国检察出版社 1999 年版。

最高人民检察院编辑组编:《公民举报手册》,中国政法大学出版社 1989 年版。

最高人民检察院控告检察厅编:《控告举报检察新业务指引》,中国检察出版社 2014 年版。

最高人民检察院控告检察厅编:《新编控告申诉举报检察实用法律法规手册》,中国检察出版社 2014 年版。

最高人民检察院刑事申诉检察厅编:《刑事申诉检察理论与实务研究》,法律出版社 2014 年版。

最高人民检察院职务犯罪预防厅编:《国际预防腐败犯罪法律文件选编》,法律出版社 2002 年版。

左卫民:《在权利话语与权力技术之间——中国司法的新思考》,法律出版社 2002 年版。

外文译著

〔日〕阿部照哉等编著:《宪法》(上、下册),周宗宪译,中国政法大学出版社 2006 年版。

〔英〕阿克顿:《自由与权力》,侯健、范亚峰译,商务印书馆 2001 年版。

〔德〕阿克塞尔·霍奈特:《为承认而斗争》,胡继华译,上海人民出版社 2005 年版。

〔英〕A. W. 布拉德利、K. D. 尤因:《宪法与行政法》(上、下册),程洁译,商务印书馆 2008

年版。

〔美〕爱德华·L. 格莱泽、克劳迪娅、戈尔丁主编:《腐败与改革——美国历史上的经验教训》,胡家勇、王兆斌译,商务印书馆 2012 年版。

〔美〕爱德华·S. 考文:《美国宪法的"高级法"背景》,强世功译,生活·读书·新知三联书店 1997 年版。

〔美〕艾伦·布林克利:《美国史》,邵旭东译,海南出版社 2009 年版。

〔美〕埃里克·方纳:《美国自由的故事》,王希译,商务印书馆 2002 年版。

〔英〕安东尼·吉登斯:《第三条道路》,郑戈译,北京大学出版社、生活·读书·新知三联书店 2000 年版。

〔美〕安东尼·刘易斯:《批评官员的尺度——〈纽约时报〉诉警察局长沙利文案》,何帆译,北京大学出版社 2011 年版。

〔美〕安东尼·刘易斯:《言论的边界——美国宪法第一修正案简史》,徐爽译,法律出版社 2016 年版。

〔美〕安东尼·唐斯:《官僚制内幕》,郭小聪等译,中国人民大学出版社 2006 年版。

〔美〕奥斯丁·萨拉特编:《布莱克维尔法律与社会指南》,高鸿钧等译,北京大学出版社 2011 年版。

〔德〕奥特·迈耶:《德国行政法》,刘飞译,商务印书馆 2004 年版。

〔英〕柏克:《法国大革命》,何兆武等译,商务印书馆 1998 年版。

〔英〕柏克:《美洲三书》,缪哲选译,商务印书馆 2003 年版。

〔英〕鲍桑葵:《关于国家的哲学理论》,汪淑钧译,商务印书馆 1995 年版。

〔英〕彼得·莱兰、戈登·安东尼:《英国行政法教科书》,杨伟东译,北京大学出版社 2007 年版。

〔德〕伯阳:《德国公法导论》,北京大学出版社 2008 年版。

〔美〕博登海默:《法理学法律哲学与法律方法》,邓正来译,中国政法大学出版社 2004 年版。

〔美〕布莱恩·拉姆、苏珊·斯温、马克·法卡斯编:《谁来守护公正美国最高法院大法官访谈录》,何帆译,北京大学出版社 2013 年版。

〔美〕查尔斯·斯特林:《大众传媒革命》,王家全等译,中国人民大学出版社 2014 年版。

〔日〕长谷部恭男:《法律是什么? 法哲学的思辨旅程》,郭怡青译,中国政法大学出版社

2015 年版。

〔日〕大须贺明:《生存权论》,林浩译,法律出版社 2001 年版。

〔日〕大沼保昭:《人权、国家与文明》,王志安译,上海三联书店 2003 年版。

〔英〕戴维·M. 沃克:《牛津法律大辞典》,李双元等译,法律出版社 2003 年版。

〔美〕道格拉斯·诺斯:《经济史上的结构与变革》,厉以平译,商务印书馆 1992 年版。

〔美〕迪特尔·哈勒等:《腐败:人性与文化》,诸葛雯译,江西人民出版社 2015 年版。

〔德〕格奥尔格·耶利内克:《人权与公民权利宣言》,钟云龙译,中国政法大学出版社 2012
年版。

〔德〕格奥尔格·耶利内克:《主观公法权利体系》,曾韬、赵天书译,中国政法大学出版社
2012 年版。

〔美〕格罗弗·斯塔林:《公共部门管理》,陈宪等译,上海译文出版社 2003 年版。

〔英〕H. L. A. 哈特:《法律的概念》,张文显等译,中国大百科出版社 1996 年版。

〔俄〕哈布里耶娃:《腐败:性质、表现与应对》,李铁军译,法律出版社 2015 年版。

〔德〕哈特穆特·毛雷尔:《行政法学总论》,高家伟译,法律出版社 2000 年版。

〔英〕哈耶克:《法律、立法与自由》(第 1—3 卷),邓正来等译,中国大百科全书出版社 2000
年版。

〔美〕汉密尔顿等:《联邦党人文集》,程逢如译,商务印书馆 2007 年版。

〔德〕汉斯·J. 沃尔夫等:《行政法》(第 1—3 卷),高家伟译,商务印书馆 2002 年版。

〔美〕赫尔曼、乔姆斯基:《制造共识:大众传媒的政治经济学》,邵红松译,北京大学出版社
2011 年版。

〔美〕亨利·J. 亚伯拉罕:《司法的过程》,潘江伟等译,北京大学出版社 2009 年版。

〔英〕霍布斯:《利维坦》,黎思复、黎廷弼译,商务印书馆 1985 年版。

〔英〕杰弗里·托马斯:《政治哲学导论》,顾肃、刘雪梅译,中国人民大学出版社 2001
年版。

〔英〕杰弗里·马歇尔:《宪法理论》,刘刚译,法律出版社 2006 年版。

〔英〕杰克·奈特:《制度与社会冲突》,周伟林译,上海人民出版社 2017 年版。

〔德〕京特·雅克布斯:《规范·人个体·社会:法哲学前思》,冯军译,法律出版社 2001
年版。

〔德〕卡尔·恩吉施:《法律思维导论》,郑永流译,法律出版社 2004 年版。

〔德〕卡尔·拉伦茨:《法学方法论》,陈爱娥译,商务印书馆 2003 年版。

〔美〕卡罗尔·S. 斯泰克编:《刑事程序故事》,吴宏耀等译,中国人民大学出版社 2012 年版。

〔美〕卡罗尔·佩特曼:《参与和民主理论》,陈尧译,上海人民出版社 2006 年版。

〔德〕康德拉·黑塞:《联邦德国宪法纲要》,李辉译,商务印书馆 2007 年版。

〔德〕考夫曼:《法律哲学》,刘辛义等译,法律出版社 2004 年版。

〔美〕科恩:《论民主》,聂崇信等译,商务印书馆 1988 年版。

〔美〕凯斯·R. 桑斯坦:《社会因何需要异见》,支振锋译,中国政法大学出版社 2016 年版。

〔美〕L. 亨金:《权利的时代》,信春鹰等译,知识出版社 1997 年版。

〔德〕莱因荷德·齐柏里乌斯:《法学导论》,金振豹译,中国政法大学出版社 2007 年版。

〔美〕劳伦斯·索伦:《法理词汇》,王凌皞译,中国政法大学出版社 2010 年版。

〔加〕里克·斯塔彭赫斯特、〔美〕萨尔·J. 庞德:《反腐败——国家廉政建设的模式》,杨之刚译,经济科学出版社 2000 年版。

〔美〕理查德·T. 德·乔治:《经济伦理学》,李布译,北京大学出版社 2002 年版。

〔法〕卢梭:《社会契约论》,何兆武译,商务印书馆 1980 年版。

〔日〕芦部信喜:《宪法》,林来梵等译,北京大学出版社 2006 年版。

〔德〕罗伯特·阿列克西:《法律论证理论:作为法律证立的理性辩论理论》,舒国滢译,中国法制出版社 2002 年版。

〔南非〕罗伯特·克利特加德:《控制腐败》,杨光斌等译,中央编译出版社 1998 年版。

〔美〕罗斯科·庞德:《通过法律的社会控制——法律的任务》,沈宗灵译,商务印书馆 1984 年版。

〔美〕罗科斯·庞德:《法律与道德》,陈林林译,中国政法大学出版社 2003 年版。

〔美〕罗斯科·庞德:《法理学》(第 1—4 卷),王保民等译,法律出版社 2007 年版。

〔美〕罗纳德·德沃金:《认真对待权利》,信春鹰、吴玉章译,中国大百科全书出版社 1998 年版。

〔英〕洛克:《政府论》(下篇),叶启芳、瞿菊农译,商务印书馆 1997 年版。

〔美〕乔治·弗雷德里克森:《公共行政的精神》,张成福等译,中国人民大学出版社 2003 年版。

〔德〕马克思、恩格斯:《马克思恩格斯全集》(第 18 卷),人民出版社 1964 年版。

〔德〕马克思、恩格斯:《马克思恩格斯选集》(第1—4卷),人民出版社1995年版。

〔德〕马克思、恩格斯:《马克思恩格斯全集》(第1、3、30、31卷),人民出版社1995、2002、1995、1998年版。

〔美〕迈克尔·D.贝勒斯:《法律的原则》,张文显等译,中国大百科全书出版社1996年版。

〔美〕迈克尔·埃默里、埃德温·埃默里:《美国新闻史——大众传播媒介解释史》,展江等译,新华出版社2001年版。

〔法〕孟德斯鸠:《论法的精神》(上、下册),张雁深译,商务印书馆1961年版。

〔美〕米克尔约翰:《表达自由的法律限度》,侯健译,贵州人民出版社2017年版。

〔美〕塞缪尔·亨廷顿:《变化社会中的政治秩序》,王冠华等译,上海人民出版社2008年版。

〔美〕桑普福德等主编:《测量腐败》,李泉译,中山大学出版社2016年版。

〔日〕杉原泰雄:《宪法的历史——比较宪法学新论》,吕昶、渠涛译,社会科学文献出版社2000年版。

〔美〕斯坦利·I.库特勒编著:《最高法院与宪法》,朱曾汶、林铮译,商务印书馆2006年版。

〔英〕T.R.S.艾伦:《法律、自由与正义——英国宪政的法律基础》,程协中译,法律出版社2006年版。

〔英〕汤姆·宾汉姆:《法治》,毛国权译,中国政法大学出版社2012年版。

〔美〕唐·R.彭伯:《大众传媒法》(第十三版),张金玺、赵刚译,中国人民大学出版社2005年版。

〔美〕唐纳德·M.吉尔摩、杰罗姆·A.巴龙、托德·F.西蒙:《美国大众传播法:判例评析》(上册),梁宁等译,清华大学出版社2002年版。

〔法〕托克维尔:《论美国的民主》(上、下卷),董国良译,商务印书馆1988年版。

〔美〕托马斯·雅诺斯基:《公民与文明社会》,柯雄译,辽宁教育出版社2000年版。

〔英〕W.I.詹宁斯:《法与宪法》,龚祥瑞、侯健译,生活·读书·新知三联书店1997年版。

〔美〕威廉·F.韦斯特:《控制官僚》,张定淮、白锐译,重庆出版社2001年版。

〔德〕威廉·冯·洪堡:《论国家的作用》,林荣远、冯兴元译,中国社会科学出版社1998年版。

〔英〕威廉·韦德:《行政法》,楚建译,中国大百科全书出版社1997年版。

〔美〕韦恩·奥弗贝克:《媒介法原理》,周庆山译,北京大学出版社 2011 年版。

〔美〕沃尔特·墨菲:《普通法、大陆法与宪法民主》,信春鹰译,载佟德志编:《宪政与民主》,江苏人民出版社 2007 年版。

〔古罗马〕西塞罗:《国家篇 法律篇》,沈淑平、苏力译,商务印书馆 1999 年版。

〔古希腊〕亚里士多德:《政治学》,吴寿彭译,中国人民大学出版社 2003 年版。

〔英〕亚历山大:《国家与市民社会:一种社会理论的研究路径》,邓正来译,中央编译出版社 2002 年版。

〔日〕盐野宏:《行政法》,杨建顺译,法律出版社 1999 年版。

〔美〕伊利:《民主与不信任——关于司法审查的理论》,朱中一、顾运译,法律出版社 2003年版。

〔美〕约翰·V.奥尔特:《正当法律程序简史》,杨明成、陈霜玲译,商务印书馆 2006 年版。

〔美〕约翰·D.泽莱兹尼:《传播法判例:自由限制与现代媒介》,王秀丽译,北京大学出版社 2007 年版。

〔英〕约翰·邓恩编:《民主的历程》,林猛等译,吉林人民出版社 1999 年版。

〔美〕约翰·肯尼斯·加尔布雷斯:《权力的分析》,陶远华等译,河北人民出版社 1998年版。

〔美〕约翰·罗尔斯:《正义论》,何怀宏等译,中国社会科学出版社 1988 年版。

〔意〕约翰奈斯·艾赫拉特:《丑闻的力量:大众传媒中的符号学》,宋文译,四川大学出版社 2016 年版。

〔英〕约瑟夫·拉兹:《实践理性与规范》,朱学平译,中国法制出版社 2011 年版。

〔美〕朱尔斯·科尔曼、斯科特·夏皮罗:《牛津法理学与法哲学手册》(上、下册),杜宴林等译,上海三联书店 2017 年版。

中文论文

艾永明:《中国古代监察职能的基本特点——兼议对当代监察体制改革的启示》,《江苏社会科学》2019 年第 1 期。

艾永明:《中国古代监察体制评析》,《贵州省委党校学报》2019 年第 2 期。

蔡宝刚:《迈向权利反腐认真对待微博反腐的法理言说》,《法学》2013 年第 5 期。

蔡宝刚:《法治反腐之道:由"偶然反腐"转向"必然反腐"——"情妇反腐"的热现象与法治视域下的冷思考》,《学习与探索》2014 年第 5 期。

蔡定剑:《论代议机关的权力特征》,《中国人大》2000 年第 4 期。

丁志刚、蒋月锋:《现代政府治理视域下的行政不作为及其治理》,《西南民族大学学报》(人文社会科学版)2017 年第 1 期。

陈聪富:《美国惩罚性赔偿金的发展趋势——改革运动与实证研究的对策》,《台大法学评论》第 27 卷第 1 期。

陈党:《宪政视野下的公民监督》,《苏州大学学报》(哲学社会科学版)2008 年第 2 期。

陈党:《监督权、请求权及其相互关系——〈中华人民共和国宪法〉第 41 条解读》,《理论与改革》2009 年第 2 期。

陈道英:《全国人大常委会法规备案审查制度研究》,《政治与法律》2012 年第 7 期。

陈端洪:《立法的民主合法性与立法至上——中国立法批评》,《中外法学》1998 年第 6 期。

陈辐宽:《论检察诉讼监督及其价值目标》,《法学》2012 年第 2 期。

陈刚:《舆论监督报道如何柔性发力——新时期舆论监督报道的民生维度》,《青年记者》2018 年第 35 期。

陈国权、曹伟:《权力制约监督的制度功能与现实意义》,《社会科学战线》2011 年第 9 期。

陈家刚:《建立官员财产申报公示制度的政治逻辑》,《领导科学》2013 年 2 月。

陈家欣、陈党:《加强对网络监督主体的法律保护》,《学习论坛》2013 年第 11 期。

陈平:《当前我国权力监督的困境:党政权力"吸纳"监督权》,《天津行政学院学报》2016 年第 1 期。

陈庆华、李立景:《新媒体时代公众司法知情权与司法公开》,《长春市委党校学报》2017 年第 3 期。

陈堂发:《网络批评性表达不应过度援引"寻衅滋事"追责》,《新闻记者》2016 年第 9 期。

陈瑞华:《走向综合性程序价值理论——贝勒斯程序正义理论述评》,《中国社会科学》1999 年第 6 期。

陈文胜:《微博反腐的双刃剑效应及改进路径》,《理论导刊》2016 年第 10 期。

陈焱光:《公民监督权:学理、规范与实现路径》,载许崇德、韩大元主编:《中国宪法年刊》,法律出版社 2008 年版。

程竹汝:《完善和创新公民监督权行使的条件和机制》,《政治与法律》2007 年第 3 期。

丛日云:《构建公民文化:面向 21 世纪政治学研究》,《政治文化研究》2010 年第 1 期。

崔卓兰、张继红:《从压制型到回应型:行政法治理模式的转换——群体性事件的行政法反思》,《社会科学辑刊》2014 年第 6 期。

董妍:《政府信息公开判决解析——基于各地高级法院二审判决书的解读》,《上海政法学院学报》2016 年第 4 期。

杜宁宁:《权利冲突视野下的劳动者知情权问题研究》,《当代法学》2014 年第 5 期。

杜睿哲:《涉诉信访法治化:现实困境与路径选择》,《西北师范大学学报》(社会科学版)2017 年第 4 期。

杜仪方:《国家赔偿中的"相应"精神损害抚慰金——(2013)浙法赔字第 12 号浙江省高院张氏叔侄赔偿决定书评析及展开》,《浙江学刊》2015 年第 1 期。

杜治洲、张阳阳:《微博反腐模型、现状与对策》,《理论视野》2012 年第 6 期。

段哲哲、刘江:《网络问政的政府回应逻辑:公开承诺压力与选择性回应——基于 66 个政府网站领导信箱的实验设计》,《浙江工商大学学报》2019 年第 4 期。

范进学:《信访行为之权利与功能分析》,《政法论丛》2017 年第 2 期。

范正伟:《依法治网要警惕"歪嘴和尚"》,《人民日报》2013 年 9 月 25 日。

方世荣:《鼓励党员和公民实事求是地行使监督权》,《人民论坛》2017 年第 19 期。

冯巾桐:《试论知情权救济的相关理论问题》,《人权》2016 年第 1 期。

傅恩来:《论我国信访制度的缺陷及其改革方向》,《天津行政学院学报》2011 年第 2 期。

高斌:《当反腐邂逅微博》,《检察日报》2012 年 6 月 7 日。

宫鸣:《申诉案件律师代理制度探索》,《人民检察》2016 年第 1 期。

公衍义:《论行政行为效力中止制度——兼论民行交叉纠纷实质性化解的途径》,《山东审判》2011 年第 3 期。

谷志军:《谁来监督监督者:监督权问责的逻辑与实现》,《社会科学战线》2017 年第 1 期。

郭莉:《权力制约视野下的网络舆论监督法理分析》,《江西社会科学》2011 年第 5 期。

郭莹:《中国古代的"告密文化"》,《江汉论坛》1998 年第 4 期。

韩大元:《论国家监察体制改革中的若干宪法问题》,《法学评论》2017 年第 3 期。

贺海仁:《获取政府好信息与法治政府——以不予公开政府信息为分析对象》,《河北法学》2014 年第 7 期。

韩敬、胡细罗:《知情权法律救济在我国遭遇的尴尬》,《河北法学》2009 年第 4 期。

韩轶:《论被害人量刑建议权的实现》,《法学评论》2017 年第 1 期。

何家弘:《中国腐败犯罪的原因分析》,《法学评论》2015 年第 1 期。

何家弘、张小敏:《反腐败立法研究》,《中国刑事法杂志》2015 年第 6 期。

何生根:《知情权属性之学理研究》,《法律科学》2005 年第 5 期。

何渊、张洁莹:《政府信息公开案件的司法审判状况——基于司法案例的评估分析》,《上海政法学院学报》2016 年第 4 期。

侯健:《诽谤罪、批评权与宪法的民主之约》,《法制与社会发展》2011 年第 4 期。

胡建淼、金承东:《论法规违宪审查建议权》,《法学家》2005 年第 2 期。

胡仕浩:《国家赔偿法修改的新精神和新内容》,《人民司法》2010 年第 23 期。

黄德林、唐承敏:《公民的"知情权"及其实现》,《法学评论》2001 年第 5 期。

黄舒芃:《法律保留原则在德国法秩序下的意蕴与特征》,《中原财经法学》2004 年第 13 期。

黄晓云:《律师:息访维稳的第三方力量——北京、吉林等地法院引入社会力量共同化解涉诉信访》,《中国审判》2014 年第 1 期。

季卫东:《程序比较论》,《比较法研究》1993 年第 1 期。

贾永健:《公民控告权的正义价值分析》,《公民与法》2015 年第 9 期。

江艾桐:《政务公开中的权力制约与公民权利保障》,《理论观察》2012 年第 4 期。

江泽民:《关于党的新闻工作的几个问题》,《求是》1990 年第 5 期。

蒋德海:《河南"禁传视频"规定侵犯公民监督权》,《人民政协报》2013 年 8 月 12 日。

蒋都都:《论我国信访制度改革的法治化具体途径——以行政复议制度完善为契机》,《时代法学》2017 年第 2 期。

蒋来用:《比较视角下的国家监察体制改革》,《河南社会科学》2017 年第 6 期。

姜瀛:《网络寻衅滋事罪"口袋效应"之实证分析》,《中国人民公安大学学报》(社会科学版)2018 年第 2 期。

焦洪昌、江溯:《论我国公民合宪性审查建议权的双重属性》,《政法论丛》2018 年第 10 期。

焦洪昌、叶远涛:《从人民代表大会制看国家监察体制改革》,《中国党政干部论坛》2017 年第 2 期。

金毅、许鸿艳:《当前我国网络反腐败的制度体系建设探析》,《中共天津市委党校学报》

2017 年第 3 期。

康峻珲:《新形势下我国政府信息公开的实践探究》,《管理观察》2017 年第 4 期。

赖立明:《论司法之法内纠纷解决机制——以 C 市 W 区基层法院涉诉信访工作为研究对象》,《社会中的法理》2012 年第 1 期。

黎军:《保障公民基本权利之法律保留原则》,《深圳大学学报》(人文社会科学版)2004 年第 21 卷。

黎美义:《谈谈公民监督权的强化与保障》,《法学家》1989 年第 6 期。

李长勇:《现代社会保障的基本理念》,载徐显明主编:《人权研究》(第 3 卷),山东人民出版社 2003 年版。

李丹林:《论传媒法的宪法属性》,《南京社会科学》2011 年第 3 期。

李栋:《信访制度改革与统一〈信访法〉的制定》,《法学》2014 年第 12 期。

李红勃:《人民信访:中国式人权救济机制》,《人权》2006 年第 2 期。

李红勃:《现行纪检监察模式的困境及其法治化改革方向》,《环球法律评论》2017 年第 2 期。

李红勃:《迈向监察委员会:权力监督中国模式的法治化转型》,《法学评论》2017 年第 3 期。

李建华、朱伟干:《行政检举的道德困境》,《马克思主义理论与现实》2010 年第 1 期。

李亮:《公务员检举权的法律探讨》,《陕西省行政学院学报》2003 年第 4 期。

李鸣玲、董雪:《法治视野下的公权力与私权利的平衡》,《经营管理者》2013 年 2 月。

李琦:《公民政治权力研究》,《政治学研究》1997 年第 3 期。

李天锐:《当庭检举官员,他们图个啥》,《廉政瞭望》2016 年第 7 期。

李涛、刘雪焕:《扩大公民有序政治参与,完善权力监督制约机制》,《政治学研究》2008 年第 3 期。

李瑞环:《坚持正面宣传为主的方针》,《求是》1990 年第 5 期。

李巍:《基层信访治理模式之转换:从"压制型"向"回应型"》,《天津行政学院学报》2017 年第 1 期。

李显峰:《国赔 20 年:追责寥寥追偿难》,《京华时报》2014 年 5 月 19 日。

李洋:《监督权的双重属性与重构——解读中国宪法第 41 条》,《西部学刊》2014 年第 7 期。

李洋:《中国宪法语境中的舆论监督含义探讨》,《南京社会科学》2013 年第 5 期。

李洋:《监督权的双重属性与重构——解读中国宪法第 41 条》,《西部学刊》2014 年第 7 期。

李友根:《惩罚性赔偿制度的中国模式研究》,《法制与社会发展》2015 年第 6 期。

李占乐:《中国政府"三公"经费公开的现状、问题与对策》,《云南社会科学》2012 年第 2 期。

李志明:《我国公民检举权的理论基础》,《广州大学学报》(社会科学版)2011 年第 1 期。

李志明、潘如新:《论我国公民检举权保障制度的完善》,《政治与法律》2011 年第 10 期。

李忠:《国家监察体制改革与宪法再造》,《环球法律评论》2017 年第 2 期。

廖原:《论我国国家赔偿请求权的完善》,《武汉冶金管理干部学院学报》2007 年第 4 期。

林爱裙:《论公共利益原则对官员名誉权的限制》,《新闻记者》2006 年第 5 期。

林爱珺:《知情权的法律价值》,《太平洋学报》2007 年第 4 期。

林佩云:《博弈论视角下官员财产申报制度的建立路径》,《广西社会科学》2014 年第 12 期。

林喆:《参政权:民主政治的基石》,《学习时报》2004 年 5 月 10 日。

林喆:《信访制度的功能、属性及其发展趋势》,《中共中央党校学报》2009 年第 1 期。

林喆:《当代中国官员财产申报制度建立的难点及对策》,《中国党政干部论坛》2009 年第 9 期。

刘广登:《论知情权与行政公开》,《内蒙古社会科学》(汉文版)2003 年第 5 期。

刘飞宇:《论知情权的请求权能》,《国家行政学院学报》2004 年第 6 期。

刘杰:《日本宪法上的知情权与信息公开法》,《法学家》2007 年第 3 期。

刘金国:《权力腐败的法律制约》,《中国法学》2000 年第 1 期。

刘世定等:《"内卷化"概念辨析》,《社会学研究》2004 年第 5 期。

刘玮等:《以"问"的犀利倒逼"责"的落实——强化媒体监督,推动执纪问责》,《新闻战线》2017 年第 9 期。

刘振洋:《论国家监察体制重构的基本问题与具体路径》,《法学》2017 年第 5 期。

刘志刚:《立法缺位状态下的基本权利》,《法学评论》2011 年第 6 期。

卢俊卿:《美国黑幕揭发运动与我国新闻舆论监督》,《新闻爱好者》2011 年第 14 期。

吕皖颖:《浅论保障公民监督权》,《安徽行政学院学报》2013 年第 1 期。

陆武:《从"长治现象"看党报舆论监督的困境及走向》,《湖南大众传媒职业技术学院学
　　报》2004 年第 4 期。

罗勇:《大数据背景下政府信息公开制度的中日比较——以"知情权"为视角》,《重庆大学
　　学报》(社会科学版)2017 年第 1 期。

吕皖颖:《浅论保障公民监督权》,《安徽行政学院学报》2013 年第 1 期。

马红安:《从信访受理制度看"信访权"的边界》,《广东社会科学》2018 年第 4 期。

马华、苏芳:《村官腐败的形成与治理:"四权"同步的视角》,《江苏行政学院学报》2017 年
　　第 2 期。

马怀德:《国家监察体制改革的重要意义和主要任务》,《国家行政学院学报》2016 年第
　　6 期。

毛高杰:《论纠纷解决中法律的限度》,《四川师范大学学报》(社会科学版)2012 年第 6 期。

茅铭晨:《论宪法申诉权的落实和发展》,《现代法学》2002 年第 12 期。

米恒:《论公民监督权与官员名誉权的冲突与平衡——基于宪法维度的思考》,《桂海论
　　丛》2016 年第 3 期。

缪士鼎:《人大代表的监督权有多大》,《人大研究》2010 年第 12 期。

宁立成:《论公民监督权的社会价值》,《理论月刊》2007 年第 3 期。

潘荣伟:《公务员法律责任略论》,《行政与法》1998 年第 4 期。

庞正:《论权力制约的社会之维》,《社会科学战线》2016 年第 2 期。

彭君、王小红:《作为基本权利的申诉权及其完善》,《法律适用》2013 年第 11 期。

秦前红:《我国监察体系的宪制思考:从"三驾马车"到国家监察》,《中国法律评论》2017 年
　　第 1 期。

秦前红:《监察体制改革的逻辑与方法》,《环球法律评论》2017 第 2 期。

秦前红、底高扬:《从机关思维到程序思维:国家监察体制改革的方法论探索》,《武汉大学
　　学报》(哲学社会科学版)2017 年第 3 期。

秦前红、王宇欢:《有限授权与有效监督——试论英国特别委员会的监督权及其对我国的
　　借鉴意义》,《湖南社会科学》2016 年第 5 期。

秦小建:《论公民监督权的规范建构》,《政治与法律》2016 年第 5 期。

邱安民、胡杨成:《大数据思维下的官员财产申报制度研究综述》,《中国管理信息化》2017
　　年第 2 期。

丘川颖:《赋权与规制:国家监察体制改革之法治路径》,《法治社会》2017 年第 1 期。

邱威:《公民监督权弱化的原因与对策》,《武汉公安干部学院学报》2011 年第 1 期。

任建明:《我国未来反腐败制度改革的关键:反腐败机构与体制》,《廉政文化研究》2010 年
第 1 期。

任建明:《反腐败斗争还有哪些"硬骨头"需要"啃"》,《人民论坛》2017 年第 9 期。

任喜荣:《作为"新兴"权利的信访权》,《法商研究》2011 年第 4 期。

申来津、龚可澜:《政府机构维护公民权利不作为及其救济途径》,《学术交流》2014 年第
3 期。

沈亦平、张晓帆:《论"程序终结"在国家刑事赔偿中的认定与适用》,载陶凯元、柯汉民主
编:《国家赔偿办案指南》2016 年第 2 辑(总第 16 辑),法律出版社 2016 年版。

盛小金:《略论我国公务员的检举权》,《云南行政学院学报》2017 年第 4 期。

石毕凡:《诽谤、舆论监督权与宪法第 41 条的规范意旨》,《浙江社会科学》2013 年第 4 期。

石瑛、朱孟才:《完善行政决策听证的策略选择》,《社会科学战线》2012 年第 6 期。

司甜:《社会转型期公民网络政治参与的困境及出路研究》,《陕西社会主义学院学报》
2017 年第 1 期。

宋智敏:《从"法律咨询者"到"法治守护者"——改革语境下政府法律顾问角色的转换》,
《政治与法律》2016 年第 1 期。

隋成龙:《从保障公民知情权角度浅谈我国政府信息公开》,《青年与社会》2013 年第
11 期。

孙大雄:《论信访权的权利属性》,《社会主义研究》2006 年第 1 期。

孙大雄:《信访制度功能的扭曲与理性回归》,《法商研究》2011 年第 4 期。

孙万怀、卢恒飞:《刑法应当理性应对网络谣言——对网络造谣司法解释的实证评估》,
《法学》2013 年第 11 期。

孙效敏、张炳:《惩罚性赔偿制度质疑——兼评〈侵权责任法〉第 47 条》,《法学论坛》2015
年第 2 期。

台运启、杨小君:《关于国家赔偿标准的问题与建议》,《中国人民公安大学学报》2003 年第
5 期。

陶镕:《对我国政府信息公开制度的探讨》,《生产力研究》2011 年第 8 期。

田雅:《建立行政规章审查启动机制的问题初探——从公民监督权角度出发》,《常州工学

院学报》(社科版)2017 年第 1 期。

唐杏湘:《论我国公民监督权的实现》,《武汉理工大学学报》(社会科学版)2011 年第 3 期。

田源:《论自媒体舆论监督权对审判权的规约限度》,《苏州大学学报》(哲学社会科学版)
　　2018 年第 6 期。

童之伟:《信访体制在中国宪法框架中的合理定位》,《现代法学》2011 年第 1 期。

童之伟:《将监察体制改革全程纳入法治轨道之方略》,《法学》2016 年第 12 期。

童之伟:《对监察委员会自身的监督制约何以强化》,《法学评论》2017 年第 1 期。

汪习根、陈焱光:《论知情权》,《法制与社会发展》2003 年第 2 期。

汪萍:《媒体批评权受限的诉讼制度因素分析》,《西南民族大学学报》(人文社会科学版)
　　2011 年第 8 期。

王春福:《政治体制改革的核心是实现权利对权力的有效制约》,《中共浙江省委党校学
　　报》2012 年第 3 期。

王建新:《论我国国家赔偿应引入惩罚性赔偿制度》,《河北科技大学学报》(社会科学版)
　　2011 年第 3 期。

王敬波、李帅:《我国政府信息公开的问题、对策与前瞻》,《行政法学研究》2017 年第 2 期。

王锴:《我国国家公法责任体系的构建》,《清华法学》2015 年第 3 期。

王利明:《美国惩罚性赔偿制度研究》,《比较法研究》2003 年第 5 期。

王孟嘉:《信访制度的司法转向——信访纳入法律监督权视野之证成》,《江汉大学学报》
　　(社会科学版)2017 年第 4 期。

王亦君:《微博反腐的权利边界在哪?》,《中国青年报》2012 年 12 月 16 日。

王友云、宋丽:《防止公权滥用的现实选择:以权利监督权力》,《铜仁学院学报》2016 年第
　　1 期。

王玉:《公民监督视角下法治政府建设的路径分析》,《大连干部学刊》2016 年第 5 期。

王月明:《公民监督权体系及其价值实现》,《华东政法大学学报》2010 年第 3 期。

王祯军:《论我国公民违宪审查建议权的意义及其完善》,《河北法学》2009 年第 11 期。

王志连:《以"权利"制约权力——列宁晚年时期对社会主义国家权力制衡的探索》,《社会
　　科学研究》2001 年第 3 期。

王周刚:《全面从严治党视阈中的监督权:系统架构·制约瓶颈·优化路径》,《中共云南
　　省委党校学报》2017 年第 1 期。

温耀原:《〈立法法〉修正下法律保留原则研究》,《西北师范大学学报》(社会科学版)2015
　　年第 3 期。

吴家清、洪丹娜:《公民检举权的概念及权利类型探论》,《广州大学学报》(社会科学版)
　　2015 年第 1 期。

吴家清、洪丹娜:《数字化时代——公民检举权实现路径的异化及重构》,《广东社会科学》
　　2015 年第 3 期。

吴建雄:《论国家监察体制改革的价值基础与制度构建》,《中共中央党校学报》2017 年第
　　2 期。

吴莉莉:《信息公开诉讼中的滥诉问题研究》,《知与行》2017 年第 4 期。

吴亚辉:《论我国"权利制约权力"的现实困境》,《北京工业大学学报》(社会科学版)2010
　　年第 3 期。

夏金莱:《法治视野下对信访受理范围的再思考》,《暨南学报》(哲学社会科学版)2015 年
　　第 5 期。

肖滨、黄迎虹:《发展中国家反腐败制度建设的政治动力机制——基于印度制定"官员腐
　　败调查法"的分析》,《中国社会科学》2015 年第 5 期。

习近平:《在新的起点上深化国家监察体制改革》,《求是》2019 年第 5 期。

肖卫兵:《〈政府信息公开条例〉中"国家安全"例外规定的完善》,《上海政法学院学报》
　　2016 年第 4 期。

徐伯黎:《公众知情权与官员隐私权界限在哪》,《检察日报》2013 年 1 月 10 日。

徐爽:《以权利制约权力——社会主义法律体系与基本权利立法实践的发展》,《政法论
　　坛》2011 年第 6 期。

徐玉生:《检举举报:人民有序监督的路径及其实现》,《河南社会科学》2019 年第 1 期。

薛恒、邱冬:《庸官懒政:一个政府自身治理难题的治理》,《阅江学刊》2016 年第 4 期。

闫锋:《成本视域下当代中国信访改革的路径选择》,《河南师范大学学报》(哲学社会科学
　　版)2017 年第 3 期。

阳庚德:《普通法国家惩罚性赔偿制度研究——以英、美、澳、加四国为对象》,《环球法律
　　评论》2013 年第 4 期。

杨凤宁、陈钢:《波兰公民知情权探讨及借鉴》,《时代法学》2015 年第 5 期。

杨佶:《政府信息公开法律规范必须转变视角——以保障公民知情权为宗旨》,《政治与法

律》2013 年第 2 期。

杨解君：《全面深化改革背景下的国家公权力监督体系重构》，《武汉大学学报》（哲学社会
科学版）2017 年第 3 期。

杨小军：《政府信息公开范围若干法律问题》，《江苏行政学院学报》2009 年第 4 期。

姚文胜：《国家监察体制改革有关问题的思考》，《环球法律评论》2017 年第 2 期。

姚正祥：《论犯罪嫌疑人的申诉和控告权》，《安徽大学学报》（哲学社会科学版）2003 年第
1 期。

叶海波：《国家监察体制改革的宪法约束》，《武汉大学学报》（哲学社会科学版）2017 年第
3 期。

叶海波：《国家监察体制改革试点的法治路径》，《四川师范大学学报》（社会科学版）2017
年第 3 期。

叶剑锋：《论中西语境中专制主义的不同含义》，《宁夏党校学报》2005 年第 1 期。

易虹：《涉诉信访制度困境与解决机制的整合》，《江西社会科学》2010 年第 2 期。

尹利民、万立超：《"包容性治理"何以可能——对中国基层信访治理形态嬗变的分析》，
《学习论坛》2017 年第 1 期。

殷啸虎：《当代宪法理论研究中应关注的几个关系》，《东方法学》2012 年第 6 期。

尹彦文：《当前三公消费治理中存在的问题及对策》，《中北大学学报》（社会科学版）2014
年第 5 期。

应松年：《关于国家赔偿的几点思考——从念斌案说起》，《法治社会》2017 年第 2 期。

于安：《反腐败是构建新国家监察体制的主基调》，《中国法律评论》2017 年第 2 期。

于建嵘：《中国信访制度批判》，《中国改革》2005 年第 2 期。

喻中：《正式规则与潜规则的相互关系》，《民主与科学》2010 年第 1 期。

袁曙光：《权力制约与权利保障——关于刑事诉讼中的人权保护》，《山东社会科学》2008
年第 12 期。

原新利：《对政府官员的"人肉搜索"与公民监督权实现的路径困境》，《齐鲁学刊》2009 年
第 4 期。

翟峰：《公民的违宪审查建议权如何落地生根》，《人民之友》2018 年第 10 期。

湛中乐、肖能：《论政治社会中个体权利与国家权力的平衡关系——以卢梭社会契约论为
视角》，《政治与法律》2010 年第 8 期。

曾凡珂：《论法治国家中的权利本位与权力制约》，《黑龙江省政法管理干部学院学报》
    2011 年第 1 期。

曾哲：《微博的法律边界》，《法制日报》2012 年 3 月 1 日。

张宝泉：《完善政府信息公开法律制度，进一步保障公民知情权》，《山东省青年管理干部
    学院学报》2008 年第 3 期。

张红：《破解信访困局亟需制定〈信访法〉》，《中国经济周刊》2013 年 11 月 4 日。

张华、黄健荣：《网络监督面临的政治梗阻困局及其化解路径》，《求实》2012 年第 5 期。

张化冰、陈玉梅：《公民诉愿权行使与司法宣传工作机制的创新》，《安顺学院学报》2015 年
    第 1 期。

张磊：《群众知情权，能够随意侵犯吗?》，《中国纪检监察报》2016 年 5 月 30 日。

张立刚：《"信访权"辨伪》，《山东警察学院学报》2017 年第 1 期。

张陆庆：《信访制度的法制化研究》，《河北学刊》2010 年第 4 期。

张明楷：《言论自由与刑事犯罪》，《清华法学》2016 年第 1 期。

张淑芳：《论行政强制设定中的公民建议权》，《南京师大学报》(社会科学版) 2013 年第
    5 期。

张涛、郭如瑾：《论政府信息公开与公民知情权的保障》，《中共南昌市委党校学报》2015 年
    第 1 期。

张文显、于莹：《法学研究中的语义分析方法》，《法学》1991 年第 10 期。

张文显：《部门法哲学引论——属性和方法》，《吉林大学社会科学学报》2006 年第 5 期。

张夏：《民众知情权参与权表达权监督权在社会主义民主政治中的地位和作用》，《西藏发
    展论坛》2012 年第 1 期。

张翔：《论基本权利的防御权功能》，《法学家》2005 年第 2 期。

张翔：《基本权利的双重性质》，《法学研究》2005 年第 3 期。

张翔：《基本权利的受益权功能与国家的给付义务》，《中国法学》2006 年第 1 期。

张晓文：《政府信息公开中隐私权与知情权的博弈及平衡》，《情报理论与实践》2009 年第
    8 期。

张筱倜：《〈立法法〉修改后我国法规备案审查制度的再检视》，《理论月刊》2016 年第 1 期。

张欣：《网络集群行为参与立法变革的机制和反思——以山东问题疫苗事件为例》，《环球
    法律评论》2017 年第 1 期。

张新宝、李倩：《惩罚性赔偿的立法选择》，《清华法学》2009 年第 4 期。

张瑜：《从"应然"层面解析国家监察体制相关概念及内涵》，《行政法学研究》2017 年第 4 期。

张玉华：《律师参与化解涉法涉诉信访和代理申诉工作的实践与思考——以山东省临沂市工作实践为视角》，《中国律师》2016 年第 8 期。

章剑生：《知情权及其保障——以〈政府信息公开条例〉为例》，《中国法学》2008 年第 4 期。

章舜钦：《论公民监督权与构建和谐社会》，《岭南学刊》2009 年第 1 期。

章瑛：《公民监督权：法律视域下的公民参与》，《检察风云》2014 年第 12 期。

章志远、顾勤芳：《中国法律文本中的"申诉"研究》，《法治研究》2011 年第 8 期。

郑保卫：《权力·责任·道德·法律——兼论新闻媒体的属性、职能及行为规范》，《国际新闻界》2005 年第 4 期。

郑磊：《国家监察体制改革的修宪论纲》，《环球法律评论》2017 年第 2 期。

周飞：《基层信访"内卷化"：关于社会反作用于国家的研究》，《甘肃行政学院学报》2015 年第 3 期。

周凯：《微博反腐已进入"剥洋葱"式深度挖掘时代》，《中国青年报》2013 年 1 月 4 日。

周永坤：《信访潮与中国纠纷解决机制的路径选择》，《暨南学报》（哲学社会科学版）2006 年第 1 期。

周紫阳：《知情权与隐私权的博弈与平衡—从"以人查房"说起》，《学习月刊》2014 年第 2 期。

朱兵强、曾妍：《法学视野下的公民新闻》，《前沿》2016 年第 10 期。

朱广新：《惩罚性赔偿制度的演进与适用》，《中国社会科学》2014 年第 3 期。

朱立恒：《中国反腐败体制之反思与改革》，《时代法学》2017 年第 2 期。

庄国荣：《西德之基本权理论与基本权的功能》，《宪政时代》1990 年第 15 卷第 3 期。

庄绪龙：《刑事拘留国家赔偿的制度漏洞与补正机制》，《法律适用》2017 年第 5 期。

邹庆国：《网络反腐：兴起缘由、价值解读与风险防范》，《理论导刊》2012 年第 4 期。

外文资料

Robert Alexy, *A Theory of Constitutional Rights*, translated by Julian Rivers, Oxford University Press, 2002.

Thomas M. Devine, "The Whistleblower Protection Act of 1989: Foundation for the Modern Law of Employment Dissent", *Administrative Law Review*, Vol. 51, 1999.

Donald P. Kommers, *The Constitutional Jurisprudence of the Federal Republic of Germany*, Durham and London: Duke University Press, 1997.

Dorsey D. Ellis, Jr., "Fairness and Efficiency in the Law of Punitive Damages", *S. Cal. L. Rev.*, 1982.

Bruce D. Fisher, "The Whistleblower Protection Act of 1989: A False Hope for Whistleblowers", *Rutgers Law Review*, Vol. 43, 1991.

Frank I. Michelman, "The Constitution, Social Rights, and Liberal Political Justification", *International Journal of Constitutional Law*, Vol. 1, No. 1, 2003.

G. A. Cohen, *Self-Ownership, Freedom, and Equality*, Cambridge University Press, 1995.

Bryan A. Garner, *Black's Law Dictionary*, Eighth Edition, West Publishing, 1990.

Giulio Itzcovich, "Sovereignty, Legal Pluralism and Fundamental Rights", *European Public Law*, Vol. 10, No. 1, 2004.

Keith N. Hylton, "Punitive Damage and the Economic Theory of Penalties", *Georgetown Law Journal*, 1998.

Patricia A. Price, "An Overview of the Whistleblower Protection Act", *The Federal Circuit Bar Journal*, Vol. 2, No. 1, 1992.

Ejan Mackaay, "The Emergence of Constitutional Rights", *Constitutional Political Economy*, Vol. 8, 1997.

David F. Partlett, "Punitive Damages: Legal Hot Zones", 56 *La. L. Rev.*, 1996.

Pember Clay Calvert, Don R., *Mass Media Law*, 18th Edition, McGraw-Hill, 2013.

Robert H. Wiebe, *The Search for Order, 1877—1920*, New York: Hill and Wang, 1967.

Christopher F. Zurn, "Deliberative Democracy and Constitutional Review", *Law and Philosophy*, Vol. 21, 2002.

研究生学位论文

安逸尧:《论我国公民申诉权法制保障研究》,东北师范大学硕士学位论文,2011 年。

车京哲:《论我国行政信息公开制度之完善》,延边大学硕士学位论文,2005 年。

陈法彬:《网络群体性事件法律治理研究》,华东政法大学硕士学位论文,2015 年。

陈亮:《论上访者的控告申诉权》,苏州大学硕士学位论文,2012 年。

陈亚阳:《公民检举权的法律保障研究》,南昌大学硕士学位论文,2013 年。

董海翔:《公民参与反腐中公民知情权和官员隐私权的冲突与协调》,扬州大学硕士学位论文,2015 年。

董亚慧:《加强中国政府信息公开的对策研究》,东北大学硕士学位论文,2005 年。

范美华:《论公民法规审查建议制度的完善》,中央民族大学硕士学位论文,2016 年。

冯文玉:《网络反腐:虚拟社会中公民监督权的行使》,哈尔滨工业大学硕士学位论文,2017 年。

高玉琦:《网络环境下公民监督权的规范化行使研究》,扬州大学硕士学位论文,2015 年。

龚道静:《论公民的监督权——对"王鹏—马晶晶"案的法律问题分析》,甘肃政法学院硕士学位论文,2012 年。

郭巍:《论我国公民的舆论监督权》,中南民族大学硕士学位论文,2011 年。

郭文志:《新闻舆论监督权与公民名誉权的冲突及解决》,华中科技大学硕士学位论文,2004 年。

郝春琪:《反腐视角下政府信息公开法的完善研究》,扬州大学硕士学位论文,2014 年。

洪丹娜:《公民检举权实现机制研究》,华南理工大学博士学位论文,2015 年。

吉佳佳:《论网络环境下我国的公民监督权》,吉林大学硕士学位论文,2013 年。

姜丹:《公民检举权法律保护研究》,辽宁大学硕士学位论文,2013 年。

贾永健:《控告权的正义之理研究》,西南政法大学博士学位论文,2014 年。

蒋苗苗:《新形势下推进和规范我国网络反腐研究》,温州大学硕士学位论文,2016 年。

黎锦:《国家赔偿惩罚性标准的适用》,中国政法大学硕士学位论文,2007 年。

李保峰:《中国传统法律文化对法制现代化的影响》,郑州大学硕士学位论文,2010 年。

李晨:《新闻自由与司法独立关系研究》,吉林大学博士学位论文,2011 年。

李海萍:《大学学术权力现状研究》,湖南师范大学博士学位论文,2010 年。

李洁:《信访权的宪法学研究》,江西师范大学硕士学位论文,2009 年。

李磊:《论公民检举权的保护》,沈阳师范大学硕士学位论文,2011 年。

李蓉:《网络谣言法律规制分类研究》,天津师范大学硕士学位论文,2017 年。

李婷伟:《司法审判中舆论监督权的实现》,广西师范大学硕士学位论文,2015 年。

李萧:《我国新媒体舆论监督研究》,河北大学硕士学位论文,2018 年。

李小姣:《我国网络舆论监督背景下的司法公正问题研究》,吉林财经大学硕士学位论文,
2016 年。

刘森:《行政问责视角下的电视问政法律问题探讨》,广西大学硕士学位论文,2016 年。

刘占虎:《当代中国反腐倡廉的协同性研究》,兰州大学博士学位论文,2015 年。

芦雪峰:《英国 1998 年〈人权法案〉研究》,中国政法大学博士学位论文,2006 年。

罗胜男:《论我国自媒体发展法律问题研究》,吉林大学硕士学位论文,2016 年。

马玮:《惩罚性国家赔偿探究》,苏州大学硕士学位论文,2007 年。

毛超林:《中国当代公民监督权问题研究》,广州大学硕士学位论文,2011 年。

孟豫筑:《论行政赔偿制度之完善》,贵州大学硕士学位论文,2007 年。

倪文卿:《公民信访权与信访制度研究》,苏州大学硕士学位论文,2014 年。

潘良峰:《政府官员名誉权保护法律问题探析》,复旦大学硕士学位论文,2010 年。

彭启昌:《检察举报制度研究》,西南政法大学硕士学位论文,2011 年。

平恒:《网络谣言的法律规制》,南京大学硕士学位论文,2015 年。

阮梦玥:《论公民的建议权》,中南民族大学硕士学位论文,2012 年。

沙娟娟:《公民检举权法律保障研究》,安徽财经大学硕士学位论文,2015 年。

石楠:《宪法视野下的申诉权研究》,中国政法大学硕士学位论文,2006 年。

宋策:《论新闻监督权与公民名誉权的冲突与平衡》,暨南大学硕士学位论文,2011 年。

宋向军:《我国民事领域的申诉制度研究》,复旦大学硕士学位论文,2011 年。

孙利:《论公民监督权》,长春理工大学硕士学位论文,2012 年。

孙普玲:《我国公民知情权及其实现研究》,陕西师范大学硕士论文,2012 年。

陶锡文:《论微博实名制对公民监督权的消极影响》,南京师范大学硕士学位论文,
2013 年。

陶梓民:《网络谣言的刑事治理机制研究》,河北大学硕士学位论文,2015 年。

田自成:《我国地方立法不抵触原则在实施中存在的问题及对策》,湖南大学硕士学位论
文,2011 年。

帖梅:《甘肃省政府信息公开制度实施的问题及对策研究》,西北民族大学硕士学位论文,
2013 年。

王果:《论规范性文件备案审查制度》,郑州大学硕士学位论文,2016 年。

王璐:《网络谣言规制研究》,华东政法大学博士学位论文,2014 年。

王薇:《论我国公民监督的完善》,东北财经大学硕士学位论文,2010 年。

王习加:《公权力配置资源与预防腐败研究》,湖南师范大学硕士学位论文,2012 年。

王旭耀:《舆论监督权研究》中南民族大学硕士学位论文,2010 年。

王月明:《中国近代监督权利研究》,华东政法大学博士学位论文,2008 年。

魏健:《刑事诉讼之宪政视角研究》,中国政法大学博士学位论文,2005 年。

邬晓亭:《廉洁政治建设视域下的公民监督研究》,复旦大学硕士学位论文,2013 年。

吴金研:《涉诉信访实证研究》,吉林大学硕士学位论文,2015 年。

吴楠:《公民检举权的法律保障机制及其完善》,安徽大学硕士学位论文,2006 年。

徐春晓:《我国反腐败举报制度完善研究》,浙江大学硕士学位论文,2016 年。

许亚新:《我国公务员回避制度研究》,辽宁大学硕士学位论文,2012 年。

杨德超:《纳税人请求国家赔偿权的法律思考》,华南理工大学硕士学位论文,2014 年。

杨磊:《论我国公民监督权的完善》,西南政法大学硕士学位论文,2015 年。

姚泽金:《公共批评与名誉保护——论公共诽谤的法律规制》,中国政法大学博士论文,
2014 年。

余艺:《惩罚性赔偿制度研究》,西南政法大学博士学位论文,2008 年。

喻丹峰:《完善我国举报制度的法律思考》,湖南师范大学硕士学位论文,2009 年。

袁小平:《行政人员检举权保障研究》,中南大学硕士学位论文,2012 年。

原新楠:《网络实名法律制度研究》,重庆大学硕士学位论文,2016 年。

张爱琳:《论公民监督权的实现》,河北大学硕士学位论文,2014 年。

张静:《微博问政的政府规制研究》,燕山大学硕士学位论文,2015 年。

张丽娜:《论公民监督权的实现》,湖北大学硕士学位论文,2009 年。

张梦霞:《监督权视野下公民信访权的实现》,延边大学硕士学位论文,2011 年。

张文元:《政府信息公开中知情权法律保护的实例分析》,黑龙江大学硕士学位论文,
    2013 年。

张远航:《完善公民知情权法律保护制度的若干设想》,东北大学硕士学位论文,2009 年。

张悦:《论行政知情权的法律保障》,华东师范大学硕士学位论文,2007 年。

章炜:《行政规范性文件备案审查制度研究》,复旦大学硕士学位论文,2012 年。

赵萌:《我国公民监督权存在的问题及完善》,烟台大学硕士学位论文,2016 年。

赵艳:《我国网络反腐问题研究》,河北师范大学硕士学位论文,2016 年。

郑瑞涛:《论信访制度的监督功能》,中国政法大学硕士学位论文,2005 年。

郑啸:《完善我国公民知情权的法律保障》,复旦大学硕士学位论文,2010 年。

钟坤:《由"蒙牛诽谤门"论公民监督权的发展》,兰州大学硕士学位论文,2011 年。

钟桂荣:《行政申诉研究》,广东外语外贸大学硕士学位论文,2018 年。

朱冰:《从"辱母杀人案"看移动互联时代的舆论倒逼现象》,内蒙古大学硕士学位论文,
    2018 年。

朱风义:《社会弱势群体权利及其法律保护》,吉林大学硕士学位论文,2004 年。

后　　记

蓦然回首,本研究从选题的确定,到最终定稿付梓,几近 9 年光阴。在信息手段高度发达的今天,这着实不应该。究其原因,根本在于本人学力不逮和光阴虚度,所谓教学和学院管理工作的繁忙,只能算是自我安慰的借口罢了。

本书是国家社会科学基金一般项目资助的成果。感谢国家相关部门的立项、经费支持和给予"良好"的结项成绩,更感谢相关专家、工作人员为评审和鉴定本项目成果付出的辛勤劳动。江苏师范大学更是为本选题的研究提供了配套支持,提供了良好的研究条件和环境。尤其是校人文社科管理部门的敦促、鼓励和慷慨解囊,让本人有了把思想苦旅成果展现给广大读者的勇气。特此一并感谢!

在很大程度上,本书是团队合作的成果。同事刘广登教授、王晓君教授、张波教授、张春艳教授、张峰振教授、隆英强教授、沈寨副教授、张兆成副教授,对本书相关章节的构思和润色提出了宝贵见解。尤其是张兆成老师,带领张欣瑞、毛宁仙、王琦、尚璐瑶等研究生,对相关文献的收集、梳理做了大量工作。这些研究生们,是文中许多观点的第一批聆听者,他们反馈的信息和意见对书稿的写作、修改起到了非常重要的作用;他们的信任、支持和投入,使我倍感做一名教师的光荣和责任。借此,要特别感谢这批给予本人极大鼓励和支持的师生!

衷心感谢商务印书馆和审校编辑人员。在有口皆碑的商务印书馆出书,自不敢以为自己的学问达到了其所要求的高度,毋宁说是对笔者的一种鼓励和鞭策。商务印书馆负责审校编辑的人员,更以高度的敬业精神、职业能力、专业水平,对文稿提出了很多中肯的意见,对笔者提供了非常大的帮助。

公丕祥老师在百忙中欣然为本书作序,能得到公丕祥老师的溢美推介,可谓受大泽之惠,得甘露时雨。只能用"厥之有章,不必谆谆"来表达本人的心情了。

菅从进

2020 年 7 月 1 日

图书在版编目 (CIP) 数据

公民监督权法制构建论 / 菅从进著 . —北京 : 商
务印书馆 , 2020
ISBN 978-7-100-18428-1

Ⅰ . ①公… Ⅱ . ①菅… Ⅲ . ①司法监督—研究—中国
Ⅳ . ① D926.34

中国版本图书馆 CIP 数据核字（2020）第 072519 号

权利保留，侵权必究。

公民监督权法制构建论

菅从进　著

商 务 印 书 馆 出 版
（北京王府井大街 36 号　邮政编码 100710）
商 务 印 书 馆 发 行
江苏凤凰数码印务有限公司印刷
ISBN 978-7-100-18428-1

2020 年 9 月第 1 版　　　　开本 718×1000　1/16
2020 年 9 月第 1 次印刷　　印张 36½

定价：146.00 元